U0085905

LAW

修訂十版

刑事訴訟法論

朱石炎 著

Code of
Criminal Procedure

三民書局

修訂十版序

本書於民國八十九年九月，先行出版上冊（總則及第一審）。自九十六年開始，因修法頻繁而歷經多次修訂，迄今已逾二十年。上次修訂九版與此次修訂十版相隔二年之間，諸多內容亟需增修：㈠刑事訴訟法已增訂第一（總則）編第十章之一「暫行安置」適用於智障被告。㈡第三四八條之「上訴不可分原則」已有重大變更。㈢辯護人之權限已因法條多次修正而有增加，本書原載表列事項應予補充。㈣由於第七編之三「被害人訴訟參與」之增訂，散見相關條文之被害人權益事項需予彙整。㈤憲法法庭及最高法院大法庭新制業已施行，本書附錄三說明判解應用有關內容需加補充。爰連同以往各版漏未修改之處，併予修訂，以期適時更新。又一○九年七月制定之「國民法官法」定自一一二年一月施行，本書專論部分，將該法編列於刑事妥速審判法之後，擇要說明國民參與刑事審判制度與刑事訴訟法之關係，並將其說明內容之段落序號，註記於緒論及本論敘述相關事項各頁，以利對照參閱。

朱　石　炎　謹識

一一一年八月

自 序

　　顧自大學畢業以來，迄今四十餘年，曾經從事檢察、審判及法務行政、司法行政等工作，其間兼任大學教職講授刑事法課程，已逾三十寒暑。由於工作及教學所需，經常涉獵刑事訴訟法論著並探討相關實務問題，亟思編寫講義，奈因公務羈絆，時輟時續。八十九年七月十四日自公職退休後，有暇彙整資料，得以撰成本書。

　　依憲法第八條規定，對於人民之逮捕、拘禁、審問、處罰，均應依照法定程序行之。刑事訴訟法乃係追訴、處罰犯罪之程序法，其立法目的在於確保程序公正適法，並求發見真實，進而確定國家具體刑罰權。實施刑事訴訟程序之公務員，務須恪遵嚴守。

　　關於刑事訴訟模式，有職權進行與當事人進行之分，又有所謂犯罪防制與正當程序之別，後者著重於控、辯雙方地位及其與法院間相互關係，前者出自目的論取向。然而，現代各國刑事訴訟法制，咸持融合態度，採取調和模式，已無徹底的職權進行模式之存在，更無完全不顧正當程序之情形出現。邇來部分人士倡言改革，不察原委，其實我國刑事訴訟法之修正，應衡酌本國國情，以逐步淡化職權進行色彩，加強控方舉證責任，強化法庭活動，並使控辯兩造地位趨於對等為改進之方向，不可盲從他國法制，以免枘鑿不合。

　　本書依循法典編章順序，以條次為邊碼，係章節論述與條文釋義之結合。為求節省篇幅，引用相關判解或決議，均僅載明年份字號，不予附錄。每頁內文附註，一律隨頁列印，便利對照參考。全書力求體例創新，易於閱讀。惟坊間名著甚豐，本書祇盼能供初學者參考之用而已，尚祈　先進有以教之。

　　按照「司法改革」預定規劃，司法院成為第三審法院，目前之最高法院應予裁撤，第三審上訴改採嚴格法律審，而第二審及再審與非常上訴程序，亦須通盤研究修正，以資配合。本書原先僅就刑事訴訟法第一編「總則」及第二編「第一審」部分，撰成上冊，第三編「上訴」程序以後各編，擬俟法律完成修正後，依新法內容續撰。然而，法制作業與立法進度未能正常運行，新法何時方能修正公布施行，委實無從預估。爰將原撰初稿重行整理，連同第一編及第二編內容併予修訂後，合為一全冊，書名改稱《刑事訴訟法論》（原為《刑事訴訟法》），送請三民書局付梓。

　　內子綺珍操持家務之餘，對於本書之撰成，多所策勵，並負責定稿付梓前之校對工作，併此致謝。

朱 石 炎 謹識

九十六年九月

刑事訴訟法論

目　次

修訂十版序
自　序

專論

刑事訴訟法論（修訂十版）／朱石炎著

增補資料檔案連結

緒

論

一、刑事訴訟法之意義

刑事訴訟法（本書除需特別指明者外，一概以「本法」為刑事訴訟法之簡稱）為確定國家具體刑罰權之程序法，以發現實體真實，俾刑罰權得以正確行使為目的❶。在形式上固為專指本法法典，從實際內容言，則有諸如刑事妥速審判法、國民法官法（均請參閱本書專論相關說明）、少年事件處理法、性侵害犯罪防治法、調度司法警察條例、保安處分執行法等法律，所定涉及刑事訴訟程序之部分條文，亦應有其適用，所謂實質意義之刑事訴訟法者，即係指此而言。

「刑事訴訟」　與　「刑事程序」　同義，此觀德文 Strafprozess 或 Strafverfahren，法文 Procédure Pénale，英文 Criminal Procedure 各詞即明。由於深受日本法典用詞之影響，本法雖以「刑事訴訟法」命名，實不應侷限於「訴訟」二字而謂係專指案件起訴後以迄裁判確定前之審判程序。就本法全部內容以觀，顯然包含偵查、審判、執行整個刑事程序在內。茲將刑事程序之流程，圖示如下：

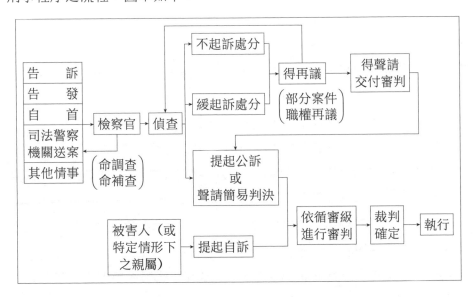

---

❶　見釋字 178 號解釋理由書。

二、刑事訴訟法之沿革

我國在北伐統一後，自十七年起，方有施行於全國之刑事訴訟法，歷經抗戰與戡亂，迄今將近九十年。政府播遷來臺後，曾於五十六年一月作通盤修正，並將全部條文公布於總統府公報（見本書附錄一）。該次修正內容，以增訂證據專章、死刑無期徒刑案件依職權上訴、簡易程序舊有處刑命令與略式判決合併成簡易判決三者值得重視。其後歷經多次修正，茲選擇具有重要意義者分述如下：

㈠七十一年八月修正建立偵查中辯護制度，並增訂緊急拘提之規定。

㈡八十六年十二月修正取消檢察官逕行羈押被告之權限，增訂拘捕嫌犯解送時限二十四小時之法定障礙事由，並明定嫌犯之緘默權。

㈢九十年一月修正建立偵查中搜索新制。

㈣九十一年二月修正加強控方舉證責任，證據調查改由當事人主導，並增訂緩起訴處分及聲請交付審判等規定。

㈤九十二年二月有大幅度之修正，增訂無罪推定原則，明定違背程序蒐證之證據能力取捨，建立傳聞法則，強化交互詰問程序，推動集中審理，自訴改採強制律師代理等，具有所謂「改良式當事人進行主義」特徵，在刑事訴訟法制方面，影響深遠。該次修正、增訂及刪移之條文，合計多達一百三十三條，占本法總條數四分之一。

㈥九十三年四月增訂第七編之一協商程序。

㈦一〇四年二月修正放寬為受判決人利益之再審原因。

㈧一〇五年六月增訂第七編之二沒收特別程序，並修正及增訂相關條文。

㈨一〇六年四月增訂偵查中羈押審查程序強制辯護之規定，辯護人在此程序中，有閱覽卷證之權限。

㈩一〇六年十一月修正第三七六條，增訂該條第一項但書及第二項之規定，對於第一項所列各罪之案件，如經第二審法院撤銷第一審法院所為無罪、免訴、不受理或管轄錯誤之判決而改判被告有罪者，使被告或得為

被告利益上訴之人，仍得提起第三審上訴。

　　㈡一○八年六月於第一編（總則）增訂第八章之一限制出境、出海。

　　㈢一○九年一月增訂第七編之三被害人訴訟參與，並於偵查、審判中引進「修復式司法」之運用。

　　㈣一一一年二月於第一編（總則）增訂第十章之一暫行安置。

　　依中央法規標準法第三章規定，法律應規定施行日期或授權以命令規定施行日期，其中以明定自公布日施行者占絕大多數。本法立法甚早，未有施行日期之條文，五十六年一月該次通盤修正，幅度較大，且其施行法亦有修正，由於當時中央法規標準法尚未制定，立法院乃於第一屆第三十八會期第二十九次會議（五十六年一月十三日院會）特為決議：「刑事訴訟法自公布之日施行。」以免對於本法生效日期產生疑義。

　　本法分為：總則、第一審、上訴、抗告、再審、非常上訴、簡易程序、協商程序、沒收特別程序、被害人訴訟參與、執行、附帶民事訴訟等十二編（其中協商程序列為第七編之一，沒收特別程序列為第七編之二，被害人訴訟參與列為第七編之三），前三編尚有分章。由於部分條文修正增訂係採用第某條「之一」、「之二」方式，因此，本法末條條次雖為第五百一十二條，而全文實際上，已不止五百一十二個條文。

三、刑事訴訟法之基本原則

　　本法對於追訴、處罰犯罪，明白規定各項程序，有其基本之原則。除於以後講解相關條文詳為闡述外，可歸納三大項，先予簡要說明其梗概如下：

㈠刑事訴訟程序之開始

1.國家追訴原則

　　國家為保障公私合法權益並維護社會安寧秩序，設置檢察機關（檢察署）及人員（檢察官），職司追訴犯罪，訴訟繫屬因起訴送審而告開始。但在告訴乃論之罪、請求乃論之罪、自訴案件等情形，或因欠缺追訴條件，或因本法兼採被害人追訴制度，致使公訴受有節制❷。

2.不告不理原則

犯罪，必須先經追訴——公訴或自訴，然後方能開始審判，此即所謂「彈劾主義」之基本模式❸。因此，即使在法庭內當場發生之犯罪，審判長仍無權逕行審判，依法僅得由出庭之檢察官偵查，或由法院向檢察官告發。審判機關與追訴機關分立，不容出現糾問模式。

3.起訴法定原則

檢察官代表國家追訴犯罪，如經偵查結果，認已具備客觀嫌疑及訴訟條件者，即應提起公訴或聲請簡易判決❹，以開啟刑事訴訟程序，此乃檢察官之職責所在，是為起訴法定原則。惟因刑事政策之理由，法律又於一定範圍內，容許檢察官就起訴之實益與必要性作便宜裁量而得不為追訴或暫緩起訴，是乃起訴裁量原則❺。

㈡刑事訴訟程序之進行

1.司法審理原則

普通刑事訴訟，歸由司法機關偵查、審判，當事人亦應有權要求接受法院審理，此乃民主憲政國家正常體制，觀之憲法第八條第一項及第九條規定，至為明確。職司審判之法院，務須合法組成，否則，其判決當然違背法令，本法第三七九條第一款定有明文。若因戒嚴致使非軍人犯罪而受軍事審判者，則係不得已之例外情形，惟政府對於本項原則依然盡量尊重。當年行政院曾經訂定「臺灣地區戒嚴時期軍法機關自行審判及交法院審判案件劃分辦法」，將軍法機關對於非軍人行使審判權之範圍，盡量予以縮減，足為明證。雖有偶就個案逾越該辦法而核定交付軍事審判之案例，畢竟為數不多，且不足為訓。軍事審判法於一○二年八月修正後，司法審理原則更加落實。至於國民（非法官）參與刑事案件審判合憲性之探

---

❷　參見釋字 48 號解釋，本法第二五二條第五款及第三二三條第二項。

❸　見本法第二六八條。德諺：Wo kein Kläger, da kein Richter.

❹　見本法第二五一條及第四五一條。

❺　見本法第二五三條、第二五三條之一、第二五四條，少年事件處理法第六十七條第一項上段及證人保護法第十四條第二項。

討，請參閱本書專論「國民法官法」四之㈤相關說明。

2. 職權進行原則

刑事訴訟，與國家刑罰權之行使有關，訴訟程序一經開始，即由司法機關本於職權依法進行，訴訟標的不容自由處分。本法以檢察官為偵查主體，擁有除羈押及一般搜索以外其他一切對人對物強制處分之權限，其所為不起訴處分或撤回起訴，均須以書面敘述理由；如為裁量不起訴或緩起訴處分者，須受一定限制，不起訴及緩起訴處分均具有確定力。自訴人撤回自訴之程式雖較寬鬆，但僅以告訴或請求乃論之罪為限方可撤回。審判中被告須就其被訴事實接受訊問，在在顯現職權進行之原則。惟本法歷經修正，責令檢察官負實質舉證責任，刑事審判改採當事人舉證先行、法院依職權調查證據為輔助之模式，證人鑑定人須受交互詰問，在簡易程序及協商程序中，當事人可進行一定程度之量刑協商，被告於偵審中雖有到場義務，但得保持緘默，低收入戶、中低收入戶、原住民身分、智能障礙等被告均納入強制辯護適用範圍，實已大幅淡化職權進行色彩，控、辯雙方地位及其與法院間相互關係，正在逐步調整。九十二年二月本法修正草案總說明謂係「改良式當事人進行主義」❻。

3. 言詞審理原則

法院對於可為裁判基礎之各種資料，必須經由訊問、陳述、調查、辯論等言詞方式進行審理，亦即基於言詞所提供者，方能採用，以期獲致正確之心證，此與後述直接審理原則互有關聯。至其例外不經審理與辯論者，則有本法第四三七條第一項、第四四四條、第四四九條、第四五五條之四第二項等規定是。他如本法第三〇七條、第三七二條、第三八九條第一項等情形，仍存有言詞辯論之機會。

4. 公開審理原則

法院進行訴訟程序，應以公開方式行之，此乃法院組織法第八十六條前段之基本規定，釋字 384 號解釋已將「審判過程以公開為原則」納入憲

---

❻　見立法院第五屆第一會期第二十二次會議議案關係文書，院總一六一號，政府提案八六七〇號，政九十三頁。

法第八條第一項所稱「法定程序」之範疇，提升至憲法層次。在刑事訴訟方面，法院如有禁止審判公開而非依法律規定者，則依本法第三七九條第三款規定，其判決當然違背法令。所指依法不公開之者，如法院組織法第八十六條但書、本法第三二六條第二項、少年事件處理法第三十四條前段、第七十三條第一項、性侵害犯罪防治法第十八條、證人保護法第二十條、國家機密保護法第二十五條第一項、智慧財產案件審理法第二十四條是。

(三)證據之調查與採認

1.無罪推定原則

　　無罪推定原則業已成為刑事司法一項普世原則❼，本法九十二年二月修正，鑑於僅以證據裁判原則蘊含無罪推定意旨，尚嫌不足，爰於第一五四條增訂第一項，明定無罪推定原則，以示控方須負實質舉證責任，方能推翻推定，法院從而論處被告罪刑。

2.證據裁判原則

　　犯罪事實之認定，影響嫌犯個人自由甚鉅，自應經由嚴格之證明，方能定罪。本法第一五四條第二項規定：「犯罪事實應依證據認定之，無證據不得認定犯罪事實。」明白揭示證據裁判原則，真義在此，釋字 384 號解釋已將此項原則納入憲法第八條第一項所稱「法定程序」之範疇，提升至憲法層次。又本法僅就檢察官定其舉證責任（本法第一六一條），未有任何令被告負舉證責任之條文，此即無罪推定之基本立場，正與本項原則相應。

3.實質真實原則

　　刑事訴訟之目的，兼求程序公正與發見真實，因此，法院必須遵循證據法則，深入探究，發現真相，據以正確認定事實，進而確定國家刑罰權之有無，與確定私權之民事訴訟有別。惟追求真實發現與踐行公正程序，兩者如何調和兼顧，涉及憲法層次人權條款，乃係刑事訴訟法上重要課題❽。

---

❼　世界人權宣言 (Universal Declaration of Human Rights) 第十一條第一項參照。

4.直接審理原則

　　法院為求形成正確心證，進而發現實質真實，對於證據之調查，必須親自直接進行審究，亦即以法官自行認知者充作裁判基礎為原則。因此，對於證據書類須踐行直接調查程序（本法第一六五條），方得採為證據；而被告以外之人於審判外之陳述，除法律有規定者外，不得作為證據（本法第一五九條）。凡未經顯出於審判庭之證據，不許採為判決之基礎。

5.自由心證原則

　　證據之證明力由法院本於確信自由判斷，為本法第一五五條第一項所明定，是為自由心證原則。法院就調查證據之結果，在不違背經驗法則與論理法則之前提下❾，依自由心證而判斷該項證據證明力之有無及其證明程度之強弱。大陸法系德、法、日各國皆採取之。

---

❽　在美國有所謂 Crime Control Model 及 Due Process Model 兩種模式之探討，前者側重公眾整體利益、維護安寧秩序，後者側重個人基本權利、強調人權至上。此乃美國學者 Packer 為便於分析思考刑事訴訟架構，於一九六四年十一月在 *Pennsylvania Law Review* (Vol.113) 發表 "Two Models of the Criminal Process" 論文所提出之概念，並於一九六八年出版專著，書名 "The Limits of the Criminal Sanction"。

❾　見 53 臺上 2067 號判例及本法第一五五條第一項但書。

本論

第一編　總　則

　　本法總則計十五章，乃係各編共通適用之基本規定，應貫穿於訴訟之各階段，凡各編未有特別規定者，皆有總則之適用。在總則編內，對於當事人定義、法院管轄權、法院職員迴避、辯護人等之參與、訴訟文書、送達、期日、期間、各種強制處分、證據法則及法院裁判之基本規範，均有詳盡周密之規定。

第一章　法　例

一、犯罪追訴處罰之根據

　　刑事訴訟，係追訴、處罰犯罪之程序。所謂程序，即指基於一定目的循序進行一系列行為之流程而言。按人身自由為憲法所直接保障，對於人民之逮捕、拘禁、審問、處罰，均應依照法定程序行之，憲法第八條定有明文。為求確保程序之公正適法，俾能發現實體真實，進而確定國家具體刑罰權，對於辦理刑事案件所須遵循之法定程序，自應詳加規定，方能符合憲法保障人權之本旨。

　　本法即係規定如何追訴處罰犯罪之基本手續法，辦理刑事案件必須根據本法所定程序進行，方屬適法。本法第一條第一項定曰：「犯罪，非依本法或其他法律❶所定之訴訟程序，不得追訴、處罰。」開宗明義揭示斯旨，充分顯示本法與憲法之密接關係。

───────────

❶　所指其他法律，參見緒論關於實質意義刑事訴訟法之說明。

至於刑事特別法中如有訴訟程序之規定者，固應優先適用，但其情形，究非常態；倘因受時間或地域之限制而依特別法進行訴訟程序者，如於尚未判決確定前，該項原因消滅時，即應回復平常狀態而適用本法所定程序進行追訴處罰，本法第一條第三項規定，用意即在於此。

臺灣地區曾經戒嚴達三十餘年之久，自七十六年七月十五日起解嚴，動員戡亂時期國家安全法（現名國家安全法）經行政院依該法第十條之授權，令自同日起施行。凡於解嚴前受軍法審判之非軍人刑事案件尚未終結者，依該法第九條第一款規定，偵查中案件移送該管檢察官偵查，審判中案件移送該管法院審判；又依同條第二款及第三款，原案如已確定而有再審或非常上訴之原因者，得依本法向該管法院聲請再審或由檢察部門核提非常上訴；受刑人尚未執行或正在執行中者，均應移送該管檢察官依本法予以指揮執行。且該法施行細則第六章更作詳細規定，正與本法第一條第三項相符。

另有金門馬祖東沙南沙地區安全及輔導條例（已廢止）第十二條第二項規定，係配合各該地區於八十一年十一月七日解嚴而為相關銜接措施，與臺灣地區解嚴之上述情形相同。

二、刑事審判權

憲法第九條規定：「人民除現役軍人外，不受軍事審判。」軍事審判機關係依軍事審判法之規定行使其特別刑事審判權。就本法而言，法院基於司法權作用，以確定國家具體刑罰權為目的，對刑事案件為審理裁判之權限，謂之普通刑事審判權。茲簡析如下：

㈠刑事審判權係對於刑事案件為審理裁判之權限

泛稱審判權，雖於民事訴訟及行政訴訟皆有關涉，然在本法，則係專指刑事審判權而言。至於附帶民事訴訟由刑事法院在刑事程序中兼行民事審判權者，此乃本法第九編之特別規定，並未變更其民事訴訟之本質。本法第二五二條第七款及第三〇三條第六款雖均謂對於被告無審判權，而不曰對於案件無審判權❷，惟按刑事案件係由被告與犯罪事實所構成，關於

審判權之有無，涉及人與事兩項因素，況在本法第二五二條前文及第三○三條前文，皆已揭明「案件」字樣。因此，對於刑事案件為審理裁判之權，其意義實已包含對於被告其人之審判權在內。又就法院居於審判機關立場以觀，審判權固為法院對於該案進行審理裁判之權，惟刑事案件之偵查，與審判有銜接關係，凡屬歸由法院審判之案件，自應兼及檢察官之實施偵查。因此，所稱審判權一詞，有時亦可包括偵查權在內❸。

㈡刑事審判權係以確定國家具體刑罰權為目的

民事審判在於確定私權關係，行政訴訟之審判在於定奪公法關係，而刑事審判則在於確定國家具體刑罰權之有無暨其範圍，彼此各有目的，實係三者主要區別之點。

㈢普通刑事審判權係基於司法權作用

本法係刑事程序法，憲法將刑事訴訟之審判列入司法權範圍，係以司法權作用為基礎。至於軍事審判，祇能認為一種特別刑事審判權，前司法院長王寵惠博士函復巴西政府所詢有關我國軍法裁判問題謂：「查我國憲法第七章關於司法權之規定，未將軍事審判列入，而憲法第九條復明定人民除現役軍人外不受軍事審判，是軍事審判不在通常所謂司法權之範圍，而屬軍事機關之另一審判系統。」❹釋字 436 號解釋文有謂：「軍事審判機關所行使者，亦屬國家刑罰權之一種」，解釋理由書引申謂：「軍事審判機關所行使者，亦屬國家刑罰權之一種，具司法權之性質……」，係就其性質而為論述，仍難認為軍事審判權屬於司法權範圍（此點尚有不同見解）。惟自軍事審判法於八十八年十月二日修正公布施行後，在平時經終

❷　本法第三九四條第三項及第四四七條第二項僅曰「審判權」，未特別敘明對於「被告」或「案件」無審判權。

❸　行政院四十六年十月二十六日臺 46 法字 5835 號令發政務委員田炯錦等對於戒嚴時期軍司法劃分辦法執行情形之審查意見，認為所謂由法院「審判」之案件，應包括偵查、訊問、逮捕等權在內，反之應受軍法「審判」者，即得由軍法機關行使偵查訊問權。詳載前司法行政部編印之《司法專刊》第八十期。

❹　轉引國立中興大學五十八年九月出版《法商學報》第五期第二十七頁註三。

審軍事審判機關判決宣告有期徒刑以上之刑之案件,當事人得以判決違背法令為理由,向普通法院提起上訴;其中宣告死刑或無期徒刑者,高等軍事法院或最高軍事法院並應依職權逕送最高法院審判(詳見附圖);且各級軍事法院判決確定後如發現該案件之審判違背法令者,亦歸最高法院管轄非常上訴。於是,軍事法院所具有之司法性質,愈益明顯。然而,軍事審判法於一○二年八月已作重大修正,依修正後第一條第一項規定,現役軍人僅限於戰時犯陸海空軍刑法或其特別法之罪者,方歸軍法機關審判(稱戰時者,謂抵禦侵略而由總統依憲法宣告作戰之期間;戰爭或叛亂發生而宣告戒嚴之期間視同戰時。見軍事審判法第七條),此類軍人在戰時犯罪受軍事審判之案件,同法第一八一條第七項明訂不適用上訴(包括職權上訴)於高等法院或最高法院之規定,遂轉而失去司法性質。

㈣普通刑事審判權由法院行使之

司法審理原則,乃刑事訴訟法基本原則之一,已詳本書緒論所述,普通刑事審判權自應歸由法院行使之。依本法第一條第一項及第二項規定,非軍人之犯罪固應歸由司法機關追訴處罰,以符合憲法第九條之規定;即使現役軍人之犯罪,除犯軍法應受軍事裁判者外,其觸犯軍法以外之罪者,仍應歸由司法機關追訴審判。可見本法對於軍人犯罪係依事物標準而定其審判權之歸屬。釋字 436 號解釋理由書謂憲法第九條之規範意旨,係在保障非現役軍人不受軍事審判。非謂軍事審判機關對於軍人之犯罪有專屬之審判權而排除現役軍人接受普通法院之審判,於此可得印證。軍事審判法於一○二年八月作重大修正後(修正條文有第一條、第三十四條及第二三七條三個條文,已於當月十三日公布),依其第一條第二項規定:「現役軍人非戰時犯下列之罪者,依刑事訴訟法追訴、處罰:(第一款)陸海空軍刑法第四十四條至第四十六條及第七十六條第一項。(第二款)前款以外陸海空軍刑法或其特別法之罪。」復依軍事審判法第二三七條第二項規定,上述同法第一條第二項第一款自公布日施行,而該項第二款則自公布後五個月施行(即自一○三年一月十三日施行)。且依同法修正第三十四條規定:「犯罪事實之一部應依刑事訴訟法追訴、審判時,全部依刑事

訴訟法追訴、審判之。」因此，現役軍人在平時（法條稱「非戰時」）犯陸海空軍刑法第四十四條至第四十六條及第七十六條第一項之罪者，自軍事審判法修正條文於一〇二年八月十五日生效起，即改歸司法審判；一〇三年一月十三日以後，現役軍人在平時犯罪者，其案件一律歸由司法審判。

本法第一條第二項所稱「除犯軍法應受軍事裁判者外」，與修正後軍事審判法相關條文對照，僅指現役軍人在「戰時」犯「陸海空軍刑法或其特別法之罪」一種情形而言；所犯如係陸海空軍刑法或其特別法以外之罪（即非軍法之罪）者，雖於戰時，仍歸司法審判。至若在平時，現役軍人所犯不論是否軍法之罪，皆歸司法審判。茲整理說明如下：

1.現役軍人在平時犯陸海空軍刑法第四十四條至第四十六條及第七十六條第一項之罪者，自一〇二年八月十五日起，歸由司法審判。

2.現役軍人在平時犯上列以外陸海空軍刑法或其特別法之罪者，自一〇三年一月十三日起，歸由司法審判。換言之，自此日起，其於平時犯「軍法」之罪者，不分罪名，一律歸由司法審判。

3.現役軍人在平時犯陸海空軍刑法或其特別法以外之罪（即非軍法之罪）者，自九十年十月二十日起，由於當時（舊）國家安全法第八條第二項停止適用而歸由司法審判，並非軍事審判法此次修正所發生之效果。

4.現役軍人在戰時犯陸海空軍刑法或其特別法以外之罪（即非軍法之罪）者，雖於「戰時」，仍由司法審判。

5.現役軍人在戰時犯陸海空軍刑法或其特別法之罪　（即軍法之罪）者，僅此一種情形，歸由軍法審判。本法第一條第二項所稱「除犯軍法應受軍事裁判者外」一句，即係指此而言。

於此應指明者，審判權之歸屬乃係程序事項，犯罪之處罰為實體事項，法院對於現役軍人犯罪案件在程序上取得審判權，而經審理結果認應諭知被告有罪之判決時，如認構成陸海空軍刑法或其特別法之罪者，即應依陸海空軍刑法或其特別法之該當法條論罪科刑，非謂必須變更適用普通刑法也，此點不可混淆。例如現役軍人酒醉駕車，經法院審判認為被告有罪時，其應適用之法條為陸海空軍刑法第五十四條，並非刑法第一八五條之三。

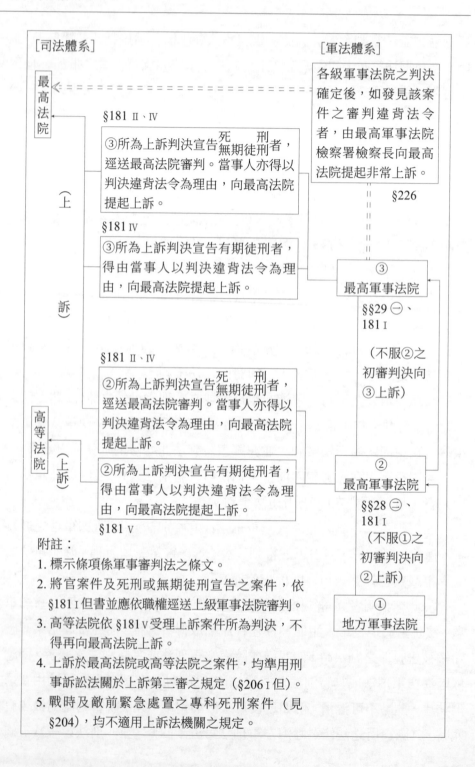

[司法體系]　　　　　　　　　　　　　　　　[軍法體系]

各級軍事法院之判決確定後，如發見該案件之審判違背法令者，由最高軍事法院檢察署檢察長向最高法院提起非常上訴。
§226

最高法院

§181 Ⅱ、Ⅳ
③所為上訴判決宣告死刑無期徒刑者，逕送最高法院審判。當事人亦得以判決違背法令為理由，向最高法院提起上訴。

§181 Ⅳ
③所為上訴判決宣告有期徒刑者，得由當事人以判決違背法令為理由，向最高法院提起上訴。

③
最高軍事法院

§§29 ㊀、181 Ⅰ
（不服②之初審判決向③上訴）

（上訴）

§181 Ⅱ、Ⅳ
②所為上訴判決宣告死刑無期徒刑者，逕送最高法院審判。當事人亦得以判決違背法令為理由，向最高法院提起上訴。

高等法院

②所為上訴判決宣告有期徒刑者，得由當事人以判決違背法令為理由，向最高法院提起上訴。

②
最高軍事法院

§§28 ㊁、181 Ⅰ
（不服①之初審判決向②上訴）

（上訴）

§181 Ⅴ

①
地方軍事法院

附註：
1. 標示條項係軍事審判法之條文。
2. 將官案件及死刑或無期徒刑宣告之案件，依§181Ⅰ但書並應依職權逕送上級軍事法院審判。
3. 高等法院依§181Ⅴ受理上訴案件所為判決，不得再向最高法院上訴。
4. 上訴於最高法院或高等法院之案件，均準用刑事訴訟法關於上訴第三審之規定（§206Ⅰ但）。
5. 戰時及敵前緊急處置之專科死刑案件（見§204），均不適用上訴法機關之規定。

三、有利與不利被告情形之兼顧原則　

　　本法第二條第一項規定：實施刑事訴訟程序之公務員，就該管案件，應於被告有利及不利之情形，一律注意。同條第二項更進一步規定：被告得請求前項公務員，為有利於己之必要處分。較之十年舊條例及十七年舊法均僅規定得聲請檢察官為有利被告之必要處分益見周延。

　　上述訓示規定，源自公正程序 (faires Verfahren) 與照顧義務 (Fürsorgepflicht) 之要求。現代刑事程序，雖已不採糾問模式，惟辦案人員易受職業性格之影響，對於被告難免仍有成見。本法爰予提示利與不利兼顧原則，促使為同等之注意，以期發現真實，毋枉毋縱。該條稱實施刑事訴訟程序之公務員者，指司法警察人員、檢察官、檢察事務官及辦理刑事案件之法官而言❺。該條稱被告者，係指涉嫌犯罪被偵審者而言。本法第二二九條至第二三一條早已有「犯罪嫌疑人」字樣，迨七十一年八月修正建立偵查中辯護制度，並增訂司法警察人員得通知嫌犯到場詢問等規定後，案件尚未移送檢察官偵查前稱曰犯罪嫌疑人，經檢察官開始偵查後稱曰被告，區別益見明顯（其實在偵查中尚未起訴，亦應以犯罪嫌疑人相稱，方為正確，將來修法宜予通盤檢討）。因此，本法第二條所謂被告，應解為包含犯罪嫌疑人在內。又同條第二項謂被告得請求前項公務員為有利於己之必要處分者，應不限於法條明文規定得為聲請之事項，凡屬利己之請求，皆得提出，而准許與否，仍屬該管公務員之職權也。

四、刑事訴訟之當事人　

◎概　說

　　刑事訴訟，係法院與當事人間，以及當事人兩造相互間，三方面之關係（如圖示）。在彈劾模式中，法院及當事人，皆為訴訟主體，法院職司審理裁判，而訴訟當事人則包含原告與被告兩造，依本法第三條規定，即：檢察官、自訴人（此二者為原告）及被告是也。

---

❺　法官於本法第四七〇條第一項但書情形，亦得辦理刑事執行。檢察事務官依法院組織法第六十六條之三規定視為本法第二三〇條第一項之司法警察官。

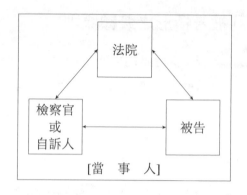

[當　事　人]

　　檢察官之職權，法院組織法第六十條規定甚詳。檢察官執行職務，於處理個別案件時，本其確信見解及專業素養，自行採擇一切措置，並自負其責（長官監督乃另一問題），具有決定國家意思並表示於外部之權限。但在檢察系統內部，則須遵循檢察一體原則。由於本法第三條係就訴訟當事人所為立法解釋，實施偵查及辦理刑事執行事務之檢察官，均非訴訟主體。

　　自訴人，即犯罪直接被害人或本法第三一九條第一項但書所列之人，委任律師逕向管轄法院起訴者是也。自訴相關事項，容後論述。

　　被告，乃經起訴（公訴或自訴）被控告之人。因當事人為訴訟主體，已如前述，從而，茲所指被告，與第二條有別，應解為不包括檢察官偵查中之被告在內（本書本論第五編註❶內容併請參閱）。

　　論述訴訟當事人時，尚須討論當事人能力與訴訟能力兩項相關問題：

㈠當事人能力

　　謂於刑事訴訟程序中，依法可充作訴訟當事人之能力，亦即得為起訴者（原告）或被訴者（被告）所須具備之一般資格，乃訴訟條件之一。如有欠缺，構成不受理判決之事由。茲分述如下：

　1.檢察官

　　檢察官具有公務員身分，其任用與配置，依司法人員人事條例及法院組織法有關規定，不發生欠缺當事人能力之問題。

　2.自訴人

　　自訴人或為合法成立之法人，或為自然人，皆具有法律上之人格，均

得委任律師提起自訴。惟本法特別要求其須係犯罪之直接被害人，如財產法益受害時，須為所有權人或管領權人，方稱適法。至若非法人團體，本法不認其得提起自訴。惟須注意其他法律之特別規定，如商標法第九十九條規定，未經認許之外國法人或團體，就該法規定事項得為告訴、自訴或提起民事訴訟。我國非法人團體經取得證明標章權者亦同。

3.被　告

被告即可疑為刑罰權對象之人，凡為自然人者，皆得充作被告，遇有欠缺責任能力時，法院應否停止審判或諭知無罪，均係列名被告經起訴後之審判事項（訴訟行為或有責性問題），非謂其無被告之當事人能力。法人為被告，須以法律有明文規定為前提❻，否則欠缺當事人能力。政府機關或非法人團體，更無被告當事人能力可言。至於依照本法第七編之二沒收特別程序相關規定，非法人團體可能取得「參與人」地位者，係因保障被告以外第三者合法權益而特別畀予參與該項程序之權利，在本案訴訟中，被告方為當事人，參與人並非當事人，不可混淆。

㈡訴訟能力

謂獨立實施（施與受）訴訟行為能發生法律效果者所須具有之能力，又稱訴訟行為能力。應以有無意思能力為斷。

1.檢察官

檢察官依法執行職務，不生欠缺訴訟能力問題，萬一發生變故，可隨時運用檢察一體而將事務移轉於他檢察官處理。

2.自訴人

自訴人為自然人時，如係本法第三一九條第一項前段所指「犯罪之被害人」，須以有完全行為能力為前提❼。否則，雖有當事人能力，由於欠

---

❻　指採取兩罰規定之法律而言。

❼　提起自訴之犯罪被害人必須具有完全行為能力（參見最高法院六十五年度第五次刑庭庭推總會決議），此點究係當事人能力抑或訴訟能力問題？值得思考。如為告訴，祇須有意思能力即足，見 72 臺上 629 號判例。餘詳後述本法 §319 相關說明。

缺訴訟能力，無從為有效之起訴行為，法院不應受理。依同條項但書規定，可由該被害人之法定代理人、直系血親或配偶（此等人當然須有完全行為能力方可）具名提起自訴。

自訴人為法人時，本身無所謂意思能力，實例認為應由其合法代表人，代表該法人實施訴訟行為（院 1394、1480 號解釋及 27 上 946 號判例）。

3. 被　告

被告為自然人時，祇須具有意思能力，明瞭訴訟上之利害關係，並能據以辨別而為獨立、完全之意思表示，尤其能為自己辯解、防禦者，即可謂有訴訟能力。

限制行為能力人並非絕無訴訟能力，若於訴訟能力有所欠缺，法院應審酌需否停止審判或准由輔佐人提供輔助。其係智能障礙者，則有第三十一條強制辯護相關規定之適用。

惟訴訟能力雖可包含辯論能力，而有訴訟能力未必皆有辯論能力，如第三審法院行言詞辯論時，非律師即無辯論能力（本法第三八九條）。

被告為法人時，因兩罰規定皆屬專科罰金之罪，得委任代理人到庭（見本法第三十六條），如未委任代理人時，應如何實施訴訟行為，尚無判解可循，實務上係由法人之代表人或從業人員到庭陳述，於法究嫌無據❽；且在兩罰規定之情形，將法人及其代表人列名共同被告，而由共同被告之一（代表人），為另一共同被告（法人）代為訴訟行為，尤非所宜。亟待連同前述法人提起自訴之訴訟能力問題一併考慮修法增訂條文，以謀解決之道。

---

❽　日本刑事訴訟法第二十七條立法例可供參考。

第二章　法院之管轄

一、管轄權

(一)意　義

　　歸由司法審判之刑事案件，依其性質、審級、地緣因素而分配予各該法院，稱此分配曰法院之管轄，實乃審判權之分配是也。按照分配而就具體案件取得審理裁判權限之法院，即係有管轄權之法院，稱曰管轄法院。訴訟法上所稱法院（狹義），係指行使司法權專司裁判，由法官以獨任或合議制組成之組織體而言，與法院組織法上之廣義法院有別。後者為司法行政機關，係由法官及其他行政人員組成之綜合體。法院院長具有法官及司法行政人員之雙重身分，院長依本法第二十四條第一項或第二十五條第二項所為之迴避裁定，條文雖稱院長，其實係以法官身分行之。院長一職不受憲法第八十一條之身分保障。此外，國民參與審判刑事案件合議庭之組織，尚有非法官者在內，請參閱本書專論「國民法官法」四相關說明。

(二)與審判權之區別

　　關於刑事審判權之意義，已詳前述（見 §1 二），與管轄權對照，前者抽象、概括，後者具體、個別。有審判權未必具有管轄權，而有管轄權則必然具有審判權。法院辦理刑事案件，對於審判權之有無，乃首要調查事項，倘若無審判權，在檢察官應為不起訴之處分，在法院應諭知不受理之判決（本法第二五二條第七款、第三〇三條第六款）；如係無管轄權之處理方式，在檢察官應向該管檢察官為通知或移送，在法院應諭知管轄錯誤之判決（本法第二五〇條、第三〇四條及第三三五條）。假設無管轄權之案件且係無審判權時（例如被告為軍人），因其既已欠缺首要之審判權，即無具體分配歸由何一法院管轄之可言，此際無須移送或判決管轄錯誤，

應以無審判權為理由，逕予不起訴處分或判決不受理。

㈢管轄之層級

　　法院自初級而上級，依法院組織法分為地方法院、高等法院、最高法院三個層級，前二者並得設分院。訴訟程序歷經初審以迄終審，依訴訟法分為第一審、第二審、第三審三個階段。現行制度，以三級三審為原則❶，任何案件均自第一審開始，而第一審管轄權是否全部屬於初級之地方法院，分設於各地之同級法院間彼此如何分工，自應有其基準，俾能據以分配。

二、事物管轄

　　本法第四條明定事物管轄之基準（事物管轄又稱事務管轄，參見 21 上 1290 號舊判例），即刑事案件第一審管轄權並非全部屬於地方法院，必須依案件之性質而定其歸屬如下：

㈠地方法院於刑事案件有第一審管轄權（原則）

　　法院組織法第八條第二項明定在特定地區，因業務需要，得設專業地方法院。依少年及家事法院組織法第二條第一項第一款規定，少年及家事法院於少年刑事案件有第一審管轄權。目前僅有臺灣高雄少年及家事法院係單獨設置之專業地方法院，各地方法院轄區未設上述專業法院者，依同條第三項規定，由地方法院設少年法庭辦理，或由專人兼辦之。本書內容敘及少年法院或少年法庭者，即係指上述情形而言。此外，國民參與刑事審判案件，歸由地方法院管轄，請參閱本書專論「國民法官法」三相關說明。

㈡高等法院於內亂罪、外患罪、妨害國交罪之刑事案件有第一審管轄權

　　本法斟酌此類案件之性質，鑑於危害嚴重，爰將其第一審管轄權歸屬於高等法院。此外，犯殘害人群治罪條例之罪者，依該條例第六條規定，其第一審亦由高等法院管轄之。

---

❶　例外情形見本法第三七六條、第四五五條之一及之十。

惟本法第四條第二款所指「外患罪」之範圍如何界定，刑法分則第二章以內所定之犯罪行為是否全屬外患性質，與被告審級利益相關，宜予從嚴認定。按釋字 96 號解釋對於列入刑法分則第四章瀆職罪章內之行賄罪性質問題，認為刑法第一二二條第三項之行賄行為，性質上不屬於瀆職罪，該條將行賄與受賄並列，乃為立法上之便利。由此可知，犯罪性質之認定，非可專以刑法分則章名為準。茲查刑法外患罪章內第一〇九條第一項之罪及其未遂犯、預備犯、陰謀犯，第一一〇條、第一一一條、第一一二條之罪，均係單純妨害國防祕密，未必涉及敵國或外國，僅因立法上之便利而予列入該章，能否遽認致貽外患，顯有疑義，且刑法修正草案總說明，亦認「宣洩國防機密行為，並非均與外患罪有關，自不宜勉強納入外患罪章……」，是其性質恐難認為屬於外患罪。若然，則單純宣洩國防祕密罪之案件，其第一審管轄權之歸屬，宜解為並無本法第四條第二款之適用。實例對於妨害軍機治罪條例（現已廢止）案件，曾認該條例係外患罪之特別法，而謂依本法第四條第二款規定應由高等法院管轄第一審，此項見解不無商榷餘地❷。

三、土地管轄 §5

(一)概　說

刑事案件之第一審管轄權，先依本法第四條定其歸屬究為地方法院抑或高等法院以後，由於地方法院及高等法院均分設各地，在各地同級法院之間，即有待於更進一步定其分工，方能產生某一案件之該管法院。本法第五條緊隨第四條之後，以地緣因素為分配基準，稱曰土地管轄。管轄權之有無，以案件起訴時為準。起訴時該法院有管轄權者，不因訴訟繫屬後

---

❷　前臺灣臺北地方法院士林分院 83 重訴 13 號刑事判決。案據上訴，經臺灣高等法院以 83 上重訴 57 號刑事判決予以駁回。被告繼續上訴於最高法院，終經該院 83 臺上 5159 號刑事判決駁回確定，認為此案第一審管轄權屬於臺灣高等法院（詳見臺灣高等法院 92 訴更二字 1 號刑事判決）。惟妨害軍機治罪條例已經廢止，今後此類案件不再發生。

事實狀態變更（例如遷徙）而受影響。此在學術上稱為管轄恆定原則。

第四條事物管轄及第五條土地管轄，皆在解決第一審管轄權之歸屬問題。關於上訴、抗告、再審、非常上訴等案件，其管轄權於本法相關編章中另有規定（見本法第三六一條、第三七五條第一項、第四○三條第一項、第四二六條、第四四一條、第四五五條之一第一項及第四項）。

㈡依本法規定

本法第五條第一項規定：「案件由犯罪地或被告之住所、居所或所在地之法院管轄。」

㈢各類地緣基準

其就地緣因素考量分配之基準如下：

1.犯罪地

此乃犯罪事實發生之地，蒐證便利，且永不變更。犯罪地一詞，參照刑法第四條之規定，解釋上自應包括行為地與結果地兩者而言（72 臺上5894 號判例）。經由網路傳述足以毀損他人名譽之事者（刑法 §310），其結果地尤為廣泛，凡得以獲取該項傳述訊息之地區，皆係行為人之犯罪地。至於各種犯罪態樣之犯罪地（如不作為犯、繼續犯等），應依刑法原理並參照相關判例❸而為認定。

2.被告之住所、居所地

刑事訴訟程序雖無如民事訴訟所謂「以原就被」之原則，惟案件如由被告住居所當地法院管轄，對於訴訟程序之進行較為便利。關於住所、居所地之認定，悉依民法相關規定。起訴後住居所如有變更，對於受訴法院之管轄權不生影響。

3.被告之所在地

此即被告被起訴當時所在之地，係以起訴時為準。起訴後如有變更，不影響受訴法院之管轄。被告究竟因何緣由而在該地，並非所問，即使遭受強制處分所致，仍不失為所在地（院 1247 號解釋）。

以上三者，係按照本法第五條第一項規定文句依序列述，雖未必有順

❸　參見 28 上 649、70 臺上 5753 號判例。

序之分❹，而就此三種地緣因素以觀： 1.係犯罪已然發生之地，永久不變，最為固定； 2.有變更之可能，其中居所又較住所易於變更，列為次要； 3.則隨時可變，列為最末考量。可見未嘗無排列先後之含意。

關於被告所在地問題，尚有可供研討者：檢察官實施偵查，受檢察一體原則所支配，依法院組織法第六十四條規定，可由上級檢察首長命令，將甲地該管案件移轉於乙地之檢察官辦理，不受土地管轄限制。惟如偵結起訴而乙地法院無管轄權者，仍須向甲地法院起訴❺。倘若該案因移轉偵查致使被告遭受強制處分（移押）而造成其身在乙地之事實，此種情形，如仍允許乙地檢察官以「被告所在地」為由而向乙地法院起訴，無異任由原告（檢察部門）藉所謂「某某專案」為名而刻意製造管轄基點，實為濫權破壞土地管轄基本原則。

本法第五條第二項規定，在中華民國領域外之中華民國船艦或航空機內犯罪者，此種案件除依同條第一項所定土地管轄基本原則外，其船艦本籍地、航空機出發地或犯罪後停泊地之法院，亦有管轄權。此一規定，係配合刑法第三條國家想像領域內犯罪案件而設，其犯罪地在國家真實領域之外，無從定當地法院所在，而行為人又未必在國內有住居所，適用本法第五條第一項時，可能遭遇盲點，爰明定同條第二項所列各該地之法院亦有管轄權，以期周密。

四、管轄之牽連

§6
§7

(一)概　說

相牽連之數個案件，依本法第四條、第五條定其管轄，如果分散在各個法院時，即生管轄之牽連，為求避免重複調查事證之勞費及裁判之歧異，

---

❹　德國刑事訴訟法第七條至第十條 a，依各種不同地緣因素定案件之土地管轄，於第七條首先規定「犯罪地」，而於同條第二項但書及其次各條，如被告住所、居所、逮捕地等法院，均採用「亦」(auch) 有管轄權之用語，寓有第七條為主而以其餘各條為補充之意。

❺　見院 63、598、1872 各號解釋及 30 聲 16 號判例。

以達訴訟經濟及裁判一致性之要求，可依第六條規定，考慮作下列合併：

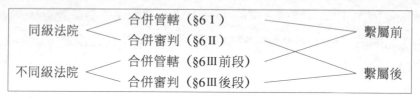

上述合併，實係法定管轄之擴張，須以相牽連之案件為對象，數個案件如非相牽連者，即無合併之實益。

㈡相牽連之意義

所稱相牽連❻之案件，於本法第七條定有立法解釋，係指下列情形之一者而言：

1.一人犯數罪

2.數人共犯一罪或數罪

稱共犯（此處共犯二字係動詞），依立法當時之刑法總則第四章規定，原即包括正犯、教唆犯、幫助犯三者，該章雖經修正，惟本條第二款及本法其他定有「共犯」字樣之條文（見 §§34, 76, 88 之 1, 101, 105, 135, 156, 239, 245, 455 之 7）仍應依向來之詮釋。本書在其他條文中不再贅述。

3.數人同時在同一處所各別犯罪

此即學理所稱同時犯 (Nebentäterschaft)，各人之間並無犯意聯絡，係於同時同地各自實行犯罪，不構成共犯關係，無法納入上述 2.以內。例如數人同時在某一災害地點各別犯刑法第三二一條第一項第五款乘災竊盜罪是。

4.犯與本罪有關係之藏匿人犯、湮滅證據、偽證、贓物各罪

此等與本罪有關係之各罪，在學理上有事後共犯關係，惟刑法不承認「事後共犯」，因此無法納入上述 2.以內。

按刑事案件包含被告及其犯罪事實，依此二者而定案件之為一案或數

---

❻ 與本法所稱「相牽連」案件相當者，德國刑事訴訟法謂 Zusammenhang，日本刑事訴訟法謂關連事件。本法雖未如德日之有依檢察官或被告聲請合併等規定，惟如經彼等提出聲請時，應有促使職權發動之效果。

案。申言之，一名被告及其一個犯罪事實❼，成為一案；被告有二名以上，或犯罪事實有二個以上，或被告與犯罪事實均有二個以上，或有本法第七條第四款情形者，均為數案❽。上述案件相牽連之各種情形，均係數個案件，本可分別歸由各該有管轄權之法院辦理；法律之所以規定合併管轄或合併審判，無非基於訴訟經濟與程序便利之考量，第六條各項均定曰「得」合併，需否合併，可由法院為適當裁量。惟第六條第三項關於不同級法院間相牽連案件之合併，涉及被告審級利益，上述 3.同時犯之情形，其數案間之關係各別，尚不及學理上事後共犯之關聯程度，如有事物管轄不同者，應以避免合併為妥，本法第六條第三項但書特予排除，其理由在此。

㈢實務暨實例說明

　　關於管轄之牽連及其合併，已如上述。茲尚有下列各點，併予說明：

1.相牽連案件之合併管轄或合併審判，須以各個案件審判權之歸屬相同為前提，否則無從合併（院 1618 號解釋）

　　例如軍人與非軍人共犯某罪 ，而該軍人依法應由軍法機關追訴審判者，雖依本法第七條第二款為「數人共犯一罪」之相牽連案件，由於彼此審判權歸屬有別，即無本法第六條之適用。

2.相牽連之甲乙兩案，如欲使乙案與甲案合併管轄時，須以對甲案得以起訴為前提，否則，未來既無合併審判之可能，即不許專就乙案向甲地法院單獨起訴

　　例如張三居住臺北，在臺中另有房屋一棟，專供收藏古董之用，張三之子張四（同住臺北）與其臺中友人王五，在臺中共同竊取屋內古董一批，事發後，案移臺北方面偵查。旋經張三對其子張四部分撤回告訴，此際即不許專就王五竊盜案件向臺北法院起訴 ，應向臺中法院起訴方為合

---

❼　犯罪事實是否僅有一個 ，須依實體法認定之 ，裁判上一罪之刑罰權僅有一個，如被告僅有一人者，即與本法第七條第一款一人犯「數罪」之情形不符。

❽　學理上分為三種型態：人的相牽連 (persönlicher Zusammenhang)，事的相牽連 (sachlicher Zusammenhang)，混合的相牽連 (kombinierter Zusammenhang)。

法。惟如案繫臺北法院後張三始撤回告訴，其子張四部分雖不受理，而王五部分則仍由臺北法院審判。合併管轄以起訴時為準，既經依法合併起訴，張四部分縱未能獲致有罪判決，對於王五部分並無影響。又如臺北方面偵查終結，由於張三未曾表明對張四告訴，遂僅將王五起訴，臺北法院本應諭知管轄錯誤之判決；倘若檢察官於法院尚未作此判決以前，根據張三合法告訴而將張四追加起訴到院時，即可認為原案先前欠缺管轄權之程序上瑕疵已經治癒，臺北法院仍應就張四及王五被訴共同竊盜合併審判。

3.**相牽連案件繫屬後之合併審判，以裁定行之**

此應由法院依職權處理，無須當事人聲請或徵詢其意見。如於裁定合併後發現非相牽連者，對於原擬併入部分，仍應為管轄錯誤之判決。又第六條第二項所稱「共同之直接上級法院」，謂在審級上之共同直接上級法院，例如基隆與新竹同屬臺灣高等法院管轄，該院為基隆與新竹兩地地方法院之共同直接上級法院；而基隆與臺中分屬臺灣高等法院與該院臺中分院管轄，在審級上分屬兩個直接上級法院，分院管轄之下級審法院，不得以高等本院為其直接上級法院，此際即以最高法院為共同之直接上級法院（其他條文中「直接上級法院」一詞含意同此）。

4.**相牽連案件之合併審理，以各案均在判決前者為限，否則，並無合併實益，應由該管法院本其權責予以審判（院 948 號解釋），不得合併**

5.**相牽連案件經檢察官合併起訴，其中兼有應行國民參與審判及非應行國民參與審判兩種案件在內者，以合併實行國民參審為原則，請參閱本書專論「國民法官法」三之㈠之 3 相關說明。**

㈣**相牽連案件於同一法院內不同法官間之合併審判**

相牽連案件分別繫屬於數個有管轄權之不同法院時，得以裁定送由其中某一法院合併審判，已如上述。至於相牽連案件已繫屬於同一法院經分配予不同法官承辦時，如依該法院法官會議或庭務會議所訂內部事務分配之一般抽象規範，類推援用本法第六條意旨，而送由其中某一法官合併審理（實務上常見後案併前案）者，業經釋字 665 號解釋予以肯定，認為並未違反學理所稱「法定法官原則」，即與憲法第十六條保障人民訴訟權之

意旨無違。此項原則源自德國基本法第一○一條第一項規定，該號解釋之理由書，對於上述原則有詳盡闡述。

五、管轄之競合　§8

(一)原則與例外

　　同一案件繫屬於有管轄權之數法院時，即產生管轄之競合問題，應明訂其解決方法，以免各法院皆作成實體判決，發生雙重處罰或結果兩歧現象。依本法第八條規定，其解決之道：應由繫屬在先之法院審判，是為原則；但經共同之直接上級法院裁定，亦得由繫屬在後之法院審判，是為例外。茲所謂同一案件繫屬於有管轄權之數法院者，於第八條條文雖未有數「同級」法院字樣，惟參照最高法院 17 年解字 228 號解釋（當時尚無司法院解釋），實係指數同級法院而言。如同一案件分別繫屬於高等法院及地方法院時，即不問繫屬之先後，當然應由高等法院審判❾。

　　案件繫屬先後之認定，如因其無管轄權而為管轄錯誤之判決，同時諭知移送於有管轄權之法院者，實務（最高法院 106 臺非 235 號刑事判決）認為原案仍應以無管轄權法院先前收受訴訟卷證時，為其繫屬之時點。

　　本條「同一案件」一詞，係指同一案件先後繫屬於數法院產生重複繫屬，經核其數訴具有同一性者而言。在本法其他條文中：第一六一條第三項係指前後兩個公訴案件具有同一性；第二六○條係指前後兩個偵查案件具有同一性；第三二三條第一項係指前一偵查案件與後一自訴案件具有同一性；第三二四條係指前一自訴案件與後一告訴案件具有同一性；第三二六條第四項係指前後兩個自訴案件具有同一性。凡此皆有前後二（含二以上）案比對而認其具有同一性之情形，與後述第二六七條、第二六八條公訴不可分原則相關說明之單一性案件有別，應注意分辨，不可混淆。

(二)不得為審判之處理

　　同一案件管轄競合經依上述方法定其應為審判之法院後，別院即不得

---

❾　日本刑事訴訟法第十條、第十一條就事物管轄不同或相同者分別規定其管轄競合之解決方法，甚為明晰。

為實體審判。惟訴訟繫屬既已發生，必須以判決消滅繫屬。因此，不得為審判之法院應從程序上依本法第三〇三條第二款或第七款為不受理之判決，此點與本法第六條合併裁定並未消滅原案訴訟繫屬者有別。

(三)**實例說明**

稱同一案件，指被告及犯罪事實均屬相同者而言。兩者有一不符，即係個別不同案件，除有相牽連情形得合併審判外，本應各別辦理，不生管轄競合問題。關於被告是否同一，較易辨別，惟須注意冒名、假名之情形。關於犯罪事實是否同一，應從所訴事實內容予以判別，非可專以罪名是否相同為準（46臺上1506號判例）。且事實是否同一，除實質上一罪易於辨別外，尚須注意有無裁判上一罪之情形。

關於裁判上一罪之同一案件管轄競合者，例如：張三教唆流氓殺害李四及王五，結果一死一傷，各人居住於不同地區，且張三之教唆行為地與李四、王五之被害地亦不相同，就張三而言，雖有教唆殺人既遂及教唆殺人未遂之分，參考37上2257號判例，乃一行為觸犯二罪名，係想像競合犯，在實體法上祇有一個刑罰權，亦即裁判上一罪。倘若被害人李四親屬以及王五向不同地區之甲、乙兩地法院分別訴究，無論是否均係經由檢察官提起公訴，或係公訴自訴互見，均發生A、B兩個訴訟繫屬。表面觀之，A、B兩訴所控罪名不同，從刑法裁判上一罪而論，仍屬同一犯罪事實。於是形成同一案件繫屬於有管轄權之數法院的競合情形，應依本法第八條規定，定其應為實體審判之法院。茲就此一舉例，說明其管轄競合之處理結果如下：

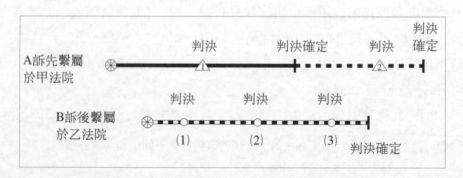

1. A 訴已繫屬於甲法院在先，甲法院即係應為實體審判之法院，自應使其進行如常

　　△表示甲法院判決之第一時點，△表示假設之第二可能時點。

2. B 訴與 A 訴，乃同一案件，B 訴繫屬於乙法院在後，乙法院不得為實體審判，應分別情形，為下列判決

　　(1)第一時點甲法院尚未判決

　　乙法院應依本法第三〇三條第七款為不受理判決(如於同一法院先後繫屬者引用該條第二款)。

　　(2)第二時點甲法院已判決，尚未確定

　　乙法院仍應依本法第三〇三條第七款為不受理判決(如於同一法院先後繫屬者引用該條第二款)。

　　(3)第三時點甲法院實體判決已經確定

　　乙法院應依本法第三〇二條第一款為免訴判決(如於同一法院先後繫屬者亦同)。

　　(4)上述(1)至(3)，乙法院如誤為實體判決

　　須循上訴或非常上訴程序予以糾正，分別改判不受理或免訴。

3. △情形特殊

　　在正常狀況下，A 訴本應由甲法院為實體判決，詎料 B 訴竟由乙法院先行實體判決確定，此際依釋字 47 號解釋，基於尊重既判力及訴訟經濟之考量，甲法院於假設第二可能時點，反而必須為免訴判決，使乙法院之確定判決得以維持。

4. 以上所述各項處理情形，其相關判解

　　釋字 168 號解釋，60 臺非 173 號判例，最高法院五十一年三月十九日民刑庭總會第二案決議。

　　管轄牽連與競合之比較，可列表說明如下：

類　別 項　目	管轄之牽連（本法第六條）	管轄之競合（本法第八條）
基本性質	相牽連案件——數案件	同一案件——一案件
法院級別	同級與不同級分別明定	僅指同級法院
繫屬情形	繫屬前繫屬後均有適用	解決繫屬後之競合問題
處理原則	得合併	必須歸併其一
處理方式	其合併，以裁定行之。合併後仍為數案件。	不得為實體審判之法院，應以形式判決終結該案，無須另為裁定。
訴訟關係	裁定合併後仍待判決	不得為實體審判之法院，其因繫屬所生訴訟關係，經形式判決而告消滅。
目的考量	為求訴訟程序之便利	避免一事產生雙重實體判決
違反效果	即使未合併亦無影響	如有雙重實體判決必須依法定程序救濟

§9

六、指定管轄

㈠原　因

依本法第九條第一項規定如下：

1.數法院於管轄權有爭議者

包括互相推諉或互相爭取管轄權，即消極或積極爭議兩種情形 (negative oder positive Streitfall)。

2.有管轄權之法院經確定裁判為無管轄權，而無他法院管轄該案件者

按法院對於有管轄權案件誤判管轄錯誤而移送於他法院者(見本法第三〇四條及第三三五條)，依本法第三七九條第四款規定，其判決當然為違背法令，固可據為上訴第三審之理由，倘該判決已告確定，原案既可由他法院管轄、審判，尚無提起非常上訴之必要。惟如別無他法院可管轄時，即應設法指定管轄(仍得以當初誤判管轄錯誤之原法院為指定對象)，以資救濟。例如有管轄權之法院對某自訴案件誤為管轄錯誤之判決確定，由於未經自訴人聲明（本法第三三五條），該判決並未諭知移送，原案如

別無他法院可管轄時，即需指定管轄。

　　3.因管轄區域境界不明，致不能辨別有管轄權之法院者

（二）指定權

　　1.由直接上級法院指定之。

　　2.如不能依本法第九條第一項及第五條規定以定其管轄法院者，則由最高法院指定之。

　　此種情形，參照 31 聲 29 號判例，係指關係之數法院各有其直接上級法院，不相統屬，不能由其中之一個直接上級法院予以指定；或被告在國內無住居所，其犯罪地亦不在刑法第三條所定我國領域內，無從依土地管轄以定其管轄法院者而言。

（三）指定方式

　　以裁定行之，不得抗告。如該案已判決，即不生指定管轄問題，當事人認判決違誤者，可循上訴救濟。

（四）聲請指定

　　另詳 §11。

七、移轉管轄

§10

（一）原　　因

　　依本法第十條第一項規定如下：

1.有管轄權之法院因法律或事實不能行使審判權者

　　按本款原因，參照原始立法理由，例如某法院法官員額僅三名而均須迴避或其中一人迴避餘二人不足組成合議庭（31 聲 24 號判例），或法官皆罹疾病一時不能執行職務，因而認有移轉管轄之必要❿。實務所見，某被告於偵查中經檢察官聲請福建金門地方法院羈押獲准，被告不服，抗告於福建高等法院金門分院，經該院裁定駁回其抗告。嗣該案件於提起公訴

---

❿　實例調第二審法院與第一審法院間沿途發生匪患，因之無法解送被告，在事實上第二審法院不能行使審判權，應移轉管轄（最高法院二十五年四月七日民刑庭總會決議）。

後，經福建金門地方法院判決，被告提起第二審上訴，繫屬於福建高等法院金門分院。惟福建高等法院金門分院編制僅有一合議庭，僅有二名法官，均曾參與本件偵查中羈押抗告之審理，依法院組織法第十四條之一第二項規定，不得辦理同一案件之審判事務。於是該院已無其他法官得以審理本案，乃以其因法律之規定不能行使審判權為由，請求最高法院裁定移轉管轄。此種情形，經最高法院一〇六年度第五次刑事庭會議決議，認為應予准許裁定移轉管轄。又如再審案件，因法官迴避而有員額不足之情形，亦有本款之適用（最高法院 110 臺抗 1501 號刑事裁定）。

2.因特別情形由有管轄權之法院審判恐影響公安或難期公平者

按審判獨立本不受任何干涉，本款所謂特別情形，須審酌該法院依其環境上之特殊關係；又所謂難期公平，須有具體情事可憑，適用上務須嚴謹。昔日法制尚欠健全，軍人尤其跋扈，曾有法院處於軍隊勢力範圍之下，深恐審判影響公安或難期公平之實例（19 聲 32 號判例，惟已無判決全文可資查考），如今難以想像。

㈡核定權

　1.由直接上級法院核定之。

　2.如直接上級法院不能行使審判權時，由再上級法院核定之。

㈢移轉方式

以裁定將案件移轉於該直接上級法院管轄區域內與原法院同級之他法院。此項裁定不得抗告。如案件已判決，即不生移轉問題。

㈣聲請移轉

另詳 §11。

§11　八、指定或移轉管轄之聲請

法院為管轄之指定或移轉，均不以經當事人聲請為限（院 923 號解釋）。惟依本法第十一條規定，當事人有聲請權，其方式須以書狀敘述理由向該管法院為之。聲請指定或移轉時，法無停止訴訟程序之規定（院 55 號解釋），需否停止，法院有裁量權。稱當事人，依本法第三條規定，

以檢察官、自訴人、被告為限。告訴人或告發人均無聲請權，如有意見，僅得向檢察官陳述，如有必要，可由檢察官提出聲請。稱該管法院，係指直接上級法院或最高法院而言（參考 34 聲 11 號判例）。

　　法院除得依職權逕為指定或移轉管轄之裁定外，對於當事人之聲請，認為合法且有理由者，自應以裁定為管轄之指定或移轉。如認聲請為不合法或無理由者，即應為駁回之裁定，當事人不得抗告。

九、欠缺管轄權及逾越轄區等問題

§§12～
16
（§15後
述）

　　審判權及管轄權之意義，已詳前述（見 §1 二及 §4 一）。

　　凡法院有普通刑事審判權之案件，從具體、個別立場而言，某一法院對於某一案件雖無管轄權，但其既非無審判權，則其所進行之訴訟程序，究難謂為無效。

　　本法第十二條規定：訴訟程序不因法院無管轄權而失效力。舉凡合法蒐集調查之證據，或已經實施之對人、對物各種強制處分，均不因該法院於事後諭知管轄錯誤判決而失其效力，甚至無管轄權法院誤為本法第三〇四條以外之判決者，其判決仍屬有效，得為上訴或非常上訴之對象。

　　又，實質真實原則乃本法基本原則之一（見本書緒論），而蒐證等發見真實所需之必要處分，務須掌握時機，稍縱即逝。本法爰於第十三條及第十四條，分別規定：法院因發現真實之必要或遇有急迫情形時，得於管轄區域外行其職務。法院雖無管轄權，如有急迫情形，應於其管轄區域內為必要之處分。此等規定，旨在證據之保全。又檢察官祇能在其所配置之法院管轄區域內執行職務（院 2790 號解釋），惟偵查階段之蒐證工作尤其重要，證據是否齊全，對於追訴審判有關鍵性之影響。本法特於第十六條明定上述第十三條及第十四條之規定於檢察官行偵查時準用之。

十、相牽連案件之偵查起訴

§15

　　關於管轄之牽連，已詳前述（見 §6 及 §7）。本法第六條係從法院立場，就案件繫屬前之合併管轄及繫屬後之合併審判事項，予以明定。至於

繫屬前之偵查案件，除應注意少年事件之特別規定外，依本法第十五條規定，如其管轄之案件相牽連者，得由一檢察官合併偵查或合併起訴；如該管他檢察官有不同意者，因案件尚未繫屬，法院無從參與其事，此際應由共同之直接上級檢察署檢察長或檢察總長命令之。

第三章　法院職員之迴避

　　本法為求裁判之允當，於有一定原因足致法官執行職務有難期公平之虞時，特設迴避之規定（自行迴避、聲請迴避、職權迴避），俾能確保法院為公平裁判。法院書記官及通譯，從事記錄、編卷、傳譯等事務，對於達成公平裁判有密切關係及相當影響，亦須斟酌情形準用迴避規定。至於檢察官及檢察機關書記官，德日立法例均不設迴避規定，本法目前仍予納入準用之列，此部分另詳後述（見 §26）。

一、法官❶自行迴避

　　法官於該管案件有本法第十七條所列各款情形之一者，應自行迴避，不得執行職務。此等自行迴避事由，旨在確保裁判公正避免法官偏頗。其中第八款事由，尚涉及當事人審級利益之考量。茲分述如下：

1.法官為被害人者

　　所謂被害人，係指直接被害者而言。例如張三佯稱係某法官之好友，可設法代為行賄關說宣告緩刑，向刑案被告騙款入己，此類俗稱司法黃牛案例，該法官僅係間接被害人，無須自行迴避。至於張三能否引用本法第十八條第二款規定聲請該法官迴避，乃另一問題。

2.法官現為或曾為被告或被害人之配偶、八親等內之血親、五親等內之姻親或家長、家屬者

　　本款各該親屬關係，均依民法認定之。所稱配偶、姻親，依司法院釋字第七四八號解釋施行法第二十四條第二項前段規定，尚包含該法第二條所定同性結合關係者在內。

---

❶　司法人員人事條例及法院組織法於七十八年十二月二十二日分別制定及修正公布施行後，舊稱推事已改為法官，本法甚多條文仍用推事一詞。嗣經陸續修正相關條文，已於一〇九年一月全部修正完畢。

3.法官與被告或被害人訂有婚約者

關於婚約，依民法之規定。又本款與前款不同，未包括曾經訂有婚約現已解除婚約者在內，此種情形能否引用本法第十八條第二款規定聲請迴避，乃另一問題。

4.法官現為或曾為被告或被害人之法定代理人者

法定代理人身分，依民法認定之。又法人之代表人，在民事訴訟上亦稱為法定代理人，除民法外，尚須注意公司法及其他相關法律。例如：民法第二十七條第二項，公司法第二〇八條第三項、第二一三條，合作社法第三十四條第一項等規定是。

5.法官曾為被告之代理人、辯護人、輔佐人或曾為自訴人、附帶民事訴訟當事人之代理人、輔佐人者

本款各該訴訟關係人身分，均依訴訟法認定之。

6.法官曾為告訴人、告發人、證人或鑑定人者

關於告訴人等身分，亦均依訴訟法認定之。

7.法官曾執行檢察官或司法警察官之職務者

檢警人員居於控訴一方之地位，曾經對於該管案件執行檢警職務者，自應不許其再就該案執行法官職務，以免流於糾問，有失公正。

8.法官曾參與前審之裁判者

本款謂「前審之裁判」者，原係指當事人所聲明不服之下級審裁判而言（29 上 3276 號判例），自司法院於七十一年十二月三十一日公布釋字178 號解釋後，已引申為包括「前前審」之第一審裁判在內。按法官迴避制度之立法意旨，在於確保公正裁判，維護當事人正當權益，增進國民對司法之信賴。本法第十七條所列法官應自行迴避之事由，皆係本此意旨而設，其中第八款（即本款）更有維護審級利益之考量因素。從法意而為闡釋，本款既求達成公正裁判，又求維護審級利益，可謂兩者並重，釋字178 號解釋理由，即認為法官已在下級審法院參與裁判，如於上級審法院再度參與同案之裁判，當事人難免疑有成見，影響審級利益，因而將「前前審」之第一審裁判，亦予納入本款所稱「前審」裁判之範圍。於是：

⑴法官曾參與當事人所不服之第二審裁判，而再參與第三審時。

⑵法官曾參與當事人所不服之第一審裁判，而再參與上級審（含第二審及第三審）時。

以上兩種情形，均應依本款規定，自行迴避，並無疑義。至若：

⑶甲法官曾參與第一審之裁判（以下簡稱(A)），經上級審撤銷發回更審後，能否再行參與第一審之更審裁判（以下簡稱(B)）？

⑷又如甲法官未再參與(B)裁判，即奉調為上級審法官，於該案繫屬上級審後，能否參與裁判？

⑸乙法官曾參與第二審之裁判（以下簡稱(C)），經第三審撤銷發回更審後，能否再行參與第二審之更審裁判（以下簡稱(D)）？

⑹又如乙法官未再參與(D)裁判，即奉調為第三審法官，於該案繫屬第三審後，能否參與裁判？

上述⑶及⑸兩者，(A)與(B)仍屬第一審之裁判，(C)與(D)仍屬第二審之裁判❷，均非下級審之裁判。上述⑷及⑹兩者，上級審係以(B)、(D)為審核對象，而該法官並未參與(B)或(D)之裁判，原裁判(A)及(C)均經撤銷不復存在，因此並未形成「審核自己所為裁判」之情形，不致影響當事人審級利益。以上⑶至⑹均無本款自行迴避事由之適用。惟釋字 178 號解釋理由書內，針對第⑹種情形，謂為貫徹迴避制度之目的，如無事實上困難，該案件仍應改分其他法官辦理。按(C)裁判乃同一審級之前次裁判，解釋文既認本款所稱前審係指下級審而言，而於理由內又作如是附述，立論未免牽強，該案如未改分其他法官辦理，其所作裁判是否當然違背法令（本法第三七九條第二款），頗成疑問。

---

❷　第⑸種情形在德國實務見解亦認法官無須自行迴避，至多得由當事人以法官有偏頗之虞聲請迴避而已。見 Karlsruher Kommentar zur Strafprozessordnung, §23, Rn. 5, 4 Aufl., 1999. 及 Gerd Pfeiffer, Strafprozessordnung und Gerichtsverfassungsgesetz, §23, Rn. 2, 4 Aufl., 2002. 及 Roxin/Schünemann, Strafverfahrensrecht, §8, Rn. 10, 29 Aufl., 2017. 在我國，除有 29 上 3276 號判例外，另有最高法院 92 臺抗 483 號刑事裁定案例可供參照。

此外，在對於確定判決聲請再審之情形，其參與該確定判決之法官，於再審程序是否應依本款規定自行迴避？德例認應迴避❸，釋字 256 號解釋對於民事再審之訴，認該法官須自行迴避，但其迴避以一次為限（行政訴訟法第十九條第六款參照），最高法院 109 臺抗 157 號刑事裁定所持見解，認為對於刑事再審案件應無不同，亦須迴避一次，以免同一法官自己審查自己先前之判決，防範預斷偏頗；並自 110 臺抗 1501 號刑事裁定以後，獲致統一見解。該則裁定認為再審案件如因法官迴避而有員額不足以致不能行使審判權之情形，可依本法第十條第一項第一款之規定，由其直接上級法院以裁定將案件移轉管轄。因此，過往 28 聲 10 號判例應不予參考。至若非常上訴程序，原非上訴或再審可比，係以糾正審判違背法令為目的，其不利益不及於被告，參與原確定判決之法官，宜認為無須迴避。

再者，本款迴避事由，須以法官曾參與前審之裁判為要件，其所參與者，如非裁判行為，即不屬之。例如：受託法官訊問證人（見本法第一九五條及 29 上 414 號判例）。法官曾參與準備程序（90 臺上 7832 號判例），並未參與言詞辯論及判決。案經言詞辯論終結後再開辯論，某法官曾參與言詞辯論，並未參與再開辯論及判決。法官曾經核辦保全證據之聲請案件。上述各例中，法官均非參與裁判，不生迴避問題。又如法官曾經核辦偵查中強制處分聲請案件之審核，而參與同一案件之裁判，違背法院組織法第十四條之一第二項規定者，宜解為其係法院組織不合法（見後述本法第三七九條第一款說明），亦非本款之迴避事由。

關於非屬本款迴避事由而可能構成本法第十八條第二款聲請迴避事由之案例，另見後述該條款相關說明。

§18 ## 二、聲請法官迴避

法官如有本法第十八條所列情形，當事人得聲請該法官迴避。茲將聲請事由及相關程序說明如下：

---

❸　德國刑事訴訟法第二十三條第二項。我國最高法院曾經出現相同見解亦認應行迴避（102 臺抗 143 號刑事裁定）。

㈠聲請事由

1.法官有本法第十七條應迴避之情形而不自行迴避者。

2.法官有本法第十七條以外情形，足認其執行職務有偏頗之虞者。

上述 2.之適用，參考 79 臺抗 318 號判例，須以一般通常之人所具有之合理觀點，對於該承辦法官能否為公平之裁判，足生懷疑；且此種懷疑之發生，存有其客觀原因，而非僅出諸當事人自己主觀之判斷者，始足當之。因此，關於法官證據調查、訴訟指揮之處分或其問案方法，當事人如有不滿，非可據為認有偏頗之事由而任意聲請迴避。至於是否聲明異議（本法第二八八條之三），乃係另一問題。

茲有實例一則可供參考：子丑寅三人被訴一案，第一審以丙法官為受命法官。該案接受調查訊問之證人卯，嗣因被訴與子丑寅為共犯而經另案判處罪刑。卯不服判決上訴於第二審，業已調任第二審法官之丙法官，恰為卯上訴案件之受命法官。此種情形，前後二案雖然不同，與第十七條第八款所定事由不符，惟在客觀上足令一般通常之人合理懷疑丙法官有產生預斷之可能，最高法院 108 臺抗 921 號刑事裁定認為構成第十八條第二款之迴避事由。

㈡聲請權人

當事人得聲請法官迴避。依本法第三條規定，應以檢察官、自訴人、被告三者為限。附帶民事訴訟程序中如有聲請法官迴避者，依本法第四九〇條規定，準用總則編第三章有關規定。告訴人、告發人、自訴代理人、辯護人等皆非當事人，均無聲請權。另有宜加探討之問題詳見 §26。

㈢聲請時期

§19

上述㈠之 1.聲請事由，依本法第十九條第一項規定，不問訴訟程度如何，當事人得隨時聲請法官迴避。惟該案件如已辯論終結，當事人於尚未裁判前提出聲請者，是否合法，不無疑問。按依法律應迴避之法官參與審判者，其判決當然違背法令（本法第三七九條第二款），當事人於此際提出聲請，原案既未裁判，法院得命再開辯論，是其聲請仍有實益，宜認為合法之聲請，儘速予以處理。

上述㈠之 2.聲請事由，本無法定自行迴避之原因，為防止當事人藉詞延滯訴訟進行，依本法第十九條第二項規定，如當事人已就該案件有所聲明或陳述後，即不得聲請法官迴避。但聲請迴避之原因發生在後或知悉在後者，不在此限。茲所謂已經有所「聲明或陳述」者，宜認為指實質事項而言。諸如：就人別訊問之陳述姓名年籍，就指定送達代收人所為陳明，就案件為移轉管轄之聲請等情形（本法第九十四條、第五十五條、第十一條），均無礙於當事人聲請法官迴避。

§20　㈣**聲請程序**

聲請法官迴避，應以書狀舉其原因，向法官所屬法院為之。但於審判期日或受訊問時，得以言詞為之。聲請迴避之原因，及上述㈠之 2.所定其原因發生在後或知悉在後之事實，當事人提出聲請時，應負釋明之責，即以敘明其證明之方法為已足，不以提出證據為必要。針對聲請事項，被聲請迴避之法官，得提出意見書，此乃任意規定，可由該法官自行審酌。

§21　㈤**處理方式**

當事人所提法官迴避之聲請，應由該法官所屬之法院，以合議裁定之。如因不足法定人數而不能合議者，則由法院院長裁定之。如並不能由院長裁定者，則由直接上級法院裁定之。該項裁定，被聲請迴避之法官不得參與。惟如該法官認聲請為有理由者，即應迴避，無須裁定。

§22　法官被聲請迴避者，在尚未准駁以前，除因急速處分或以上述㈠之 2.聲請迴避原因為理由者外，應即停止訴訟程序。

§23　上述裁定，不外准駁兩種結果。對於不合法或無理由之聲請，應為駁回之裁定；對於合法且有理由之聲請，應為該法官迴避之裁定。聲請人對其聲請被駁回之裁定，依本法第二十三條規定，得提起抗告，以求救濟。至若為法官迴避之裁定者，聲請人已達目的無須抗告，該法官雖係受裁定人，惟基於迴避制度之本旨，本法未設許其得為抗告之規定，且關於程序事項之裁定，本應以不得抗告為原則（見本法第四〇四條）。

三、職權裁定迴避　§24

　　該管聲請迴避之法院或院長（見 §21），如認法官有應自行迴避之原因者，依本法第二十四條規定，應逕依職權為迴避之裁定。此項裁定，不得抗告，無須送達。

四、法院書記官及通譯之迴避　§25

　　法院書記官職司製作各種筆錄、編訂訴訟卷宗、交付文書送達、收受裁判原本、作成裁判正本等事務；通譯負責方言、外語、聾啞手語等語言傳譯工作，對於公平裁判之達成，具有密切關係及相當影響。本法第二十五條乃予明定 ： 本章關於法官迴避之規定 ， 於法院書記官及通譯準用之❹。但不得以曾於下級法院執行書記官或通譯之職務為迴避之原因，蓋書記官或通譯均未參與裁判，本法第十七條第八款情形無須準用也。

　　法院書記官及通譯之迴避，由所屬法院院長裁定之。餘詳上述 §18 至 §24 各該說明。

五、檢察官及其書記官之迴避　§26

　　本法第二十六條第一項規定：第十七條至第二十條及第二十四條關於法官迴避之規定 ， 於檢察官、檢察事務官及辦理檢察事務之書記官準用之。但不得以曾於下級檢察署執行檢察官、檢察事務官、書記官或通譯之職務為迴避之原因。同條第二項規定：檢察官、檢察事務官及前項書記官之迴避，應聲請所屬檢察長或檢察總長核定之。同條第三項規定：檢察長之迴避，應聲請直接上級檢察署檢察長或檢察總長核定之，其檢察官僅有一人者，亦同❺。

---

❹　德國刑事訴訟法第三十一條、日本刑事訴訟法第二十六條亦有書記官準用迴避之規定，但無通譯在內。

❺　司法人員人事條例及法院組織法於七十八年十二月二十二日分別制定及修正公布施行後，舊稱首席檢察官及檢察長已改為檢察長及檢察總長，本法若干條文仍用舊名稱。嗣經陸續修正相關條文，已於一〇九年一月全部修正完畢。

　　關於檢察官之迴避，在大陸法系國家中，意大利及奧地利刑事訴訟法均有規定，德國及日本均無。本法原始立法理由，係將檢察官比擬為預審法官角色而認為應予準用法官迴避之規定，實有其考量之因素。且經衡酌現制，檢察官擁有除羈押及一般搜索以外其他一切對人對物強制處分之權限；本法第二六○條復就不起訴處分賦予確定力，如此強勢偵查主體，已非單純之一造當事人可比；而於審判中，又須就有利被告事項為同等注意，從而本法使其準用法官迴避有關規定，確有必要，並無不妥。茲有疑問者，就偵查階段言，關於聲請檢察官迴避部分，能否準用，似宜探討。按本法第三條對於當事人之定義，係從彈劾模式以法院與檢察官、自訴人及被告皆為訴訟主體之立場而為立法解釋，不應包括尚在偵查中之被告在內（見 §3）。因此，本法第十八條、第十九條所定迴避聲請權人即當事人者，對於偵查中之案件而言，被告不在其列，無權聲請；承辦檢察官除得準用自行迴避及職權迴避外，無聲請自己迴避之可能。於是形成無人得為聲請，毫無準用之實益。至若檢察機關首長因偵查中被告之請求，促使職權之發動，而依法院組織法第六十四條規定，行使其事務移轉權，將個別案件改交他檢察官辦理者，此種情形，與迴避有別。檢察實務准許偵查中被告聲請檢察官迴避，宜解為係請求檢察首長發動職務移轉權之性質。

第四章　辯護人、輔佐人及代理人

一、辯護人

㈠意　義

　　刑事被告享有辯護人依賴權，此乃訴訟權（憲法第十六條）所涵蓋之程序上權利。辯護人，係為被告辯明案情，保護其正當權益，輔助其面對控方（檢察官及自訴人）實行防禦之人。辯護人係律師者，依律師法第一條第一項規定，更應以保障人權、實現社會正義及促進民主法治為使命。在彈劾模式中，控方與辯方（被告）本應處於對等地位；然而被告大多居於弱勢，尤以面對強勢原告即檢察官之偵查起訴，攻防態勢存有明顯差距。各國刑事訴訟程序，皆設辯護制度，以增強被告之防禦能力，符合武器平等 (Waffengleichheit) 原則。辯護人之出任，或經任意選聘，或經依法指定，前者稱選任辯護人，後者稱指定辯護人，兩者依法可得行使之權能，並無差別。

㈡選任辯護人

1.何人於何時為選任

　　本法第二十七條規定：（第一項）被告得隨時選任辯護人。犯罪嫌疑人受司法警察官或司法警察調查者，亦同。（第二項）被告或犯罪嫌疑人之法定代理人、配偶、直系或三親等內旁系血親或家長、家屬，得獨立為被告或犯罪嫌疑人選任辯護人。（第三項）被告或犯罪嫌疑人因精神障礙或其他心智缺陷無法為完全之陳述者，應通知前項之人得為被告或犯罪嫌疑人選任辯護人。但不能通知者，不在此限。茲就上述規定說明如次：

　　⑴被告或犯罪嫌疑人（兩者名稱區別見 §2）

　　兩者均可為自己選聘辯護人，而其法定代理人、親屬、家屬等人，亦

均可不受被告或犯罪嫌疑人意思之拘束，獨立為其選聘辯護人。如係精神障礙或其他心智缺陷（例如失智症、自閉症）無法為完全之陳述者，法官、檢察官、司法警察人員均有通知義務，應通知上述法定代理人等，得為選聘辯護人。但不能通知者不在此限。須附述者，第二十七條第二項所稱配偶，依司法院釋字第七四八號解釋施行法第二十四條第二項前段規定，包含該法第二條所定同性結合關係者在內。

　(2)法官、檢察官訊問被告，或司法警察人員詢問犯罪嫌疑人時

依本法第九十五條第一項第三款及第一〇〇條之二規定，均應先行告知受訊問人「得選任辯護人」。又檢警人員依本法第八十八條之一實施逕行拘提時，該條第四項亦規定應即告知被拘提人本人及其家屬「得選任辯護人到場」。

　(3)辯護人之選聘

自司法警察調查，至檢察官偵查，以迄法院審判，在全部刑事程序各個階段中，隨時均可為之。

昔日舊法僅限於案件起訴繫屬於法院後，方得選任辯護人。七十一年八月四日修正本法相關部分條文，建立偵查中辯護制度，辯護人參與之時點，遂提前至警詢開始即可選聘，且有第二四五條之在場權。

本法於五十六年一月作較大幅度修正時，當年第一屆立法院司法及法制委員會聯席審查報告所提修正要旨第四項❶，即已提議增訂在偵查中嫌犯可選任辯護人，使其參加偵查，了解案情，而為起訴後之辯護。在第三十八會期第十八次院會二讀中，立法委員梁肅戎等並曾發言支持（梁委員曾任立法院院長），可惜未獲通過，遲至相隔十五年後，方告實現。

　(4)關於被告享有選任辯護人之權一節

美國憲法增修條文第六條著有明文，列為憲法層次，日本戰後憲法深

---

❶　第一屆立法院議案關係文書，院總一六一號，政府提案一三二號之一，司法及法制委員會聯席審查報告書第十六頁，修正條文對照表第十九頁。該案二讀表決未能通過，院會會議紀錄見立法院公報第三十八會期第八期第十七頁。

受美國法制影響，亦於第三十七條第二項採此規定。

　　惟在美國實務情形，於一九六三年以前，辯護人依賴權僅適用於聯邦法域，並未拘束各州，迨一九六三年聯邦最高法院 Gideon v. Wainwright 案例以後，方始拘束聯邦及各州法域。但在決定是否正式起訴(Indictment) 之大陪審團程序中，辯護人不得參與。又如日本實務情形，警方偵詢嫌犯係於密室內進行，未承認辯護人之在場權。由此可見我國偵查中辯護制度之實施，未必遜於美日。

2.選任人數限制 §28

　　本法第二十八條規定：每一被告選任辯護人，不得逾三人。蓋辯護人係以專業能力為重，非以人數多寡相較量也。德國刑事訴訟法第一三七條第一項規定亦以三人為限，日本刑事訴訟規則第二十六條及第二十七條則以三人限制為原則，可供參考。須注意者，數辯護人為其被告辯護，乃係分別獨立自主而為被告作忠實有效之辯護，彼此之間無從相互取代；至於一辯護人得為數被告辯護，成為數被告之共同辯護人，則不在本條限制之列。又在司法警察調查階段之犯罪嫌疑人，其得選任辯護人之人數是否亦以三人為限，本法第二十八條漏未納入規範，他日宜予增訂。

3.辯護人之資格 §29

　　本法第二十九條規定：辯護人應選任律師充之。但審判中經審判長許可者，亦得選任非律師為辯護人。依此規定可知：

⑴辯護人應由律師擔任為原則

　　第三審法院行言詞辯論時，專事審究法律問題，被告之辯護人，必須律師充任者，方能參與❷（見本法第三八九條第二項）。偵查中被告之辯護人，亦無第二十九條但書之適用，因此必須由律師充任。蓋偵查中辯護人除考量專業需求外，尚有嚴守偵查祕密之義務（見本法第二四五條第三

---

❷　行政訴訟法第二五三條並無限定律師方能參與言詞辯論之規定。又參與憲法法庭言詞辯論之訴訟代理人，依司法院大法官審理案件法第二十二條規定，須以律師或法學教授為限。定自一一一年一月四日施行之憲法訴訟法，於第八條規定以委任律師為原則，如委任非律師為訴訟代理人時，須符合該條第五項及第四項之規定。

項及刑法第一三二條第三項），法條明定以律師為限，可使其併受律師法之約束也。

　　⑵除上述⑴外，在審判中如經審判長之許可，尚允許選聘非律師為辯護人

§30　　**4.辯護人之選任手續**

　　選任辯護人，應提出委任書狀。於起訴前應提出於檢察官或司法警察官；起訴後應於每審級提出於法院。當案件移卷上訴審法院後，即須另提委任書狀。辯護人經完成上述手續後，即發生私法上契約關係及公法上（訴訟法及律師法）權義關係。

　　第三十條第二項之所以規定應於每審級提出委任書狀，此與狹義訴訟繫屬有關（見後述第二編第一章第二節關於起訴之意義之第㈠點說明）。案件經某一審級為終局裁判後，該審級之訴訟繫屬即告消滅，迨上訴移審後，案件即因繫屬於上級審法院而脫離原審級，進入另一審級之訴訟程序。因此，無論有否更換辯護人，均須另提委任書狀。

§31　　**㈢指定辯護人**

　　1.強制辯護範圍

　　本法第三十一條，係針對重大刑事案件或防禦能力薄弱之被告，特設強制辯護制度，以重人權保障。依該條第一項規定，案件有下列各款情形之一，於審判中未經選任辯護人者，審判長應指定公設辯護人或律師為被告辯護：

　　⑴最輕本刑為三年以上有期徒刑案件。

　　⑵高等法院管轄第一審案件。

　　⑶被告因精神障礙或其他心智缺陷無法為完全之陳述。

　　⑷被告具原住民身分，經依通常程序起訴或審判者（參見原住民身分法相關規定）。

　　⑸被告為低收入戶或中低收入戶而聲請指定者（參見社會救助法第四條及第四條之一）。

　　⑹其他審判案件，審判長認有必要者。

　　上述強制辯護案件，原選任辯護人如於審判期日無正當理由而不到庭者，為免延滯訴訟，依同條第二項規定，審判長得指定公設辯護人或律師為被告辯護（此處所用「得」字，意指審判長得就公設辯護人或律師，擇一指定而言，非謂對於強制辯護案件猶有需否指定之裁量權）。又依同條第三項規定，被告有數人者，得指定一人辯護（意即得指定一人為數被告共同辯護，非謂必須為每一被告指定一名辯護人）；但各被告之利害相反者，不在此限。究竟利害相反與否，務須依其具體案情確實釐清。如案已指定辯護人後，被告經選任律師為辯護人者，則審判長得依同條第四項規定，將指定之辯護人撤銷。

　　以上所述乃係案已繫屬法院審判中之強制辯護規定。至於尚在偵查中之案件，依同條第五項規定：被告或犯罪嫌疑人因精神障礙或其他心智缺陷無法為完全之陳述或具原住民身分者，如於偵查中未經選任辯護人，檢察官、司法警察官或司法警察應通知依法設立之法律扶助機構指派律師到場為其辯護。但經被告或犯罪嫌疑人主動請求立即訊問或詢問，或等候律師逾四小時未到場者，得逕行訊問或詢問。由此可知，偵查中案件僅以該條第五項所定情形為限，方有強制辯護之適用，與審判中相較，其範圍甚為狹小。

　　第三十一條於一〇二年一月曾經修正。其修正前之舊條文，原有第六項明定，該條第二項至第四項之規定於前項之指定（即第五項偵查中指定辯護）準用之。惟修正後之條文已將原第六項刪除，偵查中案件遇有該條第二項至第四項之情形時，應如何處理，即成疑問。此在第二項情形，或可解為歸咎於辯護人失職，且依第五項但書規定，檢警無須另為指定，即得逕行訊問或詢問。惟於第三項、第四項之情形，可否僅指派律師一人為數被告共同辯護？已經指派辯護律師後另有選任辯護人到場時，可否將原先指派之辯護律師取消？均有疑義。

　　◎除第五十一條所定應行強制辯護之情形外，尚有下列規定亦屬之：

　　⑴依本法第七編之一協商程序處理之協商案件，如被告表示所願受科之刑逾有期徒刑六月且未受緩刑宣告，而未選任辯護人者，法院應指定

公設辯護人或律師為辯護人，協助進行協商（本法第四五五條之五第一項）。

(2)應行國民參與審判之案件，亦須強制辯護，請參閱本書專論「國民法官法」五之(三)相關說明。

(3)依一一一年六月二十二日修正公布法院組織法增訂第五十一條之八第二項規定，最高法院刑事大法庭應行言詞辯論而被告未選任辯護人者，審判長應指定公設辯護人或律師為被告行言詞辯論。

2.公設辯護人制度

按公設辯護人係地方法院及高等法院不可缺少之人員(見法院組織法第十七條及第三十七條)，在法院內辦公，不得收受報酬，對於法院及檢察官，獨立行使職務。最高法院命行辯論之案件，被告因無資力不能選任辯護人者，得聲請最高法院指定下級法院公設辯護人為被告辯護，詳如公設辯護人條例有關規定。

惟因法院員額配置未盡充足，在未設置公設辯護人之法院，依本法施行法第三條規定，可由審判長指定律師或法官（通常係指定民事庭候補法官）充任。凡依本法應用辯護人之案件或已經指定辯護人之案件，辯護人未經到庭辯護，而法院逕行審判者，依本法第三七九條第七款規定，其判決當然違背法令，構成第三審上訴及非常上訴之理由。

關於強制辯護或指定辯護之制度，德意日各國刑事訴訟法皆有類似規定，惟其所指定之辯護人均係律師❸，亦即運用民間人力資源；在英美制度則採取 legal aid 方式，英國尚有 Legal Aid Act 之制定。我國於事實審法院置具有司法人員身分之公設辯護人，頗為獨特。

§31–1 ### 3.偵查中羈押審查程序之強制辯護

釋字 737 號解釋理由書末傍論謂：「……偵查中羈押係起訴前拘束人民人身自由最為嚴重之強制處分，自應予最大之程序保障。相關機關於修法時，允宜併予考量是否將強制辯護制度擴及於偵查中羈押審查程序

---

❸　德國刑事訴訟法第一四二條（該條尚允許司法官初試及格者出任），意大利刑事訴訟法第九十七條，日本刑事訴訟法第三十八條。

……」等語。茲所指偵查中之羈押審查程序，以檢察官聲請羈押被告、聲請延長羈押、聲請再執行羈押三種情形為限（見本法第九十三條第二項至第四項、第一〇八條第一項、第八項、第一一七條第二項），並包含其後續救濟程序（抗告法院如依本法第二二二條第二項規定開庭調查時，須有辯護人到場，惟實務所見鮮有進行言詞調查之例）在內。案件經依第三十一條第五項規定指定辯護者，已有律師參與各該審查程序。但在其餘情形，被告面對檢察官所提聲請，就其是否符合法定要件之爭辯，亦有賴於指定辯護藉以獲得輔助。如被告並未選任辯護人時，即應畀予程序上之保障。此係本法一〇六年四月修正增訂第三十一條之一之緣由（本次修法原經司法院研提草案，詎料行政院延宕不予會銜，遂以立委提案名義進行審議，其實仍係司法院版本，第三十一條之一內容即與司法院版草案文字完全相同）。至於聲請撤銷羈押或聲請停止羈押之審查，均非該條所稱「羈押審查程序」之範圍，自不待言。

　　法國刑事訴訟法第一四五條第五項在羈押庭程序有指定辯護之規定。日本刑事訴訟法第三十七條之二第二項，對於重罪案件已被聲請羈押之被告，如係貧困或其他事由未能選任辯護人時，法院方能依其聲請而為指定辯護。依德國刑事訴訟法第一一八條a第二項及第一四一條第三項規定，係於開始執行羈押後，以及在押被告不服羈押而請求救濟之審查庭(Haftprüfung)未經提解出庭且無選任辯護人到場者，法院方予指定辯護。相較而言，本法此次增訂第三十一條之一，堪稱進步規定，具有重要意義。惟因新增羈押審查程序強制辯護涉及公設辯護人人力編制及義務辯護人費用預算等問題，需作實施前之準備，第三十一條之一定自一〇七年一月一日施行。

　　第三十一條之一第一項謂：「偵查中之羈押審查程序未經選任辯護人者，審判長應指定公設辯護人或律師為被告辯護。但等候指定辯護人逾四小時未到場，經被告主動請求訊問者，不在此限。」明確揭示採行強制辯護制度，俾資遵循。並參照第三十一條第五項但書意旨，亦設但書規定，以利彈性應用。其等候「四小時」，係自法院已完成指定程序之時起算。

倘若被告已經選任之辯護人無正當理由而不到庭者,依第三十一條之一第二項規定,「審判長得指定公設辯護人或律師」。此處所用「得」字,意指審判長得就公設辯護人或律師,擇一指定而言。既應強制辯護,即係必須予以指定,非謂審判長猶有需否指定之裁量權。

至於得指定一人為數被告共同辯護,以及另有選任辯護人時得撤銷指定辯護,均可與一般強制辯護案件採取相同處理方式。第三十一條之一爰於第三項明定應準用第三十一條第三項及第四項之規定。

關於偵查中羈押處分聲請案件之審核,地方法院與高等法院應以分設「刑事強制處分庭」專責辦理為原則(見法院組織法第十四條之一)。

4.違背強制辯護規定之法律效果

⑴違背審判中強制辯護之規定者,其判決當然違背法令(見本法第三七九條第七款)。

⑵違背第三十一條第五項之強制辯護規定者,關於被告所為陳述有無證據能力之認定,依第一五八條之四規定定其取捨,且亦可能涉及第一五九條之一第二項是否「顯有不可信之情況」之問題。

⑶違背偵查中羈押審查程序之強制辯護規定者,類推上述⑴之法理,應認其羈押裁定為違背法令,構成抗告之理由(最高法院九十四年度第十次刑事庭會議決議認為押票係書面裁定之一種)。

§§32~
34-1

㈣辯護人之權限

本法為使辯護人能發揮保護被告權益並輔助其防禦之功能,乃賦予一定之權限。其係固有權性質且專屬於辯護人方能行使者,如第三十四條接見通信權、第四十九條攜同速記到庭紀錄權;亦有與被告同享者,如第一五〇條第一項審判中搜索扣押在場權、第一六三條第一項審判中調查證據聲請權、第二八九條言詞辯論權。其係代理權性質者:有時可獨立行使而不受被告意思拘束,如第一一〇條第一項具保停止羈押被告之聲請權;有時不許違反被告明示之意思,如第三四六條為被告利益提起上訴之權;有時應經被告允諾,如依第三五五條撤回上訴之限制,或依第五十五條辯護人經被告指定為送達代收人均屬之。

　　惟關於訴訟文書之送達，辯護人本身亦係應受送達人之一（如第二二七條第一項），被告有數辯護人者，送達文書依第三十二條規定應分別為之。

　　上述辯護人之權限，僅係部分舉例而已，本法對於辯護人之權限，散見於相關章節，茲擇要列表如下：

權　　限	依據條文	何時何處行使
閱覽卷證並得抄錄、重製或攝影	§§33、33 之 1	偵查中之羈押審查程序，及審判中
接見被告或犯罪嫌疑人並與之通信	§§34、34 之 1	偵查及審判中
協助閱覽筆錄	§41 II	同上
聲請播放審判期日之錄音或錄影	§44 之 1	法院
攜同速記到庭記錄	§49	審判期日
請求日間訊問	§93 V	偵查中之羈押審查程序
限制出境出海之陳述意見	§93 之 3 IV	偵查及審判中
聲請撤銷限制出境出海	§93 之 5 I	同上
獲知羈押依據事實及準備答辯	§§101 III、101 之 1 II	偵查及審判中
押票之收執	§103 II	同上
變更羈押處所之聲請及受告知	§103 之 1	偵查中
聲請撤銷羈押及向法院陳述意見	§107 II、III	偵查及審判中
聲請具保停止羈押及向法院陳述意見	§110 I、III	同上
獲知暫行安置（含延長期間）之理由、證據及陳述意見與答辯	§121 之 2 II、III	同上
聲請撤銷暫行安置及陳述意見	§121 之 3 II	同上
搜索扣押時在場	§150 I	審判中
聲請調查證據及詢問證人鑑定人被告	§163 I	同上
詰問證人鑑定人及聲明異議	§§166、166 之 6、167 之 1	同上
訊問證人鑑定人通譯時在場	§168 之 1	法院
就訊證人時在場就訊鑑定人通譯準用	§§177、197、211	法院
鑑定留置票之收執及變更留置處所之受告知	§§203 之 2 III、203 之 3 III	偵查及審判中
鑑定時在場	§206 之 1	同上

勘驗時到場	§214	偵查中
勘驗時在場	§§219、150 I	審判中
聲請證據保全及在場	§219 之 1、4、6	偵查及審判中
接受檢察書類及裁判正本之送達	§§227 I 、255 II 、263	同上
偵查中訊問被告時（含警詢時）在場	§245 II	偵查中
審判期日之受通知並參與	§§271 I 、164、165、165 之 1、166、287 之 1、288 之 2、289 I ⊜	審判中
修復式司法之陳述意見	§271 之 4 I	同上
準備程序之受通知並參與	§§273、279、161 之 2	同上
對於是否進行簡式審判程序之陳述意見	§273 之 1	同上
審判期日前提出證據及聲請蒐證	§275	同上
證據調查或訴訟指揮處分之聲明異議	§288 之 3	同上
為被告利益提起上訴	§346	同上
撤回上訴	§355	同上
於最高法院開庭時為辯論及陳述	§§389 II 、391 II	第三審法院
請求同意於審判外進行協商	§455 之 2	審判中
聲請參與沒收程序之受通知及陳述意見	§455 之 14	同上

上述屬於辯護人固有權性質之權限，以閱覽卷證權及接見通信權對於防禦權功能之發揮最關重要：

1. 第三十三條之閱覽卷證權❹

本條之閱覽卷證權，原僅規定辯護人於審判中得檢閱卷宗及證物並得抄錄或攝影，此係辯護人之固有權。又對於法院書記官製作之電子筆錄，辯護人得依司法院所訂「法院電子筆錄調閱要點」聲請調閱之。九十六年修法，針對非強制辯護案件未經選任辯護人之被告，增訂第二項規定：

---

❹ 本法與意大利及日本立法例同，辯護人僅得於審判中閱卷。後述第三十三條之一乃係針對偵查中羈押審查程序之特別規定，在一般偵查程序中，辯護人仍不得閱卷。惟同屬大陸法系之德國刑事訴訟法第一四七條允許辯護人將案卷（證物除外）攜返事務所或住所閱覽，且對於辯護人在偵查中之閱卷並未絕對禁止，係採相對許可制。參閱 Roxin/Schünemann, Strafverfahrensrecht, §19, Rn. 66ff., 29 Aufl., 2017.

「無辯護人之被告於審判中得預納費用請求付與卷內筆錄之影本。但筆錄之內容與被告被訴事實無關或足以妨害另案之偵查，或涉及當事人或第三人之隱私或業務秘密者，法院得限制之。」此項新增規定，具有照顧被告行使防禦權之意義，且就法院對卷證保護之必要以及妨害另案偵查或他人秘密之防範，亦已同時兼顧。惟因並未賦予有辯護人之被告直接獲知卷證資訊之權利，且未賦予被告得請求付與卷內筆錄以外之卷宗及證物影本之權利，釋字762號解釋認為妨害被告防禦權之有效行使，與憲法第十六條保障訴訟權之正當法律程序原則不符。爰於一〇八年六月，基於上述照顧與防範之相同意旨，將第三十三條全條修正，分成五項，內容如下：

【第一項】

辯護人於審判中得檢閱卷宗及證物並得抄錄、重製或攝影（注意：案件經裁判後，雖已不在「審判中」，惟如提起上訴或抗告，而卷證尚在原審法院者，原審辯護人仍得聲請檢閱卷證；被告於上級審委任之辯護人亦得向原審法院聲請之；其於案件確定後聲請再審或非常上訴者，亦同）。

【第二項】

被告於審判中得預納費用請求付與卷宗及證物之影本。但卷宗及證物之內容與被告被訴事實無關或足以妨害另案之偵查，或涉及當事人或第三人之隱私或業務秘密者，法院得限制之（注意：對於已塗銷之少年前案紀錄及其有關資料，亦在限制之列）。

【第三項】

被告於審判中經法院許可者，得在確保卷宗及證物安全之前提下檢閱之。但有前項但書情形，或非屬其有效行使防禦權之必要者，法院得限制之（注意：已塗銷之少年前案資料，亦在限制之列。倘若被告未先依第二項規定提出請求逕行要求檢閱卷證，或其已循第二項途徑獲得完整之訴訟資訊者，法院審酌相關因素，即可認其非屬有效行使防禦權所必要）。

【第四項】

對於前二項之但書所為限制，得提起抗告。

【第五項】

持有第一項及第二項卷宗及證物內容之人，不得就該內容為非正當目的之使用。

上述第三十三條修正條文，雖依刑事訴訟法施行法第七條之十一第一項規定，定自同年十二月十九日施行，惟因立法怠惰，依釋字 762 號解釋所示落日條款，該條第二項及第三項之規定，自同年三月九日起即應生效。被告行使其權利之具體手續，司法院已訂定「法院辦理刑事被告聲請付與卷宗證物影本及檢閱卷宗證物作業要點」予以配合。又條文所謂卷證「影本」，除文件影印本外，諸如複製之電子檔或電磁紀錄、翻拍之證物照片等，均包括在內。

一〇四年七月一日修正公布之法院組織法，已增訂當事人及依法得聲請閱覽卷宗之人可繳費聲請法院交付法庭錄音及錄影內容。如經取得各該內容者，不許作目的外之使用等規定（見該法第九十條之一至之四），且其適用範圍不僅以刑事訴訟案件為限，更加周全。至若已逾該法第九十條之一第一項所定六個月之期間者，參考最高法院 105 臺抗 830 號刑事裁定意旨，可依檔案法或政府資訊公開法相關規定，向該管機關申請辦理。

2.第三十三條之一之閱覽卷證權

上述第三十三條之閱覽卷證係就審判中案件所作規定，對於偵查中羈押審查程序之案件無從適用。惟釋字 737 號解釋認為偵查中之羈押審查程序，應以適當方式及時使犯罪嫌疑人❺及其辯護人獲知檢察官據以聲請羈押之理由與有關證據，俾利其有效行使防禦權，始符憲法正當法律程序原則之要求。本法為落實上述解釋意旨，乃於一〇六年四月修正增訂第三十

---

❺ 本法對於受司法警察機關調查之嫌疑犯，稱為「犯罪嫌疑人」，案移檢察官偵查中，即稱其為「被告」，此係全法一貫用語。釋字 392 號解釋亦以偵查中之羈押「被告」相稱。釋字 737 號解釋基於無罪推定原則及憲法第八條意旨，在解釋文及理由書內，對於檢察官偵查案件向法院聲請羈押「被告」，刻意改稱為「犯罪嫌疑人」，顯與法律條文不符。偵查階段使用「被告」稱謂是否妥適，固可探討，但在未經修法以前，不應隨意變更用語。矧依本法第一五四條第一項文句，亦稱「被告」受無罪推定，並未使用「犯罪嫌疑人」字樣。本書認為釋字 737 號解釋此項變更用語，殊有未當。

三條之一，此乃專就偵查中羈押審查程序之辯護人賦予閱覽卷證權限所特設之規定（關於羈押審查程序之範圍見前述第三十一條之一相關說明）。檢察官羈押被告之聲請經法院為准駁後，在偵查程序一般進行中，辯護人仍無此項權限。至若被告經法院裁准羈押後，辯護人因提起抗告而聲請閱覽卷證者，既係後續救濟程序之範圍，法院亦應予以准許。惟如辯護人此際有更易時，先前在羈押審查庭執行職務之辯護人已被解任，即無聲請閱覽卷證之權，自不待言。

　　依照第三十三條之一第一項規定：「辯護人於偵查中之羈押審查程序，除法律另有規定外，得檢閱卷宗及證物並得抄錄或攝影。」按檢察官聲請羈押被告所憑理由與證據，如何可使被告及其辯護人及時獲知，釋字 737 號解釋文謂其方式「不以檢閱卷證並抄錄或攝影為必要」，在理由書內說明：「究採由辯護人檢閱卷證並抄錄或攝影之方式，或採法官提示、告知、交付閱覽相關卷證之方式，或採其他適當方式，要屬立法裁量之範疇」。司法院所研提之草案採擇最寬方式，參照第三十三條第一項審判中辯護人之閱卷規定，增訂相同權限如上。依第九十三條第五項規定，法官在訊問被告前，即須付予檢察官羈押聲請書之繕本，此乃基本要求。至於所稱「除法律另有規定外」，例如後述第九十三條第二項但書之情形是（另詳該條說明）。凡此均與德國刑事訴訟法第一四七條第二項規定類似，其依第九十三條第二項但書規定，經法院禁止被告及其辯護人獲知之卷證，根據第一〇一條第三項但書（於第一〇一條之一預防性羈押亦準用），不得作為羈押審查之依據。

　　偵查不公開之原則，為本法第二四五條第一項所明定。上述規定，乃不公開原則之例外，旨在兼顧被告防禦權之有效行使，辯護人據此所獲資料，自應僅以正當使用於辯護目的為限。第三十三條之一第二項緊接規定：「辯護人持有或獲知之前項證據資料，不得公開、揭露或為非正當目的之使用。」以資約束。辯護人如有違背，法條雖無制裁規定，惟其甚有涉嫌刑法第一三二條第三項洩密罪之可能，且可追究律師法所定之懲戒責任。

　　偵查中羈押審查程序已予指定辯護人後，依前述第三十一條之一第一

項但書規定 ，如等候指定辯護人逾四小時未到場而經被告主動請求訊問時，雖無辯護人在場，仍可進行審查程序。該被告於應訊過程中，欠缺辯護人提供輔助，為保障其防禦權益，亦應使其及時獲知相關資訊。由於被告本身係涉案之人，不宜賦予等同辯護人之閱卷權限，第三十三條之一爰於第三項明定：「無辯護人之被告於偵查中之羈押審查程序，法院應以適當之方式使其獲知卷證之內容。」茲所謂適當之方式，除付予檢察官羈押聲請書繕本外，法官可依個別案情裁酌，當庭提示、告知或交付被告閱覽相關卷證，諸如：被告或證人先前在司法警察機關應詢筆錄、與案情有關之鑑驗資料或現場圖（或照片）等，均可酌量使被告得以獲知瞭解。

3.第三十四條之接見通信權❻

(1)該條經於九十九年六月二十三日修正公布，同時增訂第三十四條之一後，對於辯護人之接見通信權得否限制以及如何限制，可歸納其規定如下：

【辯護人與偵（調）查中受拘提或逮捕之被告或犯罪嫌疑人之接見通信】

不得予以限制。但其接見僅以一次為限。遇有急迫情形且具正當理由時，得暫緩其接見或指定其接見之時間及場所。

【辯護人與偵查或審判中在押被告之接見通信】

以不得限制為原則。如有事證足認被告有湮滅、偽造、變造證據或勾串共犯或證人者，得由法官簽發限制書，載明具體之限制方法予以限制。案件如尚在偵查中，檢察官可向法院提出聲請；遇有急迫情形時，檢察官得先為必要之處分並於二十四小時內聲請補發限制書。

---

❻ 辯護人於案件偵查及審判階段雖有接見通信權 ，惟在偵查階段所受限制較多。例如意大利刑事訴訟法第一〇四條第三項規定，於初期偵查階段，如有特別防範之理由，法官可依公訴人之聲請，命令延緩行使接見權，其延緩時間不超過七日。法國刑事訴訟法第六十三條之四第二項限制辯護人接見警方留置中嫌犯之時間不得逾三十分鐘。日本辯護人接見被告，實務上必須持憑檢察官之指定書（通知書）前往拘禁處所辦理，而其指定書依刑事訴訟法第三十九條第三項所指定之接見時間 ，通常以三十分鐘為度。德國參考文獻 Roxin/Schünemann, Strafverfahrensrecht, §19, Rn. 75～78, 29 Aufl., 2017.

⑵該條經於九十九年六月二十三日修正公布後，其第一項明定：「辯護人得接見羈押之被告，並互通書信。非有事證足認其有湮滅、偽造、變造證據或勾串共犯或證人者，不得限制之。」顯見此項權利應以不受限制或干預為原則，與德國刑事訴訟法第一四八條、日本刑事訴訟法第三十九條之立法例相類似。日本最高裁判所昭和 53.7.10.（民集 32-5-820）、平成 3.5.10.（民集 45-5-919）及平成 11.3.24.（民集 53-3-514）各該判例❼強調，僅於明顯妨礙偵查之情形時，方得例外予以限制，且檢察官依該國刑事訴訟法第三十九條第三項為「指定」時，需與辯護人進行協議，可供參考。

⑶第三十四條第一項規定辯護人得接見羈押之被告，惟被告在偵查中之羈押審查程序，處於法官尚未簽發押票，是否羈押猶待審查決定之狀態，從文義解釋，並非「羈押之被告」，辯護人能否行使接見權，不無疑問。按接見被告係辯護人之固有權限，於羈押審查程序中，案件尚在偵查階段，辯護人既可依第三十四條第二項規定接見偵查中受拘捕之被告，由於此際被告暫移法院拘禁中，應無不許辯護人向法官請求接見被告之理，矧依本法第一〇八條第四項但書規定，在法官簽發押票前被告受拘束自由之期間，應以一日折算裁判確定前之羈押日數一日，本此法理，辯護人援引第三十四條第一項規定，以被告實際上形同羈押中而向法院請求接見被告，自應予以准許（如認為有限制之必要，盡可依第三十四條之一簽發限制書）。

⑷「公民與政治權利國際公約」第十四條第三項所定刑事被告應受最低程度之保障中，（丑）款規定應給予充分之時間及便利準備答辯並與其選任之辯護人聯絡。釋字 654 號解釋理由書謂：「……刑事被告受其辯護人協助之權利，須使其獲得確實有效之保護，始能發揮防禦權之功能。從而，刑事被告與辯護人能在不受干預下充分自由溝通，為辯護人協助被告行使防禦權之重要內涵，應受憲法之保障。上開自由溝通權利之行使雖非

❼　可於 www.courts.go.jp/saikosai 網站〈裁判例情報〉——〈最高裁判所判例集〉鍵入判例集卷號檢索原判決。以下同此。

不得以法律加以限制，惟須合乎憲法第二十三條比例原則之規定，並應具
體明確……」準此以觀，第三十四條第一項修正條文至為妥適。如有足認
該條項所定限制原因之具體事證時，必須使用「限制書」（見下述 §34 之
1）。至於同條第二項前段規定「辯護人與偵查中受拘提或逮捕之被告或犯
罪嫌疑人接見或互通書信，不得限制之」，僅適用於「偵查中」之案件，
並以被告或犯罪嫌疑人「受逮捕或拘提」者為前提，嚴格規定「不得限制
之」，以維護其在此關鍵時刻 (critical stage) 之合法權益。惟因基於偵查特
性之考量，乃緊接以但書規定：「但接見時間不得逾一小時，且以一次為
限。接見經過之時間，同為第九十三條之一第一項所定不予計入二十四小
時計算之事由。」意即對於「接見」或「互通書信」均不得限制，僅就接
見之時間及次數有所節制而已。隨後又於同條第三項規定：「前項接見，
檢察官遇有急迫情形且具正當理由時，得暫緩之，並指定即時得為接見之
時間及場所。該指定不得妨害被告或犯罪嫌疑人之正當防禦及辯護人依第
二百四十五條第二項前段規定之權利。」各該規定亦與解釋意旨相符。倘
若被告已在羈押中，則應適用同條第一項及第三十四條之一規定辦理。

　　⑸釋字 654 號解釋理由書復謂：「……如法律就受羈押被告與辯護人
自由溝通權利予以限制者，應規定由法院決定並有相應之司法救濟途徑，
其相關程序及制度之設計，諸如限制之必要性、方式、期間及急迫情形之
處置等，應依本解釋意旨，為具體明確之規範……」本法爰於九十九年六
月二十三日修正公布增訂第三十四條之一，以利應用，俾資依循。按照該
條規定，對於辯護人與在押被告接見及（或）互通書信之限制，偵查中須
由檢察官向該管法院聲請核發或補發限制書，審判中則由法院逕依職權簽
發限制書。該條內容分為六項：

【第一項】

限制辯護人與羈押之被告接見或互通書信，應用限制書。

【第二項】

限制書，應記載下列事項：

　1.被告之姓名、性別、年齡、住所或居所，及辯護人之姓名。

2.案由。

3.限制之具體理由及其所依據之事實。

4.具體之限制方法。

5.如不服限制處分之救濟方法。

【第三項】

第七十一條第三項規定，於限制書準用之。

【第四項】

限制書，由法官簽名後，分別送交檢察官、看守所、辯護人及被告。

【第五項】

偵查中檢察官認羈押中被告有限制之必要者，應以書面記載第二項第一款至第四款之事項，並檢附相關文件，聲請該管法院限制。但遇有急迫情形時，得先為必要之處分，並應於二十四小時內聲請該管法院補發限制書；法院應於受理後四十八小時內核復。檢察官未於二十四小時內聲請，或其聲請經駁回者，應即停止限制。

【第六項】

前項聲請，經法院駁回者，不得聲明不服。

以上六項內容：第一項及第二項係限制書之使用及應行記載事項，其中「如不服限制處分之救濟方法」，即指抗告及準抗告而言；第三項為準用規定❽；第四項明定限制書應由法官簽發並分送檢察官、看守所、辯護人及被告，以資依據俾利執行；第五項規定檢察官之急迫處分權限及由法院進行事後審核之機制；第六項則明定檢察官依第五項所為聲請如經法院駁回者，不得聲明不服。凡此皆與釋字 654 號解釋意旨相符。

於此可申論者：律師為罪犯辯護，有時遭受被害人甚至社會大眾質疑，其正當性究宜如何說明？按律師之使命，應求保障人權與實現社會正義兩者並重，律師對法院及檢警機關均不得有矇蔽之行為，且不得代當事

---

❽　準用規定，應以條次在前者為被準用之條文。此處第三十四條之一第二項，係準用條次在後之第七十一條第三項規定，體例欠妥。正確體例請參閱後述 §100–3 說明❼。

人為顯無理由之上訴或抗告，不應拘泥於訴訟勝敗而忽略真實之發現（見律師法第一條、第二十八條、第三十六條及律師倫理規範第十一條）。基於上述立場，律師在具體個案中執行辯護工作，難免產生不協調之現象。然而嫌犯在尚未審判證明有罪確定前，應推定其為無罪之人（見緒論），且辯護人並非司法官，非但不應對其委託人（嫌犯）先作是否有罪之自我偵審，甚且應就實施刑事訴訟程序之公務員是否遵守法定程序及證據法則，輔助其委託人面對控方攻擊實行有效防禦。因此，辯護人盡其在訴訟法上應有之職責，於程序法領域中，理應肯定其正當性。

二、輔佐人

§35

㈠一般情形

得為輔佐人者，依本法第三十五條第一項規定，係以被告或自訴人之配偶、直系或三親等內旁系血親、家長、家屬或被告之法定代理人為範圍，具有上述各該身分之人，得於案件起訴後，向法院以書狀（於審判期日得以言詞）陳明為被告或自訴人之輔佐人。所稱配偶，依司法院釋字第七四八號解釋施行法第二十四條第二項前段規定，包含該法第二條所定同性結合關係者在內。

㈡特殊情形

被告或犯罪嫌疑人因精神障礙或其他心智缺陷無法為完全之陳述者，依本法第三十五條第三項規定，應有具有上述各該身分之人或其委任之人，或主管機關、相關社福機構指派之社工人員或其他專業人員（例如心理治療師、特教教師、保育員），充任輔佐人陪同在場。但經合法通知無正當理由不到場者，不在此限。

㈢輔佐人權限

輔佐人，居於輔助、佐理之地位，有其相當之權限，散見於相關章節（如 §§163～165、168-1、271、273、288-2、288-3）。與辯護人相比較，輔佐人之權限較小。例如審判中閱覽卷證、詰問證人鑑定人、搜索扣押或勘驗時在場等重要權限，輔佐人均不與焉。依本法第三十五條第三項規

定，輔佐人雖得為本法所定之訴訟行為，並得在法院陳述意見，但不得與被告或自訴人明示之意思相反。須注意者，輔佐人之權限固然較小，如案件已有輔佐人之陳明時，即應通知其於審判期日到場，俾能陳述意見或為本法所定之訴訟行為。倘若漏未通知而逕行辯論終結定期宣判者，70 臺非 85 號判例認有判決不適用法則之違誤。

㈣德國立法例

德國刑事訴訟法第四〇六條 f，對於被害人以證人地位受訊問時，規定其得由律師為輔佐人並得在場。此就保障被害人利益而言，具有重要意義。

三、代理人

§§36～38

㈠微罪案件

本法第三十六條規定微罪案件被告之代理人。最重本刑為拘役或專科罰金之案件，被告於審判中或偵查中，得委任代理人到場。但法院或檢察官認為必要時，仍得命被告本人到場。

㈡自訴案件

九十二年二月修法，自訴改採強制律師代理（同年九月一日施行）。本法第三十七條規定：自訴人應委任代理人到場。但法院認為必要時，得命自訴人本人到場。前項代理人應選任律師充之。

㈢代理人權限

上述兩種代理人，皆係代理本人（即被告或自訴人）為訴訟行為之人，其人數限制、選任程序、數代理人之分別送達文書以及相關權限❾等事項，本法於第三十八條明定準用關於辯護人部分之規定。又被告代理人之資格，仍準用第二十九條之規定，並非強制律師代理；而自訴代理人之資格，則依第三十七條第二項規定，必須選任律師充之。

除第三十八條準用規定外，被告代理人之權限與辯護人相近，前述辯

---

❾　本法第三十三條第一項之閱覽卷證權，係專屬於辯護人或代理人且不受限制之固有權限。自訴人無此權限（院解 3889 號解釋）。被告依同條第二項及第三項規定，可於一定條件下接觸卷證。

護人權限，被告代理人多亦有之；而自訴代理人之權限，則與自訴人相當，係居於刑事原告代理人地位，本法第三二九條第一項更明定：檢察官於審判期日所得為之訴訟行為，於自訴程序，由自訴代理人為之。詳如相關規定。

(四)本章以外其他代理人

1.告訴人之代理人（第二三六條之一、第二七一條之一）。

2.聲請再審之代理人（第四二九條之一）。

3.沒收特別程序參與人之代理人（第四五五條之二一）。

4.被害人訴訟參與人之代理人（第四五五條之四一）。

5.第二五八條之一之聲請交付審判案件，必須委任律師向法院提出理由狀，條文雖未有代理人字樣，實乃強制律師代理。

上列代理人相關事項，詳見各該條文說明。

(五)閱卷規則之訂定

本章所定辯護人、被告或自訴人之代理人，其閱覽卷證須有一定之規範。按照一〇九年一月增訂第三十八條之一規定：「依本法於審判中得檢閱卷宗及證物或抄錄、重製或攝影之閱卷規則，由司法院會同行政院定之。」

第五章　文　書

◎概　說

　　本章內容在於規範各種文書之通例。文書，乃訴訟行為方式之一種，關於訴訟行為所用方式，涉及言詞、書面、用語三項；除用語❶問題應依法院組織法第八章之規定外，某項訴訟行為究應以言詞或書面（抑或兩者皆可）行之，須依本法相關條文規定辦理，其係出之於書面方式者，該項書面即屬本法所稱之「文書」。

　　論及訴訟行為之方式，即需就訴訟行為 (Prozesshandlung) 本身略加敘述。刑事訴訟程序，係以追訴處罰犯罪，亦即確定國家具體刑罰權為目的，而循序進行一系列行為之流程，稱其行為曰訴訟行為。凡法院、當事人或其他訴訟關係人❷，依一定方式，於一定場合，以希能發生訴訟法上一定效果之意思表示為要素所從事之行為皆屬之。法院及兩造當事人係訴訟行為之主體，基於彼等所作訴訟行為，方能形成訴訟關係（見前述§3相關說明）。其他訴訟關係人雖亦從事若干發生訴訟法上效果之行為，例如證人、鑑定人等，均為案外人，不能以訴訟主體相稱。至於訴訟客體，乃國家之刑罰權，實係確認國家具體刑罰權之訴訟，即指案件而言。

　　訴訟行為須具備主體及法定程式之要件方告成立，例如判決為法院訴訟行為之一種，院 1245 號解釋對於無權兼理司法事務之縣長所為科處被

---

❶　用語規定，意大利立法例納入訴訟法，見其刑事訴訟法第一○九條；德日立法例均予納入組織法，見德國法院組織法第十五章，日本裁判所法第五編第二章。

❷　訴訟關係人一詞，參見本法第四十四條第一項第七款、第十一款、第六十三條、第六十四條及第二二二條。如未與當事人並列，則此一種呼包含當事人在內。

告罪刑之判斷，認其「判斷」無效，而不曰「判決」無效；又如院 953 號解釋謂檢察官偵查後認為案件應不起訴者，應依法製作不起訴處分書，如僅用批示不受理，不能認為偵查終結之不起訴處分。上述兩例，因未備主體及程式要件，而不認有判決或不起訴處分之成立。追訴訟行為成立後，如有重大違背法令之瑕疵或有欠缺訴訟能力之情形，即徒具形式而不足以發生其本來效果，此乃訴訟行為之無效問題❸。例如院解 2960 號解釋對於無審判權之軍法判決，認其係已成立之判決，但該判決當然無效；釋字 135 號解釋認上級法院誤將已確定之判決予以撤銷發回更審，該判決不生效力，但其具有判決之形式，得依法定程序救濟。須注意者，倘若瑕疵尚非重大且可治癒者，仍不妨承認該訴訟行為之效力。除本法第二七三條第六項等允許補正之規定外❹，例如法院對於就審期間（見本法第二七二條）不足之案件進行審判，雖有違誤，但當事人如已到庭陳述參與辯論，55 臺上 1915 號判例認為顯然與判決無影響；又如釋字 306 號解釋謂原審辯護人為被告利益提起上訴而於上訴狀內漏未表明以被告名義上訴字樣者，應准許補正是。另有認為瑕疵治癒之案例，參見最高法院 102 臺上 3464 號及 105 臺非 203 號刑事判決。

---

❸ 訴訟行為之性質與私法行為有異，可否承認其行為「無效」之概念，學理容有爭議，在立法例上，意大利刑事訴訟法第一二四條持否定態度。惟我國判解及學者論著，皆有訴訟行為「無效」或「不生效力」之說。

❹ 本法第二一九條之二第一項但書，第二一九條之四第四項但書，第二七三條第六項，第三六一條第三項，第三六二條但書，第三六七條但書，第三八四條但書，第三九四條第三項，第四○八條第一項但書，第四一一條但書，第四三三條但書，第四五五條之十六第一項但書，第四五五條之三二第一項但書，第四五五條之三六第一項但書，第四五五條之四○第一項但書均有程式欠缺允許補正之規定。法條所用「程式」一詞，並非電腦程式之意，此一用詞可追溯至秦代。中共考古人員於一九七五年底在湖北發現大批抄錄秦律等內容之竹簡，經整理拼復成為「秦簡」。其中顯示秦代法規體例已有律、令、詔、程、式、課等多種。程是規章、章程的簡稱；式是關於審理案件程序的規則或文書格式，供司法官員審案時參考使用。此外，秦簡有稱為「廷行事」者，與吾人所稱判例相似（參見馬志冰主編，《中國法制史》，第六十一頁至第六十三頁，北京大學出版社，二○○四年七月初版）。

　　文書，依其版本可分為原本、正本、繕本、節本四種（如本法第五十一條第二項、第五十二條、第六十條、第三二〇條第四項、第四五八條）；又依其製作人可分為公務員製作之文書及非公務員製作之文書兩種。

一、公務員製作之文書

§39
§40

(一)基本規定

1.本法第三十九條規定

　　文書，由公務員製作者，應記載製作之年月日及其所屬機關，由製作人簽名（鈐蓋簽名戳，與簽名無異。參見院 2236 號解釋。倘若蓋用職名章或私章，亦與簽名生同等之效力，有最高法院八十五年度第十二次刑事庭會議決議可資參照）。

2.本法第四十條規定

　　公務員製作之文書，不得竄改或挖補，如有增加、刪除或附記者，應蓋章其上，並記明字數，其刪除處應留存字跡，俾得辨認。

　　按本法規定由實施刑事訴訟程序之公務員所製作之文書，可舉例如下：

　　(1)法院及檢察官通用者

　　訊問筆錄、搜索筆錄、扣押筆錄、勘驗筆錄、傳票、拘票、通緝書、意見書（本法第四十一、四十二、七十一、七十七、八十五條、第三八五條第二項、第四〇八條第二項）。

　　(2)法院製作者

　　判決書、裁定書、押票、搜索票、鑑定留置票、第三審法院受命法官報告書、法院書記官製作之審判筆錄（本法第四十四、五十、一〇二、一二八、二〇三之一、三九〇條）。

　　(3)檢察官製作者

　　處分書、起訴書、撤回書、上訴書、上訴理由書、答辯書、指揮書、命令（本法第二五五、二六四、二六九、三五〇、三八二、三八三、四五八條、第一二一條第四項及第四七〇條第一項），以及各種聲請書。

(4)司法警察人員製作者

送達證書、收受證書（本法第六十一條及第六十二條準用民事訴訟法第一四一條）、通知書（本法第七十一條之一）。

凡公務員所製作之各種文書，均應遵守本法第三十九條及第四十條之基本規定，某種文書如在本法尚有個別規定者，並應同時遵守各該個別規定，以符程式。如未遵守規定，其所製作之文書有無效力或證明力，由法院自由判斷。

§41
§43

㈡訊問筆錄

本法第四十一條第一項規定：訊問被告、自訴人、證人、鑑定人及通譯，應當場製作筆錄，記載下列事項：

①對於受訊問人之訊問及其陳述。

②證人、鑑定人或通譯如未具結者，其事由（見本法第一八六條第一項但書）。

③訊問之年月日及處所。

同條第二項至第四項並規定：訊問筆錄應向受訊問人朗讀或令其閱覽，詢以記載有無錯誤。受訊問人為被告者，在場之辯護人得協助其閱覽，並得對筆錄記載有無錯誤表示意見。受訊問人及在場之辯護人請求將記載增、刪、變更者，應將其陳述附記於筆錄。但附記辯護人之陳述，應使被告明瞭後為之。筆錄應命受訊問人緊接其記載之末行簽名、蓋章或按指印❺。但受訊問人拒絕時，應附記其事由。又依本法第四十三條規定，上項筆錄應由在場之書記官製作，行訊問之公務員應在筆錄內簽名；如無書記官在場，得由行訊問之公務員親自或指定其他在場執行公務之人員製作筆錄。

關於訊（詢）問時錄音或錄影之規定，見第一○○條之一及之二。

---

❺ 按指印之位置，應緊接其姓名之下。所按用之指印，應為左手拇指指紋。如有傷殘或缺指情形，改按右手拇指指紋。如左右拇指均有殘缺者，應依下列順序按指印一枚：左食指、左中指、左無名指、左小指、右食指、右中指、右無名指、右小指。指印之旁，應予註記該指名稱。

㈢搜索、扣押、勘驗筆錄

§42
§43

　　本法第四十二條第一項規定：搜索、扣押及勘驗，應製作筆錄，記載實施之年月日及時間、處所並其他必要之事項。

　　同條第二項至第四項並規定：扣押應於筆錄內詳記扣押物之名目或製作目錄附後。勘驗得製作圖畫或照片附於筆錄。筆錄應令依本法命其在場之人簽名、蓋章或按指印。又依本法第四十三條規定，上項筆錄應由在場之書記官製作。行搜索扣押或勘驗之公務員，應在筆錄內簽名；如無書記官在場，得由行搜索扣押或勘驗之公務員親自或指定其他在場執行公務之人員製作筆錄。所稱其他在場執行公務之人員，係指檢察事務官、司法警察人員或相關辦案且在現場執行公務者而言。

㈣司法警察人員製作之筆錄

§43-1

　　司法警察官、司法警察及依法院組織法第六十六條之三第二項規定視為司法警察官之檢察事務官，均為偵查輔助人員，負有調查犯罪及蒐集證據之職責，於進行詢問、搜索、扣押時，亦須製作筆錄；其程式及應行記載事項如何，自應有所規範。本法第四十三條之一第一項爰予明定：「第四十一條、第四十二條之規定，於檢察事務官、司法警察官、司法警察行詢問、搜索、扣押時，準用之。」俾能比照上述㈡、㈢辦理，以增強各該筆錄之信用性。尤其對於本法第一五九條之二及之三而言，在適用上具有重要意義。

　　對於嫌犯應詢所作陳述，務必照實錄供，行詢問人員自問自錄之情形，易生弊端，為求確保警詢筆錄之正確性，依本法第四十三條之一第二項規定：前項犯罪嫌疑人詢問筆錄之製作，應由行詢問以外之人為之。但因情況急迫或事實上之原因不能為之，而有全程錄音或錄影者，不在此限。

㈤審判筆錄

§44

1.內　容

　　本法第四十四條規定：審判期日，應由書記官製作審判筆錄，記載下列事項及其他一切訴訟程序：

①審判之法院及年、月、日。

②法官、檢察官、書記官之官職、姓名及自訴人、被告或其代理人並辯護人、輔佐人、通譯之姓名（按檢察官於自訴案件未必出庭，代理人、辯護人、輔佐人未必每案皆有，如無此等人員者，均免記載）。

③被告不出庭者，其事由（按審判期日除有特別規定外，被告不到庭者不得審判，本法第二八一條第一項定有明文。其符合特別規定者，例如本法第二八一條第二項、第二九四條第三項、第三〇六條、第三七一條等事由，應載明之）。

④禁止公開者，其理由（參見本書緒論）。

⑤檢察官或自訴人關於起訴要旨之陳述（見本法第二八六條及第三二九條。惟此處「自訴人」應為「自訴代理人」，條文尚未配合修正）。

⑥辯論之要旨。

⑦本法第四十一條第一項第一款及第二款所定之事項（見 §41 ①、②）。但經審判長徵詢訴訟關係人之意見後，認為適當者（非以經同意為必要），得僅記載其要旨（注意：宜考量個案情節行之，書記官記載要旨時，尤其不可扭曲原意甚至斷章取義）。

⑧當庭曾向被告宣讀或告以要旨之文書（見本法第一六四條及第一六五條）。

⑨當庭曾示被告之證物（見本法第一六四條）。

⑩當庭實施之扣押及勘驗（按扣押及勘驗筆錄，原應依本法第四十二條及第四十三條規定製作；惟法院於審判期日當庭實施扣押或勘驗處分，可併入審判筆錄載明，無須另作扣押或勘驗筆錄）。

⑪審判長命令記載及依訴訟關係人聲請許可記載之事項。

⑫最後曾與被告陳述之機會（見本法第二九〇條及第三七九條第十一款）。

⑬裁判之宣示（按裁判如非當庭宣示者，實務上另作宣示裁判之）。

上述審判筆錄，受訊問人就其相關陳述之部分，得請求朗讀或交其閱覽，如請求將記載增、刪、變更者，應附記其陳述。

2.錄音、錄影

§44–1

　　本法於八十七年一月修正時，已增訂第一〇〇條之一規定訊問被告應行錄音、錄影。法院於審判期日除訊問被告外，尚須踐行證據調查程序，尤其九十二年修法已將第一六六條交互詰問制予以強化。詰問程序及其紀錄，至關重要，為求切實保持審判筆錄之正確與完整，審判期日進行同步錄音或錄影，更加有其必要。因此，本法第四十四條之一第一項明定：審判期日應全程錄音；必要時，並得全程錄影。至其錄音、錄影資料之保管方法，對照第一〇〇條之一第三項規定，應由司法院定之。司法院業已訂定「法庭錄音錄影及其利用保存辦法」為詳細之規範。法院組織法於一〇四年七月一日修正公布之第九十條第二項明定：「法庭開庭時，除法律另有規定外，應予錄音。必要時，得予錄影。」其適用範圍不僅以刑事訴訟案件為限，更加周全。此等錄音、錄影資料，依刑法第二二〇條第二項規定以公文書論。

　　除上述錄音、錄影外，第四十四條之一第二項更進一步規定：當事人、代理人、辯護人或輔佐人如認為審判筆錄之記載有錯誤或遺漏者，得於次一期日前，其案件已辯論終結者，得於辯論終結後七日內，聲請法院定期播放審判期日錄音或錄影內容核對更正之。其經法院許可者，亦得於法院指定之期間內，依據審判期日之錄音或錄影內容，自行就有關被告、自訴人、證人、鑑定人或通譯之訊問及其陳述之事項轉譯為文書提出於法院。同條第三項復規定此種經轉譯而成之文書，經書記官核對後，認為其記載適當者，得作為審判筆錄之附錄，並準用第四十八條之規定。此外，法院組織法尚有關於繳費聲請法院交付法庭錄音、錄影內容等規定，另見前述本法第三十三條相關說明。

　　須注意者，上述規定所指「有關被告……或通譯之訊問及其陳述之事項」，係從廣義，除審判長訊問及受訊問人陳述之事項外，尚有行詰問及其回答之事項，亦應包含在內。

3.整　理

§45

　　依本法第四十五條規定，審判筆錄應於每次開庭後三日內整理之。由

於第一○○條之一尚有訊問被告時錄音、錄影之相關規定，書記官於整理筆錄時，自應注意核對，俾求正確無誤。否則，其不符之部分即無證據能力。

須予附述者，依傳染病流行疫情嚴重期間司法程序特別條例第六條規定，審判筆錄以及其他各種筆錄，均得依當場之錄音事後補行製作，不受本法相關規定之限制。此乃適用於特殊時期之特例。（該條例定於一一二年六月三十日施行期間屆滿）

§46　**4.簽　名**

依本法第四十六條規定，審判筆錄應由審判長簽名；審判長有事故時，由資深陪席法官簽名；獨任法官有事故時，僅由書記官簽名；書記官有事故時，僅由審判長或法官簽名；並分別附記其事由。最高法院民刑庭總會廿四年七月決議，認為筆錄未經朗讀或交閱，或未經審判長、書記官簽名者，即屬違法。如據當事人上訴予以指摘，且其程序又與判決有因果關係者，應將原判決撤銷；但未經指摘時，最高法院不得依職權調查。

§47　**5.效　力**

依本法第四十七條規定，審判期日之訴訟程序，專以審判筆錄為證。法院於審判期日所踐行之各項訴訟程序，亦即一切法庭活動，須經書記官載明審判筆錄為證。條文所稱專以筆錄為證，顯有排除其他證據方法之用意。是其已有記載者，即係曾經踐行；如未有記載者，縱屬疏忽漏載，仍須認其為未曾踐行，不許以其他證據方法為相反之認定，不容有自由心證之空間。由此可知，審判筆錄對於程序事項之是否遵守，具有堅強之證明力。外國立法例，德國刑事訴訟法第二七四條賦予審判筆錄之證明力更加強固，僅於筆錄經證實為偽造時，方得據以就筆錄內容提出異議，成為自由心證原則之法定例外規定❻。本法第四十七條未如德國法有上述極嚴格之規定，而司法院所訂「法庭錄音錄影及其利用保存辦法」第六條前段更指明：「法庭開庭時雖經錄音或錄影，書記官仍應就當事人或其他訴訟關係人之陳述，當庭依法製作筆錄。」自增訂第四十四條之一錄音錄影規定

---

❻　Roxin/Schünemann, Strafverfahrensrecht, §45, Rn. 53, §51, Rn. 7, 29 Aufl., 2017.

後，如依錄音或錄影內容足認已有某項訴訟程序或訴訟行為之踐行，而審判筆錄記載欠詳或不甚完備者，能否以錄音錄影內容推翻筆錄之證明力，頗有疑問，尚待未來形成判例（實務上曾經出現引用本法第一○○條之一第二項規定而否定審判筆錄所載內容之案例，見最高法院 97 臺上 2529 號刑事判決）。

6.附　件

§48

依本法第四十八條規定，審判筆錄內引用附卷之文書或表示將該文書作為附錄者，其文書所記載之事項，與記載筆錄者有同一之效力。茲所指「文書」，包括公文書或私文書，例如鑑定報告、辯護狀等是。一經引用或附錄，即與載入筆錄者具有相同效力。至其文書內容之證明力如何，乃另一問題。實務所見，當事人、代理人、辯護人或輔佐人，經許可而根據法院所交付之審判期日錄音或錄影拷貝，自行就相關被告、自訴人、證人、鑑定人或通譯之訊問、詢問、詰問及其陳述事項，轉譯為文書提出於法院者，書記官務須核對無誤且可認為適當時，方得作為審判筆錄之附錄。

7.速　記

§49

依本法第四十九條規定，辯護人經審判長許可，得於審判期日攜同速記到庭記錄。此乃配合辯護人之需求，便於即時掌握訴訟資料，特設允許當場速記之規定。其所記錄者，係供辯護人使用，當然不得替代審判筆錄。

8.與訊問筆錄之不同點

上述各種筆錄，其中㈡訊問筆錄依本法第四十一條第一項第一款及第二款所定應載事項，已包含於審判筆錄內（見本法第四十四條第一項第七款）。究竟訊問筆錄與審判筆錄有何主要不同之點，茲說明如下：

⑴訊問筆錄用之於非審判期日，除法院於審判期日前行訊問，或受囑託而行訊問者外，檢察官偵查中之訊問，亦使用訊問筆錄。至於審判筆錄，則係專用於審判期日。

⑵訊問筆錄如無書記官在場時，許由法官或檢察官親自或指定其他在

場執行公務之人員製作（見第四十三條）。審判筆錄必須由法院書記官製作之，本法第二八〇條將書記官與法官、檢察官並列為審判期日之法定出庭人員，其理由在此。

⑶對於訊問筆錄，須向受訊問人朗讀或交其閱覽並經其簽名蓋章或按指印。而在審判筆錄，須經請求始予朗讀或交閱覽，且無須答話人簽名蓋章或按指印。但在第四十四條之一有聲請播放錄音、錄影內容得以核對更正之規定。

⑷本法對於訊問筆錄之證明效力未作規定，而對於審判筆錄，則依第四十七條賦予強固之證明力。

㈥裁判書

§50

1.裁判之意義

裁定與判決，兩者皆係法院（狹義）或法官之訴訟行為，依本法第五十條規定，應以作成書面為原則，由法官製作裁判書（此乃原本）。但不得抗告之裁定由法官當庭宣示者，得僅命記載於筆錄，無須另作裁定書，是其例外（參見本法第四十四條第一項第十三款、第二二〇條及第二二四條第二項）。行國民參與審判案件之判決書，仍由法官製作，惟應記載「國民法官」全體參與審判之旨。請參閱本書專論「國民法官法」五之㈤之5相關說明。

§51

2.裁判書應記載事項

本法第五十一條第一項規定：裁判書除依特別規定❼外，應記載受裁判人之姓名、性別、出生年月日、身分證明文件編號、住、居所；如係判決書，並應記載檢察官或自訴人並代理人、辯護人之姓名❽。

---

❼ 如本法第二二三條、第三〇八條至第三一〇條之二、第三七三條、第四五四條、第四五五條之八及之九。又上述第三十九條及第四十條之基本規定，自應一併遵守。

❽ 法院判決書對於檢察官之記載，係以其代表國家追訴犯罪之立場，基於檢察一體原則而實行公訴，與自訴案件由私人追訴者有別。具體個案實施偵查及製作起訴書、簡易判決處刑聲請書或上訴書之檢察官為誰，屬於檢察機關內

同條第二項規定：裁判書之原本，應由為裁判之法官簽名；審判長有事故不能簽名者，由資深法官附記其事由；法官有事故者，由審判長附記其事由。

3.裁判書之製作

§52

依本法第五十二條第一項規定，裁判書或記載裁判之筆錄之正本，應由書記官依原本製作之，蓋用法院之印，並附記證明與原本無異字樣。同條第二項規定，於檢察官起訴書及不起訴處分書之正本準用之。按凡屬判決，必須製作判決書，不得僅以載明筆錄代替，目前尚無記載判決之筆錄可言。而僅命載明筆錄之裁定，則以不得抗告者為限；除非遇有對之提起不合法之抗告時，可能需製作筆錄正本以便送達者外，鮮有製作筆錄正本之需求。倘若發現正本內容與原本內容不符時，以不影響全案情節及裁判本旨為限，得另為更正之裁定（參見釋字 43 號解釋）。

二、非公務員製作之文書

§53

非公務員所作訴訟文書，例如自訴狀、上訴狀、答辯狀、聲請狀、委任狀等，亦應遵守本法關於文書之基本規定。依第五十三條所示，文書由非公務員製作者，應記載年月日並簽名。其非自作者，應由本人簽名，不能簽名者，應使他人代書姓名，由本人蓋章或按指印。但代書之人應附記其事由並簽名。於此應注意者，法人名義所提文書，須由該法人及其代表人蓋章及簽名，方為適法。否則，即與第五十三條有違（見 70 臺上 7369 號判例）。實例常見公司具狀未蓋公司印信復無代表人之簽名者，於法即有未合，應命補正。惟當事人書狀可否以電報、電傳或其他電子文件提

部關係，法院無須過問。因而在當事人欄僅列「公訴人某某檢察署檢察官」或「上訴人某某檢察署檢察官」即可，不列承辦檢察官之姓名。惟因檢察官為法院審判期日必須出庭人員之一（見本法第二八〇條），法院判決書須在理由之末、記載判決日期之前，專列「本件經檢察官〇〇〇到庭執行職務」一句，記載個別檢察官之姓名，表明該案審判期日係由何人出庭。倘若重大案件係由二以上檢察官出庭者，則將各個檢察官姓名全予列載，自無不可。

出，本法未有規定，他日修法似宜增訂。德國實例持肯定見解並可參考❾。

§54 ## 三、編訂卷宗及卷宗滅失之處理

㈠關於編訂卷宗

本法第五十四條第一項規定：關於訴訟之文書，法院應保存者，由書記官編為卷宗。從而，書記官應將訴訟文書依訴訟進行之先後次序（通常係按日期先後為序），隨收隨訂，編頁裝訂成卷，妥為保存。其中裁判書之原本，由法院另行保存，在本案卷宗內，僅以正本訂入。又條文雖僅就法院卷宗而言，其實檢察機關亦準此辦理。

㈡關於卷宗滅失

本法第五十四條第二項規定：卷宗滅失案件之處理，另以法律定之。現行民刑事訴訟卷宗滅失案件處理法，全文十九條，係自六十二年五月二日公布施行。

---

❾ Gerd Pfeiffer, Strafprozessordnung und GVG, §43, Rn. 2, 4 Aufl., 2002. 及 Roxin/Schünemann, Strafverfahrensrecht, §22, Rn. 11, 29 Aufl., 2017. 自九十一年四月一日施行之電子簽章法，就其第一條第一項所定立法目的以觀，訴訟文書應無該法之適用。司法院於九十一年三月及九十六年十二月，先後兩次公告排除適用電子簽章法之項目，針對刑事訴訟法上有關訴訟之文書，絕大多數已被列入排除範圍，詳見《司法院公報》四十四卷四期及五十卷二期。

第六章　送　達

◎概　說

　　送達，係書記官以法院（或檢察官）輔助機關地位所從事之訴訟行為。依本法規定，有一定之文書必須送交當事人或其他訴訟關係人（即「應受送達人」），使生一定之效力。書記官應本於職權辦理其事，將文書親自致送或交由司法警察或郵政機關遞送應受送達人收受。實務所見，書記官於法院內晤見應受送達人時可將文書面交收受，或在公示送達之情形，均由書記官自任為送達人。除此以外，絕大部分係由司法警察或郵差擔任送達人。文書送達，事關應受送達人之權利義務，至為重要，應依法定手續與方式行之。如有違背，則其送達為不合法，必將影響送達之效力。關於送達手續與方式，在民事訴訟法第一編（總則）第四章第二節有詳細規定，本法僅於本章設有少數特別規定之條文，餘皆準用民事訴訟法辦理。茲將本章各條說明如下：

一、送達之種類及程序

㈠送達處所及代收人之陳明

§55

　　依本法第五十五條第一項規定，被告、自訴人、告訴人、附帶民事訴訟當事人、代理人、辯護人或輔佐人或被害人，彼等為接受文書之送達，應將其住所、居所或事務所，向法院或檢察官陳明；被害人死亡者，由其配偶、子女或父母陳明之。如其在法院所在地無住居所或事務所者，即應指定在該地有住居所或事務所之人，為其送達代收人，向法院陳明之，俾利送達便捷。茲所稱「配偶」，依司法院釋字第七四八號解釋施行法第二十四條第二項前段規定，包含該法第二條所定同性結合關係者在內。又所謂「該地」，係指該法院所在且無在途期間之縣市等行政區域而言。例如，

向臺灣高等法院陳明以事務所設於新北市中和區之某律師為送達代收人即非合法。至其所謂「陳明」，無論以言詞或書面陳明均可；未經陳明指定者，即無代收送達權限。因此，辯護人或具保人，除非已被陳明指定，否則仍非當然之送達代收人。

上述送達處所及送達代收人一經應受送達人依法陳明，依同條第二項規定，其效力及於同地之各級法院。例如曾向臺灣臺北地方法院為陳明後，其效力即及於同在臺北市之臺灣高等法院及最高法院，將來案繫第二、三審時，無須另為陳明。

應受送達人既經指定代收人並向法院陳明，則依同條第三項規定，送達向送達代收人為之者，即視為送達於本人，自屬當然之理。

§56

(二)囑託監所送達

在監獄服刑或在看守所受羈押之人，身繫囹圄，依本法第五十六條第一項規定，不適用第五十五條陳明送達處所及指定送達代收人之規定。復依第五十六條第二項規定，送達於在監獄或看守所之人，應囑託該監所長官為之，旨在顧及監所管理。條文用詞雖僅謂監獄或看守所，解釋上應包括少年輔育院、少年觀護所及各種保安處分處所在內，均應循囑託送達方式行之。

§57

(三)按址逕送與掛號郵寄

依本法第五十七條規定，應受送達人雖未向法院或檢察官陳明送達處所或送達代收人（見 §55），如其住所、居所或事務所為書記官所知者，亦得向該處送達之。

§58

(四)對檢察官之送達

本法第五十八條規定：對於檢察官之送達，應向承辦檢察官為之；承辦檢察官不在辦公處所時，向檢察長或檢察總長為之。

按本條舊規定係向檢察官之辦公處所為送達，於是在解釋上認為不以經檢察官收受簽名為必要（參見院解 2944 號解釋）。倘若收發人員或書記官有所耽擱，恐有延誤上訴或抗告等法定不變期間之虞。本法於五十六年修正，成為現行規定，須以實際送達於檢察官為必要。所謂實際送達，係

指其處於「客觀上已可收受該應受送達之文書」之狀態而言。例如法警已於某月十七日將判決正本送到承辦檢察官辦公桌上，該檢察官在勤，並無差假紀錄，且曾於同月二十二日命書記官向法院調閱案卷，由此可證其至遲已於二十二日前收判。雖其在送達證書所蓋收件戳章日期為次月二日，仍不足為憑（最高法院 92 臺上 6826 號刑事判決案例參照）。

　　法條所稱「承辦檢察官」，基於檢察一體原則，非以原起訴之檢察官（即在起訴書之末具名者）為限。案件在法院審判中出庭執行職務之檢察官，或原起訴之檢察官調職後之接辦檢察官，均屬承辦檢察官。又如甲地該管案件經依法院組織法第六十四條令移乙地檢察官偵查後逕向甲地法院起訴之案件，其裁判正本尤應向甲地出庭執行職務之檢察官為送達，基於配置之限制，不得向原起訴之乙地檢察官為送達（見 73 臺上 4164 及 76 臺上 4079 號判例）。

(五)公示送達

§59
§60

1.意　義

　　公示送達，實際係一種擬制方式之送達，即對於法條限列之應受送達人，將其應受送達之文書，予以公開揭示，經過一定期間後，使其發生已經送達之效力。

2.對　象

　　文書得採取公示送達者，其應受送達人有特定範圍，依本法第五十九條規定，須以被告、自訴人、告訴人或附帶民事訴訟當事人四種為限。

3.事　由

　　公示送達之事由，依本法第五十九條規定，必須具有下列情形之一：

①住所、居所、事務所及所在地不明者。

②掛號郵寄而不能達到者。

③因住居於法權所不及之地，不能以其他方法送達者。

4.手　續

　　依本法第六十條第一項規定，公示送達係由書記官承辦，應先經法院或檢察總長、檢察長或檢察官之許可，然後將應行送達之文書或其節本，

張貼於法院或檢察署牌示處，此外並應以其繕本登載報紙，或以其他適當方法通知或公告之。所指法院之許可，須以裁定行之（48 臺上 655 號判例）。但最高法院裁判之案件，如曾經下級審為公示送達者，最高法院免為裁定（見最高法院往昔 27.12.27 決議）。

5.生　效

依本法第六十條第二項規定，公示送達自最後登載報紙或通知公告之日起，經三十日發生效力。須注意者，此乃送達之生效，其送達後得為某項訴訟行為之期間（例如上訴期間為十日），應予銜接加計。

6.對於大陸地區之文書送達能否採用公示送達

最高法院 70 臺上 20 號民事判例曾謂：「陷身大陸之當事人，無法由法院公告知悉公示送達，自不得對之為公示送達。」惟自臺灣地區與大陸地區人民關係條例施行後，法院已可囑請該條例第四條所定之機構或民間團體於大陸地區送達文書（目前係透過財團法人海峽交流基金會辦理），且可在香港地區登報，使大陸地區人民有知悉之機會，現況已經變更，最高法院認該判例不合時宜，已予公告不再援用。「海峽兩岸共同打擊犯罪及司法互助協議」自九十八年六月二十五日生效後，依其第七點規定，雙方同意於收到對方請求書之日起三個月內，互助並及時協助送達司法文書，對於大陸地區之文書送達，更加順利。

§61

二、送達之執行

依本法第六十一條規定：送達文書由司法警察或郵務機構行之（第一項）。前項文書為判決、裁定、不起訴或緩起訴處分書者，送達人應作收受證書，記載送達證書所列事項，並簽名交受領人（第二項）。拘提前之傳喚，如由郵務機構行送達者，以郵務人員為送達人，且應以掛號郵寄；其實施辦法由司法院會同行政院定之（第三項）。

按照本法第七十五條規定，拘提被告須以其經合法傳喚無正當理由不到場為要件。對於傳喚是否合法之認定，至關重要。爰於一〇七年十一月增訂第六十一條第三項，明定其傳票如由郵務機構行送達者，須以掛號寄送。

　　送達證書，係準用民事訴訟法第一四一條規定，由送達人（即書記官、司法警察或郵差三者之一）作成後提出於法院或檢察機關附卷查考之文書，而收受證書則為民事訴訟法所無。前者係向命送達之原法院或檢察官報告其送達之事實及時間，後者係向收件人證明其為送達之事實及時間（猶如送達證書副本一般），以杜送達不正確之流弊。兩者如有不符，而依收受證書之記載，已足以證明收受文書之時間與事實者，即應根據收受證書而為認定（75 臺上 5951 號判例）。第六十一條第二項之所以列舉判決、裁定、不起訴處分書、緩起訴處分書四者，送達人尚須作成收受證書，在於收受各該文書之日期及合法送達與否，涉及上訴、抗告、再議等法定不變期間之計算，關係重大。因而責成送達人作成收受證書並簽名交給受領人收執為憑，俾能明確認定收件時間及送達是否合法，避免爭議。

三、民事訴訟法之準用 §62

　　本法第六十二條規定：送達文書，除本章有特別規定外，準用民事訴訟法之規定。

　　茲就本章暨準用民事訴訟法相關規定，將文書送達方式及其收件者與送達生效之時點，列述如下：

送達方式	收件者	送達效力發生時點	相關法條
本人送達	向應受送達人致送由其本人或代收人收件	送達於本人或代收人時生效	(一)本法 §§55（送達代收人）、58（檢察官） (二)準用民事訴訟法 §§126、136
補充送達	應受送達人之同居人或受僱人	送達於該人時生效	準用民事訴訟法 §137
寄存送達	送達地之自治機關或警察機關	完成寄存並黏貼通知之日起經過十日生效	準用民事訴訟法 §138
留置送達	遭無故拒收而將文書放置於送達處所	放置時生效	準用民事訴訟法 §139
囑託送達	受囑託者（依法律所定之人或機關）	經轉交應受送達人時生效	(一)本法 §56 及 44 臺抗 3 判例

			(二)準用民事訴訟法 §§125、129、144、 145、146
公示送達	擬制送到	自最後登報或通知公告之日起經三十日生效	本法§§59、60

表列補充送達，依民事訴訟法第一三七條第二項規定，如同居人或受僱人為「他造當事人」者，即不能適用補充送達方式。茲經準用於送達刑事訴訟文書時，所指「他造當事人」，對照本法第三條規定，並不包括被害人、告訴人、告發人在內。惟按彼等與應受送達人存有利害衝突，如將文書交付彼等以為送達，恐有產生不利本人結果之虞（例如毀棄文書或匿不轉知）。從而，此種情形仍應解為排除補充送達之適用。

司法院已會同行政院依民事訴訟法施行法第三條規定，訂定發布「郵務機構送達訴訟文書實施辦法」，依該辦法第二條規定，刑事訴訟文書交由郵政機關送達者，準用該辦法之相關規定。又民事訴訟法第一五三條之一亦在準用之列，依照該條規定，訴訟文書得使用電信傳真等科技設備傳送之，司法院已訂定發布「民事訴訟文書使用電信傳真或其他科技設備作業辦法」。因此，在性質不相牴觸之範圍內，於刑事訴訟文書亦可準用。

四、特　例

依傳染病流行疫情嚴重期間司法程序特別條例第五條規定利用電子設備傳送文書亦生送達效力，乃係適用於特殊時期之特例。（該條例定於一一二年六月三十日施行期間屆滿）

第七章　期日及期間

本章規定當事人及（或）其他訴訟關係人從事一定行為之時期，分為期日及期間兩者如下：

一、期　日

§63

㈠意　義

當事人及（或）其他訴訟關係人，與法院或檢察官會合於一定處所而為訴訟行為之日時，稱此特定之時間曰期日 (Termin)。例如審判期日是。他如訊問期日、勘驗期日等，法條雖無此專有名詞，其實仍屬期日之範疇。

㈡指　定

期日有待法院或檢察官預行指定，方能屆時會合從事訴訟行為。本法第六十三條爰規定：審判長、受命法官、受託法官或檢察官指定期日行訴訟程序者，應傳喚或通知訴訟關係人使其到場。但訴訟關係人在場或本法有特別規定者，不在此限。茲所稱訴訟關係人，從廣義言，指當事人及當事人以外其他之訴訟關係人而言。

關於傳喚，詳傳喚被告、證人、鑑定人、自訴人等相關條文。關於通知，本法並未定其方式。又所指特別規定，如依本法第七十二條（本法第一七六條準用）面告到場之情形是。當事人或其他訴訟關係人無故遲誤期日者，即生一定之法律效果。例如被告經合法傳喚無正當理由而遲誤訊問期日者將遭拘提（見本法第七十五條）；遲誤審判期日者，更將發生缺席判決之效果（見本法第三〇六條）；又如鑑定人遲誤訊問期日者，雖不得拘提，仍須受罰鍰處分（見本法第一九九條、第一九七條準用第一七八條）。

§64 ### (三)變更或延展

依本法第六十四條規定，期日，除有特別規定外，非有重大理由，不得變更或延展之。期日經變更或延展者，應通知訴訟關係人。所謂變更期日，指期日未曾開始即予另定他期日而言。所謂延展期日，則係期日已開始後又改定他期日進行訴訟行為而言。期日一經指定，以不輕易改變為原則，除非有特別情形或重大理由。所指特別規定，例如本法第二九四條第一項及第二項之情形是。至其重大理由之有無，為維持司法威信及避免程序延滯，理應從嚴酌定。

二、期 間

§65 ### (一)意 義

法定或經指定之期限，使法院、當事人及（或）其他訴訟關係人應為或不為訴訟行為者 ， 稱此特定之期限 （十七年本法即稱期限） 曰期間 (Frist)。法定期間，有不許伸縮倘若逾期即生失權效果者，是為不變期間。例如回復原狀、再議、聲請交付審判、上訴、抗告、準抗告、再審、聲請撤銷沒收財產之確定裁判等期間均屬之（見本法第六十七、二五六、二五八之一、三四九、四〇六、四一六、四二四、四二五、四五五之二九、四五五之三七條）；有出於催促作用即使逾期並不影響效果者，是為訓示期間。例如裁判原本交付及正本送達期間屬之（見本法第二二六條及第二二七條）。經指定之期間，出自法院裁定，是為裁定期間，例如本法第二七三條第三項、第三六二、三六七、三八四條是。惟於檢察實務中，亦有因文書（例如告訴狀）程式欠缺而需補正之情形，可逕由該管檢察官指定之。

法定不變期間之計算，係以本法第六十六條第一項所指「應於法定期間內為訴訟行為之人」其本人為準。因此，第三四五條及第三四六條各該上訴權人得為上訴之期間起算及有無在途期間之扣除，應以被告本人收受判決之日，及其住居所或事務所是否在法院所在地為準。

㈡計　算

依本法第六十五條規定：期間之計算，依民法之規定。按民法總則第一一九條至第一二三條對於期間如何計算，有詳細規定，茲舉例說明如下：

1.本法第九十三條第二項規定

被告於「偵查中經檢察官訊問後，認有羈押之必要者，應自拘提或逮捕之時起二十四小時內，敘明羈押之理由，聲請該管法院羈押之。」該二十四小時，係以時定期間，依民法第一二○條第一項規定，應予「即時起算」。

2.本法第四一六條第三項關於準抗告之期間規定

「第一項聲請期間為五日，自為處分之日起算，其為送達者，自送達後起算。」此乃以日定期間者，依民法第一二○條第二項規定，應分別情形，自處分之日當日起算，或自送達日之翌日起算（即其始日均不算入）。茲須特加說明者，最高法院九十四年度第一次民刑事庭決議，係針對寄存送達生效及其後續訴訟行為法定不變期間之計算問題所作決議，此與本法第四一六條第三項所定準抗告五日期間，將「自為處分之日起算」與「自送達後起算」兩種情形予以區別規定者，不能相提並論。本書認為條文既稱自處分之日起算，則依民法第一一九條除外規定，即應自當日起算（始日算入）。

3.依本法第三三二條規定

自訴人於辯論終結前喪失行為能力或死亡者，得由其法定代理人、直系血親或配偶，於一個月內聲請承受訴訟。此係以月定期間者，依民法第一二○條第二項規定，自訴人喪失行為能力或死亡之當日（即始日）應不算入一個月之內。

4.以上所述，係就期間之起算點而言，至於期間之終止，亦須依民法之規定

例如上訴期間之末日為星期六者，依民法第一二二條規定，延至次週之星期一是。

§66

(三)在途期間

依本法第六十六條第一項規定：應於法定期間內為訴訟行為之人，其住所、居所或事務所不在法院所在地者，計算該期間時，應扣除其在途之期間。所謂在途期間，即係不在法院所在地者為訴訟行為所需之程期。其應予扣除之日數多寡，由司法行政最高機關依同條第二項之立法授權，訂定標準以資規範。司法院所發布之法規命令為「法院訴訟當事人在途期間標準」，法務部所發布之法規命令為「檢察機關訴訟當事人在途期間標準」。上述應予扣除在途期間之規定：

1.僅於法定不變期間方有其適用

在訓示期間方面，不發生失權之效果，並無扣除在途期間之必要。

2.僅以住居所或事務所不在法院所在地者為限

倘若為該項訴訟行為之人居住於法院當地，即無在途期間可供扣除。惟須注意下列兩點：

(1)送達文書向送達代收人為之者

依本法第五十五條第三項規定，雖應視為送達於本人，惟如本人之住居所或事務所不在法院所在地（見同條第一項），則其為訴訟行為時，仍應扣除在途期間（29 抗 75 號判例）。

(2)監所與法院間，無在途期間可言

在監所之被告，於法定不變期間內向監所長官提出上訴狀或抗告狀者，依本法第三五一條第一項及第四一九條規定，視為在法定不變期間內之上訴或抗告。此種情形，縱使該監所不在法院所在地，仍與在途期間無涉。如果監所人員遲誤轉送，亦不致影響上訴或抗告之效力（參見最高法院七十七年度第四次刑事庭會議決議）。倘若該被告不經監所長官而逕向原審法院遞狀時，則其法定不變期間之遵守，應以法院收狀之日為準。如被告之住居所不在法院所在地者，即使拘禁被告之監所在法院所在地，仍有扣除在途期間之適用；又如被告之住居所雖在法院所在地，而該監所不在法院所在地者，亦仍須扣除在途期間（參考最高法院 104 臺上 1051 刑事判決）。

㈣回復原狀
§67

1.意　義

法定不變期間，毫無伸縮餘地，如有遲誤，即發生逾期失權之效果。惟其遲誤原因非可歸責於當事人或代理人者，理應除去其因遲誤所生之效果，追復原來狀態，保有其原得為訴訟行為之權利，此種設計，稱曰回復原狀（德國刑事訴訟法第四十四條以下，有此制度）。

2.要　件

聲請回復原狀，須以其不遵守期間之原因非可歸責於當事人者為要件。通常所見如因水災、風災、震災導致交通中斷之情形是，但並非僅以天災為限。實務（最高法院 106 臺抗 722 號刑事裁定）認為某抗告人由於地區大停電導致電腦、印表機、影印機無法作業因而未能及時提出抗告書狀遲誤抗告期間，洵屬非其過失，所請回復原狀應予准許。又認為（最高法院 110 臺抗 1804 號刑事裁定）裁定正本誤載較法定抗告期間為長之教示文句，抗告人陷於誤信，導致因逾期抗告而遭駁回之情形，非可歸責於抗告人，是其非因過失遲誤抗告之期間，可於收受駁回裁定正本後五日內聲請回復原狀。

本法第六十七條第一項爰規定：非因過失，遲誤上訴、抗告或聲請再審之期間，或聲請撤銷或變更審判長、受命法官、受託法官裁定或檢察官命令之期間者，於其原因消滅後五日內，得聲請回復原狀。同條第二項規定：許用代理人之案件，代理人之過失，視為本人之過失。按回復原狀，旨在追復因不遵守期間所失之權利，倘若裁判文書未經合法送達，則其法定期間無從開始進行，即應重行送達，不生回復原狀問題。

告訴人或被害人，均非公訴案件之當事人，彼等如因未能及時收受判決正本之送達，以致遲誤請求檢察官上訴（§344Ⅲ）者，檢察官無從據為聲請回復原狀之理由。

3.程　序
§68

(1)回復原狀之聲請
§69

本法第六十八條第一項規定：因遲誤上訴或抗告或聲請再審期間而聲

請回復原狀者，應以書狀向原審法院為之。其遲誤聲請撤銷或變更審判長、受命法官、受託法官裁定或檢察官命令之期間者，向管轄該聲請之法院為之。

同條第二項規定：非因過失遲誤期間之原因及其消滅時期，應於書狀內釋明之。

同條第三項規定：聲請回復原狀，應同時補行期間內應為之訴訟行為。

(2)法院受理回復原狀之聲請後，即應予以裁判

依本法第六十九條第一項規定：回復原狀之聲請，由受聲請之法院與補行之訴訟行為合併裁判之；如原審法院認其聲請應行許可者，應繕具意見書，將該上訴或抗告案件送由上級法院合併裁判。按遲誤再審或準抗告期間者，固應由受聲請之法院予以合併裁判；惟在上訴及抗告案件，原審法院就上訴或抗告之本案無權裁判，爰規定由其繕具意見書後將之申送上級法院合併裁判之。至於是否准許回復原狀，歸由上級法院定奪，自不受該意見書之拘束。倘若原審法院認為回復原狀之聲請不應許可時，則其補行之訴訟行為亦非合法，即可一併予以駁回。

法院未為回復原狀之准駁前，原裁判（或原處分、原命令）已經確定，發生執行力，如任令執行，可能導致難以回復之損害。同條第二項爰規定：受聲請之法院於裁判回復原狀之聲請前，得停止原裁判之執行。申言之，即該法院得先為停止原裁判執行之裁定也。

§70

4.再議期間之回復原狀

告訴人不服檢察官所為不起訴或緩起訴之處分者，得依法聲請再議（見本法第二五六條）。再議期間之遲誤，亦可能有非可歸責之原因。本法爰於第七十條規定：遲誤聲請再議之期間者，得準用前三條之規定，由原檢察官准予回復原狀。

第八章　被告之傳喚及拘提

期日經指定後，需傳喚訴訟關係人，使之到場會合進行訴訟行為（見§63）。本章係就犯罪嫌疑人之通知、被告之傳喚及其拘提、逮捕、通緝等相關事項，予以周詳規範，俾有強制到場之實效。按憲法第八條明文保障人民身體自由，非依法定程序之逮捕拘禁，人民得拒絕之。在刑事程序中，因偵查、審判或執行之需求，每有實施各種強制處分之必要，其要件及手續，務須遵守本法各該規定，以重人權。日本刑事訴訟法第一九七條第一項但書有強制處分法定原則之規定，本法雖無此明文，基於憲法保障人權之意旨，自應作相同理解。此外，法官保留原則、比例原則及最後手段原則均須一併兼顧遵循。對於違法之強制處分，可依抗告或準抗告（如第四一六條）及證據排除有關規定（詳證據章通則）尋求救濟。茲將本法所確認之各種強制處分 (Zwangsmassnahmen)，列表如下：

處分種類		處分對象	相關條文
強制處分	傳喚	被告、證人、鑑定人、通譯、被告以外之人應受身體檢查者、被告代理人、被害人或其家屬、自訴人、參與人、受刑人	§§71、175、176、178、197、199、211、215、271、327、455-21 III、469
對人處分	拘提	被告、通緝犯、證人、被告以外之人應受身體檢查者、參與人、受刑人	§§75、76、87、88-1、178、215、455-21 III、469
	逮捕	現行犯、通緝犯、被告	§§87、88、228 IV
	通緝	被告、受刑人	§§85、469
	羈押	被告	§§101、101-1、102
	暫行安置	被告	§121-1
	身心鑑定	被告	§§203 III～203-4
	人身搜索	被告或第三人	§§42、122、123、130（88-1 準用）、131 II、131-1

	人身檢查	被告或第三人	§§42、213 ㊁、215 及鑑定一節 204～204-3
對物處分	搜索	被告或第三人之物件及住宅或其他處所	§§42、122、128、130、131、131-1
	扣押	可為證據或得沒收之物，或第三人之財產	§§42、133、133-1、133-2、137、152
	鑑定	物件、屍體等	§§198、203 Ⅱ、204～204-3
	勘驗	詳如 §213 ㊀、㊂～㊅	§213 ㊀、㊂～㊅

上列簡表尚有六點附帶說明：

1.傳　喚

傳喚某人，雖無直接強制效果，惟表列「處分對象」內之被告及受刑人如經合法傳喚無正當理由不到場者，得予拘提（見本法第七十五條及第四六九條），證人如經合法傳喚無正當理由不到場者，得科以罰鍰並得拘提之（見本法第一七八條），對於被告及證人而言，可謂係一種間接強制處分。至若傳喚其他之人，均無強制效果可言。

2.對於應扣押物之所有人、持有人或保管人

依本法第一三三條第三項規定，得命其提出或交付該物。此項對人之命令，係以扣取該物為目的，乃扣押實施前之先行處分。如有不從，勢將遭受搜索扣押，惟其兼具對人與對物處分性質。

3.實施鑑定或勘驗

雖為調查證據之方法，但在過程中，有時兼具強制性質。可參見本法第二〇三條第三項至第二〇四條、第二〇四條之三及第二一九條準用第一三二條等規定。

4.表列各種強制處分，對於基本人權皆有重大影響

法官保留，係自德文法律名詞 Richtervorbehalt 迻譯而成，乃法治國重要原則之一。按照此項原則，凡屬限制人民基本權利之強制處分，皆應事先獲得法官許可，方能實施，意即必須保留予法官行使審查核定之權力。被告之羈押、暫行留置、身心鑑定（鑑定留置）三種對人強制處分，嚴重限制人身自由，依本法之規定，專由法官事先裁核，不容任何例外，

絕對保留予法官作許可與否之決定，俾與憲法第八條之保障意旨相符。另有限制出境出海、搜索，以及通訊保障及監察法所定之通訊監察（俗稱監聽）三種強制處分，亦應經由法官事先裁核，如因具有急迫例外情形而先行實施時，必須事後陳報法官查核，檢察官偵查中延長被告限制出境出海期間，應先聲請法官裁定，有稱之為相對保留原則者，即係指此而言。

5.通訊監察

另有「通訊保障及監察法」為依據，亦屬強制處分之一種，但不易歸列為對人或對物處分。

6.刑事執行程序中之受刑人，由檢察官傳喚、拘提或通緝，並負責指揮執行（見本法第四五七條第一項前段及第四六九條）

對於保安處分受處分人之執行，依保安處分執行法第五條規定，係準用本法第四六九條之規定。

一、被告之傳喚 (Ladung)

㈠使用傳票 §71

法院或檢察官對被告令其於一定日時（期日）到場，謂之傳喚被告。

1.本法第七十一條第一項規定

傳喚被告應用傳票，是為原則。

2.至其傳票內容，同條第二項明定

傳票應記載下列事項：

①被告之姓名、性別、出生年月日、身分證明文件編號及住、居所。

②案由。

③應到之日、時、處所。

④無正當理由不到場者得命拘提。

同條第三項復針對上列①補充規定：被告之姓名不明或因其他情形有必要時，應記載其足資辨別之特徵；被告之出生年月日、身分證明文件編號、住、居所不明者，得免記載。至於傳票之簽發，依同條第四項規定，於偵查中由檢察官簽名，審判中由審判長或受命法官簽名。

如上所述，檢察官於偵查中有權簽發傳票傳喚被告應訊，關於此點，與德國同❶，而與日本有異❷。蓋日本戰後刑事訴訟法明顯具有走向英美法之性格也。日本檢察官偵查犯罪，僅得要求嫌疑人任意到場，於法並無到場義務，即以嫌疑人同意為前提方能進行，顯非強制處分。此種任意到場之模式，雖亦為本法所採用，惟其適用對象則為司法警察機關。

§71-1　　　按司法警察人員辦理刑事案件，負有調查犯罪之職責（見本法第二二八條第二項、第二三〇條第二項、第二三一條第二項及第二三一條之一第一項）。由於司法警察人員並非司法官，無權強制犯罪嫌疑人到場接受調查，本法爰於第七十一條之一第一項規定：司法警察官或司法警察，因調查犯罪嫌疑人犯罪情形及蒐集證據之必要，得使用通知書，通知犯罪嫌疑人到場詢問。經合法通知，無正當理由不到場者，得報請檢察官核發拘票。同條第二項規定：前項通知書，由司法警察機關主管長官簽名，其應記載事項，準用第七十一條第二項第一款至第三款之規定（詳如§71 傳票應記載事項①、②、③）。依上所述，司法警察人員辦案時，得通知犯罪嫌疑人任意到場接受詢問，此即俗稱「約談」，並無強制效果。如有不從，可報請檢察官審核情節決定是否簽發拘票，但非當然拘提。又法條明定該項通知書須由「司法警察機關主管長官」簽名，以昭慎重。分局長以上司法警察官始有簽發通知書之權限，至若刑事組長、派出所主管等人員，均不得為之。

§72　**㈡免用傳票（面告到場與陳明到場）**

傳喚被告雖以使用傳票為原則，惟於本法第七十二條之情形，則可免用傳票。依照該條規定：對於到場之被告，經面告以下次應到之日、時、處所及如不到場得命拘提，並記明筆錄者，與已送達傳票有同一之效力。被告經以書狀陳明屆期到場者，亦同。

§73　**㈢通知監所長官**

本法第七十三條規定：傳喚在監獄或看守所之被告，應通知該監所長

---

❶　德國刑事訴訟法第一六三條 a 第三項及第一三三條、第一三四條。

❷　日本刑事訴訟法第一九八條及第一九九條。

官。按該條用詞雖僅謂監獄或看守所，解釋上應包括少年輔育院、少年觀護所及各種保安處分處所在內。凡傳喚在拘禁中之被告時，自應通知上述各該拘禁處所之長官，旨在顧及其內部管理。

㈣按時訊問

§74

本法第七十四條規定：被告因傳喚到場者，除確有不得已之事故外，應按時訊問之。此乃訓示規定，促使法官或檢察官不可任意延誤。就實務觀之，當日首宗案件準時進行訊問，尚無困難，第二宗以後各案能否準時訊問，有其事實上之困難。

二、被告之拘提 (Vorführung)

§75

㈠意　義

釋字 392 號解釋理由書謂「拘提」云者，乃於一定期間內拘束被告之自由，強制其到場之處分。申言之，拘提被告，屬於對人強制處分之一種，係法官或檢察官以使被告接受訊問為目的，而於一定時間內，拘束被告之人身自由，強制其到達一定處所就訊。拘提與拘留有別，後者係對於違反社會秩序行為之一種處罰，詳如社會秩序維護法之規定，與刑事實體法及程序法無涉。

㈡一般拘提

拘提被告，在通常情形，係對於未遵傳喚，抗不到場之被告所為強制處分。依本法第七十五條規定，須被告經合法傳喚，無正當理由不到場者，方得予以拘提。由此可知一般拘提應具備下列要件：

1.被告曾受合法傳喚

除符合免用傳票之情形（見 §72）外，傳喚被告應用傳票，且其傳票須經合法送達。

2.無正當理由不到場

被告之不到場，有無正當理由，須就個案而為判斷。

3.有拘提之必要

法條定曰「得」拘提而非「應」拘提，雖已具備上述 1.及 2.要件，究

竟有無拘提之必要性，仍應審慎衡酌。昔日傳票常有加蓋「抗傳即拘」或「不到即拘」字樣之戳記者，易使人誤認為如不到場必遭拘提，含有不考慮有無正當理由及有無拘提必要之意涵，殊有未妥，如今早已改進。

(三)逕行拘提

下列情形，基於特別情事之迫切需要，不先傳喚被告，逕行拘提：

§76

1.依本法第七十六條規定

被告犯罪嫌疑重大，而有下列情形之一者，必要時，得不經傳喚逕行拘提：

①無一定之住所或居所者。

②逃亡或有事實足認為有逃亡之虞者。

③有事實足認為有湮滅、偽造、變造證據或勾串共犯或證人之虞者。

④所犯為死刑、無期徒刑或最輕本刑為五年以上有期徒刑之罪者。

上述第七十六條逕行拘提之要件為：被告犯罪嫌疑重大、具備該條各款事由、且經審酌有其必要性，方可行之。

§88–1

2.依本法第八十八條之一第一項規定

檢察官、司法警察官或司法警察偵查犯罪，有下列情形之一而情況急迫者，得逕行拘提之：

①因現行犯之供述，且有事實足認為共犯嫌疑重大者

按現行犯見本法第八十八條，共犯一詞，與本法第七條第二款作相同解釋，即包括正犯、教唆犯、幫助犯三者而言。

②在執行或在押中之脫逃者

參見刑法第一六一條、監獄行刑法第二十七條第二項、外役監條例第二十一條第三項。凡經依法逮捕拘禁之人脫逃者屬之。其拘禁處所諸如監獄、看守所、少年觀護所、少年輔育院、少年矯正學校，或執行保安處分之處所均屬之。

③有事實足認為犯罪嫌疑重大，經被盤查而逃逸者

但所犯顯係最重本刑為一年以下有期徒刑、拘役或專科罰金之罪者，不在此限（盤查一詞見警察勤務條例第十一條第三款，惟警察職權行使法

有「攔停」之規定）。

　　④所犯為死刑、無期徒刑或最輕本刑為五年以上有期徒刑之罪，嫌疑
　　　重大，有事實足認為有逃亡之虞者

　　上述第八十八條之一所定逕行拘提，除須具備該條第一項各款事由
外，尚須審酌其急迫性與必要性，方得為之。情況是否急迫，須就其如不
及時拘提，人犯是否即有逃亡之虞或偵查犯罪是否顯有重大困難而為衡
量，在司法警察人員方面，並應以其情況急迫而不及報請檢察官核發拘票
為要件。按該條之逕行拘提，於執行拘提時並無拘票（事後方發拘票），
適用上自應從嚴規範。又該條於最初草擬時，原係採取逕行「逮捕」之設
計，條次編列第八十八條之一，其後在協商討論中，改為逕行「拘提」，
惟其條次未予調整，以致形成與第七十六條不相銜接之現象，併此說明。

　　3.依本法第一一六條之二第四項之逕行拘提（另詳後述該條說明）
　　4.依本法第四六九條之逕行拘提（另詳後述該條說明）

㈣執行拘提之手續

　　1.須用拘票

§77

§88–1

　　依本法第七十七條第一項規定，拘提被告應用拘票。同條第二項規
定，拘票應記載下列事項：

　　①被告之姓名、性別、年齡、籍貫及住所或居所。但年齡、籍貫、住
所或居所不明者，得免記載。

　　②案由。

　　③拘提之理由。

　　④應解送之處所。

　　同條第三項規定：第七十一條第三項及第四項之規定，於拘票準用之
（即被告之姓名不明或因其他情形有必要時，應記載其足資辨別之特徵。
拘票，於偵查中由檢察官簽名，審判中由審判長或受命法官簽名）。關於
案件在偵查中檢察官有權簽發拘票拘提被告之規定，與德國同❶，而與日
本有異❷。

　　茲應說明者，上述應用拘票之規定，在本法第七十五條一般拘提及第

七十六條逕行拘提兩者均須於事先簽發拘票持以執行。但依本法第八十八條之一逕行拘提者，該條第二項明定：前項拘提，由檢察官親自執行時，得不用拘票；由司法警察官或司法警察執行時，以其急迫情況不及報告檢察官者為限，於執行後應即報請檢察官簽發拘票。如檢察官不簽發拘票時，應即將被拘提人釋放。由此可見此種逕行拘提係於司法警察人員已為拘提之執行後始報請核發拘票，事前並未持有拘票❸，與本法第七十六條之逕行拘提有別。

　　本法第八十八條之一所定逕行拘提，如由檢察官親自執行時，該條第二項定曰「得」不用拘票，並非絕對免用拘票。法務部鑑於拘提被告與逮捕被告，在手續上係以要式（拘票）與非要式（免票）為區別所在，遂於七十一年十月七日修正發布「檢察處辦理刑事偵查及執行案件應行注意事項」，其中第二十項要求檢察官在此情形仍應補發拘票，並依規定簽報核定分案辦理，俾求貫徹拘提須用拘票之規定，至為正確。惟上開注意事項經法務部於八十五年二月二日修正為「檢察機關辦理刑事訴訟案件應行注意事項」後，已將原有第二十項補發拘票之規定予以刪除，致使拘提與逮捕之區別，在手續上混淆不清。

　　又依第八十八條之一第三項規定：「檢察官、司法警察官或司法警察，依第一項規定程序拘提犯罪嫌疑人，應即告知本人及其家屬，得選任辯護人到場。」此項規定係命執行人員於實施拘提之當時，即應踐行告知，與第九十五條第一項及第一○○條之二準用之「訊（詢）問」時應先告知者，在時間上更為提前。

---

❸　日本刑事訴訟法第二一○條之緊急逮捕，檢警人員可逕行逮捕嫌疑犯，事後始向法院聲請核發逮捕狀，為此引發合憲性之爭議。日本最高裁判所昭和30.12.14. 判例（刑集 9–13–2760）謂此情形，就逮捕嫌疑犯之整個過程而言，如係於執行逮捕後之緊接時間以內，迅即接受法官審查並獲簽發逮捕狀者，仍應認屬基於令狀所為之逮捕，與日本憲法第三十三條之本旨並無違背。我國司法警察人員依第八十八條之一先拘人後補票，亦可作如是觀。

2.執行拘提之人員

§78

本法第七十八條第一項規定，拘提，由司法警察或司法警察官執行，並得限制其執行期間。同條第二項規定，拘票得作數通，分交數人各別執行。　按該條係指本法第七十五條一般拘提及第七十六條逕行拘提兩者而言。至於第八十八條之一逕行拘提之情形，其執行人員尚包括檢察官在內，且於執行拘提時尚未持有拘票，顯無第七十八條第二項之適用。

3.拘票之交付與報告

§79

§80

本法第七十九條規定：拘票應備二聯，執行拘提時，應以一聯交被告或其家屬。

本法第八十條規定：執行拘提後，應於拘票記載執行之處所及年、月、日、時；如不能執行者，記載其事由，由執行人簽名，提出於命拘提之公務員。按上述兩條規定，原係針對事先簽發拘票持以執行者而言，惟自七十一年八月增訂第八十八條之一後，事後核發拘票仍解為應依該兩條規定辦理。

4.轄區外拘提及軍人之拘提

(1)本法第八十一條規定

§81

司法警察或司法警察官於必要時，得於管轄區域外執行拘提，或請求該地之司法警察官執行。按該條條文主詞係司法警察人員，所謂管轄區域外拘提，係指司法警察機關之轄區而言。

(2)本法第八十二條規定

§82

審判長或檢察官得開具拘票應記載之事項，囑託被告所在地之檢察官拘提被告；如被告不在該地者，受託檢察官得轉囑託其所在地之檢察官。

依此規定受囑託者以檢察官為限，與本法第一五三條及第一九五條不同；又囑託拘提所用拘票，應由受囑託之檢察官簽發，交由該管司法警察人員執行，並依第九十一條規定辦理。

(3)本法第八十三條規定

§83

被告為現役軍人者，其拘提應以拘票知照該管長官協助執行。

三、被告之通緝

§84　**(一)通緝原因**

　　司法機關對於逃匿之被告，以書面通知各地檢警機關全面進行緝捕，謂之通緝。依本法第八十四條規定：被告逃亡或藏匿者，得通緝之。

§85　**(二)通緝書❹**

　　依本法第八十五條第一項規定，通緝被告應用通緝書。同條第二項規定：通緝書應記載下列事項：

　　①被告之姓名、性別、出生年月日、身分證明文件編號、住、居所，及其他足資辨別之特徵。但出生年月日、住、居所不明者，得免記載。

　　②被訴之事實。

　　③通緝之理由。

　　④犯罪之日、時、處所。但日、時、處所不明者，得免記載。

　　⑤應解送之處所。

　　同條第三項規定：通緝書，於偵查中由檢察總長或檢察長簽名，審判中由法院院長簽名。

§86　**(三)通緝方式**

　　依本法第八十六條規定，通緝，應以通緝書通知附近或各處檢察官、司法警察機關；遇有必要時，並得登載報紙或以其他方法公告之。

§87　**(四)通緝效力**

　　本法第八十七條第一項及第二項，明定通緝經通知或公告後，檢察官、司法警察官得拘提被告或逕行逮捕之；利害關係人得逕行逮捕通緝之被告，送交檢察官、司法警察官，或請求檢察官、司法警察官逮捕之。按上述規定所稱拘提，已詳 §75 至 §83 及 §88-1 相關說明；所稱逮捕，無須持憑許可文件（票）即可實施，係以強制力短暫拘束人身自由。除以通緝犯為逮捕對象外，尚有本法第八十八條及第二二八條第四項但書兩種情形，另詳後述。憲法第八條第一項關於非依法定程序不得逮捕之規定，所

---

❹　參見德國刑事訴訟法第一三一條 (Steckbrief)。

稱逮捕一詞，並非專指狹義逮捕而言，尚應包括拘提在內❺。

㈤撤銷通緝

本法第八十七條第三項及第四項，明定通緝於其原因消滅或已顯無必要時應即撤銷。撤銷通緝之通知或公告準用第八十六條之規定，意即準用發布通緝之相同方式作全面性通報。依此規定，撤銷通緝之主要情形如下：

1.緝獲歸案

此際已非逃亡或藏匿之人，通緝原因消滅。

2.受通緝人死亡

此際追訴處罰對象消滅，已無通緝之必要。

3.時效完成

此際刑罰權已消滅，亦無通緝必要。案經大赦特赦者亦同。

4.罰金受刑人之通緝

如已完納罰金者，雖未歸案，仍應撤銷通緝。

四、現行犯之逮捕 (Festnahme)

§88

㈠逮捕與拘提有別

逮捕與拘提，同屬短暫拘束人身自由之強制處分，惟其區別之點如下：

1.拘提，須用拘票❻。逮捕，無須持憑任何許可文件。

2.被拘提人之範圍較廣，詳如本章前述強制處分列表所載。被逮捕人僅限於通緝犯、現行犯及依第二二八條第四項但書逮捕之被告三者。

3.拘提，由檢警人員執行。逮捕，尚得由非公務員執行，更注重其暫時 (voräufig) 之性質。

---

❺　參閱薩孟武教授著，《中國憲法新論》，第九十一頁。釋字 392 號解釋理由書亦謂「拘提與逮捕無殊」。英文 arrest 一詞，宜譯為拘捕，方能周延。

❻　檢察官依本法第八十八條之一逕行拘提被告，宜仍補發拘票，詳如前述 §77、§88-1 評析。

㈡現行犯之意義

依本法第八十八條第一項規定，對於現行犯❼，不問何人得逕行逮捕之。拉丁文 flagrante delicto 即現行犯之意，無論大陸法系或英美法系之立法例，均採取免用令狀（許可文件）即得拘捕之立場❽。所稱現行犯，依同條第二項及第三項各款規定，指下列情形：

1.犯罪在實施中或實施後即時發覺者，為現行犯

按該條第二項所謂「即時」發覺，院解 3395 號解釋稱指「當時」而言。何謂當時，仍須綜合具體個案全盤情節而為判斷。

2.有下列情形之一者，以現行犯論

①被追呼為犯罪人者。

②因持有兇器、贓物或其他物件或於身體、衣服等處露有犯罪痕跡，顯可疑為犯罪人者。

按上述準現行犯之規定，第①種情形，犯罪人在被追呼之狀態中，與犯罪行為發生時間相距不致甚久，尚無寬泛之疑慮。第②種情形，十七年舊刑事訴訟法第四十九條尚有「於犯罪發覺後最近期間內」持有兇器等之時間限制，本法已予刪除，是否妥適，容有仁智之見。若以英美法例 probable cause（合理原因或相當理由）概念觀之，仍有可取之處。惟其中持有「贓物」一節，釋字 90 號解釋謂：「犯瀆職罪收受之賄賂，應認為刑事訴訟法第八十八條第三項第二款所稱之贓物」，其將實體法上限於財產犯罪所得之物方為贓物❾，擴張及於賄賂，有程序法與實體法不相配合之弊。且如將賄賂視同贓物，則對之究應沒收抑或發還被害人（見本法第一四二條第一項及第三一八條）？其被害人究何所指？均成疑問。

---

❼ 告訴乃論罪之現行犯，依院 2505 號解釋意旨，雖尚未確知有無告訴，任何人仍得逕行逮捕之。

❽ 英美法例免令狀之拘捕 (Warrantless Arrest) 著重於有無合理原因或相當理由 (probable cause)，就其無須令狀之點而言，與本法對人逮捕處分相仿，惟「逮捕」之要件較英美法例嚴謹。

❾ 見 41 臺非 36 號判例。

五、拘提、逮捕之執行及解送

關於拘提及逮捕（詳本章上述二、三、四）之執行與解送，本法尚有下列規定：

㈠告知得選任辯護人　§88-1

檢警人員依第八十八條之一逕行拘提犯罪嫌疑人時，應即告知本人及其家屬，得選任辯護人到場。已於執行該條拘提之手續部分有所說明。如違反告知義務，對於嫌犯所為供述之證據能力有何影響，另詳 §155 討論。

㈡告知拘捕原因及應有之權利　§89

依一○九年一月修正第八十九條第一項規定：「執行拘提或逮捕，應當場告知被告或犯罪嫌疑人拘提或逮捕之原因及第九十五條第一項所列事項，並注意其身體及名譽。」同條第二項復規定：「前項情形，應以書面將拘提或逮捕之原因通知被告或犯罪嫌疑人及其指定之親友。」俾能符合憲法第八條第二項及聯合國公民與政治權利國際公約第九條第二項之要求。關於違反告知義務之效果，請對照後述本編第十二（證據）章論述相對排除證據能力之說明。

㈢戒具之使用　89-1

依一○九年一月增訂第八十九條之一第一項規定：「執行拘提、逮捕或解送，得使用戒具。但不得逾必要之程度。」同條第二項要求執行人員：「前項情形，應注意被告或犯罪嫌疑人之身體及名譽，避免公然暴露其戒具；認已無繼續使用之必要時，應即解除。」同條第三項授權訂定法規命令，謂：「前二項使用戒具之範圍、方式、程序及其他應遵行事項之實施辦法，由行政院會同司法院定之。」

㈣使用強制力　§90

依第九十條規定，被告抗拒拘提、逮捕或脫逃者，得用強制力拘提或逮捕之。但不得逾必要之程度。

㈤拘捕被告之解送　§91

依第九十一條規定，拘提或因通緝逮捕之被告，應即解送拘提之處

所；如二十四小時內不能達到指定之處所者，應分別其命拘提或通緝者為法院或檢察官，先行解送較近之法院或檢察機關，訊問其人有無錯誤（關於本條所定二十四小時之計算問題，另詳後述 §93-1）。

§92　　㈥**逮捕現行犯之解送**

依第九十二條第一項規定：「無偵查犯罪權限之人逮捕現行犯者，應即送交檢察官、司法警察官或司法警察。」同條第二項規定：「司法警察官、司法警察逮捕或接受現行犯者，應即解送檢察官。但所犯最重本刑為一年以下有期徒刑、拘役或專科罰金之罪、告訴或請求乃論之罪其告訴或請求已經撤回或已逾告訴期間者，得經檢察官之許可，不予解送。」同條第三項規定：「對於第一項逮捕現行犯之人，應詢其姓名、住所或居所及逮捕之事由」。

§93　　## 六、拘提、逮捕與聲請羈押被告之關聯——拘捕前置原則

本法第九十三條第一項訓示規定謂：被告或犯罪嫌疑人因拘提或逮捕到場者，應即時訊問。此乃促使命拘提或逮捕被告之法官、檢察官迅即訊明處理，不容延宕，以重人權。雖係訓示規定，如有違背，對於訊得之陳述，仍可能影響其證據能力。（參見後述 §156「其他不正之方法」相關說明）

同條第二項緊接規定：偵查中經檢察官訊問後，認有羈押之必要者，應自拘提或逮捕之時起二十四小時內，以聲請書敘明犯罪事實並所犯法條及證據與羈押之理由，備具繕本並檢附卷宗及證物，聲請該管法院羈押之。但有事實足認有湮滅、偽造、變造證據或勾串共犯或證人等危害偵查目的或危害他人生命、身體之虞之卷證，應另行分卷敘明理由，請求法院以適當之方式限制或禁止被告及其辯護人獲知。按上述第二項規定之重點有二：㈠揭示拘捕前置原則，意即檢察官欲聲請法院羈押之被告，須以因拘提或逮捕到場之被告或犯罪嫌疑人為限，方得為被聲請羈押之對象，詳情留待羈押處分一章再行說明。㈡落實釋字 737 號解釋之要求，明定檢察官羈押被告聲請書應行記載事項與程序以及限制或禁止獲知相關資

訊之事由，俾能兼顧程序保障與偵查目的之需要。其中「危害偵查目的」一語，即係德國刑事訴訟法第一四七條第二項所稱之 "...den Untersuchungszweck gefährden..."。又關於卷證另行分卷處理一節，在組織犯罪防制條例第十一條及第十二條有將證據資料另行封存之類似規定可供參考。其經另行分卷而請求限制獲知之卷證，法官於羈押審查程序中，仍可提供被告及其辯護人當庭閱覽，或採用提示或其他適當方式行之。如經檢察官加以遮蓋、封緘而請求禁止獲知者，由於現制檢察官係偵查之主體，法院應予尊重，惟依第一○一條第三項但書（第一○一條之一預防性羈押亦準用）規定，此部分之卷證，不得作為羈押審查之依據，意即禁止採用其為裁准羈押所憑之證據。

同條第三項鑑於現制之檢察官係偵查之主體（見釋字 392 號解釋理由書），因而賦予檢察官逕命保釋之權限。其規定謂：前項情形，未經聲請者，檢察官應即將被告釋放。但如認有本法第一○一條第一項或第一○一條之一第一項各款所定情形之一而無聲請羈押之必要者，得逕命具保、責付或限制住居；如不能具保、責付或限制住居而有必要情形者，仍得聲請法院羈押之。

上述第一項至第三項之規定，依同條第四項規定，於檢察官接受法院依少年事件處理法或軍事審判機關依軍事審判法移送之被告時準用之。

又依同條第五項規定，法院於受理上述各項羈押之聲請，付予被告及其辯護人聲請書之繕本後，應即時訊問。惟如案情繁雜，往往自日間持續至深夜仍未訊畢，在此之前所經二十四小時以內，被告已於拘束自由狀態下接受檢警訊（詢）問，法院倘仍續行訊問，即有疲勞訊問之嫌，且於所獲自白或不利供述之證據能力，顯有嚴重影響；至若檢察官於深夜始移送被告聲請羈押者，法院亦不宜漏夜進行訊問。爰於第五項增添但書規定：「但至深夜仍未訊問完畢，被告、辯護人及得為被告輔佐人之人得請求法院於翌日日間訊問，法院非有正當理由，不得拒絕。深夜始受理聲請者，應於翌日日間訊問。」並於同條第六項闡明「深夜」之定義為：「前項但書所稱深夜，指午後十一時至翌日午前八時」，以維被告正當權益。按疲

勞訊問應予禁止，被告之自白出於疲勞訊問者為無證據能力（見本法第九十八條及第一五六條第一項），上述規定旨在避免違法訊問，尊重人權。

其實二十四小時移送時限係以移送人犯到達法院為準，且如具有法定障礙事由，其經過之時間不予計入（見後述第九十三條之一），法院收受檢察官聲請羈押被告案件後何時完成訊問暨裁定，法條未設時限。疲勞訊問既經本法第九十八條明文禁止，則依第九十三條第五項所定「應即時訊問」者，於不得無故延誤之前提下，在適當時間內儘速訊問即可，殊無必須漏夜進行疲勞訊問之意。從而，法院如認即時漏夜訊問有疲勞審訊之虞時，當可依職權為暫緩進行之裁量。上述第五項但書對於日間受理聲請羈押被告案件至深夜仍未訊問完畢者，規定被告等人「得請求法院於翌日日間訊問」，依其文字解讀，如被告等人未提出請求時，法院豈非必須漏夜訊問不可？原來得依職權主動裁量者，反而轉為被動，尚欠妥適，究竟本意如何，有待釐清。

§93-1　七、「二十四小時」時限與「法定障礙事由」

㈠憲法解釋

憲法第八條第二項所謂「至遲於二十四小時內移送」之二十四小時，依釋字 392 號解釋文末段所述，係指其客觀上確得為偵查之進行而言。若有符合憲法規定意旨之法定障礙事由者，即不應予以計入。準此而論，本法第九十一條及第九十三條第二項所定之「二十四小時」，遇有法定障礙事由者，自應不予計入。

㈡依本法規定

依本法第九十三條之一第一項規定，如有下列情形之一者，即係法定障礙事由，其所經過之時間，不予計入「二十四小時」以內，但不得有不必要之遲延：

①因交通障礙或其他不可抗力事由所生不得已之遲滯❿。

②在途解送時間⓫。

---

❿　釋字 130 號解釋。

③依第一〇〇條之三第一項規定不得為詢問者（即禁止夜間詢問）。

④因被告或犯罪嫌疑人身體健康突發之事由，事實上不能訊問者。

⑤被告或犯罪嫌疑人因表示選任辯護人之意思，而等候辯護人到場致未予訊問者。但等候時間不得逾四小時。其等候第三十一條第五項律師到場致未予訊問或因精神障礙或其他心智缺陷無法為完全之陳述，因等候第三十五條第三項經通知陪同在場之人到場致未予訊問者，亦同。

⑥被告或犯罪嫌疑人須由通譯傳譯，因等候其通譯到場致未予訊問者。但等候時間不得逾六小時。

⑦經檢察官命具保或責付之被告，在候保或候責付中者。但候保或候責付時間不得逾四小時。

⑧犯罪嫌疑人經法院提審之期間❷。

上述八種法定障礙事由導致二十四小時內無法移送該管法院者，檢察官如欲聲請羈押時，依第九十三條之一第三項規定，應於提出聲請時釋明其事由。且依同條第二項規定，在各種法定障礙事由所經過之時間內，不得進行訊問。法條既已明文禁止訊問，倘若違背規定，其訊問所得供述，應認以無證據能力為原則（見第一五八條之二）。

此外，依九十九年六月二十三日修正公布之第三十四條第二項但書規定，辯護人與偵查中受拘提或逮捕之被告或犯罪嫌疑人接見，其經過之時間，同為第九十三條之一第一項所定不予計入二十四小時計算之法定障礙事由。

---

❶　釋字 130 號解釋。

❷　釋字 392 號解釋理由書。關於提審法，請參閱本書附錄二第肆段第四小段相關說明。

第八章之一　限制出境、出海

　　憲法第十條所保障之人民居住遷徙自由,釋字 454 號及 558 號解釋指明包含旅行及出入國境之權利在內,得依憲法第二十三條規定以法律限制之。又人民有出國自由,非依法律不得限制,「公民與政治權利國際公約」第十二條第二項及第三項規定甚明❶。

　　目前有關限制出國（出境）之規定,散見於司法、警政、法務行政、稅務行政各種法律。後三者如:入出國及移民法第六條及第二十一條之禁止出國,行政執行法第十七條第一項之限制住居,稅捐稽徵法第二十四條第三項之限制出境,關稅法第四十八條第五項之限制出國是。至於司法方面,實務見解（見最初刊登司法院公報第 33 卷第 2 期之最高法院 79 臺抗 476 號刑事裁定）向來認為限制刑案被告出境係執行限制住居方法之一種,旨在限制其居住於領域內,較之限制居住某地範圍更廣。

　　上述各該限制出國（出境）規定,皆係保護國家安全及公共秩序所必要,在憲法第二十三條及上開國際公約第十二條第三項之容許範圍以內。惟限制刑事被告出境,長期以來始終依附於本法第一一六條所定之「限制住居」處分❷,其相關規定尚嫌不足;且在本質上既係替代羈押之一種處分,自應先經訊問,釐清是否具有羈押之原因,方能進而判斷有無羈押之

---

❶　1.該公約 Art. 12 (2) Freedom to Leave a Country, Art. 12 (3) Limitations to Freedom of Movement.

　　2.委員會第 27 號意見第 8 點謂：出國之自由並非取決於具體目的或特定時期,出國旅行及長期移居國外,亦屬之。第 16 點謂：僅以某人掌握國家機密為理由而不許其出國者,與公約第十二條第三項規定不符。

　　3.關於該公約之法律效力及委員會意見之由來,另詳本書附錄二之壹說明。

❷　見本法 §§93 III 但書、101-2、108 VIII、109、116、116-1、117-1 II、121 I IV、228 IV、316、404、416。

必要，倘若逕命限制住居，即有適法性之疑慮。本法爰於一○八年六月十九日修正公布增訂本章，專為明確規範，已自同年十二月十九日施行。此在國外立法雖乏先例，惟就符合法定程序及衡酌比例原則而言，委實有其需要。

一、限制出境、出海之意義

凡經司法機關限制出國（出境）者，依入出國及移民法第六條第一項第三款及第二十一條之規定，應禁止其出國，由内政部入出國及移民署負責執行，其第一線之查核單位為各機場、港口。本章所稱限制出境，實即禁止出（離去）國境之意。此項處分之目的，在於確保刑事偵查、審判程序之進行以及執行程序之完成，防範人犯逃匿國外，妨礙國家追訴權、行刑權之行使。至於限制出海，應與國境及海岸巡防法第二條第二款「海域」一詞之定義配合理解。

依六十八年十月八日（六八）臺統（一）義字第五○四六號總統令：「中華民國之領海為自基線起至其外側十二海里之海域」（見總統府公報第三五七五號）。當年尚在戒嚴時期，此事經行政院會議作成決議，當時蔣總統經國先生，依照動員戡亂時期臨時條款第四項之規定，交國家安全會議研議定案後，發布命令宣示領海範圍。八十七年一月制定公布施行之中華民國領海及鄰接區法，已將上述命令内容列為該法第三條之規定。凡經限制出海者，即不得越出領海範圍，其限制處分由海洋委員會海巡署各地區分署負責執行，第一線之查核單位為各港口。惟因政府目前治權所及地區，其大小島嶼之間，遠近不一，縱使來往距離超過十二海里，限制處分旨在防範逃匿，如未出離臺灣地區，既不構成入出國及移民法第七十四條之違法出國罪，自不發生違反限制出海處分之問題。

§93-2
二、逕行限制出境、出海之要件

稱「逕行」限制出境、出海，與已往依附於「限制住居」以替代羈押之「限制出境」有別。後者係以具有羈押原因而無羈押必要所為替代處

分，必須先經訊問，釐清是否具備羈押原因及有無羈押之必要性。按照本法第九十三條之二第一項規定，法官或檢察官得「逕行」限制被告出境、出海，此項獨立類型限制處分之要件較寬，茲分述如下：

㈠罪嫌重大

首先必須以被告犯罪嫌疑重大為前提，方能考量應否逕行限制其出境、出海。至於如何足認被告罪嫌重大，應就罪名輕重、現存事證、個案情節予以綜合研判，妥為審酌。倘若被告所犯係最重本刑為拘役或專科罰金之案件，即使罪嫌重大，衡酌比例原則，仍不得為此項逕行限制之處分。

㈡法定原因

1.無一定之住居所者。

2.有相當理由足認有逃亡之虞者。

3.有相當理由足認有湮滅、偽造、變造證據或勾串共犯或證人之虞者。

上述 2. 3.兩款，與本法第一〇一條第一項第一款、第二款所定羈押原因要求「有事實足認為」有逃亡、滅證或串證之虞者相比較，在程度上尚有差別，不以依憑具體事實及充分理由達於可信程度為必要，且得審酌傳聞證據（見本法第一五九條第二項）。蓋依本條所為逕行限制出境、出海之處分，並非直接拘束人身自由也。

㈢限制必要

涉案被告雖有上述㈠、㈡情形，並非當然予以逕行限制出境、出海，尚須考量其有無「必要性」。如經綜合審酌，認為並無難以進行偵查、審判或執行之虞者，即無須為此限制處分。❶內容第 2 點併可參照。

三、逕行限制出境、出海之程式

依本法第九十三條之二第二項規定，同條第一項之限制出境、出海，應以書面記載下列事項：㈠被告之姓名、性別、出生年月日、住所或居所、身分證明文件編號或其他足資辨別之特徵。㈡案由及觸犯之法條。㈢限制出境、出海之理由及期間。㈣執行機關。㈤不服限制出境、出海處分

之救濟方法（按此救濟方法係指抗告或準抗告而言）。

政府目前治權所及地區，其大小島嶼之間，遠近不一，來往距離有超過十二海里者。因此，於上述㈢事項，其裁定可審酌個案情節，載明諸如准許搭乘離（外）島航線船隻（交通船）、准許在十二海里範圍內出海作業等內容，俾能兼顧被告生活上之需求。

復依同條第三項規定：「除被告住、居所不明而不能通知者外，前項書面至遲應於為限制出境、出海後六個月內通知。但於通知前已訊問被告者，應當庭告知，並付與前項之書面。」按被告未經訊問即受逕行限制出境、出海之處分者，雖應盡早使其知悉，以便預為工作、就學或其他生活上之安排，惟如迅為通知，深恐被告即時逃匿。爰規定至遲六個月之通知期限，以應實際需要。至於通知書之送達，應適用前述第六（送達）章相關規定，自不待言。

又依同條第四項規定：「前項前段情形，被告於收受書面通知前獲知經限制出境、出海者，亦得請求交付第二項之書面。」

§93-3

四、限制出境、出海之期間

依本法第九十三條第三項但書規定，限制出境所依附之限制住居處分，檢察官本得逕行為之。因此，根據第九十三條之二規定，檢察官偵查案件，亦可使其具有逕行限制被告出境、出海之權限，無須適用法官保留原則，蓋此尚非直接拘束人身自由也。惟其限制期間長短，應以法條明定，且於期滿後需否延長，應相對保留予法官介入審查。爰以第九十三條之三，分成六項，規定如下：

【第一項】

偵查中檢察官限制被告出境、出海，不得逾八月。但有繼續限制之必要者，應附具體理由，至遲於期間屆滿之二十日前，以書面記載前條第二項第一款至第四款所定之事項，聲請該管法院裁定之，並同時以聲請書繕本通知被告及其辯護人。

【第二項】

　　偵查中檢察官聲請延長限制出境、出海，第一次不得逾四月，第二次不得逾二月，以延長二次為限。審判中限制出境、出海每次不得逾八月，犯最重本刑為有期徒刑十年以下之罪者，累計不得逾五年；其餘之罪，累計不得逾十年。

【第三項】

　　偵查或審判中限制出境、出海之期間，因被告逃匿而通緝之期間，不予計入。

【第四項】

　　法院延長限制出境、出海裁定前，應給予被告及其辯護人陳述意見之機會。

【第五項】

　　起訴或判決後案件繫屬法院或上訴審時，原限制出境、出海所餘期間未滿一月者，延長為一月。

【第六項】

　　前項起訴後繫屬法院之法定延長期間及偵查中所餘限制出境、出海之期間，算入審判中之期間。

　　以上六項內容：第一項至第三項係關於限制及延長限制期間之規定。第四項旨在保障受處分人之意見陳述權，俾能符合正當法律程序原則。第五項基於初審或上訴審法院收案後未及審查前，倘若原限制期間屆滿，可能產生空窗期之考量，特設延長一月之規定，此乃法定延長期間，可由該案繫屬法院逕行通知主管機關，無須另為裁定。

　　初審或上訴審法院如仍為限制出境、出海之處分者，其限制期間自原來限制處分所餘期間及法定延長期間屆滿後重新起算，並須適用第二項所定每次不得逾八月及累計不得逾五年或十年之規定。偵查中所餘限制出境、出海之期間及法定延長期間，雖不計入上述重新起算之期間以內，但應算入審判中限制處分之總期間而受五年或十年上限之限制。第六項係參照偵查中限制出境、出海處分效力延伸至審判中之實務運作方式所為規定，以期明確，免滋疑義；至於原限制期間屆滿後須否延長，則由法院視

個案情節，依職權審酌之。

又按上述第一項所定「二十日」之規定，係考量給予被告及其辯護人陳述意見之機會、評議、製作並送達裁定、通知相關機關所需合理之時間而設，檢察官如未依限提出聲請，法院即難完成程序，應以聲請不合法而予裁定駁回。至其所指應附「具體理由」，係以延長限制期間之必要性為重點。

五、撤銷或變更限制

§93-4

(一)視為撤銷限制

依本法第九十三條之四規定：被告受不起訴處分、緩起訴處分，或經諭知無罪、免訴、免刑、緩刑、罰金或易以訓誡或第三〇三條第三款、第四款不受理之判決者，視為撤銷限制出境、出海。但上訴期間內或上訴中，如有必要，得繼續限制出境、出海。

本條係參照本法第二五九條第一項及第三一六條意旨而為規定。但書所定之繼續限制，應分別情形由原審或上訴審法院裁定之，並付與第九十三條之二第二項所定之書面或為通知，及受第九十三條之三第二項累計最長期間之限制。

§93-5

(二)聲請或依職權撤銷或變更限制

限制出境、出海經檢察官為處分或法院為裁定確定後，原先據以限制之原因如已消滅或有所變動時，即須視其情節，予以撤銷或變更。本法第九十三條之五，分成四項，作下列規定：

【第一項】

被告及其辯護人得向檢察官或法院聲請撤銷或變更限制出境、出海。檢察官於偵查中亦得為撤銷之聲請，並得於聲請時先行通知入出境、出海之主管機關，解除限制出境、出海。

按照後述第三項規定，偵查中檢察官所為之限制出境、出海處分，本得逕依職權撤銷之。因此，本（第一）項所謂檢察官於偵查中亦得聲請撤銷限制出境、出海者，基於有利不利一律注意之原則，可解為係指兩種情

形而言：⑴依第三項但書聲請法院撤銷限制。⑵對於法院在審判中所為限制被告出境、出海之處分，為被告利益而聲請法院撤銷限制。

【第二項】

偵查中之撤銷限制出境、出海，除依檢察官聲請者外，應徵詢檢察官之意見。

【第三項】

偵查中檢察官所為之限制出境、出海，得由檢察官依職權撤銷或變更之。但起訴後案件繫屬法院時，偵查中所餘限制出境、出海之期間，得由法院依職權或聲請為之。

【第四項】

偵查及審判中法院所為之限制出境、出海，得由法院依職權撤銷或變更之。

六、準用規定

§93-6

本章雖將限制出境、出海立為專章予以規範，使成獨立類型而非已往依附於「限制住居」之處分；惟依本章以外之規定，得命被告具保、責付或限制住居者（參見❷），仍得為限制出境、出海之處分。此種羈押替代處分類型之限制出境、出海，其據以限制之法定原因，附隨於羈押審查程序予以認定，至其程式、限制之期間與聲請延長程序、以及限制之撤銷或變更等事項，亦應比照本章相關規定。本法爰於第九十三條之六明定：「依本章以外規定得命具保、責付或限制住居者，亦得命限制出境、出海，並準用第九十三條之二第二項及第九十三條之三至第九十三條之五之規定。」俾資依據。

於此附述二點：

㈠羈押替代處分類型之限制出境、出海，被告已受法官或檢察官之訊問，其準用第九十三條之二第二項之書面，自應當場面告付與，因而未將該條第三項及第四項納入準用之列。

㈡檢察官依第九十三條第二項前段或第二二八條第四項但書規定聲

請法院羈押被告，法院未為羈押，經予裁定具保限制住居而限制出境、出海者，此乃偵查中之限制出境、出海，並非審判中之限制出境、出海。偵查中之限制期間及聲請法院裁定延長限制期間，均準用第九十三條之三相關規定。

上述本法第九十三條之二第二項第五款所定應行記載之「不服限制出境、出海處分之救濟方法」，係指抗告或準抗告而言。因此，第四〇四條於第一項第二款增列「限制出境、限制出海」兩種裁定；第四一六條於第一項第一款增列「限制出境、限制出海」兩種處分，納為得抗告或準抗告之對象。至於第四〇四條第二項及第四一六條第二項至第五項規定，均仍照舊，未有修正。各該增列規定，與增訂第八章之一自一〇八年十二月十九日同步施行。

第九章　被告之訊問

　　被告，係人的證據方法之一種，以其供述為證據資料。法官、檢察官、司法警察人員須對被告或犯罪嫌疑人進行訊問或詢問❶，方能取得其供述。本章各條就偵查及審判程序中有關訊（詢）問 (Vernehmung) 之通例設其規定，以資遵循。

一、人別訊問

§94

　　本法第九十四條規定：訊問被告應先詢其姓名、年齡、籍貫、職業、住居所，以查驗其人有無錯誤；如係錯誤，應即釋放。按被告到場應訊，無論出於傳喚或解送，首須辨明其人有無錯誤，是為人別訊問。如發現有誤，其係解送到場者，自應立即釋放。

二、訊問前之告知事項

§95

㈠依本法規定

　　依本法第九十五條第一項規定，訊問被告應先告知下列各款事項：

　　①犯罪嫌疑及所犯所有罪名。罪名經告知後，認為應變更者，應再告知。

　　②得保持緘默，無須違背自己之意思而為陳述。

　　③得選任辯護人。一○一年一月修正接增：「如為低收入戶、中低收入戶、原住民或其他依法令得請求法律扶助者，得請求之。」之規定。其所稱低收入戶、中低收入戶，參見社會救助法第四條及第四條之一相關規定。此外，法律扶助法第四條、第五條、第十三條、第十四條及原住民身分法之相關規定，併須參照。

---

❶　本法用詞大致情形：法官、檢察官問案之發問，用「訊問」。非司法官之發問或係徵詢意見性質之發問，用「詢問」。盤問式之發問，用「詰問」。

④得請求調查有利之證據。

一〇一年一月修正增訂第九十五條第二項，規定：「無辯護人之被告表示已選任辯護人時，應即停止訊問。但被告同意續行訊問者，不在此限。」按此項規定係與本法第九十三條之一第一項第五款及同條第二項相互配合。

上述各該告知事項，係以保障被告之防禦權為目的，為憲法第十六條訴訟權之涵蓋範圍。除①係該條舊有內容外，其餘②、③、④係於八十六年十二月及一〇一年一月先後增訂者。條文規定「訊問」被告應先告知上述事項者，並非專以在法庭或偵查室內進行訊問製作筆錄之情形為限。凡屬涉及犯罪情節（案情）之交談，不論當時所在地點如何，均須踐行告知義務。尤其司法警察人員詢問犯罪嫌疑人，依本法第一〇〇條之二應準用第九十五條之規定，諸如員警於押解嫌犯途中在警車內之對談聊天，或在警局內進行偵訊前之溝通對話等情形，均應先行告知第九十五條第一項所列各款事項。 又其中犯罪嫌疑及罪名之告知，實例 （97 臺上 5899 號及 111 臺非 230 號刑事判決）謂如有加重刑罰或宣告保安處分等法律適用之不利事實有所變更，或罪數有所變更時（例如被訴法律上一罪改認其係犯意各別而變更為數罪併罰、被訴竊盜罪改認其有犯罪習慣應行宣付強制工作），法院應再行告知被告，使其得以充分行使防禦權，避免遭受突襲性之裁判。須注意者，法院審理中對於罪名變更之告知，非以適用本法第三〇〇條之情形為前提，即使與該條無關（詳見後述該條相關說明），罪名如有變更，仍應踐行告知程序。

㈡外國立法例

按本法第九十五條第一項所定告知義務及各款告知事項，自警詢（見本法第一〇〇條之二）至偵查、審判程序，皆有其適用，與德國刑事訴訟法第一三六條第一項、第一六三條 a 第三項、第四項、第二四三條第四項等規定甚為類似。他如日本、法國、意大利各大陸法系國家，其立法例未盡相同❷。德國刑事訴訟法於二〇一七年修正第一三六條第一項規定，更

---

❷ 參見日本刑事訴訟法第七十七條、第一九八條第二項、第二七二條、第二九

加要求行訊問者應提供被告便於接觸辯護人以及律師緊急服務 (Notdienst) 之相關資訊。

英美法系方面，在英國之 Police and Criminal Evidence Act 及其實務規範，針對緘默權及辯護人選任權事項定有明文。在美國於一九六六年之聯邦最高法院 Miranda v. Arizona 著名案例中，宣示凡受拘束自由中之嫌犯❸，於接受訊問前，訊問人員應先告知其享有緘默權及辯護人之輔助等事項，稱曰 Miranda Warnings，警方實務將告知內容印成文字單頁，交予嫌犯簽名，以供踐行告知程序之證明。

㈢未告知之證據能力

法條對於告知義務及其應行告知之內容，雖經著成明文，然而，訊問前如未依規定踐行告知程序者，對於該項供述之證據能力有無影響，乃係值得探究之重要問題，容於後述證據章 §155 及 §158-2 詳為討論。

㈣國際公約之要求

本法第九十五條第一項所定應行告知被告之各款權利，對於外國籍被

一條第二項、第三一一條第一項。法國刑事訴訟法第六十三條之一第三款。意大利刑事訴訟法第六十四條。其中日本刑事訴訟法第二九一條第二項及刑事訴訟規則第一九七條第二項，有告知為保護被告所設權利之規定，用詞較為概括。歐洲人權法院 (European Court of Human Rights) 一九九六年二月八日 John Murray c. Royaume-Uni 一案判決在其 "droit de garder le silence（即第 41 至 58 段）" 之論述中，認為歐洲人權公約第六條對於公正審判及無罪推定之規定，雖未將緘默權明列，然而該項權利自嫌犯受警詢時起，即應擁有，已為國際規範所公認。同院二〇〇一年 Condron v. UK 一案判決重申緘默權為保障公正審判核心領域之意旨。

❸ Miranda Warnings 係以受拘束自由中之嫌犯應訊時為前提 (custodial interrogation)。美國聯邦最高法院一九七六年 Beckwith v. U.S. 案例謂嫌犯因漏稅罪在其私人居所接受查詢，處於隨時可離去之狀態，並非受有拘束自由，一九七七年 Oregon v. Mathiason 案例謂嫌犯經警方留言促請電話聯絡約其到局接受訪談，與自由受拘束中之訊問有別。以上兩例均認無 Miranda Warnings 之適用。從而在嫌犯尚未受拘束自由前之詢答，縱於訊問前未作何告知，所獲供詞仍具備許容性。

告而言，猶有未足。維也納領事關係公約 (Vienna Convention on Consular Relations) 第三十六條 1(b)規定，受逮捕、監禁，或羈押候審或受任何方式之拘禁，經其本人請求時，主管當局應即通知領館；受逮捕、監禁、羈押、拘禁者致領館之信件，亦應由主管當局迅予遞交。該當局應將上開規定之權利，迅即 (without delay) 告知當事人。國際交流密切往來，因業務、就學、工作、旅遊等事由而前來我國之外國籍人士，難免偶有發生犯罪案件者。依駐華外國機構及其人員特權暨豁免條例意旨，縱使無正式外交關係之國家，該國駐華機構及人員，經外交部核准及認定後，即可執行相當程度之職務，其中保護該國國民之義務，自當包括在內。因此，刑事案件被告或犯罪嫌疑人如係外國籍而具有上述公約所定情形時，在偵查、審判程序中，檢警機關及法院，於踐行本法第九十五條第一項告知義務後，並應告知其有權通知所屬外國之駐華機構及人員並有權與之通信。由於外國籍人士在我國往往孤立無援且語言隔閡，倘若漏未告知上述權利，則對其供述之證據能力即生影響，應有本法第一五八條之四之適用，並宜從嚴認定取捨。

三、訊問之方法

§96

(一)陳述始末

本法第九十六條規定：訊問被告，應與以辯明犯罪嫌疑之機會；如有辯明，應命就其始末連續陳述；其陳述有利之事實者，應命其指出證明之方法。

按實施刑事訴訟程序之公務員，就該管案件，應於被告有利及不利之情形，一律注意，本法第二條第一項定有明文。行訊問之公務員，於訊問前已依第九十五條第一項規定，告知被告所涉罪嫌及罪名並得請求調查有利證據：在訊問進行中，自應使被告有充分答辯之機會並提供有利之證明方法，以期發見真實，毋枉毋縱。訊問被告除究明犯罪事實外，對於刑之加重、減輕、量刑情狀，以及阻卻違法或責任事項，均應併予訊明。須注意者，被告受無罪之推定，不負舉證責任，惟其本得請求調查有利之證據

（見第九十五條第一項第四款），此處所謂命其指出證明之方法，係促使就其陳述有利之事實提供證據資料，並非課被告以舉反證之責任。

㈡隔別訊問及對質 (Einzelvernehmung und Gegenüberstellung)

§97

本法第九十七條第一項規定，被告有數人時，應分別訊問之；其未經訊問者，不得在場。但因發見真實之必要，得命其對質，被告亦得請求對質。同條第二項緊接規定，對於被告之請求對質，除顯無必要者外，不得拒絕。

按上述隔別訊問及對質之規定，皆係訊問方法之妥善運用，俾能發見真實。該條第一項末「被告亦得請求對質」及第二項文字，均係五十六年一月修正增訂者，立法理由在於表明本法兼採當事人進行主義之精神。自本法增訂第二八七條之一、之二及司法院公布釋字 582 與 592 號解釋後，共同被告間之對質詰問，已提升至憲法層次。惟第九十七條之對質，係由數共同被告就同一或相關連事項之陳述有不同或矛盾時，使彼等同時在場，分別輪流對疑點加以訊問或互相質問解答釋疑，無須具結，無從取代詰問權之功能（見釋字 582 號解釋理由書）。因此，當處理共同被告不利於己之陳述時，涉及自白法則與分離調查（第一五六條、第二八七條之一及之二）之問題，務須注意。

㈢懇切問案

§98

本法第九十八條規定，訊問被告應出以懇切之態度，不得用強暴、脅迫、利誘、詐欺、疲勞訊問或其他不正之方法。上述內容，積極訓示懇切問案，消極禁止使用強暴等不正方法訊問被告。關於禁止非法訊問之規定，與德國刑事訴訟法第一三六條 a 相仿❹。倘若非法取供，依本法第一五六條第一項規定，為無證據能力。

㈣須用通譯

§99

關於通譯之規定，自二十四年本法第九十九條開始，即已有之。當年條文謂：「被告為聾或啞者，得用通譯，並得以文字訊問或命以文字陳

---

❹　德國刑事訴訟法第一三六條 a 所禁止者為：虐待、疲勞、強暴、藥劑（或譯施用物質）、折磨、詐欺、催眠等方法，及有害於記憶力與判斷力之處置。

述。」五十六年本法通盤修正時，僅增加「或語言不通」五字，條次及內容均仍照舊，尚無不妥。茲因特殊教育法第三條第三款及第四款，已將聾、啞改稱聽覺障礙、語言障礙，為避免引起歧視身心障礙者之誤會，於一〇九年一月，將第九十九條修正成為下列兩項：

1.第一項規定：「被告為聽覺或語言障礙或語言不通者，應由通譯傳譯之；必要時，並得以文字訊問或命以文字陳述。」所指語言不通之情形，例如操方言或原住民語言而不諳國語，或外國人❺不諳國語者是。修正之文句，可維護身心障礙者之尊嚴，並能符合聯合國公民與政治權利國際公約第十四條第三項（巳）款之要求。須經通譯傳譯而未用通譯者，嚴重影響應訊（詢）者所陳述內容之正確性，應認有本法第三七八條之違背法令情事❻。須注意者，通譯所傳譯之內容，乃係原始陳述人（例如被告或證人）之陳述，其陳述方為供述證據，傳譯本身並非證據，不可不辨。

2.第二項規定：「前項規定，於其他受訊問或詢問人準用之。但法律另有規定者，從其規定。」本項前段準用規定，係指司法警察人員詢問犯罪嫌疑人，以及證人、鑑定人、鑑定證人受訊（詢）問之情形而言。見第一〇〇條之二、第一九二條、第一九六條之一第二項、第一九七條、第二一〇條各該規定。

---

❺ 1.依 International Covenant on Civil and Political Rights（自一九七六年三月廿三日生效）第十四條第三項（巳）款規定，刑事被告之通譯依賴權，係該項國際公約所要求各項權利之一。

　2.通譯負責譯述言語、文字互通雙方意思，經由傳譯而使彼此得以聽曉。英語係世界性通用語言文字之一種，如被告為非英語系之外國人，具有相當之英文程度，且能經由英文傳譯順暢溝通者，法院雖未選用該被告之母語文通譯，仍於訴訟權之保障無礙（參考最高法院 108 臺上 650 號刑事判決）。

❻ 德國實務依未用通譯影響被告權益之程度認為構成德國刑事訴訟法第三三七條上訴第三審之一般理由，甚至構成第三三八條第五款所定依法應到庭之人缺席情形下審判之上訴第三審絕對違背法令事由。見 Karlsruher Kommentar zur Strafprozessordnung, §338, Rn. 70, 80, 4 Aufl., 1999. 及 Roxin/Schünemann, Strafverfahrensrecht, §22, Rn. 8, 29 Aufl., 2017.

此外，司法院已依法院組織法第二十三條第四項（為同法第三十九條第三項及第五十三條第三項所準用）規定，訂定「法院特約通譯約聘辦法」，其第二條明定：「為因應法庭傳譯需要，法院於無現職通譯、現職通譯不適宜或不敷應用時，應逐案約聘特約通譯，以維聽覺或語言障礙者或不通曉國語人士之訴訟權益。」

㈤記明筆錄及錄音、錄影

§100

本法第一〇〇條規定：被告對於犯罪之自白及其他不利之陳述，並其所陳述有利之事實與指出證明之方法，應於筆錄內記載明確（關於筆錄詳如§41至§44）。

§100-1

又為求筆錄之正確無誤，第一〇〇條之一第一項復規定：訊問被告，應全程連續錄音；必要時並應全程連續錄影。但有急迫情況且經記明筆錄者，不在此限。

該條第二項更進一步明定：筆錄內所載之被告陳述與錄音或錄影之內容不符者，除有前項但書情形外，其不符之部分，不得作為證據。而關於錄音、錄影資料之保管，事涉法院、檢察署及司法警察機關之職掌，依該條第三項規定，其保管方法分別由司法院、行政院定之。

依照第一〇〇條之一第一項規定，除有但書情形外，訊問被告時是否錄影，尚得就其有無必要作考量；而訊問被告時必須全程同步錄音，則無裁量餘地。倘若違背規定未予錄音，此項訊問程序雖有瑕疵，惟本法仍以筆錄為主，錄音或錄影，乃係輔助資料，如被告所為陳述符合任意性及真實性，即難執此程序瑕疵而一概否定該筆錄之證據能力（第一五八條之四參照），至其證明力如何，則屬自由判斷之事項。

㈥司法警察機關之準用規定

§100-2

本法第一〇〇條之二規定：本章（即第九章被告之訊問）之規定，於司法警察官或司法警察詢問犯罪嫌疑人時，準用之。因此，司法警察人員調查犯罪嫌疑人犯罪情形進行詢問時，一概準用上述第九十四條至第一〇〇條之一各該規定。

§100-3 **(七)禁止司法警察人員夜詢嫌犯及其例外事由**

　　本法第九十八條已規定訊問被告不得採用疲勞訊問之方法，復依第一
○○條之二規定，司法警察人員詢問犯罪嫌疑人時，應準用第九十八條辦
理。夜間，乃休息之時間，為尊重人權及保障程序之合法性，並避免疲勞
詢問，本法第一○○條之三明白禁止司法警察人員夜詢嫌犯，並為配合實
際情況，列舉其例外事由，以資兼顧。依照第一○○條之三第一項規定，
司法警察官或司法警察詢問犯罪嫌疑人，不得於夜間行之。倘若違背規
定，其詢問所得供述，應認以無證據能力為原則（見第一五八條之二）。
但有下列情形之一者，不在此限：

　　①經受詢問人明示同意者。

　　②於夜間經拘提或逮捕到場而查驗其人有無錯誤者（參見第九十四
條）。又「夜間」一詞，同條第三項明定其立法解釋❼為日出前，日沒後。

　　③經檢察官或法官許可者。

　　④有急迫之情形者。

　　須注意者，如僅履行第九十五條第一項之告知，而未就夜間詢問為告
知並徵得同意者，應無本條第一項第一款之適用。

　　此外，倘若犯罪嫌疑人請求立即詢問者，依第一○○條之三第二項規
定，應即時予以詢問，亦屬例外事由之一。

---

❼　「夜間」一詞之立法解釋，本來規定於第一四六條第四項，八十六年十二月
　　修正增訂第一○○條之二，該條成為最先使用「夜間」一詞之條文。由於準
　　用規定在體例上應以條次在前者為被準用之條文，乃將第一四六條第四項全
　　文移列為第一○○條之二第三項，同時將第一四六條第四項配合修正為「第
　　一百條之二第三項之規定，於夜間搜索或扣押準用之。」八十七年一月又將
　　第一○○條之二條次修正為之三，由於立法疏漏，遲至八十八年二月始將第
　　一四六條第四項所引「第一百條之二」配合修正為之三。

第十章　被告之羈押

本法所定各種對人強制處分中，以羈押對於人身自由之限制最為嚴重。我國檢察官雖係當事人，原有權簽發押票，將同屬當事人地位之被告予以羈押，顯有未妥。

司法院於八十四年十二月廿二日公布釋字 392 號解釋，認為已往賦予檢察官羈押被告之權限，與憲法規定意旨不符，相關條文應自解釋公布之日起，至遲於屆滿二年時失效。案經司法院審慎研擬，於八十六年五月十日，與行政院會銜，將本法部分條文修正草案提送立法院審議，由該院於同年十二月十二日完成三讀程序，相關修正條文，於當月十九日公布，自廿一日起生效，羈押被告新制，從此開始實施，被告之羈押，絕對保留予法官作許可與否之決定，在憲政及刑事訴訟制度發展史上，此乃重要之里程碑。

此外，本法經於一一一年二月修正增訂第一編第十章之一「暫行安置」後，對於被告有精神障礙或心智缺陷之情形者，應注意該章相關規定之優先適用。

一、羈押之意義

§101
§101-1
§101-2

法院以確保刑事偵查、審判程序之完成，刑事執行之保全，或預防反覆實施特定犯罪為目的，在裁判確定前，將被告拘禁於看守所或少年觀護所，在一定期間內限制其行動自由，此種對人強制處分，稱曰羈押 (Untersuchungshaft)。其與國際公約之探討，詳見本書附錄二之肆相關說明。

本章章名曰「被告之羈押」，是羈押之對象係以被告為限（司法警察機關拘提或逮捕犯罪嫌疑人，在短暫時間以內，雖可暫予留置，且於執行

刑罰時，依本法第一〇八條第四項規定，以一日折算裁判確定前之羈押日數一日，但在警方之留置，並非本法所稱之羈押）。

我國自建立刑事訴訟法制起，即依偵查或審判階段，分別規定其羈押之決定機關，在偵查中由檢察官簽發押票（當初起因於檢察官承接預審推事之職權），至審判中則由法官簽發押票，此種模式已行之數十年，迨本法於八十六年十二月修正後，始將偵查中被告之羈押改由法院決定。從此，不分偵查或審判階段，凡屬實施羈押處分，一律歸由法官核發押票。依法院組織法增訂第十四條之一（一〇五年六月公布，已自一〇六年一月一日施行）規定，法院如設有刑事強制處分庭者，偵查中聲請羈押被告案件之審核，即由該庭辦理（尚包括後述第一〇八條第一項延長羈押、同條第八項繼續羈押及第一一七條第二項再執行羈押在內），且承辦此項聲請案件之法官，不得辦理同一案件之審判事務。本書認為此非法官迴避事由，如有違背，宜解為其係法院組織不合法。瑞士刑事訴訟法將辦理刑事案件之法院分成四類，明定 Zwangsmassnahmengericht 即強制處分法院（庭）為其中之一。偵查中羈押被告，檢察官自接收警方在二十四小時內所移送人犯時起，應於四十八小時內向強制處分法院（庭）聲請裁定。（見瑞士刑訴 §§13a、18、219 IV、224 II）已有立法先例。

檢察官接受人犯進行訊問後，如認需羈押者，應自拘提或逮捕之時起二十四小時內聲請該管法院羈押，由法官決定是否簽發押票。如未經聲請者，檢察官應即將被告釋放（又如認需觀察、勒戒者，依毒品危害防制條例第二十三條之一規定，亦須於二十四小時內聲請法院裁定）。羈押被告之聲請經法院駁回者，檢察官得為抗告，其所涉相關問題之探討，詳見後述 §413 說明。

此際檢察官有無命被告具保之權限？鑑於釋字 392 號解釋理由書謂：「我國現制之檢察官係偵查之主體」，可見檢察官之法定職責尚未大幅變更，經衡酌法制現況，並考量保全偵查順利進行之目的，本法第九十三條乃賦予檢察官得逕命被告具保等權限（家庭暴力防治法第三十一條另賦予得命被告遵守一定事項等相關規定），如不能具保而有必要情形者，仍可

於法定時限內聲請法院決定是否將被告羈押（見第九十三條第二項、第三項及第二二八條第四項）。

　　檢察官依本法第九十三條規定聲請「該管法院」羈押被告，自應遵守管轄權之規定。第一審管轄權屬於高等法院之案件，須向該管高等法院（含分院）提出聲請。高等檢察署檢察官辦理法院組織法第六十三條之一所列各類案件，其第一審管轄權屬於地方法院，即應向該管地方法院提出聲請，方為適法。

二、羈押之要件

　　關於羈押被告之要件，本法第一〇一條原僅將第七十六條逕行拘提事由予以套用，過於簡略。鑑於羈押處分嚴重干預人身自由，本法於八十六年十二月修正時，基於法官保留原則、比例原則與最後手段原則，針對羈押之要件，無論程序或實質方面，均予從嚴規範，俾能加強保障被告正當權益。茲分述如下：

㈠拘捕前置（見前述 §93 及 §93-1）

　　羈押被告，係法院之本來權限，就法院而言，對於審判中被告之羈押，自當由該管法院依法定程序予以審查決定，詳如下述㈡至㈤，無須以被告先經拘捕為前提。惟檢察官偵查案件，欲聲請法院羈押之被告，則必須以因拘提或逮捕到場之被告或犯罪嫌疑人為限。（詳見前述 §93 相關說明）至於案經繫屬法院審判中之被告，其羈押應由法院依職權裁酌決定，檢察官並無聲請權，縱有將被告羈押之主張，祇是促使法院職權之發動而已。（參考最高法院 96 臺抗 593 號刑事裁定）

　　關於拘提到案者，見本法第七十五條、第七十六條、第八十七條第一項及第八十八條之一。關於逮捕到案者，見本法第八十七條第一項、第八十八條第一項及第二二八條第四項。如係未經依法拘提逮捕之人，檢察官充其量僅得命具保、責付或限制住居，不得聲請法院羈押。在司法警察機關方面，則送案不送人，根本不許將涉案人隨案解送檢察官❶。

❶　見憲法第八條第二項，本法第九十一條至第九十三條、第二二八條第四項及

　　法院收受檢察官對人犯羈押之聲請後，首先必須從程序上予以審核，如有下列三種情形之一：

　　1.超過二十四小時始行聲請而無法定障礙事由者。

　　2.超過二十四小時始行聲請，雖據主張法定障礙事由而其釋明不足者（見第九十三條之一第三項）。

　　3.對於並非依法拘提逮捕到場之人犯誤行聲請者（含其程序違法之拘捕，或警方違反第二二九條第三項規定解送者）。

　　凡此情形，檢察官所提聲請，在程序上為不合法，法院應即駁回聲請，並將人犯釋放。

㈡法官訊問

　　被告須經法官訊問，以決定是否羈押（注意法院組織法第十四條之一刑事強制處分庭之規定）。關於被告之訊問，詳如本書第九章各條說明。又依本法第一〇一條第二項至第四項及第一〇一條之一第二項準用規定，當法官訊問被告進行羈押審查時，檢察官得到場陳述聲請羈押之理由及提出必要之證據。但第九十三條第二項但書之情形，檢察官應到場敘明理由，並指明限制或禁止之範圍。本此意旨，法官亦得指定時間及處所，通知檢察官到場，如未依限到場者，法官即可逕行核駁。再者，被告、辯護人及得為被告輔佐人之人得依第九十三條第五項但書規定請求法院勿於深夜訊問，詳如該條說明。

　　至於法官訊問被告之筆錄，除依第四十一條（文書章）規定外，第一〇一條第三項更明定應將同條第一項各款所依據之事實、各項理由之具體內容及有關證據，告知被告及其辯護人，並記載於筆錄。但依第九十三條第二項但書規定，經法院禁止被告及其辯護人獲知之卷證，不得作為羈押審查之依據，意即禁止採用其為裁准羈押所憑之證據，更不可於裁定書內引用。遇有提起抗告時，抗告法院亦受拘束。須注意者，增訂但書所謂「不得作為羈押審查之依據」，僅係侷限於羈押審查程序而已，與後述第一五五條第二項規定有別，原案如經起訴後，在審判中並非當然否定其證

第二二九條第二項、第三項。

據能力。

此外，一〇六年四月修法，特於第一〇一條增訂第四項規定：被告、辯護人得於第一項訊問前（按即指法官訊問前），請求法官給予適當時間為答辯之準備。此項規定為司法院草案版本所無，係由立法部門所增訂者，有利於被告防禦權之行使，當屬可採。

㈢罪嫌重大

法官行訊問後，須以被告涉有重嫌為前提，方能考量羈押與否。至於如何足認被告犯罪嫌疑重大，應就檢察官聲請意旨、所舉事證、個案情節及法官訊問所獲初步心證等項，予以綜合研判，審慎斟酌。

㈣法定原因

1.一般性羈押之原因（第一〇一條第一項各款）

①逃亡或有事實足認為有逃亡之虞者❷。

②有事實足認為有湮滅、偽造、變造證據或勾串共犯或證人之虞者。

③所犯為死刑、無期徒刑或最輕本刑為五年以上有期徒刑之罪，有相當理由認為有逃亡、湮滅、偽造、變造證據或勾串共犯或證人之虞者。

以上各款中，第三款原無「有相當理由認為有逃亡、湮滅、偽造、變造證據或勾串共犯或證人之虞」等文字，惟釋字 665 號解釋謂尚須審酌該等情形方得實施羈押。按此項見解係受德國法及德國聯邦最高法院判決例之影響，雖有所本，惟該第三款並未採用如同本法第八十八條之一第一項第四款文句之敘述方式。第一〇一條第一項各款，乃係列舉式之各別原因，彼此不容混同，而相當於德國刑事訴訟法第一一二條第二項第三款末句所定「導致難以調查事實真相之虞」（即 Verdunkelungsgefahr）等語。八十六年修法時，業經加以參酌，並以「非予羈押顯難進行追訴、審判或執行者」之語句呈現（在釋字 665 號解釋理由書第二項第三段內，稱曰「羈押之必要」），連同「犯罪嫌疑重大」，成為各款適用時均應審酌之共通事項，所謂「單以犯重罪作為羈押之要件」云云，其實並不存在。倘依上開解釋意旨，形同將第一〇一條第一項第三款解讀為第三款加第一款再

---

❷　僅係罪嫌重大者，非可當然認其有逃亡之虞。

加第二款之總和，此種見解，本書難以苟同。所幸解釋文係要求除具備重罪要件外，且有「相當理由」認有逃亡、滅證或串證之虞者方得予以羈押，與第一〇一條第一項第一款、第二款要求須「有事實足認為」有逃亡、滅證或串證之虞者相比較，在程度上尚有差別；即其條件較寬，不以依憑絕對具體事實及充分理由達於可信甚至確信程度為必要，且其未涉實體事項，祇需自由證明即可，酌採傳聞證據，仍為法之所許。如從通常理念依一般人之合理判斷，可認為具有逃亡、滅證或串證之較高或然率時，即與第三款之要件符合。上開限縮合憲之解釋，諒係正反意見折衷妥協之結論。迨一〇六年四月修法時，始將上述解釋意旨化為條文文字。

至於無罪推定原則，實屬證據法則範疇，與羈押被告之強制處分應分別以觀，另詳後述 §154 I 相關說明。

2.預防性羈押之原因（第一〇一條之一第一項各款）❸

須認被告涉犯下列各款之罪，其嫌疑重大，有事實足認為有反覆實行同一犯罪之虞，而有羈押之必要：

①刑法第一七三條第一項、第三項、第一七四條第一項、第二項、第四項、第一七五條第一項、第二項之放火罪、第一七六條之準放火罪、第一八五條之一之劫持交通工具罪。

②刑法第二二一條之強制性交罪、第二二二條之加重強制性交罪、第二二四條之強制猥褻罪、第二二四條之一之加重強制猥褻罪、第二二五條之乘機性交猥褻罪、第二二六條之一之強制性交猥褻之結合罪、第二二七條之與幼年男女性交或猥褻罪、第二七一條第一項、第二項之殺人罪、第

---

❸ 列舉特定罪名，以被告有再次觸犯之虞，基於預防目的而為羈押，有違背無罪推定原則之嫌，因而產生違憲爭議。惟德國聯邦憲法法院判決例（Gerd Pfeiffer, Strafprozessordnung und Gerichtsverfassungsgesetz, §112a, Rn. 1, 4 Aufl., 2002 及 Roxin/Schünemann, Strafverfahrensrecht, §30, Rn. 10, 29 Aufl., 2017），美國聯邦最高法院一九八七年判決例 (United States v. Salerno, 481 U.S. 739)，對於各自採用之預防性 (präventiv, preventive) 羈押規定，均支持其為合憲。

二七二條之殺直系血親尊親屬罪、第二七七條第一項之傷害罪、第二七八條第一項之重傷罪、性騷擾防治法第二十五條第一項之罪。但其須告訴乃論，而未經告訴或其告訴已經撤回或已逾告訴期間者，不在此限。

③刑法第二九六條之一之買賣人口罪、第二九九條之移送被略誘人出國罪、第三〇二條之妨害自由罪。

④刑法第三〇四條之強制罪、第三〇五條之恐嚇危害安全罪。

⑤刑法第三二〇條、第三二一條之竊盜罪。

⑥刑法第三二五條、第三二六條之搶奪罪、第三二八條第一項、第二項、第四項之強盜罪、第三三〇條之加重強盜罪、第三三二條之強盜結合罪、第三三三條之海盜罪、第三三四條之海盜結合罪。

⑦刑法第三三九條、第三三九條之三之詐欺罪、第三三九條之四之加重詐欺罪。

⑧刑法第三四六條之恐嚇取財罪、第三四七條第一項、第三項之擄人勒贖罪、第三四八條之擄人勒贖結合罪、第三四八條之一之準擄人勒贖罪。

⑨槍砲彈藥刀械管制條例第七條、第八條之罪。

⑩毒品危害防制條例第四條第一項至第四項之罪。

⑪人口販運防制法第三十四條之罪。

檢察官依本條所定原因聲請羈押被告之案件，關於檢察官到場陳述理由、法官應將相關事證告知被告及其辯護人、彼等可請求法官給予適當時間準備答辯等程序，均準用第一〇一條第二項至第四項之規定（見第一〇一條之一第二項）。

此外，在特別法上尚有預防性羈押之規定。例如一〇四年二月修正家庭暴力防治法增訂第三十條之一，一一一年六月施行之跟蹤騷擾防制法第二十一條。

(五)羈押必要

被告經法官訊問後，雖認具有上述(三)、(四)情形，仍非當然予以羈押，尚須審酌有無「必要性」。如無羈押之必要，依本法第一〇一條之二規定，儘可命具保、責付或限制住居（含限制出境出海），無需羈押。如有本法

第一一四條各款所定情形之一者，非有不能具保、責付或限制住居之情形，不得羈押。所謂必要與否，自應按照案件進行程度及其他一切情事，由法院斟酌認定（29 抗 57 號判例），概念較不確定。本法第一〇一條第一項明定為「非予羈押，顯難進行追訴、審判或執行者」得羈押之；第一〇一條之一第一項明定為「有事實足認為有反覆實施同一犯罪之虞，而有羈押之必要者」得羈押之；可謂蘊含相當性原則及比例原則之部分旨意在內。外國立法例，德國刑事訴訟法第一一二條第一項略謂如與案情輕重及預期之刑罰或保安處分不成比例者 (ausser Verhältnis)，即不得對被告實施羈押。法國刑事訴訟法前言強調，實施強制處分應與被告被訴犯罪之嚴重性互成比例（英譯：...strictly limited to the proportionate to the gravity of the offence charged）。皆可供對照參考。總之，關於羈押必要性，務須針對犯罪行為之嚴重性，與被告之危險性，妥為審酌研判。

茲可附述者：由檢察官聲請羈押之被告，雖有上述㈢、㈣情形，如經發覺符合後述第一二一條之一第一項之規定而應優先適用者，宜命具保（勿當庭釋放）。此際被告在候保中，其自由仍受拘束，係原先拘提或逮捕之延續狀態，檢察官於羈押審查程序中，得知並認有將被告暫行安置之必要時，即得及時聲請法院裁定之。至若對於審判中被告認為應予暫行安置者，法院依其本來權限，當可逕為裁定。

又第九十三條第二項、第三項，第一〇一條之二，第一〇八條第一項但書，第二二八條第四項及第三一六條但書等規定，均有涉及羈押必要性之衡酌者，應本於第一〇一條及第一〇一條之一相關意旨，作相同之詮釋。

此外，家庭暴力防治法第三十一條另有得命被告遵守一定事項等相關規定，併須注意。

三、羈押之手續及其執行

§102
㈠押票 (Haftbefehl) 之使用

羈押被告，應用押票（本法第一〇二條定有明文）。押票，須由法官

簽名，除按被告指印外，其應行記載之事項如下：

　　①被告之姓名、性別、年齡、出生地及住所或居所。

　　被告之姓名不明或因其他情形有必要時，應記載其足資辨別之特徵。被告之年齡、出生地、住所或居所不明者，得免記載（此係準用第七十一條第三項之規定）。

　　②案由及觸犯之法條。

　　③羈押之理由及其所依據之事實。

　　④應羈押之處所。

　　⑤羈押期間及其起算日。

　　⑥如不服羈押處分之救濟方法（按此係指抗告或準抗告而言）。

　　最高法院九十四年度第十次刑事庭會議決議以裁定書並無法定格式，押票有羈押理由等記載，已符合本法第二二三條之規定，應認其為書面裁定之一種。

(二)羈押之指揮

§103

　　執行羈押，依本法第一〇三條規定，偵查中由檢察官指揮，審判中由審判長或受命法官指揮，交由司法警察將被告解送指定之看守所❹（依押票所載），經看守所長官查驗人別無誤後，應於押票附記解到之年月日時並簽名。押票應備五聯，執行羈押時，應分別送交檢察官、看守所、辯護人、被告及其指定之親友。第八十一條、第八十九條及第九十條關於執行拘提逮捕之規定，於執行羈押準用之。押票係書面裁定之一種已如上述，被告不服羈押之抗告期間為五日，自其收受押票後起算。執行少年被告之羈押，依少年事件處理法第七十一條規定，應羈押於少年觀護所。

(三)羈押之處所

§103-1
§104
（刪）

　　押票所載應羈押之處所，必須載明特定之看守所或少年觀護所，以確定羈押被告之所在。惟羈押之處所，涉及被告防禦權益（尤其與辯護人或親友接見通信等）及押所管理事項，檢察官與被告，彼此各有立場。第一

---

❹　依少年事件處理法第七十一條第二項之規定，少年被告應羈押於少年觀護所，於年滿二十歲時，應移押於看守所。

○三條之一第一項爰予明文規定：偵查中檢察官、被告及其辯護人認有維護看守所及在押被告安全或其他正當事由者，得聲請法院變更在押被告之羈押處所。同條第二項規定：法院依前項聲請變更被告之羈押處所時，應即通知檢察官、看守所、辯護人、被告及其指定之親友。

按此條文係針對偵查中在押被告案件而設，乃立法委員自行提案增訂者，為防範在發押後任意變更押所，以保障被告正當權益，遇有檢察官提出聲請時，法院宜予從嚴審核。且在發押後始有變更押所之可言，檢察官聲請羈押時，無權指定押所。又關於變更押所之處分，得依抗告或準抗告程序尋求救濟。

§105

㈣關於在押被告之管束

本法第一○五條有詳細之規定，分成下列五項（羈押法第三章、第九章及第十章尚有相關詳細規定併須適用）：

1.第一項

謂管束羈押之被告，應以維持羈押之目的及押所之秩序所必要者為限。

2.第二項

謂被告得自備飲食及日用必需物品，並與外人接見、通信、受授書籍及其他物件。但押所得監視或檢閱之。

3.第三項

謂法院認被告為前項之接見、通信及受授物件有足致其脫逃或湮滅、偽造、變造證據或勾串共犯或證人之虞者，得依檢察官之聲請或依職權命禁止或扣押之。但檢察官或押所遇有急迫情形時，得先為必要之處分，並應即時陳報法院核准。於此應注意者，對於檢察官之聲請，法院應審酌具體事證及其必要性，不宜漫然許可。又辯護人接見在押被告並互通書信，係以本法第三十四條為依據，如有該條但書情事，僅得予以限制（見§34），不得為禁止處分。第一○五條第三項所謂禁止被告與「外人」接見及通信，係指辯護人以外其他之人而言。九十八年一月公布之釋字654號解釋，對於當時適用之羈押法，謂其第二十三條第三項規定，律師接見受

羈押被告時，有同條第二項應監視之適用，不問是否為達成羈押目的或維持押所秩序之必要，亦予以監聽、錄音，違反憲法第二十三條比例原則之規定，不符憲法保障訴訟權之意旨，又羈押法第二十八條之規定，使依上述對受羈押被告與辯護人接見時監聽、錄音所獲得之資訊，得以作為偵查或審判上認定被告本案犯罪事實之證據，在此範圍內妨害被告防禦權之行使，牴觸憲法第十六條保障訴訟權之規定，均應自同年五月一日起失其效力。因此促成羈押法於九十八年五月公布修正第二十三條、刪除第二十八條，並增訂第二十三條之一，於該條第一項明定：「被告與其辯護人接見時，除法律另有規定外，看守所管理人員僅得監看而不與聞。」於是，被告防禦權及辯護人接見在押被告之權利更加周全。自一〇九年七月十五日施行之羈押法修正條文，於第六十五條更有詳細之規範。

4.第四項

　　謂依前項（即第三項）所為之禁止或扣押，其對象、範圍及期間等，偵查中由檢察官、審判中由審判長或受命法官指定並指揮看守所為之。但不得限制被告正當防禦之權利。

　　按本項係由立法委員自行提案增訂者，在實用上頗有疑義。第一〇五條第三項係鑑於禁止接見、禁止通信、扣押信件及其他物件等處分，均屬羈押被告之附隨處分，自應一併歸由法院核定。遇有急迫情形不及陳報法院時，兼顧實際需要，例外允許檢察官或押所得為急迫處分，事後向法院報核，以符程序。

　　茲第四項所謂偵查中由檢察官指定之禁止或扣押處分之「對象範圍及期間」，究何所指，甚為含混。如依第三項延伸而為一貫解讀，凡屬禁止接見等各該附隨於羈押之處分，既經改由法院核定，則無論對於偵查抑或審判中之在押被告，其對象、範圍及期間等，當然皆應由法院於核定該處分之同時，一併詳予指定，豈有法院對於偵查中在押被告部分僅能核發空白處分命令任由檢察官填充之理？因此，第四項所謂偵查中由檢察官指定並指揮云云，應解為僅指依第三項但書所為急迫處分之對象、範圍及期間而言，逾此但書情形，檢察官即無指定或指揮之權限。

5.第五項

係依釋字 392 號解釋，將束縛在押被告身體之處分，限定為僅法院有核准權，檢察官不與焉。爰規定：被告非有事實足認為有暴行或逃亡、自殺之虞者，不得束縛其身體。束縛身體之處分，以有急迫情形者為限，由押所長官行之，並應即時陳報法院核准。

6.依上述 3.、 4.所為禁止或扣押之裁定或處分，受處分人如有不服，得為抗告或準抗告（本法第四〇四條第一項第二款、第四一六條第一項第一款）

§106
§107
（後述）

㈤羈押之視察

依本法第一〇六條規定，羈押被告之處所，檢察官應勤加視察，按旬將視察情形陳報主管長官並通知法院。依目前之機關編制，看守所及少年觀護所均隸屬於各地方檢察署，檢察官之視察報告，應循法務行政系統陳報，同時分送法院。

§108

四、羈押期間及延長羈押之限制

㈠羈押之期間限制

依本法第一〇八條第一項、第五項及第六項規定，羈押被告之期間限制，偵查中不得逾二月，審判中不得逾三月。但有繼續羈押之必要時，得於期間未滿前，由法院以裁定延長之。延長羈押之期間限制，偵查中不得逾二月並以一次為限；審判中每次不得逾二月，如所犯最重本刑為十年以下有期徒刑以下之刑者，第一審、第二審各以三次為限，第三審以一次為限。案件經發回者（專指審判中由上級審發回更審之案件而言。檢察官依照 §259 I 釋放被告後，原案經再議發回續行偵查者，如欲羈押時，應重新依法聲請），其延長羈押期間之次數，應更新計算。茲列表說明羈押及延押期間之上限如下：

[偵查中]
　不分所犯最重本刑之輕重
　（初押）2 月＋（延押）2 月＝ 4 月

[審判中]
　1.所犯最重本刑為十年以下有期徒刑以下之刑者：
　⑴第一審、第二審　各為
　　（初押）3 月＋（延押）2 月×（次數）3 ＝ 9 月
　⑵第三審為
　　（初押）3 月＋（延押）2 月＝5 月
　2.所犯最重本刑逾十年以上有期徒刑以上之刑者：
　各審均為初押 3 月，延押每次 2 月，次數不限，因而無從算定其上限。

　　由上表可知，被告所犯之罪如其最重本刑為十年以下有期徒刑以下之刑者，自偵查以迄三審定讞，在判決確定前所受未決羈押期間，連同延長羈押在內，最長可達二十七個月之久（4＋9＋9＋5），如案件曾經發回者，更將不止此數。本法於八十六年十二月修正時，司法院原提草案，為使偵審中儘速終結在押被告之案件，避免被告遭受長期未決羈押，欲將羈押期間及延押次數予以緊縮，立法院一讀時已採納。詎料二讀以後竟然回歸原點，未作修正，殊感遺憾。事隔將近十三年後，九十九年五月十九日制定公布之刑事妥速審判法第五條，方就重罪延押及羈押累計之上限，予以適度設限。該條第二項明定：「審判中之延長羈押，如所犯最重本刑為死刑、無期徒刑或逾有期徒刑十年者，第一審、第二審以六次為限，第三審以一次為限。」於是，上述表列審判中第 2.種情形，依特別法上開規定，列計上限改變如下：

[審判中]
　2.所犯最重本刑逾十年以上有期徒刑以上之刑者：
　⑴第一審、第二審　各為
　　（初押）3 月＋（延押）2 月 ×（次數）6 ＝ 15 月
　⑵第三審為
　　（初押）3 月＋（延押）2 月 ＝ 5 月

　　尤有進者，案經發回更審，依本法第一〇八條第六項規定，雖應更新計算，然而，刑事妥速審判法第五條第三項特設於審判中羈押被告總計期間之限制，即：「審判中之羈押期間，累計不得逾五年。」同條第四項緊接規定：「前項羈押期間已滿，仍未判決確定者，視為撤銷羈押，法院應

將被告釋放。」因此，不論被告所犯最重本刑輕重如何，審判中各審級（含更審）累計羈押期間，一概不得超過五年。已往久懸未決案件被告長期在押之情形，今後須受總計期間限制，最長不致超過五年，期滿必須將被告釋放（按刑事妥速審判法第十四條規定，該法上述第五條第二項至第四項，自公布後二年施行。意即應自一〇一年五月十九日施行。該條第三項經修正自一〇九年六月十九日施行）。

㈡羈押期間之起算點及終了點

依本法第一〇八條第三項及第四項規定，應自簽發押票之當日起算，案經起訴或上訴者，審判中之羈押期間起算，須以移審為準，即應自卷宗及證物送交法院之日起算。其實，法官在收案之同時，業已訊問被告並簽發押票矣❺。關於羈押期間之終了，除將被告釋放外，偵查中當以起訴移審送交法院之日為準，審判中當以上訴移審送交上級法院或裁判確定❻之日為準。起訴或裁判後送交前之羈押期間，算入偵查中或原審法院之羈押期間。

㈢關於延長羈押之程序

依本法第一〇八條第一項但書及第二項之規定，被告羈押期間即將屆

---

❺ 最高法院八十六年度第十四次及第十五次刑事庭庭長會議決定，與九十五年度第三次刑事庭會議決議，以第三審係法律審為由，就第二審已羈押之被告於上訴第三審後之接續羈押，免經訊問程序，且不另簽發押票，代之以例稿函知原審法院並副知監所及在押被告，如需延長羈押時，亦免予訊問。上述決定及決議所持理由固非無見，惟與本法第一〇一條第一項、第一〇一條之一第一項、第一〇二條、第一〇八條第一項但書及第四項相對照，不無牴觸。直至九十六年十二月十二日公布修正第一二一條第二項明定案件在第三審上訴中之羈押及其他關於羈押事項之處分由第二審法院裁定之，此一疑慮方告消除，各該決定及決議均不再供參考。

❻ 刑期自裁判確定之日起算，為刑法第三十七條之一第一項所明定。原案在押被告自裁判確定之日起，已變更為受刑人身分，其押候移付檢察官執行，已非未決羈押，所經過之日數，當然算入刑期，不生折抵問題（刑法第三十七條之二參照）。

滿，如認有繼續羈押之必要者，得於期間未滿前，經法院依第一〇一條或第一〇一條之一規定，訊問被告後，以裁定延長之。在偵查中被告之延長羈押期間，嚴格責成檢察官必須附具體理由，至遲於期間屆滿之五日前聲請法院裁定。此「五日」之規定，係考量訊問被告、評議、製作並送達裁定所需合理之時間而設。如未依限聲請，即難以完成上述程序。法院強制處分庭（或未設專庭之承辦法官）對檢察官所提延押聲請案件，務須從嚴審核。其非於五日前提出聲請（例如計至某月十日期滿者，至遲應於當月四日提出，如於五日聲請，即非合法），或聲請書未附具體理由，或理由不充足者，均應為駁回之裁定；必要時並應調卷審核，衡酌有無延長羈押之必要，如發現羈押要件已經有所改變或檢察官有延宕偵查等情事，應認理由不足，不得准許延長羈押。此外，第一〇八條第二項復規定，法院所為延長羈押之裁定，除當庭宣示者外，須在原羈押期間未滿前以正本送達被告，始生延長羈押之效力。

五、羈押之撤銷

§§107
～109

羈押中被告回復自由之途有二：一為撤銷羈押，二為停止羈押。茲將撤銷羈押相關規定說明如下：（涉及得命「具保、責付、限制住居」部分，其意義詳如後述「六、羈押之停止」相關說明）

㈠應撤銷羈押

1.依本法第一〇七條第一項之規定

羈押於其原因消滅時，應即撤銷羈押，將被告釋放。所謂原因消滅，即指上述「二、羈押之要件」中第㈢、㈣任何一項有所改變或消失者而言。此際應由法院主動依職權撤銷羈押，將被告釋放。

又依同條第二項至第五項規定，被告、辯護人及得為被告輔佐人之人，均得聲請法院撤銷羈押。法院辦理聲請案件，得聽取彼等陳述意見，尚在偵查中者，並應徵詢檢察官意見；而檢察官於偵查中亦得為撤銷羈押之聲請，一經檢察官為此聲請，法院即應撤銷羈押，且檢察官並得於聲請時先行釋放被告。按釋放被告與法院之撤銷羈押，本應一致，此處規定檢

察官得先行釋放被告，乃係法律之例外授權，旨在使被告及早回復自由，有德國刑事訴訟法第一二〇條第三項立法例可資參考。

2.本法第一〇九條規定

案件經上訴者，被告羈押期間如逾原審判決之刑期者，應即撤銷羈押，將被告釋放。但檢察官為被告之不利益而上訴者，得命具保、責付或限制住居。此種情形附有但書規定，與第一〇七條必須釋放別無具保規定者有異。又其但書規定，於自訴人為被告不利益而提起上訴者，不能適用。

㈡視為撤銷羈押

1.本法第一〇八條第二項規定

羈押期滿延長羈押之裁定未經合法送達者，視為撤銷羈押。

2.本法第一〇八條第七項規定

羈押期間已滿未經起訴或裁判者，視為撤銷羈押，檢察官或法院應將被告釋放；由檢察官釋放被告者，並應即時通知法院。

◎上述 1. 及 2.視為撤銷羈押之情形，九十六年修法於第一〇八條增訂第八項規定：「依第二項及前項視為撤銷羈押者，於釋放前，偵查中，檢察官得聲請法院命被告具保、責付或限制住居。如認為不能具保、責付或限制住居，而有必要者，並得附具體理由一併聲請法院依第一百零一條或第一百零一條之一之規定訊問被告後繼續羈押之。審判中，法院得命具保、責付或限制住居；如不能具保、責付或限制住居，而有必要者，並得依第一百零一條或第一百零一條之一之規定訊問被告後繼續羈押之。但所犯為死刑、無期徒刑或最輕本刑為七年以上有期徒刑之罪者，法院就偵查中案件，得依檢察官之聲請；就審判中的案件，得依職權，逕依第一百零一條之規定訊問被告後繼續羈押之」復為配合該第八項規定之應用，乃增訂第九項及第十項，明定：「前項繼續羈押之期間自視為撤銷羈押之日起算，以二月為限，不得延長。繼續羈押期間屆滿者，應即釋放被告。」及「第一百十一條、第一百十三條、第一百十五條、第一百十六條、第一百十六條之二、第一百十七條、第一百十八條第一項、第一百十九條之規

定，於第八項之具保、責付或限制住居準用之。」察其修法理由雖謂：「……依第二項、第七項規定視為撤銷羈押者，多有出於人為疏失者，若因此造成重大刑事案件之被告得以無條件釋放，致生社會治安之重大危害，殊非妥適，允宜在法制上謀求補救之道……」云云。惟因釋字 392 號解釋將偵查中被告之羈押歸由法院決定，而於八十六年修法時，曾就第一〇八條及其他與羈押相關條文，進行通盤檢討。原列第一〇八條第四項視為撤銷羈押「但得命具保、責付或限制住居」之舊有但書，經予檢討刪除後，修正移列為現行第七項強調必須釋放被告之規定，而該條第二項視為撤銷羈押之情形，基於相同立場，亦不設但書規定。茲因極少數偶發個案疏失，不思加強控管稽考謀求防範，漠視當年修法以貫徹視為撤銷羈押之效力為原則（當年檢討結果僅許第三一六條但書例外），反而恢復原已刪除之得命具保等規定，甚至增添得為繼續羈押之強制處分，實為倒退立法，難以苟同。深盼於實務上從嚴適用，儘可能命行具保，避免繼續羈押；如予繼續羈押，即應切實注意第一〇八條第九項於續押期滿立即釋放被告之規定，不得更依該條第五項所定次數再為延長羈押之裁定。又該條第七項所謂「羈押期間已滿」，須以第五項規定為基礎。如所犯為最重本刑十年以下有期徒刑以下之刑之罪，經依第五項為延押之次數已滿，而未經起訴或裁判者，即應依第七項規定將被告釋放，並無第八項繼續羈押之適用。

　　3.本法第二五九條第一項視為撤銷羈押之規定（容待後述）

　　4.本法第三一六條視為撤銷羈押之規定（容待後述）

　　5.依刑事妥速審判法第五條第四項視為撤銷羈押之規定（另詳後述本書專論「刑事妥速審判法概要」二之㈡之 4.相關說明）

㈢依抗告或準抗告程序所為撤銷羈押

　　羈押，以法院為決定機關，經法官簽發押票，依第一〇三條而為執行。合議庭、獨任制審判長或輪值值日法官命行羈押，此乃法院之裁定，依本法第四〇四條第二款規定得為抗告。至於合議制受命法官所為羈押被告之處分，則依第四一六條第一項第一款規定得為準抗告（實際上大多援

引第一〇七條第二項為撤銷羈押之聲請，較少依抗告或準抗告處理）。

㈣以上所述各種撤銷羈押

其中㈠之 1.、2.須由法院命行撤銷，應以裁定行之。在第一〇九條但書具保等情形，應於裁定內一併諭知（見第一二一條第一項及第二項）。

㈡之 1.至 4.均係法律基於特定情形所為擬制規定，一旦符合法定情形，即生擬制效果，祇須簽發釋票即可，無須製作裁定。惟在第三一六條但書情形，就其具保等事項自當予以裁定，俾資依據。

至於㈢之抗告或準抗告，均應以裁定行之。

§§110
～
116-2
§117
§117-1
（後述）
§118
§119
§119-1
§120
（刪）

六、羈押之停止

羈押中被告之回復自由，除撤銷羈押外，另一途徑為停止羈押。按撤銷羈押與停止羈押有別：前者，撤銷羈押之原因係由法條明定，已詳上述，一旦撤銷，原羈押處分失去效力；除有特別規定外（見本法第一〇八條第八項、第一〇九條但書及第三一六條但書），應即回復被告之自由。除非重新依法羈押，不發生再執行羈押之問題，且於本法第一〇七條第四項及第二五九條第一項更有准許檢察官逕行釋放被告之規定。後者，原羈押處分之效力仍在，不過停止執行而已，當可對被告附加負擔。於是發生具保、責付、限制住居、命遵守一定事項甚至再執行羈押等問題。且是否准許停止羈押，須經法院裁定，檢察官無權逕行釋放被告。

依本法第一一〇條規定，被告及得為其輔佐人之人或辯護人，得隨時具保，向法院聲請停止羈押。復依同條第二項至第四項規定，檢察官於偵查中亦得聲請法院命被告具保停止羈押；關於具保停止羈押之審查，準用第一〇七條第三項之規定，法院得聽取被告、辯護人或得為輔佐人者陳述意見；又法院對於偵查中在押被告為具保停止羈押之裁定時，除係出於檢察官之聲請，或具有本法第一一四條所定情形者外，應徵詢檢察官之意見。按上述規定雖曰「聲請」停止羈押，其實法院本可主動依職權裁酌，並非未經聲請不能逕命停止羈押。關於停止羈押之方法，有下列三種：

㈠具　保

依本法第一一一條規定，許可停止羈押之聲請者，應命提出保證書，並指定相當之保證金額。該保證書以該管區域內殷實之人所具者為限，並應記載保證金額及依法繳納之事由。上述指定之保證金額，如聲請人願繳納或許由第三人繳納者（俗稱現金保），免提出保證書。又繳納保證金得許以有價證券代之。茲就具保相關事項再加說明如下：

1.指定保證金額之多寡

如何方稱允當，須斟酌案情妥為衡酌，諸如罪名輕重、犯罪情狀、被告身分資力、有無前科紀錄、當地商業景況等因素，宜予綜合考量，不可畸輕畸重。惟如被告係犯專科罰金之罪者，指定保證金額不得逾罰金之最多額（本法第一一二條）。又如以有價證券代保證金者，須按時價折算（院430號解釋），如以外幣（具有價證券地位）繳納者亦同。惟是否准許以有價證券代之，由法院或檢察官衡情審酌，非謂必須照准。

2.保證金之沒入

許可停止羈押之聲請者，應於接受保證書或保證金後，停止羈押，將被告釋放（本法第一一三條）。

具保之被告獲釋後逃匿者，應命具保人繳納指定之保證金額，並沒入之。不繳納者強制執行。保證金已繳納者，沒入之。上述規定，於檢察官依第九十三條第三項但書及第二二八條第四項命具保者，準用之（本法第一一八條）。關於沒入保證金，原係經由法院命具保者，即由法院以裁定行之。倘若原由檢察部門命具保者，則於偵查中以檢察官之命令行之。如已繫屬於法院審判中者，仍須由法院以裁定行之（本法第一二一條第一項及第四項）。

此外，家庭暴力防治法第三十二條另有沒入保證金之特別規定，併須注意。

3.在偵查或審判中具保之「被告」，經有罪判決確定後，即成為「受刑人」，必須等候執行，如於執行階段逃匿者，可否沒入保證金

已往實務上參據院658號解釋意旨，採取肯定說。八十六年十二月修

正第一〇一條第一項前文，已將保全刑事執行列為羈押目的之一，足見具保停止羈押亦有保全執行之作用。從而，執行檢察官以命令沒入原先在偵查中繳納之保證金，更無疑義（如係審判中具保繳納者須聲請法院裁定）。倘若受刑人入監服刑後，經依監獄行刑法第五十八條保外醫治，於痊癒後避不到案者，此乃具保暫停服刑，雖與停止羈押有別，惟該條第四項既已明定準用本法有關具保之規定，則執行檢察官即應適用監獄行刑法再依本法予以命令沒入保證金。但受刑人經檢察官傳喚到案後，認有停止執行之原因，暫未送監服刑，而命具保等候病癒者，如該受刑人避不到案時，法律就此情況，未有沒入規定，即無從命令沒入保證金。

4.沒入保證金裁定或命令之不服

具保人得對裁定提起抗告或對命令提起準抗告。惟原裁定或命令能否維持，應以裁定或命令之時，被告（或受刑人）是否確有逃匿事實為斷。縱使事後將其人緝獲或由具保人帶同到案，仍無礙於沒入之執行（參照院解 3044 及 3068 號解釋）。

5.具保責任之免除與退保

應依本法第一一七條之一第三項及第一一九條規定辦理。撤銷羈押❼、再執行羈押（含第一一七條之一準用情形）、受不起訴處分、有罪判決確定而入監執行或因裁判而致羈押之效力消滅者，免除具保之責任。被告及具保證書或繳納保證金之第三人，得聲請退保，法院或檢察官得准其退保。但另有規定者，依其規定。免除具保之責任或經退保者，應將保證書註銷或將未沒入之保證金發還。上述規定，於受責付者準用之。一〇三年六月修正公布增訂第一一九條之一規定：（第一項）以現金繳納保證

---

❼ 茲所指因「撤銷羈押」致使羈押效力消滅而免除具保責任，係就已經保釋在先然後具有撤銷羈押之情事者而言。例如以第一〇一條第一項第三款重罪原因而羈押之被告，經依第一一四條第三款為由獲准保外治病，其後查明所犯係三年以下有期徒刑之罪，當初據以羈押之原因消滅，符合第一〇七條第一項撤銷羈押之規定，此際即可免除具保責任。若依第一〇九條但書或第三一六條但書之具保，因其並非保釋在先，即無第一一九條第一項之適用。

金具保者，保證金應給付利息，並於依前條第三項規定發還時，實收利息併發還之。其應受發還人所在不明，或因其他事故不能發還者，法院或檢察官應公告之；自公告之日起滿十年，無人聲請發還者，歸屬國庫。(第二項) 依第一一八條規定沒入保證金時，實收利息併沒入之。(第三項) 刑事保證金存管、計息及發還作業辦法，由司法院會同行政院定之。

　　退保，須經法院裁定。於偵查中則由檢察官以命令行之 (本法第一二一條第一項及第四項)。

(二)責　付

　　本法第一一五條規定：羈押之被告得不命具保而責付於得為其輔佐人之人或該管區域內其他適當之人，停止羈押。受責付者，應出具證書，載明如經傳喚應令被告隨時到場。又依第一一六條之一規定，第一一〇條第二項至第四項之規定，於責付準用之。被告如於責付後逃匿，受責付者除有藏匿人犯情事應依刑法第一六四條論究外，並無其他責任。

(三)限制住居

　　本法第一一六條規定：羈押之被告，得不命具保而限制其住居，停止羈押。復依第一一一條第五項規定，許可停止羈押之聲請者，得限制被告之住居。限制住居，有與具保相附隨者，有不命具保而單純限制住居者，皆係限制被告居住於其住居所不許遷移，此項處分，應函知該管戶政及警察機關，俾求落實。實務所見之限制出境處分，亦係執行限制住居之一種方法，對該處分如有不服，得為抗告或準抗告 (本法第四〇四條第二款、第四一六條第一項第一款)。本法第一編 (總則) 增訂第八章之一「限制出境、出海」專章，已自一〇八年十二月施行，依本法第九十三條之六規定，基於限制住居而為限制出境處分之情形，應準用該章相關規定，併須注意。另詳前述該章說明。又依第一一六條之一規定，第一一〇條第二項至第四項之規定，於限制住居準用之。

(四)應准具保停止羈押之情形

　　依上所述，被告之停止羈押，法院可本於職權主動准許，亦得因第一一〇條第一項或第二項之聲請而予審查准駁。在合議審判之案件，須由合

議庭裁定之。茲應特別注意者，如有第一一四條各款情形之一時，一經具保聲請停止羈押，法院必須照准，不得駁回。按該條所定各款情形為：

①所犯最重本刑為三年以下有期徒刑、拘役或專科罰金之罪者。但累犯、有犯罪之習慣、假釋中更犯罪或依第一〇一條之一第一項羈押者，不在此限。

②懷胎五月以上或生產後二月未滿者。

③現罹疾病，非保外治療顯難痊癒者。

以上三款皆為重視人權而設，尤以③之重病保外治療最為明顯，且與被告犯罪之輕重無關（61 臺抗 32 號判例）。其實，羈押本應慎之於始，若有上述各款情形，自始即應避免羈押也。

(五)命遵守事項

被告之獲准停止羈押，係基於已無羈押必要性之考量而得以回復自由。但其罪嫌重大且有本法第一〇一條第一項或第一〇一條之一第一項各款之情形，依然存在，對於停止羈押獲釋之被告，除採取上述具保、責付、限制住居等約束方法外，本法為求掌握被告行蹤以確保其到場，並防止其危害他人、危害公眾安全或逃匿，經參考德、日刑事訴訟法及美國聯邦法典之例❽，於八十九年二月增訂第一一六條之二條文，復於一〇八年七月修正。該條第一項明定：法院許可停止羈押時，經審酌人權保障及公共利益之均衡維護（按此係指斟酌個案情節、犯罪之危害性、被告素行及其與下列②各人關係等因素而言），認有必要者，得定相當期間，命被告應遵守下列事項：

①定期向法院、檢察官或指定之機關報到。

②不得對被害人、證人、鑑定人、辦理本案偵查審判之公務員或其配偶、直系血親、三親等內之旁系血親、二親等內之姻親、家長、家屬之身體或財產實施危害、恐嚇、騷擾、接觸、跟蹤之行為（注意：所稱配偶、姻親，依司法院釋字第七四八號解釋施行法第二十四條第二項前段規定，

---

❽　德國刑事訴訟法第一一六條、日本刑事訴訟法第九十三條第三項、U.S.C. Title 18, §3142。又我國家庭暴力防治法第三十一條亦有類似規定之例。

包含該法第二條所定同性結合關係者在內。又於其他法律中，家庭暴力防治法第三十一條及第三十三條尚有特別規定）。

③因第一一四條第三款之情形停止羈押者，除維持日常生活及職業所必需者外，未經法院或檢察官許可，不得從事與治療目的顯然無關之活動❾。

④接受適當之科技設備監控（例如電子腳鐐是。本款規定之實施機關〔構〕、人員、方式及程序等事項之執行辦法，參考性侵害犯罪防治法第二十條第八項體例，依本條〔第一一六條之二〕第五項規定，由司法院會同行政院定之）。

⑤未經法院或檢察官許可，不得離開住、居所或一定區域（注意：被告如受限制住居、限制出境、限制出海之處分者，本款係其當然效果）。

⑥交付護照、旅行文件；法院亦得通知主管機關不予核發護照、旅行文件（護照條例第二十四條第一項規定，護照非依法律不得扣留。本款即其法律根據。至於通知之方式，見該條例第二十三條第二項規定）。

⑦未經法院或檢察官許可，不得就特定財產為一定之處分（注意：本款規定，旨在防杜被告獲取逃匿所需財源。對於民事執行、行政執行或因繼承、徵收、法院裁判所生之權利變動，不生影響）。

⑧其他經法院認為適當之事項。

上述①至⑧各款事項，得依情節擇一或併列數款，製作裁定或由書記官記明筆錄，命被告遵守。又依本條（第一一六條之二）第二項規定，得依聲請或依職權變更、延長或撤銷之。

依本條第三項規定：「法院於審判中許可停止羈押者，得命被告於宣判期日到庭。」被告如違背法院依第一項①至⑧各款或第三項所定應遵守

---

❾　本款有其產生之背景。某地方首長因涉嫌貪污被羈押，經第一審法院判處重刑，於上訴第二審後，以重病為由，獲准具保停止羈押，孰料適逢立法委員選舉，竟能奮力從事競選活動，終告當選，並向立法院報到後，加入司法委員會，各方譁然。於是導致第一一六條之二第三款及第一一七條第一項第五款之增訂，防範舊事重演。

之事項者，依第四項規定，得逕行拘提。因此，在第三項之情形，審判長應當庭面告此旨並由書記官記明筆錄；其逕行拘提，僅以被告不遵守於宣判期日到庭義務者為限，方能適用，與本法其他條文（見§§76、88-1、469）所定要件，各不相同。被告經逕行拘提到案後，非可概行羈押。法院應依個案情節，視其是否符合法定要件以及有無羈押必要，審慎抉擇需否實施羈押或再執行羈押。

本條第一項①至⑧各款事項，旨在強化具保等羈押替代處分之拘束力，係本法第四一六條第一項第一款所稱「『關於』羈押、具保、責付、限制住居」之處分。如有不服，可依準抗告程序尋求救濟。其中⑥及⑦款，與本法第一三三條之一第一項之「扣押」無涉，附此指明。

法院依本法第一〇一條之二逕命被告具保、責付、限制住居者，該被告雖然自始未受羈押，並無第一一六條之二第一項所稱「法院許可停止羈押時……」可言；惟此種情形，依第一一七條之一第一項規定，仍準用第一一六條之二命遵守事項及第一一七條再執行羈押相關規定。檢察官依第九十三條第三項但書或第二二八條第四項逕命被告具保、責付、限制住居者，亦同。惟第一一六條之二第三項及第四項規定，專就法院審判中案件而設，檢察官無從準用。茲須附述者，依照本法第一〇八條第八項、第一〇九條但書或第三一六條但書規定，命被告具保、責付、限制住居之情形，係對被告應撤銷羈押或視為撤銷羈押，並非停止羈押，自無第一一六條之二及第一一七條之適用。

七、停止羈押後之再執行羈押

§117
§117-1

被告經法院許可停止羈押獲釋後，除非具有本法第一一七條第一項所列情形之一，否則不得再執行羈押。

該項得命再執行羈押之原因為：

①經合法傳喚無正當之理由不到場者。

②受住居之限制而違背者。

③本案新發生第一〇一條第一項、第一〇一條之一第一項各款所定情

形之一者。

　　④違背法院依第一一六條之二所定應遵守之事項者。

　　⑤依第一〇一條第一項第三款羈押之被告，因第一一四條第三款之情形停止羈押後，其停止羈押之原因已消滅，而仍有羈押之必要者。

　　又依第一一七條第二項至第四項規定，偵查中有上述再執行羈押原因之一時，由檢察官聲請法院行之。在法院方面，則由強制處分庭（或未設專庭之承辦法官）受理審核。再執行羈押之期間，應與停止羈押前已經過之羈押期間合併計算（即其前後羈押之期間應作連貫計算）。法院命再執行羈押時，準用第一〇三條第一項有關執行程序之規定。

　　第一一七條定曰「停止羈押」後如有法定原因可再執行羈押，倘若被告自始未受羈押而係經法官或檢察官逕命具保釋放者，是否亦有該條之適用，似有疑義。此在實務上，參據院 2745 號解釋❿，仍採取肯定說。惟該號解釋係以具保責任為重點，能否擴張及於涉及人身自由之再執行羈押，恐有疑問。本法八十九年二月修正增訂第一一七條之一，爰於該條第一項明定：前二條之規定（命停止羈押之被告遵守一定事項及命再執行羈押），於檢察官依第九十三條第三項但書或第二二八條第四項逕命具保、責付、限制住居，或法院依第一〇一條之二逕命具保、責付、限制住居之情形，準用之，於是上述疑問得以釐清。惟在此種情形，被告自始未受羈押，倘若撤銷原具保等處分而改命羈押，實乃新的羈押，既非再執行羈押，自應適用第一〇一條、第一〇一條之一之規定，如於偵查中經檢察官聲請改命羈押時，並須遵守拘提、逮捕前置原則及二十四小時留置時限。第一一七條之一爰於第二項規定：法院依前項規定羈押被告時，適用第一〇一條、第一〇一條之一之規定。檢察官聲請法院羈押被告時，適用第九十三條第二項之規定。又因上述情形而羈押被告者，亦應免除具保人之具

---

❿　院 2745 號解釋謂：刑事訴訟法第一二〇條所定（現行條次第一〇一條之二）不命羈押逕命具保之被告，仍為具保停止羈押之一種，如該被告事後逃匿，自得命繳納指定之保證金額並沒入之。按該號解釋雖就沒入保證金問題而為闡述，惟其前提係認逕命具保仍為停止羈押之一種。

保責任，第一一七條之一第三項明定此旨，俾求明確。

此外，家庭暴力防治法第三十三條第二項另有特別規定，併須注意。

§121 八、關於羈押、具保等處分之裁定或命令

本章關於羈押、具保等規定，除羈押被告應由法官簽發押票（本法第一〇二條），駁回具保停止羈押之聲請或檢察官所提羈押被告之聲請，均由法院以裁定行之（本法第二二〇條），聲請變更被告在押處所之准駁，亦由法院以裁定行之（本法第一〇三條之一）外，其餘各項處分，應分別情形，依第一二一條之規定處理，已於相關部分附述，茲再整理如下：

㈠由法院以裁定行之者

1.第一〇七條第一項之撤銷羈押。

2.第一〇九條之命具保、責付或限制住居。

3.第一一〇條第一項、第一一五條及第一一六條之停止羈押（第一一六條之二命遵守事項須一併載明於裁定內）。

4.第一一六條之二第二項之變更、延長或撤銷。

5.第一一八條第一項之沒入保證金。

6.第一一九條第二項之退保。

以上皆由事實審法院裁定之。案件在第三審上訴中，而卷宗及證物已送交該法院者，上述 1.至 6.及羈押與其他關於羈押事項，及第九十三條之二至第九十三條之五關於限制出境、出海之處分（例如在第三審上訴中是否繼續羈押或需否延長羈押、限制出境、出海需否延長其限制之期間），均由第二審法院裁定之，惟第二審法院為裁定前，得向第三審法院調取卷宗及證物。且既須由「法院」為裁定，在合議審判之案件，其受命法官即無權單獨行之（見本法第二七九條第二項但書及 44 臺抗 80 號判例）。第一二一條第二項所定應由第二審法院審核裁定之情形，原案業經第二審法院為終局判決而終結其訴訟繫屬，並非第二審訴訟程序之延伸；既經當事人提起上訴而移審，即已發生另一審級之第三審訴訟繫屬（狹義訴訟繫屬，見後述第二編第一章第二節關於起訴之意義第㈠點說明）。因此，上

述應由第二審法院審核裁定之規定，乃係關於羈押處分之特別程序，原審與第三審選任辯護人，皆無從參與執行辯護職務。

㈡案件在偵查中，由檢察官以命令行之者

　　1.檢察官依第一一七條之一第一項之變更、延長或撤銷。

　　2.檢察官依第一一八條第二項之沒入保證金。

　　3.檢察官依第一一九條第二項之退保。

　　4.檢察官依第九十三條第三項但書、第二二八條第四項之命具保、責付或限制住居。

第十章之一　暫行安置

　　精神障礙或其他心智缺陷之人，為精神衛生法、身心障礙者權益保障法、身心障礙者公約施行法所適用之對象。在刑事法方面，刑法總則編第十二（保安處分）章第八十七條及第九十八條，有令入相當處所或以適當方式施以監護之規定。其因欠缺責任能力而未受罪刑宣告者，應依無罪判決所諭知之監護處分及期間予以執行（見本法第三〇一條）。其係減輕責任能力應受罪刑宣告者，有罪判決（見本法第三〇九條第六款及第三一〇條第六款）所諭知之監護處分，以刑後執行為原則，但必要時得於刑前先予執行；並依個案執行情形，得由法院另以裁定免除監護處分或刑罰之全部或一部之執行。

　　保安處分執行法第四條另有超前部署。依照該條規定，法院對於應付監護之人，認為有緊急必要時，得於判決前，先以裁定宣告保安處分；檢察官於偵查中亦得聲請法院裁定之。自五十三年八月一日施行迄今，該條從未修正。茲將其原始立法理由引錄如下：「本條係標明執行保安處分應依據法院之裁判，惟實務上必待判決後執行，有時對應受處分人發生不良之影響，如吸用煙毒人不先予禁戒，可能因羸弱而發生死亡，其不適於羈押者，如心神喪失人、花柳病人、麻瘋病人等，故參照外國立法例（意大利刑法第二〇六條），特設第二第三兩項，至監護、禁戒、強制治療，均於被告有利益，仍准抗告；至抗告是否停止執行，特設規定，以杜爭議。」❶觀其立法緣由，雖有所本，惟實體事項拘束人身自由之保安處

---

❶　見《立法院公報》第三十一會期第十期（五十二年六月十八日出刊）第十及十一頁。最初行政院草案列為第六條，立法院委員會審查報告改為第五條，完成三讀條文再改為第四條。立法理由所引意大利刑法第二〇六條為例，其規定內容如何，已難以查考。

分，允許不待判決確定即先執行，恐有違背無罪推定原則之嫌。

　　上述二法所定七種保安處分，監護❷，屬於其中之一。保安處分執行法第四條雖經明定得於判決前先以裁定對被告宣告監護處分，但其疑慮已如上述，且在程序法上，欠缺詳加規範。本法爰於一一一年二月十八日修正公布增訂本章，以期保障被告醫療與訴訟權益，兼顧防衛社會安全之需求。

一、暫行安置之要件

§121–1
121–2

　　本章定名為「暫行安置」，如前所述，此種處分具有保障被告醫療與訴訟權益，以及兼顧防衛社會安全之雙重目的。就前一目的而言，旨在經由訴訟法上嚴謹程序，暫行拘束被告人身自由，使其於判決確定前即入醫療機構接受治療，避免精神疾病病情惡化，進而痊癒。就後一目的而言，旨在暫行將被告隔離，以免危害他人（例如殺傷家人或無辜路人）或危害社會（例如縱火或毀壞車輛），使公眾免於恐懼。論其屬性，其實具有實體法上保安處分與程序法上對人強制處分雙重性質。從比較法立場以觀，與德國刑事訴訟法第一二六條 a 之 Einstweilige Unterbringung 所採設計類似。由於將其定性為程序法上之強制處分，即能解為可與無罪推定原則分別以觀不相牴觸。詳請參閱本書後述 §154 I 註❽相關說明。本章原草案定名為緊急「監護」，易誤認為一種實體法上之保安處分，致生混淆。嗣經更改為「暫行安置」，已不致引起誤會。

　　茲依本法第一二一條之一第一項、第二項、第四項及第一二一條之二規定，分述其要件如下：

㈠拘捕前置

　　1.案件繫屬於法院審判中，對於被告在判決前施以暫行安置，係法院之本來權限，應依職權審酌決定，無須以被告先經拘提或逮捕為前置要件。

---

❷　依民法受監護宣告之人，無行為能力，屬於民事法律關係，與刑法上之保安處分，名同實異。（見民法第十四條第一項、第十五條、第一一〇九條之二、第一一一〇條及家事事件法第四編第十章）

2.檢察官偵查案件，在尚未終結偵查前，對於被告如認為有施以暫行安置之必要時，依第一二一條之一第二項準用本法第九十三條第二項前段、第九十三條之一及第二二八條第四項規定，必須以被告係因拘提或逮捕到案者為限，方得向法院提出聲請。（「準用」條文須以性質不相牴觸者為限，立法說明謂本法第九十三條第一項第七款及第二二八條第四項前段命具保、責付或限制住居部分，即不在準用之列）其應遵守二十四小時時限，以及法定障礙事由所經過之時間不予計入之規定，均與羈押聲請案件相同。案經起訴繫屬於法院後，檢察官如認為有將被告於判決前施以暫行安置之必要時，第一二一條之一第一項明定亦得聲請法院於判決前裁定之。（此與羈押被告有別，檢察官對於審判中被告之羈押並無聲請權❸）無論偵查或審判中之案件，檢察官聲請暫行安置者，依同條第四項規定，均應以聲請書敘明理由及證據並備具繕本為之。

3.本書前（第十）章之「二、羈押之要件」所述㈠相關說明併請參閱。

㈡法官訊問

暫行安置，係拘束人身自由之對人強制處分，絕對保留予法官作許可與否之決定（注意法院組織法第十四條之一刑事強制處分庭之規定）。依第一二一條之一第一項規定，「被告經法官訊問後……」，方能審查需否施以此項強制處分。關於被告之訊問，請參閱本書前述第九章各條說明。其他依第一二一條之二所定應行遵循之程序事項，另詳後述三之㈠。至於偵查中被告在其需否暫行安置之審查程序中有關強制辯護、辯護人閱覽卷證權限以及資訊告知、準備答辯等程序保障，則依第一二一條之一第二項準用本法第三十一條之一及第三十三條之一各該規定辦理。

㈢罪嫌重大

暫行安置係對人強制處分，涉及拘束人身自由，必須以被告犯罪嫌疑重大為前提，方能考量應否為宣付安置之裁定。至於如何可認為罪嫌重大，應就罪名輕重、現存事證、個案情節予以綜合研判，妥為審酌。

---

❸　參見最高法院 96 臺抗 593 號刑事裁定。

(四)法定原因

依第一二一條之一第一項規定，對被告施以暫行安置之法定原因為：「有事實足認為刑法第十九條第一項、第二項之原因可能存在，而有危害公共安全之虞」。意即：須有「事實」足以認為被告可能因精神障礙或其他心智缺陷而有欠缺或減輕責任能力之情形，不容臆測擅斷，此其一；且有危害公共安全之疑慮（對照刑法第八十七條尚包含再犯之虞在內），此其二。按暫行安置係針對受處分人將來之危險性所採處置，兼顧其醫療需求，俾能改善其潛在之危險性格，以達預防犯罪之目的。此類被告既不適於實施預防性羈押（本法第一〇一條之一），即得適用本章規定，予以安置，以期兼顧被告權益與維護社會安全。

關於被告有無精神障礙或其他心智缺陷以致影響責任能力之原因事實，涉及醫學專門知識，須憑鑑定結果方能認定。本法第二〇三條第三項及第二〇三條之一至之四所定鑑定留置之應用，法院併應注意。

暫行安置如由檢察官聲請者，依第一二一條之一第四項規定：「除法律另有規定外，應以聲請書敘明理由及證據並備具繕本為之。」所指「證據」，除能初步證明罪嫌是否重大外，以被告過往病歷資料或鑑定報告最為重要，他如可證明被告異常行為事實之證據，亦屬之。此乃法院憑以審認之主要根據。又所指「法律另有規定」，如同條第二項之準用規定是。由於檢察官提出聲請，須受二十四小時時限之限制，甚難立即取得鑑定報告，因此，宜依本法第二〇三條之一第一項但書規定，逕行鑑定留置，此際被告自由仍受拘束，尚在原先拘提或逮捕之延續狀態中。俟取得鑑定報告後提出聲請，仍與拘捕前置之要求相符。

法院於裁定前認有必要時，依本法第二二二條第二項規定，得調查事實。其對被告施以暫行安置之裁定得為抗告（見第一二一條之一第五項），按照第二二三條規定，自應敘述理由。本章架構與前章（第十章被告之羈押）相似，暫行安置在程序法上具有強制處分性質，可認係第一五九條第二項所稱「其他依法所為強制處分」之一種，裁定採證無須排除傳聞證據。

　　檢察官如採用鑑定結果，依刑法第十九條第一項，以被告之行為不罰，而依本法第二五二條第八款為不起訴之處分者，既已終結偵查，且未繫屬於法院，即無所謂偵查或審判中之可言，不能聲請將被告暫行安置。於此情形，檢察官如認有宣告保安處分之必要，得依本法第四八一條第二項規定，聲請法院裁定之。按其得以聲請宣告之保安處分，對照刑法第八十七條第一項可知為監護處分。

㈤緊急必要

　　本章所定暫行安置，乃係一種對人強制處分，已如前述，其拘束人身自由猶如羈押，雖能因應實際需要，究非常態。從而，務須要求「有緊急必要時」為要件，方得為之。被告經法官訊問後，縱使認為具有上述㈢、㈣情形，仍非當然施以安置。所指「必要」性，與比例原則相關，務須針對行為之嚴重性、行為人所表現之危險性，以及對於行為人未來行為之期待性，予以綜合審酌（參照釋字 471 號解釋）。如與案情輕重及預期之刑罰或保安處分不成比例者 (ausser Verhältnis)，即不得施以暫行安置。

二、暫行監護之期間及其延長期間之限制

㈠法定期間

　　依本法第一二一條之一第一項規定，法院先以裁定諭知對被告施以暫行安置之期間，為「六月以下」。

㈡延長暫行安置期間

　　依本法第一二一條之一第三項規定：暫行安置期間屆滿前，被告經法官訊問後，認有延長之必要者，得依檢察官聲請或於審判中依職權，以裁定延長之，每次延長不得逾六月，並準用第一○八條第二項之規定。但暫行安置期間，累計不得逾五年。按此五年上限，諒係參照刑事妥速審判法第五條第三項之羈押期間上限而為規定，惟暫行安置畢竟與羈押有別，且其延長期間可長達五年，猶謂「暫行」，名不副實。

　　延長暫行安置期間由檢察官提出聲請者，依同條第四項規定，應以聲請書敘明理由及證據並備具繕本為之；且比照本法第一○八條第一項聲請

延長羈押之例，至遲應於期間屆滿之五日前提出於法院。例如計至某月十五日期滿者，至遲應於當月九日提出聲請，否則應認為聲請不合法予以駁回。其經准許延長者，除非當庭宣示，否則應於暫行安置期間未滿前以裁定正本送達於被告，方有延長安置期間之效力。

三、其他相關程序事項

㈠法官訊問程序

1. 見本章前述一之㈡。

2. 關於夜間訊問，應依本法第一二一條之一第二項準用第九十三條第五項、第六項各該規定。

3. 依第一二一條之二第一項規定，法官為訊問時，檢察官「得」到場陳述意見。如係檢察官聲請暫行安置或延長暫行安置者，則「應」到場陳述聲請理由及提出必要之證據。

4. 依同條第二項規定，暫行安置或延長暫行安置所依據之事實、各項理由之具體內容及有關證據，應告知被告及其辯護人，並記載於筆錄。

5. 依同條第三項規定，檢察官、被告及辯護人得於法官訊問前，請求法官給予適當時間為陳述意見或答辯之準備。此項規定於檢察官亦適用之，且包括「陳述意見」之準備在內，較本法第一○一條第四項（第一○一條之一亦準用）更為周全。

㈡裁定及抗告

1. 暫行安置或延長暫行安置，無論係由法院本於職權，或依檢察官之聲請，其准駁均應以裁定行之。

2. 依本法第一二一條之一第五項規定，對於上述暫行安置、延長暫行安置或駁回檢察官聲請之裁定，得提起抗告。抗告權人除檢察官及被告外，依憲法法庭 111 憲判 3 號判決，本法第三四五條及第三四六條規定，均在準用之列。至於案經合法提起抗告，是否停止原裁定之執行，則依第四○九條規定辦理。

3. 被告經裁定施以暫行安置、延長暫行安置者，依本法第一二一條之

二第四項規定，由該管檢察官執行（其實本法第四五七條第一項前段已規定應由檢察官指揮執行），對照第一二一條之一第一項規定，應令入司法精神醫院、醫院、精神醫療機構或其他適當處所，施以暫行安置。其執行，依後述第一二一條之六第一項規定，準用保安處分執行法第五條第一項所定程序，應由檢察官將被告連同裁定書正本及相關文件，命司法警察人員解送至暫行安置執行處所收容辦理。

四、暫行監護裁定之撤銷

§121-3
121-5
121-4
（後述）

(一)職權撤銷

依本法第一二一條之三第一項規定：「暫行安置之原因或必要性消滅或不存在者，應即撤銷暫行安置裁定。」所指「原因」或「必要性」，請參閱本章前述一之(四)、(五)相關說明。

(二)視為撤銷

依本法第一二一條之五第一項規定：「暫行安置後，法院判決未宣告監護者，視為撤銷暫行安置裁定。」按保安處分之監護，本應由法院以判決宣告之，本章之暫行安置，雖屬程序法上對人強制處分，畢竟兼具保安處分之預防性質。案經法院審判後，其判決結果，既未為保安處分之宣告，則此項暫行安置自應視為已經撤銷，無須另作裁定。

(三)聲請撤銷

除依上述(一)由法院依職權撤銷外，第一二一條之三第二項復規定：「檢察官、被告、辯護人及得為被告輔佐人之人得聲請法院撤銷暫行安置裁定；法院對於該聲請，得聽取被告、辯護人及得為被告輔佐人之人陳述意見。」又依同條第三項規定：「偵查中經檢察官聲請撤銷暫行安置裁定者，法院應撤銷之。檢察官得於聲請時先行釋放被告。」按釋放被告與法院之撤銷緊急監護，本應一致，此處允許檢察官可先將被告釋放，實為法律之例外授權，俾使被告及早回復自由，參照本法第一〇七條第四項允許檢察官先將在押被告釋放之規定，其意旨相同。

㈣徵詢意見

按照第一二一條之三第四項規定：撤銷暫行安置裁定，除依檢察官聲請者外，應徵詢檢察官之意見。

㈤抗告規定

依第一二一條之三第五項規定，對於撤銷暫行安置裁定或駁回聲請之裁定有不服者，得提起抗告。

五、第三審關於暫行安置事項之處理

第三審為法律審，不作事實之調查。依本法第一二一條之四第一項規定，案件在第三審上訴中，而卷宗及證物已送交該法院者，關於暫行安置事項，由第二審法院裁定之。同條第二項緊接規定，第二審法院於為前項裁定前，得向第三審法院調取卷宗及證物。

上述第一二一條之四內容，係參照第一二一條第二項及第三項之例。蓋被告有無施以暫行安置之原因與必要，應由事實審法院調查審認也。條文所指「關於暫行安置事項」者，諸如裁定暫行安置、延長暫行安置、撤銷暫行安置是。如經第三審檢察署檢察官提出聲請時，應交由第二審法院處理。

六、暫行安置與羈押

暫行安置與羈押，皆為對人強制處分。惟暫行安置優先適用於精神障礙或心智缺陷之被告，具有防衛社會安全兼顧被告醫療需求之目的（見前述一之說明），與適用於一般被告之羈押有別。由於兩者同屬拘束被告人身自由之強制處分，暫行安置之要件，除第一二一條之一第一項特設刑法第十九條情形且有危害公共安全疑慮之法定原因外，餘如法官保留原則、須以拘捕前置、且係罪嫌重大、並依比例原則審酌其必要性等事項，均與羈押雷同。因此，本章所定暫行安置，頗多準用或參照羈押相關規定之處：

㈠準用條文

依第一二一條之一第二項、第三項，應準用本法第三十一條之一、第三十三條之一、第九十三條第二項前段、第五項、第六項、第九十三條之一、第一〇八條第二項及第二二八條第四項各該規定❹。稱「準用」須以性質不相牴觸者為限，前述暫行安置之要件第㈠點已有說明。

㈡參照條文

1.第一二一條之一第四項所定聲請程式及「五日前」之時限（參照本法第一〇八條第一項聲請延長羈押之規定）。

2.第一二一條之二第一項至第三項內容（參照本法第一〇一條第二項至第四項所定程序及第一〇三條第一項檢察官指揮執行羈押之規定）。

3.第一二一條之三第一項至第三項內容（參照本法第一〇七條關於撤銷羈押之規定）。

4.第一二一條第四項內容（參照本法第一二一條第二項及第三項第三審上訴案件處理羈押事項之規定）。

檢察官聲請暫行安置被告，經法官訊問後，如認為與第一二一條之一第一項所定精神障礙或心智缺陷之情形不符，而具有法定羈押要件之事由者，宜命具保（勿當庭釋放）。此際被告在候保中，其自由仍受拘束，處於原先拘提或逮捕之延續狀態，檢察官於暫行安置之審查程序中，得知並認有將被告羈押之必要者，即得及時聲請法院裁核之。至若對於審判中被告認為應行羈押者，法院依其本來權限，自得逕為裁定。

七、暫行安置之免予執行

§121-5

暫行安置，屬於程序法上之對人強制處分，已如前述。因其兼具保安處分之預防性質，案經法院以判決宣告「監護」之保安處分後，先前依本章所為「暫行安置」，即不應競合並存。本法第一二一條之五，首先於第一項規定：「暫行安置後，法院判決未宣告監護者，視為撤銷暫行安置裁定。」繼而於第二項規定：「判決宣告監護開始執行時，暫行安置或延長

❹　參見德國刑事訴訟法 §126a II 準用羈押相關規定之立法先例。

暫行安置之裁定尚未執行完畢者，免予繼續執行。」

於此可附述者，暫行安置執行後，被告經判處罪刑確定，而法院認為無執行刑之必要者，在實體法上（刑法第九十八條第三項）尚有得免其刑之全部或一部執行之規定。

§121–6 八、暫行安置之補充法

依本法第一二一條之六第一項規定：「暫行安置，本法未規定者，適用或準用保安處分執行法或其他法律之規定。」

§121–6 九、暫行安置中被告對外聯繫之管制及其救濟方法

德國刑事訴訟法對於受安置人在安置機構內之管束事項，準用關於羈押中被告之規定（StPO §§126a、119）。本法對於羈押中被告之管束，有第一〇五條可資適用。自一一〇年七月施行之羈押法，對於在押被告不服看守所管理措施之救濟方法，更有詳細規範。惟暫行安置與羈押有別，且依本章受暫行安置之被告，並非收容於看守所內，無法適用本法第一〇五條及羈押法之規定。爰於第一二一條之六第二項至第六項，就暫行安置中被告在安置處所內之對外聯繫，定其管制規範及其不服管制之救濟方法如下：

㈠管制規範

依第一二一條之六第二項規定：於執行暫行安置期間，有事實足認被告與外人接見、通信、受授書籍及其他物件，有湮滅、偽造、變造證據或勾串共犯或證人之虞，且情形急迫者，檢察官或執行處所之戒護人員得為限制、扣押或其他必要之處分，並應即時陳報該管法院；法院認為不應准許者，應於受理之日起三日內撤銷之。該項急迫處分經陳報而未撤銷者，原處分之合法性已獲確認，依同條第三項規定，其效力之期間為七日，自處分之日起算。按此七日效期，係指原處分於效期屆滿後失效而言，不影響先前「扣押」之效力。至其所扣押之物件中，可為證據之物，依本法第一三三條第一項及第一三三條之一第一項規定，無須法官裁定，檢察官即

得予以扣押；由於本章有頗多準用羈押相關規定之處（見上述六），其餘物件可依本（第一二一條之六）條第一項準用羈押法第六十八條規定，由暫行安置之執行處所代為保管或為其他適當之處理。又如新發生需作急迫處分之原因時，其得再行處分並即時陳報法院審查，自不待言。

㈡救濟方法

依同條第四項規定：對於上述處分有不服者，得於處分之日起十日內聲請撤銷或變更之。法院不得以已執行終結而無實益為由駁回。（雖已執行終結，如經法院撤銷或變更者，足證原處分違誤，受處分人可持為請求國家賠償之根據。）此種聲請案件之處理程序，則依同條第五項準用第四○九條至第四一四條之規定。法院依第一二一條之六第二項所為撤銷處分之裁定，及依同條第四項聲請撤銷或變更處分所為准駁之裁定，同條第六項明定均不得抗告。茲須注意者，該第四項之聲請，係一種訴訟行為，所定「十日」期間，參照最高法院九十四年度第一次民刑事庭會議決議意旨，應自原處分之翌日起算，其始日不算入。此與同條第二項及第三項有別。

十、暫行安置與國際公約之探討

公民與政治權利國際公約第九條，係保障人身自由之基本規定。根據該公約所設人權事務委員會 (Human Rights Committee)，於二○一四年十二月十六日發布與該公約第九條有關之第三十五號一般性意見，其中第十九點謂身心障礙（disability 中文簡體版譯稱「殘疾」）本身不應成為剝奪自由之理由，任何剝奪自由須係適度且有其必要，並以保護個人免受傷害或防止傷害他人為目的。

依身心障礙者權利公約施行法第二條規定，該公約 （Convention on the Rights of Persons with Disabilities，自二○○八年五月三日生效）所揭示保障身心障礙者人權之規定，具有國內法律之效力。該公約第十四條第一項 (b) 款謂身心障礙者（persons with disabilities 中文簡體版譯稱「殘疾人」）不被非法或任意剝奪自由，任何對自由之剝奪，均須符合法律規定，

且於任何情況下均不得以身心障礙作為剝奪自由之理由。

歐洲人權公約第五條第一項 (e) 款，亦有允許對精神失常者 (persons of unsound mind) 依循法定程序予以合法監禁 (lawful detention) 之類似規定。

綜合而論，對於精神障礙或心智缺陷之刑事被告，由法院依法定程序，裁核適當且必要之處遇，實為國際公約所認許。本章所定暫行安置，須經法院依法裁定，並非僅以其身心障礙為裁准暫行安置之唯一理由；且該被告享有程序法上之充分權利，已詳前述；又其是否身心障礙以及有無危害公共安全之虞，須有具體事實及相關證據以憑審認（見第一二一條之一第一項），不容臆測擅斷。此與「身心障礙者的人身安全與自由準則」(Guidelines on the right to liberty and security of persons with disabilities) 第十六點所提應使身心障礙者「針對刑事指控為自己辯護，並予提供必要之支持……以確保其能接受公正審判及適用正當程序」之建議❺，正相一致。至於現行精神衛生法暨其相關規章有無違背公約之處，應由衛生行政主管機關檢討匡正。

---

❺ 原文節錄："It has recommended that all persons with disabilities who have been accused of crimes... be allowed to defend themselves against criminal charges, and be provided with the support... to ensure fair trial and due process."

第十一章　搜索及扣押

搜索，係以發現犯罪嫌疑人、被告及犯罪證據與可得沒收之物為目的，對於犯罪嫌疑人、被告或第三人之身體、物件及住宅或其他處所，實施搜查探索之強制處分❶。搜查、探索，通常皆係直接觸及其人身、物件或處所。運用科技設備非以物理侵入方式進行蒐證者，亦須有所規範，關於電信監聽，即應另依法律所定程序實施之（詳後述 §135）。

美國聯邦憲法增修條文第四條保障人民身體、住宅、文件及物品不受無理之搜索、拘捕與扣押 (unreasonable searches and seizures)。何謂搜索？聯邦最高法院自一九二八年 Olmstead v. United States (277 U.S. 438) 及一九六七年 Katz v. United States (389 U.S. 347) 案例以來，採取兩項判斷基準，一為是否屬於物理（有形）力之侵入 (physical intrusion)，二為是否侵犯合理隱私期待（Katz 案 Harlan 大法官協同意見謂：...the individual manifested a subjective expectation of privacy in the searched object, and society is willing to recognize that expectation as reasonable...）。後者對於禁止非有形力之侵犯，尤具意義。二○○一年 Kyllo v. United States 一案 (533 U.S. 27)，基於保障居住自由與隱私權之不受侵犯，就辦案人員使用熱感應儀器遠距掃描他人住屋以室溫高低偵測有否培植大麻成長之蒐證

---

❶　王士帆，《偵查機關木馬程式：秘密線上搜索》一文，引述德國聯邦最高法院刑事裁判 BGHSt 51, 211 謂：刑事訴訟法合法搜索的圖樣，乃偵查人員親身出現在搜索地點以及對受搜索人公開搜索……應受搜索空間或物體之占有人有在場權……受搜索人於搜索完畢後，得請求發給搜索證明；受搜索人如欲提出此請求，前提是及時通知其有進行搜索。此條文 (StPO §107) 用意，在保障受搜索人得直接於搜索完畢後知悉搜索理由，藉此獲得審查搜索合法性之機會。

行為，判認屬於搜索處分，非憑令狀不得為之，即其例證。至於何謂「合理」隱私期待？參照一九九九年 Wyomin v. Houghton (526 U.S. 295) 案例，應就妨害隱私權益與重視公共利益兩者之程度，予以兼顧評價，求其均衡 (...we must evaluate the search or seizure under traditional standards of reasonableness by assessing, on the one hand, the degree to which it intrudes upon an individual's privacy and, on the other, the degree to which it is needed for the promotion of legitimate governmental interests...)。足見對於隱私權之保護，應受公共利益之合理節制，非可無限上綱。前述物理力侵入與侵犯合理隱私期待兩項判斷基準之應用，參照二○一二年 United States v. Jones (Docket No. 10–1259) 案例，後者對前者居於補充性質 (added to, but not substituted for)。因此，遇有非物理力侵入之情形，方須進一步審酌是否侵犯合理隱私期待，該案認定在他人汽車底盤裝置追蹤器 (GPS) 乃係物理力之侵入而構成「搜索」，判決要旨即未另就合理隱私期待問題有所申論。

　　日本最高裁判所平成二十九年三月十五日大法廷判決例（刑集 71-3-13）闡釋日本憲法第三十五條及刑事訴訟法第一九七條第一項但書意旨，認為使用 GPS 實施偵查，乃將有侵害個人隱私可能之機器偷裝於私人物品上，可合理推認其係違反個人意思而侵入私的領域之偵查手法，因壓制個人之意思而侵害憲法所保障之重要法律利益，在刑事訴訟法上，已該當於如無特別之法律根據即應不予容許之強制處分。

　　我國司法警察人員因辦案而在他人車輛下方底盤裝設 GPS 追蹤器，已有被判「公務員假借職務上之機會故意犯無故以電磁紀錄竊錄他人非公開活動」罪之案例，最高法院 106 臺上 3788 號刑事判決亦認定此係「……違反他人意思，而屬於藉由公權力侵害私領域之偵查，且因必然持續而全面地掌握車輛使用人之行蹤，明顯已侵害憲法所保障之隱私權，自該當於『強制偵查』，故而倘無法律依據，自屬違法而不被允許。……」該案係檢察官處分不起訴確定後由告訴人聲請法院裁定交付審判歷經三審定讞，雖未針對證據法則有所論述，實已指明其與強制處分法定原則不符，具有

違背法定程序取得證據（見本法第一五八條之四）之情形，所持法律見解及其敘述理由文句，多與上述日本判決例雷同。因此，此種偵查手法究應如何規範，有待立法解決。

　　搜索，固以對物為主，惟從廣義言之，尚包括對於人身之強制搜查在內。搜索結果發現可為證據或得沒收之物時，如有必要，即予強制管領，避免毀壞或滅失，以達保全之目的，是為扣押。扣押物大多來自搜索，惟並不以此為限，如由對方提出或交付之物，仍得扣押。從而，無論因搜索、提出抑或交付而獲得者，其扣押實乃對物強制處分之一種。即使依本法第一三一條之一經同意之搜索，仍有第一三二條及第一四四條之適用。搜索及扣押，影響受搜索人之自由、財產及隱私權甚鉅，自應嚴加規範，以重人權。

一、搜索 (Durchsuchung)

㈠搜索之對象　　　　　　　　　　　　　　　　　　　　　　§122

　　1.被告或犯罪嫌疑人之身體（含衣著）、物件（含持有、保管中者）、電磁紀錄（含持有、保管中者）及住宅或其他處所。

　　2.第三人之身體、物件、電磁紀錄及住宅或其他處所。

　　本法第一二二條對於上述 1.及 2.，均定曰「得」搜索，自應依目的性而為衡酌考量。其中 1.以有「必要時」為前提；2.必須「以有相當理由可信為被告或應扣押之物存在時為限」，限制更為嚴格，應依客觀事實判斷是否具有可信之「相當理由」，以免損及第三人之權益。所稱電磁紀錄，其意義見刑法第十條第六項之規定。

㈡搜索須注意之點

　　1.搜索婦女之身體，應命婦女行之。但不能由婦女行之者，不在此限（本法第一二三條）。　　§123

　　2.搜索，應保守祕密，並應注意受搜索人之名譽（本法第一二四條）。　　§124

　　3.經搜索而未發見應扣押之物者，應付與證明書於受搜索人（本法第一二五條）。　　§125

按此一規定在使受搜索人執持證明書免受再搜索之累，務須落實辦理。該項證明書應由執行搜索之公務員簽名製作，載明日期及其所屬機關。

§126　　4.政府機關或公務員所持有或保管之文書及其他物件應扣押者，應請求交付。但於必要時得搜索之（本法第一二六條）。

是以請其交付為原則，而以實施搜索為例外也。例如該機關或公務員不願交付或認有湮滅證據之虞時，即得搜索之。

依釋字 627 號解釋，憲法第五十二條所定刑事豁免權，不及於因他人刑事案件而對總統所為之證據調查與證據保全。如因而發現總統涉嫌犯罪者，亦非絕對不得為必要之證據保全，其有搜索與總統有關之特定處所以扣押特定物件或電磁紀錄之必要者，立法機關應就搜索處所之限制、總統得拒絕搜索或扣押之事由，及特別之司法審查與聲明不服等程序，增訂適用於總統之特別規定。於該法律公布施行前，除經總統同意外，無論上開特定處所、物件或電磁紀錄是否涉及國家機密，均應由該管檢察官聲請高等法院或其分院以資深庭長為審判長之法官五人組成特別合議庭審查相關搜索、扣押之適當性與必要性，非經該特別合議庭裁定准許，不得為之，但搜索之處所應避免總統執行職務及居住之處所，其抗告程序，適用本法相關規定。足見總統拒絕搜索或扣押是否有理，須受司法審查。然而在特別規定尚未完成立法前，上開特別合議庭之組成，於法尚乏依據。解釋文能否替代法律，置法院組織法第三條第二項於不顧而逕行實施？有無逾越解釋權之範圍？是否侵害立法權？不無疑問。

§127　　5.軍事上應秘密之處所，非得該管長官之允許，不得搜索（本法第一二七條）。

按本條係第一二六條但書情形之補充規定，倘若前往軍事上應秘密之處所實施搜索者，非經該管長官允許，絕對不得為之，以保國防機密。此際除透過協調溝通請予交付有關文書物件外，別無他途。惟依第一二七條第二項規定，除有妨害國家重大利益者外，該管長官不得拒絕允許。

㈢使用搜索票與免用搜索票

1.使用搜索票

§128

搜索，應用搜索票，並應出示於在場之人（見本法第一二八條第一項及第一四五條）。搜索票應記載之事項，依第一二八條第二項之規定為：

①案由。

②應搜索之被告、犯罪嫌疑人或應扣押之物。但被告或犯罪嫌疑人不明時，得不予記載（註：對於非票載之人或物為搜索扣押者，即屬違法搜索扣押）。

③應加搜索之處所、身體、物件或電磁紀錄❷。

④有效期間，逾期不得執行搜索及搜索後應將搜索票交還之意旨。

又依該條第三項規定，搜索票由法官簽名，法官並得於搜索票上對執行人員為適當之指示。按上述規定，係於九十年一月修正自同年七月一日施行（見本法施行法第七條之一）之條文，審判中搜索票固應由法官核發，即使偵查中搜索票，亦應由法官核發。且搜索票內容對於受搜索之人、地、物及搜索票效期，均有周密規定，俾能明確表示受搜索人自由、財產及隱私權須容忍強制處分之範圍，以重人權。

關於偵查中聲請搜索案件之審核，依法院組織法增訂第十四條之一（一〇五年六月公布，定自一〇六年一月一日施行）規定，法院如設有刑事強制處分庭者，即由該庭辦理，且承辦此項聲請案件之法官，不得辦理

---

❷ 所謂搜索電磁紀錄，如開機檢索電腦檔案資料是。日本最高裁判所平成 10.5.1. 判例（刑集 52–4–275）對於有關組織犯罪之電磁紀錄、光碟、磁片、電腦等搜索扣押問題，認為此等物件之存有與本案相關證據資料，堪認具有高度蓋然性，且如在扣押當場進行確認，有毀損破壞之顧慮，縱使其中或許有未必與本案相關之物件在內，究難指其搜索扣押為違法。日例此項見解雖屬妥適，惟如從中發現另案相關資料時，該項另案資料能否謂為合法取得？可否適用本法 §152 而謂具備證據能力？尚有疑問。德國聯邦憲法法院二〇〇五年四月十二日裁定案例 (2BvR1027/02) 就此類似情形即持保留態度。（見司法院印行之《德國聯邦憲法法院裁判選輯》第十五輯所載「律師事務所搜索案」裁定）

同一案件之審判事務。本書認為此非法官迴避事由，如有違背，宜解為其係法院組織不合法。

關於搜索票之聲請、核發、執行及其不服之救濟，分述如下：

§128-1　　(1)聲請人（本法第一二八條之一）

偵查中檢察官認有搜索之必要者，除有符合後述免用搜索票之情形者外，應聲請該管法院核發搜索票。司法警察官因調查犯罪嫌疑人犯罪情形及蒐集證據，認有搜索之必要時，得報請檢察官許可後，向該管法院聲請核發搜索票。偵（調）查中之搜索，除有後述 2. 免用搜索票之情形者外，必須事先聲請法官核發搜索票憑以實施，此係相對保留予法官裁核。偵查中搜索票之聲請人，以檢察官及司法警察官為限，不得以司法警察機關名義列為聲請人，且司法警察官提出聲請者，必須先經報請檢察官許可。

於此附帶討論者，案件在審判中，法官可親自搜索（見本法第一二八條之二第一項），與已往舊規定不同者，法官亦應持憑搜索票行之。惟依最高法院見解 （見後述 §163 相關說明），事實審法院並無蒐集證據之義務。從而，如在審判中有強制蒐證之必要時，應由控方提出聲請，法官不宜自行發動搜索。否則，法官逕依職權持用自己簽發之搜索票親自實施搜索，殊非所宜。

(2)聲請程式（本法第一二八條之一）

偵查中搜索之聲請，檢察官或司法警察官均應以書面載明案由及應搜索之人、物、處所、時間等項（詳如本法第一二八條第二項各款），並敘述理由，向該管法院提出。聲請人為司法警察官時，尚須提出其已獲得檢察官許可之證明文書，是其司法警察官身分，因而可得確認。惟如法官有疑義時，仍應依職權究明之。聲請書敘述理由，須就如何符合本法第一二二條所定各項詳為說明，並提出相關證據資料以供審酌。

核發搜索票之「該管法院」，係以管轄權為準。在此特加說明者，高等檢察署檢察官辦理法院組織法第六十三條之一所列各類案件，其第一審管轄權屬於地方法院，自應向該管地方法院提出聲請，方為適法。

⑶搜索票之核發（本法第一二八條第四項）

核發搜索票之程序，不公開之。對於偵查中搜索票之聲請，先從程序上審查，應審核其聲請是否符合法定程式，尤須注意其聲請書應行記載事項是否完備。然後進行實質審查，應審核其聲請理由是否充分，如係以第一二二條第一項為根據者，依其就案情資料所作釋明，須足認應搜索之人、物或處所與檢（警）偵（調）查中之犯罪有所關聯；如係以第一二二條第二項為根據者，除如上所述外，尚須足認該嫌犯或應扣押之物存在於第三人處。第一二二條第一項雖僅曰「必要時」，未如同條第二項明定以「相當理由」為要件；惟本法第一二八條之一第一項及第二項，均有「搜索之必要」字樣，且聲請書必須敘述理由，足見無論第一二二條之第一項或第二項情形，均應具備相當理由，方能符合搜索之要件。搜索，係以發現嫌犯、蒐集證據為目的，是否動用此一強制處分，乃程序事項，與將來本案能否追訴處罰，應分別以觀。從而，對於有無「相當理由」之判斷，以自由證明達於可信其搜索原因事實之蓋然程度為已足，所憑證明資料，不以具有證據能力或實然證明力為必要❸。

⑷搜索之執行（本法第一二八條之二）　　　　　　　　　　§128–2

搜索，除由法官或檢察官親自實施外，由檢察事務官、司法警察官或司法警察執行之。檢察事務官為執行搜索，必要時得請求司法警察官或司法警察輔助，蓋其係依法院組織法第六十六條之三第一項第一款規定，受檢察官指揮而處理事務，自得請求司法警察人員輔助也。

搜索執行結果之陳報，依後述第一三二條之一辦理。

⑸不服搜索之救濟

搜索票未如押票須記載不服之救濟方法，非謂無救濟途徑。搜索，以法院為決定機關，經法官簽發搜索票，由第一二八條之二所定之人憑以執

---

❸ 美國聯邦最高法院對於 "probable cause" 著有甚多案例闡釋其義，例如一九八三年 Illinois v. Gates 案例 (462 U.S. 238–39) 即強調 Totality-of-the-Circumstances Test 及 Fair Probability 之概念。又 Federal Rules of Evidence §1101 ⑷項第⑶款，明定核發搜索票之程序不適用證據法則之規定。

行。合議庭就搜索所為准駁，固屬法院之裁定，即使獨任制審判長或輪值值日法官所為准駁，仍係法院之裁定。駁回搜索聲請（即不准搜索）之裁定，依本法第一二八條之一第三項規定，不得聲明不服。准許搜索之裁定，依本法第四〇四條第二款規定，得為抗告。至於受託法官、合議制審判長或受命法官所為搜索處分，則依本法第四一六條第一項第一款規定，受搜索人得為準抗告。搜索處分如因抗告或準抗告而經法院撤銷，實際上往往已然執行，此種「撤銷」裁定，至少產生兩項效果：一為確認原搜索處分係違背規定（可能據以究責），二為促使執行人員審酌扣押物是否發還（權利人亦得聲請發還）。

2.免用搜索票

本法允許例外得免用搜索票而為搜索之情形，有下列四種，可分述如次：

§129
（刪）
§130

(1)附帶搜索

檢察官、檢察事務官、司法警察官或司法警察逮捕被告、犯罪嫌疑人或執行拘提、羈押時，雖無搜索票，得逕行搜索其身體、隨身攜帶之物件、所使用之交通工具及其立即可觸及之處所（本法第一三〇條）。此乃檢警人員對於特定人犯執行拘捕羈押處分時之附帶搜索，其目的在於防範對方破壞證據、暗藏兇器毒物或持械抗拒甚至危害執法人員。附帶搜索，須以對於被告、犯罪嫌疑人執行合法逮捕、拘提、羈押為前提。倘若起始不合法，即無附帶搜索之根據。茲舉警員取締酒醉駕車為例，必須認為駕駛人涉有刑法第一八五條之三公共危險罪嫌而以現行犯逮捕時，方能基此合法逮捕而行附帶搜索。如僅止於違規（道路交通管理處罰條例第三十五條第一項第一款）未達涉嫌犯罪程度者，現場警員即無逕行附帶搜索之餘地。又對於「所使用之交通工具」為附帶搜索，其範圍宜解為包括該交通工具之全部，並應與「立即可觸及」要件相結合。既曰「所使用」而非謂「所有」，該交通工具應不以屬於被告或犯罪嫌疑人所有者為限。至若乘坐該交通工具之其他乘員暨隨身物件，除非符合法定要件（例如逮捕通緝犯或徵得同意），否則不得對於彼等逕行附帶搜索。九十年一月修正條文受美國實務搜索機動車輛之例所影響（聯邦最高法院基於車輛機動性與較

低度私密性之考量，發展出一項例外允許可免票搜索之原則），當年修正理由亦係以車輛為例，茲出現「交通工具」一詞，含義甚廣，諸如飛機或郵輪之類大型交通工具，能否逕行搜索全機或全船，顯有疑問，條文文字殊欠嚴謹。在解釋上應與「立即可觸及」範圍之概念相結合，方得實施附帶搜索。再者，對於「其立即可觸及之處所」為附帶搜索，係外來用語，源自美國實務 within his immediate control 原則 ❹，欲界定其範圍，須視個別情節而逐案判斷。例如嫌犯已經加銬看管，則其立即可及之處甚為有限；又如當時處於大客廳或小房間，其立即可及之處勢必寬窄有別；再如嫌犯於廚房被捕後帶往客廳，其立即可及之處自亦隨之改變。

　　法條所稱隨身攜帶之「物件」如係手機時，能否藉此免用搜索票規定而逕行檢視該手機所儲存之資料？此乃新興法律問題。美國聯邦最高法院二〇一四年六月二十五日 Riley v. California 一案判決，九位大法官一致執持否定見解，其理由要旨略謂：附帶搜索之所以無需令狀，在於防止執法人員被攻擊以及防止證據被破壞，手機既經當場查扣，被拘捕人即已無從持用，手機所儲存之資料本身，不成其為攻擊執法人員之工具（武器）或有助於被拘捕人之逃逸。至於防止資料不受破壞，執法人員可立即關機、將電池取出或運用專業技術方法予以防範。現代智慧型手機與一般物品不同，其可儲存之資料，遠較個別物件為多；所儲存者包括記事、照片、錄音、錄影等各種檔案資料，在型態或種類方面，均較已往傳統物件更為多樣化；且能依日期與年月之先後排序，可作有系統之檢視；由於科技應用，採取數位儲存，與昔日係以實體實物存放者頗有差異。基於上述分

---

❹　免票搜索機動車輛原則參見 Carroll v. U.S., 267 U.S. 132 (1925)、Cardwell v. Lewis, 417 U.S. 583 (1974)、California v. Carney, 471 U.S. 386 (1985)。立即可觸控原則參見 Chimel v. California, 395 U.S. 752, 762–63 (1969) 及 Arizona v. Gant, 556 U.S. 332 (2009)。在 Gant 一案中，美國聯邦最高法院見解認為嫌犯既經加銬鎖置警車後座不能自由移動，殊無返回己車取得武器攻擊執法員警或趁機湮滅罪證之可能，除非合理可信在其車內有發現與據以逮捕之犯罪相關證據之可能，否則不許實施附帶搜索，該案 Gant 係因交通違規被捕，員警於 Gant 已被拘束自由之情形下，前往其車內搜得槍枝及毒品，即非合法。

析，未憑令狀逕行檢視手機內儲存之資料，實較未憑令狀逕行搜索住宅或場所所可獲得者更多，就保障隱私權與維護公共利益兩相評估，應以前者為重。倘若藉由附帶搜索而允許逕行檢視手機內儲存之各種資料，即與美國憲法增修條文遵守法定程序、禁止非法搜索扣押、保障隱私權等意旨有違，尤以其增修條文第四條為直接相關。因此，除有緊急情況外，應先聲請取得搜索令狀，方為合法。

九十年一月本法修正第一三〇條之立法理由，對於「隨身攜帶之物件」，係以「放在身旁之手提包」為例。員警逕行查扣並開啟手提包，檢查手提包內所放置之物件，情形甚為單純，惟如搜扣手機時，參考美國上述案例暨其理由，應解為不在免用搜索票之範圍，必須依照本法第一二八條之一規定，聲請該管法院核發搜索票後，方能檢視該手機內之「電磁紀錄」（資料）。由此引申，如係查扣隨身碟者，亦同。

§131　　(2)緝捕或發現嫌犯之搜索

檢察官、檢察事務官、司法警察官或司法警察①因逮捕被告、犯罪嫌疑人或執行拘提、羈押，有事實足認被告或犯罪嫌疑人確實在內，②因追躡現行犯或逮捕脫逃人，有事實足認現行犯或脫逃人確實在內，③有明顯事實足信為有人在內犯罪而情形急迫，如有以上情形之一者，雖無搜索票，得逕行搜索住宅或其他處所（本法第一三一條第一項）。由於此種免用搜索票進入住宅或其他處所實施搜索，係以緝捕或發現嫌犯為目的，檢警人員對於室內無藏人可能之處，例如屋內書桌抽屜或桌上加鎖之珠寶盒，除符合後述緊急搜索或同意搜索之情形外，不得逕行搜索。倘若無所發現，即應退出，不許濫行搜索。如竟在抽屜或珠寶盒內搜索物件並予扣押，即屬違法。又此種搜索如由檢察官為之者，應於實施後三日內陳報該管法院；如由檢察事務官、司法警察官或司法警察為之者，應於執行後三日內報告該管檢察署檢察官及法院。法院認為不應准許者，應於五日內撤銷之。是為第一三一條第三項規定之事後審查程序，檢警人員必須遵行。法條明定檢警「應」於三日內陳報，如於搜索後未陳報該管法院，或經法院認為不應准許而予撤銷原搜索程序者，依同條第四項規定，審判時法院

得宣告所扣得之物不得作為證據。申言之，將來該案審判時之法院，可審酌人權保障與公共利益之均衡維護而為裁量取捨。

(3)保全證據之緊急搜索

檢察官於偵查中確有相當理由認為情況急迫，非迅速搜索，二十四小時內證據有偽造、變造、湮滅或隱匿之虞者，得逕行搜索，或指揮檢察事務官、司法警察官或司法警察執行搜索，並層報檢察長（本法第一三一條第二項）。此項緊急搜索規定，係就保障人權不受干擾與偵查犯罪急須保全證據兩相兼顧而增設，與同條第一項立法目的有別。必須確具相當理由有急須保全證據之必要而不及聲請核發搜索票，亦即符合相當性、急迫性、必要性時，方得為緊急搜索。條文（第二項）定曰得逕行搜索，未如第一項謂得逕行搜索「住宅或其他處所」，宜解為緊急搜索之對象不以場所為限，尚得搜索人身、物件或電磁紀錄。惟無論緊急搜索對象及結果如何，仍應依同條第三項規定，於執行後三日內陳報，接受事後審查。如未陳報或經法院裁定撤銷者，即生同條第四項之效果，將來該案審判時之法院，得宣告所扣得之物不得作為證據。又，條文（第二項）明定以「偵查中」為適用之時機，案經終結偵查提起公訴後，在時間上已非偵查中，檢察官為實行公訴而需續作搜索、扣押之強制蒐證處分時，應依保全證據程序聲請法院行之，無從適用該項緊急搜索之規定（另見後述 §219 之 4 相關說明）。

(4)同意搜索

§131-1

本法九十年一月修正增訂第一三一條之一規定：「搜索，經受搜索人出於自願性同意者，得不使用搜索票。但執行人員應出示證件，並將其同意之意旨記載於筆錄。」此種免票搜索，與英美實務 Consent Searches 雷同，所謂「自願性」同意，譯自 voluntariness 之外來用語。執行人員對於受搜索人如有造成不得不同意之態勢者❺，即與自願性同意不相符合。又如智識程度不足、不明同意搜索之真意、欠缺識別能力者所為同意，均難

---

❺　Ferdico, *Criminal Procedure for the Criminal Justice Professional*, 7th ed., 1998, pp. 324–326.

認為有效之同意。英美實務係於事先備妥書面文件，交由同意者簽名，以供證明自願同意之用，避免日後爭辯❻，本法規定記明筆錄為證，用意相同。一〇五年六月增訂本法第一三三條之一經權利人同意扣押之規定，其第二項要求執行人員應先告知權利人得拒絕扣押，無須違背自己之意思而為同意。本條之適用，亦應作相同要求。又關於搜索之同意，如其搜索之物件或處所並非某人單獨所有或管領者，即涉及何人有同意權之問題，大致上取決於共同管領權限與特定專屬權限兩方面之考量，本法第一四六條第一項但書所採立場，可供參考，究應如何判別，有待逐漸形成案例。

⑸在其他法律中

海關緝私條例第十條及第十一條亦有搜索人身及場所之規定，此並非依本法所為之搜索。惟如海關緝私人員係基於司法警察身分（見調度司法警察條例第三條第一項第四款及第四條第一項第四款），自得依本法相關規定實施搜索，並為必要之扣押。如發現有犯罪嫌疑者，即依該條例第十六條之一規定，移送檢察機關處理。

此外，警察職權行使法第七條第一項第一款、第四款及第八條所定之攔停及檢查，與警察勤務條例所定之臨檢，均屬警察行政行為，僅能就人、物、場所為外表目視檢視（參見本章註⑲），並非刑事調查；除依本法第八十八條之一第一項規定，執行逕行拘提之情形，得適用第一三〇條免用搜索票逕行搜索，或經對方同意者外，不得僅憑攔停、檢查或臨檢而實施搜索。例如擅行開啟汽車車門、後車廂、機車置物箱、對方攜帶之行李包等情形，皆非適法。

⑹上述⑴至⑷之事後審查

其中⑴及⑷兩種，如由檢察官實施，或由檢察事務官、司法警察官、司法警察受檢察官之命執行者，其事後審查程序，有本法第四一六條第一項第一款準抗告之適用。惟如係檢察事務官等人並無受命而逕自搜索者，

---

❻ 美國資料見同❺所引書籍 p. 329，英國資料見 Stephen Seabrooke & John Sprack, *Criminal Evidence and Procedure*, 2nd ed., 1999, pp. 444, 445. 又英美實務均須事先告知受搜索人並無同意之義務且有權拒絕同意。

依目前規定，尚無從適用準抗告程序處理，亟待增訂條文，以期周全。至於(2)及(3)兩種，除依本法第一三一條第三項規定陳報接受審查外，如係檢察官實施搜索，或由檢察事務官等人受檢察官之命而為搜索者，受搜索人尚得依準抗告程序請求審查。

3.實施搜索，以持憑搜索票為原則，免用搜索票為例外，已如上述

按各國立法例允許例外不依令狀（由法官核發）逕行搜索之事由不盡相同。在大陸法系國家中，如德國刑事訴訟法第一〇五條第一項、意大利刑事訴訟法第三五二條、日本刑事訴訟法第二二〇條均可供參考。在英美法系方面，係藉由法院案例形成規範，美國憲法增修條文第四條保障民眾不受非法搜索扣押，明列為憲法層次，聯邦法典第十八編第一〇九章第二二三六條，將一部分之免持令狀搜索事由著成明文。且依聯邦最高法院案例：公立學校教師及校務管理人員對於違法或違反校規之學生搜查其皮包❼、觀護人搜查受保護管束人之家宅❽，均認為未持令狀並無違憲。於此敘述兩則有趣案例：使用警犬嗅查毒品，並不構成搜索❾，無所謂應否持用令狀可言。然而，違反意願而逕行實施外科手術取出嫌犯中彈彈頭作為物證者，法院判認違憲❿。

4.被告之身體得為搜索對象，已如上述

惟如強制採集其指紋、血液、尿液、唾液或拍攝其人正面、背面、側面相片等蒐證行為，並非搜索扣押之概念所能涵蓋。德國刑事訴訟法第八十一條 a、八十一條 b、八十一條 c 對此事項有詳盡規定；一九九七年增訂八十一條 e，更進一步針對以強制採集之血液實施 DNA 檢驗，賦予明文依據；美國實務認許強制拍照或採集指紋、血液⓫，又聯邦最高法院一九六六年 Schmerber v. California 案例⓬認為在急迫情形下採取嫌犯血液

---

❼ New Jersey v. T.L.O., 469 U.S. 325 (1985).

❽ Griffin v. Wisconsin, 483 U.S. 868 (1987).

❾ United States v. Place, 462 U.S. 696 (1983).

❿ Winston v. Lee, 470 U.S. 753 (1985).

⓫ Rolando V. del Carmen, *Criminal Procedure*, 3rd ed., p. 338 (1995).

送鑑定，雖無令狀，仍非違法；日本刑事訴訟法第二一八條將上述蒐證行為歸於勘驗（檢證）範圍，該條第二項明定：對於身體受拘束中之犯罪嫌疑人採取其指紋或足型、測定其身高或體重、或拍攝其相片，以不命其赤裸為限，無須依同條第一項令狀為之。經查本法所定鑑定事項及勘驗處分中，雖均有「檢查身體」之規定（見第二〇四條及第二一三條第二款），惟其文義簡略，是否包含上述各種蒐證事項在內，恐有不同見解，九十二年二月修正條文已增訂第二〇五條之一及之二為依據（另詳各該條文相關說明）。在特別法方面，毒品危害防制條例第二十五條及第三十三條、性侵害犯罪防治法第二十條第三項第三款，均有強制採驗尿液之規定（本法相關條文見第二〇五條之一及之二。如係自願同意採尿者，可類推適用第一三一條之一「自願性同意」之規定為其根據，對於是否出於自願性同意之認定，應與該條採取相同基準）；去氧核醣核酸採樣條例第五條規定，犯該條所列各罪之被告或犯罪嫌疑人，應接受去氧核醣核酸 (DNA) 強制採樣。就上述特定案件而言，已有法條可資適用。對於非屬後一條例第五條所列案件之嫌犯，如有使其接受強制採樣之必要時，能否解為可依本法第二〇五條之一辦理，不無疑問（詳見該條說明）。

§132
(四)搜索之強制性

搜索，係強制處分之一種（見 §71 前所列說明表），本法第一三二條爰予明定：抗拒搜索者，得用強制力搜索之。但不得逾必要之程度。

§132-1
(五)搜索執行結果之陳報

檢察官或司法警察官於聲請核發之搜索票執行後，依本法第一三二條之一規定，應將執行結果陳報核發搜索票之法院，如未能執行者，應敘明其事由。

---

❷ 384 U.S. 757.

二、扣押 (Beschlagnahme)

㈠扣押之對象

§133

1.可為證據之物

此乃指證物而言，依本法第一六四條規定，證物應示被告令其辨認，為防止證物毀壞或滅失，得予扣押，以達保全目的。

2.得沒收之物

此乃指實體法上明定之沒收物而言，依本法第三〇九條第一款、第三一〇條之三及第四七二條規定，諭知沒收應於判決主文內載明，俟判決確定後，由檢察官指揮執行，基於保全執行之目的，對於依法得沒收之物，亦得予以扣押。

本法第一三三條第一項對於上述 1.及 2.，均定曰「得」扣押，兩者分別基於保全證據及保全執行之目的，自應為合目的性之衡酌考量。其實 2.得沒收之物恆屬證物，具有雙重性質。又各該扣押物之來源，除搜索外，依同條第三項之規定：對於應扣押物之所有人、持有人或保管人，得命其提出或交付。此種情形，就取得之過程言，雖非出於強制力，惟就取得以後本於公權力而管領其物言，顯示扣押實乃對物之強制處分，如不遵命提交，更有遭受搜索之可能。

自一〇五年七月一日施行之刑法修正條文，其第三十八條第三項已擴及犯罪行為人以外之自然人、法人或非法人團體之物，亦得予以沒收。從而此處所指「得沒收之物」，亦隨之擴及於被告以外第三者之物（另詳本法第七編之二沒收特別程序），影響人民財產權甚鉅，須否實施扣押，務須審慎裁酌。至於刑法第三十八條之一有關沒收犯罪所得之規定，除「物」以外，尚包括「財產上利益及其孳息」在內，此部分既非有體物，僅憑第一三三條第一項及第三項之規定，即有未足。該條遂於同年六月修正增訂第二、四、五、六項，另又增訂第一三三條之一及之二，建構扣押財產 (Vermögensbeschlagnahme) 之嚴謹規範，以應需要。

為求保全沒收、追徵等之執行，個別立法已有扣押財產相關規定（例

如：人口販運防制法第三十五條、食品安全衛生管理法第四十九條之一），惟內容簡略，且感分散。本法第一三三條爰於第二項明定：「為保全追徵，必要時得酌量扣押犯罪嫌疑人、被告或第三人之財產。」俾能一致適用於各類案件。同條第四項及第五項，參考強制執行法第七十六條第三項、第一一四條第一項、第一一四條之四第一項、第一一五條內容，針對各種扣押標的，規定其執行方法為：「（第四項）扣押不動產、船舶、航空器，得以通知主管機關為扣押登記之方法為之。（第五項）扣押債權得以發扣押命令禁止向債務人收取或為其他處分，並禁止向被告或第三人清償之方法為之。」從而對於不動產、船舶、航空器之扣押，可分別情形，囑託該管地政事務所、航政機關、民用航空局為查封登記（或禁止飛航），或通知航政機關禁止船舶出海。至於扣押之法律效果，則於同條第六項明定：「依本法所為之扣押，具有禁止處分之效力，不妨礙民事假扣押、假處分及終局執行之查封、扣押。」（惟就上述第四項至第六項觀之，在實務上得否為刑事、民事雙重扣押暨登記？能否雙重執行？非無疑義，尚待未來形成案例。）鑑於此等因保全執行沒收之目的所為財產扣押，即所謂「犯罪利得扣押」，與犯罪所得數額或追徵價額有關，其間務須符合比例原則，不得率為顯不相當之超額扣押，以免侵害人民之合法財產權。至若對於可為證據之物實施扣押，即所謂「證據扣押」，係扣押其原物，自無比例問題可言。

　　第一三三條經此次修正後，該條第一項所稱扣押，已較傳統含義為廣，可認其係以公權力對物管領占有及對權利禁止變動之強制處分。例如依該條第五項之扣押，在凍結銀行存款帳戶禁止提領存款或轉帳之情形，存款人如欲聲請解除凍結，即有本法第三一七條、第四〇四條第二款、第四一六條第一項第一款之適用。經諭知沒收、追徵而尚未扣押（全未扣押或一部未扣押）之財產，法院宣示裁判時，應即依職權實施扣押。

§133–1　**(二)非附隨於搜索之扣押**

　　扣押，係對物或財產之強制處分，已如上述。因合法搜索而實施扣押者，由於搜索合法在先，所附隨之扣押，同屬適法無疑。至若非附隨於搜

索之扣押，須經權利人同意提出或交付，方得為之。否則，由於搜索遵循法官保留原則，此種扣押亦應受相同之規範。

　　依本法第一三三條之一第一項規定：「非附隨於搜索之扣押，除以得為證據之物而扣押或經受扣押標的權利人同意者外，應經法官裁定。」（因此，未具有沒收物性質而純屬證據之物，無此第一項規定之適用，可先依第一三三條第三項規定辦理，如未能取得時，再依法聲請搜索，進而為附隨之扣押（特殊案例詳如❸）。又如洗錢防制法第十三條之禁止處分，其標的具有沒收物之性質，此種情形，宜認為應優先適用該條規定辦理。）同條第二項緊接規定：「前項之同意，執行人員應出示證件，並先告知受扣押標的權利人得拒絕扣押，無須違背自己之意思而為同意，並將其同意之意旨記載於筆錄。」至於第一項之法官裁定所應記載之事項，依同條第三項規定：一為案由，二為應受扣押裁定之人及扣押標的（但應受扣押裁定之人不明時，得不予記載），三為得執行之有效期間及逾期不得執行之意旨；法官並得於裁定中，對執行人員為適當之指示。法官所為上述裁定，屬於程序事項，判斷有無扣押之必要性與相當性時以自由證明其原因事實之蓋然性為已足。就其聲請裁定之審查，可認為屬於第一五九條第二項所稱「其他依法所為強制處分」之範圍，而不適用傳聞法則之規定。須附述者，關於偵查中聲請法官為第一項扣押裁定案件之審核，依法院組織法第十四條之一之規定，在設有刑事強制處分庭之法院，應由該庭

---

❸　對於嫌犯過去所使用某電信機構提供 Hibox 網路傳真服務所接收文件影像之列印資料，最高法院 106 臺非 259 號刑事判決認為偵查機關如欲取得「過去已結束」之通訊內容，應依本法搜索扣押相關規定為之。人民就此通訊內容，享有一般隱私權，且其內容往往含有與本案無關之大量個人私密資料，基於維護隱私權及保障訴訟權益與實現公平法院之憲法精神，檢察官對此種通訊內容實施非附隨搜索之扣押，原則上應向法院聲請核發扣押裁定，不得逕以提出或交付命令之函調方式取得。美國聯邦最高法院二〇一八年六月二十二日判決之 Carpenter v. U.S. 一案，認為對於私人手機定位資料之調取，應聲請法院核發令狀 (warrant) 方得為之，以維使用人之隱私權益。此項見解，與我國最高法院上述非常上訴判決意旨類似。

辦理，併請參閱前述聲請核發搜索票相關說明。

核發上述第一項裁定之程序，同條第四項比照第一二八條第四項核發搜索票之程序，亦定為不公開之，以防扣押標的滅失或發生脫產情事。

§133-2　　非附隨於搜索之扣押裁定，在案件繫屬法院審判中，自當由法官本於職權為之（應曉諭檢察官聲請，不宜主動裁定，其理由參見 §128-1 關於搜索票聲請人之說明）。在偵查中須經檢察官提出聲請。關於偵查中聲請及法院核發裁定或事後審核各項程序，第一三三條之二參考第一二八條之一及第一三一條第二項、第三項意旨，詳為規定如下：

【第一項】

偵查中檢察官認有聲請前條扣押裁定之必要時，應以書面記載前條第三項第一款、第二款之事項，並敘述理由，聲請該管法院裁定。

【第二項】

司法警察官認有為扣押之必要時，得依前項規定報請檢察官許可後，向該管法院聲請核發扣押裁定。

【第三項】

檢察官、檢察事務官、司法警察官或司法警察於偵查中有相當理由認為情況急迫，有立即扣押之必要時，得逕行扣押；檢察官亦得指揮檢察事務官、司法警察官或司法警察執行。

【第四項】

前項之扣押，由檢察官為之者，應於實施後三日內陳報該管法院；由檢察事務官、司法警察官或司法警察為之者，應於執行後三日內報告該管檢察署檢察官及法院。法院認為不應准許者，應於五日內撤銷之。

【第五項】

第一項及第二項之聲請經駁回者，不得聲明不服。

以上各項規定之應用，與聲請搜索票及免用搜索票之情形大致相同，違背法定程序之扣押，其所取得證據之證據能力，應依第一五八條之四衡酌取捨。

(三)扣押物之限制

1.公務秘密文書物件

§134

公務員有絕對保守政府機關機密之義務，對於機密事件，無論是否主管事務，均不得洩漏；退職後亦同。公務員服務法第四條第一項定有明文。如有違反守密義務情事，將構成刑法第一〇九、一一〇、一三二條及相關特別法（如國家機密保護法）所定罪名，凡此皆係出於保護國家利益。惟得扣押之證物，於偵查、審判至關重要，亦不容全然不顧。本法第一三四條爰規定：政府機關、公務員或曾為公務員之人所持有或保管之文書及其他物件，如為其職務上應守秘密者，非經該管監督機關或公務員允許，不得扣押。前項允許，除有妨害國家之利益者外，不得拒絕。此處未有如同第一二七條第二項規定「重大」利益字樣，是其得拒絕允許之裁量餘地，似較從寬。

2.郵件及電報

§135

秘密通訊之自由，雖為憲法第十二條所直接保障，惟刑事訴訟程序必須發現真實以確定刑罰權，基於維持社會秩序、增進公共利益之必要（見憲法第二十三條），得扣押郵電，俾能達成訴訟之目的。依本法第一三五條規定，郵政或電信機關或執行郵電事務之人員所持有或保管之郵件（含信件及包裹）、電報，有下列情形之一者，得扣押之：

①有相當理由可信其與本案有關係者。

②為被告所發或寄交被告者。

但與辯護人往來之郵件、電報，以可認為犯罪證據或有湮滅、偽造、變造證據或勾串共犯證人之虞或被告已逃亡者為限。

為前項扣押者，應即通知郵件、電報之發送人或收受人。但於訴訟程序有妨害者，不在此限。

3.電信監聽問題

電信監聽，為實務所常見，此種蒐證處分，與傳統意義之搜索扣押有別，無法援用上述第一三五條規定辦理。由於截取電訊資料內容並非具體有形之侵犯，美國聯邦最高法院早期案例，認為與美國憲法增修條文第四

條保障不受無理搜索扣押之規定無關，尚未涉及違憲問題❹，其後逐漸變更見解，排除非法竊聽蒐證之許容性❺。現係依 Omnibus Crime Control and Safe Street Act 及 The Electronic Communications and Privacy Act 辦理。在英國則有 Telecommunications Act 及 Interception of Communications Act 為法律根據。

大陸法系之德國刑事訴訟法第一〇〇條 a 及同條 b，列舉一定範圍之罪名，明定對於涉案者得實施監聽並予錄音，由法官簽發命令行之；遇有急迫情況，檢察機關亦得逕行發令執行，但應於三日內送經法官確認，否則自動失效。同條 g 並有調取通訊紀錄之詳細規定。意大利刑事訴訟法第二六六條至第二七一條，對於監聽蒐證方法，亦有類似德例之詳細規定。

我國電信法第七條第一項規定電信事業或其服務人員對於電信之有無及其內容應嚴守祕密；退職人員亦同。同條第二項又規定，前項規定，依法律程序查詢者，不適用之。顯見其查詢應依法定程序行之。

通訊保障及監察法係於八十八年七月十四日制定公布施行。九十六年修法，將檢察官有權逕行簽發通訊監察書之規定，改為歸由法院核發，除有該法所定急迫例外情形外，相對保留予法官審查核定之權力。該次計修正十一個條文，於同年七月十一日公布後，司法院就其早已受理之釋憲案件，於當月二十日始作成釋字 631 號解釋，對於該法修正前許由檢察官核發通訊監察書之規定，認其與憲法第十二條保障人民秘密通訊自由之意旨不符，實乃遲來之答案。九十六年修正公布之條文，自同年十二月十一日施行後，實務應用，尚無窒礙。詎料一〇二年八月間發生檢察官循合法監聽獲悉立法院院長王金平與立委柯建銘涉有關說施壓檢察官對於柯某刑案無罪判決不提起上訴情事，招致立法部門不滿，因而恣意自行提案草率修法，該法部分條文遂經修正及增訂，已於一〇三年一月二十九日公布。

---

❹ Olmstead v. United States, 277 U.S. 438 (1928) 及 Goldman v. United States, 316 U.S. 129 (1942).

❺ Silverman v. United States, 365 U.S. 505 (1961) 及 Katz v. United States, 389 U.S. 347 (1967).

關於實施通訊監察之案件範圍、聲請核發通訊監察書及通信紀錄或通信使用者資料調取票之各項程序、通訊監察所取得之內容或所衍生之證據如何欠缺證據能力之判斷等事項，請詳閱該法相關條文之規定，與後述第十二（證據）章三之㈠1.⑺以及該㈠內容所述本法第一五八條之四相對排除證據能力事例⑻相關說明。

　　聲請調取通信紀錄或通信使用者資料，雖應依該法第十一條之一規定聲請調取票，惟其紀錄或資料，係指電信或郵政事業機構所保存者而言。諸如提供網際網路平臺之 IPP，提供網際應用內容之 ICP，提供線上言論空間之 PTT 或 ASP 等，皆非電信業者，實務見解認為可循一般途徑洽商調取。

　　本章第一五二條有容許扣押另案證物之規定（詳見後述）。至於另案監聽問題，因執行合法通訊監察（監聽）而取得其他案件之內容（即另案監聽），依通訊保障及監察法第十八條之一第一項規定，除符合該條項但書所定例外情形外，不得作為證據。須注意者，該條第一項前段「不得作為證據」之禁止規定，未將「所衍生之證據」納入，與同條第二項、第三項有別。從而，執行合法監聽時，其另案監聽縱使與該條第一項但書之例外條件不符，但其所衍生之證據，仍有證據能力。

　　電信監聽雖與搜索扣押有別，仍屬刑事強制處分之一種，偵查中聲請核發通訊監察書案件之審核，依法院組織法第十四條之一之規定，在設有強制處分庭之法院，應由該庭辦理，併請參閱前述聲請核發搜索票相關說明。

　　司法警察人員依法實施通訊監察之監聽錄音暨錄音內容，其譯文證據能力如何，另請參閱後述 §165–1 相關說明。

㈣扣押之程序

1.扣押，除由法官或檢察官親自實施外，得命檢察事務官、司法警察或司法警察官執行　§136

　　命檢察事務官、司法警察或司法警察官執行扣押者，應於交與之搜索票或扣押裁定內，記載其事由（本法第一三六條）。

須注意者，司法警察人員僅能受命執行扣押，並無逕以命令扣押之處分權限（69臺上2412號判例），除依本法第一三○條、第一三一條、第一三一條之一、第八十八條之一第三項等規定為搜索者，得將獲案物件予以扣押；及具有本法第一三三條之二第三項、第一三七條或第一五二條之情形者外，司法警察人員不得逕行實施扣押處分。又刑法第一三八條妨害公務罪，與扣押物有關。凡依法扣押之物，即屬該條所指在掌管中之物品，倘若私自取回隱匿或予以毀壞，雖不成立竊盜或毀損罪，仍應依該條構成妨害公務罪名。

§137　**2.檢察官、檢察事務官、司法警察或司法警察官行搜索或扣押時**

⑴發現本案應扣押之物為搜索票或扣押裁定所未記載者，亦得扣押之（本法第一三七條第一項）。此乃依附於搜索票而實施者，旨在保全犯罪證據或保全沒收之執行。

⑵應準用第一三一條第三項關於陳報法院之規定（本法第一三七條第二項）。

§138　**3.應扣押物之所有人、持有人或保管人，無正當理由拒絕提出或交付或抗拒扣押者**

得用強制力扣押之（本法第一三八條）。

所指正當理由，例如本法第一三四條是。又此所稱強制力，雖未如第一三二條明定「但不得逾必要之程度」，理應作當然解釋。

§139　**4.扣押，應製作收據**

詳記扣押物之名目，付與所有人、持有人或保管人。扣押物，應加封緘或其他標識，由扣押之機關或公務員蓋印（本法第一三九條）。

㈤扣押物之處理

§140　**1.扣押物，因防其喪失或毀損，應為適當之處置**

不便搬運或保管之扣押物，得命人看守，或命所有人或其他適當之人保管。易生危險之扣押物，得毀棄之（本法第一四○條）。

惟對於危險性扣押物雖得予以毀棄，而於毀棄前，宜攝影存證或作成紀錄，以利舉證之用。又依此規定受命保管扣押物者，即屬刑法第一三八

條妨害公務罪所稱公務員「委託第三人掌管之物品」情形，應係該條之客體。

2. 得沒收或追徵之扣押物，得予變價而保管其價金（本法第一四一條） §141

按扣押物或為證物，或為得沒收之物，或兼具雙重性質，對其如何處置、看守、保管或毀棄，已詳本法第一四○條規定。其中依法得沒收或追徵之扣押物，如有喪失毀損、減低價值之虞或不便保管、保管需費過鉅者，則依本條第一項規定，得變價之，保管其價金，俟將來裁判確定後，再將價款歸屬國庫❶。可否先行變價處理，自應斟酌情形而定，例如槍枝彈藥毒品等違禁物，即不得如此處理。關於變價，依本條第二項規定，偵查中由檢察官為之，審理中法院得囑託地方法院民事執行處代為執行（強制執行法第六○條併可參考）。

3. 扣押物若無留存之必要者 §142

依本法第一四二條第一項規定，不待案件終結，應以法院之裁定或檢察官命令發還之；其係贓物而無第三人主張權利者，應發還被害人。又依同條第二項規定，扣押物因所有人、持有人或保管人之請求，得命其負保管之責，暫行發還。按上述關於扣押贓物之處理規定，尚須注意民法第九四九條至第九五一條善意占有之保護原則。權利人對於扣押贓物如何發還有爭議時，可依抗告或準抗告程序尋求救濟（見本法第四○四條第二款及第四一六條第一項第一款）。一○九年一月復增訂同條第三項，允許扣押物之所有人、持有人或保管人，有正當理由者，於案件繫屬法院審判中，得預納費用請求付與扣押物之影本。

4. 繳納擔保金撤銷扣押 §142-1

依本法第一四二條之一第一項規定，得沒收或追徵之扣押物，法院或檢察官依所有人或權利人之聲請，認為適當者，得以裁定或命令定相當之擔保金，於繳納後，撤銷扣押。

按羈押與扣押，同屬強制處分，前者對人，後者對物。被告既可具保

---

❶　扣押物經拍賣並保管價金後，案經判決無罪確定者，僅能將價款發還物主，如有損失，不得請求賠償（參見院解 3769 號解釋）。

聲請停止羈押,則就扣押而言,亦宜許由所有人或權利人提供擔保金以撤銷扣押。本法爰於一〇五年六月增訂上述規定,以應實際需要。關於擔保金之存管、計息、發還,依同條第二項應準用第一一九條之一有關刑事保證金之規定。

本條之提供擔保金撤銷扣押,條文係以得沒收或追徵之扣押「物」為適用對象。惟在第一三三條第五項之扣押債權,非以物為扣押標的,此種情形能否聲請提供擔保金撤銷扣押?恐有疑問。究係立法疏漏抑或有意排除,令人費解。

在民事假扣押,債務人欲求停止或撤銷假扣押時應供擔保之金額(俗稱反擔保,參見民事訴訟法第五二七條)。惟依本法所為扣押,旨在保全沒收、追徵之執行,且刑事訴訟並無程序費用問題,故本條所指「相當之擔保金」,應本於上述之保全目的妥為審酌核定。

§143 **5.遺留物或任意提交物之留存**

可為證據或得沒收之物,其所有人、持有人或保管人無正當理由而拒絕提出或交付者,依本法第一三八條規定,得用強制力扣押之。其係上述人等任意提出或交付之物,雖不必施用強制力予以扣押,惟如經留存者,在效果上,形同扣押。對於此項「留存物」之處理,準用上述第一三九條至第一四二條之一之規定。被告、犯罪嫌疑人或第三人遺留在犯罪現場之物經留存者,亦復如此(本法第一四三條)。

㈥關於搜索扣押之共通規定

§144 **1.開鎖、封緘、封鎖現場、其他必要處分(本法第一四四條)**

因搜索及扣押,得開啟鎖扃、封緘或為其他必要之處分(例如讀取磁片資料、沖印扣押之照相底片),並得封鎖現場,禁止在場人員離去,或禁止第一四三條所定之被告、犯罪嫌疑人、第三人以外之人進入。且對於違反該項禁止命令者,得命其離開或交由適當之人看守至搜索扣押執行終了止。

§145 **2.法官、檢察官、檢察事務官、司法警察或司法警察官執行搜索及扣押,除依法得不用搜索票或扣押裁定之情形外,應以搜索票或扣押裁**

定示第一四八條在場之人（本法第一四五條）

3.關於夜間搜索扣押　　　　　　　　　　　　　　　　　　　　　　§146

　⑴夜間一詞之立法解釋　　　　　　　　　　　　　　　　　　　　§147

本法第一四六條第四項準用第一○○條之三第三項規定謂係日出前，日沒後。日本刑事訴訟法第一一六條有日出前日沒後之文句，可資參照。

　⑵夜間，乃休息之時間，為保障居住安寧及程序之合法性

此時應以禁止夜間搜索扣押為原則。

本法第一四六條第一項前段明白規定：「有人住居或看守之住宅或其他處所，不得於夜間入內搜索或扣押。」

　⑶為求兼顧蒐證發見真實之需要

於獲得承諾後（稱承諾，應與第一三一條之一所稱「自願性同意」作相同解釋，單純不阻擋類似於默許或擬制同意者，尚非承諾），或日間搜索扣押之繼續，或有急迫情形，或針對特定處所，依本法第一四六條第一項但書、第三項及第一四七條之規定，例外允許夜間搜索扣押。第一四七條明定於夜間亦得入內搜索或扣押之特定處所為：假釋人住居或使用者。旅店、飲食店或其他於夜間公眾可以出入之處所仍在公開時間內者。常用為賭博、妨害性自主或妨害風化之行為者。

　⑷實施搜索扣押，本應製作筆錄（詳本法第四十二條及第四十三條）

於夜間搜索或扣押者，依本法第一四六條第二項規定，尤應將依法許行搜索扣押之事由記明於筆錄，以便查考。

　⑸夜間搜索之指示

第一四六條未有如同第一○○條之三第一項第三款法官對於司法警察人員夜間詢問犯罪嫌疑人有許可權之明文。因此，法官得否於搜索票上對執行人員為「可於夜間進入該住宅（或處所）搜索」之指示，可能發生疑義。惟查第一四六條第一項但書，本有急迫情形允許夜間搜索之規定，如法官有許可夜間搜索之指示者，宜解為核發搜索票時已作急迫性之認定，應認其係合法適當。或謂第一四六條係執行層面之規定，有無急迫性，應由執行人員依執行當時情況認定之。然則有搜索決定權之法官，就

夜間搜索之急迫性有所認定，並依第一二八條第三項規定，於搜索票上載明此項意旨，究難指為逾越權限。

§148　　4.在有人住居或看守之住宅或其他處所內行搜索或扣押者

應命住居人、看守人或可為其代表之人在場；如無此等人在場時，得命鄰居之人或就近自治團體之職員在場（本法第一四八條）。

此等在場之人，依本法第四十二條第四項規定，應於搜索扣押筆錄內簽名、蓋章或按指印。所稱「自治團體之職員」，在實務上係指鄰里長或里幹事等人員而言。

§149　　5.在政府機關、軍營、軍艦或軍事上祕密處所內行搜索或扣押者

應通知該管長官或可為其代表之人在場（本法第一四九條）。

此等在場之人，應於筆錄內簽名、蓋章或按指印（本法第四十二條第四項）。所謂通知，係知會性質，無須得其同意。如長官即係涉嫌犯罪之人時，可一面派員守候現場，一面派員通知，以防扣押物之隱匿或滅失。

關於涉及總統刑事豁免權問題之搜索或扣押，請參閱 §126 說明。

§150　　6.當事人及審判中之辯護人 ⓱ 得於搜索或扣押時在場

此乃本法第一五〇條第一項前段賦予此等人自願主動在場之權利。

惟如被告受拘禁者即無法自行到場，或認其在場於搜索或扣押有妨害者亦可不許其在場，是為同條項但書之例外規定。又依同條第二項規定，如法官或檢察官認有必要，得主動命被告於行搜索或扣押時在場。上述有關當事人及審判中辯護人於搜索扣押時在場之規定，旨在使當事人得以在場有所陳述或主張及辯護人得以蒐集辯護資料，同條第三項爰規定，行搜索或扣押之日、時及處所，應通知各該得在場之人，但有急迫情形時，不在此限。按當事人或辯護人經通知後，不論是否到場，對於搜索扣押之效

⓱　①辯護人一詞之前增訂「審判中之」四字，係於七十一年八月配合偵查中辯護人制度而修正者，以示辯護人於檢警人員偵查犯罪行搜索扣押時無權在場，以免有損偵查不公開原則，防止妨礙發見真實。

　　②依法有在場權之人（並注意第二一九條準用）如未在場，將影響所得證據之合法性而有第一五八條之四之適用。

力均無影響。其已到場者，則依本法第四十二條第四項規定，即應於筆錄內簽名、蓋章或按指印。如無法定例外情形（第一五〇條第一項但書及第三項但書）而法院未為通知者，搜索扣押程序即有瑕疵，所扣得之物係違背法定程序取得之證據（參照 94 臺上 4929 號判例），應依第一五八條之四認定其證據能力之有無。

7. 搜索或扣押暫時中止時，於必要時應將該處所閉鎖，並命人看守（本法第一五一條） §151

8. 實施搜索或扣押時，發現另案應扣押之物，亦得扣押之，分別送交該管法院或檢察官（本法第一五二條） §152

按此種情形倘若嚴格依各個案件為準，難免引起逾越搜索票許可範圍之疑慮，惟另案證物之發現，原非本案搜索始料所及，且一次實施搜索扣押，與分別兩次進行搜索扣押相比較，對受搜索人而言，未必不利。以本案搜索為基礎，因保全證據而附帶扣押另案證物，本條明文容許❽，以杜爭議。茲所謂「發現」另案應扣押之物，係指其物於合法實施搜索或扣押過程中目視所及者而言，非可漫無限制，甚至擴及別處進行搜索扣押。最高法院 108 臺上 1000 號刑事判決理由四之㈠謂本條規定「另案扣押」係採「一目瞭然」法則❾之意旨，可資參考。

9. 搜索或扣押，得由審判長或檢察官囑託應行搜索、扣押地之法官或檢察官行之。受託法官或檢察官發現應在他地行搜索、扣押者，該法官 §153

---

❽ Karlsruher Kommentar zur Strafprozessordnung, §108, Rn. 6, 4 Aufl., 1999. 及 Gerd Pfeiffer, Strafprozessordnung und Gerichtsverfassungsgesetz, §108, Rn. 1, 4 Aufl., 2002. 及 Roxin/Schünemann, Strafverfahrensrecht, §35, Rn. 11, 29 Aufl., 2017. 對此偶然發現之物 (Zufallsfunde) 類似問題，亦持肯定見解。本章❶併請參考。

❾ 此項法則英文名稱為 Plain View Doctrine。美國聯邦最高法院一九六八年 Harris v. United States 一案判例 (390 U.S. 234) 謂其適用要件必須 ...was plainly visible to the officer who had a right to be in a position of viewing it...；同院一九七一年 Coolidge v. New Hampshire 一案判例 (403 U.S. 443) 謂 ...the police may without a warrant seize evidence in "plain view"...

或檢察官得轉囑託該地之法官或檢察官（本法第一五三條）

按囑託搜索扣押之規定，乃係基於管轄權原理及法院組織法第一○七條、第一○八條各法院間互相協助、各檢察官互相協助之精神，爰著為明文。

第十二章　證　據

第一節　通　則

「世界人權宣言」第十一條第一項謂：「凡受刑事控告者，在未經獲得辯護上所需的一切保證的公開審判而依法證實有罪以前，有權被視為無罪。」❶所稱「證實」有罪，即係憑證據以證明犯罪事實的確存在之意。

刑事訴訟之目的，在於確定國家具體刑罰權，由法院就起訴案件予以審判。法院依其審理結果而為裁判時，以法律為大前提，事實為小前提，循三段論證而獲致結論。因此，對於事實存否及其真相之認定，必須首先完成，然後方能據以正確適用法律。此觀本法第二八九條第一項謂調查證據完畢後應命就事實及法律辯論之，將事實問題排列在前，可得印證。惟被訴事實乃已往之事，究竟真相如何，有待事後求證。

凡走過沙灘者，必然留下腳印。往事經歷過程中所留足跡，映入裁判者之腦海，形成印象，進而作成判斷。然而印象畢竟與真實有間，無法完全一致，印象能否接近真實，取決於足跡是否清晰。對照上述譬喻，足跡猶如證據，印象猶如法官心證，足跡清晰度猶如證明力之強弱程度。由此可知，裁判者必須依憑充分證據，方能形成強度心證，達成最接近真相之事實判斷。

---

❶　所錄係聯合國中文版本文字，其英文內容為：Everyone charged with a penal offence has the right to be presumed innocent until prove guilty according to law in a public trial at which he has had all the guarantees necessary for his defence.

在我國,《周禮・地官・小司徒》云「凡民訟以地比正之」❷,意即須以地之比鄰知其是非者共正斷其訟 , 可見當時已有人證之觀念 ; 惟「法」字原作「灋」,說文解字謂:刑也,平之如水故從水,廌所以觸不直者去之,故從廌從去。使廌獸斷案,顯係無證據之裁判。在外國,《罕穆剌俾法典》(*Code of Hammurabi*)❸ 第三條及第四條均有對於訴訟中提供虛偽證據者之處罰規定,足見當時已有證據之觀念;惟該法典第二條謂:「無故以符呪蠱惑他人時,受蠱人應至聖河:投入河中。受蠱人溺斃聖河中時,加蠱人取其房屋。聖河若以其無辜而不加傷害時,加蠱人處死刑,跳入聖河者取加蠱人之房屋。」此又表現神託裁判之意旨,與證據裁判顯有不符。證據法之發展,係自無證據裁判而進步至證據裁判原則,中外皆然。

此外,著名之羅馬十二銅表法內容包括審判程序及民刑事實體事項等規定,其中第二表第三條謂:若原被告之一方證據不足,則他應到未出庭審訊之證人住宅的大門,在三天之內,大聲向之籲請。(引自《世界著名法典漢譯叢書》第一輯,北京法律出版社,二〇〇〇年三月初版)實已蘊含證據裁判之意旨。

法官依憑證據,形成心證,進而為事實之認定。整個過程涉及何人舉證?如何蒐證?何種事實有待證明?何種證據得為判斷之依據?如何踐行調查程序?如何評估證據價值?如何形成心證?等項問題。對於上述各項,以遵循憲法保障人權精神兼顧國家刑罰權之行使為基本方向,訂定規範,俾期法官形成心證獲致正確認知,是為證據法則。

一、無罪推定原則

§154

罪疑唯輕,古有明訓。首倡死刑廢止論之意大利學者 Cesare Beccaria 於一七六四年發表《論犯罪與刑罰》(*Dei delitti e delle pene*) 一書,在批判刑訊問題一章內,曾經提出「在法官判決之前,一個人是不能被稱為罪犯

---

❷ 見徐朝陽著,《中國訴訟法溯源》,臺灣商務印書館,六十二年七月版。

❸ 見沈大銈譯述,《罕穆剌俾法典》,臺灣商務印書館,五十五年五月版。

的」、「如果犯罪是不肯定的，就不應折磨一個無辜者，因為在法律看來，他的罪行並沒有得到證實」之觀念❹。最早出現無罪推定字句者，在一七八九年「法國人權宣言」之第九條。如今業已成為一項普世原則。世界人權宣言，係於一九四八年十二月經聯合國大會決議通過之國際性文件，其中第十一條第一項即宣示無罪推定意旨。歐洲國家為使「世界人權宣言」能有地區性之落實效果，乃由比利時等十二國於一九五〇年十一月在羅馬商訂 「歐洲人權公約」 (European Convention for the Protection of Human Rights and Fundamental Freedoms)❺，將無罪推定原則列為該公約第六條第二項之規定。相隔十餘年後，聯合國又於一九六六年十二月經大會決議通過 「公民與政治權利國際公約」 (International Covenant on Civil and Political Rights)，其中第十四條第二項之規定，明文揭示無罪推定之旨，成為國際公約所規範之刑事司法基本原則(該公約與本法之關係請參閱本書附錄二)。

　　大陸法系國家，意大利係以憲法明定無罪推定原則❻，二〇〇五年俄羅斯聯邦刑事訴訟法第十四條亦有此一原則規定❼，法國二〇〇〇年修正

---

❹　原著為意大利文著作。中文譯本參閱：黃風譯，《論犯罪與刑罰》，第三十一頁，北京中國大百科全書出版社，一九九三年六月初版。

❺　英國於一九六六年一月完全批准該公約 (因起初有極少數條文保留)，至一九九八年制定 Human Rights Act，將該公約諸多保障人權規定予以納入，俾使英國法院便於適用，除有四個條文提前施行外，其餘自二〇〇〇年十月二日施行。

❻　依第一五四條修正草案說明，意大利憲法第二十七條第二項、土耳其憲法第三十八條第四項及葡萄牙憲法第三十二條第二款，均將無罪推定原則列入憲法條文。

❼　中國大陸一九九七年開始施行之修正刑事訴訟法第十二條規定 ：「未經人民法院依法判決，對任何人都不得確定有罪。」基於推定被告為無罪將使拘押等強制處分失其根據之考量，在條文中避免使用無罪推定字樣。參閱其全國人大常委會法制工作委員會刑法室編著 ，《中華人民共和國刑事訴訟法釋義》，第十五頁，一九九六年出版。

（翌年施行）刑事訴訟法，將無罪推定原則增訂為前言 (Titre Préliminaire) 之第三項內容，並明確宣示：凡有侵犯此原則者應依法予以禁止、賠償及處罰。瑞士刑事訴訟法第一編第二章章名為「刑事訴訟法之原則」(Grundsaetze des Strafverfahrensrecht)，其中第十條第一項，即係無罪推定原則。

　　本法九十二年二月修正，鑑於僅以證據裁判原則蘊含無罪推定意旨，尚嫌不足，且國人及媒體每有預斷嫌犯有罪之錯誤觀念，亟待導正。爰於第一五四條增訂第一項謂：「被告未經審判證明有罪確定前，推定其為無罪。」使國際公認之無罪推定原則成為本法基本原則之一。

　　無罪推定原則所包含之意義，有歐洲人權法院 (European Court of Human Rights)❽見解可資參考。其重點有三：㈠被告受無罪之推定，法

---

❽　1.歐洲人權法院設在法國史特拉斯堡 (Strasbourg)，由歐洲理事會每一成員國指派法官各一人組成之，辦理指控某公約國侵害公約所保障權利之申訴事件。其判決資料，可自 www.echr.coe.int 網站查尋。闡述無罪推定原則之判決，參見一九八八年十二月六日 Barberà, Messegué and Jabardo v. Spain 案例，該院並於二○○一年三月二十日 Telfner v. Austria 一案判決重申前案相同意旨。

　　2.美國聯邦最高法院一九七九年判決例 (Bell v. Wolfish, 441 U.S. 520) 下列敘述，認為無罪推定與拘捕或羈押被告兩者應分別以觀：The presumption of innocence is a doctrine that allocates the burden of proof in criminal trials; it also may serve as an admonishment to the jury to judge an accused's guilt or innocence solely on the evidence adduced at trial and not on the basis of suspicions that may arise from the fact of his arrest, indictment, or custody, or from other matters not introduced as proof at trial. ...It is an "assumption" that is indulged in the absence of contrary evidence. ...But it has no application to a determination of the rights of a pretrial detainee during confinement before his trial has even begun.

　　3.本書附錄二第柒段第二小段相關說明併請參閱。

　　4.被告經判決有罪後，如於尚未確定前死亡者，除檢察官可提起上訴由上訴審改判不受理外，其有罪判決既未確定，即應依無罪推定原則認之為未曾

庭成員應排除預斷。㈡控方須負實質舉證責任，方能推翻無罪推定。㈢罪證存疑時，應作有利於被告之認定。準此而論，本法諸如第二、一五四、一五五、一五六第三項第四項、一五八之四、一六一、二八八第三項第四項、二八八之一及之二等條文，皆係落實無罪推定原則之具體規定。

　　無罪推定原則列入證據章內，就上述含義第㈡重點可知，乃係著重於刑事追訴之舉證責任應由控方負擔（另詳後述 §161 說明），屬於證據法則範疇，與羈押被告之強制處分應分別以觀，非可援引無罪推定原則而對羈押處分予以否定評價指為兩相牴觸❽。

二、證據裁判原則

§154 Ⅱ

　　本法第一五四條第二項規定：「犯罪事實應依證據認定之，無證據不得認定犯罪事實。」此乃證據裁判原則，亦為本法基本原則之一（見本書緒論），至關重要，釋字 384 號解釋已將此項原則納入憲法第八條第一項所稱「法定程序」之範疇，提升至憲法層次。探討其內容，須從「證據」與「待證事實」兩大要項分別論述。

　　證據，可謂係就某項事實使其臻於明瞭之媒介，亦即該項事實獲得證明之原因。其證明之對象，即有待證明之該項事實，稱曰待證事實。吾人藉以認定待證事實所憑之人、物或文書等，通稱證據方法；而就各該證據方法為調查後所獲得之內容，則為證據資料。例如錄影帶（證物）為證據方法，而其經勘驗所獲畫面影像，則為證據資料；書記官製作之勘驗筆錄（文書）為證據方法，而其經向被告宣讀或告以要旨後，該項筆錄所載內容，則為證據資料（參見 80 臺上 4672 號判例）。

㈠證據之分類

　　茲依判例所見之慣用名稱，分述如下：

1.人證、物證、書證（含數位證據）

　　此一傳統之基本分類，著眼於各個證據方法❾所踐行之調查方式與程

　　犯罪。

❾　德國刑事訴訟法將法定證據方法分成五種：被告、證人、鑑定人、勘驗、文

序。其證據方法如係「人」者，概屬人證範圍，證人、鑑定人、被告等皆屬之。至於被害人、告訴人、告發人，參據 93 臺上 6578 號判例及院 115、245 號與釋字 249 號解釋，均歸入證人範圍；如為物件，稱曰物證，例如兇刀、盜贓是；如係文書（含證據書類），則為書證，例如鑑定報告書、勘驗筆錄、恐嚇信、借據、帳簿是。人證，經由言詞陳述（或顯現身體特徵）提供證據資料，須行訊問（或勘驗）以踐行調查；物證，以物件之存在及其呈現之狀態為證據資料，須經勘驗或提示辨認以踐行調查；書證，以文書所載內容為證據資料，須經宣讀或交閱覽而踐行調查。惟文書有時兼具書證與物證兩種性質，其調查方法如何區別，詳見後述 §§165 及 165-1 說明。關於數位證據，併詳後述 §165-1。

2.直接證據、間接證據

此乃以證據對於待證事實具有直接抑或間接證明之作用而為分類。

凡直接足以證明待證事實存否之證據，為直接證據。例如被告之合法自白、非法遊行之現場錄影、被害人或目擊證人對於嫌犯之指認是。倘若僅能證明他項事實，而由此他項事實，本於推理作用，以證明待證事實存否者，其證明「他項事實」所憑證據，稱曰間接證據。依間接證據所證明之「他項事實」，稱曰間接事實。間接證據與待證事實之間，須經間接事

書（文件）。請參閱 Roxin/Schünemann, Strafverfahrensrecht, §24, Rn. 2, 29 Aufl., 2017. 及 Heger/Pohlreich, Strafprozessrecht, Rn.366, 2Aufl., 2018. 惟依本法所定證據方法，就本法第一六四條至第一六六條以觀，其實僅分物證、書證（含準書證）、人證三種。人證，從廣義言，非以證人為限，諸如鑑定人、被告亦包含在內（關於被告之訊問，涉及緘默權與辯護人依賴權，本法第一編第九章另列專章）。鑑定與勘驗皆係調查證據之方法，並非「證據方法」，此觀 79 臺上 540 號民事判例及本法第二一二條文句甚明。鑑定人或鑑定機構說明鑑定經過及結果之書面報告，係書證。勘驗筆錄亦同。學術上及釋字 582 號解釋協同意見書所謂五種法定證據方法（被告、人證、鑑定、勘驗、文書），諒係受德國見解影響，未必與本法相適合。又該號解釋協同意見書稱「鑑定」，與德國刑事訴訟法第一編第七章章名 Sachverständige 一詞是否相當，尚有推敲餘地。

實透過推理作用而為間接證明。

29 上 3362 號判例（原案被告被訴傷害致死罪名）謂：「認定犯罪事實所憑之證據，不僅指直接證據而言，間接證據亦包含在內，上訴人某甲與村眾追獲某乙後，共同加以毆傷一節，雖無直接之證明，但原審以某乙被獲之先奔馳圖逃，足證其時尚未負傷，及為某甲等捉獲後，則遍體驗有鐵木各傷，而某甲等追捕時所執者為梭標木棍等物，恰與某乙傷痕相合，此外又另無行兇之人，遂認某甲為當時共同傷害之正犯，自係綜核各種間接證據，依其所得心證而為事實之判斷，此項判斷，既難指為顯違事理，即不容指為違法。」此一判例已將間接證據之證明作用闡釋甚明。又如 32 上 288 號判例意旨亦同，且該則判例之原案案情，被告係因殺人重罪經採用間接證據判處無期徒刑定讞者，尤其值得重視。

按直接證據雖能直接證明待證事實而具有確實性，但不易尋求，實務所見，多有賴於間接證據。惟其使用必須經歷推理過程，推理如有謬誤，即影響認定事實之正確性，不可不慎。又間接證據與情況證據兩種名稱相互通用，且有稱間接事實為情況證據者，蓋間接事實本身雖非證據，然其具有判斷直接事實之作用，亦有證據之機能也（75 臺上 1822 號判例）。

3. 積極證據、消極證據

此乃以證據對於待證事實能否作肯定證明而為分類，其足為具體肯定之證明者，為積極證據；反之，則為消極證據（判例未出現此名稱）。29 上 3105 號判例謂：「刑事訴訟法上所謂認定犯罪事實之證據，係指足以認定被告確有犯罪行為之積極證據而言……」，30 上 816 號判例基於被告應受無罪推定而引申指明：「認定不利於被告之事實，須依積極證據，苟積極證據不足為不利於被告事實之認定時，即應為有利於被告之認定，更不必有何有利之證據。」充分闡釋證據裁判原則之真諦。

4. 本證、反證

此係從舉證責任立場所作分類，其由控方（檢察官、自訴人）所舉不利於被告之證據為本證，惟判例未出現此名稱；如由辯方（被告）基於防禦立場提出相反方向之證據，則為反證。30 上 482 號判例謂：「……積極

證據不足證明犯罪事實時，被告之抗辯或反證縱屬虛偽，仍不能以此資為積極證據應予採信之理由。」按刑事被告本不負舉證責任，其因防禦控方攻擊所提有利於己之證據，雖不成立，非有積極證據，自不得遽為不利被告事實之認定也。不僅如此，被告否認犯罪所持之辯解，縱令未能提出反證以致不能成立，仍不得因此而為有罪之認定（見 30 上 1831 號判例）。

5.獨立證據、補強證據

此乃以證據能否供獨立證明之用所作分類，其足以獨立證明待證事實之存否者，為獨立證據；如係用於增強或擔保獨立證據之證明力者，為補強證據。本法第一五六條第二項規定：「被告或共犯之自白，不得作為有罪判決之唯一證據，仍應調查其他必要之證據，以察其是否與事實相符。」是自白並非獨立證據，尚待其他證據予以補強，判例對於「其他必要之證據」，即稱曰補強證據（如 73 臺上 5638 及 74 臺覆 10 號判例）。又參考 32 上 657 及 52 臺上 1300 號判例意旨，被害人或告訴人之陳述是否與事實相符，亦應調查其他證據以資審認，足見該項陳述亦非獨立證據。其實，尚有減弱獨立證據之證明力者，學說上稱曰彈劾證據，可與補強證據合稱為輔助證據。以上所述獨立證據等名稱中，僅有補強證據一詞已為判例所採用。又有稱自白為主證據，其他必要之證據為補（輔）助證據者，參照釋字 582 號解釋意旨，此項區分名稱未必妥適。

6.供述證據、非供述證據

此項分類，係從證據資料出發。供述證據，係以某人言詞陳述之內容為證據資料；非供述證據，則指供述證據以外其他一切證據而言。（鑑定與勘驗之屬性，請參閱❾）供述證據經歷陳述人之察覺（見聞）、記憶、陳述等過程，涉及人的因素，具有可變性，受任意性法則及傳聞法則之約束，須用訊問、詰問、對質等方法以辨明是否可信。非供述證據係客觀的存在，具有不可變易性。所應注意者，除形式要件外（如蒐集程序是否合法、有無偽造變造情事、鑑定方法是否可靠或獲得公認），尚須審認其與待證事實之關聯性。衡以經驗及論理法則，非供述證據之證明力通常較供述證據為強。且於適用本法第一五八條之四為有無證據能力之裁量時，參

照該條立法說明，在供述證據與非供述證據之間，前者涉及陳述人自由意思受侵害問題，以排除為原則，後者較少顧慮（供述證據受傳聞法則約束。本法第一五九條第一項，將被告以外之人於審判外之「言詞」或「書面」陳述併列，就此而言，亦有認為書面陳述不妨列入供述證據範圍者，特予附記）。

㈡待證事實

證據所證明之對象，即有待證明之事實，在本法第一六三條之二第二項第二款第三款及判例上稱曰待證事實（參考 62 臺上 4700 號判例）。本法第一五四條第二項規定犯罪事實應依證據認定之，是犯罪事實必屬待證事實無疑。惟該條明列「犯罪事實」，乃表示其係待證事實中之主要事實，非謂認定其餘事項一概無須證據。除依法不以證明為必要者外（如公知事實），凡欲認定事實，皆應依憑證據，須加區別者，在於應否嚴格證明而已。日本刑事訴訟法第三一七條規定：「事實應依證據認定之」，並未以「犯罪事實」為限，內容較為周延。關於嚴格證明 (Strengbeweis) 與自由證明 (Freibeweis) 之區分，源自德國。前者謂於證明方法上所用證據，嚴格限定必須具有證據能力且經踐行合法調查程序；後者不受上述限制。我國 71 臺上 5658 號判例，即係本此意旨而為立論。被告犯罪事實之認定，在待證事實中，屬於主要部分，攸關國家刑罰權之確定及被告之合法權益，自應經由嚴格證明方能予以認定，本法第一五四條強調犯罪事實應依證據認定，可作如此詮釋。惟待證事實不應侷限於犯罪事實，茲分述各項待證事實如下：

1.犯罪事實

其概念較刑法第十三條所定「構成犯罪之事實」為廣，除犯罪構成要件事實外，諸如共犯型態、罪數單複、阻卻責任、阻卻違法等相關事實，均包含在內。

2.刑罰加重、減輕、免除之原因事實

3.確定刑罰範圍之基礎事實

如森林法第五十二條之贓額，妨害國幣懲治條例第二條、第四條、第

五條之幣額、價額、所得利益。此等基礎事實非可援引刑法第三十八條之二第一項而謂以自由證明即足 （參考最高法院 107 臺上 1860 號刑事判決）。

4.處罰條件事實

如刑法第一二三條準受賄罪所定行為履行之事實，破產法第一五四條至第一五六條所定和解許可、破產宣告之事實，懲治走私條例第二條所定管制物品及其數額之公告事實是。

5.科刑應行審酌之情狀

如刑法第五十七條、第五十八條、第五十九條各該情狀。

6.間接事實

見證據之分類中關於「間接證據」之說明。

7.地方性規章、地方習慣或外國法，為法院所不知者，其存在事實

8.依特別經驗法則所知之事實

9.程序事實

此類事實，包羅甚廣，例如：免訴之原因事實，不受理之原因事實，法官迴避之原因事實，羈押之原因事實，逾越法定不變期間之事實，據以認定有無正當理由之事實 （如本法第七十五條、第一一七條第一項第一款、第三〇六條、第三三一條第一項、第三七一條等），停止審判之原因事實等是。

一般言之，上述 1.～ 4.、 6.、 8.各項事實，應經嚴格證明， 5.、 7.、 9.各項事實以經自由證明為已足。

三、自由心證原則

§155
（含
§§158-
2、
158-3、
158-4）

本法第一五五條第一項規定：「證據之證明力，由法院本於確信自由判斷。 但不得違背經驗法則及論理法則。」 是為自由心證 (freie Beweiswürdigung) 原則，與證據裁判原則同屬證據法之基礎。依自由心證原則，裁判者對於證據之價值有自由判斷之權，而於判斷之前，必須先有可供判斷之證據存在。否則，其判斷失所依據，憑空判斷，即非合法。惟

何者可供證據之用憑以判斷，不能毫無限制，同條第二項爰規定：「無證據能力、未經合法調查之證據，不得作為判斷之依據。」俾使裁判者能依憑適格之證據，經由合法調查，而為正確之自由心證，以研判其證據價值，是為嚴格證明法則。惟此法則係就判認犯罪事實而言❿，由於涉及具體刑罰權之認定，自應要求嚴格證明；如為無罪判決案件，雖係實體判決，應經言詞辯論，無第三〇七條之適用，須踐行審判期日之一切程序。但其判決書內容本無「事實」之記載（見§308），所敘理由引述卷存證據，即不以具備證據能力者為限。倘若引用傳聞證據為彈劾證據時，除受經驗法則與論理法則之支配外，亦不以說明是否符合例外條件為必要。至於程序判決，祇須自由證明即足，更無論矣。

茲將第一五五條規定析述如下：

(一)無證據能力之證據不得作為判斷之依據

稱證據能力，謂證據可供嚴格證明之用者應備之資格。證據必先適格，然後方能加以審認，進而判斷其價值，亦即證明力之有無或強弱，據以認定主要待證事實。釋字582號解釋理由書闡述證據能力之意義，謂係證據得提出於法庭調查以供作認定犯罪事實之用所應具備之資格，此項資格必須證據與待證事實具有自然關聯性，符合法定程式，且未受法律之禁止或排除，始能具備。

---

❿　免訴事由雖係程序與實體之交錯，惟本法第三〇七條明定免訴判決得不經言詞辯論為之，可見本法對於免訴之原因事實，並未要求嚴格證明。關於罪責及刑罰問題，乃係重要事項，須經嚴格證明，除此之外，通說認為以自由證明即足。參閱 Roxin/Schünemann, Strafverfahrensrecht, §24, Rn. 2–5, 29 Aufl., 2017.「自由證明」一詞最初出現於71臺上5658號判例，略謂科刑應行審酌之情狀（刑法第五十七條）非屬犯罪構成要件之事實，以自由證明為已足。除該判例所述事項外，諸如自白任意性（參見最高法院94臺上275號刑事判決）、共犯犯罪所得之有無及其朋分數額多寡（參見最高法院104臺上3864號及106臺上539號刑事判決）、沒收財產判決所應沒收之財產與本案被告犯罪事實間之關聯性（見本法第四五五條之二六）等事項之認定，皆以自由證明為已足。

　　倘若欠缺證據能力，則其形式上資格不備，即無須審究實質上價值如何。因此，證據能力乃先決要件，無證據能力之證據，雖不失為一種資料，僅可酌供自由證明之用，不得提出於法院作為嚴格證明之判斷依據，是為「證據排除法則」。此在本法，其適用範圍涵蓋供述證據及非供述證據，較英美證據法為廣。且法院固須依職權查核取捨，而被告（辯方）基於權衡判斷說之原理，亦得提出排除某項證據之主張。（參考最高法院109 臺上 2638 號刑事判決）

　　凡得為證據之資料，以具有論理上證據能力為原則。所謂無證據能力之證據，係從負面限制，有下列各種情形：

1.絕對排除（絕無證據能力，並無例外容許之規定）

　　⑴筆錄所載被告（含犯罪嫌疑人）之陳述，與同步錄音或錄影內容不符之部分（見本法第一〇〇條之一第二項）。

　　⑵被告（含犯罪嫌疑人）所為非任意性之自白。另詳後述 §156。

　　⑶證人、鑑定人依法應具結而未具結所為證言或鑑定意見（見本法第一五八條之三、第一八六條、第二〇二條、第二八七條之二）。

　　⑷被告以外之人（尤其如證人，另詳後述 §192）所為非任意性之陳述。

　　⑸依本法第四五五條之七所定在協商過程中之陳述。曾有實例對於檢察官原先允予被告緩起訴處分其後仍予起訴之案件，認為參酌本條相同法理，應將該被告先前向檢察官所為認罪及不利之陳述予以排除，不得作為證據，以保護其正當合理之信賴。請參閱後述 §253–2 相關說明。

　　⑹非於法官或檢察官面前應訊之證人所為陳述（見組織犯罪防制條例第十二條第一項）。

　　⑺具有通訊保障及監察法第十八條之一所定不得作為證據或不得採為證據之情形者（另詳前述第十一章，二、扣押，㈢扣押物之限制第 3 點相關說明。最高法院刑事大法庭 110 臺上大 2943 號裁定，特指執行監聽之機關違反該法第五條第四項期中報告義務者，其於違反報告義務後至通訊監察期間屆滿前經監聽所取得之內容，依該法第十八條之一第三項規定，為無證據能力）。

⑻因陷害教唆（犯意誘發型之誘捕）所取得之證據（參照最高法院93 臺上 1208 號刑事判決，載《司法院公報》四十六卷十一期）。同院 109 臺上 4604 號刑事判決理由書四之⑵，闡述誘捕偵查之定義，直指其為違反當法律程序原則及憲法對於基本人權之保障，其所取得之證據資料，不具有證據能力。歐洲人權法院於二〇〇五年十二月十五日 Vanyan v. Russia 一案判決指出，在運用臥底警探辦案之情形，對於縱使警方未為介入而其犯罪仍會發生一節（機會提供型之誘捕）如果未能證實，則警方之介入誘捕即可認係挑唆，此項挑唆暨基於挑唆所為刑事追訴程序，就審判之公正性而言，將導致無可彌補之侵害。二〇〇八年二月五日（五月五日確定）Ramanauskas v. Lithuania 一案判決重申 Vanyan 一案判決意旨，認為申訴人之被判決有罪，並無證據證明其如無辦案人員之挑唆仍會犯罪，是其應受公平審判保障之權利即已遭到剝奪，核與歐洲人權公約第六條第一項有違。二〇一四年十月二十三日（次年一月二十三日確定）Furcht v. Germany 一案判決，闡述對於警察人員誘捕辦案 (police incitement or entrapment) 之判斷標準，其所取得之證據資料，依公約第六條第一項不許使用。(Article 6 §1 of the Convention does not permit the use of evidence obtained as a result of police incitement.)

⑼證人未受本法第一八一條拒絕證言權之告知所為證言，日後成為被告時，其先前證言不利於己之陳述。另詳後述 §186 II 說明及其❼（如屬 §196 之 1 警詢證人，雖無具結規定之適用，其先前陳述仍無證據能力）。

⑽私人施用暴力取證（例如以刑求方式取得他人之陳述），該項證據為無證據能力（參照最高法院 98 臺上 578 號刑事判決及後述 §158–4 相關說明）。

⑾監獄、看守所管理人員，於受刑人、被告與其律師、辯護人接見時，違反監獄行刑法第七十二條第一項、羈押法第六十五條第一項之禁止規定，實施錄影、錄音所獲資料。（釋字 654 號解釋既已認為牴觸憲法第十六條保障訴訟權之規定，自應絕對排除。須指明者，各該法條第一項「除法律另有規定外」一語，對照立法說明，係指本法第三十四條及第三

十四條之一有關限制接見、通信之規定而言，與禁止錄影、錄音無涉。又如受刑人、被告與其律師、辯護人以外之人接見時，管理人員實施錄影、錄音不在禁止之列。）

⑿第一○一條第三項但書否定證據能力之規定有其侷限，可參閱前述該條相關說明。

2.相對排除（以無證據能力為原則，但法條有例外容許規定）

⑴違背本法第九十三條之一第二項規定(不計入二十四小時移送時限之法定障礙事由所經過時間內不得訊問)所取得被告或犯罪嫌疑人之自白及其他不利之陳述（見本法第一五八條之二第一項。違背第九十五條第二項規定者亦應解為相對排除）。

⑵違背本法第一○○條之三第一項規定(司法警察人員無該條項但書情形不得於夜間進行詢問) 所取得犯罪嫌疑人之自白及其他不利之陳述（見本法第一五八條之二第一項）。

⑶檢察事務官、司法警察官或司法警察詢問受拘提、逮捕之被告或犯罪嫌疑人時，違反第九十五條第一項第二款、第三款或第二項之規定（詢問前未先告知其得保持緘默、得選任辯護人）所取得之自白及其他不利之陳述（見本法第一五八條之二第二項）。

⑷傳聞證據（見本法第一五九條第一項）。另詳本節後述五、傳聞法則。

⑸證人之個人意見或推測之詞（見本法第一六○條）。另詳本節後述六、證人個人意見與推測之詞。

⑹通訊保障及監察法第十八條之一第一項前段所指依法執行通訊監察所取得其他案件之內容（即指另案監察所得內容），對照同條項但書並參照最高法院刑事大法庭 111 臺上大 5765 號裁定，非屬惡意非法監聽，並不當然絕對排除其證據能力。

⑺其他違背法定程序取得之證據（見本法第一五八條之四及 93 臺上 664 號判例。至於第一三一條第四項及第四一六條第二項所設「不得作為證據」之規定，自增訂第一五八條之四以後，應依該增訂條文以定取捨）。

德國刑事證據法理與實務所稱證據禁止 (Beweisverbote)，包含：取證

之禁止（Beweiserhebungsverbote，係指對於某項個別證據禁止調查而言。因違法取證而無證據能力之證據，法院無須為實質證明力之調查，爰參照本法第一五八條之四使用「取得」證據一詞）及採證之禁止（Beweisverwertungsverbote，又譯使用禁止。本書認為此項禁止著重於證據經「取得」後禁止法院「採用」某項證據作為判斷之依據，參照本法第四五五條之七與通訊保障及監察法第一八條之一第三項之用詞，意譯稱「採證禁止」較為妥切。）兩種情形，取向有別，違背取證程序之證據，法院並非一概不得採用；適法取得之證據，法院未必皆得採用。因此，在兩者之間尚須審酌其他條件以定取捨。如係由於違法取證緣故而導致採證之禁止者，稱曰非獨立性（unselbständige，又譯依附性）之採證禁止；倘若基於人權保障維護司法利益之考量而導致採證之禁止者，縱令取證適法，仍可禁止採用，稱曰獨立性（selbständige，又譯自主性）之採證禁止（可參閱後述❶所引 Gerd Pfeiffer 著作之 Einl. 14 及 Roxin/Schünemann 著作之 §24, D）。建立排除證據能力規定，其目的在於保障基本人權、落實法定程序、抑制違法取證。

　　以上各種絕對及相對排除證據能力（即無證據能力）之情形，其相關條文定曰「不得作為證據」或「不得採為證據」，實乃禁止供作嚴格證明之用，非謂對於自由證明事項亦須一概禁止採用。又從比較法以觀，上述各種排除證據能力之規定，可謂相當於德國「證據禁止」中非獨立性採證禁止之情形，其中 2.之(6)須作權衡取捨。至於 1.之(1)、(3)、(6)及 2.之(5)，取證過程尚非違法，1.之(11)並無本法第一五八條之四之適用，可謂與獨立性之採證禁止相當；又 2.之(4)涉及傳聞法則之適用，由於釋字 582 號解釋已認定被告詰問證人之權利係憲法正當法律程序所保障之權利，從而，傳聞證據縱令並非違法取證，因其妨害被告依憲法受保障之權利，且已違背直接審理原則，有損司法利益，關於傳聞證據之排除，亦可歸入獨立性採證禁止類型。再者，與美國案例比較，其 Exclusionary Rule（譯稱排除法則）僅適用於非供述證據，詳如後述 Leon 案例說明，而本法所定證據排除法則之適用範圍較廣，尚包含供述證據在內。

　　於此補充說明者，上述 2. 之⑴至⑶三種情形，法條有例外允許得為證據之但書規定，謂：「但經證明其違背非出於惡意，且該自白或陳述係出於自由意志者，不在此限。」該項但書在司法院原提草案中無此文句，查係立法部門採納行政部門所提參考美國聯邦最高法院 U.S. v. Leon 一案創設之「善意例外」(Good-Faith Exception) 原則而來❶。

　　然查 Leon 一案係警方向治安法官 (magistrate) 聲請搜索票獲准後，持票實施搜索並扣得毒品，經檢方引為證明被告犯罪之證據。由於審判時法院認為當初簽發搜索票欠缺相當理由，遂將上開搜得之毒品予以排除，第九巡迴上訴法院亦予維持。此一爭議終經聯邦最高法院於一九八四年七月五日判決，認為治安法官准發搜索票有無違誤情事，吾人無從期待辦案員警提出質疑，對於治安法官所作准許搜索之決定，辦案員警予以信賴，應屬客觀合理之事，基於合理善意 (reasonable good-faith belief) 而持憑有效搜索票搜得之物證，應屬符合憲法增修條文第四條所取得之證據，法院引用證據排除法則 (Exclusionary Rule) 宣告其不得作為證據，即有未洽。依判決內容可知❷，該案揭示之善意例外，實乃針對非法搜索扣押即違背美憲增修條文第四條者所應適用之證據排除法則而言，與違背禁止詢問規定而取得供述證據之情形，應分別以觀，後者依同院同年十二月十日 Smith v. Illinois 一案判決意旨❸，必須嚴予排除。此案係辦案員警將辯護人依賴權告知嫌犯，據其表明需要辯護人後，本應停止詢問，竟仍進行詢問並取得口供，聯邦最高法院重申 Miranda 及 Edwards 兩案判決意旨❹，認為嫌犯未獲辯護人之諮商與協助，警方違背禁止詢問規定所取得之供述證據，應不予容許。倘若參考美國案例，則上述 2. 之⑴及⑵違背不得訊

---

❶　見立法院第五屆第一會期第二十二次會議議案關係文書，院總一六一號，政府提案八六七〇號，政一一七頁，行政院意見。

❷　United States v. Leon, 468 U.S. 897 (1984)，同一日期另有 Massachusetts v. Sheppard, 468 U.S. 981 一案判決可一併參考。

❸　Smith v. Illinois, 469 U.S. 91 (1984).

❹　Miranda v. Arizona, 384 U.S. 436 (1966); Edwards v. Arizona, 451 U.S. 477 (1981).

（詢）問之規定所獲供述，均無證據能力，且無所謂善意例外之適用。行政部門提供不正確之資料，誤導立法部門添加但書，殊不足取。何況但書所謂非出於惡意云云，明係違背不得訊問之規定，何能主張並無惡意？又如何證明並非出於惡意？至盼法院對此但書之適用，在審判上務必從嚴界定，勿使本法第九十三條之一第二項及第一○○條之三第一項禁止訊（詢）問之規定形同具文（關於「出於惡意」之案例可參閱最高法院 98 臺上 4209 號刑事判決）。

又上述 2. 之(3)之情形，係違背告知義務而取得供述之證據能力問題。依本法第九十五條第一項及第一○○條之二規定，在警詢、偵查、審判程序中，於訊問犯罪嫌疑人或被告前，必須先行告知該條所列各款事項，旨在保障其防禦權，俾獲公正審判。訊問人員如違背告知義務而逕行訊問，並取得嫌犯自白或其他不利之供述者，是否仍有證據能力，頗成疑問，尤以警詢階段所取得之自白，最有爭議。在美國之一九六六年聯邦最高法院 Miranda v. Arizona 著名判例中，宣示凡受拘束自由之嫌犯，於接受訊問前，應先獲告知其享有緘默權及得選任辯護人之權利等事項，實務上稱曰 Miranda Warnings，如未踐行告知程序，則訊問人員所獲供述即不得作為證據❺。惟因美國國會隨即於一九六八年制定法律（18 U.S.C. §3501），採取較寬立場，關於自白之任意性，規定應由法院綜合全盤情狀予以審酌判斷，並非專憑有否踐行告知義務以定取捨，於是形成與 Miranda 判例間之互歧，引起爭論。迨二○○○年 Dickerson v. United States 一案，聯邦最高法院九位大法官以七比二之多數決，於同年六月二十六日判決重申 Miranda 判例意旨，認為該院作成之憲法判例，優於國會制定之法律，訊問人員漏未踐行告知而取得不利於嫌犯之供述，欠缺證據許容性，聯邦與各州，均應遵守，並非國會制定法律所能推翻。多年爭議，至此告一段落，得以釐清。

在英國，關於緘默權等事項之告知，自一九一二年起，即已出現於 Judges' Rules （法官準則）中。迨一九八四年 Police and Criminal

---

❺　例外情形如 New York v. Quarles 案例，467 U.S. 649 (1984).

Evidence Act 制定施行後 ， 方予法制化 。 嗣於一九九四年制定 Criminal Justice and Public Order Act，允許法官或陪審團經審酌嫌犯於警詢中就其所據以辯解之基礎事實合理期待可得提出而未提出(此種情形請另參閱後述第一五六條第四項相關討論)、或於審判中未提或遲提答辯狀、或所提答辯先前未曾主張或與先前內容不符者，在作出是否有罪之認定時，可依此情況為推論之根據。所謂依此作推論根據，當然含有可為不利於被告之認定在內。因此，關於緘默權之告知，實務上所用語句大意為：你可不必作任何陳述；但如對於日後在法院主張（提出辯解）之事項在偵訊中不為陳述，便有肇致防禦上不利益之可能；你如有所陳述，則一切陳述得供證據之用 。 歐洲人權法院 (European Court of Human Rights) 於二〇〇一年 Condron v. UK 一案表明見解，認為緘默權雖屬保障公正審判之核心領域，但並無絕對性，究竟內涵如何，內國法院尚有適度調整之空間。隨後於二〇〇三年之 Criminal Justice Act ， 依其 §36 及 §39，將一九九六年 Criminal Procedure and Investigation Act §11 予以修正並增訂 §6E，凡被告未能開示證據或未向陪審團開示答辯意旨書者，當法官或陪審團評決被告是否有罪時，得據此情狀而為推論之基礎；法官於庭訊中應將上述後果提醒（曉諭）被告使之知悉。歷經以上演變，緘默權保障之成效大為降低，而警詢漏未踐行告知義務所取得之供述，亦非絕對排除，尚待個別審酌，法院有裁量權❶。在德國，聯邦最高法院對於警方違背緘默權告知義務所取得之供述，權衡公私權益（追訴權及人權），考量比例原則，判認應予禁止使用，審判長未為緘默權之告知者，構成第三審上訴之理由（德國實務見解認為，被告及其辯護人須於德國刑事訴訟法第二五七條之程序中，對於該項供述證據之使用，及時表明異議，方能據為上訴理由。該條依同法第三三二條規定，於第二審上訴程序亦適用之）。關於選任辯護人權利

---

❶ Stephen Seabrooke & John Sprack, *Criminal Evidence and Procedure*, 2nd ed., 1999, pp. 85, 86, 143, 144.

Andrew Sanders & Richard Young, *Criminal Justice,* 3rd ed., 2007, pp. 223–235.

Criminal Justice Act 2003.

之告知，亦受相同保障❼。在日本，最高裁判所❽認為日本憲法第三十八條第一項對於告知義務未作明文規定，單純違背告知義務，仍不得指係強求被告陳述而謂訊問程序違憲。

　　在我國，最高法院 72 臺上 1332 號判例（現已不再援用）對於警察機關依本法第八十八條之一第一項規定實施逕行拘提後，未即時告知被拘提人得選任辯護人，有違同條第四項所定告知義務之案例，曾認為無損於警詢自白之證據能力。惟按本法第九十五條係針對訊問前之程序規定，該條第一項各款事項，皆係被告所享程序上之基本權益，為訴訟權（憲法第十六條）所涵蓋，與保障人權有直接關係，如違背告知義務而逕行訊（詢）問，並取得不利之供述證據，即有礙於防禦權之充分行使，以致被告難與控方處於對等地位接受公平審判，顯然與判決結果有影響，不僅構成上訴理由，甚且成為非依法定程序之審問，與憲法第八條第一項規定不符，有違憲法保障人民受公平審判權益之本旨。此種違背告知義務逕行訊（詢）問所取得之供述，實乃違憲行為之結果，何能容許得為證據。最高法院已往案例，多僅就審判程序有重大瑕疵之點指摘下級審之判決違誤，未就被告供述有無證據能力問題提出見解。本法九十二年二月修正增訂第一五八條之二後，此一問題已有法條可循，依該條第二項規定，檢察事務官及司法警察人員違背告知義務（未告知得保持緘默及得選任辯護人）而逕行詢問嫌犯所取得之自白及其他不利陳述，準用同條第一項規定，不得作為證據，是為原則。至於該條項但書，為錯誤之立法，已詳前述，在審判上應

❼　Gerd Pfeiffer, Strafprozessordnung und Gerichtsverfassungsgesetz, §136, Rn. 4, §243, Rn. 13, 4 Aufl., 2002. 及 Löwe-Rosenberg, Die Strafprozessordnung und das Gerichtsverfassungsgesetz, 2 Band, §136, Rn. 53, 25 Aufl., 2004. 及 Roxin/Schünemann, Strafverfahrensrecht, §19, Rn. 6, u. §24, Rn. 31ff., §25, Rn. 7, 29 Aufl., 2017. 及 Heger/Pohlreich, Strafprozessrecht, Rn. 390ff., 2 Aufl., 2018. 其中 Rn. 394 所述德國刑事訴訟法第二五七條 c 第四項禁止採用被告先前自白之規定，與本法第四五五條之七意旨相同。

❽　最高裁判所昭和 23.7.14. 判例（刑集 2-8-846）及昭和 25.11.21. 判例（刑集 4-11-2359）。

以盡量從嚴認定為妥。

　　茲將違反告知義務獲取供述之證據能力認定問題總結如下：(1)警詢受拘提、逮捕之人未先告知緘默權及辯護人選任權者，依本法第一五八條之二第二項規定取捨。(2)警詢受拘提、逮捕之人未先告知罪名及調查有利證據請求權者，依第一五八條之四規定審酌取捨。(3)警詢依第七十一條之一通知到場，而未告知第九十五條第一項各款權利者，既非受拘提、逮捕之人，即無第一五八條之二第二項之適用，亦應依第一五八條之四規定審酌取捨。(4)警詢徵得同意任意同行到案（非使用通知書）之人，而未告知第九十五條第一項各款權利者，參考最高法院 107 臺上 3084 號刑事判決，宜視應詢者如何同意隨行經過及其智識程度等情況，審酌當時是否達於身心受拘束之程度，分別類推適用第一五八條之二第二項或第一五八條之四規定取捨。(5)法官或檢察官行訊問而違反第九十五條告知義務者，其所獲取供述之證據能力，依第一五八條之四規定審酌取捨。

　　以上所述，均係有法律條文明定為無證據能力者，惟如遇有其他非法蒐證之情形，究應如何取捨，若無一定原則，勢將無所適從。本法爰於第一五八條之四規定：「除法律另有規定外，實施刑事訴訟程序之公務員因違背法定程序取得之證據，其有無證據能力之認定，應審酌人權保障及公共利益之均衡維護。」此條乃係採取相對（裁量）排除原則，與外國法例多有相似之處。在英國，對於違背規定所取得之證據可否容許，由法官裁量決定證據能力之有無，並以一九八四年 Police and Criminal Evidence Act 第七十八條為主要依據。實務所見，如經法官衡量結果認為程序公正所受損害大於證據價值時，一般均否定其證據能力；反之，仍容許得為證據[19]。在美國，有前述 Miranda Warnings 及 Exclusionary Rule 為處理供述

---

[19] Stephen Seabrooke & John Sprack, *Criminal Evidence and Procedure*, 2nd ed., 1999, p. 169.

Christopher Allen, *Practical Guide to Evidence*, 2nd ed., 2001, pp. 229/238.

Andrew Sanders & Richard Young, *Criminal Justice*, 3rd ed., 2007, pp. 319, 631, 635–640.

證據與非供述證據之主要原則，實務上雖持嚴格立場，仍有少數例外❷❶。在日本、德國及瑞士，大抵亦採取個案權衡之原則❷❶。

　　在我國，已往毫無判解可循，迨九十年一月修法後，方有第四一六條第二項之規定出現，謂對於撤銷原搜索扣押處分之案件，審判時法院得宣告所扣得之物不得作為證據。既曰「得」宣告，並非一概予以否定，可見係採取相對（裁量）排除原則。相隔一年後，又於第一三一條增訂第四項作相同之規定，使法院對於依同條第三項撤銷原搜索扣押處分（第一三七條準用）者，亦得宣告所扣得之物不得作為證據。按供述證據涉及供述者

----

❷❶　Miranda Warnings 之例外情形見前述❶⑤。Exclusionary Rule 原係針對侵害嫌犯依憲法受保障權利而直接取得之非供述證據，認為應予排除。至若因而間接衍生之證據，未必一概排除。茲就美國聯邦最高法院案例，按照判決先後年序列述如下： 1. Independent Source Exception: Silverthorne Lumber Co. v. United States, 251 U.S. 385 (1920); Segura v. United States, 468 U.S. 796 (1984); Murray v. United States, 487 U.S. 533 (1988)。 2. Purged Taint Exception: Wong Sun v. United States, 371 U.S. 471 (1963); United States v. Crews 445 U.S. 463 (1980)。 3. Inevitable Discovery Exception: Nix v. Williams, 467 U.S. 431 (1984)。 4. Good Faith Exception: United States v. Leon, 468 U.S. 897 (1984)。另請參見前述❶②。

❷❶　日本司法實務見解，自最高裁判所昭和 53.9.7. (刑集 32–6–1672) 判例以來，所持相對排除之判斷基準， 主要在於衡酌其違法之重大性及排除之相當性（尤其著重抑止及預防辦案人員非法蒐證之效果）， 歷來肯定或否定證據能力之案例，正反互見。請參考昭和 61.4.25. (刑集 40–3–215)、昭和 63.9.16. (刑集 42–7–1051)、平成 6.9.16. (刑集 48–6–420)、平成 7.5.30. (刑集 49–5–703) 及 平 成 15.2.14. (刑 集 57–2–121) 各 該 判 例。德 國 文 獻 Roxin/Schünemann, Strafverfahrensrecht, §24, Rn. 31ff., §35, Rn. 9, 29 Aufl., 2017. 瑞士刑事訴訟法第一四一條第二項對於以犯罪手法或違背效力規定 (Gültigkeitsvorschrift) 所取得之證據，雖禁止法院採用，惟又設有但書，謂如係證明重大犯罪所必要者， 即不在此限 (...ihre Verwertung sei zur Aufklärung schwerer Straftaten unerlässlich.)。足見保有個案權衡之空間。國內探討瑞士刑事訴訟法之資料較少， 其自二〇一一年元旦生效之全部條文，可於 www.admin.ch 網站首頁點入 Bundesrecht 欄以 StPO 檢索。

之意思自由，往往因程序違誤而有影響內容之虞；非供述證據則具有客觀性，不因蒐集程序是否違誤而變更物證之型態。例如非法搜索扣押沾有被害人血跡之殺人案件兇刀，不因程序違誤而影響該兇器之真實性，除查究辦案人員法律責任外，應否絕對否定其證據能力，寬嚴取捨之間，非無裁量空間。本法第一三一條第四項及第四一六條第二項，均侷限於違法搜索扣押之情形，且對於扣押物是否宣告其不得作為證據，並未揭示指導原則，茲經九十二年修法增訂第一五八條之四為總括性規定以後，除法律另有規定者外，其他違背規定蒐得各類證據（供述或非供述證據）之證據能力如何認定，應以「審酌人權保障及公共利益之均衡維護」為指導原則，由審判時法院妥為裁量，以定取捨。

此一條文，蘊含比例原則及法益權衡原則（學術上有以「權衡法則」相稱者），具有指標作用。法官於個案作裁量時，參照該條立法說明，宜就下列情形予以權衡斟酌：⑴違背法定程序之情節；⑵違背法定程序時之主觀意圖；⑶侵害犯罪嫌疑人或被告權益之種類及輕重；⑷被告犯罪所生之危險或實害；⑸禁止使用證據對於預防將來違法取得證據之效果；⑹偵審人員如依法定程序有無發現該證據之必然性；⑺證據取得之違法對被告訴訟上防禦不利益之程度。該條初期適用，在實務上難免生疏，自最高法院引用上述立法說明作成 93 臺上 664 號判例以後，即已有所遵循。又如憑藉違背法定程序所取得證據，進而發現並合法取得別項證據者，得否採為判斷之依據[22]，亦應認為不必一概排除，仍由法官依第一五八條之四就個案為妥適之裁量。

關於依第一五八條之四相對排除規定衡酌有無證據能力之情形，其事例諸如：⑴未依第一〇〇條之一第一項規定全程連續錄音錄影而訊（詢）問被告（含犯罪嫌疑人）所取得之陳述；⑵違背法定程序實施搜索扣押所

---

[22] 1.當初研擬第一五八條之四蒐集文獻時，除如[19]、[20]、[21]所述者外，美國聯邦最高法院二〇〇一年 Illinois v. McArthur 案例 (531 U.S. 326) 亦係參考資料之一。該案判決對於無令狀搜索扣押之適法與否，認為應審酌執法上之特別需求、隱私期待之降低、權益之低度侵害等類此情狀而為判斷。

取得之證物；⑶檢察事務官、司法警察官或司法警察違背告知義務（第九十五條第一項第一款及第四款部分）而逕行詢問受拘提、逮捕之被告或犯罪嫌疑人所取得之自白及其他不利之陳述；⑷法官或檢察官違背第九十五條第一項各款告知義務而逕行訊問被告所取得之自白及其他不利之陳述；⑸法官或檢察官未將拒絕證言權告知證人，該證人受訊問或詰問所為證言（惟如證人日後成為被告時，其先前證言所為不利於己之陳述，與第一八一條相對照，無異自證己罪，即應認為無證據能力）；⑹非法裝設 GPS 追蹤器所取得之證據（參考最高法院 106 臺上 3788 號刑事判決案例）；⑺違背身心障礙者權益保障法第八十四條第二項規定，未提供必要之協助（例如通譯或辯護人）而逕行訊問被告所取得之陳述；⑻執行監聽之機關已依通訊保障及監察法第五條第四項規定遵限製作期中報告書，僅係逾期陳報法院者，其經監聽所取得之內容（見最高法院刑事大法庭 110 臺上大 2943 號裁定）。

　　第一五八條之四乃係針對非法蒐集取得之證據，於別無明文規範時，究應如何認定其有無證據能力，揭示權衡取捨之概括規定，無論所取得者為供述證據抑或非供述證據，均有該條之適用。惟參照該條立法說明，違背法定程序取得之供述證據，如已達侵害陳述人自由意思之程度時，應以排除為原則，至於非供述證據，除有偽造變造情事者外，因其具有不可變

　　(...involving special law enforcement needs, diminished expectations of privacy, minimal intrusions, or the like....Consequently, rather than employing a per se rule of unreasonableness, the Court must balance the privacy-related and the law enforcement-related concerns to determine if the intrusion here was reasonable....)

2. 在美國有所謂毒樹原則 (Fruit of the Poisonous Tree Doctrine)，前一階段非法取得之證據為毒樹，後一階段之證據即為有毒之果實，應予排除。我國最高法院 96 臺上 4177 號刑事判決（載《司法院公報》五〇卷七期）對於「毒樹果實」認為應有本法第一五八條之四相對排除規定之適用。惟通訊保障及監察法對於實施通訊監察所取得之內容或所衍生之證據，具有該法第十八條之一所定情形者，設有絕對排除之規定。

易性，不妨參照 93 臺上 664 號判例意旨，衡酌認為仍有證據能力。

上述第一五八條之四，係就公務員非法蒐證而言，其規範目的在於要求公務員依法執行職務不得違法侵權。例如：辦案人員徵得告發人事先同意，安裝錄音設備，於其以電話與索賄者聯絡佯稱願付現款若干時，予以錄音，就他人（索賄者）而言，此乃未憑通訊監察書之非法監聽，所得證據有無證據能力，即依本條抉擇之（參見最高法院 93 臺上 2949 號刑事判決案例，載九十四年五月出版《司法院公報》四十七卷五期）。在私人蒐證活動方面，除得聲請證據保全外，本法別無程序規定，私人蒐集證據經提出於法院者，尚無否定其證據能力之根據。至其證明力如何，應由法院自由判斷，如有以犯罪手法進行蒐證者，自當另行追訴處罰。美國聯邦最高法院一九二一年 Burdeau v. McDowell 案例 (256 U.S. 465) 對於控方使用私人非法蒐集取得之證據，判認不予排除，可供參考。德國法關於證據禁止規定，基本上亦僅能適用於刑事偵查機關 (Strafverfolgungsorgan)。惟私人不法取證經常發生侵害他人人格權情事，有時尚且構成刑責，此在秘密錄音尤其明顯。德國司法實務見解，認為倘若被告之對話係遭秘密錄取者，日後在該被告受刑事審判之程序中，法院即不得播放錄音帶聽取其內容踐行證據調查以證明被告所涉罪行，避免人格權之再度遭受侵害。詳請參閱㉑所引 Roxin/Schünemann §24, Rn. 57, 65, 66。我國曾有實例（最高法院 98 臺上 578 號刑事判決）認為私人取得之證據，原則上無證據排除原則之適用。惟如私人係以暴力取證者（例如以刑求方式取得他人之陳述），即應例外排除該項證據之證據能力。此項見解實與德國關於證據禁止中獨立性之採證禁止相當。從而，私人正常錄音或錄影資料，經法院依本法第一六五條之一第二項規定踐行調查並作成筆錄者，自亦不應排除其證據能力。

㈡未經合法調查之證據不得作為判斷之依據

證據之證明力雖由法院自由判斷，惟其證據須經合法調查，然後方能進行判斷，據以形成心證。否則，縱有證據能力，既未本於直接審理及言詞審理原則進行調查，即無從為證據價值之判斷，且與嚴格證明之要求不

合。釋字 582 號解釋理由書闡述合法調查之意義，謂係事實審法院依刑事
訴訟相關法律所規定之審理原則（如直接審理、言詞辯論、公開審判等原
則）及法律所定各種證據之調查方式，踐行調查程序而言。因此證據如有：

　　1.未經於審判期日踐行合法調查程序（例外規定另見第二七三條之二）。

　　2.雖經調查而其內容尚未明瞭。

　　3.雖經調查而其存有瑕疵尚未究明者。

　　此等證據即屬未經合法調查，不得作為自由心證判斷之依據（見 31
上 87、32 上 971、37 特覆 2925、44 臺上 1425、46 臺上 472、54 臺上
1944 號等判例）。本法九十二年修正強化交互詰問制以後，證人、鑑定人
如未經踐行詰問程序，其證言或鑑定意見尤不得作為判斷之根據。至若欠
缺證據能力之證據，本非適格資料，根本無須依照本法第一六四條至第一
七○條踐行調查證據程序。

　　第一五五條第二項首先列明「無證據能力」之證據不得作為判斷之依
據，其次列明「未經合法調查」之證據不得作為判斷之依據，旨在表示關
於證據能力事項必須先行審查之意，此觀第一五六條第三項、第二七三條
第一項第四款及同條第二項規定即明。茲所謂對於證據之「合法調查」，係
指就某項具有證據能力之證據，經由合法調查以判斷其實質證明力（證據
價值）而言，可謂屬於實質上之調查，與針對某項證據是否具備證據能力
之審查，僅從形式上予以調查，尚未判斷其實質證明力者，應分別以觀。

㈢自由心證之意義

　　得為判斷依據之證據，有其消極限制，本法第一五五條第二項規定甚
明，已詳上述㈠及㈡。凡無各該限制事由之證據，即可供作判斷之基礎，
由法院據以認定待證事實。惟法院如何據以認定待證事實之有無，端視證
據質量而定，尤以「質」即證據價值為關鍵，此乃證明力 (Beweiskraft) 之
問題。

　　依同條第一項規定，證據之證明力由法院自由判斷，專業法官組成之
法院，可擺脫法規約束，專憑自己之心證，自由裁酌某項證據之證明力，
亦即自由衡量某項證據對於待證事實能否產生證明之價值，是為自由心證

原則，乃大陸法系各國訴訟法所普遍採取（法國一八〇八年刑事訴訟法最早確立以 inwardly conviction〔內在確信〕為證明力判斷之準據。現行法條為第三〇四、三五三、四二七、五三六各條）；他如德國刑事訴訟法第二六一條、瑞士刑事訴訟法第十條第二項、日本刑事訴訟法第三一八條亦同。

按英美制度係將認定待證事實之責委諸陪審團，除經依法捨棄陪審，或案件不經陪審（如少年案件）者外，法官不負認定事實之職責。為防止欠缺專業能力之陪審員因情緒影響、心存偏見或受瑕疵資料所誤導，以免產生錯誤判斷，因而詳訂證據法則，經由許容與否之嚴格過濾，將不適格之證據排除在外，通過窄門僅將具備許容性 (admissibility) 之證據顯現於法庭，委由陪審團衡酌其證明力。惟陪審員或法官，對於許容證據 (admissible evidence) 如何評價，仍須依憑自由心證而為判斷，非謂毫無適用自由心證之空間。

英美證據法，著重於訂定過濾證據許容性之嚴密規範，限縮當事人舉證活動，限制陪審團所能衡酌其證明力之證據範圍，是為實質之法定證據原則❷❸。然而，一經肯定具備許容性後，其證明力之判斷，仍不得不循自由心證以定取捨。

---

❷❸ 神聖羅馬帝國一五三二年《卡羅連納法典》(*Constitutio Criminalis Carolina*) 係刑事實體兼程序法，在證據法則部分，嚴格規定須有被告自白，或二以上目擊證人之證言，或被告自白加證人一名之證言，方能認定犯罪事實，注重自白，排除間接證據，機械式訂定其證據之證明力，裁判官受有拘束，是為形式之法定證據原則。美國憲法第三條第三項謂叛國罪行 (Treason) 須有兩名證人或被告本人在公開法庭上之自白，方能定罪，即係採取上述原則。又如伊斯蘭教律法亦復如此，舉伊朗之回教刑法為例，其第七十四條規定，通姦罪行以證言為憑者，須有四名男性證人，或三名男性證人加兩名女性證人，始可足以認定，不僅明定證人人數，尚且表明兩名女性證人抵算一名男性證人之意。再如《新約聖經・馬太福音》第十八章第十六節、〈約翰福音〉第八章第十七節、〈哥林多後書〉第十三章第一節，皆謂認定待證事實至少需有二名證人作證；而《舊約聖經・民數記》第三十五章第三十節亦謂僅憑一名證人作證，不足為殺人罪責之認定。

　　凡得為證據之資料，原則上均具有論理上證據能力，雖其能顯現於法庭接受調查之機會較多，惟本法第一五五條第二項仍有消極限制之規定，對於自由判斷所憑資料之範圍，並非漫無限制。

　　兩相比較，本法所採自由心證原則，與英美制度所採實質之法定證據原則，立論與重點雖各有不同，其實具有相當程度之融合。

㈣自由判斷之形成

　　證據在何種條件下方能供為判斷之基礎，固可由法律予以規定，不許自由裁量；而證據之證明力，則唯賴裁判者自由判斷，實非法律所能設限。但法院為判斷以前，要必先有證據存在，始有自由判斷之可言；不僅如此，對於現存之證據，更須先經相當調查，方能據以自由判斷（54 臺上 1944 號判例），否則無從形成心證。法國刑事訴訟法最早建立自由心證原則已如前述，其現行法第三五三條針對重罪法庭之評議有謂（要旨節錄）：法律並未要求法官及參審員們遵循任何法則憑以確認證據之完足，而是要求彼等冷靜沉思並秉持理智，基於控方所提被告犯罪證據及辯方所提辯護意旨，據理探求心證之形成。法律總結其職責，衹問一句：你們已否形成內在確信？上述法條所作闡釋，堪稱自由心證原則之最佳註解。（英譯為 ...The law...does not charge judges and jurors with any rule from which they shall specifically derive the fullness and adequacy of evidence. It requires them to question themselves in silence and reflection and to seek in the sincerity of their conscience what impression has been made on their reason by the evidence brought against the accused and the arguments of his defence. The law asks them but this single question, which encloses the full scope of their duties: are you inwardly convinced?）

1.過　程

　　刑事案件由控方（檢察官或自訴人）負舉證責任，使法院獲得強度心證，產生確信，就待證事實予以肯定判斷；而辯方（被告及辯護人）則盡必要防禦之能事，提供有利證據，以減弱法院心證強度，阻使不生肯定其事之確信。法院面對控辯雙方攻擊防禦，全憑合適證據，經合法調查後，

對於證據之證明力，為自由判斷，進而形成一定程度之心證，產生肯定或否定之主觀確信，認定待證事實之存否。心證，乃內心確信(überzeugung) 之意。自由心證，即依內心確信而為證據取捨及其證明力之判斷。上述過程（判斷→心證→確信→認定）有賴於裁判者之推理，應本其客觀通常認知及主觀識驗素養，為獨立公正之論斷。

2.經驗及論理法則

53 臺上 2067 號判例提示自由心證應受經驗法則與論理法則之支配，旨在防範推論謬誤及主觀因素之不當摻入，以免流於恣意判斷。九十二年修法，將判例意旨列為第一五五條第一項但書，益臻明確。所謂經驗法則(Gesetze der Erfahrung)，係指普通一般人基於日常生活經驗所得之定則，並非個人主觀上之推測，或少數人之特殊行為模式❷。所謂論理法則(Gesetze des Denkens)，係指吾人作正確思考、推理、演繹所應遵循之邏輯規範，對於證據與待證事實之關聯性及證明力之衡量，皆須作合理之判斷。

3.茲以簡圖示意如下

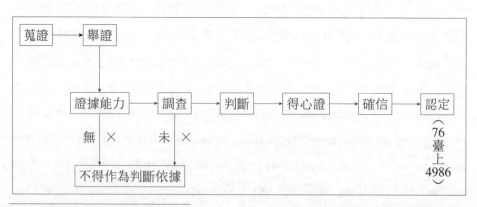

---

❷　參考最高法院 86 臺上 6213 號刑事判例。原判決全文刊登《司法院公報》四十卷三期。在德國亦認為法官之自由心證須受思考（論理）及經驗法則之拘束。參閱 Roxin/Schünemann, Strafverfahrensrecht, §45, Rn. 50, 29 Aufl., 2017. 惟經驗法則除自然及數理定律外，未必具有絕對性，尚須注意考量其是否具有普遍性以及能否驗證其正確性。吳燦，〈刑事審判之經驗法則案例研究〉專文，連載於《司法周刊》第 2065、2066、2067 期，對於經驗法則在審判上之應用，有精闢深入之論述，極具參考價值。

4.證據之評估

證據證明力之評估，須視具體個案情節而為判斷，一般言之，可參考下述通常原則：

⑴直接證據優於間接證據。

⑵間接證據之採用，必須經歷正確推理過程，結合相關證據資料，進行整體評估考查（德文 Gesamtsicht。29 上 3362 號判例謂「綜核」），達於證明待證事實之存在具有高度可能性之程度。

⑶非供述證據優於供述證據。惟非供述證據如係出於偽造或變造者，即無證據能力，除應予排除外，並有刑責問題（刑法第一六五條）。

⑷供述證據如有虛偽不實，除影響其證明力外，在證人、鑑定人方面，如經依法具結者，即有偽證罪（刑法第一六八條）之問題。

⑸被告自白屬於供述證據，採用自白須符合任意性及真實性兩項要件。

＊任意性之審查，可依個案情節諸如訊（詢）問之時間、地點、氛圍以及受訊（詢）問人年齡、職業、教育程度、身心狀況，尤其實施訊（詢）問者之發問方式、語氣與態度等各種情況，進行綜合判斷。倘若先前自白出於非任意性，雖應予以排除，惟如其後在檢察官訊問時仍為相同內容自白者，除非有受先前不正方法延伸影響之情形，否則，該項在後所為自白，仍有證據能力。

＊真實性之審查，依第一五六條第二項規定，須有充分且具備證據能力之其他補強證據足資佐證，以擔保自白之真實性。

⑹關於證人證言之證明力，請參閱後述本章第二節之「五、證言之效力」說明之㈡。

5.事實認定與證明度強弱

罪疑唯輕，古有明訓（《尚書・大禹謨》，皋陶答帝舜，曰：「罪疑惟輕，功疑惟重。與其殺不辜，寧失不經。」）。此項原則，拉丁法諺謂 in dubio pro reo，德國在學術上簡稱為 Zweifelssatz（即 Grundsatz im Zweifel für den Angeklagten），英美證據法則強調 In a doubtful case, the defendant is to be preferred. 我國最高法院 30 上 816 號判例指明：「認定不利於被告

之事實，須依積極證據。苟積極證據不足為不利於被告事實之認定時，即應為有利於被告之認定，更不必有何有利之證據。」可謂對於證據裁判及罪疑唯輕原則之最佳詮釋。

所謂發見真實，其實無法達到百分之百證明程度，倘若達於甚為接近真相者，即已難能可貴。76 臺上 4986 號判例謂，訴訟上之證明，須達於通常一般之人均不致有所懷疑而得確信其為真實之程度者，始得據為有罪之認定。倘其證明尚未達到此一程度，而有合理之懷疑存在時，法院如已敘明心證上理由而為被告無罪之判決，即不得任意指為違法。此一判例意旨，實即表示認定犯罪事實須達已無合理懷疑存在之證明度（有依外文而習稱超越合理懷疑者，「超越」一詞語意欠明），方可謂為符合本法第二九九條第一項前段所稱「犯罪已經證明」而諭知被告有罪之判決。申言之，法院依調查證據結果，足認待證事實之存在，於客觀上具有高度可能（蓋然）性，進而形成主觀確信之心證時，方能謂為已無合理懷疑。最高法院以合理懷疑（德 vernünftige Zweifel；英 reasonable doubt）之存否，作為有罪事實證明度之基準，必須已無合理懷疑，如同成語所謂無可置疑之程度時，始得為被告有罪之認定，與瑞士刑事訴訟法第十條第三項規定、德國聯邦最高法院見解❷❺及英美法 beyond a reasonable doubt 之概念相互一致，就此而言，大陸法與英美法堪稱相融。

日本學者中島弘道氏所著研究舉證責任之專論（譯文見前司法行政部編印之《司法專刊》第二十三期），將法官確信事實存否之心證強弱，分為微弱心證、蓋然的心證、蓋然的確實心證、必然的確實心證四個等級；認為在民事審判，有蓋然的心證即可肯定待證事實之存在，而在刑事訴訟，雖不以達於最強度之必然的確實心證為必要，但至少須以第三級之蓋然的確實心證為基準。茲以此架構為藍本，配合我國實務及本法相關條文，試將證明度之強弱，分成六級予以對照說明如下：

---

❷❺ Gerd Pfeiffer, Strafprozessordnung und Gerichtsverfassungsgesetz, §261, Rn. 1, 2, 4 Aufl., 2002. 及 Roxin/Schünemann, Strafverfahrensrecht, §45, Rn. 43, 44, 29 Aufl., 2017.

等級	強弱度	基　　準	適用事項	本法參照規定	英美法上參考用詞
1	極強	十分接近事實真相	有罪之認定（76 臺上 4986 號判例）	§§299 I, 449 I, 455 之 4 II	moral (absolute) certainty
2	甚強	已無合理懷疑存在（無可置疑）			beyond reasonable doubt
3	較強	證據明確且有充分之說服力	起訴或聲請	§§251, 451, 455 之 2 92 臺上 128 號判例	clear and convincing proof
4	強	具有證據之優勢	拘提、羈押	§§76, 88 之 1, 101, 101 之 1（犯罪嫌疑重大）	balance of probabilities OR preponderance of evidence
5	弱	具有相當理由（蓋然）	搜索、扣押	§§122, 131, 135	probable cause
6	微弱	有嫌疑而已	開始或移送偵查	§§218 III, 228 I, 240, 241, 250	mere suspicion

◎法院諭知被告有罪判決，須達第 2 級以上之心證強度（即以第 2 級為低標）方能符合本法 §299 I「被告犯罪已經證明」之規定；協商判決雖以協商合意為基礎，法院如無第 2 級以上程度之心證，仍應注意 §455 之 4 I ㈢規定之充分運用。至於檢察官之提起公訴，依 §251 雖以「足認被告有犯罪嫌疑」為已足，此乃條文針對不同階段之程序而為不同層次之規定，非謂容許草率起訴，檢察官須自我期許不以第 3 級之低標程度為滿足（聲請簡易判決或協商判決亦應有相同認知）。又第 4 級及第 5 級事項，並應審酌其強制處分之必要性。此外，依特別法所為通訊監察，通訊保障及監察法修正第五條已將通訊監察書改由法官核發，須有事實足認其人涉有該條第一項各款所列罪嫌，並危害國家安全或社會秩序情節重大，而有相當理由可信其通訊內容與本案有關，且不能或難以其他方法蒐證者，始得准許，條件甚嚴。釋字 631 號解釋亦謂通訊監察之性質屬於刑事訴訟上強制處分的一種，係以未告知受監察人，未取得其同意且未給予防禦機會之方式，限制其秘密通訊自由，且不受有形空間之限制，並於執行通訊監察時，有同時侵害無辜第三人秘密通訊自由之可能；若與搜索、扣押相較，對人民基本權利之侵害尤有過之（詳見解釋理由書）。因此，法官對於聲請通訊監察之准駁，應就檢察官所提事證從嚴審認，採取羈押准駁之相同標準，須達第 4 級以上之心證強度，方得發給通訊監察書。

四、被告（含犯罪嫌疑人）之自白

　　自白，乃犯罪嫌疑人或被告，承認全部或主要❷犯罪事實所為之陳述。於陳述時之身分，不以犯罪嫌疑人或被告為限，例如刑法第一七二條所定情形是。且陳述時點未必皆在本案訴訟中（見本法第四二二條第二款），惟如於犯罪未發覺前向具有偵查犯罪職權之公務員為陳述者，則為刑法第六十二條之自首。陳述方式以書面（如自白書）或言詞（如應訊供述經作成筆錄）均可。倘若承認犯罪而同時主張阻卻違法或阻卻責任者，在英美法未必認為自白，惟從本法第一〇〇條而言，應認其係有利辯解，仍不影響自白之本質。陳述地點是否限於偵審機關？因自白係循訊問方式所取得（如係主動投案承認犯罪事實者，實際上仍依訊問方式作成筆錄），在我國，就本法第九十四條至第一〇〇條之三配合觀之，應認在司法警察機關、檢察機關、法院應訊承認犯罪之陳述，方為此處所稱之自白。惟30 上 1552 及 31 上 1515 號判例似持從寬見解。

　　本法第一五六條第一項規定：被告之自白，非出於強暴、脅迫、利誘、詐欺、疲勞訊問、違法羈押或其他不正之方法，且與事實相符者，得為證據。該項規定可溯自北伐統一前之十年十一月十四日公布刑事訴訟條例第三〇三條，當時立法理由謂：「被告之自白，雖亦為證據之一種，然其訊問，若係以不正之方法者，則自白未必出於自由意志，不得採為犯罪之證據；訊問縱非以不正之方法，而與事實不符者亦然，故仍應調查其他之證據。」由此可知，被告自白可供證據之用者，必須具備任意性 (voluntariness) 及真實性 (truthworthiness) 兩大要件，缺一不可（29 上 1457 ⑴號判例）。申言之，非任意之自白，已侵犯人權，不論是否真實，一概不得作為證據（70 臺上 537 號判例）；縱屬任意自白，如果虛偽不實，仍不得作為證據。必須既具備任意性且與事實相符之自白，方得充作證據，其證明力由法院自由判斷。上述規定，採取保障人權說及排除虛偽說兼而有之，對於自白之得為證據，限制甚嚴。茲將自白之相關事項分述如下：

---

❷　30 上 2606 號判例認一部自白不能適用法定減免之寬典。

(一)自白之任意性

　　自白，係供述證據，其自願坦白，涉及供述者之意思自由，非任意之自白，並非本於自由意思所陳述，各國皆不許作為證據，釋字384號解釋已將「被告自白須出於自由意志」，即自白任意性原則納入憲法第八條第一項所稱「法定程序」之範疇，提升至憲法層次。所謂非任意性自白，依本法第一五六條第一項規定，係指出於下列各種不正方法而言（施用不正方法之人，不以有訊問權者為限，尚包括第三人在內）：

1.強　暴

　　謂以有形力強行施暴，使受生理苦痛而為自白。除典型之刑訊拷問外，他如強光照射、鼻腔灌水、罰跪冰塊等情形是。

2.脅　迫

　　謂以無形力施加威脅，致生心理恐懼不安而迫使自白。例如拍桌高聲發問、告以如不坦承其事必請檢察官不予交保、告以如不坦白招認將連番約談家屬等情形是。

3.利　誘

　　謂誘之以利而使其自白。最高法院72臺上4380號刑事判決案例：嫌犯自己以為「自首」而投案作供，司法警察亦於筆錄記為「自首」而加以訊問，此乃利用對於「自首」之誤認，誘使被告自白犯罪，應認該項自白出於非任意性。106臺上2370號刑事判決案例：檢察官許諾非其裁量權限範圍內之量刑減輕利益誘發被告自白，顯係利誘。惟如於訊問前曉諭自白減免其刑之規定者（例如貪污治罪條例第八條、刑法第一六六條），乃係法定寬典之告知；又如被告自白案件經檢察官依被告所表示之意願而為求刑者，乃係本法第四五一條之一就簡易程序所設特別規定。此兩者均非可指為利誘。

4.詐　欺

　　謂以欺騙手法使其自白。例如以答允充分考慮緩起訴為餌騙取自白；或對於共犯隔別詢問時採用各個擊破手法佯稱同夥已招供而騙取自白是❷。

5.疲勞訊問

謂利用嫌犯處於疲勞狀態下所取得之自白。例如訊（詢）問時間過久，嫌犯疲憊不堪，或因疾病體力衰弱❷，達於無法為完全陳述之程度者，仍對其持續進行訊問，所獲自白之任意性即有瑕疵。

6.違法羈押

謂處於非法羈押狀態下所取得之自白。既曰違法羈押，即指一切未符合本法所定「羈押」之拘束人身自由而言。除具有撤銷羈押之原因竟未予撤銷而仍在押者，顯屬違法羈押外，凡被告或犯罪嫌疑人處於非法拘束自由狀態接受訊（詢）問所為自白，皆係非任意之自白。例如司法警察人員非法拘捕嫌犯並予詢問，或合法拘捕嫌犯後，超過二十四小時，且無法定障礙事由，竟不解送司法機關處理，仍予拘束自由並進行訊問是。假如嫌

---

❷ ①參見日本最高裁判所昭和 41.7.1. 判例（刑集 20-6-537）及昭和 45.11.25. 判例（刑集 24-12-1670）。

②對於被告應有第九十五條第一項之告知，且其保有緘默權及辯護人依賴權，與證人身分有別，檢察官如以證人（或關係人）名義傳喚嫌犯應訊，而採其陳述為不利之證據，將其逕行列為被告提起公訴者，最高法院 92 臺上 4003 號刑事判決案例（載九十三年四月出版《司法院公報》四十六卷四期）認有以詐欺方法取供之嫌，不具證據能力，應予排除。另有 93 臺上 2884 號刑事判決案例（未刊登公報）重申相同見解。

❷ ①德國聯邦最高法院見解，認為持續訊問達於侵害陳述人意思自由之程度時，即屬疲勞訊問。例如訊得嫌犯自白前，該嫌犯已有三十小時未曾睡眠休息者是。Gerd Pfeiffer, Strafprozessordnung und Gerichtsverfassungsgesetz, §136a, Rn. 7, 4 Aufl., 2002. 及 Roxin/Schünemann, Strafverfahrensrecht, §25, Rn. 21, 29 Aufl., 2017.

②美國聯邦最高法院一九七八年案例 (Mincey v. Arizona, 437 U.S. 385) 認為警方在醫院加護病房詢問傷病體弱之嫌犯，有違法定程序。

③我國最高法院 93 臺上 2889 號刑事判決案例對於被告持續應詢整整二十四小時未曾闔眼，93 臺上 6538 號刑事判決案例對於被告從早上九點半到晚上十點多持續應詢之情形，均以原審疏未就有無疲勞訊問情事為調查而予發回更審。

犯因甲案依法羈押中，偵查機關為乙案蒐集證據而行訊問並取得自白者，並非處於違法羈押之狀態，尚不能指為非任意性自白。

7.其他不正之方法

謂上述 1.至 6.以外其他一切侵害陳述人意思自由之不正方法。例如給予鹹食、不供飲食、催眠自白等情形是❷。曾有實例（最高法院 101 臺上 2165 號刑事判決）以依卷證所示，偵查庭訊問時間為「下午五時四十二分」，經勘驗錄音光碟，其開始時間則為「十九時五分二十一秒」，其間有一小時二十三分之空白，偵查庭環境具有相當壓迫性，檢察官之遲延訊問，有無正當理由，是否專以取得被告自白為目的，對於自白任意性之判斷，具有重要影響。另有認為檢察官問案方式出於不正方法之實例，見最高法院 101 臺上 2165 號刑事判決。

以上各該非法取供，尚須注意其狀態之延續性。被告先前曾受不正方法之警詢而為自白，在精神上遭受重大壓迫，案移檢察官訊問時，如因恐懼而仍未能自由陳述者，該項偵查中自白，即非當然具有證據能力，法院應詳加調查。

上述各種不正方法取供，違背本法第一五六條第一項所定自白得為證據之要件，固不應採用；惟關於是否具備任意性之證明問題，有探討之必要。首先，當被告主張自白之非任意性時，法院必須先於其他事實而為調查，應責由檢察官就其引為起訴證據之自白，指出證明出於任意性之方法，例如檢察官證明被告在自白前已受本法第九十五條第一項各款事項之告知，足見出於自由陳述❸；或檢察官提出依本法第一〇〇條之一作成之錄音、錄影資料，以證明於訊問時並無施用不正手段。此等證明方法，堪供法院審酌。九十二年修法增訂第一五六條第三項明定：「被告陳述其自白係出於不正之方法者，應先於其他事證而為調查。該自白如係經檢察官

---

❷　德國刑事訴訟法第一三六條 a 第一項明定禁用催眠取供。

❸　參考日本最高裁判所昭和 25.11.21. 判例（刑集 4-11-2359）。至於被告在審判庭所為自白，應受任意性之推定，可參看昭和 24.7.13. 判例（刑集 3-8-1264）。

提出者，法院應命檢察官就自白之出於自由意志，指出證明之方法。」於實務應用上更加明確。茲所謂應先於其他事證而為「調查」者，係就自白任意性即有無證據能力問題先行審查之意，如認欠缺任意性時，自應予以排除。其次，認定自白之任意性，德國司法實務見解以其事屬有無程序違誤之問題，可採自由證明即足。我國最高法院亦曾出現相同見解❸。至若檢察官所指出之證明方法猶有未足時，控方既未善盡實質舉證責任，基於無罪推定原則，法院即應為有利於被告之認定，並無第一六三條第二項但書職權調查之適用，以免形同糾問（本書對於該條項但書所持見解詳見§163 說明）。

㈡自白之真實性

自白之任意性已如前述㈠，屬於證據能力有無之問題。至其真實性，則為是否具有證明能力之問題（參照釋字 582 號解釋及 46 臺上 809 號判例）。

自白得為證據者，除須出於任意性外，尚須與事實相符，即須具備真

---

❸ ①英美法對於認定事實所要求之證明程度，民事較低，採取 balance of probabilities 或 preponderance of the evidence（證據優勢）為標準，刑事較高，採取 beyond a reasonable doubt（通常一般人已無合理懷疑）為標準。美國聯邦最高法院一九七二年案例 (Lego v. Twomey, 404 U.S. 477) 認為自白任意性之認定，至少須達證據優勢之強度，此乃下限，實際上若干州法院係採取如同認定犯罪之高標準。又英文 statement 泛指一切言詞或書面陳述而言，admission 其意義相當於「不利於己之陳述」，confession 則相當於吾人所稱之「自白」。參閱 Ferdico, *Criminal Procedure for the Criminal Justice Professional*, 7th ed., 1998, p. 434.

② Roxin/Schünemann, Strafverfahrensrecht, §24, Rn. 5, 29 Aufl., 2017.

③我國最高法院 91 臺上 2908 號判例謂若被告已提出證據主張其自白非出於任意性，法院自應深入調查，非可僅憑負責偵訊被告之人員證述未以不正方法取供，即駁回此項調查證據之聲請。另有 94 臺上 275 號刑事判決案例，支持第二審判決所敘理由略謂自白是否出於任意性如有疑義，法院依自由證明程序調查後，在心證上，相當程度懷疑有以不正方法詢問情事時，即應否定其證據能力，無須達到確信其非任意性之程度。

實性。（苟欠缺任意性，即根本不得為證據，已無須探究其真實性。）按任意性自白具有強度之證明力，本應由法院自由判斷取捨，惟為兼顧保障人權與排除虛偽起見，對於該項自白，尚須查明是否真實，以防誤判。因此，法院雖依該項自白已形成有罪心證，仍不得僅憑自白而為被告有罪之判決，此乃對於該項自白之證明力，限制法院之自由心證。

1.依我國法規定——補強證據

依本法第一五六條第二項規定：被告或共犯之自白，不得作為有罪判決之唯一證據，仍應調查其他必要之證據，以察其是否與事實相符。例如：甲、乙共犯案件，甲自白內容陳述不利於己部分，為被告（甲）之自白；其陳述不利於乙部分，對乙而言，則為共犯（甲）之自白。反之亦同。法條所稱共犯，無論其係任意共犯或必要共犯（含對向犯例如行賄與受賄），均包括在內。並須注意本法第二八七條之二之適用。

74 臺覆 10 號判例指明立法目的在於以補強證據擔保自白之真實性。所謂補強證據，係指自白以外其他足資證明所自白之事實確具相當真實性之證據而言。藉由補強證據與自白之互補作用，據而確信犯罪事實之存在。補強證據之作用，在於佐證被告自白之犯罪非屬虛構，不以證明全部犯罪事實為必要，且不以直接證據為限（73 臺上 5638 號判例）❸❷。裁判上一罪之各個行為事實，通說謂以從重部分有補強證據為已足，惟此觀點非無商榷餘地。

茲所謂其他必要之證據，釋字 582 號解釋強調亦須具備證據能力，且經合法調查，方能作為判斷之依據。在證明力之程度上，非謂自白為主要證據，其證明力當然較為強大，其他必要之證據為次要或補充性之證據，證明力當然較為薄弱，而應依其他必要證據之質量，與自白相互印證，綜合判斷，足以確信自白犯罪事實之真實性者，始足當之。

補強證據之功能，係對於有證據價值之自白，加強擔保其真實性。倘若自白內容有前後不相一致甚或歧異之情形，應依經驗法則與論理法則，

---

❸❷　我國判例見解與日本相同。參見日本最高裁判所昭和 26.4.5. 判例（刑集 5-5-809）及昭和 30.4.6. 判例（刑集 9-4-663）。

衡酌何者較具合理性，以定取捨。其經捨棄不採者，此部分即無須尋求補強證據。

2.外國法例──英美法罪狀認否

關於自白及其補強之問題，英美法由於踐行罪狀認否程序 (arraignment)，被告可當庭為認罪之答辯 (plea of guilty)，該案即可不經陪審及無須與不利證人對質，由法官逕予判處罪刑，此項答辯，不以自白 (confession) 相稱。通常探討自白，著重於審判外之證據資料，認有擔保真實性之必要，凡屬審判外自白或其他不利於己之供述，皆須另有佐證以資補強，方可定罪 (the requirement of corroboration of extrajudicial confession)。至於佐證之類型，並未有何限制，共同被告之自白亦得充作補強證據。

3.外國法例──日本

日本刑事訴訟實務見解，深受英美法影響。日本憲法第三十八條第三項規定：對於自己不利之唯一證據為本人之自白時，任何人不得被認為有罪或被科處刑罰。日本最高裁判所見解認為條文所稱「本人之自白」，係指審判庭外自白而言。被告在審判庭上，面對直接審理，不受任何拘束，意思完全自由，其自白無須補強證據[33]；惟依日本刑事訴訟法第三一九條第二項規定，不論是否為被告於公判庭上之自白，如該項自白係對其自己不利之唯一證據時，不得認定被告有罪，於是形成訴訟法超前現象；又如受共同審理之共犯有甲乙丙三人時，乙與丙皆係甲以外之人，對甲而言，乙與丙所為自白，非屬「本人之自白」，是否可信，委諸法院自由心證[34]，其非受共同審理者，更無論矣。

4.小 結

本法第一五六條列於證據章通則一節，該條第二項所稱「被告或共犯

---

[33] 日本最高裁判所昭和 23.7.29. 判例（刑集 2-9-1012）及昭和 27.6.25. 判例（刑集 6-6-806）。

[34] 日本最高裁判所昭和 33.5.28.（刑集 12-8-1718），昭和 51.2.19.（刑集 30-1-25）及昭和 51.10.28.（刑集 30-9-1859）各該判例。

之自白」，並無審判中或審判外之區分。兩人以上具有共犯關係之共同被告，某一被告所為不利於己之自白，乃係該「被告」之自白；而其兼涉不利於其他被告之供述，對於其他被告而言，則為「共犯」之自白。被告或共犯之自白，均須要求補強證據，以防推諉卸責或栽贓嫁禍之弊端。在同一訴訟程序中具有共犯關係之共同被告，彼此對犯罪有相互利用或利害關係，各被告所為自白本身尚待佐證以察其是否真實，並無證明力（參照46 臺上 809 號判例），何能謂為可與其他共同被告相互補強而作犯罪之認定。84 臺非 179 號非常上訴判決似有採取肯定相互補強之見解，但未成為判例。足見本法對於自白真實性之擔保，要求甚嚴。惟本法九十二年二月修正第一八六條並增訂第二八七條之一、之二後，基於保護被告防禦權之必要，明定共同被告之調查證據程序分離進行暨準用有關人證等規定（參閱後述各該條文說明），31 上 2423 號判例，有將共同被告不利於己之陳述，虛擬為被告本人自白之嫌，忽視共同被告之證人適格性，未能顧及被告本人之詰問權，有害其防禦權益，釋字 582 號解釋強調共同被告之證人適格性，認舊判例與憲法意旨不符，併同 38 穗特覆 29、46 臺上 419、47 臺上 1578 各號判例，均應不再援用。因此，依憑他共同被告不利於己之陳述而為被告本人犯罪事實之認定時，除有符合傳聞法則之例外情形（另詳後述）者外，須使該共同被告立於證人地位到場具結作證並受詰問後，其陳述方能供作證據之用，否則不得採為證據。釋字 592 號解釋仍重申相同意旨。其實，共同被告如與被告本人具有共犯關係時，該共同被告立於證人地位所為不利於己之陳述，揆諸本法第一五六條第二項規定，即難認係被告本人自白以外之「其他必要證據」，亦即不能認之為補強證據，從而仍有待於其他佐證以察被告本人自白是否真實。實務見解（例如最高法院 107 臺上 3786 號刑事判決）認為共犯自白對於別一共犯之犯罪事實而言，除應依人證之調查程序踐行調查外，尤須有補強證據擔保其真實性，方能採為論處別一共犯罪刑之證據。

　　至於本法第一五六條第四項規定：被告未經自白，又無證據，不得僅因其拒絕陳述或保持緘默，而推斷其罪行。基於無罪推定及證據裁判原

則，此乃當然之理。該第四項係五十六年一月修法增訂者（原為第三項，九十二年二月修正公布條文移列第四項），五十六年本法第九十五條尚無被告得保持緘默之規定，八十六年十二月修正第九十五條已經明定被告得保持緘默。於是，第一五六條第四項應如何解讀，即有探討必要。按該第四項所用「推斷」一詞，可解為推論與判斷之意，被告之緘默權既經修法明定，則在「被告未經自白，又無證據」之情形下，當然不容僅因其「保持緘默」而「推斷其罪行」，此點固無疑問；惟如被告所涉罪嫌已有確鑿事證，其因「無言以對」而保持緘默者，法院依憑此種緘默情狀而為不利於被告之推論判斷時，宜認屬於妥適之自由心證範圍，並無違法可言。歐洲人權法院一九九六年二月八日 John Murray v. United Kingdom 一案判決中，對於英國法院在一定情形下，因被告保持緘默而為不利於被告之推論，是否違背公正審判原則之爭點，認為倘若控方已蒐獲或提出甚強之直接證據，此際如合理期待被告基於防禦必要而可有所陳述，惟被告保持緘默時，法院依此情狀而為不利於被告之推論者，尚非違背歐洲人權公約所示之公正審判原則；反之，倘若證據薄弱，則被告之保持緘默，法院不得據而為不利於被告之推論。上述判決意旨（尤其該判決第 51 段至第 54 段內容）頗具參考價值。從而，就刑法第五十七條第十款所示科刑輕重標準以觀，被告單純保持緘默或否認犯罪，苟無串證或誣攀等不當情事，則其防禦權之行使即未逾越正當範圍，非可指為犯罪後之態度不佳而予從重量刑。

(三)「測謊」與自白

1.測謊之意義

測謊技術之應用，係就受測人就相關事項之詢答，對應其血壓、脈搏、呼吸、汗分泌、神經等反應是否異常，據以研判受測人所述有無虛假情事。此種科技器材，應正名為多重波動記錄器。測謊結果（有無異常反應）係非供述證據，並非以受測人於受測時所答內容為其供述證據。

2.實務上運用

實務上可能使用之情形有二：其一為運用測得異常反應之結果促使被告俯首認罪而為自白；其二為運用測得無異常反應之結果以補強自白之真

實可信。

　　⑴在第一種情形，德國聯邦最高法院認為不論是否徵得被告同意受測，均係侵犯人格尊嚴，影響意思自由，屬於德國刑事訴訟法第一三六條a第一項所禁止之列❸，該項見解自保障供述自由立場以觀，應予肯定。對照本法第一五六條第一項規定，可歸入「不正之方法」而得相同結論。

　　⑵在第二種情形，加拿大最高法院一九八七年 R v. Béland 一案判決先例，以違背證據法則為理由，判認測謊結果欠缺許容性 (inadmissible)。美國聯邦最高法院對於該國軍法證據規則第七〇七條將測謊結果及測謊作業人員之意見均不容許採納為證據之規定，判認尚非違憲❸，並謂測謊之可靠性尚無定論，在科技界及各州法院間，持肯定或否定觀點者呈兩極化；中國大陸刑事實例亦持否定見解，最高人民檢察院一九九九年九月十日「關於 CPS 多道心理測試鑑定結論能否作為訴訟證據使用問題」批覆四川省人民檢察院謂：「CPS 多道心理測試（俗稱測謊）鑑定結論與刑事訴訟法規定的鑑定結論不同，不屬於刑事訴訟法規定的種類。人民檢察院辦理案件，可以使用 CPS 多道心理測試結論幫助審查、判斷證據，但不能將 CPS 多道心理測試鑑定結論作為證據使用。」日本最高裁判所昭和43.2.8. 判例（刑集 22–2–55）見解，則基於被告之同意，而認測謊記錄文書具有適當性，可依日本刑事訴訟法第三二六條所示要件而承認其證據能力。我國最早刊登公報之最高法院 85 臺上 5791 號刑事判決所持見解，認為測謊之結果，有時因受測人之生理心理因素而受影響，其鑑定結果非無證據能力，固可為審判之參考，但非為判斷之唯一絕對依據，是否可採，應由法院斟酌取捨❸。其後具有指標意義之最高法院 92 臺上 2282 號刑事

---

❸　Karlsruher Kommentar zur Strafprozessordnung, §136a, Rn. 34, 4 Aufl., 1999.
　　Löwe-Rosenberg, Die Strafprozessordnung und das Gerichtsverfassungsgesetz, 2 Band, §136a, Rn. 56, 25 Aufl., 2004.
　　Roxin/Schünemann, Strafverfahrensrecht, §25, Rn. 18, 29 Aufl., 2017.

❸　United States v. Scheffer, 523 U.S. 303 (1998).

❸　最高法院 85 臺上 5791 號刑事判決，載八十六年四月出版《司法院公報》三

判決，認為測謊鑑定報告，在形式上必須符合測謊之基本程式要件，方能賦予證據能力，即：①須經受測人同意配合，並已告知得拒絕受測；②測謊員須經良好之專業訓練與相當之經驗；③測謊儀器品質良好且運作正常；④受測人身心及意識狀態正常；⑤測謊環境良好且無不當之外力干擾。該則判決並謂一般而言，受測者否認犯罪之供述呈現不實之情緒波動反應，不得採為有罪判決之唯一證據；若受測者否認犯罪之供述並無不實之情緒波動反應，又無其他積極證據證明其被訴之犯罪事實，自得採為有利於受測者之認定。自此以後上述見解迄無變更。按認定不利於被告之事實，須有積極證據，並應經由嚴格證明。縱有被告未說謊之鑑定結果，如別無補強證據，仍不能僅憑自白定罪；縱有被告說謊之鑑定結果，如被告堅決否認犯罪，且別無積極證據，依本法第一五六條第四項規定，亦不許推斷其罪行。由此可知所謂測謊者，無非提供自由心證參考而已，測謊結果本身之證據價值不高，辦案人員喜愛運用測謊方法，實乃過分重視自白所致，應予匡正。

五、傳聞法則

§157
（後述）

㈠傳聞法則之意義

§158
（後述）

§159

　　傳聞法則（Hearsay Rule 或 The Rule against Hearsay）源自英美法，意謂對於傳聞證據，以否定其證據能力為原則。但在符合若干例外情形下，仍容許其得為證據，即例外地承認某些傳聞證據具有證據能力。因此，須先說明傳聞證據之意義。

十九卷四期。另有 88 臺上 2936 號刑事判決謂測謊鑑定，倘鑑定人具備專業之知識技能，復基於保障緘默權而事先獲得受測者之同意，所使用之測謊儀器及其測試之問題與方法又具有專業可靠性時，該測謊結果雖不得作為有罪判決之唯一證據，但非無證據能力，其證明力由法院自由判斷。見八十八年十二月出版《司法院公報》四十一卷十二期。而 91 臺上 359 號刑事判決更認為對於證人之測謊結果亦可供審判上之參酌，見九十一年五月出版《司法院公報》四十四卷五期。另有 102 臺上 439 號及 110 臺上 5281 號刑事判決亦可參考。

　　傳聞證據一詞，係學術上用語，在英美法，通常以 Hearsay（傳聞）稱之❸。其意義如何，須視各國證據法則而定。依本法九十二年二月修正及增訂之第一五九條至第一五九條之五規定綜合而言，被告以外之人（即原始陳述人，declarant）於審判外之言詞或書面陳述❸，如經當事人或其他訴訟關係人向法院供證原始陳述內容，或將記載原始陳述內容之書面提出於法院，而以該項原始陳述用於證明其陳述內容所指之事實（此項事實往往涉及本案待證事實）者，皆為傳聞證據，應受傳聞法則之約束。

　　所謂審判外之言詞陳述，例如控方聲請傳喚張三作證，證人張三於李四被訴傷害一案到庭證稱，自己雖不在場，惟據現場目擊者王五告知，當時李四的確毆打妻子屬實。張三係以聞自王五之陳述作為證言內容，並非說明自己親身體驗之客觀事實，原始陳述人王五「告知」張三謂曾目擊「李四毆妻」一節，乃係傳聞之言詞陳述，是為傳聞證言，除非符合例外情形，否則不具證據能力。在上述情形，其實出現兩名證人，張三（第一證人）雖經到庭結證甚至接受詰問，但其證言係以轉述王五（第二證人）之言詞陳述為內容，王五在法庭外 (out-of-court) 之原始陳述，未經到庭、具結、接受詰問等程序，此項傳聞證言應予排除。

　　所謂審判外之書面陳述，例如控方聲請傳喚王五作證，王五收受證人傳票後，將自己目睹李四毆妻之事，作成書面報告（或作成其他紀錄物如錄音帶、電磁紀錄物等）寄送法院，以代替親自出庭作證；又如控方聲請

---

❸　有以 Hearsay Evidence（傳聞證據）為法規正式用語者，如英國二〇〇三年 Criminal Justice Act 第十一編第二章 (Part 11, Chapter 2)；美國加州證據法典第十編 (Division 10) 是。

❸　1.最高法院曾有二十九年十一月二十六日關於刑事第三審上訴案件之總決議，其中第四項㈠之 2 謂風聞傳說之詞無證據能力。按此種情形欠缺明確特定之原始陳述人，即非某人所為審判外之陳述，並非傳聞證據問題。29上 2641 號判例所論情形亦同。

　　2.最高法院 93 臺上 3360 號刑事判決案例謂傳聞法則須符合三個要件：⑴審判外陳述，⑵被告以外之人陳述，⑶舉證之一方引述該陳述之目的係用以證明該陳述所直接主張內容之真實性。

傳喚張三作證，張三到庭提出「陳報狀」，轉述李四告知係因吵架而有毆妻之事；再如醫師在診所內，應李四之妻請求，製作記載受傷情形之診斷證明書，交由李妻於出庭時供為證明李四犯行之用。上述王五書面報告、張三「陳報狀」及醫師出具之診斷證明書，均係傳聞之書面陳述，是為傳聞書面，在原則上，依法亦無證據能力。

以上各例所舉傳聞證據，證人王五及製作診斷證明書之醫師，均未到庭具結應訊，張三「陳報狀」所轉述各情非其親身體驗之事，法院無從依當庭作證過程而審酌其陳述之憑信性，有違直接審理原則，且於傳述過程往往有傳聞失誤之虞，而當事人又無從當庭就原始陳述之真實性進行詰問，有損本法第一六六條詰問權之行使，欠缺真實性之擔保，自不得作為判斷之依據，應認欠缺證據能力（診斷證明書部分另與第一五九條之四有關），是為採用傳聞法則之理由所在。尤其在採用陪審制度之國家，如容許陪審員接觸傳聞證據，更有造成偏差裁決之疑慮。

傳聞證據須以原始陳述用於證明其陳述內容所指之事實者，始足當之。在李四被訴傷害一案中，張三作證所提供之傳聞言詞陳述內容為王五謂曾目睹李四毆妻，所言正與該案待證事實即李四毆妻之事有關，王五本人既未到庭具結應訊，此種傳聞證據，即不得作為判斷之根據。惟是否傳聞證據，有時易於混淆，例如下列「非傳聞」之情形，應注意分辨：

1. 原始陳述無具體內容者

例如證人稱某甲說「你好」、「早安」、「老天保祐」，均無具體內容，且其陳述並非基於察覺、記憶，你是否好？早是否安？老天是否保祐？均非證明對象，即不成其為陳述，縱經他人轉述，仍無所謂傳聞之可言。

2. 非以原始陳述證明本案待證事實者

例如：(1)李四以遭王五傳述有毆妻情事而認王五涉嫌誹謗罪提起自訴，則該案待證事實係王五究竟有否向他人傳述李四毆妻之事，證人張三具結證稱據王五告知謂李四曾經毆打妻子等語，該項證言並非用於證明李四是否毆妻，而係用於證明王五曾向他人傳述其事有損李四名譽，此種證言即非傳聞證據，與傳聞法則無涉。(2)某甲被訴傷害某乙一案，到庭辯稱

出於自衛欠缺犯意，謂友人某丙在三天前告知：聽聞某乙因夫妻失和心情不佳，最近脾氣暴躁，已經有人被毆，宜予防範。假如某丙結證確曾有此告知，則其證言旨在證明某甲感受畏懼之內心事實，並非證明某乙夫妻是否失和或是否有人被毆，不屬傳聞證言。(3)某醫師被訴用藥過量涉有過失，控方以藥品容器所貼標籤明白記載「非供小兒科使用」字樣為證，此項標籤內容乃係單純之告示或通知，非可謂係藥商在審判外所作書面陳述而認為屬於傳聞書面。(4)文書雖具有傳聞證據性質，但在偽造文書案件中，該項偽造之文書本身即係物證，自不能謂為傳聞書面。

3. 以原始陳述證明驚駭情狀者

假設李四被訴殺妻，惟據辯稱係清槍走火致死並非蓄意射殺其妻，事發後立即打電話叫救護車云云。檢察官則舉電話接線員為控方證人，證明當時曾接獲婦女呼救電話，以異常激動（歇斯底里）語氣稱「請接一一九」，足證李四根本未打電話。此項證言係用於證明已死亡之某婦女生前打電話激動求救之驚駭情狀，不應以傳聞處理，當時何以導致異常激動情緒，可由法院推理判斷❹。

4. 原始陳述並非證言性質 (nontestimonial character) 者

假設某甲被訴對其前女友某乙施暴，當時某乙曾經撥打九一一電話報警，電話接通尚未通話即告斷線，接線員回撥詢問後，某乙簡述緣由並稱某甲即將離開現場。該案經起訴送審，檢察官以據報後在四分鐘內到場之員警為控方證人，證述先前某乙以九一一電話報警向接線員所述情節，惟某乙本人並未到庭作證。美國聯邦最高法院二〇〇六年 Davis v. Washington (547 U.S. 813) 案例判認證人於審判外之陳述具有證言性質者 (testimonial character) 方與美國憲法增修條文第六條 Confrontation Clause 有關，而須保障詰問權之行使。某乙向接線員說明當時緊急情況 (ongoing emergency)，旨在尋求協助，其重點在於說明 what is happening，而非陳述 what happened，應認某乙並非居於證人地位提供證述所發生犯罪事實

---

❹ 參考一九七二年英國 Ratten v. The Queen 案例，見 Christopher Allen, *Practical Guide to Evidence*, 2nd ed., 2001, pp. 139/140.

之證言，其對接線員之陳述即非 testimonial heresay，雖未經詰問，仍具有證據之許容性（按此案與下述 Crawford 案例屬於證言性陳述，即 testimonial statement，涉及詰問權問題者有別。所謂證言性之陳述，除先前證言外，尚包括 affidavit 即經宣誓之陳述書、聲明書或化驗報告書等，以及 deposition，即經宣誓之書面或錄音錄影證詞在內）。

對於傳聞證據否定其證據能力，雖有充分理由，然而英美證據法則歷經百餘年之案例，並未採取絕對排除立場，早已累積司法實務經驗 (judicial experience) 而建立若干例外情形承認得為證據。美國 Federal Rules of Evidence 及一九八四年英國 Police and Criminal Evidence Act 與一九八八年 Criminal Justice Act 之制定（曾於 2003 年修正），更進一步將傳聞法則及其中例外情形予以成文化。美國聯邦最高法院二〇〇四年 Crawford v. Washington (541 U.S. 36) 案例，其判決認為據以定罪之審判外言詞陳述，倘若原始陳述人未能到庭 (unavailable to testify) 而被告於先前曾有詰問之機會 (a prior opportunity for cross-examination) 者，該項言詞陳述即非不得採用。足見承認傳聞例外必須著重於信用性之程序擔保。其他國家採取傳聞法則者，亦皆容許於符合若干限制條件下，例外地承認某些傳聞證據具有證據能力，例如日本刑事訴訟法第三二一條至第三二八條、意大利刑事訴訟法第一九五條、南韓刑事訴訟法第三一〇條之二至第三一六條均屬之。限制條件寬嚴取決於各國訴訟制度及相關因素，諸如職權進行色彩是否濃厚、審判需否陪審、檢察職權強弱情形、警察部門執法水準問題等，具有決定性之影響。傳聞之例外可得為證據者，其「例外」之形成，無非兼顧現實期求發見真實，出於信用性與必要性之考量：

1.信用性 (Credibility)，又稱特信性或可靠性

謂某項傳聞證據依其取得或作成之情況，具有足以替代被告反詰問之信用性擔保者，仍得作為證據 (sufficient trustworthiness to guarantee the confrontation interests)。

2.必要性 (Necessity)

謂某項傳聞證據具有相當可信度而原始陳述人無法或難以到庭陳述，

且不易獲得其他等值之證據者，於必要時，仍得作為證據。

　　3.後述◎傳聞法則中有關之例外規定，其中 3.之⑵對於本法第一五九條
　　之三第三款部分，尚有相關闡述，另請參閱。

㈡傳聞法則之引進

　　一般言之，大陸法系立法例較著重職權進行原則，須由法官直接調查
證據進而審究其證明力，英美法系立法例較著重當事人進行原則，強調當
事人詰問權之保障　（美國憲法增修條文第六條尚且有 Confrontation
Clause），對於審判外陳述 (out-of-court statement)，既無從進行詰問，即
應以排除為原則，從而產生傳聞法則。其實直接審理原則與傳聞法則所追
求者，皆為真實證據之確保與實體真實之發現，在採行陪審制度各國，就
傳聞法則之應用而言，其所以禁用傳聞證據者，除防止偏差裁決外，實亦
兼有基於必須陪審員直接審理之考量。日本於第二次世界大戰戰敗後，刑
事訴訟法深受美國影響，以日本憲法第三十七條第二項為本，建立傳聞法
則相關規定。

　　本法應否引進傳聞法則，仁智互見。五十六年修法時，即有爭論，立
法部門終未採用，第一五九條舊條文非屬傳聞法則❹。最高法院早期判例
（19 上 1710 及 20 上 1333 號。均無判決全文可資查考）謂：證人用書面
代替到庭陳述，並無證言效力，不得作為證言採用。此乃基於直接審理及
言詞審理原則之要求，與英美傳聞法則著重於保障當事人對證人行使詰問
權者，不盡相同。第一五九條舊條文曰：「證人於審判外之陳述，除法律
有規定者外，不得作為證據。」無非將判例意旨予以成文化而已，並無採
用傳聞法則之意。按傳聞法則之應用，與當事人對證人、鑑定人詰問權有
密切關係，倘若允許使用傳聞證據，勢必妨害當事人詰問權之行使。本法
第一六六條舊條文，明定證人、鑑定人須先由審判長訊問後，當事人及辯
護人方得進行詰問，具有濃厚職權進行色彩；且該條對於詰問方式及如何
聲明異議等事項，未有詳細規範，如此條文，可謂僅係在職權調查之餘，

---

❹　立法院司法委員會五十二年二月提出之本法修正草案初步審查報告書第一
　　〇〇頁有謂本法不認有傳聞法則之存在。

附帶顧及詰問權而已，行之數十年，未見其效益。司法院於八十四年七月公布釋字 384 號解釋，指摘檢肅流氓條例（已於九十八年一月二十一日經總統明令廢止）所定秘密證人制度「剝奪被移送裁定人與證人對質詰問之權利」，認為逾越必要程度，欠缺實質正當，與憲法第八條第一項所稱「依法定程序」之意旨不符。此一解釋例已將詰問權提升至憲法保障層次，檢肅流氓案件非屬嚴格意義之刑事案件，尚且如此要求，就刑事案件而言，自應更加重視。何況公民與政治權利國際公約第十四條第三項（辰）款早已將詰問權列為在刑事訴訟程序中應受保障各項權利之一（另詳本書附錄二第柒段）。本法於九十二年二月有大幅度之修正，其立法說明謂將原有架構調整為「改良式當事人進行主義」取向。關於當事人對證人、鑑定人之詰問權，既應受憲法及國際公約保障，舊條文顯有不足。於是：一方面針對詰問權事項加以強化，並予配合明定詰問方法及如何聲明異議等詳細規範（見第一六六條至第一六七條之七）；另一方面同步修正第一五九條並增訂第一五九條之一至之五，參考外國立法例，經審慎斟酌，適度引進並建立適合我國現實情況之傳聞法則，使證據法則更趨嚴謹。規範交互詰問及傳聞法則之修正條文自同年九月一日施行後，九十三年七月二十三日公布之釋字 582 號解釋已將詰問權提升至憲法層次，認為屬於憲法第八條第一項審問處罰被告應依「法定程序」及第十六條被告「訴訟權」所保障之範圍。

㈢本法所定傳聞法則及其例外

◎傳聞法則

1.本法第一五九條第一項規定：被告以外之人於審判外之言詞或書面陳述，除法律有規定者外，不得作為證據。如將其中「除法律有規定者外」一句略去，即成為：被告以外之人於審判外之言詞或書面陳述，不得作為證據。此乃傳聞法則之基本意旨所在。而「除法律有規定者外」一句，則係表明傳聞法則中有關之例外情形 (Hearsay Exceptions) 必須以法律定之。從而增訂第一五九條之一至之五各條俾資適用，另有其他法律部分，詳如下述第 6.點說明。因此，除有符合例外情形者外，法院於審判中

必須傳喚原始陳述人到庭具結應訊並受詰問，不得逕以傳聞證據作為判斷之依據。英、美兩國對於如何容許傳聞證據，採取不同之規定方式。英國 Criminal Justice Act 第一一四條所採方式，謂以符合一定條件者為限，容許得為證據，係附加條件而從正面肯定其證據之適格性（許容性 admissible）。美國 Federal Rules of Evidence 第八〇二條所採方式，謂傳聞，除依下列別有規定者外（即指聯邦法規、該規則本身、及聯邦最高法院訂定之其他規則而言），不得作為證據，係從負面否定其證據之適格性 (not admissible) 而另附其例外規定。本法第一五九條第一項，與日本刑事訴訟法第三二〇條第一項相似，以否定傳聞證據之證據能力為原則，偏向於美國模式。

2.第一五九條舊條文僅列證人一種，範圍有限，立法原意僅在禁止證人以書面代到庭陳述（19 上 1710 號判例，已無判決全文可資查考），非以傳聞法則為根據❷。現行條文「被告以外之人」一詞，仿自日本立法例，係指原始陳述人（相當於美國 Federal Rules of Evidence 第八〇一條所稱 Declarant）而言，諸如證人、鑑定人、共同被告、共犯等人均屬之。稱共同被告，即在一訴訟程序中有二人以上被訴；對其中一被告而言，其餘各被告皆係該一被告以外之人。共同被告未必具有共犯關係（見本法第七條各款）。稱共犯，依立法當時之刑法總則第四章規定，包括正犯、教唆犯及幫助犯，而彼等不在一訴訟程序中被訴者屬之，例如本案被告為正犯，另案被告為幫助犯，該幫助犯即為本案被告以外之人。惟共犯亦可能為共同被告（見本法第七條第二款）。至於被害人、告訴人、告發人，依院 115 號、院 245 號、釋字 249 號解釋，均得為證人，當然亦係被告以外之人。例如：甲乙兩人共犯某罪，甲當場被捕，經移由檢察官偵結起訴，繫屬於法院審判中（本案），乙隨後投案向司法警察人員供認共犯情節，經移由檢察官偵查中（另案），乙對於檢察官之訊問，始終保持緘默。本案審判期日到庭檢察官如逕以乙在另案最初警詢筆錄供作證明某甲犯行

---

❷ 民事訴訟法第三〇五條允許證人以書狀陳述證言，並得以電信傳真或其他科技設備傳送於法院。至其具結及傳送文書之辦法，由司法院定之。

之用，即屬傳聞證據，如無例外情形，應認為無證據能力。

3.被告自己於審判外之陳述，本得作為證據❸，實務所見，此種陳述成為爭執點者，大多屬於任意性或真實性問題，由於被告自己尚須到庭接受審判，就該陳述如有申辯，可當庭為充分陳述，而法院亦可進行調查，並本於職權審認取捨；且該項審判外陳述之原始陳述人，即係被告本人，其本人在庭而由自己行反詰問，乃不可能之事。基於上述緣由，本法對於被告之審判外陳述；不認為應以傳聞法則處理。

4.「審判外」係「審判中」之相對詞。被告以外之人於被告本人案件審判期日到庭所作陳述，固為審判中之陳述，即使在準備程序中所作陳述，仍屬審判中之陳述，此點在第一五九條修正理由已經有所說明。因此，必須在本案準備程序及審判期日以外之陳述，方有傳聞法則之適用。又法院依第二一九條之四審判中證據保全或第二七七條審判期日前之處分而為勘驗並依第四十二條及第四十三條規定作成之勘驗筆錄所載內容，除記載勘驗結果外，每有將被告以外之到場人在現場所作陳述一併予以記載者，由於該項勘驗係在本案審判中實施調查證據，其筆錄所載現場陳述部分，應認為仍屬審判中之陳述。惟如法院係依第二一九條之二第二項規定，就偵查中案件為保全證據之勘驗者，其案件尚未繫屬於法院，如有現場陳述，即係審判外之陳述。

5.審判外之「陳述」，除言詞或書面方式外，是否包含動作在內？頗有疑問。倘若該項動作可認為具有肢體語言性質者，例如：被害人傷重無法言語，在醫院急診處依刑警詢問並出示多名可疑者照片，就其中某人照片點頭示意，該項點頭動作，實與陳述「他就是行兇的人」無異。假如刑警出庭作證陳明上述情形時，究應以傳聞法則處理，抑或依本法第一六〇條認係證人以實際經驗為基礎所作證言，由於本法未如美國法將 non-verbal conduct 明定為陳述方式之一，將來尚待形成判例。惟最高法院 96 臺上 5353 號刑事判決（載《司法院公報》五〇卷九期）對於偵查中由被

---

❸ 參看 31 上 1515 號判例及本法第四二二條第二款「訴訟外自白」、同條第三款「訴訟外自述」之規定。

害人就列隊選擇式之指認，認係證人審判外之陳述，應受傳聞法則之拘束，是則上述點頭動作未嘗不可解為「陳述」方式之一種。

6.「除法律有規定者外」一句，表示傳聞證據如果符合例外情形，即認其有證據能力而不予排除。本法明定為例外之情形，見第一五九條之一至之五及第二〇六條各該規定。又如依第四十一條至第四十三條之一作成之訊（詢）問、搜索、扣押、勘驗筆錄，依第二〇五條之二所為蒐證之相關書面紀錄或報告，亦可認為在此例外範圍。檢察官傳喚證人到場應訊，對於法院而言，該項證言係審判外陳述（傳聞），應依第一五九條之一第二項規定處理；書記官據以製作筆錄，實為「再傳聞」性質；惟因適用第四十一條之結果，該項筆錄符合傳聞例外而逕行取得證據能力。司法警察人員依第一九六條之一通知證人到場應詢據以製作之筆錄，經依第四十三條之一第一項準用第四十一條之結果，其情形亦同。其他法律方面，尚有組織犯罪防制條例第十二條第一項、性侵害犯罪防治法第十七條、人口販運防制法第二十七條、兒童及少年性剝削防制條例第十三條均屬之。其中性侵害犯罪防治法第十七條第一款之傳聞法則例外規定，曾有違憲爭議。釋字 789 號解釋肯定該條第一款之合憲性，並基於例外規定從嚴適用之法理，就其在應用上所須遵循之規範，詳為闡釋，具有指標意義。請參閱後述第一五九條之三相關說明。

7.本法第一五九條第二項規定：前項規定，於第一六一條第二項之情形及法院以簡式審判程序或簡易判決處刑者，不適用之。其關於羈押、搜索、鑑定留置、許可、證據保全及其他依法所為強制處分之審查，亦同。按傳聞法則未必全然適用於一切程序，美國 Federal Rules of Evidence 第一〇一條(d)項第二款、第三款明定諸如大陪審團程序及核發拘票、傳票、搜索票等程序均不適用包括傳聞法則在內之嚴格證據法則；英國司法實務對於 magistrates' courts ❹程序未盡適用；日本之簡易公判程序及略式程序亦復如是。本法所定簡式審判程序，被告已先就被訴事實為有罪之陳述並向審判長陳述意見，可認其無意行使詰問權。在簡易程序，依被告於

❹　一般譯名為治安法院，香港譯名為裁判司署。

偵查中自白或其他現存證據，已足為犯罪之認定，無須言詞審理，逕以簡易判決處刑。以上兩者皆求程序之簡化，且當事人對於犯罪事實已無爭執。在公訴之起訴審查階段，尚非實體審理程序。鑑於各該程序之目的與特性，爰規定傳聞法則對於上述程序不適用之。至於「其關於……強制處分之審查，亦同」一句，係立法部門所添加者，並非原提修正草案文字。關於檢察官聲請羈押被告之案件，本法第一○一條及第一○一條之一明定須以被告犯罪嫌疑重大為要件之一，第一○一條之一更須符合具體特定之罪名，允許依憑傳聞證據即得羈押被告，恐有「押人取供」之譏。法院遇有檢察官援用傳聞證據聲請羈押被告時，務須從嚴審查。此外，本法於九十三年新增之協商程序中，在第四五五條之十一第二項亦有「第一百五十九條第一項……不適用之」之規定，併應注意。

　　8.「不適用」傳聞法則，與傳聞法則中有關之「例外」，兩者應予分辨。前者指不適用整個傳聞法則之規定，完全容許傳聞證據而言。後者係上述第6.點所述情形，即以排除傳聞證據為原則，必須符合例外情形方能承認其證據能力。須注意者，即使符合例外情形，法院如有疑慮，當然仍得傳喚原始陳述人到庭應訊。

◎傳聞法則中有關之例外規定

　　茲將本法所定各種例外情形分述如下：

§159–1

1.原始陳述人向法官所為之陳述

　　本法第一五九條之一第一項規定：被告以外之人於審判外向法官所為之陳述，得為證據。原始陳述人於被告本人案件審判外之言詞陳述或到場提出之書面陳述，雖為傳聞證據，惟如該項陳述係在本案承審法官以外其他法官面前為之者，參照該條立法說明，不問係於其他刑事案件、民事事件或其他訴訟程序中之陳述，因係於法官面前所為，即可認係「在任意陳述之信用性已受確定保障之情況下所為」而得作為證據之用，亦即例外地承認其證據能力。所指「其他訴訟程序」，諸如本案更新審判前或發回更審前已進行之程序、或聲請羈押之審查程序、依第二一九條之二第二項准許之保全證據程序、少年事件程序甚至行政訴訟程序等，均可包含在內。

上述規定，基於本案審判外訊問原始陳述人者為「法官」之理由而例外容許該項陳述得為證據。至於原始陳述人在本案審判中能否到庭應訊，如果到庭應訊則其所述與先前陳述內容是否一致，均非所問。如有歧異，可由法院審酌取捨。立法說明或許信賴本案承審法官對於證據價值之判斷力，僅考量任意陳述之信用性已受確定保障，並未兼顧具結及詰問權之問題，此種例外規定，文字尚欠周密，在實用上，應參照本法第一九六條意旨，以原始陳述人係由他法官合法訊問（包含應否具結❹⑤）且已予當事人詰問機會為前提，其先前陳述方得為證據，俾能從嚴規範。

條文規定於審判外向「法官」所為之陳述，係指本國法院之法官（憲法第八十及八十一條）而言。軍法官並非「法官」，實例（最高法院 100 臺上 184 號刑事判決）對於被告以外之人在軍事法院準備程序或審判期日所為陳述經依軍事審判法第八十六條準用本法總則第五章（文書）作成之筆錄，認為符合傳聞例外情形，可依本法第一五九條第一項「除法律有規定者外」而具有證據能力。惟自軍事審判法修正後（見本書 §1 說明二之㈢及其❹），需採用軍事法院筆錄之情形，日益減少。

外國法官既非本國法官，則被告以外之人在國外向外國法官所為陳述，顯無傳聞例外規定之適用。惟此種情形屬於我國與對方跨國（地區）取證問題，依一〇七年五月制定公布之國際刑事司法互助法規定，首先應依條約，無條約或條約未規定者，則依該法規定以個案互惠原則洽商進行（見該法第二條及第三〇條至第三十二條），對於所獲證據之證據能力及其證明力如何判斷，涉及雙方法律之適用。一般言之，認定取證是否合法，基於尊重對方主權立場，及考量無法強求對方必須適用請求國法律所定程序取證之現實困難，在原則上以受請求國（地區）即證據取得地之法律為準據法；取證經認定為合法而具備證據能力後，其證明力如何，自應以請求國（法庭所在國）即證據採用地之法律為準據法，由審理本案法院定其取捨。鑑於跨國（地區）間之彼此法律差異，受請求方通常係依己方

---

❹⑤　原始陳述人如係另案證人於先前程序中應具結而未具結者，依本法第一五八條之三規定，其在另案所述證言既無證據能力，又何能於本案得為證據。

規定進行取證，在尊重受請求方而以取證地法為準據法之原則下，為求兼顧被告合法權益及請求方（法庭所在國）司法利益與法律基本原則起見，審理本案法院仍應保留裁量之空間❹❻。衡諸實務運作，雙方針對個案洽商互助時，盡可充分溝通妥為安排❹❼。若已簽妥司法互助協定（議）者，往

----

❹❻ 一九七六年即日本昭和五十一年間，在日本發生美國洛克希德 （Lockheed Corporation 現稱 Lockheed Martin） 公司因推銷 L-1011 型三星 (TriStar) 廣體客機透過日商向日本政界行賄之事，日本前首相田中角榮等人所涉刑案偵查中，東京地方裁判所應檢方聲請，經外務省囑託美國加州聯邦地方法院訊問居住美國之證人並取得筆錄。各個證人雖係基於證人免責保障而為供述，該案起訴後，第一審及第二審仍均肯定其證據能力。然而第三審最高裁判所判決（平成七年二月二十二日，刑集 49-2-1）理由略以認定事實所憑證據之容許，關涉證據能力，並須與日本刑事訴訟法第一條所示立法目的之整體精神相對照。日本並未採取「證人免責制度」，因賦予刑事免責而獲得之供述，不容許採為認定事實所用之證據。此案延宕甚久，田中角榮部分因死亡而以不受理結案。按美國法所謂證人免責制度 (Immunity from Prosecution)，刑案證人與檢察官達成合意，如因據實供述而涉及其本人亦有犯罪事實時，除非另有取得別項證據，否則不得專憑此項供述暨其衍生之證據對該證人進行追訴，檢察官必須遵守，稱曰 Use Immunity；若更達成即使另有別項證據亦不得進行追訴之合意者，則稱為 Transactional Immunity。上述證人免責制度，美國聯邦最高法院一九七二年 Kastigar v. United States (406 U.S. 441) 一案判決早已判認合憲。我國證人保護法第十四條對於所謂污點證人減免其刑或得不起訴之規定，與美國制度比較，未盡相同。〔補註：日本修正刑事訴訟法已增訂「刑事免責制度」，見其 §157-2 及 §157-3 及第二編第四章相關規定，自平成三〇年即西元二〇一八年六月施行。〕

❹❼ 實例（最高法院 98 臺上 1941 號刑事判決）對於我國檢察官前往澳門洽請安排當地檢察官依照我方所提問題訊問某人所獲供述，認為如已踐行程序保障事項，全程錄音甚或錄影，經由我方書記官就該訊問過程作成勘驗筆錄者，縱然原訊問筆錄係由澳門紀錄人員製作，實與我方人員借助他人之口手為道具而完成自己分內工作之情形無異，參照本法第一五九條之一第二項規定法理，可認是項筆錄為適格之證據（按上開判決將澳門執法人員比擬為道具，其用字遣詞對於澳方殊欠尊重）。自國際刑事司法互助法於一〇七年五月制

往訂有允許請求方提出取證程序相關要求俾由受請求方盡量配合等規定❹，此種模式，可謂折衷調和，兼籌並顧，得以增強互助取證之實效，

定公布後，依該法第三十六條規定，臺灣地區與香港澳門地區間之刑事司法互助，準用該法之規定，並由法務部經行政院大陸委員會與香港澳門之權責機關相互為之。

❹ 舉例言之：

1. 我國與美國簽訂之互助協定（全名：駐美國臺北經濟文化代表處與美國在臺協會間之刑事司法互助協定，九十一年三月二十六日生效，刊登於同年六月出版之《司法院公報》四十四卷六期）第五條第三項第七款謂於可能及必要之程度內，協助取證之請求，包括執行請求時應遵守之特別程序在內；第六條第三項進而規定：請求之執行應依受請求方所屬領土內之法律規定程序為之；請求書所指定之執行方法，除違反受請求方所屬領土內之法律者外，應予遵守。

2. 日本與美國簽訂之互助協定 (Treaty Between Japan and The United States of America on Mutual Legal Assistance in Criminal Matters) 第四條第三項第八款及第五條第三項規定內容，與我國上述刑事司法互助協定條款意旨相同。

3. 我國與菲律賓簽訂之互助協定（全名：駐菲律賓臺北經濟文化辦事處與馬尼拉經濟文化辦事處間刑事司法互助協定，一〇二年九月十二日生效，見同年十月二十三日出版之總統府公報第七一一〇期）第四條第三項第七款謂於必要及可能之程度內，協助取證之書面請求，包括執行請求時應遵守之特別程序之說明在內。值得注意者，該協定第十一條特別明定視訊訊問 (Examining Witness by Video Conference) 專條，謂取證可依請求方或受請求方之國內法以及依據雙方所同意保護證人之任何方法進行。

4. 我國與南非簽訂之互助協議（全名：駐南非共和國臺北聯絡代表處與南非聯絡辦事處刑事司法互助協議，一〇三年十一月二十八日生效，見同年十二月三十一日出版之《總統府公報》第七一七四期）第三條規定協助之請求應以書面提出，該條第三項第五款及第七款規定：在可能及必要之情況下，請求亦應包括：有關取得及記錄證詞或陳述之方式之說明、執行請求時應行遵守之特別程序。

5. 尚有我國與波蘭簽訂之刑事司法合作協定（一一〇年二月二十三日生效，見同年三月十七日出版之《總統府公報》第七五三一期），及與諾魯簽訂之刑事司法互助條約（同年六月五日生效，見同年月二十三日出版之總統

頗為可取。就本法而言，受請求方應我國請求互助取得物證移交我方者，即使其取證程序與本法未盡相符，我國法院仍可適用本法第一五八條之四而認為具有證據能力。至於移交我國之證人陳述內容（筆錄）有無證據能力？倘若雙方業已簽訂協定者，可認為符合傳聞例外情形而依本法第一五九條第一項「除法律有規定者外」具有證據能力❹；惟如欠缺等同法律位

府公報第七五四九期），均可參閱。

6.海峽兩岸共同打擊犯罪及司法互助協議（九十八年四月二十六日簽署，經行政院於當月三十日核定，並即函送立法院備查，至同年六月二十五日生效）第八點關於調查取證之規定謂：「雙方同意依己方規定相互協助調查取證，包括取得證言及陳述；提供書證物證及視聽資料……受請求方在不違反己方規定前提下，應儘量依請求方要求之形式提供協助……」

7.歐盟會員國間刑事司法互助公約 (European Convention on Mutual Assistance in Criminal Matters between the Member States of the European Union, 2000) 第四條第一項意旨，各會員國互助取證時以配合請求國法律為原則。（該條項全文：Where mutual assistance is afforded, the requested Member State shall comply with the formalities and procedures expressly indicated by the requesting Member State, unless otherwise provided in this Convention and provided that such formalities and procedures are not contrary to the fundamental principles of law in the requested Member State.）

8.聯合國一九九〇年刑事案件互助範本條約 (Model Treaty on Mutual Assistance in Criminal Matters) 第五條第一項(e)款及第六條規定，其意旨與歐盟上述公約相似。(§5 I (e) The reasons for and details of any particular procedure or requirement that the requesting State wishes to be followed, including a statement as to whether sworn or affirmed evidence or statements are required. §6...To the extent consistent with its law and practice, the requsted State shall carry out the request in the manner specified by the requesting State.)

❹ 1.例如證人居住在美國，我方依刑事司法互助協定（見❹）囑託美方協助取得證言或相關陳述之情形是。參見該協定第二條第二項第一款及第九條。按該協定係經立法院二讀會議決（依立法院職權行使法第七條規定無須三讀），其位階等同法律，從而美方協助取得之證人證言或陳述及筆錄，經

階之協定，甚或僅係出於個案洽商安排者，則該項筆錄能否引用第一五九條之四第三款規定得為證據，抑或依第一五九條之五規定須經當事人同意方可，不無疑問。此種情形在日本有該國刑事訴訟法第三二一條第一項第三款規定可資適用，但在本法欠缺類似條文，究應如何處理，尚待未來形成案例。

2.原始陳述人向檢察官所為之陳述

本法第一五九條之一第二項規定：被告以外之人於偵查中向檢察官所為之陳述，除顯有不可信之情況者外，得為證據。偵查乃起訴前之程序，案件尚未繫屬於法院，原始陳述人在偵查中向檢察官所為言詞陳述或到場

完成該協定第九條第五項之確認證實後，即已符合傳聞例外規定，逕依本法第一五九條第一項「除法律有規定者外」具有證據能力。

2.中國大陸地區公安機關詢問筆錄證據能力問題，另於後述 3.段之末探討。

3.曾有某一擄人勒贖案件，犯罪地在瓜地馬拉國。返臺歸案受審被告之妻，經瓜國法院以幫助犯判刑確定並服刑獲准假釋出獄回國，先前在瓜國法院受審時，曾有不利於被告之陳述，惟其回國在第一審到庭作證詰問翻供，第二審採用被告之妻先前於瓜國法院所為陳述，以及案內其餘多項不利被告之證據，判處被告擄人勒贖罪刑，經第三審從程序上駁回上訴確定。該案辯護人在第二審審判期日對於瓜國法院筆錄、譯文、判決等訴訟文書之真正，已表明不爭執，符合本法第一五九條之五第一項明示同意作為證據之規定，關於證據能力問題，本已解決。第一、二審均認為第一五九條之一所稱法官，並不包括外國法官在內。由於被告之妻在瓜國法院所為供述係適格證據且較可信，參酌第一五九條之二之法理，乃將被告之妻在第一審作證詰問翻異之陳述捨棄不採。惟最高法院 98 臺上 7049 號刑事判決，於理由欄內指摘第二審援引本法第一五九條之二之法理有欠周延，並申論謂如外國與我國訂有司法互助條約或協定，且本互惠原則承認我國法官依法之訴訟行為效力者，可依第一五九條之一第一項規定，認該被告以外之人在外國法院之供述具有證據能力；除此之外，若與其人嗣在我國法院審理中所為陳述不符，而先前在外國法院之陳述具有特信性、必要性、任意性時，該外國法院製作之筆錄，仍可賦予證據能力。最高法院此項個案見解，似將第一五九條之一第一項所稱法官，解為包括外國法官在內，是否妥適？不無商榷餘地。

提出之書面陳述，均係審判外之陳述，本不得作為證據。惟因我國現制檢察官係偵查主體，釋字 392 號解釋已於解釋理由書中闡述甚明；檢察官對於證人、鑑定人均得傳喚（且得拘提證人），並命具結，訊問證人、鑑定人時，依第二四八條第一項規定，被告得親自詰問；原始陳述人在檢察官偵查中所為陳述，可認為已有任意陳述及替代被告反詰問之信用性擔保。爰規定「除顯有不可信之情況者外」，容許其得為證據，即例外地承認該項原始陳述之證據能力。至於原始陳述人能否在本案審判中到庭應訊，如果到庭應訊則其所述與先前偵查中陳述內容是否一致，均非所問；如有歧異，究以何者可採，由法院依自由心證判斷之。與外國制度比較，日本檢察官對於證人、鑑定人均無傳喚、命具結或拘提證人之權，德國檢察官雖得傳喚證人、鑑定人或拘提證人，仍無命具結（宣誓）之權，英美制度更無論矣。各國法制既不相同，則本法第一五九條之一第二項衡酌我國現況所作規定，即非毫無所本。論者多有援引外國立法例據以批評立法失當者，殊不知在我國檢察體制尚未全盤調整前，究難置現況於不顧（日本刑事訴訟法第三二一條第一項第二款係規定，被告以外之人於法院準備程序或審判期日之陳述，如與先前在檢察官訊問時所為陳述之書面紀錄有相反或實質上不同者，以其先前陳述具有更可信賴之特別情況為限，該項先前陳述得為證據）。

　　檢察官於偵查中訊問證人依法應具結而未具結者，根據第一五八條之三規定，固無證據能力，惟如被告以外之人於偵查中非以證人身分所為陳述（此在偵查實務訊問共犯被告之情形甚為常見，本不發生具結問題），與警詢等陳述同具有「特信性」、「必要性」時，最高法院一○二年度第十三次刑事庭會議決議認為依「舉輕以明重」原則，本於第一五九條之二及之三之同一法理，可予例外認其有證據能力，以彌補法律規定之不足，俾應實務需要，方符立法本旨。原決議並指明 93 臺上 6578 號判例應予補充（對於該項決議之不同見解詳如後述(1)之①相關討論）。

　　條文規定向「檢察官」所為陳述，與本條第一項同為專指本國司法官而言，並不包括軍事檢察官或外國檢察官在內。所涉證據能力問題，請參

閱前述 1.末段內容跨國（地區）取證問題及❹相關說明。至於該條項所定「顯有不可信之情況」者，法院於判斷有無此一情況時，係以外部情況為主，此乃決定其證據能力之問題；有時或許參酌陳述內容本於推理作用而作判斷，仍應與證據證明力問題有所區隔。例如：檢察官運用所謂「他」字案任意訪談證人，無法使其具結，僅能製作談話筆錄，該項陳述既無證據能力，即屬顯非可信（另見後述 §219-4 相關說明）。又如檢察官於偵查中訊問心智障礙或身心創傷之性侵害犯罪被害人時未注意與被告隔離（參考性侵害犯罪防治法第十六條），以致被害人畏懼或有所顧忌而作有利被告之陳述，如經法院審酌此種陳述時之外部情況，認為顯不可信時（檢察官於偵查中訊問兒童或心智障礙之性侵害犯罪被害人，如未經專業人士協助者，亦同，見自一〇六年一月一日施行之同法第十五條之一），即不符合例外條件而應否定其陳述之證據能力。他如偵查訊問時間是否過長，是否跡近疲勞訊問，有無全程連續錄音等，皆在審酌範圍之內。所謂被告不負舉證責任者，對照本法第一六一條及第一六一條之一可知，乃係針對被訴事實而言。倘若主張上述「顯有不可信之情況」者，應仍有指出證明方法之責任。惟如係專家證人於檢察官偵查中應訊提供之專業意見，依性侵害犯罪防治法第十六條之一規定，即已具備證據能力而得為證據，是否「顯有不可信之情況」，條文並未列為應行審酌之條件，此乃特別規定。

　　上述第一五九條之一第二項規定，在實務應用上，不致損害被告之防禦權。茲析述如下：

　　⑴原始陳述人，於本案偵查中，向檢察官所為之陳述：

　　①如該人共同被訴，即成為共同被告，無論與被告本人有共犯關係（例如共同竊盜）或無共犯關係（例如竊盜犯與贓物犯），法院於審判中首先必須依第二八七條之一及之二規定踐行調查證據程序（見釋字 582 及 592 號解釋）；當事人亦得提出傳喚其作證進行詰問之聲請，倘若該人拒絕證言（見第一八一條），則其自白部分，於適用第一五六條第二項為真實性之擔保後，以具有證據能力為前提，並可依第九十七條第一項但書規

定命行對質。須注意者，如該人與被告本人有共犯關係，而於偵查中所為陳述內容涉及被告本人（即同案共犯）之犯罪事實時，實例見解（最高法院 102 臺上 3990 號及 103 臺上 794 號刑事判決）認其陳述應於符合證人依法具結之規定下，方能適用第一五九條之一第二項傳聞例外規定，取得證據能力。倘若未經具結，則應審酌第一五九條之二或之三所示相同法理之特信性及必要性後，始可承認其證據能力。由於證據能力與證據調查為二事，非謂已於審判中結證並受詰問，即可取得證據能力。

其實，本法第二八七條之一及之二關於共同被告分離調查之規定，乃係案件起訴繫屬於法院後之「調查」證據程序；而檢察官偵查案件之「訊問」被告，旨在查明其有無犯罪嫌疑暨其嫌疑事實，屬於「蒐集」證據性質，並無適用第二八七條之二之根據。案件尚未起訴前，應無所謂「共同被告」可言。由於檢察官偵查中案件本法亦使用「被告」稱謂，造成誤會。實例上述見解，將法院審判中對於共同被告分離調查證據之規定，擴及偵查程序，增加第一五九條之一第二項之適用條件，致使檢察官偵查「訊問」、司法警察人員調查「詢問」、以及法院證據調查之「訊問」，三者混淆不清，治絲益棼。本法參考外國立法例，兼顧直接審理與保障被告詰問權兩大原則，考量檢警體制現況，經審慎斟酌，折衷再折衷，遂採取視被告以外之人在何人面前所為陳述，而就其例外要件作不同規定之方式，有其特色。詳言之：凡於本案審判外向法官所為陳述，皆有證據能力，不附條件；如係於檢察官面前之陳述，則附加「除顯有不可信之情況者外」之條件，較為嚴格；對於在司法警察人員面前之陳述，更附加特信性與必要性之要件，趨於嚴謹。三者之間，有其不同層次寬嚴考量。依照第一五九條之一第二項規定並參照立法說明，判斷被告以外之人向檢察官所作陳述有無證據能力，僅有「顯不可信」與否之審酌，並未另行附加其他條件。換言之，如非「顯不可信」，即已具有證據能力，不應與具結問題混為一談。倘若該應訊者於本案審判中無法到庭，或到庭應訊而為相異陳述時，其先前在檢察官面前所作陳述能否採用，法院逕憑自由心證，審酌其是否「顯不可信」而為取捨即可，無須另尋特信性與必要性之條件。

最高法院一〇二年度第十三次刑事庭會議決議所持見解，與立法原意有間，其增加本不要求之特信與必要兩項要件，紊亂當初不同層次之寬嚴考量，將檢察官之偵查訊問降為較低階之司法警察人員調查詢問，本書不表贊同。其實與其執著於具結程序，不如強調恪遵本法第二四八條之要求，更加具有信用性保障之意義。

　　②如該人純屬證人身分，並未共同被訴，而於審判中經當事人聲請到庭作證者（在準備程序中法院本有曉諭聲請之職責），法院自應予以傳訊並依詰問程序踐行調查。惟如當事人不聲請，或證人於偵查中之證言與被告合法自白內容互為一致而無詰問之必要者，則該證人在檢察官偵查中所為證言，除有第一五八條之三情形為無證據能力外，法院即可適用第一五九條之一第二項規定，經踐行第一六五條調查程序後，採為判斷事實之依據。至若該證人在形式上係於被告不利，檢察官未聲請調查，而法院有所疑慮時，即應曉諭檢察官為證據調查之聲請。曾有實例（最高法院 105 臺上 757 號刑事判決）認為被告未行使對其不利證人之詰問權者，法院須以符合「詰問權之容許例外」為前提，方得採用該項未經被告詰問之證言。所謂「例外」，包含四項法則，即：事實審法院須已盡傳喚、拘提證人到庭之義務（義務法則）；未予被告行使詰問權須非可歸責於國家機關事由所導致（歸責法則）；對於該項未經被告詰問之證言，須踐行法定調查程序，給予被告充分辯明之防禦機會（防禦法則）；該項未經詰問之證言，不得據為認定被告犯罪事實之唯一或主要證據，仍應有其他補強證據佐證證言之真實性（佐證法則）。按以上實務見解對於詰問權之保障至為嚴謹，頗值讚揚。惟本法第一五九條之一第二項係專就檢察官偵查訊問所獲受訊問人陳述之證據能力，特為傳聞例外之明文規定，與外國立法例不同，在法條未有修正或刪除前，上述歸責法則及佐證法則兩項，非可全然適用（證人因被強制遣返而離境者涉及第一五九條之三如何適用問題，與歸責法則有關，請參閱後述該條說明。又除被害人、告訴人、告發人之證言尚須佐證外，一般證人之證言已符合本法第一五九條之一第二項者，即係獨立證據，其證明力應由法院自由判斷。如仍要求佐證，究竟依據何在？不

無疑問)。又如該證人在偵查中受檢察官訊問時未曾拒絕證言,而於審判期日拒絕證言之情形,另詳後述本法第一八三條相關說明。

(2)原始陳述人對檢察官之陳述,如係在另案偵查中為之者,由於本案被告與該人在偵查中根本欠缺對質、詰問之機會(見第九十七條及第二四八條),自應排除第一五九條之一第二項之適用,法院必須重行傳訊以踐行調查程序。

上述第一五九條之一第二項規定,曾經發生聲請釋憲案例。劉松藩氏(曾任立法院院長)因背信案件經判刑確定後,主張法院判決所適用之上開條文有牴觸憲法疑義聲請解釋。一○○年三月二十五日司法院大法官第一三七一次會議,以該條乃有關被告以外之人於偵查中向檢察官所為陳述之證據能力規定,此種證據須於法院審判中經踐行包含詰問程序在內之合法調查程序,始得作為判斷之依據;且審判中法院得依當事人聲請或依職權傳喚證人進行詰問程序,對被告之詰問權已有所規範及保障;該條之規定如何侵害被告詰問權而有牴觸憲法之疑義,聲請意旨尚無客觀具體之敘明為理由,從程序上駁回而不予受理。詳見《司法院公報》五十三卷五期。茲尋繹上述「不受理」之說明,並參照釋字 582 號解釋及最高法院一○一年度第二次刑事庭會議決議第七點意旨(另見後述 §163 相關說明)詳為分析之:

第一、檢察官因實施偵查而「訊問」證人或鑑定人,與法院在審判中「訊問」證人或鑑定人,兩者性質不同。前者為「蒐集」證據,後者為「調查」證據。本法第二四八條第一項所定檢察官偵查中訊問證人、鑑定人時「如被告在場者,被告得親自詰問」,姑不論被告未必在場,即使在場親自詰問,仍非第一六六條所定法院調查證據程序中之交互詰問。

第二、具有證據能力之證據,尚須經法院為合法調查後,方能供作嚴格證明之用(注意簡式審判程序、簡易程序、協商程序別有規定)。第一五九條之一第二項係關於證據能力之規定,與證據調查程序中之詰問權(交互詰問)事項,應分別以觀。

第三、依第一五九條之一第二項之規定,應以肯定該項審判外陳述之

證據能力為原則，僅在「顯有不可信之情況」下，方能認為無證據能力。然而，即使肯定其有證據能力，法院於審判時仍須踐行調查程序，符合嚴格證明法則，始得採用作為判斷之依據（在調查程序中尤應落實交互詰問釐清事實以定取捨）。法條所稱「被告以外之人」，除證人外，鑑定人、共同被告、共犯等均屬之（被害人、告訴人、告發人皆係證人）。為求說明之簡便起見，茲舉在偵查中已受檢察官訊問（且已具結）之「證人」為例，分述如下：

　　⑴下列情形，法院應傳喚該證人到庭具結作證踐行交互詰問，俾能完足其雖有證據能力但未經詰問核實之證言：

　　①當事人、代理人、辯護人或輔佐人向法院聲請傳喚該證人作證者。（注意：法院如認為該證人在形式上不利於被告，倘若不予調查，顯有影響判決結果之虞，且非不能調查，而未據聲請傳訊者，得依第二七三條第一項第五款規定，曉諭檢察官、自訴人或自訴代理人為證據調查之聲請）。

　　②法院如認為該證人在形式上有利於被告，而有重要性及調查之可能性者，應依第一六三條第二項但書規定，本於職權主動傳喚其到庭以踐行調查程序（此種情形控方往往不願提出聲請）。

　　⑵下列情形，法院將檢察官訊問該證人之筆錄踐行第一六五條所定調查程序後，即得逕行採用作為判斷之依據，無須傳喚其到庭應訊作證：

　　①雖經當事人等聲請傳喚該證人作證，但其在客觀上有不能受詰問之情形者（見第一六三條之二第二項第一款）。

　　②該證人之證言與被告合法自白內容一致，認為已無詰問之必要者（見同上條項第三款）。

　　③被告（辯方）捨棄詰問權者（見第一五九條之五）。

　　④該證人在形式上係不利於被告，而控方經法院曉諭後並不聲請調查者。

3.原始陳述人於檢察事務官或司法警察人員調查中所為之陳述

§159-2

§159-3

　　司法警察官、司法警察及依法院組織法第六十六條之三第二項規定視為司法警察官之檢察事務官，均為偵查輔助人員（憲兵人員具有軍司法警

察人員雙重身分），並無司法官身分，非如檢察官之擁有傳喚、拘提及命證人、鑑定人具結等權限，且無本法第二四八條由被告詰問規定之準用。原始陳述人向檢察事務官或司法警察人員所為陳述，顯係審判外陳述，且其信用性較低，原則上自應嚴予排除，不得作為證據。惟此等人員具有輔助偵查之職責，於調查犯罪及蒐集證據時，每有詢問告訴人、告發人、被害人、證人、鑑定人等之必要（見本法第二四二條、第一九六條之一及法院組織法第六十六條之三第一項第二款），對於各該調查中詢問所取得之陳述，如認一律不具證據能力，即與全然否定彼等之法定職掌無異，殊欠妥適。本法基於信用性與必要性之考量，兼顧發現真實之要求，爰規定以下例外情形，承認其證據能力：（外國警察人員，並非第一五九條之二或之三所稱司法警察官或司法警察，如何認定其詢問筆錄證據能力之有無，請參閱前述 1.末段內容關於跨國〔地區〕取證問題之說明。另參照最高法院一○七年度第一次刑事庭會議決議，被告以外之人在域外所為之警詢陳述，應類推適用第一五九條之二或之三規定，據以認定其有無證據能力。關於大陸地區公安人員身分問題，後述本 3.段之末另有探討。）

(1)相異之陳述

本法第一五九條之二規定：被告以外之人於檢察事務官、司法警察官或司法警察調查中所為之陳述，與審判中不符時，其先前之陳述具有較可信之特別情況，且為證明犯罪事實存否所必要者，得為證據。析言之：

①須原始陳述人已於審判中有所陳述，方有比較其前後陳述是否不符之問題。

②須先前陳述（即原始陳述人於檢察事務官或司法警察人員調查中所作陳述）與其後在審判中之陳述不符。

是否前後不符，應從整體判別。如於審判中改口答稱忘了、不清楚、不記得者，應可認為已有不符。先前陳述如較審判中之陳述詳盡，既非有何歧異，即不得指為前後不符，如別無偵查中之陳述可資採用時，尚難援用本條遽引先前陳述為證據以補審判中陳述之不足。因此，法院於原始陳述人到庭應訊時，務使充分陳述，尤須注意本法第一六六條第四項：證

人、鑑定人經當事人、代理人或辯護人詰問完畢後「審判長得為訊問」之規定，促其詳盡陳述，不容簡略了事。

③須該項先前陳述具有較可信之特別情況（學術上稱之為特信性）。

先前陳述係傳聞證據，本無證據能力，如與審判中不符而以後者為可信時，當然以後者為準。惟如衡酌外部情況認為先前陳述反較後者為可信時，即從例外而得以先前陳述為證據。先前陳述是否具有特信性，須就應詢過程、受詢情形、筆錄製作（例如全程連續錄音）等外部情況予以衡酌，非可套用「案重初供」之籠統理由而認為較可信。例如：乙前往甲住處購得毒品被捕，已在警詢中明白供認，因甲在逃，未同時受調查。嗣於偵查階段，甲已獲案，檢察官僅針對甲有否從事販毒予以鞫訊，未再對乙詳加訊問，但甲完全否認販毒。案經起訴後，甲、乙為共同被告，乙在審判中翻異前詞，諉稱警詢不利於甲之陳述係受刑警逼迫云云。倘若法院審酌全案各項證據，以乙係當場被捕之現行犯，且其在警局應詢時，因甲尚未緝獲，並無任何人情壓力，所稱刑警逼供一節，前此從未提及，乃認其警詢初供（先前陳述）反而比較可信，此際即得適用第一五九條之二採為不利於甲之論罪證據。茲應注意者，條文所用「較可信」一語，係就先前陳述與其後在審判中之相異陳述「比較」，可認為後者反「較」可信而言，與第一五九條之三對照，本條並無降低可信度要求之意。最高法院一○七年度第一次刑事庭會議決議所採乙說（肯定說）第二點，謂本條要求「相對可信性」，而第一五九條之三則係要求「絕對可信性」，如此區分，對於可信度之要求寓有強弱之意，並非立法原意，易滋誤解，未必妥當。

關於釋字 789 號解釋之適用，另詳後述第一五九條之三相關說明。

④須該項先前陳述係為證明犯罪事實存否所必要（學術上稱之為必要性）。

此一必要性之條件，出於兼顧發現真實之需求。稱證明犯罪事實存否所必要者，與刑法第一六八條偽證罪「於案情有重要關係」之概念相近，未必達於證明被告犯罪事實唯一證據之程度，即使充作各項積極證據之一用以強化證明力者，仍不失為具有必要性。例如上述毒品案件情形，某甲

販毒之待證事實，無從再自同一陳述人（即某乙）取得與其先前相同內容之陳述，法院依憑乙之先前警詢陳述且係在甲住處被捕之現行犯並有毒品扣案等事證，為論處某甲罪刑之根據，即屬適法。

總之，先前陳述必須同時具備上述①至④各項條件，原始陳述人到庭結證並受被告詰問，且其先前陳述符合特信性與必要性之要件者，方能符合例外情形而得作為證據。此際僅係承認其證據能力，即在審判中不予排除而已，至其證明力如何，仍有待於辯論、審認、判斷（本法第二八八條之二及第一五五條第一項）。惟如僅具備上述①及②兩項條件時，有時可供引為質疑證人誠實性及其證言可信度之用，此即所謂 Impeachment Evidence（彈劾證據）是也。倘若先前陳述與其後在審判中所為陳述，兩者並無相異之處，則該項先前陳述既與第一五九條之二所定相異例外條件不合，自應以無證據能力而予排除。茲舉證人為例，法院於此情形，僅採證人當庭具結接受交互詰問之陳述（證言）即足。如將證人先前陳述一併採列為證據，由於該項先前陳述欠缺證據能力，即屬違背嚴格證明法則。

在此須附述者，依性侵害犯罪防治法第十七條規定，被害人如因受性侵害身心創傷無法陳述，或到庭後因身心壓力於訊問或詰問時無法為完全之陳述或拒絕陳述，或先前應詢時曾由相關專業人士協助進行詢問者，該被害人先前於檢察事務官或司法警察人員調查中所為陳述有無證據能力之判斷，僅以具備上述③、④兩項條件為已足，此乃該法之特別規定，自應優先於第一五九條之二及後述第一五九條之三而有其適用。

(2)原始陳述人無法到庭陳述或拒絕陳述

本法第一五九條之三規定：被告以外之人於審判中有下列情形之一（死亡、身心障礙致記憶喪失或無法陳述、滯留國外或所在不明而無法傳喚或傳喚不到、到庭後無正當理由拒絕陳述），其於檢察事務官、司法警察官、司法警察調查中所為之陳述，經證明具有可信之特別情況，且為證明犯罪事實之存否所必要者，得為證據。（注意：我國司法警察人員如經當地國同意安排，在國外詢問證人並製作筆錄，而該應詢人無法回國到庭接受訊問者，參考最高法院 102 臺上 3359 號刑事判決意旨，其證據能力

仍依本條認定之。）析言之：

①須原始陳述人於審判中無法到庭或雖到庭而無法陳述或拒絕陳述，方有研酌先前陳述是否得為證據之可能

本條例外情形，原始陳述人於審判中並未到庭或到庭而未作陳述（詳如本條第一款至第四款所列情形），既無審判中陳述可供比較，即不發生先前陳述與審判中是否不符之問題，與第一五九條之二原始陳述人已於審判中有所陳述者不同。至若原始陳述人到庭而有正當理由拒絕證言經許可者，應認其係相異之陳述而依第一五九條之二規定處理。

關於傳聞之例外可得為證據者，其「例外」之適用，對於被告在審判中行使詰問權，顯有重大影響，兩者之間自應妥為拿捏，務求平衡。日本最高裁判所平成 7.6.20. 判例（刑集 49-6-741）認為外國籍證人遭入出國管理機關強制遣返而離境，由於檢察官同屬國家機關，倘若檢察官在事前已經有所認知，乃利用此項行政處分，以致該證人未能到庭受詰問者，就程序正義以觀，即不許採用該證人在偵查中之證言筆錄為認定犯罪事實之證據。此項判例意旨蘊含審究證人不能到庭之原因是否可歸責於國家機關（歸責法則）之意義。最高法院一〇七年度第一次刑事庭決議所採乙說（肯定說）第二點亦持相同見解。又歐洲人權法院判決（詳見後述❺❷所述 the sole/decisive rule）認為對於秘密證人雖得以「無從尋覓」為由，而經法院訊問負責運用該秘密證人之警方人員作替代，惟其證明力較弱，尚需其他證據予以補強，非可據為唯一或決定性之判斷基礎。此項見解實已寓有「佐證法則」之意涵。上述日本最高裁判所及歐洲人權法院案例，與本法第一五九條之三第三款之適用有關，雖然值得參酌，惟本法第一五九條之一第二項係針對檢察官偵查訊問之特有規定，與外國立法例有別。以上關於歸責法則及佐證法則兩例，在我國如該證人已經檢察官合法訊問者，除顯有不可信之情況外，其取得之陳述即已具有證據能力（入出國及移民法第三十六條第二項及第三十八條之五第一項規定強制驅逐外國人出國十日前應通知司法機關，臺灣地區與大陸地區人民關係條例第十八條之一第七項、香港澳門關係條例第十四條之一第六項分別規定強制大陸地區人

民、港澳居民出境十日前應通知司法機關,人口販運防制法第十九條第二項規定遣送被害人出境前應先經司法機關同意)。法院如採用檢察官所訊得之陳述而據為判斷基礎,尚難指為違法。後述關於運用秘密證人之闡釋,併請參閱。

②須其先前陳述經證明具有可信之特別情況(即特信性)

本條及特別法所定例外情形,並無審判中陳述可供比較,條文定曰「具有可信之特別情況」而未如第一五九條之二規定具有「較」可信之特別情況者,在於本條不發生先前陳述與其後在審判中相異陳述之相互比較問題,非謂本條有要求較強可信度之意,最高法院一〇七年度第一次刑事庭會議決議所採乙說(肯定說)謂本條要求「絕對可信性」,而第一五九條之二則係要求「相對可信性」,如此區分,在語意上有要求強弱之別,易滋誤解,未必妥當。又依本條規定,先前陳述是否具有可信之特別情況,須「經證明」。何謂可信情況(即特信性),可參照前條說明,控方在審判中如主張使用先前陳述為證據時,應負舉證責任,辯方如作此主張時,被告雖無舉證責任,法院仍應促其指出證明方法提出有利證據(參見本法第九十五條第四款、第九十六條、第一六一條之一及第二八八條之一第二項),與第一五九條之二對於先前陳述是否具有較可信之特別情況可由法院逕行判斷者,亦有不同。本條「經證明」一詞,原提修正草案文字為「經詢問之司法警察官、司法警察到場證明」,在立法審議過程中,因警政及法務部門有異見而將文句簡化。其實,法院仍應傳喚檢察事務官或司法警察人員到庭具結證述詢問原始陳述人經過情形,並受詰問,方能符合「經證明」之規定而例外承認原始陳述得為證據。

「特信性」之審認,釋字 789 號解釋具有指標意義。依性侵害犯罪防治法第十七條第一款,被害人於審判中,因性侵害致身心創傷無法陳述者,其先前在檢察事務官、司法警察官或司法警察調查中所作陳述,得為證據。此一傳聞法則例外規定,曾經發生聲請釋憲案例。釋字 789 號解釋肯定該法上述條款之合憲性,並基於例外規定從嚴適用之法理,就其在應用上所須遵循之規範,詳為闡釋。針對條文所謂「經證明具有可信之特別

情況」，認為係指性侵害案件，經適當之調查程序，依被害人警詢陳述作成時之時空環境與相關因素綜合判斷，除足資證明該警詢陳述非出於強暴、脅迫、誘導、詐欺、疲勞訊問或其他不當外力干擾外，並應於避免受性別刻板印象影響之前提下，個案斟酌詢問者有無經專業訓練、有無採行陪同制、被害人陳述時點及其與案發時點之間距、陳述之神情態度及情緒反應、表達之方式及內容之詳盡程度等情況，足以證明縱未經對質詰問，該陳述亦具有信用性獲得確定保障之特別情況而言。檢察官對此應負舉證責任，舉出證明之方法。

　　基於憲法保障刑事被告訴訟上防禦權之意旨，上開警詢陳述應經全程連續錄音或錄影，被告於此等證據能力有無之調查程序中，亦得對被害人警詢陳述之詢問者、筆錄製作者或與此相關之證人、鑑定人等行使詰問權，並得於勘驗警詢錄音、錄影時表示意見，以爭執、辯明被害人警詢陳述是否存在特別可信之情況。釋字789號解釋並提出被告防禦權可能蒙受損失應予適當衡平補償，以及不得僅以被害人警詢陳述為被告有罪判決之唯一或主要證據等原則，具有重要意義。該號解釋原因案件系爭規定，雖為性侵害犯罪防治法之條文，惟查傳聞例外對於警詢陳述必須具有「特信性」之要求，在本法第一五九條之二之三、兒童及少年性剝削防制條例第十三條、人口販運防制法第二十七條皆有規定，自應有其相同體認。

　　③須其先前陳述係為證明犯罪事實存否所必要（即必要性）

　　此點可參照第一五九條之二相關說明。

　　總之，在本條情形，其先前陳述必須同時具備上述①至③各項條件，方能例外得為證據，至其證明力如何，仍有待於法院判斷。惟關於秘密證人問題，能否引用本條處理，有探討之必要。

　　以上所論⑴相異之陳述及⑵原始陳述人無法到庭陳述或拒絕陳述兩種情形，尚涉及指認嫌犯與運用秘密證人兩項問題，特予討論如下：

◎關於指認嫌犯

　　警方辦理刑事案件，經由被害人或現場目擊者指認（指證、確認）犯罪嫌疑人以定其調查對象者，為實務所常見。究竟如何進行指認方稱恰

當？參照內政部警政署一〇七年八月十日發布之「警察機關實施指認犯罪嫌疑人注意事項」所訂規範，其第二點規定，整個指認過程除有急迫情況外，應予全程連續錄音及錄影；第三點至第九點規定實施指認應依下述要領行之：(1)指認前應由指認人先就犯罪嫌疑人特徵進行陳述，並詢問指認人與犯罪嫌疑人之關係及雙方實際接觸之時間地點，以確認指認人對於犯罪嫌疑人之知覺記憶為客觀可信；(2)指認前不得向指認人提供任何具暗示或誘導性之指示或資訊，並應告知指認人，犯罪嫌疑人未必存在於被指認人之中；(3)實施指認，應依指認人描述之犯罪嫌疑人特徵，安排六名以上於外型無重大差異之被指認人，供指認人進行真人選擇式列隊指認，但犯罪嫌疑人係社會知名人士、與指認人互為熟識、曾與指認人長期近距離接觸或為經當場或持續追緝而逮捕之現行犯或準現行犯者，得以單一指認方式為之；(4)實施真人指認時，應使被指認人以不同之角度接受指認，並逐一拍攝被指認人照片；(5)實施照片指認時，不得以單一照片提供指認，並應以較新且較清晰之照片為之，避免使用時間久遠、規格差異過大或具有暗示效果之照片；(6)二名以上指認人就同一犯罪嫌疑人進行指認時，應予區隔，並先後為之：(7)指認程序準備中，發現未具備上述實施指認之條件者，應即終止指認，待條件完備後，再行安排指認。

辦案人員實施指認作業所製作之紀錄表及相關筆錄，屬於傳聞書面性質，須受傳聞法則約束。當初之指認人，如以證人身分，已於審判中到庭就其所為指認，具結作證並受詰問者，究竟是否可採，法院自得據以判斷取捨。倘若其於審判中為相異之陳述，或有無法到庭陳述或拒絕陳述之情形，則法院對於先前指認（即傳聞之書面陳述）應依本法第一五九條之二、之三或之五各該相關規定以定取捨。以上所引注意事項，乃係警察行政上之注意命令，相當於行政規則性質（行政程序法第一五九條），具有法規範之效力，雖非法律，辦案人員運用指認之過程，倘若違背要領，應認為仍有本法第一五八條之四之適用。檢察官辦案違背「檢察機關辦理刑事訴訟案件應行注意事項」第九十九項所示指認方式者，由於該注意事項係法務行政上之注意命令（參考釋字 253 號解釋理由書），亦應認屬違背

法定程序。檢察官偵查案件實施指認時，疏未遵守上述第九十九項所示方式者，曾有檢察官被申誡之案例（見懲戒法院職務法庭 110 年度懲字第 1 號判決）。此種情形在瑞士刑事訴訟法第一四一條第三項容許採用為證據，依本書見解，仍以經由法院先就其有無證據能力權衡審酌為宜。即使認其具有證據能力，法院仍須妥為判斷其證明力之強弱。

　　法院對於此種「指認」之證據方法，究應如何審認取捨？實務上（最高法院 96 臺上 1677 號刑事判決）曾經出現下述見解，謂應審酌：「犯罪時，指認人見到嫌犯人之機會如何？犯罪當時，指認人注意嫌犯人之程度如何？指認人於指認前，對嫌犯人身高、體態等特徵描述之準確程度如何？於嫌犯人識別程序中，指認人指認嫌犯人之確信程度如何？自犯罪發生迄至進行嫌犯人指認識別程序時，其間隔時間如何？等因素而為判斷其指認是否可靠，據為取捨證據之標準。」以上所列各項據以判斷取捨之因素，諒係參照美國聯邦最高法院一九七七年 Manson v. Brathwaite (432 U.S. 98) 一案判決意旨而來，值得參考。然而，無論如何，除被指認人為知名人士或具有顯著特徵者外，「指認」常見發生「誤認」情事。因此，務須綜合其他相關證據予以整體研判，不容單憑指認結果而為有罪判決之唯一根據。

◎關於運用秘密證人

　　警方記載秘密證人原始陳述之紀錄或書面報告，由於原始陳述人因保密及安全等理由而不出庭，甚至根本未披露身分，法院能否採用該等文書證據為判斷之依據，頗有爭議。英美案例對於被告之反詰問權均極重視，認為如與案情有重要關係甚至涉及被告重要防禦事項時，控方不得拒絕披露秘密證人身分❺⓪。德國司法實例認為法院應以促使秘密證人 (V-Mann) 到庭接受訊問為原則，僅於確認該管機關如提供其人姓名住址將招致聯邦

---

❺⓪　英國資料見 Christopher Allen, *Practical Guide to Evidence*, 2nd ed., 2001, pp. 332/333. 及 Andrew Sanders & Richard Young, *Criminal Justice*, 3rd ed., 2007, p. 285. 美國資料見 John M. Scheb & John M. Scheb II, *Criminal Law & Procedure*, 3rd ed., 1999, p. 381.

或各邦中之某邦不利時，方得以該證人無從尋覓為由，訊問負責運用該秘密證人之警方人員以為替代。此種方法，實務並未否定，但認其證明力較弱，尚需其他證據予以補強❺。歐洲人權法院認為證據能力屬於內國法所規範之事項，由內國法院審酌取捨，該院見解並未嚴格排除此種傳聞證據，苟非採為定罪之唯一或決定性之判斷依據，即不認為違背歐洲人權公約第六條所示之公正審判原則❺。

釋字 384 號解釋認為「與證人對質詰問之權利」屬於憲法第八條第一項所稱「依法定程序」之範疇，相關法律內容必須「實質正當」。解釋公布一年後修正之檢肅流氓條例（該條例已於九十八年一月二十一日公布廢

❺ Gerd Pfeiffer, Strafprozessordnung und Gerichtsverfassungsgesetz, Vor §§48～71, Rn. 4, §250, Rn. 3, 4 Aufl., 2002. 及 Roxin/Schünemann, Strafverfahrensrecht, §45, Rn. 25, §46, Rn. 17, 33, 34, 29 Aufl., 2017. 但有異見。

❺ Cheney, Dickson, Skilbeck, Uglow, Fitzpatrick, *Criminal Justice and the Human Rights Act 1998*, 2nd ed., 2001, pp. 144/145. 尤其 Asch v. Austria 一案（歐洲人權法院一九九一年四月二十六日判決）謂：The admissibility of evidence is primarily a matter for regulation by national law and, as a rule, it is for the national courts to assess the evidence before them. 其後又有 Doorson v. Netherlands 一案（一九九六年三月二十六日判決）表明並不排除運用秘密（匿名）證人之立場。判決理由除重申尊重內國法及內國法院職權外，強調證人生命、自由與安全之考量，與被告防禦權益之維護，兩者必須求取平衡拿捏 (counterbalancing)，倘若依憑秘密證人證言為定罪之唯一或決定性之判斷基礎 (...a conviction should not be based either solely or to a decisive extent on anonymous statements.) 則係違背公正審判原則。上述見解迄未變更，該院二〇〇五年十一月十七日 (Section 3, No. 80) 之 Haas v. Germany 一案及 AI-Khawaja and Tahery 一案判決，均仍闡述 "the sole/decisive rule" 相同意旨。值得注意者，該院二〇〇三年七月二十二日 Edwards & Lewis v. United Kingdom 一案判決認為如與陷害教唆之辯解有重要關係時，倘若控方未向辯方揭示臥底警探相關資料，法院必須就此情形 (non-disclosure) 對於被告防禦權益之影響妥為審酌，原案英國法院疏未及此，即屬違背公平審判原則。此一案例可謂上述求取平衡拿捏之例證。其實早在一九五七年之美國聯邦最高法院 Roviaro v. United States (353 U.S. 53) 一案判例即已採取類此見解。

止）第十二條及制定之組織犯罪防制條例第十二條，均遵循實質正當之要求，就秘密證人訊問筆錄之調查方法及其得拒受詰問之法定事由予以詳細明確規定。組織犯罪防制條例更明定訊問秘密證人之筆錄須以在檢察官或法官面前作成者為限方有證據能力。檢肅流氓條例雖無此限制，但規定秘密證人之證詞不得作為裁定感訓處分之唯一證據，仍應調查其他必要證據，以察其是否與事實相符。

被告以外之人向偵查輔助人員所為陳述得以例外承認其證據能力者，須依本法第一五九條之二或之三為根據。第一五九條之二係以原始陳述人在審判中到庭陳述為前提。由於秘密證人未能出庭，即無該條之適用。如欲採用警方記載秘密證人原始陳述之詢問筆錄或書面報告，則其是否適法，應依第一五九條之三認定之。惟因秘密證人係基於保密及安全等理由而不出庭甚至根本未被揭露身分，與該條第一款至第四款各該情形均不符合，恐難援引該條以取得證據能力。未來實務發展，能否引用第一五九條之四第一款以「公務員職務上製作之紀錄文書」或同條第三款「其他於可信之特別情況下所製作之文書」為根據，尚待形成判例❸。然而，無論如何，對於秘密證人，因偵查不公開，較少顧慮，應以經檢察官合法訊問作成筆錄為妥，俾能依照第一五九條之一第二項規定取得證據能力，法院踐行書證調查程序後，即得將檢察官訊問筆錄作為證據，避免傳喚該證人到庭應訊。如認仍有調查必要，法院即應依證人保護法第十一條第四項規定辦理。

依一〇七年五月制定公布之國際刑事司法互助法第三十五條規定，臺灣地區與大陸地區之刑事司法互助，準用該法之規定，並由法務部與大陸地區權責機關相互為之。證人或在逃共犯（皆係本案被告以外之人）於中國大陸地區公安機關應詢所為證言或陳述，以及公安機關據以製作之筆錄或書面紀錄，均屬傳聞證據，究竟有無證據能力，必須探討釐清。按海峽

---

❸ 員警查案或查詢證人所作書面報告，實例認為該報告書無證據能力，必須傳訊員警到庭加以調查（已往見解如最高法院 87 臺上 4347 號及 89 臺上 5364 號刑事判決，載《司法院公報》四十一卷六期及四十三卷三期，惟當時本法尚無第一五九條之四條文）。

兩岸共同打擊犯罪及司法互助協議第八點關於調查取證之規定謂：「雙方
同意依己方規定相互協助調查取證，包括取得證言及陳述……受請求方在
不違反己方規定前提下，應儘量依請求方要求之形式提供協助，受請求方
協助取得相關證據資料，應及時移交請求方……。」同協議第十七點關於
限制用途之規定謂：「雙方同意僅依請求書所載目的事項使用對方協助提
供之資料……。」由此可知，大陸公安機關協助我方詢問證人或在逃共
犯，並就答詢內容製作筆錄或書面紀錄，乃係依照上述協議執行司法互助
工作，所獲證言或陳述以及作成之筆錄或書面紀錄，我方均可使用，自應
賦予證據能力。然而大陸公安機關並非我國司法警察機關，無從適用第一
五九條之二或之三各該規定，於是產生疑問；且上述協議依臺灣地區與大
陸地區人民關係條例第五條第二項後段規定，經行政院核定後，僅須送立
法院備查（見本章❹之 5），在立法部門所用程序，其實相當於法規命令
之審查（參見立法院職權行使法第十章），自難認為具有等同法律位階，
是其位階低於我國與美國、菲律賓簽訂之刑事司法互助協定及與南非簽訂
之刑事司法互助協議，無法適用第一五九條第一項「除法律有規定者外」
以傳聞例外規定賦予證據能力，而應另循他途處理。最高法院 101 臺上
900 號刑事判決案例，認為大陸公安機關詢問筆錄所載應詢者之陳述，可
「類推適用」第一五九條之二或之三以定其證據能力，而詢問筆錄則可
「類推適用」第一五九條之四第三款規定具有證據能力。以上所述雖僅為
個案判決先例，因係兩名被告判處死刑定讞之第三審判決，值得特別重
視。102 臺上 675 號刑事判決案例仍持相同立場。本書贊同此項採取類推
適用相當條文之見解，並盼未來得以編選成為判例（最高法院 103 臺上
882 號刑事判決案例認為刑事訴訟之程序事項得為類推解釋。最高法院一
○七年度第一次刑事庭會議決議議題在於討論外國警詢陳述之證據能力
問題，肯定說認被告以外之人在域外所為警詢陳述應類推適用第一五九條
之二或之三規定據以認定其有無證據能力，惟所稱「域外」，依刑法第五
條至第八條、第四十條之二以及分則條文第二四二條、第二九七條、第二
九九條用語，係指中華民國領域外而言，大陸地區並非在領域外（見最高

法院 89 臺非 94 號刑事判決案例），因此，在大陸公安機關應詢者陳述之
證據能力問題，倘若直接參考上述決議，尚難獲得解答）。須強調者，法
院仍應保留裁量之空間（例如依其筆錄所載發問語意有無誘導詢問情事，
詳見後述 §190 相關說明），並須綜合全案證據資料方能判斷待證事實之有
無，產生確信心證。倘若別無積極證據足資審認時，即不宜僅憑上述筆錄
暨其所載內容，遽為不利於被告之認定。

4.其他可信之文書

§159–4

　　本法第一五九條之四規定：除前三條（即第一五九條之一至之三）之
情形外，下列文書亦得為證據：(1)除顯有不可信之情況外，公務員職務上
製作之紀錄文書、證明文書。(2)除顯有不可信之情況外，從事業務之人於
業務上或通常業務過程所須製作之紀錄文書、證明文書。(3)除前二款之情
形外，其他於可信之特別情況下所製作之文書。

　　上述各種文書如經提出於法院，用以證明所載事項為真實者，乃係傳
聞證據性質，本無證據能力。惟因各該文書之製作，有係公務員基於法定
職掌從事公務行為作成之紀錄、報告或製發之書面證明文件者，有係從業
人員於事務或業務活動中作成之慣常紀錄或具有證明作用之文書者，此等
公務員或從業人員皆係於通常工作過程中製作各該文書，並無供為訴訟證
據之預見，其虛假之可能性甚低，且其性質大多屬於非言詞證述 (their
nature were not testimonial)，除顯有不可信之外部情況外，一般均無傳訊
原文書製作人到庭重述已往事實或數據之必要，爰明定其亦得為證據。例
如戶籍謄本、地籍謄本、公證書、畢業證書、公務會計簿籍、商業帳簿、
存款證明書、診斷證明書、電話通聯紀錄、公私會議紀錄等均屬之。關於
診斷證明書，此乃醫師於業務上根據病歷所製作之證明文書，依該條第二
款規定得為證據。如係依性侵害犯罪防治法第九條規定製作者，實例（95
臺上 5026 號刑事判決）認其符合本法第一五九條第一項「法律有規定」
之例外而得為證據。至於該條第三款規定，係指與前兩款公務或業務文書
同樣具有高度可信性而非紀錄或證明性質之其他例行性文書亦得為證據，
例如政府公報、統計表報或公開出版之學術論著敘及某項特定事實者、19

上 824 號民事判例所述之族譜是。又如私人日記或信札，未必當然可信，惟如審酌其日記確係出於規律而未間斷撰寫，且非預期供為訴訟證據之用，依其撰寫目的及自由撰寫之過程等外部情況，認為具有高度可信賴性時，即仍得為證據。其他與日記類似之「記事本」等文書，通常係以記述已往經歷事實為內容，倘若文書製作人係基於備忘之目的而依其清晰記憶所作成者，此種備忘紀錄（recorded recollection，參考美國聯邦證據規則§803（5）），亦可認有證據能力。再如另案裁判書係外國法院法官所製作者，僅得用以證明曾經外國裁判之程序事實，非可供嚴格證明被告犯罪事實之用（參照最高法院 94 臺上 6074 號刑事判決，載《司法院公報》四十九卷一期）。

§159–5　　**5.當事人所同意之原始陳述**

本法第一五九條之五第一項規定：被告以外之人於審判外之陳述，雖不符前四條（即上述 1.、2.、3.、4.各種例外）之規定，而經當事人於審判程序同意作為證據，法院審酌該言詞陳述或書面陳述作成時之情況，認為適當者，亦得為證據。此乃當事人之明示同意，其所為意思表示，須無瑕疵方有效力。同條第二項復規定：當事人、代理人或辯護人於法院調查證據時，知有第一五九條第一項不得為證據之情形，而未於言詞辯論終結前聲明異議者，視為有前項之同意，此則為默示之擬制同意。

被告以外之人於審判外之言詞或書面陳述，依照傳聞法則基本意旨，為無證據能力。惟如當事人於審判程序中同意以該項原始陳述作為證據者，即可認其無意為詰問或放棄詰問權之行使；又如知有應予排除之情形而未於言詞辯論前聲明異議者，則以擬制同意處理。無論明確表示同意抑或擬制同意，均使本不得作為證據之原始陳述，例外地得為證據。

本條第一項規定之同意，僅以控（檢察官或自訴人）、辯（被告本人）兩造當事人為限，方有同意權，對照本條第二項規定，可見代理人或辯護人並非第一項之同意權人。當事人必須肯定明確表示同意，不得附有條件；如有共同被告者，為該項同意效力所不及；除非他被告亦表明同意，否則該項原始陳述對他被告而言仍不得作為證據。至於本條第二項規定之

擬制同意，其未及時異議之人尚包括代理人及辯護人在內。所稱代理人，兼指自訴代理人及被告委任之代理人兩者而言，均須知悉有某項傳聞證據應予排除之情形而未於言詞辯論終結前聲明異議者，方能產生擬制同意之效果。上述未及時行使異議權之情形，具有默認傳聞證據取得證據能力之效果，實用上宜審慎認定，尤其在被告無代理人無辯護人時，或行一造辯論之情形，法院務須顧及本法第二條規定之注意義務，如有疑義，即應以尋求是否明示同意為妥，並須斟酌被告知識智能程度，避免損害被告正當權益。法條所定「言詞辯論終結前」之聲明異議並不限於第一審，現制第二審仍屬事實審，因此，在第二審仍有聲明異議之機會。

　　本條雖認當事人對於傳聞證據有處分權，惟法院依其補充發現真實之職權（參見本法第一六三條第二項），對於明示或擬制同意之原始陳述，仍須審酌其作成時之情況可認為具有適當性者，方能例外承認其得為證據，並非一經明示或擬制同意，即可無條件予以容許。如何可認為適當，須視個案情節而定，凡此審判外陳述作成時之過程、內容與作此陳述之目的，以及是否具備合法可信之擔保等情，均應納入綜合審酌，方能判斷其適當性。例如書面陳述有無經製作人簽名蓋章或按指印，是否合於一般格式？或製作人有無受脅迫，是否出於臨訟配合？均在審酌範圍之內（至於證明力之強弱，並非證據能力問題，此處無須審酌）。

　　依本法第二七三條第一項第四款、同條第二項及第二七九條規定，有關證據能力之意見，屬於準備程序處理事項之一，如經認定為無證據能力者，該證據即不得於審判期日主張之。傳聞之書面陳述，如涉及兩造當事人是否同意在審判中作為證據者，由於該項書面早已存在，宜在準備程序中儘先處理。傳聞之言詞陳述，除儘先釐清外，難保不在審判期日出現，如與第一五九條之五明示同意或擬制同意不符時，當事人自得聲明異議。

　　當事人能否撤回同意？此一問題須視其係明示抑或擬制同意而有差別：(1)倘若法院認當事人先前之明示同意為適當，既經省略詰問程序，則於審判期日如已就該項傳聞證據開始進行調查者，基於程序之安定性，即不應准許撤回；縱使案經再開辯論甚至在第二審（含更審），原先之明示

同意，仍應不准撤回。如於審判期日前或於審判期日尚未開始調查證據前
表示撤回同意，他造當事人並無異議者，由於尚能踐行詰問程序，不妨解
為得由法院裁量准駁之。(2)倘若其係擬制同意者，當事人、代理人或辯護
人既無明確表示，對於該項傳聞證據並未積極行使其處分權，即與明示同
意之因行使處分權而生恆定效力之情形有別。從而，擬制同意之效力並無
「恆定」可言，應可解為當事人等得於言詞辯論終結前或第二審（含更
審）程序中予以爭執追復。

§160

六、證人個人意見與推測之詞

1.法律規定

本法第一六〇條規定：證人之個人意見或推測之詞，除以實際經驗為
基礎者外，不得作為證據。按證人到庭作證，應就其親身見聞體驗之客觀
事實提供證言。倘若陳述其個人意見或推測之詞，則此部分顯係證人主觀
己見或臆測，既非客觀見聞之事，即已逾越作證範圍，且係擅作判斷，自
不得作為證據。惟如其係基於直接體驗之事實所作判斷或提供意見者，即
與單純私見或推測有別，仍可作為證據；至於是否採用，有待法院自由判
斷。

2.立法例

英美證據法將證人分為專家證人 (expert witness) 與一般證人 (lay
witness) 兩類。前者須提供專業意見，相當於本法之鑑定人。後者僅就見
聞體驗之客觀事實作證，即吾人所稱之證人，不得陳述個人意見。否則，
其意見證據 (opinion evidence) 即應予以排除 ； 惟如所述意見係以合理體
驗之事實為基礎，且有助於釐清系爭事實或使證言更加明瞭者，仍得容許
為證據。例如：證人稱撞見被告覺其神色倉皇，或稱與被告擦身而過見其
年約三十來歲，或稱與被告對話時聞到濃濃酒味見其語無倫次諒必酒醉無
疑。各該證言雖伴隨證人意見在內，因係基於合理體驗之事實所形成，乃
以實際經驗為基礎，與單純私見或臆測有別，即仍得供證據之用。又本法
第二一〇條鑑定證人之證言，係以特別知識經驗為基礎，此非單純意見或

推測之詞，應具有證據能力，自不待言。日本刑事訴訟法第一五六條對於證人依其實際經驗事實所推測事項之陳述，承認具有證言效力，即係本此旨趣❺❹。

3.個人意見與品格證據

　　證人涉及他人（尤其被告）品格優劣之證言，往往出自個人意見或來自傳聞。法國刑事訴訟法第三三一條第五項規定：證人僅就被告之被訴事實或其品德、人格提供證言。（英譯：Witnesses are to testify only in respect of the matters alleged against the accused, or in respect of his personality and his morality.）承認證人證言具備品格證據之適格性。美國聯邦證據規則第八〇三條(19)及(21)，將有關個人品格聲譽之陳述，列入傳聞法則例外條款之中，容許其得為證據。就本法而言，關於他人品格之證言，如符合第一六〇條規定者，即具有證據能力。惟刑法第五十七條第五款所定之科刑審酌事項係以自由證明為已足（71 臺上 5658 號判例），因此，即使欠缺實際經驗為基礎，法院仍得據以自由判斷而定其取捨。

七、舉證責任

㈠舉證責任之意義

1.法律規定

　　犯罪事實應依證據認定之，為本法第一五四條第二項所明定。刑事訴訟以確定國家具體刑罰權為目的，待證事實之認定，自應歸由控訴之一方負舉證責任。第一六一條第一項爰規定：檢察官就被告犯罪事實，應負舉證責任，並指出證明之方法。復於同條第二項至第四項設有補正（充）舉證、法院裁定駁回起訴及其法律效果等相關規定。

§161
（含
§§157、
158、
158-1）
§161-1

---

❺❹　另可參看意大利刑事訴訟法第一九四條第三項規定：證人除於針對事實進行作證時無可避免者外，不得在作證中發表個人稱頌。又美國聯邦證據規則第七〇一條規定：證人非以專家身分作證時，其出於意見或推論方式所為證言，須以該項意見或推論係(a)合理地本於證人之體驗，且係(b)有助於使證言能清晰了解或系爭事實之認定者為限。

2.立法緣由

舉證責任一詞，原出現於民事訴訟法（參見十九年該法第二六五條及二十四年迄今該法第二七七條），謂當事人為求有利於己之裁判，而就其所主張特定重要有利（且非免證）事實之存在，負擔舉出證據以使法院形成確信心證之責任。茲所謂責任，實係「負擔」之意，德文為 Last，英文為 burden，有舉證責任者如未能盡其負擔時，即受敗訴之裁判。

本法於五十六年一月修正時，新增證據專章，始將第一六一條納入該章之通則，以責成檢察官負其責任。在民事訴訟中，兩造當事人依舉證分配法則，各負一定範圍之舉證責任，非由原告一造獨負其責。在刑事訴訟中，被告受無罪推定，本屬無辜之人，不負舉證責任。欲將被告定罪，應由檢察官或自訴人負舉證責任，使法院形成心證，產生確信，進而就待證事實予以肯定之判斷。

3.控方舉證

依本法第三條規定，檢察官、自訴人及被告，三者同屬當事人：

⑴檢察官負有舉證責任，第一六一條第一項已有明文。九十一年二月修正並增訂同條第二項至第四項相關規定以後，其舉證責任更為加強。本法第一五四條第二項規定：「犯罪事實應依證據認定之，無證據不得認定犯罪事實。」第一六一條第一項則規定：「檢察官就被告犯罪事實應負舉證責任，並指出證明之方法。」兩相對照，所指「犯罪事實」，實乃表示其係待證事實中之主要事實，非謂認定其餘事實無須證據。本書於前述本節二之㈡已有論述。檢察官居於控方地位，其須就不利於被告之事實負舉證責任，並非僅以犯罪事實本身為限。以累犯事實為例，最高法院刑事大法庭 110 臺上大 5660 號裁定，即認為：被告構成累犯之事實及應加重其刑之事項，均應由檢察官主張並具體指出證明之方法後，經法院踐行調查、辯稱程序，方得作為論以累犯及是否加重其刑之裁判基礎。蓋累犯事實既於被告不利，即應由檢察官負實質舉證責任也。

⑵自訴人實行自訴，居於控方地位。本法第三二〇條第二項第二款規定自訴狀應記載被告犯罪事實及「證據」並所犯法條，第三二九條第一項

規定檢察官於審判期日所得為之訴訟行為，於自訴程序，由自訴代理人為之。第一六一條第一項雖未述及自訴人，惟自訴人既係控訴之一方，當然亦應負擔舉證責任。最高法院九十一年四月三十日九十一年度第四次刑事庭會議關於本法第一六一條修正後相關問題之決議第十一點，即認為第一六一條第一項檢察官應負實質舉證責任之規定，於自訴人同有適用。至於同條第二項至第四項規定，係專就公訴而設，對於自訴，因第三二六條就自訴另有起訴審查制之規定，即應適用該條處理。

　　(3)被告本不負舉證責任，固如上述，惟其基於防禦上之必要性，勢必盡力舉出有利證據，俾能減弱法院心證，阻使不生肯定其事之確信。九十二年修法增訂第一六一條之一規定：被告得就被訴事實指出有利之證明方法，即係本此旨趣。例如被告就其阻卻責任、阻卻違法、刑罰減免、不在場證明等事項，恆須提供有利證據以資調查者是。餘如本法第九十五條第一項第四款、第九十六條、第二七五條、第二八八條之一第二項涉及被告提供證據之各該規定，皆係出於舉證必要 (Beweisnotwendigkeit) 而設，非屬責任規定，在法律上並非課加被告義務。被告縱未能提供有利於己之反證，仍不當然負擔有罪判決之不利益後果，此觀 28 渝上 1139 號、30 上 816 號判例及釋字 509 號解釋即明。

4.舉證層次

　　舉證，除主張其事外，本應涵蓋舉出（即提供）及說服（即證明）兩個層次之責任。檢察官提起公訴之案件，除須舉出證據外，是否尚須負擔說服法院採信之責任？在第一六一條修正以前，此一問題頗有爭議。

　　依本法第二九九條第一項規定，必須被告犯罪已經證明者，法院方能為有罪判決。訴訟上之證明，須達通常一般人均不致有所懷疑而得確信其為真實之程度者，方稱相當，如其證明並未達此程度尚有合理懷疑之存在，法院復無從為有罪之確信時，即得為無罪之判決。從而，控方理應擔負說服法院使生確信之責。76 臺上 4986 號判例意旨，正與英美法所稱已無合理懷疑 (beyond reasonable doubt) 者相融合。況依法院組織法第六十條第一款規定，提起公訴與實行公訴，同屬檢察官之法定職權，舉證責任

中關於說服責任部分，對照本法第二八〇條檢察官應於審判期日出庭、第二八六條檢察官應陳述起訴要旨、第二八九條檢察官應參與言詞辯論等規定，應已包含於「實行公訴」之職責範圍，第一六一條第一項規定，含有全程繼續舉證以實行公訴之意義，本不以一次舉證為已足。基於訴訟原理，檢察官所負舉證責任，自應包含兩層責任（即舉出並說服）。

已往見解，引據本法五十六年一月修正增訂第一六三條之立法理由，謂：「如認檢察官有舉證責任，但其舉證，仍以使法院得有合理的可疑之程度為已足，如檢察官提出之證據，已足使法院得有合理的可疑，其形式的舉證責任已盡，但法院為發見真實起見，仍應依職權調查證據。……」既認檢察官僅負形式的舉證責任，即無令負說服責任之意。且當時第一六三條（現已修正）具有濃厚之糾問色彩，舊判例復強調事實審法院應予調查之證據不以當事人聲請者為限，凡與待證事實有關之證據，均應依職權詳加調查，苟非調查途徑已窮，不許遽為無罪之判斷。於是，檢察官起訴已盡形式的舉證責任後，法院如何更進一步形成心證，由於檢察官不必負擔說服之責，即有賴於法院接續依其職權自行調查，形同將舉證責任轉由法院接力完成，有失公平法院之立場，顯非妥適。迨本法於九十一年二月將第一六一條連同第一六三條一併修正後，從此改採實質的舉證責任，令檢察官不僅須在形式上舉證，更應在實質上負擔其實行公訴說服法院產生確信之責（92 臺上 128 號判例）。刑事妥速審判法第六條甚至將判例內容予以成文化，並強調應貫徹無罪推定原則。

5.實質舉證

依本法修正第一六一條第一項規定：檢察官就被告犯罪事實，應負舉證責任，並指出證明之方法。條文所用「指出證明之方法」一語，在第九十六條及第一〇〇條亦有出現，意即舉述證據方法、闡述其證明力並說明其與待證事實之關聯性。條文謂應就被告「犯罪事實」負舉證責任，對於阻卻違法或阻卻責任之事實，宜解為不必先行舉證，可俟被告（辯方）基於防禦必要而主動舉證主張阻卻事由時，予以舉證指駁。惟被告本不負舉證責任，第九十六條非屬責任規定，而第一六一條則係課檢察官以實質舉

證之責，公訴人如未善盡職責甚或濫行起訴，殊與第二五一條第一項所定依證據「足認被告有犯罪嫌疑」之起訴法定原則（請參閱本書 §251 說明）未符。法院於第一次審判期日前，如從形式上審查公訴意旨及其卷證，認為檢察官指出之證明方法顯不足認定被告有成立犯罪之可能時，依第一六一條第二項規定，先則以裁定定期通知補正，繼而於檢察官逾期未補正時，得以裁定駁回起訴。如經裁定確定，依同條第三項及第四項規定，不許一事再理。第一六一條全條修正本旨，在於促使檢察官切實蒐證，審慎起訴，善盡實質的舉證責任，俾能減輕被告訟累及節省司法資源。上述舉證明顯不足之公訴案件，如依通常程序進行審理，縱經初審判決被告無罪，檢察官難免一再上訴，即使終審無罪確定，而被告蒙受訟累已經造成。該條修正後，此類情形可望避免發生。

第一六一條第二項至第四項新增規定，各方以「起訴審查制」相稱。此乃立法部門自行提案完成修正者，並非司法院所研擬原來草案之內容。其實本法第三二六條對於自訴案件早已設有起訴審查制，並未採取獨立程序之設計，適用上無何窒礙。關於公訴之起訴審查制，除參酌第三二六條已有先例外，並就德國刑事訴訟中間程序 (Zwischenverfahren) 及英美刑事訴訟審前程序（Pretrial Court Preceedings，如英國之 Preliminary Inquiry、美國之 Preliminary Hearing、 Examining Trial 或 Arraignment） 等外國法制，擷取其基本精神而得，立意可謂相似，而架構則未盡相同。

第一六一條第二項所定情形，未達起訴法定原則所要求之條件，原案如經法院審酌卷證，依經驗法則及論理法則，從形式上判斷，認為被告顯無成立犯罪之可能時 （與英美法上表面證據 prima facie 不足之概念類似），即得裁定通知檢察官補正，倘若經法院限期補正而仍不補正（如徒具形式而未為實質上補正者，與不補正同），法院即得以裁定駁回檢察官之起訴。通知限期補正之裁定，其主文可諭知檢察官應補正被告犯罪之證據及指出證明之方法，純屬程序裁定性質，不得抗告。駁回起訴之裁定，具有消滅訴訟繫屬之效果，自須詳述理由。依本法第四○三條第一項及第四一五條規定，檢察官得為抗告，但不得再抗告。此項裁定，實即認為原

案具有第二五二條第十款被告犯罪嫌疑不足之不起訴事由，爰參照不起訴處分效力相關規定以及第三二六條第四項之例，於第一六一條第三項明定：駁回起訴之裁定已確定者，非有第二六○條各款情形之一，不得對於同一案件再行起訴。復於第一六一條第四項規定：違反前項規定再行起訴者，應諭知不受理之判決。旨在賦予上開裁定之確定力，避免一事再理。針對此種再行起訴，法院應逕行判決不受理。如案件欠缺程序的訴訟條件者，法院應分別情形，逕為免訴、不受理、管轄錯誤之判決，均無第一六一條第二項之適用。

公訴之起訴審查制，初期適用，難免生疏，甚或引發法官可能濫用駁回裁定之疑慮。其實在應用上不僅須從形式審查結果被告罪嫌不足已達顯然之程度（例如：檢察官所舉證據為無證據能力且別無積極證據、或僅以被告自白為唯一證據、或起訴書謂被告已自白犯罪而遍閱偵查卷附筆錄毫無記載、或尿液未經鑑定有無毒品反應等情形是），尚且畀予檢察官補正證明方法之機會（自訴人在第三二六條並無補正機會），再者，法院係「得」以裁定駁回公訴，非謂應一律裁定駁回。由此可知，此一機制甚為嚴謹，而檢察官因其舉證責任之加強，勢必審慎起訴，以裁定駁回起訴之案例，應屬極其少數。

§161-2　　**6.關於調查證據之安排**

檢察官或自訴人就被告犯罪事實均應負舉證責任，被告則就其被訴事實得指出有利之證明方法，已詳「3.控方舉證」前述說明；且依第一六三條規定（另詳後述），證據調查係由控辯雙方主導。本法第一六一條之二，乃於第一項明定：當事人、代理人、辯護人或輔佐人應就調查證據之範圍、次序及方法提出意見。並於同條第二項規定：法院應依前項所提意見而為裁定；必要時，得因當事人、代理人、辯護人或輔佐人之聲請變更之。上開規定，與第二七三條第一項第六款配合應用，顯示調查證據之安排，必須尊重控辯雙方意見，並非全然取決於法院。第一六一條之二第二項所稱法院裁定，無須製作裁定書，受命法官行準備程序，與法院有同一之權限，此乃程序裁定，不得抗告。又該條第一項及第二項均有「代理

人」一詞，係兼指自訴代理人及被告之代理人而言❺，告訴人並非當事人，其依第二三六條之一委任之代理人，不在此列。

　　關於調查證據，雖依上開規定為適當之安排，惟為導正已往過分重視 §161-3
被告自白之積習，對於調查自白之次序，認有限制必要。依第一六一條之三規定，法院對於得為證據之被告自白，除有特別規定外，非於有關犯罪事實之其他證據調查完畢後，不得調查。旨在避免先入為主，防止預斷。條文所稱「除有特別規定外」者，如簡式審判程序及簡易程序是（見第二七三條之一、之二、第四四九條及第四五一條之一）。又所稱列為最末調查之「得為證據之被告自白」，係指具有證據能力之自白而言，與第一五六條第三項針對自白有無證據能力之「調查」有別，應予分辨。

(二)無須舉證之事實

1.公知之事實 (Offenkundige Tatsachen)

　　本法第一五七條規定：公眾周知之事實，無庸舉證。所謂公知事實，係指具有通常知識經驗之一般人所知悉通曉，且不容有所爭執（即無可置疑）之顯著事實而言。假使並非一般人所知曉，或不無爭執，或尚非顯著之事實，即無該條之適用（26 上 1247 號及 86 臺上 6213 號判例）。顯著云者，乃明顯昭著之意，應衡諸實況而定❻。國家大事及關於歷史地理或社會生活等顯著事實，均為公知之事實。例如國父孫先生創立中華民國（見刑法第一六○條第二項）、金門八二三砲戰共軍敗退、解嚴開放赴大陸地區探親、使用公用電話須插卡或投幣、基隆港在臺灣省北端、曆法月日及星期是。

---

❺　證據一章列於總則編，該章第一六一條之二以下各條，除第二一四條第二項及第二一九條之六所列代理人專指被告之代理人外，其餘條文有「代理人」一詞者，均兼指自訴代理人及被告之代理人而言，第一六六條第五項尤為明顯。

❻　最高法院 48 臺上 995 號民事判決案例（載《司法院公報》一卷九期，四十八年九月）謂：臺灣省自實施三七五減租條例後，租率減少，獲利倍豐，農村經濟欣欣向榮，為全國上下所一致共認實施此一政策之效果，農民以利之所在，年來因耕地引起之糾紛層見迭出，亦為社會極顯著之事實。

事實之公知性 (Allgemeinkundigkeit) 在於不特定之多數人所周知為已足，非謂所有之人全已知曉，縱因時空因素而有程度差異，仍無礙於特定時空範圍內之公知性。例如某次風災水災相隔數年後僅受災地區民眾仍有深刻記憶，臺北市國父紀念館確切位置僅為臺北地區民眾所熟知是。

美國聯邦證據規則第二〇一條⒝項強調地區性因素 (generally known within the territorial jurisdiction of the trial court)，可供參考。

2.於法院已顯著之事實

依本法第一五八條規定，事實於法院已顯著者，無庸舉證。最高法院民事判例（28 渝上 2379⑴號）詮釋謂係指某事實為一般所周知，而法官現時亦知之者而言。

民事訴訟法未如本法另有公知事實免證規定，遂有上述判例出現，本條宜解為係以法官主觀認知為準，應與第一五七條要求客觀公知性者分別以觀，但兩者之間必有相當程度之競合❺❼。例如：某地為某法院之管轄區域範圍，六合彩為一種賭博方法，通稱安非他命者係指一種化學合成之毒性麻醉藥品是。至所謂現時知之者，實包含已往所悉及現時得悉，尚在記憶中不待閱卷者在內。

行合議審判之情形，鑑於評議採取過半數決定（法院組織法第一〇五條），自亦以過半數法官認知為已足。

3.法院於職務上已知之事實 (gerichtskundige Tatsachen)

依本法第一五八條規定，事實為法院職務上所已知者，無庸舉證。

通說謂指該事實原為狹義法院之法官於職務上所為之行為，或係其職務上所觀察之事實❺❽，現尚在其記憶中者而言。

所指「職務」，無論本案或其他訴訟事件乃至非訟事務，凡屬法官執行司法職務所已知之事實，均可包括在內。例如起訴書並未記載被告前科

---

❺❼　以顯著性為準，可區別為二：⑴公眾知曉，⑵法院知曉。

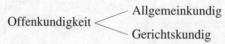

❺❽　❺❻引敘案例所述事實，原判決一併認定其「且為法院職務上所已知之事實」。

事實，法官曾經辦理同一被告之前科刑案，知係累犯而予詰訊是。又如某法官曾在民事庭辦理確認婚姻不成立之訴，其後改調刑事庭，適承辦相同男子重婚案件，對於被告前一婚姻業經確認為不成立並已判決確定之事實，為該法官於職務上所已知，即予主動審究是。在合議審判時，則以過半數法官認知為已足，與上述 2.同。

至於法規及條約本身雖非「事實」，但其有效施行或廢止失效，仍不失為一種事實，法官就此事實及某法規或條約內容，均應知悉通曉，乃係職責所在，縱當事人於訴訟中提出並予引用，仍非負擔舉證責任可比。惟如係地方性規章、個別行政令函、地方習慣、外國法規，法官未必知悉者，即有待於舉證以明之。

4.免證之效果

上述關於 1.、2.、3.各項事實無庸舉證之規定，依法產生免除舉證責任之效果，法院應予主動適用，因而具有決定性影響，當事人亦得據以主張，促使法院本於職權而為適用，如法院拒絕認知，並以欠缺證據為由而作不當之判決者，當事人自得提起上訴尋求救濟。

法院審究各該無庸舉證之事實，雖不須依憑證據認定，依本法第一五八條之一規定，仍應予當事人就其事實有陳述意見之機會。

八、證據之調查

§162
（刪）

㈠調查證據之意義

§163

1.本法關於「調查證據」或「證據調查」之用詞，出現於下列條文：

⑴就整個訴訟程序而言，見第九十五條第四款、第一五五條第二項、第一五六條第二項、第一六三條、第一六三條之一、第一六三條之二、第一七六條之二、第二一二條、第三二六條第一項及第九編附帶民事訴訟之第四九九條。

⑵以準備程序及審判期日所踐行之程序為重點而言，見第一五六條第三項、第一五九條之五第二項、第一六一條之二第一項、第一六一條之三、第二七三條第一項第五款第六款、第二七三條之二、第二八七條之

一、第二八八條、第二八八條之一、第二八八條之三、第二八九條及第三七九條第十款。

2.蒐集證據，係檢察官、司法警察人員、自訴人之職責，事實審法院不負蒐集證據責任。本法第二七九條及第三二六條（五十六年修法前為第二五八條及第三一八條）舊條文曾將「蒐集」與「調查」證據一併列為事實審法院之職責，其「蒐集」之規定，已於九十二年二月及九十三年六月，先後修法予以刪除。

3.蒐集，乃搜尋、發掘、採集之意。舊條文將「蒐集」與「調查」並用，足見兩者意義不同。法院基於當事人聲請或依卷存訴訟資料而就證據為取得及調查，仍屬調查證據，並非蒐集證據。例如(1)被告被訴貪瀆辯稱奉命行事，聲請調取公務機關某一檔卷；或(2)警卷所附被告應詢筆錄載有某現場目擊證人，檢察官未予查明或傳喚未到即予捨棄不查而將被告起訴，法院認為對於案情有重要關係而主動傳拘該證人；或(3)法院以卷附現場圖及照片尚欠完整而實施勘驗(本法第二一二條及第二一三條第一款)；或(4)當事人於準備程序對某一證據刻意不聲請調查，法院主動予以調查；或(5)法院主動將卷存與案情有關係之文書或印文交付鑑定等情形，上述由法院調取檔卷、實施勘驗、命行鑑定、主動傳拘證人，皆屬調查證據之範疇，尚與蒐集證據有別。倘若在卷存資料以外另行發掘證據者，則為蒐集證據，除屬於第二〇五條第一項依鑑定人請求而「蒐集」者外，已軼出法院「調查證據」之範圍。如有必要，僅得運用第二七三條第一項第五款規定，曉諭當事人為證據調查之聲請，方能依其聲請而為調查。

4.已往實務見解向來認為事實審法院兼負蒐集證據之責。早期最高法院二十九年十一月二十六日「關於刑事第三審上訴案件之總決議案」中，第五「原審應行調查之證據」項下第(四)點，將「未經蒐集或調查之證據，為發見真實起見，應行調查，且事實上非無調查之途徑者」列為審判期日應行調查證據之範圍。五十六年當時第一六三條立法理由猶謂檢察官之形式的舉證責任已盡，但法院為發見真實起見，仍應依職權調查證據云云，實亦兼含蒐集證據之意在內。舊判例復強調法院應行調查之證據不以當事

人聲請者為限，苟非調查途徑已窮而罪嫌仍屬不足，不得遽為被告無罪之判決（見 25 上 3706 號、61 臺上 2477 號及 64 臺上 2962 號舊判例）。於是導致法院與檢察官形同構成接力關係，偵審分際混淆不清，刑庭法官角色模糊。

　　5.自七十七年起，最高法院逐漸調整見解。當年度第十一次刑事庭會議決議貳之甲之十六 （經於九十五年度第十七次刑事庭會議決議修正文字）謂：「事實審法院以調查證據為主要職責。刑事訴訟法第三百七十九條第十款衹規定應於審判期日調查之證據而未予調查者為違法，應不包括蒐集證據在內，故不得以原審在審判期日未蒐集證據，指為違法……。」七十八年度第三次刑事庭會議決議，將上述二十九年舊決議文句中之「蒐集」兩字刪除。其後即有闡述事實審法院無蒐集證據義務之非常上訴判決出現❺❾。繼而於九十年度第七次刑事庭會議決議宣布上述 25 上 3706 號等三則判例不再援用。從此以後，事實審法院即以調查證據為職責，不負蒐集證據之義務。九十二年修法已將第二七九條予以修正，並於第二七三條將準備程序可處理事項予以明確規範，九十三年修法復將第三二六條第一項原列「蒐集」二字刪除，法院自當完全擺脫其與檢察官之接力關係。

　　6.關於釋字 238 號解釋及最高法院九十一年度第四次刑事庭會議決議、一○○年度第四次刑事庭會議決議、一○一年度第二次刑事庭會議決議等項，請參閱本書後述 §379 之 10.的說明。

㈡證據調查之主導

1.當事人為主

　　本法於九十一年二月將第一六三條連同第一六一條一併修正後，證據調查之主導，產生根本上變更。第一六三條現行條文第一項謂：當事人、代理人、辯護人或輔佐人得聲請調查證據，並得於調查證據時，詢問證人、鑑定人或被告。審判長除認為有不當者外，不得禁止之。此項規定，係將原來該條第二項予以修正移列而成，項次改列第一項，有其表明優先

---

❺❾　例如最高法院 83 臺非 117、84 臺非 141、87 臺非 1 號刑事判決。其中 87 臺非 1 號判決刊登於八十七年八月出版之四十卷八期《司法院公報》。

順位之意義，顯現當事人對於調查證據之主導地位。刑事案件應由控方負實質舉證責任，辯方基於防禦必要而提出有利反證，雙方相互攻防，對於各種證據之蒐集與調查，兩造當事人知之甚稔，自應由彼等首先提出於法院以供調查，或聲請法院調查之，並得詢問證人、鑑定人或被告，以期發見真相。當事人等所提出或聲請調查之證據，除認無必要經依第一六三條之二處理者外，法院均應予以調查，不得拒絕。條文新增「審判長……不得禁止之」一句，意即當事人等均得經由直接詢問而調查人證，審判長於例外情形方能禁止，旨在保障詢問權之充分行使。又依該條第一項行詢問，應準用第一六六條之七第二項及第一六七條至第一六七條之六之規定（見第一六七條之七），交互詰問不在準用之列。

第一六三條第一項所列得聲請調查證據之人，雖無被害人或告訴人在內，惟依第二七一條第二項及第二七一條之一第一項規定，被害人及告訴代理人均有到庭陳述意見之機會，所陳意見如涉及調查證據，且有調查之必要與可能時，即成為在訴訟資料中可得考見之事項，可由檢察官以當事人地位據以聲請調查。一〇九年一月修法，增訂第一六三條第四項，明定：「告訴人得就證據調查事項向檢察官陳述意見，並請求檢察官向法院聲請調查證據。」對於告訴人（即已經實行告訴之被害人及其一定親屬）合法權益之維護，更加周全。

2.法院為輔

第一六三條第二項謂：法院為發見真實，得依職權調查證據。但於公平正義之維護或對被告之利益有重大關係事項，法院應依職權調查之。此項規定，係將原來該條第一項予以修正移列而成，項次移為第二項，具有改列次要順位之意義。茲將該條第二項內容及第三項規定，分別說明如下：

(1)證據調查已由當事人主導，既如上述，則法院即應改居輔助地位，亦即在當事人所主導之證據調查完畢後，事實未臻明白仍有待澄清，尤其在被告未獲實質辯護時（如無辯護人或辯護人未盡職責），方由法院依第一六三條第二項前段規定，斟酌具體個案情形，無待聲請而主動依職權調

查證據（見最高法院一○一年度第二次刑事庭會議決議。另請參閱後述
§288 調查證據程序相關說明）。刑事審判改採當事人舉證先行、法院依職
權調查為輔助之模式。需否發動職權補充介入調查，悉由法院審酌個案情
節而為決定。條文已將舊規定「應」依職權調查證據修正為「得」依職權
調查證據，是否補充介入調查，成為法院職權裁量事項，非謂負有調查之
義務，控方舉證責任始終存在。倘若控方未能善盡實質的舉證責任，除第
一六三條第二項但書情形外，在同條項前段情形，法院得參酌個案而有決
定是否補充介入調查之空間。如法院以被告犯罪不能證明而為無罪判決時
（92 臺上 128 號判例），控方徒以法院未依該條項前段規定作補充介入調
查為由而提起上訴者，其上訴即非有理（本書自九十六年初版起，即認為
此種上訴非有理由，如今業經一○○年度第四次刑事庭會議決議第九點採
納）。本法第三七九條第十款所稱法院應於審判期日調查之證據，釋字
238 號解釋雖謂係指該證據在客觀上為法院認定事實及適用法律之基礎
者而言。惟因第一六三條已作重大修正，立法本旨及法理均與舊規定不
同，參照釋字 174 號解釋意旨，七十八年間公布之釋字 238 號解釋可適用
之範圍，即應有所限縮，亦即第一六三條第二項前段所定「得」依職權調
查證據之情形，應解為不包括在內（本書自九十六年初版起，即認為不應
包括在內。最高法院九十一年度第四次刑事庭會議決議曾持相反見解，一
○○年度第四次刑事庭會議決議已將九十一年度決議壹之六之㈢內容刪
除，另就壹之九內容予以配合修正，一○一年度第二次刑事庭會議復將第
七點（即壹之七）再予修正，均與本書一貫之見解相同）。且依釋字 238
號解釋之理由書，該項所謂應於審判期日調查之證據，係指在事實審訴訟
程序中已存在者而言。因此，關於調查證據之範疇，仍請參見前開㈠內
容。

　　(2)第一六三條第二項但書文字，係由立法部門自行提案附加者，在審
議過程中，司法院不表贊同。由於事涉檢察官舉證責任之輕重，法務部極
力運作支持。查閱立法理由謂：「為求審判之公允及法律正義之實現，凡
與公平正義之維護或被告之利益有重大關係事項，法院仍應依職權調查

之。至於如何衡量及其具體範圍則委諸司法實務運作及判例累積形成。
……但書則要求法院就公平正義之維護或對被告利益有重大關係事項，一
律負有調查義務……」云云。可見此一但書與同條項前段對照，係以前段
為原則、但書為例外。修法前法院「應」依職權調查證據之規定，現已限
縮在但書所定範圍內，法院方有調查義務。釋字 238 號解釋，亦應限縮於
此範圍內，方有其適用。是否屬於維護公平正義或對被告利益有重大關係
事項，仍須視具體個案情節而定，非謂法院毫無斟酌餘地。按控方舉證如
未達超越合理懷疑程度而不足為不利於被告事實之認定時，即應為有利於
被告之認定，法院本應作成被告無罪之判斷，此觀 30 上 816 號及 76 臺上
4986 號判例即明。

　　自比較法角度研析，德國刑事訴訟法第二四四條第二項規定：「法院
為發見真實，應依職權就其對於裁判具有重要性之一切事實及證據方法，
進行證據調查。」日本刑事訴訟法第二九八條第二項規定：「法院認為有
必要時，得依職權調查證據。」兩相比較，德例較偏重職權進行模式，法
院負擔較重之澄清義務 (Aufklärungspflicht)；日例則已淡化。日本知名學
者平野龍一所著《刑事訴訟法》一書，認為法院在原則上不可依職權調查
對被告不利之證據，以免引起公平性之疑慮（有斐閣，《法律學全集》
No. 43，昭和五十六年，初版四三刷第一八八頁）。另一知名學者松尾浩
也，所著《刑事訴訟法》一書上冊（弘文堂，平成五年，補正第三版四
刷）第一〇章第「六」部分，其關於「證據調查」之論述，分為(1)、(2)兩
段，在第(2)段討論「依職權為證據調查」之內容中，略謂當被告未能提出
充分證據時，法院即有必要本於職權調查證據予以補充。雖有辯護人介入
而得以縮小檢察官與被告間實力差距之程度，究難謂已達於兩造對等。因
此，法院得依職權調查證據藉以實現實質的當事人主義。基於上述意旨，
法院之得依職權調查證據，係以調查對被告有利之證據為主。惟證據預測
與結果之間未必一致，非可採取有利或不利之單純二分法。法院如未能形
成心證時，應先行使釋明權（日本刑事訴訟規則第二〇八條）促使當事人
舉證。日本最高裁判所昭和 33.2.13. 判例（刑集 12-2-218）指稱：法院

在原則上不負必須依職權調查證據及促使檢察官舉證之義務，惟於審理共同被告案件中，知有某項證據，如檢察官不注意而未提出時，法院不得逕為被告無罪之判決，至少具有促使檢察官舉證之義務。又如池田修、前田雅英合著《刑事訴訟法講義》，亦引敘上述昭和三十三年判例，強調此乃審理共同被告案件之例外情形，且法院僅須促使檢察官舉證而已（東京大學出版會，平成二十四年二月，第四版，第三三六頁）。本法現行第一六三條第二項規定與日例相似（日例無但書），法院調查證據，在原則上已退居輔助地位，僅具補充性質。就該條項整體架構以觀，其前段之適用，既應以調查對被告有利之證據為取向，則其但書為前段原則之例外，在適用上尤須嚴格界定，不應援引德例過於強調所謂澄清義務。吾人對於該條第二項全項意旨，應本於證據裁判原則並參考日例而為詮釋，被告既受無罪推定，即應由控方為實質舉證以推翻無罪之推定，此項舉證責任不因第二項有但書而得以減免。依但書所指事項，一為維護公平正義，一為對被告之利益有重大關係。後者顯於被告有利；前者雖非具體規範，仍應以有利被告考量為基本立場。否則，對於控方有虧職責未盡實質舉證責任之案件，竟要求法院接續依職權主動介入調查不利被告之證據，實乃協助控方推翻被告之無罪推定，豈非形同糾問，殊與修法本旨有違。

　　本書自九十六年初版起，始終持此見解，最高法院一〇一年度第二次刑事庭會議決議謂該但書所指「公平正義之維護」，專指利益被告而攸關公平正義者而言，正與本書見解一致。其實刑事裁判之妥適，皆在維護公平正義，此處所強調者，旨在保護公私重大法益也。101 臺上 3848 號刑事判決，於理由㈢內，針對修法後之整體架構與上述決議意旨，有深入之闡釋。至若法院經依職權調查證據後（例如行勘驗或鑑定），方知結果於被告不利者，本於真實發見原則，採為判決基礎，於法自無違誤。該次決議並指明倘若案內存在形式上不利於被告之證據，檢察官未聲請調查，然如不調查顯有影響判決結果之虞，且有調查之可能者，法院得依本法第二七三條第一項第五款規定，曉諭檢察官為證據調查之聲請，實與上述日本判例見解雷同。決議文字所謂「形式上不利」者，即係慮及松尾浩也氏所

指證據預測與結果間未必一致之情形也。反對上述決議之見解者，未將決議內容仔細研讀融會貫通，且忽視法條整體架構，致生誤會。

⑶最高法院刑事大法庭 110 臺上大 5660 號裁定，仍維持一○一年度第二次刑事庭會議決議所採見解，認為必須法院就檢察官所提出之證據資料，經踐行調查程序，仍不足以證明被告有累犯之事實，而經曉諭檢察官聲請調查證據後，仍陷於真偽不明之際，法院方有本法第一六三條第二項前段規定之適用。

⑷法院依上述⑴至⑶介入調查證據時，依第一六三條第三項規定，於證據調查前，應予當事人、代理人、辯護人或輔佐人陳述意見之機會。因此，法院應向彼等（尤其檢察官）先作闡明並促使為證據調查之聲請，不宜主動介入。蓋同條第二項所定法院調查證據事項，居於次要順位，如欲發動此項職權，自應尊重當事人就證據調查之主導意見也。

⑸所謂依職權調查證據 ， 係指事實審法院是否發動職權介入證據調查，不受當事人已否聲請所拘束之意，非謂法院負有蒐集證據之責。因此，即使當事人未有主張，法院如就卷存訴訟資料中考見；或由當事人聲請調查證據過程中察覺，有某項證據之存在，足以影響裁判結果，且有調查之必要與可能者，即應發動職權進行調查。倘若超出訴訟資料或過程以外而另行發掘證據，則係蒐集而非調查。法院不負蒐證之責，自不容執此而以本法第三七九條第十款之當然違背法令相指摘。本書後述該條款相關說明第⑹小結內容併請參閱。

§163–1

3.聲請調查證據之程式

證據調查由當事人主導，已如前述，其聲請調查證據之程式，不能無相當規範。依本法第一六三條之一第一項規定，當事人、代理人、辯護人或輔佐人聲請調查證據，應以書狀分別具體記載下列事項：

①聲請調查之證據及其與待證事實之關係。

②聲請傳喚之證人、鑑定人、通譯之姓名、性別、住居所及預期詰問所需之時間。

③聲請調查之證據文書或其他文書之目錄。若僅聲請調查證據文書或

其他文書之一部分者，應將該部分明確標示。

上述規定，旨在使案件爭點得以集中，俾利控辯雙方預作準備，進而於審判期日互為攻防；而法院則淡化職權進行色彩，適時運用訴訟指揮權，強化集中審理之效率，以維訴訟程序之順利進行。上列書狀應載事項中，第①款乃係證據關聯性之敘述，最為重要。倘若欠缺關聯性，即有後述第一六三條之二之適用。

又為使兩造當事人充分了解他造主張，以利準備起見，依第一六三條之一第二項規定：調查證據聲請書狀，應按他造人數提出繕本；法院於接受繕本後，應速送達。惟為顧及情況急迫或有其他正當原因（例如被告未選聘辯護人且無人代撰書狀），復於同條第三項及第四項明定：「不能提出第一項之書狀而有正當理由或其情況急迫者，得以言詞為之。」「前項情形，聲請人應就第一項各款所列事項分別陳明，由書記官製作筆錄；如他造不在場者，應將筆錄送達。」按此種筆錄，實為該條第一項書狀之替代文書。所謂應將「筆錄」送達，對照同條第二項意旨，係指應以筆錄繕本送達於他造而言，蓋筆錄原本僅有一份必須存卷也。

4.聲請調查證據之駁回

§163-2

證據調查雖由當事人主導，惟法院本於審理案件與指揮訴訟之職責，仍有其適度之裁量權限。本法九十二年修正時，將原第一七二條舊條文移列為第一六三條之二，並參照已往判例❻充實規定內容為：當事人、代理人、辯護人或輔佐人聲請調查之證據，法院認為不必要者，得以裁定駁回之（第一項）。下列情形，應認為不必要（第二項）：

①不能調查者。

②與待證事實無重要關係者。

③待證事實已臻明瞭無再調查之必要者。

④同一證據再行聲請者。

法院依本條規定所為駁回聲請之裁定，係關於訴訟程序之裁定，不得抗告。通常皆由書記官記明筆錄即可，如非當庭駁回而另行製作裁定書

---

❻　例如：29 上 2703、72 臺上 7035 號判例。

者，不以敘述理由為必要（見本法第四○四條及第二二三條）。倘若漏未准駁復未於判決理由內有所說明，而該項聲請調查之證據在客觀上為認定事實及適用法律之基礎者，其判決即嫌違背法令❻。應注意者，此項裁定須由「法院」為之，合議審判案件，受命法官行準備程序，或審判長於審判中，獨自逕行駁回者，顯屬違法，當事人等得依本法第二八八條之三規定聲明異議。

◎證據經當事人等聲請調查而與待證事實具有關聯性、調查必要性及可能性，或經法院認為應依職權調查者，該項證據必須具備證據能力，並經合法調查，方可作為判斷之依據，是為嚴格證明法則（見本法第一五五條第二項）。對於物證、書證（含準書證）、人證之調查程序，本章本（第一）節自第一六四條至第一七一條，有以下㈢至㈤各該詳細規範。

§164　㈢證物之調查

本法第一六四條第一項規定：審判長應將證物提示當事人、代理人、辯護人或輔佐人，使其辨認。同條第二項規定：前項證物如係文書而被告不解其意義者，應告以要旨。惟在國民參與審判之案件，對於物證之調查，採取兩造調查先行之模式，請參閱本書專論「國民法官法」五之㈤之2之(2)相關說明。

物證係以物件之存在及其呈現之狀態為證據資料，須經勘驗（參見第二一三條第五款）或依本條規定踐行調查，並由書記官依第四十四條第一項第八款至第十款規定記明於審判筆錄。該項物件，即稱之為證物。審判長應提取證物展示於當事人等面前，使彼等分辨、認明並陳述意見，方為完成調查程序。惟如當事人對於證物之同一性並無爭執時，曾有實例（97臺上1355號刑事判決）容許不必提示原物而以其他替代實物之證據型態提示之。例如以扣押物目錄、證物照片或贓物已發還而由失主出具之領據，踐行後述第一六五條之書證調查程序是。惟如對於法官直接檢視原物形成心證有所影響時，仍不許以調查替代證據行之。

---

❻　見釋字181及238號解釋，78臺非90及80臺上4402號判例。併請參閱後述§380關聯性問題之第1點說明。

　　證物如係文書，非但以其本身之存在為證據資料，尚且以其所載內容為證據資料而被告不了解意義時，審判長除必須提示辨認外，並應向被告說明該文書內容要旨。例如偽造之文書、猥褻書刊（刑法第二一〇條至第二一六條及第二三五條）是。

　　依本法第一三三條第一項之規定，得扣押之物有下列兩種：

　　①可為證據之物。

　　②得沒收之物。

　　前者即係證物，後者雖重在沒收，仍多具有物證作用。例如行竊所用萬能鑰匙，傷人所用木棍，既為證物，復為得沒收之物；又如扣案贓物，固屬證物，但應發還失主（參見本法第三一八條第一項），自不在沒收之列。

　　英美證據法上 Real Evidence 有譯稱實物證據者，其概念與物證類似，在審判中對該實物證據之原物性及其與待證事實之關聯性，甚為注重，控方負有證明之責。依本法第二七三條第一項第三款、第四款及第二七九條規定，關於證據之重要爭點及證據能力問題，由法院行準備程序處理之，舉證一造自應擔負證明責任。

四　書證之調查

§165

　　書證係以文書內容與意義為證據資料，並非著重其為物之屬性。卷宗內之筆錄及其他文書可為證據者，其調查方法依本法第一六五條第一項規定，審判長應向當事人、代理人、辯護人或輔佐人宣讀或告以要旨；如該項文書有關風化、公安或有毀損他人名譽之虞者，則依同條第二項規定，應交當事人、代理人、辯護人或輔佐人閱覽，不得宣讀；如被告不解其意義者，應告以要旨。條文中「……可為證據者」一語，應特加注意，筆錄與錄音（影）不符部分或違反組織犯罪防制條例案件證人筆錄非於法官或檢察官面前作成者，依本法第一〇〇條之一第二項及該條例第十二條第二項規定，不得作為證據；筆錄以外其他文書不符合傳聞法則例外情形者亦不得作為證據，根本欠缺證據能力，既非「可為證據者」，即無須加以調查。

　　國民參與審判之案件，對於書證之調查，採取兩造調查先行之模式，

請參閱本書專論「國民法官法」五之㈤之 2 之⑵相關說明。

關於書證，以提出原件為原則，俾能擔保其真正。英美證據法有最佳證據法則（Best Evidence Rule 要求提出 original writing）者，即係同此旨趣。惟於二〇一一年四月修正，自同年十二月一日生效之 Federal Rules of Evidence 第一〇〇一條⑷款，已將所稱 original（原件）之定義，包含其與原件對應之物在內，此等任何對應之另一獨立物件 (any counterpart)，猶如原件一般。該款對於原件概念之擴張，可謂與數位證據之定性及其應用有關。此一概念，且與後述 §165–1 準書證之調查相關。

文書影本通常得以呈現原件內容，如其真正並無疑慮，且不影響於法官心證之形成，則以影本為替代證據踐行調查，尚非法所不許。至於該項書證之實質上證明力如何，則為自由心證問題。上述宣讀、告以要旨、交給閱覽，皆係調查書證之方法。惟如就該書證本身真偽有所爭執，或其尚有附件照片時，仍應提示當事人等使之辨認，並就文書之真正先作認定，然後踐行調查程序。

文書有時兼具書證與物證兩種屬性，究應適用第一六四條抑或第一六五條踐行調查，須視所著重之屬性而定。前舉猥褻書刊之例，不僅對於書刊內容如何猥褻須加調查，即其書刊本身之存在與呈現，亦應踐行提示之調查程序，且因刑法第二三五條將其列為應行沒收之物，更可認為著重於物證屬性，而應依第一六四條所定方法踐行調查。

§165–1　由於科技發達，使用視聽或電腦等設備以蒐錄、儲存資料者，甚為普遍，文書之傳統概念不足以因應現代需要，刑法第二二〇條準文書之範圍已於八十六年十月修正，但在程序上對於準文書之調查方法如何，有勘驗說及準書證說兩種見解。八十九年二月民事訴訟法修正第三六三條，傾向於準書證說。本法原無規定，80 臺上 4672 號判例認錄影帶為物證，如將其錄取之畫面為證據資料且經勘驗作成筆錄者，則該項筆錄即為書證，似採勘驗說❷。九十二年二月修正本法增訂第一六五條之一，與民事訴訟法

---

❷　判例見解似與德國實務見解相近，參見Roxin/Schünemann, Strafverfahrensrecht, §28, Rn. 9, 29 Aufl., 2017.

持相同立場，該條第一項規定：「前條之規定，於文書外之證物有與文書相同之效用者，準用之。」同條第二項規定：「錄音、錄影、電磁紀錄或其他相類之證物可為證據者，審判長應以適當之設備，顯示聲音、影像、符號或資料，使當事人、代理人、辯護人或輔佐人辨認或告以要旨。」於是此類紀錄物應以準書證處理，法院得以直接適用該條踐行調查，可不必再以上開判例之「勘驗＋書證」為詮釋。

通訊軟體，例如 Facebook、Line 之類，其對話內容係利用電信設備發送、儲存、接收之文字、圖畫或訊息之電磁紀錄。於通訊軟體所留存歷史對話之電磁紀錄，法院可依上述規定踐行調查。

司法警察人員依法實施通訊監察之監聽錄音，其譯文係被告以外之人於審判外依錄音內容轉譯整理製作而成，本質上屬於傳聞書面。如經與錄音內容比對辨認勘驗無誤者，該項譯文及原錄音內容，即有可信性及真實性。除被告本人話語陳述與傳聞法則無涉外，監聽錄得與被告進行對話者之陳述，法院於審判中，應將該對話者以證人傳訊調查。所述證言與錄音內容如有不符，則依本法第一五九條之二規定審酌取捨之。倘若當事人未有爭執甚或對於監聽錄音暨譯文同意作為證據，法院如認適當時，即無須勘驗而可依本法第一五九條之五規定取得證據能力。

新興之數位證據，最高法院 111 臺上 1021 號刑事判決之理由第三段，謂係儲存於電磁紀錄載體，或以數位方式傳送，於審判中得用以證明待證事實之數位資訊。而將該數位資訊內容，以機械、照相、化學、電子或其他科技方法，「準確重製」之產出物，乃原始證據內容重現之複製品，與原始證據具有相同之證據能力（例如通訊軟體 LINE 對話內容紀錄畫面之翻拍照片，或列印成紙本文件）。由於當事人所提出之證據是否確實係其所主張之證據（即二者是否具同一性），乃該證據是否具有證據能力之前提要件，如當事人就該複製品與原始數位資訊內容之同一性無爭議時，固得直接以該複製品為證據，惟若有爭議，如何確認該複製品與原儲存於載體之數位資訊內容同一，未經變造、偽造，即涉及驗真程序。證據唯有通過驗真，始具有作為審判中證據之資格。而驗真之調查方式，非僅勘驗或

鑑定一途，亦得以其他直接證據或情況（間接）證據資為認定。上述判決所敘理由，頗值參考。

國民參與審判之案件，對於準書證之調查，採取兩造調查先行之模式，請參閱本書專論「國民法官法」五之㈤之 2 之⑵相關說明。

§166 ㈤證人、鑑定人之詰問

1.概　說

釋字 582 號解釋已將詰問權提升至憲法層次，證據章通則一節第一六六條至第一七一條，針對交互詰問及其過程中聲明異議之處理等事項作詳細規定❻❸。交互詰問之設計，主要係基於下列考量：⑴證據調查應由當事人主導。⑵當事人，尤其被告，係最為知曉待證事實者，由控辯雙方攻擊防禦，對證人、鑑定人進行交互詰問，有利於發見真實。此外，與交互詰問制度相配合者，為傳聞法則，藉以保持當事人對於供述證據間之直接聯繫。其實，早自十七年舊刑事訴訟法起，本法即已有交互詰問之規定❻❹。惟因法條過於簡略，且已往訴訟架構具有濃厚之職權進行色彩，證人、鑑定人先經審判長將應行查明事項訊問完畢後，當事人及辯護人幾已無話可問，而檢察官及律師界對於研習詰問技巧又未曾重視，以致效果不彰。迨九十一年修法，刑事審判改採當事人舉證先行、法院依職權調查證據為輔助之模式；九十二年修法，進而針對增訂傳聞法則與強化交互詰問兩者雙管齊下，更加顯現當事人進行之原則。雖然本法第二六四條第三項並未修正，檢察官起訴案件仍須併送卷證，惟因第一六六條修正後，審判長已改居補充訊問之地位，當事人等既應先作交互詰問，已往無話可問之情形，

---

❻❸　關於詰問及異議處理，日本刑事訴訟法僅作原則性規定，最高裁判所依該國憲法第七十七條規定有規則制定權，其所頒行之刑事訴訟規則，於第一九九條之二至之十三及第二〇五條至第二〇五條之六，另有詳細規定。此種方式，在我國尚難採用。

❻❹　當年舊法第二八六條規定：證人、鑑定人應依左列次序訊問之：一、（略）。二、由聲請傳喚之當事人詰問。三、由他造之當事人詰問。四、由聲請傳喚之當事人覆問，但以他造當事人詰問所發見之事項為限。

不致發生。證人、鑑定人陳述之真實性，受嚴格之檢核，事實真相，益臻明確。

2.基本規定

當事人、代理人、辯護人或輔佐人，依本法第一六三條第一項規定，得聲請調查證據。彼等所聲請調查者，如係證人或鑑定人，經法院認有調查必要時，即應指定期日予以傳喚，屆時經審判長先作人別訊問後，隨即進行交互詰問。原為聲請之人有促使證人、鑑定人到場之義務（第一七六條之二、第一九七條）。依第一六六條第一項規定，對於證人、鑑定人之詰問，以當事人、代理人（自訴代理人或被告之代理人）、辯護人為詰問權人。輔佐人雖得為調查證據之聲請，但無詰問權。至於依第二七一條及第二七一條之一傳喚到場之告訴代理人、被害人或其家屬，僅得陳述意見，更無詰問之權，惟其所陳述之意見，不無促使審判長發動補充訊問職權之效果（見第一六六條第四項）。

對於證人、鑑定人之調查，採行交互詰問方式，應有一定之進行次序❻❺。第一六六條分為六項，逐一詳加規範，茲將其基本規定列述如下：

---

❻❺　1.中國大陸於二○一二年修正，自翌年開始施行之刑事訴訟法第五十九條規定：「證人證言必須在法庭上經過公訴人、被害人和被告人、辯護人雙方質證並且查實以後，才能作為定案的根據。……」該條對於如何進行雙方質證之程序與次序，未作具體明確規定，而係經由最高人民法院關於適用中華人民共和國刑事訴訟法的解釋（二○一二年十二月二十日發布翌年一月一日與修正之刑事訴訟法同步開始施行），在該解釋之第二一二條至第二一六條另作補充規定。

　　2.德國刑事訴訟法第二三九條所定交互詰問 (Kreuzverhör)，須以控辯雙方一致聲請為前提，因此，在司法實務上鮮見實行。又依同法第二四一條 a 規定，訊問未滿十八歲之證人，由審判長行之，必須經審判長裁量准許後，方可由當事人、辯護人、陪席法官或參審員直接訊問。（按同法第六十條第一項規定未滿十八歲之人不得令其宣誓）　參閱 Roxin/Schünemann, Strafverfahrensrecht, §44, Rn. 23–24, 29 Aufl., 2017.

　　3.法國刑事訴訟法第三三二條未採用交互詰問程序之規定。

　　⑴當事人、代理人、辯護人及輔佐人聲請傳喚之證人、鑑定人，於審判長為人別訊問後，由當事人、代理人或辯護人直接詰問之。被告如無辯護人，而不欲詰問時，審判長仍應予詢問證人、鑑定人之適當機會。

　　⑵前項證人或鑑定人之詰問，依下列次序：

　　①先由聲請傳喚之當事人、代理人或辯護人為主詰問。

　　②次由他造之當事人、代理人或辯護人為反詰問。

　　③再由聲請傳喚之當事人、代理人或辯護人為覆主詰問。

　　④再次由他造當事人、代理人或辯護人為覆反詰問。

　　⑶前項詰問完畢後，當事人、代理人或辯護人，經審判長之許可，得更行詰問。

　　⑷證人、鑑定人經當事人、代理人或辯護人詰問完畢後，審判長得為訊問。

　　⑸同一被告、自訴人有二以上代理人、辯護人時，該被告、自訴人之代理人、辯護人對同一證人、鑑定人之詰問，應推由其中一人代表為之。但經審判長許可者，不在此限。

　　⑹兩造同時聲請傳喚之證人、鑑定人，其主詰問次序由兩造合意決定，如不能決定時，由審判長定之。

　　以上規定之先後次序，自左至右，列示如下：

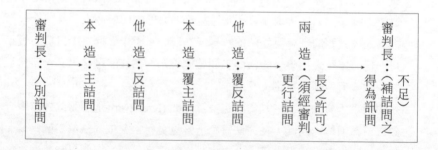

3.人別訊問

　　證人、鑑定人經傳喚（或自行）到場後，首先應由審判長為人別訊問。依第一八五條規定，須先調查其人有無錯誤，訊明姓名、年籍、職

業、住居所等事項；然後查明其與被告或自訴人之間有無第一八○條第一項之關係，如果有此關係，即應告知其得拒絕證言或拒為鑑定；其人無誤且無第一八○條第一項情形者，審判長即應使證人、鑑定人完成具結手續（見第一八六條至第一八九條及第一九七條、第二○二條），經具結者如有第一八一條情形時，亦應告知其得拒絕證言或拒為鑑定。

人別訊問並完成具結後，隨即展開交互詰問。被告如無辯護人且不欲詰問時，仍應給予詢問證人、鑑定人之適當機會。被告行詢問，併有第一六三條第一項為依據，尚須注意第一六七條之七準用規定。

4.主詰問

§166-1

依本法第一六六條之一第一項及第二項規定，主詰問應就待證事項及其相關事項行之；又為辯明證人、鑑定人陳述之證明力起見，並得就必要之事項為主詰問。

原提出聲請傳喚某證人或鑑定人之一造（本造），首先對該證人或鑑定人直接進行詢問，是為主詰問（Direct Examination 或 Examination-in-Chief）。其目的在於憑藉該證人或鑑定人之陳述內容以支持本造所主張之積極或消極事實（此外尚有視為主詰問之情形，另見第一六六條之三第二項），並可辨明其陳述之正確性與可信度。主詰問係交互詰問程序之開端，首輪主詰問，係由控方（檢察官或自訴代理人）起始，歷經反詰問、覆主詰問及覆反詰問後，輪由辯方（被告及其代理人、辯護人）對其所聲請傳喚之證人或鑑定人開始主詰問。本造所主張之事實，經由主詰問之詢答而顯現於審判期日（或準備程序，見第一七一條）；該證人或鑑定人之陳述如有破綻，將遭受他造於反詰問時質疑或責難，因而影響裁判官之心證。行主詰問者，務必預擬發問內容、問題重點及提問之先後順序，切忌零亂，尤其不可提出籠統或不相關甚至連詰問者自己亦不知答案之問題。行主詰問時，宜盡量避免營造為僅係詰問人與受詰問人兩者之間對話關係。本法雖未採陪審制，然而在法庭上尚有法官與他造以及共同被告或其他訴訟關係人，對於現場目擊證人詢以：「請告訴我，當時你看到誰？」或「請告訴大家，當時你看到誰？」應以後者發問語氣較佳。又為彰顯證人或鑑

定人之陳述具有可信性起見，諸如證人與被告素不相識，毫無利害關係，可見其立場客觀；鑑定人從事某項工作若干年以上且於專業領域內夙著聲譽可見其意見精闢，皆以辯明其陳述之證明力為目的。雖與待證事項本身無關，仍得於主詰問中為相關之詢答。

在主詰問中，受詰問人之陳述，通常為有利於本造，與本造有友善性（友性證人），應禁止本造以誘導式發問，以防止受詰問人迎合或附和其詞，是為禁止誘導詢問原則 (The Rule against Leading Questions)。依本法第一六六條之一第三項規定：行主詰問時，不得為誘導詰問。但下列情形，不在此限：

①未為實體事項之詰問前，有關證人、鑑定人之身分、學歷、經歷、與其交游所關之必要準備事項。

②當事人顯無爭執之事項。

③關於證人、鑑定人記憶不清之事項，為喚起其記憶所必要者。

④證人、鑑定人對詰問者顯示敵意或反感者。

⑤證人、鑑定人故為規避之事項。

⑥證人、鑑定人為與先前不符之陳述時，其先前之陳述。

⑦其他認有誘導詰問必要之特別情事者。

誘導詰問，即向受詰問之證人或鑑定人提出誘導性詢問，依法應予禁止，必須符合例外情形者，方可允許。（偵查中誘導訊問之問題另詳後述§190 相關說明）所謂誘導性詢問，係指詰問人在其發問中暗示其所欲獲得之答案，即其問話中隱藏答話者而言。此種詰問，有導引受詰問人順問而答、附和其詞之弊，在主詰問中，應以禁止為原則。例如自訴代理人於張三被訴傷害案件審理時，對本造證人行主詰問：「當時你看到張三打他太太了嗎？」顯係誘導詰問。然而，如何認定為有誘導性 (to lead the mind of the witness to the subject of the inquiry) 而予禁止，須視個別情節而定，並非一成不變。假設以「今年九月一日張三在上海」為本造所主張之事實，如問證人：「你今年九月一日在上海遇見了張三嗎？」即屬誘導詰問，應予禁止。惟如系爭重點在於日期而對地點已無爭執者，則以「你還

記得什麼時候在上海遇見張三嗎？」為發問內容，並於證人回答「我記得」後，詢以「請問是在什麼時候？」詰問人雖於問話中提及「上海」，由於地點一項已無爭執，即可不予禁止。反之，如果系爭重點在於地點時，即已構成誘導詢問，應予禁止，此際應改問：「你今年九月間去過什麼地方？」而不可提及「上海」地名。又在主詰問中，一般受詰問人所作陳述皆與本造立場一致。惟如受詰問人臨時不欲陳述真相，所答內容並非本造所預期之答案，甚至根本相反立場者，在英美證據法稱之為 Hostile Witness❻。對於此種證人，允許詰問人採取誘導式發問或引用具有證據能力之先前陳述等方式，設法促使據實陳述。總之，本法第一六六條之一第三項係就禁止誘導詰問之原則及其例外予以明定，俾資遵循。至於該條項第七款所稱其他特別情事，有賴於審判長斟酌個別情況而為妥適之裁決。例如證人或鑑定人係外國人或使用方言不諳國語者，雖經通譯當場傳譯而仍未能為完全之陳述或辭不達意者，如認有誘導詰問之必要時，即得允許之。

　　本造對其所聲請傳喚之證人或鑑定人首先進行詢問，謂為主詰問。稱本造，並非專指控方（檢察官或自訴人）而言，辯方聲請傳喚有利於被告之證人或鑑定人而首先直接詢問時，辯方即為「本造」，其反詰問則由控方即「他造」行之。又受詰問之證人，在第二八七條之二情形，其本身為共同被告，所涉相關問題，留待後述。

---

❻　Hostile Witness 一般譯稱敵意證人。本法第一六六條之一第三項第四款，仿照日本刑事訴訟規則第一九九條之三第三項第四款文字，亦有「敵意」之用語。其實此種證人對於本造詰問人未必皆有憎恨之意。例如證人受威脅、施壓甚至受恫嚇而不敢據實陳述者，即難謂為有何敵意。又本造行主詰問而指攻己方證人信用可疑者，為美國 Federal Rules of Evidence 第六〇七條所不禁止，美國實務所見，本造對於己方所謂敵意證人，可於主詰問中質疑其信用性。本法第一六六條之一第二項規定亦寓有此意。但英國法較嚴，在主詰問中禁止指攻己方證人之信用性，本造僅得設法聲請傳喚另一證人，或於向他造證人作反詰問時，設法（例如引述具有證據能力之先前資料）提出質疑以求彌補。

§166–2

5.反詰問

依本法第一六六條之二第一項規定,反詰問應就主詰問所顯現之事項及其相關事項或為辯明證人、鑑定人之陳述證明力所必要之事項行之。

本造對其所聲請傳喚之證人或鑑定人進行主詰問完畢後,輪由他造進行詰問,稱曰反詰問 (Cross-Examination)。其積極意義在使證人、鑑定人於主詰問中所陳述之內容,經由反詰問之詢答而更為完整、正確。但其實際應用,通常在於運用盤問技巧,發現並揭露原陳述之瑕疵、破綻或隱情,進而質疑、變更甚至推翻原陳述之可信度,以達減損證明力及動搖裁判官心證之目的。由於反詰問具有針對性,亦即與主詰問事項相對應,以主詰問中所述及之事項為範圍。因此,上述法條明定其應就主詰問所顯現之事項、及其相關事項、或為辯明受詰問人之陳述證明力所必要之事項行之。且反詰問係於本造主詰問完畢後輪由他造行之,受詰問人與他造之間,通常欠缺友善關係,較無迎合他造之顧慮,不易受他造導引附和。第一六六條之二爰於第二項明定:行反詰問於必要時,得為誘導詰問,以示與主詰問採取禁止誘導詰問為原則者有別。惟如審判長認有不當時 (例如其反詰問招致證人難堪或恐懼),仍得依第一六七條規定予以限制或禁止。

反詰問階段之受詰問人,於主詰問中所為陳述,雖然絕大多數與本造立場相一致,惟其通常係以向法庭負責者自居。因此,他造在反詰問中對於受詰問人不宜抱持敵對心態,以免造成對立與反感。證人對其曾經見聞之事實,係經由當時察覺認知,而儲存於個人記憶之中,迨應訊受詰問時,透過言詞陳述,提供實質證言。倘若最初察覺認知有誤,或記憶錯誤,或言詞表達能力欠佳,任一環節誤差均將影響證言之正確性。鑑定人係就特定事項陳述其專業判斷意見,是否具有可供參酌之價值,通常須就該鑑定人之專業能力、專業領域、專業聲譽各方面予以綜合評估。他造詰問人應把握上述關於證言、鑑定之形成背景,全神貫注證人、鑑定人於主詰問階段之陳述有何破綻或弱點,然後擬定反詰問策略,展開詢答,並盡量促使受詰問人作「是」、「否」或極簡短之回答。徒以仇視態度出言相逼,難獲成效。

行反詰問之他造，係指與本造直接相對之對造而言。共同被告案件，法院得依當事人聲請，為分離調查證據之裁定，如檢察官就其中一被告（某甲）本人部分，聲請調查同案另一被告（某乙）時，某乙即具有證人身分，應準用有關人證之規定，此觀本法第二八七條之一及之二規定甚明。當檢察官對某乙行主詰問完畢後，緊接之反詰問，輪由他造進行時，此際所指他造，乃係某甲或其代理人、辯護人，並非某甲、某乙以外之其餘共同被告或彼等之代理人、辯護人。然而如此處理方式，與證據共通原則未盡相符，審判長對於共同被告案件之分離調查證據，總以審慎權衡、妥適裁酌為要。

反詰問在原則上應以主詰問中所述及事項為範圍，已如前述第一六六條之二規定。惟如他造認為主詰問階段之受詰問人（尤其如證人）並未暢所欲言，其中尚有未必有利本造之事項，由於本造刻意不問，以致未能一併陳述者，他造未始不可藉反詰問機會，尋求有利己方之陳述。然而此種例外逾越反詰問基本範圍之情形，不宜漫無節制，須經審判長准許，方得為之；且因所詢事項為主詰問階段未曾顯現者，就此新事項為詰問，已形同主詰問。爰參考美國 Federal Rules of Evidence 第六一一條(b)項及日本刑事訴訟規則第一九九條之五規定，於本法第一六六條之三第一項明定：行反詰問時，就支持自己主張之新事項，經審判長許可，得為詰問。並於同條第二項規定：依前項所為之詰問，就該新事項視為主詰問。如未能獲得許可時，詰問人得依本法第二八八條之三第一項規定聲明異議。

§166–3

6.覆主詰問

§166–4

依本法第一六六條之四第一項規定：「覆主詰問應就反詰問所顯現之事項及其相關事項行之。」同條第二項規定：「行覆主詰問，依主詰問之方式為之。」同條第三項規定：「前條之規定，於本條準用之。」

證人或鑑定人經他造為反詰問後，由本造再度進行之詢問，稱曰覆主詰問 (Redirect Examination)。其目的在於針對他造反詰問所質疑與貶損證明力之事項，藉覆主詰問機會予以釐清疑竇、修補破綻，並就他造於反詰問時所主張之新事項予以究詰。因此，行覆主詰問在原則上須以反詰問所

述及事項為範圍，並依主詰問方式為之。除有第一六六條之一第三項但書各款情形者外，禁止誘導詰問。

本造如於此際欲就其在主詰問及反詰問中未曾顯現之新事項有所主張（尤其欲就主詰問中遺漏事項設法彌補）時，本應聲請更行詰問方為常軌，此在英美限制甚嚴，必須以主詰問、反詰問所顯現事項為範圍者，方能謂為「覆」詰問。惟依本法第一六六條之四第三項準用第一六六條之三規定❻，本造仍得於覆主詰問中就支持自己主張之新事項為詰問，未免軼出覆詰問之原意；且於覆主詰問中出現「視為主詰問」之擬制，造成詰問次序之紊亂，是否得當，不無商榷餘地。所幸該項擬制主詰問須經審判長之許可，實務應用時，以從嚴裁酌為宜。

§166–5

7.覆反詰問❻

依本法第一六六條之五第一項規定：覆反詰問，應就辯明覆主詰問所顯現證據證明力必要之事項行之。同條第二項規定：行覆反詰問，依反詰問之方式行之。

證人或鑑定人經本造為覆主詰問後，由他造再度進行詰問，稱曰覆反詰問（Recross-Examination 或與覆主詰問合稱 Re-Examination），旨在回應覆主詰問中本造所為釐清或修補及其經審判長許可擬制主詰問所涉及之新事項，就證據之證明力予以辯明。覆反詰問係依反詰問方式行之，得為誘導詰問。

8.更行詰問

兩造依第一六六條第二項所定次序為交互詰問完畢後，得周而復始，按照相同次序，對原證人、鑑定人更行詰問。此種更行詰問，採許可制，依同條第三項規定，必須當事人、代理人或辯護人提出聲請，經審判長許可後，方得為之。如未能獲得許可時，原聲請人得依本法第二八八條之三

---

❻ 本法第一六六條之四係仿照日本刑事訴訟規則第一九九條之七而來。

❻ 覆反詰問在日本刑事訴訟規則第一九九條之二無此規定，在英美法庭活動中大多屬於法官裁量事項。本法採取主詰問→反詰問→覆主詰問→覆反詰問之次序，係參考美國加州證據法典第六編第五章之規定。

第一項規定聲明異議。

9.補充訊問

證據調查，由當事人主導之，法院居於補充及輔助地位（參看 §163 說明）。依本法第一六六條第四項規定，證人、鑑定人經當事人、代理人或辯護人詰問完畢後，「審判長得為訊問」，是為補充訊問，以補詰問之不足。此項訊問，與詰問有別，審判長行補充訊問，不受詰問法則之約束，但誘導訊問仍以避免為原則。凡於案情有重要關係事項，證人、鑑定人在交互詰問過程中，未為完全陳述者，或其他關聯事項認有訊明必要時，審判長均得進行補充訊問，以期發見真實。其補充訊問之事項，如於交互詰問中未曾顯現者，依本法第一六三條第三項規定，應予當事人等陳述意見之機會。又當事人等對於審判長所為補充訊問如有不服，得依第二八八條之三第一項規定聲明異議。須注意者，補充訊問屬於審判長之權限，案件行合議審判時，陪席法官雖可依本法第一七○條準用規定，於告知審判長後補充訊問證人或鑑定人，倘若審判長毫無訊問而由陪席法官進行訊問，不啻代行審判長之職權，其程序即有違誤。

10.職權傳證之訊問與詰問

§166-6

上述 9.補充訊問，係就當事人等所聲請傳喚之證人、鑑定人經交互詰問完畢者而言；若係法院按照第一六三條第二項規定，依職權傳喚到場者，即應由審判長首先進行訊問，然後再由當事人等詰問。本法第一六六條之六第一項規定：法院依職權傳喚之證人或鑑定人，經審判長訊問後，當事人、代理人或辯護人得詰問之，其詰問之次序由審判長定之。同條第二項規定：證人、鑑定人經當事人、代理人或辯護人詰問後，審判長得續行訊問。以上所定順序為：審判長主訊→當事人等詰問→審判長續訊，與第一六六條有別。惟在性質上，審判長之主訊，可謂與主詰問相當，必須避免誘導訊問；當事人等詰問，可謂與反詰問相當，得為誘導訊問。

11.詰問之詢答方式

§166-7

訊（詢）問證人進行詢答，有問答式與敘述式兩種。交互詰問，係以問答式為主，詰問人自應就個別問題為具體之發問，不可空泛其詞，受詰

問人亦應針對問題提出具體之回答，不可籠統模糊。依本法第一六六條之七第一項規定：詰問證人、鑑定人及證人、鑑定人之回答，均應就個別問題具體為之。

　　然而問答式流於片斷詢答，在一問一答之過程中，未曾詢及之事項，受詰問人鮮有主動作答者；又如受詰問人因臨場緊張而作機械反應式極為簡單之回答，即難呈現真相；且對於著重整體性之事項，尤其鑑定意見之解說，採取一問一答方式，未必合適；法條雖作上述規定，如有必要情形，仍得對照本法第一九〇條意旨，兼採敘述式，使受詰問人提出連貫、接續之完整回答，以補問答之不足。

　　交互詰問是否必須在法庭中，於訴訟關係人在場時，以當面進行為限？美國聯邦最高法院一九九〇年 Maryland v. Craig 案例 (497 U.S. 836)，六歲幼童遭受性侵害，於另室與檢察官及被告之辯護人進行詰問程序，經由閉路電視傳送至法庭供法官、陪審員及被告視聽，被告本人可利用耳機與辯護人對話聯繫，此種方式係依馬里蘭州州法之規定辦理。辯方主張既非當面 (face-to-face) 詰問，即與憲法增修條文第六條保障被告對質詰問權之規定相違背。聯邦最高法院認為憲法增修條文上開規定係以確保證言之真實性為目的，該案依州法為考量重要公共利益而採此取證方式，符合上述目的，苟非如此，幼童將因情緒上之嚴重打擊導致作證困難，法院審理時改採電傳視訊方式，尚非違憲。又如紐約州刑事訴訟法第六十五條，對於性犯罪之兒童被害人，亦有類似於馬里蘭州之規定。日本最高裁判所平成 17.4.14. 判例（刑集 59-3-259）認為使用電傳視訊設備進行訊問時，雖因設置遮蔽物以致被告未能目視證人，但被告尚能聽聞聲音（陳述），且辯護人仍能目視證人觀察其陳述證言之情形（作證之態度），無礙於詰問權之行使。此種考量避免雙方目視之心理不安（精神上壓迫）所採特別措施，並未違背日本憲法第三十七條保障被告詰問權之規定。在我國，本法已有第一七七條第二項及第三項使用電傳視訊設備訊問、詰問證人之規定，又依性侵害犯罪防治法第十六條規定，對於智障或身心創傷被害人之詰問，得採用雙向系統將其與被告及律師隔離。

12.詰問之限制或禁止

行詰問之目的，在於檢核證人、鑑定人陳述是否真實、可否採信，逾此目的，即應予以限制或禁止。依本法第一六六條之七第二項規定，下列之詰問不得為之，但第⑤款至第⑧款之情形，於有正當理由時，不在此限：

①與本案及因詰問所顯現之事項無關者。

②以恫嚇、侮辱、利誘、詐欺或其他不正之方法者。

③抽象不明確之詰問。

④為不合法之誘導者。

⑤對假設性事項或無證據支持之事實為之者。

⑥重覆之詰問。

⑦要求證人陳述個人意見或推測、評論者。

⑧恐證言於證人或與其有第一八〇條第一項關係之人之名譽、信用或財產有重大損害者。

⑨對證人未親身經歷事項或鑑定人未行鑑定事項為之者。

⑩其他為法令禁止者（註：例如性侵害犯罪防治法第十六條第四項、國家機密保護法第二十五條第二項之規定，或禁止詰問依證人保護法第十一條及組織犯罪防制條例第十一條所定應予保密者之身分資料）。

分析上述各種情形：①為欠缺關聯性，②為不正詰問，③為違背第一六六條之七第一項之規定，④為違背第一六六條之一第三項且不符合其但書之規定，⑨為與證人、鑑定人之職能不符，⑩為違背法令，凡此皆係禁止規定。至於⑤、⑥、⑦、⑧情形，雖不得為之，因有但書之適用，實乃限制規定，其中⑤例如證人證稱：「我看到張三打他太太時，我就趕緊走開了。」詰問人如詢以：「假使你不走開，你想張三會對你怎樣？」即與當時證人感受及張三有無暴力傾向等情形有關（證人或許答稱「我也會挨揍」），此種發問可認為有正當理由。其中⑥如就重點事項作再一次確認時，即可允許重覆發問。其中⑦如有第一六〇條以實際經驗為基礎者，即可不予禁止。其中⑧例如對張三之岳母詢以：「張三夫妻感情如何？張三

是個好丈夫嗎？」就張三毆妻被訴傷害案件而言，證人之回答可能成為情況證據，此種發問可予允許。

§167 　　依本法第一六七條規定，當事人、代理人或辯護人詰問證人、鑑定人時，審判長除認其有不當者外，不得限制或禁止之（他如國家機密保護法第二十五條第二項、組織犯罪防制條例第十二條第一項但書等規定須妥為應用）。按對於詰問權之行使，固應予以尊重；惟如當事人等為詰問而有違背規定情事時，審判長基於訴訟指揮權，自得就其詰問方式或時間，予以適度限制或禁止，俾能有效發見真實。

§167-1
§167-2

13.關於詰問詢答之聲明異議及其准駁

　　依本法第一六七條之一規定，當事人、代理人或辯護人就證人、鑑定人之詰問及回答，得以違背法令或不當為由，聲明異議。析言之：

　　⑴當事人、代理人或辯護人均有異議權。

　　⑵以他造當事人、代理人或辯護人向證人、鑑定人所為詰問，及證人、鑑定人受他造詰問所作回答，為異議之對象。共同被告相互之間，除有本法第二八七條之二情形者外，就彼此所為陳述，無聲明異議之餘地。

　　⑶以詰問及回答係違背法令或不當，為異議之理由。

　　⑷上開條文係關於當事人等行使異議權之規定，倘若詰問有所不當而未據聲明異議時，審判長仍得依第一六七條規定為妥適之處理；尤其遇有涉及傳聞陳述時，如無異議，即可能發生第一五九條之五第二項所定效果，審判長務須注意及之。如有必要，宜適度介入訊問，以確保證據之適格性。

　　聲明異議，依本法第一六七條之二第一項規定，應就各個行為，立即以簡要理由為之。所謂各個行為，即指各個詰問、各個回答而言。僅向審判長表明有異議，尚有未足；必須同時陳明簡要理由，指摘某一詢答行為如何違背法令或有所不當，並提出具體請求，方能構成完整之聲明異議。例如辯護人向審判長表示對於檢察官的詰問有異議，稱：「檢察官對證人作不正當的重覆詰問，請審判長制止！」此乃指摘控方詰問違背第一六六條之七第二項第六款之規定而聲明異議。

　　由於聲明異議係在交互詰問過程中提出，依同條第二項規定，審判長

應立即處分，俾利程序之繼續進行。惟他造當事人、代理人或辯護人係一造聲明異議之相對方，依同條第三項規定，彼等得於審判長處分前，就該異議陳述意見，以供審酌。而證人、鑑定人於審判長就該異議為處分前，依同條第四項規定，應停止陳述，避免影響異議一方之權益。茲以同上舉例說明：當辯護人聲明異議後，證人即應暫停回答。檢察官可及時陳述意見，主張其發問係就案情重點事項作再一次確認，具有正當理由，為第一六六條之七第二項但書所許可。審判長聽取雙方意見後，應立即為准駁之處分。

§§167-3
～167-6

異議機制之目的，在於防止違法或不當詰問與恣意或籠統回答，藉以排除欠缺關聯性或不適格之證據，以免有礙發見真實。惟異議權人可能基於現實上目的而濫行聲明異議，例如：⑴意圖延滯訴訟，任意聲明異議。⑵透過陳述異議理由之機會，藉以暗示證人作「不記得」或「不清楚」等規避性之回答。⑶於主詰問中利用聲明異議干擾受詰問人情緒，致使未能作有系統之答話，因而減損其證明力。⑷於反詰問中利用聲明異議使詰問程序暫告中斷，以便受詰問人乘隙思考、整理記憶，避免誤答。

總之，異議事例，千變萬化，審判長必須精準掌握個別情節，即時予以准駁。依本法第一六七條之三規定：審判長認異議有遲誤時機、意圖延滯訴訟或其他不合法之情形者，應以處分駁回之。但遲誤時機所提出之異議事項與案情有重要關係者，不在此限。第一六七條之四規定：審判長認異議無理由者，應以處分駁回之。第一六七條之五規定：審判長認異議有理由者，應視其情形，立即分別為中止、撤回、撤銷、變更或其他必要之處分（例如禁止續行詰問或命改變詰問語句）。

審判長對於聲明異議之准駁，應由書記官記明筆錄，無須製作處分書。此乃訴訟程序進行中所為處分，產生及時實益，不在本法第四一六條第一項各款所列得為準抗告之範圍，本法第一六七條之六明白規定：對於前三條之處分，不得聲明不服。須注意者，上開准駁處分雖然一經處分即告確定，當事人仍得以程序違誤且於判決有影響據為提起上訴之理由。

依本法第一六三條第一項規定，當事人、代理人、辯護人或輔佐人得

§167-7

聲請調查證據，並得於調查證據時，詢問證人、鑑定人或被告。審判長除認為有不當者外，不得禁止之。按該條所定之詢問，其限制或禁止以及相關異議之聲明與准駁事項，在性質上應可準用第一六六條之七第二項及第一六七條至第一六七條之六之規定，爰於第一六七條之七明定此旨，俾有準用之依據。至於交互詰問，不在準用之列。

§§168
～171
§§172
～174
（均刪）

14.其他相關事項

①證人、鑑定人雖經陳述完畢，非得審判長之許可，不得退庭（本法第一六八條）。

②當事人、代理人、辯護人或輔佐人得於訊問證人、鑑定人或通譯時在場（本法第一六八條之一第一項）。前項訊問之日、時及處所，法院應預行通知之；但事先陳明不願到場者，不在此限（同條第二項）。按本條對於當事人等在場權之規定，係將第二七六條原有第三項予以修正移列而來，以示其無論於審判期日前或於審判期日，均有其適用，俾能保障當事人等行使詰問權。

③審判長預料證人、鑑定人或共同被告於被告前不能自由陳述者，經聽取檢察官及辯護人之意見後，得於其陳述時，命被告退庭。但陳述完畢後，應再命被告入庭，告以陳述之要旨，並予詰問或對質之機會（本法第一六九條）。

④參與合議審判之陪席法官，得於告知審判長後，訊問被告或準用第一六六條第四項及第一六六條之六第二項之規定，訊問證人、鑑定人（本法第一七〇條）。此種情形，倘若審判長毫無訊問而委由陪席法官進行訊問者，其程序即有違誤。

⑤法院或受命法官於審判期日前為第二七三條第一項或第二七六條之訊問者，準用第一六四條至第一七〇條之規定（本法第一七一條）。按九十二年二月修正前之第一七一條，原係針對法院或受命法官於審判期日前訊問被告或證人、鑑定人之情形所為規定，惟修正之第二七三條第一項，對於準備程序所處理事項，另作詳細規定，雖以不從事實質之證據調查為原則，但參照該條修正理由，起訴書狀所載被告犯罪事實如不明確或

有疑義時，應於準備程序中經由訊問方式予以釐清。當事人對於卷存證據之證據能力如有爭執，即可於準備程序中先予調查，爰將第一七一條配合修正為現行內容。

第二節　人　證

從證據方法言，證人僅係人證之一種。本節各條皆係關於證人之規定，其以「人證」為節名，係從狹義，特先指明。

一、證人之意義

釋字 249 號解釋理由書對於證人所作定義為：「證人係依法院之命，在訴訟上陳述其見聞事實之第三人。」茲分析說明如下：

(一)證人以自然人為限

證人 (Zeuge) 須陳述其曾經見聞之事實，必為自然人。醫院、學校或機關，除得受囑託實施鑑定外，不具證人適格性。

(二)證人須為當事人以外之第三人

證人與當事人，兩種身分不能並存。檢察官不得兼充證人，如為被害人或曾為證人者，應自行迴避。被告本身及共同被告相互間，除有第二八七條之二所定情形外，亦不得為證人。被害人、告訴人、告發人，三者皆非當事人，均得為證人（見 93 臺上 6578 號判例，院 115、245 號，釋字 249 號解釋）。自訴雖改採強制律師代理，自訴人在審判中仍為當事人，不得為證人 ❻❾。自訴人倘若誣陷他人犯罪，由於自訴狀已經提出於法院，無論曾否到庭作何陳述，均負誣告罪之刑責，其法定刑與偽證罪相同。告訴人如誣告他人犯罪，並於所誣告之案件審理時，到庭具結而為虛構受害事實之證言者，構成偽證與誣告兩罪之想像競合犯，有實例（最高法院 101 臺上 107 及 2449 號刑事判決，全文見《司法院公報》五十四卷三及九期）認為應從較重之誣告罪處斷。

❻❾　參見 Roxin/Schünemann, Strafverfahrensrecht, §26, Rn. 9, 29 Aufl., 2017.

(三)證人依法院之命在訴訟上作證

民事證人，必係依法院之命而於訴訟上作證。但在刑事訴訟，尚涉及偵查程序。本法賦予檢察官傳喚及拘提證人之權，刑事證人於訴訟上作證，兼指偵查及審判程序而言。關於檢察官之訊問證人，德國檢察官亦有傳拘證人作證之權❼⓿，日本戰後深受英美制度影響，檢察官無權強制證人到案，僅得請求其到場接受調查，此係任意作證，如遭拒絕，唯有聲請法官訊問，其程序準用審判期日訊問證人之規定❼⓵。

(四)證人須陳述其見聞事實

證人作證，係以曾經見聞之事實，亦即親身體驗之客觀事實，為其所陳述之證言內容。該項見聞體驗之事實經過，乃發現真實之重要根據，具有不可替代性。至證人私見或揣測，既非客觀見聞之事實，依本法第一六〇條規定，不得作為證據。

二、證人之義務

§176–1　　依本法第一七六條之一規定，除法律另有規定者外，不問何人，於他人之案件，有為證人之義務。又民事訴訟法第三〇四條謂：「元首為證人者，應就其所在詢問之。」本法雖未設明文❼⓶，依釋字 627 號解釋，其規定於本法應準用之，矧就訊證人在本法第一七七條亦有明文。但總統仍得捨棄此一優遇而自願到場作證。是凡當事人以外之第三人，皆有為證人之義務，即使元首亦不能豁免。至於證人年齡及精神狀態如何，是否居住國外，乃係具結能力或事實上能否到場作證之問題，非謂可免除作證義務。審計法施行細則並非法律，其第十七條竟規定審計人員不受司法機關傳訊

---

❼⓿　德國刑事訴訟法第一六一條 a 及第五十一條。

❼⓵　日本刑事訴訟法第二二三條、第二二六條及刑事訴訟規則第一六〇條至第一六三條。

❼⓶　民國十年十一月十四日舊刑事訴訟條例第一〇〇條第一項規定：「大總統為證人者就其所在訊問之。」又現行德國刑事訴訟法第四十九條、意大利刑事訴訟法第二〇五條第一項均規定以總統為證人者應於其住所進行訊問。

云云，將本法第一七九條作不當之擴大適用，影響當事人與證人之詰問對質，妨礙法院調查證據；命令與法律牴觸，法院自應不受拘束，仍得依法傳喚審計人員作證。又派駐我國之外國代表及領事人員，雖依維也納外交關係公約第三十一條第二款及領事關係公約第四十四條規定可享有豁免作證之特權，但依各該公約第三十二條及第四十五條規定，於特定要件下，仍得捨棄豁免權而為作證。

　　本法所定證人之義務，可分為到場、陳述、具結三項，另有就訊證人、拒絕證言、不得具結等免除到場、陳述、具結義務之規定。茲分述如下：

㈠證人到場義務

1.傳喚證人

　　依本法第一七五條規定：傳喚證人，應用傳票。傳票應記載下列事項：

§175
§176
§176-1
（前述）

①證人之姓名、性別及住所、居所。

②待證之事由。

③應到之日、時、處所。

④無正當理由不到場者，得處罰鍰及命拘提。

⑤證人得請求日費及旅費。

　　傳票，於偵查中由檢察官簽名，審判中由審判長或受命法官簽名。傳票至遲應於到場期日二十四小時前送達，但有急迫情形者不在此限。又依本法第一七六條規定，證人之傳喚，準用本法第七十二條及第七十三條之規定，因此，對於到場證人面告其下次應到之日、時、處所及如不到場得命拘提並記明筆錄者，即與已送達傳票有同一之效力。證人經以書狀陳明屆期到場者亦同。傳喚在監獄或看守所拘禁中之人犯作證者，應通知該監所長官使其知曉並為必要之處理。證人如在保安處分場所拘禁中者，亦應通知該管執行處所。

2.促使證人到場

§176-2

　　交互詰問乃調查人證之重要程序，如有依本法第一六三條之一第一項第二款或同條第三項規定聲請傳喚證人者，為使證人屆期到場，俾能順利

進行詰問，原為聲請之人，負有協力義務。本法爰於第一七六條之二明定：法院因當事人、代理人、辯護人或輔佐人聲請調查證據，而有傳喚證人之必要者，為聲請之人應促使證人到場。且依第一九七條規定，在聲請傳喚鑑定人之情形，應準用之。上述協力義務，乃係訓示規定。倘若證人違背到場義務者，法院應依後述第一七八條規定予以制裁，不因原為聲請之人有無善盡協力義務而受何影響。

§177

3.就訊證人及以電傳視訊設備訊問證人

(1)本法第一七七條第一項規定：證人不能到場或有其他必要情形，得於聽取當事人及辯護人之意見後，就其所在或於其所在地法院訊問之。所謂不能到場之情形，例如證人行動不便乏人護送，或證人因病住醫院接受治療是。所謂其他必要情形，例如證人係另案在押之重罪被告或在監之重刑犯，提解到場應訊，有戒護安全之顧慮是。當事人及辯護人雖可表示意見，惟應否就訊或囑託證人所在地法院進行訊問，仍取決於法院或檢察官，蓋證人應到場作證乃其法定義務也。

(2)同條第二項係以電傳視訊設備訊問證人之特別規定，證人所在與法院間有聲音及影像相互傳送之科技設備而得直接訊問，經法院認為適當者，得以該設備訊問之。可參考之立法例，如民事訴訟法第三○五條第五項、性侵害犯罪防治法第十六條、人口販運防制法第二十五條、德國刑事訴訟法第五十八條 a 是。惟德例以證人為未滿十六歲之被害人者，或恐證人於審判中不能應訊而為發現真實所必要時，方得採此方式訊問證人，限制較嚴。

(3)無論係以就訊或電傳視訊設備訊問證人，均與當事人之權益有關，為保障其詰問權及被告之辯護人依賴權，並尊重當事人就證據調查之主導權，同條第三項明定當事人、辯護人及代理人得於前二項訊問證人時在場並得詰問之；其訊問之日、時及處所，應預行通知之。其以電傳視訊方式進行詰問，並非當面詰問，是否適法？另請參閱前述 §166–7 相關說明。

(4)同條第二項以電傳視訊設備訊問證人之情形，依同條第四項規定，於偵查中準用之。

　　⑸使用電傳視訊方式訊問或詰問證人，視訊終端實屬法庭之延伸，倘若該證人不在國內，此乃跨國（地區）取證，涉及對方主權問題，雙方如有互助協定（見本章❹之3），自當依照協定辦理；如無協定而經對方同意安排允許該證人應訊者，必須符合國際刑事司法互助法第二條、第三〇條及第三一條相關規定，方為適法。

　　⑹依本法第一八九條第五項授權訂定之 「刑事訴訟遠距訊問作業辦法」，其第二條謂所稱遠距訊問，係指法官、檢察官對未到庭之證人，利用法庭與證人所在處所之聲音及影像相互同步傳送之科技設備進行直接訊問而言。又於第十二條明訂檢察事務官詢問證人時亦準用之。（按法院審理案件稱為開庭，其開庭之場所稱曰法庭，此觀法院組織法第七章即明。一般慣用「偵查庭」者，尚乏法律依據，上述作業辦法第二條涉及檢察官部分，亦用到「庭」及「法庭」字樣，尚非妥適。）此外，司法院另有「法院刑事遠距訊問擴大作業要點」一種，除擴及鑑定人部分，有本法第一九七條可資依據外，其將遠距訊問擴大適用對象，對於特定情形之被告、自訴人亦可進行遠距訊問（例如對在押被告關於羈押事項之訊問、依本法第三二六條訊問在監所之自訴人等 ，詳見該要點第二點所列各種情形），固屬符合實務需要，除共同被告對其他共同被告之案件而言，依釋字582號解釋，本質上屬於證人，此種情形可進行遠距訊問外，嚴格言之，尚乏法律依據。至於依傳染病流行疫情嚴重期間司法程序特別條例第四條規定進行之遠距視訊程序，乃係適用於特殊時期之特例，另當別論。

4.違背到場義務之制裁
§178

　　本法第一七八條第一項規定：證人經合法傳喚，無正當理由而不到場者，得科以新臺幣三萬元以下之罰鍰，並得拘提之；再傳不到者亦同。

　　⑴罰鍰，屬於秩序罰 (Ordnungshaft) 性質（民初大理院九年統字1197號解釋參照），其額度以新臺幣三萬元為上限。科罰鍰之處分，依同條第二項規定，由法院裁定之。如係檢察官為傳喚者，應聲請該管法院裁定之。行合議審制之案件，受命法官即得對證人為科罰鍰之處分，不以合議裁定為必要，就本法第二七九條第二項與第四一六條第一項第二款參互以

觀，可作此解。對於法院科證人罰鍰之裁定如有不服，依第一七八條第三項規定，得提起抗告。如由受命法官為罰鍰處分者，可循準抗告救濟。

(2)拘提，屬於強制處分性質，法官或檢察官均得簽發拘票，並依第一七八條第四項準用第七十七條至第八十三條及第八十九條至第九十一條等相關規定。

㈡陳述證言義務

證人作證，本應就其曾經見聞事實經過，到場親自陳述證言，是為法定義務。惟本法基於證人職業因素慮及其據實陳述將與保守職（業）務秘密發生衝突，或基於人之因素慮及其據實陳述有悖常情難期正確，乃有拒絕證言之規定。茲分述如下：

§§179
～182

1.公務秘密之拒絕證言

依本法第一七九條第一項規定，以公務員或曾為公務員之人為證人，而就其職務上應守秘密之事項訊問者，應得該管監督機關或公務員之允許。

惟前項允許依同條第二項規定，除有妨害國家之利益者外，不得拒絕。按公務員一面負有為證人之義務，一面又須絕對保守政府機關機密（公務員服務法第四條），應依上述條文所示原則謀求兩種義務之調和。發現個別刑案之真實固屬重要，究不能置國家利益於不顧；傳喚現職或離職公務員就其保密事項作證時，應先徵詢該管監督機關或該管公務員之允許。否則，以證人身分應訊之公務員（含離職人員）即得拒答。此條內容雖無「拒絕證言」一詞，而於實際情形即係拒絕陳述證言。

何者為該管監督機關或該管公務員，須就組織法規或章則，視其有無允許權限而定。除非具有妨害國家利益情事，否則不得率予拒絕。如何方可認有妨害國家利益之虞，參考早期最高法院對於「應秘密」之見解（十七年九月十九日），須就主觀與客觀兩方面審究其對於國家政務或事務有無利害影響而定。以作證而言，必其妨害國家利益與妨礙司法蒐證兩種後果相比較，衡酌比例原則，認為前者更加嚴重時，方能不予允許，以免流於浮濫。又國家機密保護法已自九十二年十月一日施行，並應衡酌該法相

關規定。學者主張除行政程序法第四十六條第二項第一、二、五款及政府資訊公開法第十八條第一項第一至四款所列舉之事項外，其餘均不得拒絕允許。此項見解頗具價值❼❸。

惟允許與否，由該管監督機關或該管公務員決定之。如其不允許為不當時，除可洽上級機關糾正外，別無他途。茲舉臥底偵破販運毒品案件為例，假如法院應辯護人之請而傳喚司法警察機關承辦人員作證，欲訊明臥底者之詳細身分，以便使其到場接受詰問。由於臥底者之身分一旦公開，勢必危及人身安全，且無法繼續從事工作，該管公務員即得不允作證❼❹。

總統不得豁免作證義務（見 §176–1 說明），有關拒絕證言問題，依釋字 627 號解釋，總統基於國家機密特權，就國家機密事項於刑事訴訟程序享有拒絕證言權，並於此範圍內有拒絕提交相關證物之權。立法機關應就其得拒絕證言、拒絕提交相關證物之要件及相關程序，增訂適用於總統之特別規定。於該法律公布施行前，就涉及總統國家機密特權範圍內國家機密事項之訊問、陳述，或該等證物之提出、交付，是否妨害國家之利益，由總統釋明之。其未能合理釋明者，該管檢察官或受訴法院應審酌具體個案情形依法為處分或裁定（本法第一三四條第二項、第一七九條第二項及第一八三條第二項）。總統對於駁回之處分或裁定如有不服，得聲明異議或抗告，由高等法院或其分院以資深庭長為審判長之法官五人組成特別合議庭審理之。特別合議庭裁定前，原處分或裁定應停止執行（詳見該號解釋文及理由書）。足見總統拒絕證言或拒交證物是否有理，須受司法審查。然而在特別規定尚未完成立法前，上開特別合議庭之組成，於法尚乏依據，解釋文能否替代法律，置法院組織法第三條第二項於不顧而逕行實施？有無逾越解釋權之範圍？是否侵害立法權？非無疑問。

2. 業務秘密之拒絕證言

依本法第一八二條規定，證人為醫師、藥師、助產士、宗教師、律師、辯護人、公證人、會計師或其業務上佐理人或曾任此等職務之人，就

---

❼❸　林輝煌，〈論公務秘密之刑事拒絕供證〉，《臺灣本土法學雜誌》六十三期。

❼❹　請參閱 §159–3 關於秘密證人問題之探討。

其因業務所知悉有關他人秘密之事項受訊問者,除經本人允許者外,得拒絕證言。

本條係將因業務秘密得拒絕證言之人一一列舉,其中法院公證人及公設辯護人均為公務員,醫師等專門職業人員尚有醫師法等各種單行法用以規範,所稱業務上佐理人者,指輔佐處理業務之人而言,例如護理人員、公證佐理員是。從事或佐理上述各該業務之人,基於法律❼❺、契約、職業倫理或宗教規範,為保護其與本人相互間直接或間接之信賴關係,應不得透露其因業務所知悉本人之秘密。除經本人允許者,無破壞信賴關係之疑慮外,爰畀予彼等以拒絕證言之權。惟如基於信賴以外其他關係(例如法定報告義務)所悉事項,即不在得拒絕證言之列。

茲有探討必要者,新聞從業人員能否基於新聞自由、消息來源保密、公眾「知的權利」之理由而就消息來源拒絕證言,不無爭議。

德國刑事訴訟法第五十三條第一項第五款及法國刑事訴訟法第一〇九條均明文肯定新聞從業人員之拒絕證言權、瑞士刑事訴訟法第一七二條於第一項賦予拒絕證言權,復於第二項列舉在殺人等重罪案件仍須作證。然而同屬大陸法系之日本,於刑事訴訟法第一四九條中,未將新聞從業人員納入因業務秘密得拒絕證言之列,最高裁判所亦採否定見解❼❻。在英美實例,同持否定態度❼❼。

在我國,本法第一八二條既未將新聞從業人員列入,且記者採訪時,

---

❼❺ 醫師法第二十三條、藥師法第十四條、助產士法第二十四條、醫療法第四十九條、護理人員法第二十八條、公證法第十四條、公務員服務法第四條均有保守秘密之規定。

❼❻ 參見日本最高裁判所昭和 27.8.6. 判例(刑集 6–8–974 朝日新聞記者證言拒否事件)。又關於命提出媒體報導原委資料問題可參見昭和 44.11.26. 判例(刑集 23–11–1490)及平成 2.7.9. 判例(刑集 44–5–421)。

❼❼ 英國王座法庭一九六三年 Attorney-General v. Mulholland and Foster 案例(QB 477, 489),美國聯邦最高法院一九七二年 Branzburg v. Hayes 案例(408 U.S. 665)。後者所涉記者有 Hayes, Caldwell, Pappas 三人,評議結果為五比四,由其一票之差可知爭執之激烈。

接受採訪之人並非基於何種信賴關係而委由該記者處理特定業務，自無主張拒絕證言之餘地。至若因證述消息來源而有自陷於罪之虞時，當可依本法第一八一條規定拒絕證言，此乃另有根據。

3.身分關係之拒絕證言

依本法第一八○條第一項規定，證人有下列情形之一者，得拒絕證言：

①現為或曾為被告或自訴人之配偶、直系血親、三親等內之旁系血親、二親等內之姻親或家長、家屬者（注意：所稱配偶、姻親，依司法院釋字第七四八號解釋施行法第二十四條第二項前段規定，包含該法第二條所定同性結合關係者在內）。

②與被告或自訴人訂有婚約者。

③現為或曾為被告或自訴人之法定代理人或現由或曾由被告或自訴人為其法定代理人者。

同條第二項規定：對於共同被告或自訴人中一人或數人有前項關係，而就僅關於他共同被告或他共同自訴人之事項為證人者，不得拒絕證言。

按證人本應據實陳述證言，惟如具有上述情形者，難免互為容隱，欲求據實作證，顯無期待可能，爰規定得拒絕證言。從而，證人經許可因身分關係而拒絕證言者，不問所訊之個別事項內容如何，皆可概括拒絕回答。法條所列各該身分關係，自當依民法親屬編相關條文認定之。又該條各項所稱自訴人，指犯罪之直接被害人且向法院提起自訴者而言。如僅受害而未提起自訴，或係檢察官偵查中之告訴人、告發人者，均不屬之。證人與被害人、告訴人❼❽或告發人有上述關係者，不得拒絕證言。

在被告或自訴人有數人之案件，證人僅與其中某一被告或某一自訴人具有本條第一項各款關係，而與他被告或他自訴人並無各款關係者，依本條第二項規定，如就僅關於他共同被告或他共同自訴人之事項為證人時，即不得拒絕證言。惟其於此情形下所述證言，對於與該證人有第一項各款關係之人，基於證據共通原則，非無肇致不利益之可能；且在訊答前無從預料，法條否定其拒絕證言權，是否妥適，尚有商榷餘地。

---

❼❽　見 29 上 1011 ⑵號判例。

4.自陷於罪之拒絕證言

依本法第一八一條規定，證人恐因陳述致自己或與其有前條（即第一八〇條）第一項關係之人受刑事追訴或處罰者，得拒絕證言。按證人據實陳述證言，如涉及自己之犯罪嫌疑時，其證言將成訴訟外自白而為不利益證據，如涉及與證人有一定身分關係者之犯罪嫌疑時，將有違容隱之傳統，皆無期待可能，爰規定該證人得拒絕證言。須注意者，於此情形，該證人仍應依法受訊，遇個別訊問事項始得拒絕證言，非可自始概括拒絕，與基於身分關係之經釋明具有何等關係即得概括拒絕證言者有別；且如其並無因而招致受追訴處罰之虞（例如曾經檢察官依證人保護法第十四條第二項規定處分不起訴確定），甚或有待作證事項業經另案認定屬實（例如曾經檢察官為緩起訴處分確定）者，即不容主張拒絕證言。

證人如有上述 1.至 4.各該原因之一者，得拒絕證言。惟如被告以外之人（含證人在內）於主詰問中已經接受詰問並有所陳述者，則依第一八一條之一規定，其於反詰問時，就主詰問所陳述有關被告本人之事項，即不得拒絕證言，以保障反詰問權之行使。條文所稱主詰問、反詰問，自當包含覆主詰問、覆反詰問在內。

倘若主詰問時未曾拒絕證言，而於反詰問時表明拒絕證言者，實務（最高法院 107 臺上 8 號刑事判決）認其導致另一造當事人不能為有效之反詰問，造成無效之反詰問，應將先前主詰問所為證言予以排除。揆此意旨，係認該項證言未經合法調查，依本法第一五五條第二項規定，自不得作為判斷之依據。至若證人在偵查中受檢察官訊問時有所陳述，並未拒絕證言，而被告及其辯護人未獲詰問機會（見本法第二四八條第一項）者，實務（最高法院 108 臺上 3204 號刑事判決）謂可類推適用第一八一條之一規定，不許該證人於審判中拒絕證言。此係以類推解釋方法，保障被告詰問權之行使，值得支持。惟如曾經被告依第二四八條第一項規定進行詰問，而該證人於審判中合法拒絕證言者，本書見解認其先前陳述依第一五九條之一第二項規定，業已具有證據能力。除有曉諭檢察官聲請傳訊調查之必要者外，究竟是否可採，應由法院踐行第一六五條調查程序予以審酌

取捨，非可概予排除。此種情形，在德國刑事訴訟法第二五二條有禁止朗讀先前筆錄之規定。然而該法並無如同本法第一五九條之一第二項針對受檢察官訊問陳述證據能力，以及第二四八條第一項提供被告詰問機會之特設規定，就本法而言，無須禁止。

　　實務（最高法院 98 臺上 2668 號刑事判決）曾經出現不同見解，認為反詰問係補足對該被告以外之人於檢察官訊問時所為陳述之反對詰問權，前後程序難以完全分割，雖分別於偵查、審判中行之，仍應視為同一詰問程序之續行，而有本法第一八一條之一規定之適用。此項見解，實有否定先前陳述證據能力之嫌。按第二四八條第一項之詰問，旨在檢察官偵查犯罪「蒐集」證據，與法院審判中依第一六六條第二項第一款、第三款所定主詰問、覆主詰問之「調查」證據程序有別，何能「視為」同一詰問程序之續行？且第一五九條之一第二項條文，係配合現行檢察制度特設規定，為外國立法例所無，有其立法政策考量（詳請參閱本書對於該條項相關說明）。採取上述不同見解，縮減該條項之適用，有違立法原意，在檢察體制未調整前，是否妥適，頗有商榷餘地。

　　拒絕證言之方式，依本法第一八三條規定，該證人應將拒絕之原因釋明之，但於第 4.種原因，得命具結以代釋明。拒絕證言之許可或駁回，偵查中由檢察官命令之，審判中由審判長或受命法官裁定之。

§183
§184
（後述）
§185
§186 II

　　法條對於證人拒絕證言之表明方式未有規定，不論先以書狀表明抑或當場言詞表明，均須敘明其證明方法以為釋明，不以提出證據為必要。惟於第 4.種情形如使證人釋明，形同自行述明其嫌疑事實，顯與賦予拒絕證言權之本旨相違背，爰明定得命具結以代釋明。又為使證人知曉其有拒絕證言之權，依本法第一八五條及第一八六條第二項規定，訊問證人除先調查其人有無錯誤外，並應先行查明證人與被告及（或）自訴人有無本法第一八〇條第一項之關係，或證人有無第一八一條之情形，如有此關係或情形者，即應告知該證人得拒絕證言。證人如有各種得拒絕證言之情形而法院或檢察官疏未履行告知者，所取得之證言，應有本法第一五八條之四相對排除原則之適用。且證據排除法則並無提出排除主張者之適格問題，實

務見解不採權利領域說。違背告知義務，除侵害證人權利外，並有使被告蒙受誣陷之虞，基於權衡判斷說之原理，被告（辯方）亦得提出排除證據之主張（參考最高法院 109 臺上 2638 號刑事判決）。德國司法實務見解，對於疏未告知證人拒絕證言權之情形，認為構成上訴第三審之一般理由；又對於證人疏未告知其得基於不自證己罪之理由而拒絕證言，因此取得其證言者，認為雖可不受採證之禁止。惟如 A 於先前一案以證人身分應訊，由於未受得拒絕證言之告知，因而陳述不利於己之證言時，此項證言在後一案件審判中，不得引為對 A 不利證據之用❼❾。

茲應注意者，拒絕證言權之行使，由證人決定，非當事人所能主張，亦非法院或檢察官得拒絕證人陳述之意。因此，證人不為拒絕而仍陳述證言者，對於證言之效力不生影響（參見 32 上 130 號判例）。至若無故拒絕陳述證言之制裁，詳如本法第一九三條之規定。

§186

(三)證人具結義務

1.具結之意義

為使證人據實作證，本法規定證人應行具結，以擔保所述證言之真實可信。如經具結而為虛偽陳述者，將構成刑法第一六八條之偽證罪。外國法採行證人宣誓，源起宗教、神明、人神共鑑之思想，德國現行刑法仍稱偽證為偽誓之罪 (Meineid)。

本法未採宣誓而用具結，是具結亦為證人義務之一種。其作用在於證人經由具結而生良心約束，使之陳述真實證言；且因具結而使虛偽陳述者將受偽證罪之處罰，以防作證不實。

---

❼❾ 參見 Roxin/Schünemann, Strafverfahrensrecht, §24, Rn. 48, 29 Aufl., 2017. 我國最高法院案例，亦有類似見解 （見 96 臺上 1043 號刑事判決）。甚至認為未將拒絕證言之權利依法告知而逕命證人具結者，不生具結效力，對之無法論以偽證罪責（見 96 臺上 7239 號刑事判決及 109 臺上 1309 號刑事判決）。依此見解，則在違背 §186II 告知義務之情形，即與未具結同，按照 §158–3 規定，本無證據能力，應予排除，並無適用 §158–4 相對（裁量）排除原則之餘地。從而，誣告罪之告訴人，如於其所誣告之案件審理中到庭，以證人身

被害人或告訴人皆得為證人，惟如僅係陳述意見並非作證者（例如§§248 之 1、271 II、271 之 1 但書），均不生具結問題。共犯或共同被告非以證人身分應訊者亦同。彼等在偵查中所為陳述，乃係傳聞證據。如於審判中經辯方聲請詰問時，固應傳訊結證並行交互詰問以完成合法調查程序；倘若辯方未聲請傳喚或捨棄詰問權者，則該項陳述除非具有顯不可信之情況，否則不容指為無證據能力，經踐行第一六五條之程序後，即已完成合法調查，符合嚴格證明法則，得據以認定事實。

2. 具結之能力

證人雖有具結義務，但有下列情形之一者，為無具結能力，依本法第一八六條第一項之規定，不得令其具結，茲列述於下：

①未滿十六歲者。

②因精神障礙，不解具結意義及效果者。

關於證人具結能力之有無，應由法院或檢察官依職權查明。如對於不得令其具結之人誤命具結者，不發生具結之效力。無具結能力人之證言，非無證據能力（63 臺上 3501 號判例），與曾否踐行第一八七條第二項之告知無關，至其是否可採，由法院自由判斷。惟如虛偽作證，不成立偽證罪（30 非 24 ⑵號判例）。又德國刑事訴訟法規定未滿十八歲之證人不得令其宣誓，相當於本法之無具結能力，係以不適用交互詰問為原則，頗值參考。（見前述❻第 2 點）

3. 具結之程序

⑴證人具結前，應告以具結之義務及偽證之處罰。對於不令具結之證人，應告以當據實陳述，不得匿、飾、增、減（本法第一八七條）。

關於具結義務及偽證處罰之告知，書記官應記明筆錄，此項告知，乃具結程序之一部分，如僅有具結而未為告知者，難謂已經履行具結，將影響偽證之處罰（院 1749 號解釋）。

⑵具結，應於訊問前為之。但應否具結有疑義者，得命於訊問後為之

§§187
～189

___

分應訊時，即得依 §181 條規定，以恐因陳述致自己受追訴處罰（偽證罪）為理由而拒絕證言。

（本法第一八八條）。

惟於供後具結之情形，須注意具結日期與陳述日期之對照，以定其具結效力所及之範圍（28 上 2228 號判例）。

⑶具結，應於結文內記載當據實陳述，決無匿、飾、增、減等語；其於訊問後具結者，結文內應記載係據實陳述，並無匿、飾、增、減等語。結文應命證人朗讀；證人不能朗讀者，應命書記官朗讀，於必要時並說明其意義。結文應命證人簽名、蓋章或按指印（本法第一八九條第一項至第三項）。

由此可見證人具結何等莊重，惜實務所見，往往僅命證人於結文簽名了事，殊有未合。又為配合第一七七條第二項之規定，證人如係以科技設備訊問者，經具結之結文，依第一八九條第四項規定，得以電信傳真或其他科技設備傳送予法院或檢察署，再行補送原本。於此情形，其證人訊問及前述結文傳送之辦法，依同條第五項規定，由司法院會同行政院定之。請參見 §177 之說明⑸。

§190
§191
（刪）
§192
（後述）
§193

4.違背具結義務之制裁（違背陳述證言義務者同此）

本法第一九三條第一項規定：證人無正當理由拒絕具結或證言者，得處以新臺幣三萬元以下之罰鍰，於第一八三條第一項但書情形（因自陷於罪之拒絕證言得以具結代釋明）為不實之具結者，亦同。此係對於違背具結義務之證人得為制裁之規定，如無拒絕證言之原因而違背陳述證言義務者，亦依上述規定處罰。

關於檢察官之聲請、法院之罰鍰裁定及其抗告或準抗告等事項，均依第一九三條第二項準用第一七八條第二項及第三項之規定。此種罰鍰係秩序罰性質，見 §178 說明。

三、證人之訊問

證人之訊問，除在證據章通則一節有交互詰問之相關規定外，本節第一八四條、第一八五條、第一九〇條、第一九二條及第一九五條至第一九六條之一，尚有若干規定。茲分別說明如下：

㈠隔別訊問及對質

§184
§185 Ⅰ
§§186
～189
（前述）

訊問證人，應先調查其人有無錯誤及與被告或自訴人有無親屬等關係（第一八五條第一項）。如證人有數人者，應分別訊問之；其未經訊問者，非經許可，不得在場（第一八四條第一項），旨在避免各證人彼此顧忌或互為附和，有礙證言之正確性。依此規定，未經訊問者，如經許可仍得在場，須視有無上述顧慮而定。非謂凡有數名證人在場時，即應一概隔別訊問。又因發現真實之必要，得命證人與他證人或被告對質，亦得依被告之聲請，命與證人對質（第一八四條第二項）。茲就對質一事析述如下：

⑴本條之對質，係法院主導，由證人與他證人、或證人與被告，相互對證質問應答。此與數被告（被告與其他共同被告）之間依本法第九十七條所為對質之主體不同（請參閱該條相關說明），亦與本法第一六六條詰問權屬於憲法層次之規定有別。

⑵多數被告或多數證人應訊時，依第九十七條或第一八四條規定，均以隔別訊問為原則。惟如命行對質時，除有特殊安排（如使用電傳視訊設備）外，通常必然同時在場進行。

⑶對質，可逕依審判長或受命法官之命而進行，或由被告聲請許可而進行。惟被告本身即係當事人之一造，被告聲請與證人對質，實際上即係與交互詰問相互為用。而交互詰問乃當事人之權利，法院必須予以准許。至於多數證人應訊時，某一證人與他證人間之對質，與交互詰問截然不同。法院是否許可對質，有自由斟酌之權（第一六九條但書），惟如認待證事實已臻明瞭而無對質必要者，應於判決理由內敘明之。

⑷檢察官與證人，或自訴代理人與證人，彼此之間除得為交互詰問外，並無進行對質之依據。

㈡訊問之方法

§190

證人對其曾經見聞之事實，經由當時察覺，而儲存於記憶之中，然後透過言詞陳述，於應訊時提供證言。倘若最初察覺有誤（如錯覺、幻覺、因視力或辨色力不佳致生誤認、因車輛快速行駛而對於牌照號碼 6 或 9 看錯等情形），或記憶有誤，或言詞表達能力欠佳，在察覺、記憶、陳述之

任一環節如有誤差，均於證言之正確性有影響。訊問證人所用方法，有敘述式與問答式兩種：敘述式可使證人回憶其見聞事實之始終、本末，作連貫、接續之陳述，提供完整證言，有助於了解全貌、釐清真相；問答式可使證人循問作答，行訊問者易於把握要項獲得重點答案。惟敘述式耗費時間，不易掌握重點，甚且脫軼爭點；而問答式則流於片斷詢答，缺點詳見前述 §166–7 說明。以上兩種訊問方法，利弊互見，依本法第一六六條之七第一項規定，詰問證人進行詢答，係採取問答式，而第一九〇條又規定：「訊問證人，得命其就訊問事項之始末連續陳述。」參互以觀，訊問證人所用方法，宜就兩者靈活運用，以期訊明真相。

關於偵查中誘導訊（詢）問之禁止，尚乏法條規範。實務見解（例如最高法院 102 臺上 5059 號刑事判決）將其區分為三類：1.暗示證人使為故意異其記憶之陳述，乃屬虛偽誘導；2.因其暗示而足使證人發生錯覺之危險，致為異其記憶之陳述，則為錯覺誘導；3.如其暗示僅止於引起證人之記憶，進而為事實之陳述，此係記憶誘導。除第 3 類型參照本法第一六六條之一第三項第三款規定意旨，應予允許外，其餘 1 及 2 類型，基於保持程序公正及證據真實性之目的，均有違誤，所取得陳述有無證據能力之認定，應適用本法第一五八條之四之規定。

§191
（刪）
§192

(三)準用條文

本法第七十四條、第九十八條、第九十九條、第一〇〇條之一第一項、第二項之規定，於證人之訊問準用之（見第一九二條）。因此，傳喚證人到場應按時訊問，訊（詢）證人禁用不正方法、證人為聽覺或語言障礙或語言不通者，須由通譯傳譯，以及關於錄音錄影等規定，均在準用之列。茲可附述者，證人因準用第九十九條規定而以文字陳述其見聞事實者，係當場向法官或檢察官為之，與證人未到場而以書面敘述之者不同，後者為無證據能力。

§193
（前述）
§194

(四)囑託訊問

本法第一九五條第一項規定：審判長或檢察官得囑託證人所在地之法官或檢察官訊問證人；如證人不在該地者，該法官、檢察官得轉囑託其所

在地之法官或檢察官。此種囑託訊問，基於法院組織法第一〇七條、第一 （後述）
〇八條之司法互助，以應實務需要。惟並非必須採取囑託方式，法官或檢 §195
察官對於居住他地之證人，仍得逕行傳訊（該證人得領取交通費）；遇有
急迫或必要時，依本法第十三條、第十六條及第一七七條第一項之規定，
並得越區就訊。

　　受囑託之法官或檢察官，有可能就證人所在訊問之（例如證人在當地
醫院住院中），亦有可能使用電傳視訊科技設備訊問證人。於此情形，依
第一七七條第三項規定，當事人、辯護人及代理人得於訊問證人時在場並
得詰問之。其訊問之日、時及處所，應預行通知之。第一九五條第二項明
定：「第一百七十七條第三項之規定，於受託訊問證人時準用之。」

　　又本法第一九五條第三項規定：受託法官或檢察官訊問證人者，與本
案繫屬之法院審判長或檢察官有同一之權限。

(五)限制再行傳喚

§196

　　本法第一九六條規定：證人已由法官合法訊問，且於訊問時予當事人
詰問之機會，其陳述明確別無訊問之必要者，不得再行傳喚。此一規定，
旨在避免重覆訊問，減省無益程序。凡證人在本案事實審審判期日前之準
備程序或其他調查程序，或共同被告於第二八七條之二情形以證人地位在
審判期日，業經審判長、受命法官、陪席法官、受託法官踐行調查程序
者，被告在訴訟上之防禦權已獲保障，不容當事人濫行聲請為無益之重複
調查。尤其當證人係性犯罪被害人時，更應妥善適用本條規定避免一再傳
喚，以防二度傷害。§159-1 相關說明併可參閱。至於證人已由檢察官或
偵查輔助人員訊問者，其陳述為審判外之言詞陳述，應依傳聞法則處理。
如不符合例外條件者，法院自應傳訊證人到場。第一九六條雖僅謂予「當
事人」詰問之機會，揆諸第一六六條第一項規定「……由當事人、代理人
或辯護人直接詰問……」之意旨，如於庭訊時業經代理人或辯護人進行證
人詰問，而自訴人或被告並未親行詰問，復無任何主張者，基於代理人、
辯護人之職能，其效果及於本人，自應認為已經給予該自訴人或被告詰問
之機會而有第一九六條之適用。

§196-1　㈥司法警察人員詢問證人規定

　　　　司法警察人員基於調查犯罪蒐集證據之職責，經常有詢問證人之需要。本法參照第七十一條之一之例，於第一九六條之一第一項規定：司法警察官或司法警察因調查犯罪嫌疑人犯罪情形及蒐集證據之必要，得使用通知書通知證人到場詢問。並於第二項規定：第七十一條之一第二項、第七十三條、第七十四條、第一七五條第二項第一款至第三款、第四項、第一七七條第一項第三項、第一七九條至第一八二條、第一八四條、第一八五條及第一九二條之規定，於前項證人之通知及詢問準用之。

　　　　上開第一九六條之一，係本法於九十二年二月增訂之條文，使司法警察人員通知及詢問證人，有其法律上之明確依據。所詢得之陳述，則為審判外陳述，必須依照第一五九條之二、第一五九條之三認定是否得為證據。

§194　**四、證人之權利**

　　　　證人依本法第一九四條第一項規定，得請求法定之日費及旅費。但被拘提或無正當理由拒絕具結或證言者，不在此限。同條第二項規定：前項請求，應於訊問完畢後十日內，向法院為之。但旅費得請求預行酌給。

　　　　證人提供證言並受詰問，有助於發現真實，惟其履行作證義務遵傳到場所需必要花費，應由法院支給，不宜令其自付。爰畀予日費、旅費之請求權。除被拘提或無故拒絕具結或證言皆已違背證人義務者外，使其得於十日內請求法院支付（參見司法院訂定之各級法院辦理刑事案件證人鑑定人日旅費及鑑定費支給要點）。條文雖曰其請求向法院為之，如在偵查中經檢察官傳喚到場作證者，由於檢察官隸屬於檢察署，證人請求日費、旅費自應向檢察署為之。

五、證言之效力

㈠關於證據能力之欠缺

　　　　請參閱本書本論第一編第十二章第一節之「三、自由心證原則」，其

中㈠之 1. 之(4)、(5)、(7)、(10)及 2. 之(4)、(5)相關說明。

㈡關於證明力之判斷

　　證人所為證言，倘若欠缺證據能力，即無須審酌其證明力之有無；如係具有證據能力，則其證明力之強弱，唯賴法院自由判斷。除可參閱同上所引章節「三、自由心證原則」之㈢、㈣相關說明外，茲再補述四點如下：

　　1.被害人、告訴人、告發人均得為證人，本節「一、證人之意義」第二段內容已有說明。彼等立場與被告相對立，到案所述證言，係以使被告受刑事訴追為目的。究竟可信度如何，仍須調查其他佐證以資審認，非可執為認定不利被告事實之唯一證據（參考 32 上 657 號及 52 臺上 1300 號判例）。共犯於兩案各別應訊（共犯證人）之陳述，具有高度虛偽性，亦須審認其他佐證。又如施用毒品者指證某人係販毒者之情形，彼此雖非共犯關係，倘若別無佐證，即不得憑為論以販毒罪之唯一證據（參見最高法院 101 臺上 1681 號刑事判決案例）。

　　2.共同被告因分離調查而準用證人規定作證者，其證言證明力之強弱差異，另見後述 §§287–1、287–2 相關說明。

　　3.證人之證言如有一部分內容前後不符，或相互間有所歧異時，究應如何取捨，仍須本於自由心證原則妥為審酌，非謂一有不符或矛盾，即應認其全部證言均為不可採信（參見 74 臺上 1599 號判例）。對於幼童遭性侵害之證言，尤須衡酌全盤情況審慎判斷（參考最高法院 63 臺上 3501 號判例及 109 臺上 2497 號刑事判決）。

　　4.證人須陳述其見聞事實，應以其親身經歷之客觀事實為證言內容。惟證人往往因其認知、記憶、言語表達能力等因素，導致證言錯漏而不自知。例如：瞬間目擊肇事車輛牌照號碼將 3 誤認為 8 或將 6 誤認為 9，或因辨色力不正常而將目擊被告穿著外套顏色誤紅為綠，或由於記憶錯誤而證述不正確之日期或時間，或受限於個人陳述能力而辭不達意。凡此皆對證言之證明力產生負面影響，如有可信之物證或書證，應以後者具有較優之證據價值。

第三節　鑑定及通譯

§197
§198
§208

一、鑑定之意義

　　鑑定，為一種調查證據之方法（參見 79 臺上 540 號民事判例），謂由法院或檢察官，於審判或偵查中，命有特別知識經驗具備專業能力之第三者，就特定事項陳述其判斷意見；藉此證據資料，補充司法官法律以外專業知識之不足。本法第二〇八條有逕以「醫院、學校或其他相當之機關、團體」為受囑託擔任鑑定者且無須具結等規定（民事訴訟法第三四〇條亦同），可見依本法擔任鑑定工作者，非以自然人為限，與德、日有別（依德國刑事訴訟法第八十三條第三項規定，法院就較重要之案件，方得徵詢專業機構 (Fachbehörde) 提供鑑定意見）。因此，稱鑑定者，乃指調查證據之方法而言，例如聲請交付鑑定即係此意；而鑑定人 (Sachverständiger)，屬於廣義之人證範圍，鑑定機關或鑑定單位所作說明鑑定經過及結果之書面報告，則為書證。人證及書證皆係證據方法，並非調查證據之方法，應予分辨（本章註❾併請參閱）。

　　本節首條即第一九七條規定：「鑑定，除本節有特別規定外，準用前節關於人證之規定。」茲分析說明如下：

(一)擔任鑑定者不以自然人為限

　　醫院、學校或其他相當之機關、團體無從充作證人，但依本法第二〇八條規定，可從事鑑定工作或審查他人之鑑定。

(二)鑑定人或鑑定機關，須為當事人以外之第三者

(三)鑑定人或鑑定機關，須具備專業能力或負有鑑定職務

　　依本法第一九八條規定，鑑定人由審判長、受命法官或檢察官就下列之人選任一人或數人充之：

①就鑑定事項有特別知識經驗者。

②經政府機關委任有鑑定職務者。

又依本法第二〇八條規定，醫院、學校或其他相當之機關、團體亦得為鑑定或審查他人之鑑定。因此，鑑定人或鑑定機關，並非獨一無二不可替代。凡具備相同專業能力或負有相同鑑定職務者，皆得從事鑑定工作。

㈣鑑定人或鑑定機關係受法院或檢察官之命而實施鑑定

無論受本法第一九八條之選任或第二〇八條之囑託，皆係受命而為鑑定。至於何種事項應為鑑定，須視個別案情需要而定。

德國刑事訴訟法第八十條a、第八十一條、第九十二條、第九十三條雖就移送嫌犯入精神病院或勒戒處所前之身心鑑定、偽造貨幣或有價證券之鑑定、筆跡之鑑定等事項分別有所規定，畢竟無法一一列舉；未經列明者究竟需否鑑定，仍由法院衡酌。我國最高法院判例謂指紋、被告精神狀態、非屬顯著跡象之筆跡均應交付鑑定（31 上 2200、32 上 2136、47 臺上 1253 號判例），實際絕不以此為限。

受命或受囑託鑑定所製作之書面鑑定報告，雖屬傳聞證據，由於本法第二〇六條係第一五九條第一項所稱「除法律有規定者外」之例外情形，從而具有證據能力。偵查輔助人員調查中之案件，如有大量或急迫情形，為因應現實需要，針對諸如毒品種類成分之鑑定、野生動物保育法之物種鑑定、槍彈有無殺傷力之鑑定、爆裂物之鑑定、槍彈比對（不含殺傷力）之鑑定、DNA 之鑑定、偽鈔之鑑定、偽藥禁藥及藥品成分之鑑定、完稅價格估算之鑑定、違反電信法案件有關電信器材之鑑定、石油類檢測之鑑定、指紋之鑑定、測謊之鑑定、筆跡之鑑定、印文之鑑定、聲紋之鑑定、影像之鑑定等確有鑑定必要之需求者，可由司法警察機關即時送交該管檢察署檢察長事前概括選任之鑑定人或概括囑託之鑑定單位實施鑑定，此與經由檢察官選任或囑託鑑定者無異。（詳見《法務部公報》第三一二期第二十四、二十五頁所載該部九十二年九月一日法檢字 0920035083 號函。）上述經由檢察機關概括選任鑑定人或概括囑託鑑定單位，再轉知司法警察人員於調查案件時參考辦理之運作方式，且為實例所支持（參見最高法院 100 臺上 3926 號、106 臺上 3181 號、107 臺上 908 號刑事判決），其書面

鑑定報告自得作為認定犯罪之證據。

　　吾人在觀念上常以涉及理工醫學之事項付鑑定者居多，其實文學、法學、宗教、藝術方面之專業事項，亦可交付鑑定。

㈤鑑定人或鑑定機關須依其特別知識經驗，就特定事項為評估（或就特定事實為觀察），而陳述其專業判斷意見。所用之陳述方式，依本法第二〇六條規定，不以言詞為限

㈥為使鑑定得以順利進行，本法賦予鑑定人一定之權限（第二〇四條至第二〇五條之一）

　　上述各點與證人之意義相較，㈡及㈣與證人情形相仿，㈠與證人須以自然人為限者不同，㈢及㈤與證人雖非提供意見無須專業資格，但必須親身見聞體驗其事，並以言詞陳述其所見所聞之客觀事實，他人無可替代者有別。㈥之權限在證人無從援用且無此需要。從證據資料言，證人之證言，鑑定人或鑑定機關之鑑定報告，皆可供作認定事實之依據；而證言或鑑定報告之證明力如何，仍由法院自由判斷。證人固無可替代，鑑定雖因本於專業知識經驗而有相當之可信度，惟法院仍應依其採證認事之職權，踐行調查程序，綜合卷存其他證據，本於自由心證以定取捨，據以判斷待證事實之存否，非謂當然即可逕行採為裁判之基礎❽⓪。

二、鑑定人之義務

§§199
～201

㈠到場義務（兼述拒卻鑑定人）

1.到　場

　　鑑定人經選定後，依本法第一九七條之準用規定，負有到場義務。如無故不到，得科以罰鍰。惟依第一九九條規定，不得拘提，蓋鑑定人並非不可替代，尚可改選他人擔任鑑定工作也。

2.選　定

　　關於鑑定人之選定，係由法院或檢察官依第一九八條本於職權行之，當事人雖不得聲明不服，為求確保鑑定之公正性，本法仿德國立法例，設

---

❽⓪　參閱 Roxin/Schünemann, Strafverfahrensrecht, §27, Rn. 2, 29 Aufl., 2017.

有拒卻制度，當事人得依聲請法官迴避之原因，拒卻鑑定人。但不得以鑑定人於該案件曾為證人或鑑定人為拒卻之原因(本法第二〇〇條第一項)。

　　又鑑定人已就鑑定事項為陳述或報告後，不得拒卻。但拒卻之原因發生在後或知悉在後者，不在此限（同條第二項）。當事人如欲拒卻鑑定人，應將拒卻之原因及其原因發生或知悉在後之事實釋明之。許可或駁回，偵查中由檢察官命令之，審判中由審判長或受命法官裁定之（本法第二〇一條）。當事人對此准駁之命令或裁定，不得抗告或準抗告。

(二)具結義務　§202

　　鑑定人負有具結之義務，惟其結文内容與證人有別。依本法第二〇二條規定：鑑定人應於鑑定前具結，其結文内應記載必為公正誠實之鑑定等語。提出鑑定報告之人未於鑑定前❽履行具結程序者，其報告即非合法之證據資料（見第一五八條之三），不得據為判決基礎。鑑定人違背具結義務者，依本法第一九七條之準用規定，將受罰鍰處分。

(三)陳述、報告義務（兼述鑑定之實施）

　　鑑定人於完成鑑定後，應提出報告，說明專業判斷之意見，而於實施鑑定過程中，本法為使鑑定工作得以順利進行，並賦予鑑定人若干必要之權限。茲分述如下：

1.不便於法院進行之情形　§203

　　⑴因設備或時間因素

　　鑑定工作每因儀器、設備或費時甚久而不便在法院内進行。本法第二〇三條第一項明定：審判長、受命法官或檢察官於必要時，得使鑑定人於法院外為鑑定。

　　同條第二項復規定：前項情形，得將關於鑑定之物，交付鑑定人。例

---

❽　1.最高法院往昔舊決議（廿四年七月民刑庭總會）　謂：鑑定人於鑑定後具結，或當時未具結經本院指示後始行補具者，仍認為有效。惟此決議與法條不符，重編時已不予列入。

　　2.德國刑事訴訟法第七十九條第一項規定，鑑定人是否宣誓，依法院裁量行之；且依同法第一六一條a第一項規定，為檢察官所準用。

如將血液標本或可疑為偽造之證券委由鑑定人攜去進行鑑定是。

　　⑵因涉及醫學專門知識

　　關於被告身心狀態，涉及醫學專門知識，尤其是否心神喪失或精神耗弱，每需送入醫院經相當時日之觀察方能判別，顯然無法在法院內為鑑定。本法第二○三條第三項爰規定：因鑑定被告心神或身體之必要，得預定七日以下之期間，將被告送入醫院或其他適當之處所。

2.鑑定留置

　　上述第二○三條第三項情形，乃係鑑定留置，具有強制處分性質，被告人身自由受有拘束。本法於九十二年二月增訂四條條文，為周密之規定，以重人權。茲分述之：

§203–1　　　⑴鑑定留置票

　　因鑑定被告心神或身體之必要而將其送入醫院或其他適當處所者，依本法第二○三條之一第一項規定，應用鑑定留置票。但經拘提、逮捕到場，其期間未逾二十四小時者，不在此限。同條第二項規定鑑定留置票應記載下列事項：被告之姓名、性別、年齡、出生地及住所或居所。案由。應鑑定事項。應留置之處所及預定之期間。如不服鑑定留置之救濟方法。同條第三項規定：第七十一條第三項之規定，於鑑定留置票準用之。同條第四項規定：鑑定留置票，由法官簽名。檢察官認有鑑定留置必要時，向法院聲請簽發之。依法院組織法增訂第十四條之一（一○五年六月公布，定自一○六年一月一日施行）規定，法院如設有強制處分庭者，偵查中聲請鑑定留置案件(尚包括後述第二○三條之三第一項所定檢察官之聲請在內) 之審核，即由該庭辦理。且承辦此項聲請案件之法官，不得辦理同一案件之審判事務。本書認為此非法官迴避事由，如有違背，宜解為其係法院組織不合法。

　　依照上開規定，檢察官偵查案件如認對於被告有鑑定留置必要時，必須聲請法院核辦，由法官決定是否簽發鑑定留置票。蓋檢察官既無逕命羈押被告之權，則具有強制拘束人身自由性質之鑑定留置，自亦應絕對保留予法官決定也。惟如被告係因拘提或逮捕到場而其時間尚在二十四小時以

內者，檢察官本有留置被告之權，於此期間內所為短暫之鑑定留置，可不用鑑定留置票而由檢察官逕行決定之。本法所定鑑定留置，係參仿日本立法例❷；惟日本檢察官無強制處分權，對於嫌疑犯（被疑者）之鑑定留置，一律必須聲請法院核定，並無如同本法第二〇三條之一第一項但書之例外規定。

無論偵查中或審判中案件，被告經法院命行鑑定留置後，如有不服時，得依循抗告或準抗告程序尋求救濟。

(2)鑑定留置之執行　　　　　　　　　　　　　　　　　　　　　　§203-2

依本法第二〇三條之二第一項規定，執行鑑定留置，由司法警察將被告送入留置處所，該處所管理人員查驗人別無誤後，應於鑑定留置票附記送入之年、月、日、時並簽名。同條第二項規定，第八十九條（注意被告身體及名譽）、第九十條（得使用強制力）之規定，於執行鑑定留置準用之。同條第三項規定，執行鑑定留置時，鑑定留置票應分別送交檢察官、鑑定人、辯護人、被告及其指定之親友。同條第四項規定，因執行鑑定留置有必要時，法院或檢察官得依職權或依留置處所管理人員之聲請，命司法警察看守被告。

上開第二〇三條之二第一項至第三項規定，大抵參照第一〇三條指揮執行羈押之例；至於第四項得命看守被告之規定，係為防範被告於留置處所逃逸或有其他安全顧慮而設。一般留置處所並無戒護設施，無力看管被告。爰明定得由法院或檢察官命司法警察負責看守被告，以便順利進行鑑定。

(3)鑑定留置期間之縮短或延長　　　　　　　　　　　　　　　　§203-3

鑑定留置之預定期間，依第二〇三條第三項規定，為七日以下（可參見精神衛生法第二十一條第三項），鑑定留置票依第二〇三條之一第二項第四款規定應行記載之預定留置期間，必須以七日為上限。惟此項起始預定之日數，因鑑定專業上之需求，有時可能過多，有時可能不敷。本法爰於第二〇三條之三第一項明定：鑑定留置之預定期間，法院得於審判中依職權或偵查中依檢察官之聲請裁定縮短或延長之。但延長之期間不得逾二

❷　參考日本刑事訴訟法第一六七條、第一六七條之二及第二二四條。

月。又依同條第三項規定：法院為上述裁定，應通知檢察官、鑑定人、辯護人、被告及其指定之親友。

(4)鑑定留置處所之變更

依本法第二〇三條之三第二項及第三項規定，鑑定留置之處所，因安全或其他正當事由之必要，法院得於審判中依職權或偵查中依檢察官之聲請裁定變更之。法院為此裁定，應通知檢察官、鑑定人、辯護人、被告及其指定之親友。

§203-4　　(5)鑑定留置期間之日數視為羈押日數

被告曾受羈押者，如經判刑確定，其羈押日數應依刑法第三十七條之二予以折抵刑期。鑑定留置雖非羈押，既具強制拘束被告人身自由性質，自應將其留置日數視為羈押日數，俾利折抵刑期。本法爰於第二〇三條之四明定此旨，以重人權。

該條擬制規定鑑定留置期間之日數「視為」羈押之日數，係就被告未受羈押者而言。倘若對於已在羈押中之被告執行第二〇三條第三項之鑑定者，已往實務即係比照戒護住院醫療之情形，視同仍在看守所執行羈押（羈押法施行細則第六十七條），亦即鑑定留置日數與羈押日數相競合，第二〇三條第三項舊條文並無七日以下之限制，尚且如此處理，修正以後當無不同之理。此於核計被告羈押期間是否屆滿需否延押時，至關重要，究應如何處理，有待形成案例。

§§204
～
205-1

3.鑑定許可

(1)本法第二〇四條第一項規定：鑑定人因鑑定之必要，得經審判長、受命法官或檢察官之許可，檢查身體、解剖屍體、毀壞物體或進入有人住居或看守之住宅或其他處所。條文雖謂鑑定人得經許可如何如何，意謂應由鑑定人提出聲請，實則法官或檢察官當然可依職權主動為採樣取證之許可（參見最高法院95臺非102號刑事判決）。

檢查身體，謂對人身施以檢查，不以外表為限，依本法第二〇五條之一第一項規定，諸如採取分泌物、排泄物、血液、毛髮或其他出自或附著身體之物均屬之；並得採取指紋、腳印、聲調、筆跡、照相或其他相類之

行為。又因第二○四條第二項已將第二一五條列為準用條文，被告以外之人有相當理由可被認為於調查犯罪情形有必要時，亦得對之施以身體檢查。依第二○五條之一立法說明，既係參考德國立法例，則上述所指「有相當理由」，即應解為須以該被告以外之人有成為證人之可能（潛在性證人），且其身體上可能有跡證之存在為前提，方得進行檢查身體❽❸。如該被告以外之人拒絕接受檢查，依第二○四條之三第一項規定得處以新臺幣三萬元以下之罰鍰。受檢查者如係婦女，依第二一五條第三項規定，應命醫師或婦女行之。條文雖僅就「檢查婦女身體」而為規定，實則無論是否婦女，皆應於後述(2)之鑑定許可書內附加「應由醫師或專業醫護人員遵循通常醫術規範執行」之記載，方稱妥適。關於 DNA 鑑定問題，在去氧核醣核酸採樣條例第五條所列各款犯罪案件方面，可依該條規定，使被告或犯罪嫌疑人接受採樣；在其他犯罪案件方面，因該條例係特別法，應優先適用，對於非屬其第五條所列範圍者，如未經明示同意而予強制採樣以供鑑定之用。由於涉及染色體基因等遺傳學事項，恐有侵害個人隱私權之疑慮。倘若援引第二○五條之一或之二為依據，未免籠統，不無爭議。又關於酒醉駕車肇事，涉犯刑法第一八五條之三公共危險罪，道路交通管理處罰條例第三十五條第五項所設強制抽血檢測酒精濃度之規定，憲法法庭111 憲判 1 號判決認為牴觸憲法第八條保障人身自由、第二十二條保障身體權及資訊隱私權之意旨，應予妥適修法；在完成修法前，交通勤務警察遇有肇事人拒受酒測或因肇事而無法實施吐氣酒測之情形，如認有實施血液酒精濃度測試之合理性與必要性時，由於抽血係侵入性之取證，應報請檢察官核發鑑定許可書始得為之；情況急迫時，可將其先行移由醫療機構實施血液檢測，並應於實施後二十四小時內陳報檢察官許可，檢察官認為不應准許者，應於三日內撤銷之；受測者得於十日內聲請法院撤銷之。

　　解剖屍體，調運用解剖方法，從法醫學專門知識就死亡原因、臟器變

---

❽❸　此在德國學術上稱為證人原則 (Zeugengrundsatz) 及跡證原則 (Spurengrundsatz)。參閱 Roxin/Schünemann, Strafverfahrensrecht, §33, Rn. 24–26, 29 Aufl., 2017.

化等予以鑑定。於此情形，依第二〇四條第二項應準用第二一六條第一項及第二一七條之規定，即應先查明屍體有無錯誤，得將該屍體或其一部暫行留存，並得開棺或發掘墳墓，且應通知死者之配偶或其他同居或較近之親屬，許其在場。

毀壞物體，謂破毀、損壞其物以應鑑定上之需要。例如鑑定車輛失速原因而拆毀制動機件，鑑定營建工程有無刑法第一九三條違背建築術成規情事而拆卸部分房舍樑柱屋頂是。

鑑定人因工作所需，有進入他人住居或看守之住宅或其他處所之必要，第二〇四條第一項特予明定；又為保障軍事秘密及人民居住安寧起見，依同條第二項並應準用第一二七條及第一四六條至第一四九條之規定。

(2)鑑定人從事上述(1)各種處分，第二〇四條第一項明定以經許可為前提，是為鑑定許可。依第二〇四條之一第一項規定，除於審判長、受命法官或檢察官前為之者外，鑑定許可應用許可書。同條第二項規定：許可書應記載下列事項：案由。應檢查之身體、解剖之屍體、毀壞之物體或進入有人住居或看守之住宅或其他處所。應鑑定事項。鑑定人之姓名。執行之期間。同條第三項規定：該許可書於偵查中由檢察官簽名，審判中由審判長或受命法官簽名。同條第四項又針對檢查身體，規定得於許可書內附加認為適當之條件，以防止鑑定人有過度處置情事。

(3)鑑定人為第二〇四條第一項之處分時，依第二〇四條之二第一項規定，應出示許可書及可證明其身分之文件。且因許可書內載有執行之期間，同條第二項明白規定其於執行期間屆滿後即不得執行，鑑定人應即將許可書交還。此際鑑定工作如未完成而經認定有必要時，必須重新簽發許可書方能續行鑑定。

(4)除依上述鑑定許可相關規定所為處分外，本法第二〇五條第一項及第二項另賦予鑑定人其他權限：鑑定人因鑑定之必要，得經審判長、受命法官或檢察官之許可，檢閱卷宗及證物，並得請求蒐集或調取之。又鑑定人得請求訊問被告、自訴人或證人，並許其在場及直接發問。

4.鑑定之實施具有強制性質

⑴鑑定留置，顯然具有強制性質，其留置日數視為羈押日數（見第二〇三條之四）。

⑵鑑定人依第二〇四條第一項所為各種處分，相關之人有接受或容忍義務；如有阻撓情事，可能涉及妨害公務罪嫌。其中檢查身體處分，被告以外之人無正當理由而拒絕受檢者，依第二〇四條之三第一項及第二項規定，得處以新臺幣三萬元以下之罰鍰，並準用第一七八條第二項及第三項之程序規定（即其罰鍰須由法院裁定之，偵查中應聲請法院裁定，對於罰鍰裁定得為抗告）。且審判長、受命法官或檢察官，得率同鑑定人，準用關於勘驗之規定，對該無故拒絕受檢者實施檢查身體之處分。由於勘驗一節第二一九條已將第一三二條得用強制力之規定納入準用之列，足見對於拒絕受檢之人得用強制力實施檢查。

⑶實施鑑定（勘驗亦同）為調查證據之一種方法，有時兼具強制性質。由於本法係將鑑定、勘驗納入證據專章之內，倘若以其為強制處分而另立一章，在體例上並不適宜，仍以維持現行章節為妥。

5.偵查輔助人員之採證權限

§205-2

本法第二〇五條之二規定：檢察事務官、司法警察官或司法警察因調查犯罪情形及蒐集證據之必要，對於經拘提或逮捕到案之犯罪嫌疑人或被告，得違反犯罪嫌疑人或被告之意思，採取其指紋、掌紋、腳印、予以照相、測量身高或類似之行為；有相當理由認為採取毛髮、唾液、尿液、聲調或吐氣得作為犯罪之證據時，並得採取之。

上述規定，賦予偵查輔助人員採證之權限，係以經拘提或逮捕到案之犯罪嫌疑人或被告為對象，對於此等拘捕到案者，除依第一三〇條規定得逕行搜索其身體外，基於及時蒐證之目的，並得依第二〇五條之二規定，實施該條所定各種非侵入性之採證行為。既曰得違反犯罪嫌疑人或被告之意思，顯見其係強制採證，自應予以明定，俾資依據。此項強制採證，並非鑑定性質，實乃鑑定之前置作業，偵查輔助人員據以蒐證所作書面紀錄或報告，可認為符合傳聞證據之例外情形而有證據能力。至若抽血、抽取

胃液、採取精液等情形，均具有侵入性，應依第二〇五條之一規定，由鑑定人經審判長、受命法官或檢察官許可後，方得為之，偵查輔助人員無權強制實施。其中強制採尿如使用侵入性方法者，亦同（關於強制採尿，另請參閱前述第十一章之一之㈢之 4 相關說明）。

　　偵查輔助人員依第二〇五條之二採集證據，如有急迫進行鑑定之必要時（例如鑑定指紋以確認與嫌疑犯之同一性），可即時送請該管檢察署檢察長事前概括選任之鑑定人或概括囑託之鑑定單位實施鑑定，此與依第一九八條或第二〇八條由檢察官選任或囑託鑑定者無異 。 詳請參閱前述§198（本章第三節「一、鑑定之意義」第㈣點）相關說明。

6.鑑定人之報告

§206
§206-1
§207

　　鑑定人應提供專業判斷意見，本法第二〇六條明定其陳述、報告之義務。依該條第一項規定，鑑定之經過及其結果，應命鑑定人以言詞或書面報告。同條第二項規定：鑑定人有數人時，得使其共同報告之。但意見不同者，應使其各別報告。同條第三項規定：以書面報告者，於必要時得使其以言詞說明。須注意者，鑑定人之報告務必詳述鑑定之「經過」與「結果」。如僅敘述鑑定結果而未說明如何鑑定之經過者，法院無從據以形成心證，即非適格之證據，不得作為判斷之依據。

　　本法為求鑑定程序之透明化及便利當事人表達意見，於第二〇六條之一明定當事人有在場機會。依照該條第一項規定，行鑑定時，如有必要，法院或檢察官得通知當事人、代理人或辯護人到場。有無通知到場之必要，須視個案情節而定。例如進行測謊鑑定，受測者必須不受外來干擾，未必有通知辯護人到場必要。即使受測者經由辯護人陪同到達，仍不應允許辯護人進入測謊室。又依同條第二項規定，如經認有通知到場必要者，即應準用第一六八條之一第二項規定，將實施鑑定之日、時及處所預行通知之，但事先陳明不願到場者，不在此限。

　　本法於九十二年二月修正後，業已增訂傳聞法則。依第一九八條或第二〇八條受命或受囑託之鑑定人或鑑定單位，其書面報告，雖為傳聞證據性質，由於第二〇六條係第一五九條第一項所稱「除法律有規定者外」之

例外情形，自得作為證據。惟因第一六六條已修正強化交互詰問之規定，當事人等勢必傳喚鑑定人到場予以詰問；鑑定書如由數人具名而係分擔各自部分者，應均受詰問。從而，法院傳喚鑑定人到庭之情形，必較已往增多。行政機關選定適當之人所為鑑定，係以行政程序法第四十一條之一第一項為依據，與依行政訴訟法之鑑定有別。曾有實例（最高法院 105 臺上 411 號刑事判決）認其與本法第一九八條規定並無扞格，倘若事實審法院於審判程序中已賦予被告詰問權，對該實際參與鑑定之人，為充分之詰問者，該項鑑定意見乃經法院合法調查所得之證據，自得為裁判之基礎。惟按該項鑑定意見本身並非本法所規定之刑事鑑定，且鑑定人並未踐行具結程序，欠缺公正誠實之擔保，如有虛偽情事，不能以偽證罪相繩。此種行政鑑定，對於刑事訴訟而言，顯係傳聞證據。除符合本法第一五九條之五所定情形者外，並無證據能力；且其適格性之欠缺，無從經由調查程序得以補正。上述實例所持見解是否妥適，尚有商榷餘地。

至若私人於審判外自行選聘人員從事鑑定所提書面報告，實屬傳聞證據無疑。除非經當事人同意，否則為無證據能力，自不待言。

鑑定意見不過法院憑以形成心證眾多資料之一種而已，對於法院並無拘束力可言，非可僅憑鑑定意見為判決之唯一依據。因此，法院對於鑑定意見，仍應踐行調查證據之程序，方能定其取捨。否則，豈非形同由鑑定人替代法院為判決，顯非妥適。倘若認為鑑定有不完備者，依本法第二〇七條規定，得命增加人數或命他人繼續或另行鑑定。惟需否另行鑑定，法院有權酌定。

7. 非自然人受囑託為鑑定

§208

鑑定，得由非自然人為之。依本法第二〇八條第一項規定，法院或檢察官得囑託醫院、學校或其他相當之機關、團體為鑑定，或審查他人之鑑定，並準用第二〇三條至第二〇六條之一之規定；其須以言詞報告或說明時，得命實施鑑定或審查之人為之。由於第二〇二條未在準用之列，受囑託之非自然人不生具結問題。惟受囑託單位內實際負責實施鑑定或審查工作之人，到庭以言詞為報告或說明時，其身分與鑑定人相當，自應具結並

受詰問，俾使法院與當事人明瞭鑑定結論之形成。第二〇八條爰於第二項明定：第一六三條第一項、第一六六條至第一六七條之七、第二〇二條之規定，於前項由實施鑑定或審查之人為言詞報告或說明之情形準用之。由於法院非可僅憑鑑定意見為判決之唯一依據，因此，必須經過上述程序，而後方能進行辯論，法院始可依自由心證判斷事實之真偽。依第二〇八條受囑託從事鑑定者，係「醫院、學校或其他相當之機關、團體」，並非個人，其到場為言詞報告或說明之人，係受囑託單位人員之身分，宜解為類推第二一〇條鑑定證人之規定。

§209 三、鑑定人之權利

鑑定人依本法第二〇九條規定，有請求費用之權利。除得請求法定之日費及旅費外（此部分與證人相同，詳 §194），並得請求相當之報酬及預行酌給或償還因鑑定所支出之費用。且請求報酬及償還費用不受本法第一九四條第二項所定「十日內」之限制。司法院訂有「各級法院辦理刑事案件證人鑑定人日旅費及鑑定費支給要點」併請參照。

§210 四、鑑定證人

本法第二一〇條規定：訊問依特別知識得知已往事實之人者，適用關於人證之規定。按此種受訊問人，稱曰「鑑定證人」。證言來自證人曾經親身見聞體驗之事實，鑑定報告來自鑑定人之專業判斷意見。證人對其見聞事實之認知，如有依憑特別知識者，雖已涉及專業事項，惟就其親述見聞事實不可替代之點而言，則以證人性質為重，該條爰明定為應適用關於人證之規定。例如：某人因服用安眠藥過量而不治死亡，醫院急診部醫師就其當初救治過程及判別某人服食藥物之成分劑量等情，於事後經傳喚到場說明，該醫師即係鑑定證人 (sachverständige Zeugen)。其證言顯非單純個人意見或推測之詞，與本法第一六〇條所定情形有別。既係鑑定證人，則其屬性為證人，自應適用本章第一節關於人證之規定。

五、通　譯

§211

通譯 (Dolmetscher) 負責方言、外語、聾啞手語等之傳譯工作，非具備語言專長者無法勝任，與鑑定人須有特別知識者相類似。本法第二一一條爰予明定：本節之規定，於通譯準用之。

又其傳譯是否公正誠實，攸關公平裁判之達成，且刑法偽證罪將通譯列為處罰對象之一，既應準用本節鑑定之規定，則通譯即負有具結義務。然而通譯所傳譯之內容，乃係原始陳述人（例如證人）之陳述，其陳述（例如證言）方為證據，傳譯內容本身並非證據，因此，證人與被告如已實際經由傳譯而正確了解證言內容者，其合法證言即有證據能力，通譯是否具結，屬於偽證罪之問題，與本法第一五八條之三無涉（參見最高法院106 臺上 2919 號刑事判決）。

惟各級法院依法院組織法第二十三條、第三十九條、第五十三條置通譯，屬於法院編制內之人員（檢察機關通譯亦同），具有公務員身分，以語言傳譯工作為其法定職務，實務上無須逐案具結。此處所指通譯，係指個案臨時指定者而言。至若選任某人將外國文字迻譯為中國文字，乃係翻譯工作，屬於鑑定性質，與通譯之將言詞詢答予以傳譯者有別。

第四節　勘　驗

勘驗 (Augenschein)，乃法院或檢察官，依自己五官作用，藉以獲取　§212
證據資料，而就人身、物體（含屍體）或場所，親自為勘查、體驗之處分。例如對於物件經由感官作用而就其形狀、特徵、毀壞或功用喪失程度予以查驗是。本法第二一二條規定：「法院或檢察官因調查證據及犯罪情形，得實施勘驗。」

其要義為：

①以法院或檢察官為勘驗機關，但不必獨力為之，得藉由他人襄助進

行。

②以調查證據及調查犯情為勘驗之目的，但其勘查、體驗所得結果，存於法院（獨任法官或合議庭全體法官）或檢察官本身認知之中，尚需製作筆錄（本法第四十二條及第四十三條），方能成為證據❽。

又勘驗處分雖係調查證據之一種方法，但其有時兼具強制性質。當事人聲請勘驗而法院認為不必要者，應以裁定駁回，或於判決理由內說明之（29 上 2779 及 38 臺上 48 號判例）。茲將勘驗處分之種類及其實施，分述如下：

§213　一、勘驗處分之種類

依本法第二一三條規定，勘驗，得為下列處分：

1.履勘犯罪場所或其他與案情有關係之處所

此即實地勘查犯罪現場或相關處所，俗稱嫌犯之現場表演，即屬檢察官所實施之一種勘驗處分，依本法第四十二條第三項之規定，並得製作圖畫或照片附於筆錄。

2.檢查身體

3.檢驗屍體

按檢驗與檢查兩者皆係勘驗處分，本款以屍體為對象，條文用「檢驗」以示與人身之檢查有所區別，其意義實際無何差異。凡以被害人死亡結果為要件之犯罪，例如殺人、過失致死、遺棄致死、傷害致死等罪，被害人屍體必係重要證據之一，檢驗屍體即為調查證據之一種方法，惟如事實上屍體無從覓得，而就其他證據已可證明其為他人所加害者，法院仍可依憑其他證據而為判決，不得以未經勘驗而指為違法（26 上 648 號判例）。例如船員在船舶航行中故意將他人推落海洋，有目擊證人作證，但被害人屍體無從尋獲之情形，即可參照判例處理。

---

❽ 檢察官勘驗筆錄係傳聞證據性質，乃係第一五九條第一項所稱「除法律有規定者外」之例外情形而得為證據。

4.解剖屍體

5.檢查與案情有關係之物件

例如兇殺案件檢查兇刀，毒殺案件檢查遺留飲料是。

6.其他必要之處分

此係指前五者以外一切必要之勘驗處分而言。

二、勘驗處分之實施

㈠到場之機會

§214

本法第二一四條第一項規定：行勘驗時，得命證人、鑑定人到場。該項規定，對於法院或檢察官之實施勘驗，均有其適用。

又依同條第二項及第三項規定，檢察官實施勘驗，如有必要，得通知當事人、代理人或辯護人到場。前項勘驗之日、時及處所，應預行通知之。但事先陳明不願到場或有急迫情形者，不在此限。此一規定，旨在提供被告及其代理人或辯護人於案件偵查中當檢察官實施勘驗時之到場機會，有無通知到場必要，由檢察官裁酌。至於審判中之勘驗，依第二一九條準用第一五〇條之規定，當事人及辯護人均得在場（請參見§150之❶②），但未包括代理人在內。條文尚有缺漏，他日修法宜予增列。

㈡關於檢查身體

§215

本法第二一五條第一項規定：「檢查身體，如係對於被告以外之人，以有相當理由可認為於調查犯罪情形有必要者為限，始得為之。」惟該項受檢查人之身分，既非被告，又非證人，如何使其到場，應有明確規範，該條第二項爰規定：「行前項檢查，得傳喚其人到場或指定之其他處所，並準用第七十二條、第七十三條、第一百七十五條及第一百七十八條之規定。」俾資依據。

又依第二一五條第三項規定：「檢查婦女身體，應命醫師或婦女行之。」此項規定旨在尊重女性，無論受檢查人為被告抑或被告以外之人，均應有其適用。

(三)關於剖驗屍體之程序及處置

§216　　**1.剖驗屍體之程序**

(1)本法第二一六條第一項

檢驗或解剖屍體，應先查明屍體有無錯誤。

(2)本法第二一六條第二項

檢驗屍體，應命醫師或檢驗員行之。

(3)本法第二一六條第三項

解剖屍體，應命醫師行之。

§217　　**2.剖驗屍體之處置**

(1)本法第二一七條第一項

因檢驗或解剖屍體，得將該屍體或其一部暫行留存，並得開棺及發掘墳墓。

(2)本法第二一七條第二項

檢驗或解剖屍體及開棺發掘墳墓，應通知死者之配偶或其他同居或較近之親屬，許其在場。按檢驗或解剖屍體，可就屍傷部位、傷痕形狀及深淺、臟器變化等項，據以研判死亡原因，條文明定開棺等必要處置及通知親屬在場以昭慎重。該項所稱配偶，依司法院釋字第七四八號解釋施行法第二十四條第二項前段規定，其與死者生前有該法第二條所定同性結合關係者亦屬之。又此等規定於第二○四條第一項之鑑定並應準用。

(四)相　　驗

§218　　**1.相驗之意義**

稱相驗，謂對於非病死或可疑為非病死者之屍體，為研判其是否係因犯罪行為肇致死亡，而由檢察官或其所指派之檢察事務官、司法警察官所實施之查驗處分。既曰「相」驗，即以檢視為主，進行初步查驗，如需解剖，則非相驗事項，而係勘驗處分（見前述第二一三條第四款）。

2.相驗與勘驗

(1)相驗，遇有非病死或可疑為非病死者而行之。勘驗，其緣由及種類甚廣，詳見前述第二一二條及第二一三條各款處分。

⑵相驗，以由該管檢察官負責辦理為原則，列為第二一八條第一項。所謂該管檢察官，實務上指屍體所在地之管轄區域內檢察官而言。其後需否移轉他地檢察官偵查，則視案情而定。惟檢察事務官及司法警察人員皆係偵查輔助機關，有協助之責。第二一八條第二項爰規定：前項相驗，檢察官得命檢察事務官會同法醫師、醫師或檢驗員行之。但檢察官認顯無犯罪嫌疑者，得調度司法警察官會同法醫師、醫師或檢驗員行之。至於勘驗，法官或檢察官均得實施之。

⑶相驗，係該管檢察官必須處理之事務，第二一八條第一項定曰「應速相驗」，毫無自由斟酌之餘地。所能考量者，無非檢察官是否親自處理，抑或命檢察事務官或調度司法警察官前往處理而已。勘驗，本法第二一二條定為「得實施」，法院或檢察官可視案情需要而斟酌行之，有其裁量餘地（28 上 4206 號判例）。

⑷實施相驗時，除第二一八條第二項但書所定情形外，通常就有無犯罪嫌疑之點，尚屬不明。實施勘驗時，已先知有犯罪嫌疑，且已開始偵查甚或案已起訴。

⑸相驗完畢，法醫師或檢驗員須製作驗斷書並簽發相驗屍體證明書。後一文書即係醫院所發死亡診斷書性質，須經檢察官簽章。勘驗完畢，書記官須製作勘驗筆錄，如無書記官在場，可由行勘驗之法官或檢察官親自製作，或指定其他在場執行公務之人員製作。我國相驗法制起源甚早，《禮記·月令》已有「瞻傷察創視拆審斷」之勘驗概念，宋代開始訂定檢驗格目（屍格），可謂驗斷書之原始格式。

3. 司法、軍法之相驗權責

司法、軍法之相驗權責劃分，係以加害人是否具有軍人身分而定其主持相驗工作之檢察官。以車禍相驗案件為例，加害人及被害人均為軍人者，由加害人所屬之軍事檢察官相驗；加害人為軍人而被害人非軍人者，由該管軍事檢察官相驗，而該管檢察官亦得到場履勘；加害人非軍人或身分不明，而被害人係軍人者，由該管檢察官相驗，而該管軍事檢察官亦得到場履勘；加害人及被害人均非軍人者，自應依本法第二一八條專由該管

檢察官相驗。現役軍人觸犯殺人、過失致死或其他犯罪之殺人結合犯或致死之加重結果犯者，依陸海空軍刑法第七十六條第一項相關各款，為非純粹軍事犯。「非純粹軍事犯」歸由軍法審判❽。惟自軍事審判法於一○二年八月修正後，此類案件現已歸由司法審判，上述相驗權責之劃分，現已不再適用。

4.相驗之後續處理

依本法第二一八條第三項規定，檢察事務官或司法警察官受命處理相驗完畢後，應即將相關之卷證陳報檢察官。在檢察官方面，無論親往相驗或派員相驗，如發現有犯罪嫌疑時，應繼續為必要之勘驗（例如解剖屍體）或依第二二八條第二項規定命檢察事務官或司法警察人員進行調查，以明真相並追訴犯罪。

5.司法相驗與行政相驗

病死屍體應歸行政相驗，不須報請檢察官到場，如發現有可疑為非病死或有犯罪嫌疑情形時，方由檢察官相驗。

所謂行政相驗，由當地衛生機關辦理，例如經常住院出院之久病患者於非住院期間死亡，與本法第二一八條所定「非病死或可疑為非病死」之要件不合，無須經檢察官為司法相驗。

§219 **㈤勘驗準用搜索之程序**

本法第二一九條規定：第一二七條、第一三二條、第一四六條至第一五一條及第一五三條之規定，於勘驗準用之。由於第一三二條亦在準用之列，顯見勘驗處分兼具強制性質。又如法院行勘驗時違反準用第一五○條「在場權」之規定者，其程序即有瑕疵，所作勘驗筆錄係違背法定程序取得之證據（94 臺上 4929 號判例），是否具有證據能力，應依第一五八條之四認定之。

---

❽　最高法院 93 臺非 241 號刑事判決，載九十四年十月出版《司法院公報》四十七卷十期。

第五節　證據保全

　　關於證據保全，在民事訴訟法早已有之。本法已往具有濃厚之職權進行色彩，檢察官與法院均有蒐集證據之責，從未考慮可由當事人聲請證據保全之問題。現經歷次修法，強化當事人進行原則，乃有本節之配合規定。依九十二年二月修法增訂理由說明，所謂證據保全(Beweissicherung)，係指預定提出供調查之證據，有湮滅、偽造、變造、藏匿或礙難使用之虞時，基於發現真實與保障被告防禦及答辯權之目的，按訴訟程序進行之階段，由告訴人、犯罪嫌疑人、被告或辯護人向檢察官，或由當事人、辯護人向法院提出聲請，使檢察官或法院為一定之保全處分。此為防止證據滅失或發生礙難使用情形之預防措施，與調查證據之概念有別。惟因具有蒐集證據之性質，除本節有特別規定者外，各該保全證據處分之實施方法，準用「搜索及扣押」章及「證據」章第一節至第四節相關規定。

一、偵查中之證據保全

§§219-1～219-3

㈠聲請權人

　　告訴人、犯罪嫌疑人、被告或辯護人得為聲請。

㈡聲請原因

　　某項證據有湮滅、偽造、變造、隱匿或礙難使用之虞。於此情形，認有保全之必要。告訴人係以使被告受刑事訴追為目的，所聲請保全者，為不利於被告之證據。犯罪嫌疑人、被告或辯護人均居於防禦地位，所聲請保全者，為有利於被告之證據。

㈢聲請事項

　　聲請檢察官為搜索、扣押、鑑定、勘驗、訊問證人或其他必要之保全處分。

(四)管轄規定

應向偵查中之該管檢察官為聲請。但案件尚未移送或報告檢察官者（見本法第二二九條第二項、第二三〇條第二項及第二三一條第二項），應向調查之司法警察官或司法警察所屬機關所在地之地方檢察署檢察官為聲請。須注意者，司法警察人員依本法第二二八條第二項或第二三一條之一規定受檢察官之命調查中案件，在基本上屬於檢察官偵查中之案件，應逕向該管檢察官提出聲請。

(五)處理程序

1.檢察官受理聲請後，如認其為不合法或無理由者，即應予以駁回。例如聲請人不適格、聲請限制證人出境出海於法無據或所請核無保全必要者是。原聲請人如有不服，得逕向該管法院聲請保全證據，以尋求救濟。

2.檢察官受理聲請後，如認其合法且有理由者，即應於五日內為保全處分。倘若未於五日內為准駁時，原聲請人得逕向該管法院聲請保全證據，以求把握蒐證時機。須注意者，檢察官於五日內為保全處分時，其實施方法仍須遵循本法相關規定。例如訊問重要證人者，檢察官得逕行傳喚到場並命具結；如需實施搜索時，除符合免用搜索票之情形者外（見第一三〇條至第一三一條之一），必須依第一二八條之一規定，聲請該管法院核發搜索票方得為之。此在第二一九條之八有準用規定，非謂檢察官有權逕自搜索。

3.法院對於上述 1.或 2.原聲請人所提保全證據之請求，在裁定前應先徵詢檢察官之意見。如認聲請不合法律上之程式、或法律上不應准許、或無理由者，應以裁定駁回之。但其不合法律上之程式可以補正者，應定期間先命補正。如認聲請合法且有理由者，應為准許保全證據之裁定，並即實施保全處分。關於保全證據之裁定，純屬程序事項，且有其急迫性，無論准駁，均不得抗告。

二、審判中之證據保全

§219-4

㈠聲請權人

被告、辯護人、檢察官或自訴人得為聲請。惟自訴採取強制律師代理，自訴案件繫屬於法院後，如需保全證據，應解為須由自訴代理人提出聲請。

㈡聲請時期

限於第一審法院之第一次審判期日以前提出聲請。

㈢聲請原因

認為證據有保全之必要，即某項證據有湮滅、偽造、變造、隱匿或礙難使用之虞，而法院尚未指定第一次審判期日者，得為保全證據之聲請。檢察官於終結偵查後，基於實行公訴之職責而就原案相關證據續為調查者，是否適法，未有明文規範。在解釋上僅得採取任意調查之方式進行，如涉及強制性蒐證時，在該案第一次審判期日前，檢察官應依聲請保全證據程序辦理。一經首次審判期日開始後，即應依本法第一六三條之一規定，向法院聲請調查證據方為正辦。實例（最高法院 99 臺抗 602 號刑事裁定）對於檢察官就已經起訴繫屬於法院審判中案件被告之財產，逕為執行保全扣押之強制處分，是否合法之疑義，即認為：「……案件起訴後，由於檢察官與被告同立於當事人地位，為保障被告受公平審判之憲法上權利，基於『武器對等』之原則，亦不容許檢察官超越當事人地位，濫用國家公權力之行使，而對被告之財產為扣押，以致侵害被告憲法所保障之財產權。從而，檢察官於起訴後如認仍有實施偵查活動、實施（行？）公訴之必要，雖仍得就繫屬法院之本案，繼續為證據之蒐集，提出於審判庭以增強法院之心證，但以任意處分為限……」。檢察實務有運用所謂「他」字案續為蒐集、調查證據者，其適法性尚非無疑。例如「他」字案之調查證人，僅能作成談話筆錄且無令具結之根據，且在時間上已非「偵查中」，無從適用第一五九條之一第二項規定承認該項陳述之證據能力，充其量僅能供作彈劾證據 (Impeachment Evidence) 之用。

聲請保全證據對於被告之影響如下：

1.自訴人係以使被告受刑事處罰為目的，所聲請保全者，為不利於被告之證據。

2.被告或辯護人均居於防禦地位，所聲請保全者，為有利於被告之證據。

3.檢察官依本法第二條規定，應於被告有利及不利之情形一律注意，所聲請保全之證據，兼及有利或不利被告兩者在內。

㈣聲請事項

聲請法院或受命法官為搜索、扣押、鑑定、勘驗、訊問證人或其他必要之保全處分。本法第二七九條第二項關於受命法官權限之規定，於受命法官為保全證據處分之情形，準用之。蓋其具有審判期日前之準備性質也。

㈤管轄法院

應向受訴之第一審法院或合議審判案件受命法官為聲請。但遇有急迫情形時，亦得向受訊問人住居地或證物所在地之地方法院聲請之。

㈥處理程序

法院認為保全證據之聲請不合法律上之程式、或法律上不應准許、或無理由者，應以裁定駁回之（參見上述一之㈤之 1 相關說明）。但其不合法律上之程式可以補正者，應定期間先命補正。如法院或受命法官認為聲請合法且有理由者，應為准許保全證據之裁定，並即實施保全處分。上述裁定，無論駁回或准許，均不得抗告。

三、共通規定事項

§219-5

㈠聲請程式

依本法第二一九條之五第一項規定，聲請保全證據，不論在偵查中或審判中，均應以書狀為之。聲請保全證據書狀，依同條第二項規定，應記載下列事項： 1.案情概要。 2.應保全之證據及保全方法。 3.依該證據應證之事實。 4.應保全證據之理由（此理由依同條第三項規定應釋明之）。其

中第3.點乃係證據關聯性問題，如與待證事實無關者，即無保全之必要，自應駁回聲請。

㈡在場規定

§219-6

依本法第二一九條之六第一項規定，告訴人、犯罪嫌疑人、被告、辯護人或代理人於偵查中，除有妨害證據保全之虞者外，對於其聲請保全之證據，得於實施保全證據時在場。復依同條第二項規定，保全證據之日、時及處所，應通知前項得在場之人。但有急迫情形致不能及時通知，或犯罪嫌疑人、被告受拘禁中者（例如有戒護安全顧慮或遠途提解困難），不在此限。

㈢證據保管

§219-7

1.偵查中保全之證據，依本法第二一九條之七第一項規定，由該管檢察官保管。但案件在司法警察官或司法警察調查中，經法院為准許保全證據之裁定者，由該司法警察官或司法警察所屬機關所在地之地方檢察署檢察官保管之。至若案件有移轉偵查情事者，原檢察官即應將保管之證據隨案移交受移轉之檢察官接管，自不待言。

2.審判中保全之證據，依同條第二項規定，由命保全之法院保管。但案件繫屬他法院者（如第二一九條之四第一項急迫情形時聲請之情形），應送交該法院。

㈣準用規定

§219-8

保全證據之實施方法，仍應遵循本法相關程序。本法第二一九條之八明定：「證據保全，除有特別規定外，準用本章、前章及第二百四十八條之規定。」稱本章，即證據章是；稱前章，即搜索及扣押章是；至於第二四八條，即準用偵查中訊問證人、鑑定人時被告有在場並得親自詰問之機會。

第十三章　裁　判

　　裁判，從形式言，乃裁定與判決之合稱❶。憲法第八十條規定法官依據法律獨立審判，其依據法律，係以判斷事實為前提，必須先作事實之認定，然後方能據以適用法律，而事實之認定，則應以證據為憑。法官審判案件程序之進行及結論之達成，均應本乎認知與確信，不受任何干涉。法院（狹義）或法官判斷事實適用法律所得結論，循裁判方式而對外表示，發生一定之效力。

一、裁判之意義

　　裁判，係法院（狹義）或審判長、受命法官、受託法官，判斷事實適用法律，依循法定方式，所為結論性之訴訟行為。茲析述如下：

㈠裁判，係一種訴訟行為

　　刑事訴訟程序，係以確定國家具體刑罰權為目的，而循序進行一系列行為之流程，稱其行為曰訴訟行為。法院、當事人或其他訴訟關係人，依一定方式，在一定場合，從事各項訴訟行為，使生一定之效果。裁判，係各項訴訟行為中之一種。

㈡裁判，須由法院（狹義）或法官為之

　　訴訟行為須具備主體之要件方告成立。裁判，須由狹義法院（即獨任制法官或合議制法官之組合）或由審判長、受命法官、受託法官為之，方能有效成立，惟判決專由狹義法院為之。不符合主體要件者所作判斷，不

---

❶　裁判，除裁定及判決外，從廣義言，尚可包括本法第四一六條第一項所列審判長、受命法官、受託法官未用裁定形式之處分在內。惟受處分人如有不服，非以抗告行之，其依該條所提聲請，稱曰準抗告。德國法上之裁定、判決、處分，分別為 Beschluss, Urteil, Verfügung，合稱 Entscheidung。

成其為裁判，院 1245 號解釋對於無權兼理司法事務之縣長所為科處被告罪刑之判斷，認其「判斷」自屬無效，而不以「判決」稱之，可資例證。

㈢裁判，須依循法定方式為之

§220
1.何者用判決；何者用裁定

依本法第二二〇條規定：裁判，除依本法應以判決行之者外，以裁定行之。

⑴依本法應以判決行之者

如第二九九條第一項、第三〇一條至第三〇四條、第三六七條至第三六九條、第三九五條、第三九六條、第三九八條至第四〇一條、第四三六條、第四三七條、第四四六條、第四四七條、第四四九條及附帶民事訴訟之判決等規定是。

⑵依本法應以裁定行之者

如第六條、第八條但書、第九條、第十條、第二十一條、第一〇八條、第一二一條、第一七八條、第三二六條、第三六二條、第三八四條、第四三三條至第四三五條、第四七六條、第四七七條、第四八六條、第五〇四條等屬之，其規定甚多，不再列述。

⑶條文未有明確規定者

既不能謂其應以判決行之，即應解為概以裁定行之。

例如釋字 159 號解釋謂本法第三一五條所定「將判決書全部或一部登報，其費用由被告負擔」之處分，應以裁定行之。

§221
§222
2.應否經言詞辯論或言詞陳述

⑴依本法第二二一條規定

判決，除有特別規定外，應經當事人之言詞辯論為之。按言詞審理及直接審理，乃本法之基本原則，法院所為判決，除別有明文外，自應經當事人之言詞辯論。至其例外不經言詞辯論者，如本法第四三七條第一項、第四四四條、第四四九條、第四五五條之四第二項等規定是。他如第三〇七條、第三七二條、第三八九條第一項等情形，均仍存有言詞辯論之機會。

(2)依本法第二二二條

第一項規定：裁定，因當庭之聲明而為之者，應經訴訟關係人之言詞陳述。同條第二項規定：為裁定前有必要時，得調查事實。

按裁定除極少數情形涉及實體上論斷者（如本法第三二六條第三項）外，絕大多數在處理程序上之事項，不論係依職權或依聲請所為，均以書面審理為原則。

惟如其係由於當庭之聲明（或聲請）而為裁定者，則必須經當時在庭訴訟關係人之言詞陳述，期臻明瞭。又裁定仍須判斷一定之事實，為裁定前如有必要時，自得進行相當之調查，俾能釐清爭點。

3.裁判之程式如何 §223

裁判，除不得抗告之裁定當庭宣示者得僅命記載於筆錄者外，依本法第五十條規定，應製作裁判書──即裁定書或判決書。關於裁判書之記載事項及法官簽名，第五十一條已經有所規定。

茲於第二二三條復規定：判決，應敘述理由；得為抗告或駁回聲明之裁定，亦同。由此可知，凡屬判決皆須載明理由，否則當然為違背法令（見本法第三七九條第十四款）；至若裁定，其係得為抗告者亦應載明理由，俾使抗告人據以敘述如何不服之理由，並由抗告法院予以審查。如屬不得抗告者，則不以載明理由為必要。又如為駁回聲明（或聲請）之裁定，即不問得否抗告，皆須載明如何駁回之理由。

此外，本法第二九九條第三項、第三〇八條至第三一〇條之二、第三七三條、第四五四條各該規定，均與判決書記載事項有關，併應注意遵守。

(四)**裁判係經由認知與判斷並適用法規而為一定結論之表示**

二、裁判之種類

(一)終局裁判與非終局裁判

前者係於某一審級就具體案件為全程終結或在該法院終結之處理，後者非是。依本法所為之判決，皆屬終局判決。有罪無罪判決固為終局判決，即使管轄錯誤判決，因係於該法院終結其訴訟程序，仍為終局判決。

　　至於裁定，除少數情形（如本法第一六一條第二項、第三二六條第三項、第三三三條、第三六二條、第三八四條）係終局裁定外，絕大多數為非終局之裁定。

　　終局裁判具有消滅訴訟繫屬之效果。

㈡實體裁判與程序裁判

　　前者確定國家具體刑罰權之有無及其範圍，作實質上之論斷，又稱本案裁判。後者判斷訴訟條件是否具備、訴訟關係是否存在，未作實質上論斷，又稱形式裁判。茲分述如下：

1.實體判決

　　如有罪判決、無罪判決、上訴審就上訴有無理由所為判決是。

2.實體裁定

　　如減刑、撤銷緩刑、更定累犯之刑、定執行刑、單獨宣告沒收（如有參與人者，應注意本法第四五五條之三十四至三十七相關規定）、認被告罪嫌不足而駁回自訴、抗告審就抗告有無理由所為裁定是。

3.程序判決

　　如不受理判決、管轄錯誤判決、因上訴不合法所為駁回之判決是。

4.程序裁定

　　裁定係以處理程序上事項為主。如迴避之准駁、管轄之指定或移轉、羈押之撤銷、訴訟行為程式欠缺之限期補正等甚多裁定，均屬程序裁定。

5.免訴判決（本法第三〇二條）之性質

　　免訴判決如何歸類，有不同見解。按免訴判決雖係以訴訟條件不備為由而從程序上為判決，並未確認刑罰權之有無，與不受理及管轄錯誤判決同屬得不經言詞辯論而為形式上審理者，惟其涉及實體法上之法律關係，兼具實體性質，究與純粹之程序判決有別。

　　本法第三〇二條第一款與日本刑事訴訟法第三三七條第一款相仿，鑑於同一案件曾經實體判決確定即生既判力，均以「曾經判決確定」為免訴事由之一，日本學者多數肯定免訴判決本身具有一事不再理之法律效果；日本最高裁判所判例❷之原判決全文所載澤田裁判官及齋藤裁判官共同

補充意見，有謂：「免訴」乃係針對前一確定裁判予以再確認之實體裁判，亦即在此概念中，進行實體上之審理與裁判等語，似認免訴判決具有實體判決之性質。惟依本法第三〇七條規定，免訴判決與不受理判決及管轄錯誤判決同屬「得不經言詞辯論」之判決。就此以觀，宜認免訴判決係因欠缺實體層面之訴訟條件而為之程序判決。

三、裁判之成立及生效

§§224
~227

　裁判因其內容之形成而告成立；經依一定方式對外表示後發生效力❸。

　裁判係於何時成立，學說不一，實務上參照最高法院民刑庭總會三十六年五月二十三日有關民事訴訟法第二二三條之決議，應分別情形予以認定：合議法院之裁判，於評決時成立（見法院組織法第九章）。獨任法官之裁判，如先作成裁判書後宣示者，於作成裁判書時成立，如先宣示而後作成裁判書者，於宣示時成立。

　裁判成立後，須依一定方式對外表示後，始生效力。成立後、生效前，並無羈束力，尚非不可變更。至其如何對外表示，係採取宣示、公告或送達之方式，經言詞辯論之判決或當庭所為裁定，皆在法庭宣示之；其不經辯論而未為宣示或公告者，應以裁判正本最先送達於當事人之時對外發生效力（參考 96 臺非 142 號刑事判決）。茲依本法第二二四條至第二二七條之規定分述如下：

1.判　決

　除不經言詞辯論者外，均應宣示之。

　當庭宣判者，依本法第四十四條第一項第十三款規定，應記明於審判筆錄；非當庭宣判者，實務上另行製作宣判筆錄。宣示判決，應朗讀主文，說明其意義，並告以理由之要旨。此外，尚須於宣示判決翌日公告之，並通知當事人。

---

❷　日本最高裁判所昭和 25.9.27. 判例（刑集 4–9–1805）。

❸　參考 43 臺上 364 號判例。

2.裁　定

以當庭所為者為限，應宣示之。

其非當庭所為之裁定，無須宣示，不發生另行製作宣示筆錄之問題。宣示裁定，應告以裁定之意旨，其敘述理由者（如得為抗告或駁回聲明之裁定），並告以理由。此外，尚須於宣示裁定翌日公告之，並通知當事人。

3.裁判應製作裁判書者

為裁判之法官，應於裁判宣示後，當日將原本交付書記官。但於辯論終結之期日宣示判決者，應於五日內交付之。書記官應於裁判原本記明接受之年月日並簽名。

4.裁判書除有特別規定外

應以正本送達於當事人、代理人、辯護人及其他受裁判之人。

此項送達，自接受裁判原本之日起，至遲不得逾七日。如上所述，未宣示之裁判，須經合法送達始生效力。

5.上述之當日、五日、七日等期間

均係訓示期間性質，縱有延誤，僅得追究行政疏失責任，對於裁判效力並無影響（28 上 1114 號判例）。

四、裁判之效力

刑事裁判經宣示者，於宣示時發生效力；未經宣示者，則自裁判正本合法送達時發生效力。茲將裁判之效力分述如下：

㈠羈束力

裁判一經宣示或送達，無論已否確定，均發生羈束力 ❹，法院與受裁判人，應同受拘束。基於裁判之自縛性，對於已經宣示或送達之裁判，除有特別規定外，法院不得自行撤銷、變更、補充或更正。

---

❹　羈束力 (Verbindlichkeit) 又稱拘束力。民事訴訟法第二三一條採用「羈束」一詞。

1. 裁定雖有其羈束力，惟依本法第四〇八條第二項之規定，如經抗告而原審法院認為抗告有理由者，應可更正其原裁定

2. 判決絕不許原審法院自行撤銷變更（院解 3209 號），但得於符合特別規定條件下，另以裁定為補充或更正

(1)刑法第四十一條第一項前段及第四十二條第三項至第五項易科罰金及易服勞役之折算標準

依本法第三〇九條第二款、第三款規定，本應於判決主文所載主刑之下一併載明，如有遺漏，即屬違背法令，固可構成上訴或非常上訴之理由❺，惟依院 1356 號解釋，檢察官或被告亦得聲請法院另以裁定補充之，是為對於判決主文遺漏事項許為補充宣告。鑑於此種違背法令情形既可另請裁定，別有救濟之道，參照最高法院九十七年度第四次刑事庭會議「關於非常上訴之補充決議」，即無非常上訴之必要性，無須提起非常上訴。

(2)判決如有顯然文字誤寫之情形者

依釋字 43 號解釋，以不影響於全案情節與判決本旨為前提，得參照民事訴訟法第二三二條依本法第二二〇條規定，由原法院依聲請或本職權以裁定更正之。按單純之誤寫或誤算 (Schreibfehler oder Rechenfehler) 如於裁判本旨並無影響者，即不致損害受裁判人之權益。基於目的性之考量，如許為更正，當能符合訴訟經濟原理，適合訴訟整體利益，上開解釋之立論依據即在於此❻。從而，判決主文有期徒刑刑期錯誤者，不許援用上開解釋以裁定更正❼。

茲引述最高法院一則判決（107 臺上 4037 號刑事判決）提供參考：原判決於事實欄及理由欄所記載被告運輸毒品之重量甚少，與檢察官起訴

---

❺　最高法院六十五年度第三次刑庭庭推總會議決議(二)。

❻　釋字 43 號解釋所指 「顯係文字誤寫」 之情形，德例稱為 offensichtlisher Schreibfehler，亦認為得以裁定更正。參見 Gerd Pfeiffer, Strafprozessordnung und Gerichtsverfassungsgesetz, §267, Rn. 27, 4 Aufl., 2002. 及 Roxin/Schünemann, Strafverfahrensrecht, §53, Rn. 2, 29 Aufl., 2017.

❼　最高法院四十四年十二月二十六日民刑庭總會決議。

書及卷存司法警察機關鑑定書所載重量相差二千餘倍之多。原法院將判決原本及其正本事實欄、理由欄及附表關於毒品重量之記載，以裁定更正成增多二千餘倍，已非誤寫誤算或其他類此之顯然錯誤，嚴重影響犯罪事實認定之正確性，甚而使主文之諭知產生錯誤，此項更正裁定，已影響全案情節與判決本旨，應認為無效。(詳見最高法院上述判決理由第五段)

惟如係理由記載有所誤寫，致與主文不符者 (例如地方法院判處被告有期徒刑五月，高等法院維持原判駁回被告之上訴，而於判決理由引敘原判時誤載刑期為三月)，即得將該誤寫部分以裁定更正之❽。

又裁判正本係依據原本所作成，正本與原本如有不符，固應以原本為準，惟其正本有誤部分如何處理，非屬釋字 43 號解釋範圍，實務見解認為亦應採取裁定更正之方式❾。從而其正本與原本不符之處如不影響於全案情節及裁判本旨者，得以裁定更正之。如係正本記載之主文 (含主刑、從刑、沒收、保安處分) 與原本所載不符，而影響全案情節及裁判本旨者，不得以裁定更正，應重行繕印送達，上訴或抗告期間另行起算，以免受裁判人誤信正本錯載內容未表不服致失上訴或抗告機會。

㈡確定力

終審裁判，於宣示或送達時確定❿。依法得上訴或抗告之裁判，未經各上訴或抗告權人於法定期間內提起上訴或抗告者，於最後收受裁判正本之人其期間屆滿之日全部確定。受裁判人於法定期間屆滿前明確表示不為上訴或抗告者，即生捨棄權利之效力，喪失其上訴權或抗告權。如無其他之人提起上訴或抗告，則原裁判即告確定。

又如已經上訴或抗告後，復據該上訴人或抗告人在上級法院裁判前明

---

❽ 最高法院六十二年度第一次刑庭庭長會議決定。

❾ 最高法院七十一年度第二次刑事庭會議決議及 72 臺抗 518 號判例。

❿ 最高法院之終審裁判，除經命辯論者外，均不宣示。高等法院及地方法院均係事實審，高等法院所為終審裁判 (參見本法第三七六條) 除不經辯論者外，均宣示之；地方法院合議庭對於不服簡易判決提起上訴案件所為判決，已不得向上級法院提起上訴，亦屬終審判決並以宣示為原則。

確表示不求裁判之意思者，即生撤回之效力，原裁判於該項撤回時即告確定⓫。裁判，依上所述一經確定，即發生確定力：

1.形式的確定力

裁判一經確定，無論其係實體裁判或程序裁判，均有消滅繫屬之效果，在程序法上已不得依通常救濟程序提出爭議聲明不服。此係程序層面之效力，是為形式的確定力 (formelle Rechtskraft)。至於再審或非常上訴，則為特別程序之另一問題。

2.實質的確定力⓬

實體裁判（又稱本案裁判）一經確定，除有上述形式的確定力外，從實體層面而言，本案在實體法上之法律關係獲得確認，刑事訴訟之目的已告實現，嗣後對於同一案件不許再行訴究，更不容作不同之判斷。基於裁判內容之拘束力，須受一事不再理原則之約束，是為實質的確定力 (materielle Rechtskraft)。至於實質確定力之內容，因案而異，須視個案裁判之內容而定。

又從外部效果一事不再理之點而言，實質確定力一般亦稱為既判力。所謂一事「不再理」者，即指不受二次以上審問、處罰而言。外國立法例有將之列為憲法層次者⓭，我國憲法第八條所稱「法定程序」，亦可解為

⓫　本法第三四四條第五項所定職權上訴案件，性質上應不許捨棄或撤回上訴。又依本法第三五五條、第三五六條之規定須得被告、檢察官同意者，如未得同意，即不生撤回之效力。上訴人於上訴審為判決前合法撤回上訴者，由於原判決在該案經提起上訴後即處於不確定狀態，應認以撤回上訴之日為原判決確定之日（最高法院八十四年度第九次刑事庭會議決議）。但不合法之上訴本無阻斷確定之效果，縱令撤回上訴，而原判決仍應於上訴期間屆滿之日確定。

⓬　53 臺上 1220 號判例使用「實質的確定力」一詞。

⓭　禁止對於同一案件重覆追訴處罰之規定，外國憲法例如：美國憲法增修條文第五條、加拿大一九八二年憲法第十一條第八款、巴拿馬憲法第三十二條、墨西哥憲法第二十三條、德國基本法第一〇三條第三項、日本憲法第三十九條、新加坡憲法第十一條第二項、菲律賓憲法第三條第二十一項。惟「同一

包含一事不再理原則在內，屬於憲法層次（見釋字 384 號解釋理由書及釋字 775 號解釋）。茲將實質確定力之相關事項說明如下：

⑴同一被告之同一行為，應祇受一次實體判決

倘若同一案件曾經實體判決確定在先，則其犯罪之起訴權即告消滅。既不得再為刑事訴訟之客體，即應為免訴之判決❶。

所謂同一案件，係指被告及犯罪事實均相同者而言，兩者有一不符，即非前案實體判決效力所及。關於被告之是否同一，較易判別，惟須注意冒名或以別名受審之情形。關於犯罪事實是否同一，應從所訴事實之內容加以判別，並非專以罪名是否相同為準（46 臺上 1506 號判例）。申言之，應從訴之目的及侵害性行為之內容是否同一為斷，亦即以其具有侵害性之社會事實是否同一為準（最高法院 94 臺上 1783 號刑事判決參照，見《司法院公報》四十八卷三期）。且事實是否同一，除單純之事實上一罪甚易辨別外，尚須注意有無法律上一罪（含實質上一罪及裁判上一罪）之情形，諸如接續犯、繼續犯、吸收犯、結合犯、加重結果犯、集合犯、想像競合犯等案件之事實，其中如有一部事實曾受實體有罪判決確定者，在法律上即認為全部事實均屬前案既判力之所及。他部事實雖在前案中未經論究，仍不許重複追訴處罰。以上所述，乃係判解歷來一貫見解❶。

行為」之認定，涉及該國刑事實體法之問題，一事不再理原則在各國應用情形未盡相同。茲舉美國為例，由於美國並無如同我國裁判上一罪之理論，於是其中一部分事實雖已判刑確定在先，仍得就其餘部分之事實續行起訴判刑 (Ciucci v. Illinois, 356 U.S. 571, 1958)；又因美國有聯邦及各州之複數法域，於是同一行為分別觸犯聯邦法及州法者，得由聯邦法院及州法院分別論罪科刑，不生雙重處罰之問題 (Heath v. Alabama, 474 U.S. 82, 1985)。

❶ 所論一事不再理原則，其對於實體裁定之適用，見最高法院刑事大法庭 110 臺抗大 489 號裁定。又該原則雖以刑事案件為適用對象，惟少年保護事件歸由少年法庭（院）審理，同一事件曾經實體裁定確定者，亦有實質確定力，須受一事不再理之約束。見少年保護事件審理細則第二十一條第四款。

❶ 院 1189 號解釋，26 渝上 1435、30 上 2747、49 臺非 20、50 臺非 108、60 臺非 77 及 70 臺非 11 等號判例。

惟如他部事實係於最後審理事實法院宣示判決後發生者，既非法院所得審判，即為前案既判力所不及，當然仍可起訴，不發生一事再理問題。

⑵既判力對於「時間」效力之範圍，應以最後審理事實法院之宣判日為準❶

假設某甲未領得許可文件而從事清除廢棄物之業務，計有一月五日、九日及十二日先後三次，其反覆多次違法從事該項業務，係集合犯（最高法院一〇四年度第九次刑事庭會議決議），乃實質上一罪。案經檢察官以廢棄物清理法第四十六條第四款前段之非法清理廢棄物罪提起公訴，地方法院二月十日收案，隨即進行審理，三月十五日宣判某甲有罪，至四月二十日判決確定。因某甲未受羈押，仍有營業行為，如於二月十日至三月十五日之間另有三次違法清理廢棄物之事實，雖未經查覺一併審理，而其全部五次事實，皆應為既判力之所及。又如於三月十六日以後再有二次違法清理廢棄物之事實，此則逾越既判力之延伸時點，應另成新案追訴處罰，為既判力所不及，無一事再理之問題（刑法刪除常業犯後，不易舉述集合犯之例。除此處非法清理廢棄物罪外，銀行法第一二五條之非法經營銀行業務罪、保險法第一六七條之非法經營保險業務罪、管理外匯條例第二十二條之非法買賣外匯常業犯，均可認為集合犯）。

所謂「最後審理事實法院」，最高法院見解❶認為與「最後事實審」有別，不以第二審為限，一審即告確定者，其既判力延伸之時點為一審宣判日，所採基準日與二審確定者相同，皆以宣示判決之日為準。惟涉及

---

❶　最高法院八十二年度第四次刑事庭會議決議。

❶　已往見解，二審確定者其既判力延伸時點固應以宣判日為準，惟如一審確定者，則其延伸時點係以確定日為準，蓋如於確定前得知被告尚有部分犯罪事實未及一併審理時，檢察官可上訴，二審仍屬事實審，依本法第二六七條規定即可加以審理而為周全之判決。實務新見解不問一審或二審確定，一律以宣判日為準，此就未經上訴之一審判決而言，被告自一審宣判後至確定前所發生之連續犯罪事實，採舊見解應予免訴，依新見解則得以另案訴究，其將既判力延伸時點提前，可避免一審判決送達遲緩以致延宕確定因而延伸時點過久之弊。

「時間」之效力範圍者，已往以連續犯之案例為主，自刑法修正刪除連續犯後，問題轉趨單純。又上述既判力之時點在第一審雖應以宣判日為準，但在簡易判決及協商判決均未經言詞辯論，既無第三一一條所定自辯論終結之日起十四日內宣示判決之問題，即應以當事人之中最先收受簡易判決或協商判決正本送達之日為基準，以定其既判力之延伸時點。

(3)既判力對於「事實」效力之範圍，應本於審判不可分原則，定其擴張之限度

30 上 2244 號判例略謂偽造文書為行使偽造文書之階段行為，偽造文書之事實既經判決確定，對於行使偽造文書再行起訴者，其範圍雖較確定判決擴張，仍屬同一案件，即應諭知免訴。

按實質上一罪及裁判上一罪因受本法第二六七條所示起訴不可分（就審判立場謂審判不可分）原則之支配，雖僅其中一部事實被起訴，而起訴效力仍及於該項法律上一罪案件之全部事實，法院所應審判之範圍，較起訴書狀所載者，尚有擴張之空間。基此原理，法院雖僅就其中一部事實審理判決，而其既判力亦應及於全部事實。該判決一旦確定，全部事實均受一事不再理原則之限制，亦即既判力對於事實之效力所及範圍，較確定判決所載事實有所擴張。法院縱對潛在之他部事實未及查覺一併審理，仍不得不受既判力之約束，依法不許重複訴究[18]。

惟須注意者，上述關於「事實」效力之擴張，係就有罪之確定判決而言，倘經無罪判決確定者，除在加重結果犯或想像競合犯之情形，因其基礎行為僅有一個，一行為祇受一次審判，既判力仍有擴張之可能外[19]，其餘情形因未經一併審理之潛在事實，與獲判無罪之被訴事實無所牽連，該項無罪判決之既判力即無從擴張。倘若另行起訴審判，不構成一事再理[20]。

又如全部事實中包含須告訴乃論與非告訴乃論者，非告訴乃論部分經

---

[18] 相關判解參見本章[15]。

[19] 院 2271 號解釋及最高法院六十七年度第十次刑庭庭推總會決議。

[20] 院 2632 號解釋，37 特覆 3722、43 臺上 140 及 51 臺上 664 號判例。

起訴判決有罪確定後，所餘須告訴乃論部分，因未據告訴致未經一併審理之潛在事實，是否為既判力擴張所及而受一事不再理之約束，不無疑問。

　　依本法第二六七條規定，該項須告訴乃論部分之潛在事實，固為起訴效力所及，但其欠缺追訴條件，法院根本不可能加以審理判決。此種情形，與未及查覺一併審理（或漏未一併審理）者雖有不同，但如認其為既判力所不及，則於有合法告訴時即得另案訴究。倘若判決有罪，勢必造成法律上一罪割裂為兩次處罰，顯與應僅有一個刑罰權之實體規定相違背。

㈢執行力

　　執行力，乃實現裁判內容之效力。判決，必待確定後方能據以執行(vollstrecken)，惟如符合法定原因者，有免除刑或保安處分之執行之可能。例如：刑法第二條第三項、第八十六條第三項但書、第八十七條第三項但書、第八十八條第二項但書、第八十九條第二項但書、第九十條第二項但書、第九十八條，竊盜犯贓物犯保安處分條例第六條，赦免法第二條第一款、第三條及第五條。裁定，縱因抗告而阻斷確定，依本法第四〇九條之規定，仍以不必停止執行為原則。惟案經裁定開始再審者，依本法第四三六條規定，須俟該裁定確定後方能更為審判。又其裁定屬於實體性質者，通常亦係俟裁定確定後方予執行。例如：減刑、撤銷緩刑、更定累犯之刑、定執行刑、單獨宣告沒收等裁定是。又如少年保護處分、流氓感訓處分等裁定，雖非刑事實體裁定，仍須於確定後方有執行力。

五、裁判之無效

㈠「無效」之法理及效力

　　裁判之無效，係指法院所為裁判雖已成立，但其存有重大違背法令之瑕疵，無拘束任何人之效力者而言。在學理上，有根本否定裁判無效之概念者，惟依我國實例，向來承認無效刑事判決之存在。至於裁定，亦可持相同原理（院解 2988 號參照）。在私法上之法律行為無效，咸謂應以絕對、當然、自始無效為原則。惟裁判乃法院依循法定方式所為之訴訟行為，無效裁判既經具備裁判之形式，並已對外表示，究難與私法行為無效

之程度同視，應認其得為上訴、抗告或非常上訴之對象。

(二)無效之原因

關於判決無效之原因，有從權限之有無而為判斷者，有著眼於其瑕疵是否明顯重大及能否補正者，亦有綜合其妥當性與既存安定利益而為立論者，學理見解不一。我國實務見解，採用明顯瑕疵說，以重大違背法令之判決，為僅生形式效力之無效判決，釋字 135 號解釋及 30 上 2838 號判例闡述甚明。至於裁定無效之原因，亦可準此原則處理。茲將刑事判決無效之原因析述如下：

1.雙重判決

刑事案件一經起訴，即生繫屬，對於一個訴訟繫屬，僅能有一次終局判決，迨判決確定後，該次繫屬關係即歸消滅，本無再予判決之餘地。倘竟對之再行判決，後判決顯失對象，自屬重大違背法令，稱曰雙重判決，應認其為無效（50 臺非 50 號判例）。惟此種情形係就已經消滅之原來訴訟繫屬誤予重複判決，如當事人係就曾經判決確定之案件重行起訴者，產生另一新的訴訟繫屬關係，法院即應依本法第三○二條第一款諭知免訴之判決，此乃另一起訴案件，法院須以免訴判決終結此案，消滅其繫屬關係，與上述雙重判決有別。

又上訴審法院將合法上訴誤為不合法而從程序上為駁回上訴之判決確定者，往昔 25 上 3231 號舊判例認為，此種判決無實質確定力，經查明錯誤情形後，上訴法院仍可就本來合法之上訴，進而為實體裁判。是則前後兩個判決併存，無異雙重判決，殊有未合。釋字 271 號解釋認為上述判例所持見解與憲法第八條所示法定程序意旨不符，應不再援用，必須先依非常上訴程序將該錯誤駁回上訴之確定判決撤銷後，始得就合法上訴部分進行審判，即在避免雙重判決之嫌❷。

---

❷ 本問題之詳細討論，請參閱本書著作人所撰〈刑事上訴誤判程序駁回之救濟〉專文，刊載於《法令月刊》第四十三卷第一期；以及本書後述 §395 相關說明。

2.對於不得上訴之案件誤為撤銷發回判決，暨發回後之更審判決

本法第三七六條第一項所列各罪之案件，經第二審判決，而當事人在第二審言詞辯論終結前，對於罪名並未提出爭執，且按照被訴事實又非顯然不屬於該條項所列各款之罪者，除符合但書情形外，其案件即不得上訴於第三審法院（參見釋字 60 號解釋及 48 臺上 1000 號判例）。

最高法院如誤為撤銷原判發回更審，下級法院亦復遵照更為判決，則此兩個判決均屬重大違背法令。依釋字 135 號解釋並參考 55 臺非 205 號判例，應認均為無效，對於本來確定判決之效力，不生任何影響。

又捨棄上訴權後復又上訴，而上級審誤判發回，下級審復更為判決者，亦屬本類無效判決（參見最高法院六十八年度第十次刑事庭會議決定）。此外，本法第四三七條第三項尚有受判決人已死亡者之再審判決不得上訴之規定，併應注意。

3.案件未經上訴而上級審誤為判決

案件須經上訴，方有移審效力，如案件未上訴，則上級法院即無由對之審理判決。倘竟誤為判決，無論其係發回、駁回或改判，均屬重大違背法令，依釋字 135 號解釋，應認之為無效。

此種情形往往發生於被告眾多之案件，因一部分被告上訴，其餘被告不上訴，全案卷證送由上級法院核辦，誤將其中並未上訴之被告併列為上訴人而予判決，遂導致該部分之判決為無效。又如依法得聲請覆判之案件，未經聲請覆判而上級審誤予判決者，基於相同理由，其判決亦屬無效（院解 3669 號解釋）。

此外，上訴狀發出後，在到達法院以前，如果上訴人已死亡者，則上訴狀到達法院時其人已經死亡，即不能發生上訴之效力，原案仍屬未經上訴，法院不得加以裁判（參見最高法院民刑庭總會二十五年六月九日決議）。

4.案經撤回起訴或撤回上訴後之判決

案件一經合法撤回起訴或撤回上訴，其訴訟繫屬即告消滅，法院已無由裁判，且亦根本無須作何裁判。倘竟誤予判決，顯係重大違背法令，自屬無效。

最高法院民刑庭總會二十八年九月十三日決議謂在押被告於該院判決前向監所長官具狀撤回上訴，由監所代轉，致該院判決在撤回上訴以後者，除判決未經送達即不再行送達外，如果已經送達，亦不發生判決之效力，如判決與撤回在同一日而不能分別孰為先後者，應認係在判決前撤回。是為適例。

5.原法院自行撤銷其判決而重行判決

判決一經宣示，即發生羈束力，原為判決之法院，應自受拘束。縱使其後發現違誤，除得以裁定更正者外（詳上述裁判之效力㈠之 2.），唯有聽憑當事人提起上訴，由上級審予以糾正，原法院不得自行撤銷其判決而重行判決。倘竟自行改判，不但侵害羈束力，且亦侵犯上級審之權限。後判決顯係重大違背法令，依院解 3209 號解釋，應屬無效，本來判決應不受影響。

6.非依法律而對於法人誤為不受理（起訴程序違背規定）以外之判決

法人為刑事被告，除法律有特別規定外，在實體法上不認其有犯罪能力，在程序法上不認其有當事人能力。

現行法律定有處罰法人之規定者，皆採取兩罰方式，即對法人及實際行為人同加處罰，而就該法人處以罰金刑。如無此特別規定而列法人為被告予以起訴，法院應依本法第三〇三條第一款規定，諭知不受理之判決。倘竟誤為其他判決，甚或誤對法人判處罪刑，其判決係重大違背法令，應認為無效（參見院 1453 號解釋）。

7.對於死亡被告誤為死亡不受理以外之判決

按刑事被告已死亡者，追訴對象消滅，非如民事事件尚得由其繼承人等承受訴訟（本法第三三二條僅規定自訴人死亡案件之承受訴訟）。檢察官應依本法第二五二條第六款為不起訴處分；法院應依本法第三〇三條第五款為不受理判決。否則，法院對於已死亡者所為其他判決，即係重大違背法令，應屬無效❷。尤其在得上訴之案件，因被告死亡無從合法送達判

---

❷　Roxin/Schünemann, Strafverfahrensrecht, §21, Rn. 11, §52, Rn. 28, 29 Aufl., 2017.

決正本以致永不確定，即使非常上訴，亦無法提起，此類重大違誤之判決，實務上認為對被告不生效力，由法院將判決附卷即可（最高法院五十年度第四次民刑庭總會決議）。

8.對於被告無審判權而誤為無審判權不受理以外之判決

　　凡對被告無審判權者，檢察官應依本法第二五二條第七款為不起訴處分，法院應依本法第三○三條第六款為不受理判決。倘竟誤為其他判決，甚或誤為有罪、無罪之判決，則此項欠缺審判權限之判決，顯然重大違背法令。院解 2960 號解釋及最高法院 29 上 3819 號判例，均認軍法機關對於司法案件誤為實體判決者，其判決為無效。反之，則法院對於被告無普通審判權，而竟誤為無審判權不受理以外之其他判決者，該判決亦屬無效，有權機關當然不受拘束。

　　上述各種無效判決，本不應發生效力，惟其既具備法定之程式，究不能否定其存在。為明確計，在程序上得以之為違法判決，視其已否確定，分別依上訴或非常上訴程序救濟。除上述 2. 之違誤發回判決，應撤銷原無效判決，改判上訴駁回；上述 6. 7. 8. 三者，上級法院應撤銷原無效判決，改判公訴或自訴不受理外；其餘情形祗應將原無效判決撤銷即足，無須另行改判，實際上亦無由改為何種判決之宣告。然而，參照最高法院民刑庭總會二十九年二月二十二日關於非常上訴案件之總決議第二點，如原判決不利於被告者，其經非常上訴撤銷原判雖未更為何種之裁判，仍具有改判之性質，其效力仍及於被告。

六、裁定與判決之區別

區別 類別 項目	判　決	裁　定
裁判機關	法院。	不以法院為限。審判長、受命法官、受託法官均得為之。
裁判方式	㈠必須製作判決書。	未必製作裁定書，其係不得抗告經當庭宣示者，得僅命記載於筆錄。
	㈡判決書之記載事項本法有詳細規定（如§§223, 308至310之2, 373, 454, 455之8, 455之9）。	裁定書之記載事項本法未作詳細規定。
	㈢判決以經言詞辯論為原則。	裁定並非必須經言詞陳述。
裁判宣示	判決應宣示之，但不經言詞辯論者不在此限。	裁定以當庭所為者為限，應宣示之。
受裁判人	判決，對當事人或上訴人為之。	裁定，對當事人、上訴人或其他訴訟關係人甚至對無主物為之（如科證人罰鍰、駁回辯護人之聲請、違禁無主物單獨宣告沒收）。
裁判根據	判決，本於不告不理原則，須經起訴、上訴或聲請（§451）而為之。	裁定，依聲請或依職權為之。
不服救濟	不服判決者自送達判決後二十日內提起上訴。	不服裁定者自送達裁定後五日內提起抗告（不服開始再審裁定之抗告期間為三日）。
裁判執行	判決須確定後方能執行。	裁定，除有特別規定外，無待確定即可執行。

第二編　第一審

　　訴訟審級分為第一審、第二審及第三審，以第一審為初審。依事物管轄之基準（本法第四條及殘害人群治罪條例第六條），刑事案件第一審管轄權屬於地方法院為原則。但內亂罪、外患罪、妨害國交罪及特別法上之殘害人群罪，此類案件第一審管轄權屬於高等法院，是為例外。本法第二編內有公訴、自訴兩章，公訴章分為偵查、起訴、審判三節，全編各該章節，對於偵查程序、公訴效力、起訴之撤回、第一審通常審判程序、自訴程序暨其準用公訴規定之範圍等項，均有周詳之規定。

第一章　公　訴

　　國家為保障公私合法權益，維護社會秩序，設置檢察機關及人員（檢察官），職司追訴犯罪之工作，是為國家追訴原則。惟因本法兼採被害人追訴制度，於第三一九條至第三四三條（見本編第二章）尚有自訴之規定。檢察官認被告有犯罪嫌疑且有追訴之必要時，為求確定國家具體刑罰權而訴請法院予以審理裁判，其所為起訴，稱曰公訴 (öffentlichen Klage)。公訴案件係以檢察官與被告為兩造當事人，於未經起訴成為公訴案件以前，乃係偵查階段；其應行提起公訴者，須提出起訴書連同卷證送交法院，並得於法定情形下撤回起訴；案經起訴繫屬於法院後，本於直接及言詞審理原則，應就起訴範圍為審理、裁判。詳如本章各節。

第一節 偵 查

一、偵查之意義

§228 ㈠偵查程序

　　檢察官為蒐集證據調查犯人及事實真相，以判斷應否提起公訴，其所從事之行為，稱曰實施偵查（見法院組織法第六十條第一款）。此一系列偵查行為之流程，稱曰偵查程序。

　　檢察官偵查結果係提起公訴者，應接續為實行公訴，在實行公訴過程中，如續有發現相關證據時，應聲請法院調查，檢察官已無權強制蒐證。惟如偵查結果為不起訴者，除有因再議程序經上級檢察首長命令續行偵查時，將使偵查程序延續進行外，其不起訴處分確定後，原案非有本法第二六〇條情形，不許再行起訴。從偵查與審判之前後銜接以觀，偵查固為提起公訴及實行公訴之準備；然而，檢察官對被告為不起訴處分者，可釐清真相使被告免於涉訟得以早日回歸正常，以期毋枉毋縱，此一功能應同受重視。

㈡訴訟架構

　　刑事訴訟架構，有所謂糾問 (Inquisition) 與彈劾（Akkusation 又譯稱控訴）兩種模式。前者欠缺兩造當事人以及「不告不理」之概念，專由掌握公權力一方主導，強制蒐證，究明事實真相。外國中古時期及我國古時如「包青天」式訴訟程序，莫不如此。以包拯為例，包大人身兼檢察官及法官二職，且其刑求取供為合法。後者注重兩造當事人概念以及「不告不理」、「無起訴即無裁判」之原則，講求兩造地位對等。控訴一方攻擊，被控一方防禦，強調武器平等 (Waffengleichheit) 原則。經兩造攻防，從中釐清事實，由法官居中公正裁判。

案件於檢察官偵查中，尚未形成訴訟關係。惟在學術上，可將偵查程序之構造，比擬訴訟架構予以探討。往昔偵查程序，偏向糾問模式，著重於將來起訴之準備，以嫌犯為偵查對象，偵查機關擁有強制處分權，居於優勢地位，偵查絕不公開，起訴後被告方能選聘辯護人。由於時代進步，人權意識高漲，「法官保留原則」普受重視，偵查程序逐漸淡化其糾問色彩而轉變為彈劾模式，認為偵查機關固須進行起訴之準備工作；但嫌犯亦有為自己可能被起訴而預為防禦準備之必要。在尚未形成訴訟關係兩造當事人之前，即應比照彈劾模式，務使雙方地位力求相當。偵查機關實施強制處分應受節制，能否實施（合法性）及需否實施（必要性）應由法院裁核。嫌犯之權益須受尊重，應訊時可享有緘默權，在偵查中即應許其選聘辯護人。時至今日，現代民主法治國家，皆已本於上述理念，朝向彈劾模式，形成立法政策。惟因各國國情不盡相同，在程度上難免有所差異。

本法於七十一年八月修正增訂偵查中辯護制度，八十六年十二月修正將偵查中被告之羈押改歸法院裁核並明定被告應訊（詢）時享有緘默權，九十年一月修正建立偵查中搜索新制，九十一年二月修正責令檢察官負實質舉證責任（自九十九年九月施行之刑事妥速審判法第六條更進一步依判例意旨作周詳規定），九十五年、一○二年及一○四年三度修正第三十一條將偵查中適用強制辯護之範圍擴及於智能障礙者及原住民，在在顯現偵查程序逐步朝向彈劾模式，實乃時勢所趨。

㈢檢察官之偵查主體性

釋字 392 號解釋認為本法賦予檢察官羈押被告之權限與憲法第八條第二項意旨不符。解釋理由書有謂「我國現制之檢察官係偵查之主體」，其主要任務「在犯罪之偵查及公訴權之行使」。檢察制度之誕生，與訴訟制度採取彈劾、對審模式有密切關聯。其實，檢察官之職權，在法院組織法第六十條規定甚明，除居於偵查主體地位外，尚且擔負代表國家行使刑事追訴權與行刑權之重要任務：1.終結偵查程序決定案件應否起訴（即是

否行使追訴權）。 2.案經起訴繫屬於法院後，以公訴人之地位，負責實行公訴。 3.案經裁判確定後，負責指揮執行。

本法第二二八條第一項規定：「檢察官因告訴、告發、自首或其他情事知有犯罪嫌疑者，應即開始偵查。」同條第二項規定：「前項偵查，檢察官得限期命檢察事務官、第二百三十條之司法警察官或第二百三十一條之司法警察調查犯罪情形及蒐集證據，並提出報告。必要時，得將相關卷證一併發交。」顯示檢察官主導偵查並得指揮司法警察人員輔助偵查。條文謂「知有犯罪嫌疑者」，係指單純初步懷疑 (einfacher Anfangsverdacht) 而言。

第二二九條至第二三一條明定司法警察人員負有輔助偵查之職責，而第二三一條之一增訂於司法警察人員調查案件未完備時檢察官得發回限期補查之規定，更加顯現檢察官之主導地位。關於公訴權是否行使，第二五一條至第二五五條分別依偵查結果責由檢察官決定案件之起訴、不起訴或緩起訴處分。

以上所述，顯示檢察官自開始偵查至終結偵查，全程掌握偵查程序之進行。司法警察人員居於輔助偵查之地位，雖可主動調查犯罪，但檢察官得隨時命將案件移送，並有上述發交或發回調查之指令權。司法警察人員所調查之案件，必須一律移送檢察官，毫無例外（即使顯然應不起訴者，例如告訴乃論之罪已經撤回告訴之案件， 仍應移由檢察官為不起訴之處分，司法警察機關不得將該案留存）。我國檢察官之訴訟法上地位，較接近於瑞士法制，乃係單一偵查主體（見瑞士刑事訴訟法第十六條，而檢警關係亦與法國相似，但法國設有預審法官）；與日本刑事訴訟法第一八九條、第一九一條、第一九二條規定，司法警察官知有犯罪時應即偵查犯人及證據，檢察官與司法警察官關於偵查應相互協助，檢察官於認為必要時得自行偵查，其檢警呈現雙主體模式者有別。又如中國大陸刑事訴訟法第十八條規定，刑事案件由公安機關進行偵查，貪瀆等特定範圍之案件由人民檢察院立案偵查，可謂亦係採用檢警雙主體之模式。

㈣兹將偵查程序之流程，圖示如下

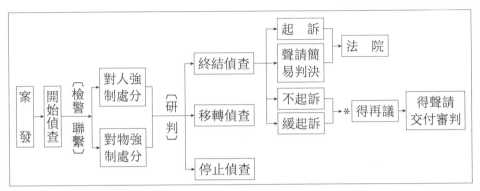

*如無得為聲請再議之人者，一經檢察官為不起訴或緩起訴處分後，其處分即告確定
（27 上 2045 號判例）。但部分案件有職權再議程序之適用。

二、偵查之機關

㈠偵查主體機關

1.我國現制以檢察官為偵查主體

　　依法院組織法第五章「檢察機關」有關條文之規定，各級法院及分院
各配置檢察署，各檢察署置檢察官，對於法院獨立行使職權，而其執行檢
察官職務時，於檢察系統內，受檢察一體原則所支配，須服從檢察總長及
各級檢察長之指揮監督命令❶。

---

❶　法務部隸屬於行政院，檢察行政事務由該部主管（見法務部組織法第一條及
　　第十一條）。該部部長僅能以檢察機關（即各級檢察署）為對象，在檢察行
　　政事務之範圍內，行使其行政監督權（見法院組織法第一一一條第一款及法
　　官法第九十四條第一項第一款）。關於檢察官所執行法院組織法第六十條規
　　定之職務，僅檢察總長及各級檢察長擁有指揮監督權。法官法第九十四條第
　　二項但書，明確規定：「法務部部長不得就個別檢察案件對檢察總長、檢察
　　長、主任檢察官、檢察官為具體之指揮、命令。」又依法官法第九十二條及
　　第九十三條規定，檢察官對於長官之指揮監督命令，除有違法情事外，必須
　　服從。惟其命令如涉及強制處分權之行使、犯罪事實之認定或法律之適用
　　者，應以書面附理由為之。檢察官不同意該命令時，得以書面敘明理由，請
　　求發令長官行使職務承繼權或職務移轉權。

2.廣義之刑事訴訟程序，始於偵查，檢察官實施偵查，其所從事者乃係訴訟行為之一種

本法第二二八條第一項，即以檢察官為主體，例示其開始偵查之原因。諸如告訴（另詳後述）、告發（另詳後述）、自首或其他情事，有一於此，檢察官因而知悉犯罪嫌疑者，本其職責所在，應即開始偵查，並得依同條第二項規定，指揮司法警察人員輔助偵查。

同條第三項規定：「實施偵查非有必要，不得先行傳訊被告。」意謂偵查犯罪應先多方蒐集證據，不可遽行傳喚被告取供，在通常程序，自白本非獨立證據，急於取供，殊非所宜。

八十六年十二月修正增訂同條第三項（九十年一月修正列為第四項）規定：「被告經傳喚、自首或自行到場者，檢察官於訊問後，認有第一百零一條第一項各款或第一百零一條之一第一項各款所定情形之一而無聲請羈押之必要者，得命具保、責付或限制住居。但認有羈押之必要者，得予逮捕，並將逮捕所依據之事實告知被告後，聲請法院羈押之。第九十三條第二項、第三項、第五項之規定於本項之情形準用之。」

此項新增規定，係配合聲請羈押偵查中被告須符合拘捕前置原則而設。其實檢察官本可運用本法第八十八條之一逕行拘提被告後提出羈押聲請，仍能符合拘捕前置原則。茲於第二二八條中，在本法總則編對人強制處分相關章次以外，另創訊問後當場逮捕之規定，殊與體例未合。他日如有修正，此項逮捕規定宜予刪除。

§§229
~231-
1

(二)偵查輔助機關

依本法第二二九條至第二三一條、調度司法警察條例第一條至第五條及警察法第九條第三款、同法施行細則第十條第一項第三款等規定，稱協助檢察官偵查犯罪或聽受檢察官之指揮、命令而偵查犯罪之警察人員，為司法警察官及司法警察。此一名詞源自法國刑事訴訟法，乃本法所用稱呼，著眼於任務，並非警察人員管理條例上之職稱。司法警察官及司法警察之職權，係協助或受命偵查，所有案件必須移送檢察官，不具偵查主體地位，祇屬偵查輔助機關（德國稱之為檢察機關之輔助官員——

Hilfsbeamter），與日本制度不盡相同（參見日本刑事訴訟法第二四六條但書及警方適用之「犯罪偵查規範」第一九八條至第二〇一條）。茲按本法規定分述如下：

【類　別】

1.高級司法警察官（又稱一級司法警察官）

①警政署署長、警察局局長或警察總隊總隊長。

②憲兵隊長官。

參照調度司法警察條例第二條第三款，指憲兵隊營長以上長官。

③依法令關於特定事項得行相當於前二款司法警察官之職權者。

2.初級司法警察官（又稱二級司法警察官）

①警察官長

參照同上條例第三條第一項第一款及院解 3373 號解釋，指警察分局長或警察隊長以下官長。

②憲兵隊官長、士官

參照同上條例第三條第一項第二款及院 111、院解 2970 號解釋，指憲兵隊連長以下官長，及尉級憲兵調查組調查官。

③依法令關於特定事項得行司法警察官之職權者

此類人員係於特定事務範圍以內得行使初級司法警察官之職權，參照調度司法警察條例第三條第一項第三款、第四款及警察法第五條第三款、第五款、第六款等規定，如鐵路、航空、工礦、森林、漁鹽、海關等各種專業警察機關之警察官長均屬之。現有諸如鐵路警察、公路警察、空中警察、港務警察、海關關員等之官長，皆係初級司法警察官。

又法務部調查局組織法（九十六年十二月十九日修正公布，自九十七年三月一日施行，原名組織條例）第二條明定該局掌理之事項❷，第十四

---

❷　法務部調查局組織法第二條所定該局職掌多達二十款，其中與犯罪調查相關各款為：㈠內亂防制事項，㈡外患防制事項，㈢洩漏國家機密防制事項，㈣貪瀆防制及賄選查察事項，㈤重大經濟犯罪防制事項，㈥毒品防制事項，㈦洗錢防制事項，㈧電腦犯罪防制、資安鑑識及資通安全處理事項，㈨組織犯

條第一項及第二項規定該局局長、副局長及薦任職以上人員於執行犯罪調查職務時，視同高級司法警察官。該局所屬省市縣市調查機關主管及薦任職以上人員於執行犯罪調查職務時，則分別視同高級及初級司法警察官。同條第三項規定該局及所屬機關委任職人員於執行犯罪調查職務時，視同司法警察。

此外，依法院組織法於各級檢察機關置檢察事務官，視為初級司法警察官。又於各級法院及檢察署置法警辦理有關司法警察事務，其中法警長及副法警長應認係初級司法警察官。

他如法務部廉政署執行貪瀆或相關犯罪調查職務之人員，依該署組織法第二條第二項規定，其薦任職以上人員分別視同各級司法警察官，委任職人員則視同司法警察。又如內政部入出國及移民署所屬辦理入出國及移民業務之人員，於執行非法入出國及移民犯罪調查職務時，依入出國及移民法第八十九條規定，按照職等高低，分別視同各級司法警察官或司法警察。再如隸屬於行政院之海洋委員會，依其組織法第五條第一款規定，下設次級機關海巡署，執行海域及海岸巡防事項。而海洋委員會海巡署組織法第五條第二款，規定海巡署下設次級機關偵防分署，執行海域、海岸犯罪及安全調查事項。復依海岸巡防法第十一條第一項至第三項規定，海巡機關執行犯罪調查職務之人員，按照職別、職等，分別視同各級司法警察官或司法警察。

至於政風機構，綜合「政風機構人員設置管理條例」第四條及該條例施行細則相關規定以觀，不能認為司法警察機關，其人員自亦不具司法警察人員之身分。

3. 司法警察

①警察。

②憲兵。

③依法令關於特定事項得行司法警察之職權者。

罪防制之協同辦理事項，㈩國內安全調查事項，及㈡上級機關特交有關國家安全及國家利益之調查、保防事項。

此類人員係於特定事務範圍以內得行使司法警察之基層職權,可參閱上述初級司法警察官③相關說明。又法務部調查局組織法第十四條第三項規定該局及所屬機關委任職人員於執行犯罪調查職務時,視同司法警察。

此外,水利主管機關依水利法第七十五條第一項規定得於水道防護範圍內執行警察職權,是其所置兼負河川巡防任務之人員,即具有司法警察身分。

【職　權】

1.高級司法警察官

於其管轄區域內有協助檢察官偵查及指揮初級司法警察官、司法警察調查犯罪之職權,並應將調查之結果移送該管檢察官。

如接受被拘提或逮捕之犯罪嫌疑人,除有特別規定外(本法第九十二條第二項但書),應解送該管檢察官;其經檢察官命解送者,應即解送。如被告或犯罪嫌疑人未經拘提或逮捕者,即不得解送。

2.初級司法警察官

⑴應受檢察官之指揮,偵查犯罪。

⑵如知有犯罪嫌疑者,已往規定謂應報告檢察官或高級司法警察官,但得不待其指揮,逕行調查犯罪嫌疑人犯罪情形及蒐集證據。舊條文將逕行調查犯罪列為但書內容,形成以報告及聽命行事為原則、以逕行調查為例外,顯與實務所見初級司法警察官對於犯罪事件主動展開調查之情形不符。九十年一月修正第二三〇條,第二項改為:「前項司法警察官知有犯罪嫌疑者,應即開始調查,並將調查之情形報告該管檢察官及前條之司法警察官。」並增訂第三項為:「實施前項調查有必要時,得封鎖犯罪現場,並為即時之勘察。」以補本法第二一二條僅規定法院或檢察官得實施勘驗未將司法警察人員包括在內之不足。於是,初級司法警察官一面應受檢察官指揮,一面亦應主動調查犯罪,使其職責明確,且有助其地位之提升。犯罪嫌疑人或證人之警詢陳述有無證據能力,依傳聞法則及其例外規定予以判斷。惟偵查乃從廣義,並具有最終決定權(起訴或不起訴),而調查則為輔助偵查,雖可謂係廣義偵查之一部分(院解 2981 號解釋曾對司法

警察官辦案使用「偵查」一詞），但無最終決定是否追訴之權。

3.司法警察

⑴應受檢察官及司法警察官之命令，偵查犯罪。

⑵舊條文第二三一條第二項規定，有不符實情之缺憾，與上述初級司法警察官之情形同。九十年一月修正該條第二項為：「司法警察知有犯罪嫌疑者，應即開始調查，並將調查之情形報告該管檢察官及司法警察官。」並增訂第三項為：「實施前項調查有必要時，得封鎖犯罪現場，並為即時之勘察。」其修正之意義，與上述 2.之⑵相同。

【檢警聯繫】

檢警關係，至為密切，其職務上之聯繫，係以調度司法警察條例及依該條例第十條授權訂定之「檢察官與司法警察機關執行職務聯繫辦法」為主要根據。在平時一般聯繫方面，諸如定期召開檢警聯席會議、相互列席業務檢討會議、指揮帶同被告查證追贓、檢察首長對於司法警察人員有權逕予獎懲❸等，皆係重要事項。

在辦案時之個別聯繫方面，則視具體案情需要，依照相關法令規定，適時靈活進行，以期摘奸發伏，維護公私權益。檢察官偵查案件，依本法第二二八條第二項規定，得發交司法警察人員調查，限期提出報告；必要時，並得將卷證一併發交。又對於司法警察人員移送或報告之案件，認為調查未完備者，則依第二三一條之一規定，得將卷證發回，命其補足，或發交其他司法警察人員調查。司法警察官或司法警察應於補足或調查後，再行移送或報告。檢察官為上述發回時，亦得限定時間，以免延宕。

§§232
～239
§242

三、偵查開始原因之一：告訴 (Antrag, Strafantrag)

㈠告訴之意義

告訴，係依法享有告訴權之人，向偵查機關（主體機關及輔助機關）申告犯罪事實，表達希望追訴意思之訴訟行為，乃偵查開始原因之一。

就非告訴乃論之罪而言，檢察官經由任何管道知有犯罪嫌疑者，即可

---

❸ 此項逕予獎懲之規定，長久以來，並未落實。

逕依職權主動偵查。其開始偵查之原因，固不止告訴一種，惟就告訴乃論之罪而言，則其告訴具有雙重效果：不僅為偵查開始之原因，同時亦為訴追之條件。茲將刑法所定告訴乃論之罪（德文 Antragsdelikt、日文「親告罪」、中國大陸「某罪告訴的才處理」）列述如下：刑法第二二九條之一、第二三六條、第二四五條、第二八七條前段、第三〇八條、第三一四條、第三一九條、第三二四條第二項（第三三八條、第三四三條準用）、第三五七條、第三六三條。又於其他法律中亦有少數告訴乃論之罪規定，在此省略。

　　釋字 48 號解釋謂：告訴乃論之罪如未經告訴自不生處分問題；而本法第二五二條第五款則規定其告訴已經撤回者即應為不起訴之處分。前者，案件既未經告訴，即無從開始偵查，自無終結偵查處分之可言；後者，雖因有人告訴而開始偵查，但其告訴復經撤回，訴追條件即有欠缺，自應終結偵查為不起訴之處分。例如刑法第二八〇條係以罪為準而設加重其刑之規定，對於直系血親尊親屬犯同法第二七七條第一項之罪者，仍須告訴乃論。如根本未經告訴，即不生處分問題。如於偵查中經告訴人撤回告訴，則應由檢察官為不起訴之處分。

　　告訴，重在犯罪事實之申告，告訴時通常雖皆指明犯人，惟如僅申告犯罪事實而未曾指明犯人者，仍有告訴之效力。又如當初指明某甲涉嫌犯罪，經偵查究明實係某乙犯罪者，原來告訴之效力仍及於某乙（院 1691 號解釋）。但在相對告訴乃論之罪，由於必須審究犯人與被害人之間有何身分關係，非經一併指明犯人，不足以發生告訴之效力。

(二)告訴權人

　　依法得為告訴之人，為告訴權人。有權告訴者，未必實行告訴，其已實行告訴者，稱曰告訴人。本法第二三二條至第二三六條，對於告訴權人之範圍，設有詳細規定，茲分述於下：

1.一般犯罪

　　對於一般犯罪之告訴權，屬於下列各人：

(1)被害人

對於一般犯罪之告訴，依本法第二三二條規定，凡被害人均得為之。且縱未成年，祇須有意思能力，即得告訴（72 臺上 629 號判例）。被害人尚有意思能力，而辨識其意思表示效果之能力顯有不足，經受輔助宣告者，除輔助人依後述本法第二三三條第一項規定有獨立告訴權外，該被害人是否須得輔助人同意方能自為告訴？抑或根本不許自為告訴？此一問題與民法第十五條之二有關。本書見解認為該條第一項第三款所謂「為訴訟行為」，綜合同項其餘各款以觀，係指民事訴訟法上之訴訟行為而言，雖因行政訴訟法第二十八條準用民事訴訟法第四十八條等規定而不妨擴張解釋為尚可包括行政訴訟法上之訴訟行為在內，但在本法既無從準用，即難認為輔助人之同意可生補充犯罪被害人意思能力之效果。受輔助宣告之被害人既非毫無意思能力，則檢察官如認該被害人實際明瞭告訴之意義者，其自為告訴即屬合法。刑事告訴與規範私法行為之民法第七十八條互不相涉，上述判例已有指明，自不能援引該條規定而謂告訴行為係屬無效；倘若檢察官認為該被害人顯不明瞭告訴之意義時，可曉諭本法第二三三條第一項所定之人行使獨立告訴權，如屬告訴乃論之罪而彼等不能告訴時，檢察官可依本法第二三六條規定，依職權指定代行告訴人以符合追訴條件。惟實務（最高法院 107 臺上第 3921 號刑事判決）似有認為應經輔助人「同意」否則無效之意向。

稱被害人者，專指犯罪當時直接受有損害之人而言。倘僅間接或附帶受害，雖有民事上之請求權，但在刑事訴訟程序中，祇能依本法第二四〇條告發犯罪，無權實行告訴（院 1324 號解釋）。

至於是否直接受害，須視個個犯罪行為而為認定，與刑法分則章次並無絕對關聯。侵害財產法益之犯罪，該財產之所有權人與事實上管領權人，均係直接被害人而得為告訴（42 臺非 18 號判例），惟其是否所有權人或管領權之人，應先予查明，如經查明並非所有權人或管領權人者，即非直接被害人，無權實行告訴❹。曾有實例（最高法院 110 臺上 3690 號

---

❹ 1.參見最高法院八十年度第三次刑事庭會議決議。此種情形，對於非告訴乃

刑事判決）以實際已搬離分居中之夫，未得其妻（居住權人）同意而強行
侵入住宅，即使該夫尚設籍宅內，仍係無權非法侵入住宅。此例顯示管領
權之重要性。

　　單純侵害個人法益之罪，個人固為直接被害人無疑；雖屬侵害國家或
社會法益之罪，如有個人法益同時受害，則該個人仍為直接被害人。例如
刑法第一二九條第一項之瀆職罪，被違法徵收稅款之個人，即不失為直接
被害人（54 臺上 1884 號判例）；又如持有偽造有價證券之善意執票人，亦
係直接被害人（最高法院 109 臺上 1590 號刑事判決）；再如醫師法第二十

────────────

論之罪，檢察官仍可依告發而開始偵查。

2. 42 臺非 18 號判例，乃係對於侵占罪提起自訴所作判例，不能援用於竊盜
　罪。竊盜罪為侵害財產監督權之犯罪，因此，被竊物之所有權人與監督權
　人如果並非同一人時，應以監督權人即該物之持有人，為直接被害人。在
　刑法第三二四條第二項之情形，例如乙受託保管甲之物件，倘遭乙之子丙
　竊取，即須告訴乃論，僅乙得為告訴，甲並無告訴權。自民初大理院 8 年
　統字第 1012 號解釋開始，即持此項見解；最高法院 73 臺上 3297 號、87
　臺上 2929 號、91 臺上 3709 號刑事判決案例，仍持一貫見解。然而，甲
　如將乙、丙父子列名共同被告而以侵占罪嫌訴究時，則依 42 臺非 18 號判
　例意旨，即為適法。

3. 歷來判解認為私人並非直接被害人之罪名，表列如下：

罪　　名	參考判解	附　　註
賄　　賂	29 非 65 號	
枉法裁判	54 臺上 246 號	
故為出入人罪	54 臺上 1785 號	
抑留剋扣	75 臺上 742 號	刑法 §129 I 可告訴（54 臺上 1884 號）
圖　　利	70 臺上 1799、73 臺上 875 號	
挑攬訴訟	院 2250 號	
違背查封效力	院解 3033 號	
偽　　證	院 1016 號，28 上 3321 號、48 臺上 347 號	刑法 §169 II 可告訴（54 臺上 1139 號）
墮　　胎	院 350 號	

八條密醫罪，該條第二項即屬同時侵害個人法益而得為告訴。其僅單純侵害國家或社會法益之罪者，不許私人告訴，縱有間接受害之人，依上說明，祇能告發，無權告訴，例如因偽證而間接受害之人是（院 1016 號解釋及 28 上 3321 號判例）。

又被害人包括自然人及法人。在法人行使告訴權之情形，應由其代表人以法人名義實行告訴，方為合法。如其代表人逕以自己名義申告犯罪，因代表人係一自然人，與法人係兩個不同之人格者，該代表人並非直接被害人，自屬無權告訴。

公司為被害人時，其代表人為誰，應依公司法第八條、第二○八條第三項、第二一三條等規定。如有疑義，並須查閱公司章程以資認定。如有股東或經理人申告公司受害事實，祇可謂為告發，不能認為告訴。有限合夥係社團法人，其代表人為誰，應依有限合夥法第四條第五款之規定。此與民法上之合夥有別，合夥財產，依民法第六六八條規定，為合夥人全體之公同共有，各合夥人皆為直接被害人。公司法於一○七年八月一日修正廢除外國公司認許制度並自同年十一月一日生效後，依該法第四條第二項規定，外國公司於法令限制內，與我國公司有同一權利能力。❺所指外國公司，即使該國並非世界貿易組織 (WTO) 之會員體，亦已包括在內。民法總則施行法第十二條已無須適用。

至若非法人之團體，既未取得法律上之人格，即無被害「人」地位，該團體管理人或其他人員，除視其情節得逕以自己受害而為告訴外，不許以團體本身名義實行告訴❻。惟須注意其他法律之特別規定，如商標法第

---

❺ 例如：中華民國與美利堅合眾國友好通商航海條約第六條第四款，公平交易法第四十七條，商標法第九十九條，著作權法第一○二條及第一一七條，營業秘密法第十三條之五。又我國以臺灣、澎湖、金門、馬祖個別關稅領域（簡稱中華臺北）名義加入世界貿易組織 (WTO)，已自九十一年一月一日起，正式成為該組織之會員體，與同屬該組織之各會員體，已全面建立互惠保護關係。某一會員體之外國公司，其權益在我國受有侵害時，最低限度應享有刑事告訴權，甚至有權依法提起自訴。

❻ 例如公寓大廈管理條例所定之管理委員會（見該條例第三條第八款及第二十

九十九條規定，未經認許之外國法人或團體，就該法規定事項得為告訴、自訴或提起民事訴訟，我國非法人團體經取得證明標章權者亦同。

再者，被害人不包含國家在內，院 2275 號解釋略謂國家法益被害既有檢察官為其追訴機關，即不應更由其他機關代表告訴。依此解釋，國家機關除法律別有規定外❼，不得為告訴人。機關首長暨其屬員因執行職務知有犯罪嫌疑者，應依本法第二四一條為告發，並非根據本法第二三二條而為告訴。

惟如侵害國家機關之犯罪，依法須告訴乃論者，則其非經告訴，檢察官無從追訴，機關並無法人地位，此類犯罪唯有許由機關長官告訴，否則無法偵查起訴。院 2383 號解釋對於無故侵入機關觸犯刑法第三〇六條妨害自由罪之情形，認為應由該機關有監督權之長官代表告訴，如一建築物內有二以上之機關者，亦得由各該機關之一長官，就其被侵害之事實單獨告訴。67 臺上 4257 號判例謂林務工作站主任可就毀損罪代表機關提出告訴，均係其適例。

關於被害人之權益，除依第二三二條享有告訴權外，散見於其他相關章節。茲擇要列表如下：

權　　益	依據條文	附　　註
通譯依賴權	§99 II	僅適用於自然人
由受信賴之人陪同應訊（詢）	§§248 之 1、271 之 3	同上
聲請轉介修復	§§248 之 2、271 之 4	同上
受隱私保護及遮蔽隔離	§§248 之 3、271 之 2	同上
受檢察官處分書之送達	§255	
審判中到庭陳述意見	§271 II	僅適用於自然人
科刑辯論時陳述意見	§289 II	同上
聲請將有罪判決登報	§315	僅限於特定罪名

七條）不得為告訴人，但主任委員兼為住戶，得以個人受害而具名告訴。

❼　例如兒童及少年福利與權益保障法第一一二條第二項。又如公營事業機構係公司組織者，即得以公司名義告訴。

自訴權	§319	
請求檢察官上訴	§334Ⅲ	
審判外協商意見徵詢或同意	§455 之 2	
聲請參與本案訴訟	§455 之 38	僅限於特定案件
提起附帶民事訴訟	§487	

　　被害人依第二三二條實行告訴而取得「告訴人」之地位後，除享有以上表列權益外，尚有下列各項權益：

權　益	依據條文	附　註
向檢察官陳述調查證據意見	§163Ⅳ	
偵查中聲請檢察官保全證據	§219 之 1	
實施保全證據時之在場權	§219 之 6	僅適用於自然人
告訴撤回權	§238	
聲請撤銷緩起訴處分	§253 之 3 Ⅰ	
聲請再議	§256	
委任律師聲請交付審判	§258 之 1	
審判中代理人委任權	§271 之 1	
就上訴事項向檢察官陳述意見	§314 Ⅱ	

　　(2)被害人之法定代理人或配偶

　　對於一般犯罪之告訴，除直接被害人本人享有告訴權已如上述外，依本法第二三三條第一項規定，其法定代理人或配偶亦得獨立告訴。該項告訴權與被害人之告訴權各自獨立存在，不受被害人意思之拘束。關於法定代理人或配偶之身分，依民法判別之，並須以實行獨立告訴時具備該項身分為要件。例如未成年子女被詐財，其父母遲至子女已滿二十歲後始行告訴，此際已無法定代理人身分，即不得實行獨立告訴，祇能認之為告發，檢察官仍可據以開始偵查。

　　又如配偶一方對於他方婚前被害之犯罪事實，除有後述限定告訴之情形外，在婚後既已具有配偶身分，即得行使獨立告訴權。惟獨立告訴權之取得，須以被害人生存為前提，倘被害人本人告訴後死亡，對其已經實行

告訴之效力不生影響（院 527 號解釋）。但其法定代理人或配偶，因與被害人間之身分關係消滅，爾後即喪失獨立告訴權。

至若被害人生前未及告訴即已死亡者，則依本法第二三三條第二項規定，得由其配偶、直系血親、三親等內之旁系血親、二親等內之姻親或家長、家屬告訴。但告訴乃論之罪不得與被害人生前明示之意思相反。此項告訴權並非完全獨立，在告訴乃論之罪方面，須受被害人生前明示意思之拘束。其中與被害人本有配偶之身分關係者，在被害人生前原可獨立告訴，何以在被害人死亡後，反而不得獨立告訴，學者多有批評，他日宜考慮修正。

上述第二三三條第一項及第二項所稱配偶、姻親，依司法院釋字第七四八號解釋施行法第二十四條第二項前段規定，包含該法第二條所定同性結合關係者在內。

(3)被害人之直系血親、三親等內之旁系血親、二親等內之姻親或家長、家屬

本法顧及一般犯罪之直接被害人與被告如有一定之身分關係，難免有礙親屬情誼而不便告訴或隱忍不告，爰於第二三五條規定：「被害人之法定代理人為被告或該法定代理人之配偶或四親等內之血親、三親等內之姻親或家長、家屬為被告者」，於此情形下，該被害人之直系血親、三親等內之旁系血親、二親等內之姻親或家長、家屬，得獨立告訴，以應需要。所稱配偶、姻親，依司法院釋字第七四八號解釋施行法第二十四條第二項前段規定，包含該法第二條所定同性結合關係者在內。

此項告訴權之行使，須以告訴時具備上述身分為要件，並以被告與被害人之間存有上述身分關係為前提。設例：未成年養女如遭養父母毒打成傷，其本生父母得依上述規定獨立告訴；惟如係遭男友打傷不擬告訴，而養父母已獲賠付醫藥費亦不為告訴，則其本生父母即無告訴權。又第二三五條之適用，重在被害人與被告間身分關係之考量，並未限定所涉罪名，與第二三四條第四項之情形有別。

2.特定犯罪

下列各罪，性質特殊，未能全依上述規定決定其告訴權人。其中有限定範圍之必要者，亦有擴大範圍或補充規定之必要者。茲分述之：

⑴限定告訴人（本法第二三四條第一項、第二項）

刑法第二三〇條之妨害風化罪，係血親為性交，為顧及倫常關係，特將告訴權人限定為：相和姦者本人之直系血親尊親屬，及相和姦者之配偶或該配偶之直系血親尊親屬，非此兩類之人不得告訴。

刑法第二四〇條第二項之妨害婚姻及家庭罪，係和誘有配偶之人脫離家庭，為保護夫妻之共同生活及家庭之正常秩序，特將此兩罪之告訴權人限定為被和誘人之配偶，非該配偶不得告訴。

上列各該限定告訴權人，祇須於被告犯罪時具備直系血親尊親屬或配偶之身分，即已取得告訴權，不因其後身分變更或消滅而受何影響。

⑵擴大告訴權人範圍（本法第二三四條第三項）

刑法第二九八條之妨害自由罪，係略誘婦女，除依一般規定以定其告訴權人外，凡屬被略誘人之直系血親、三親等內之旁系血親、二親等內之姻親或家長、家屬，亦得告訴。惟必須以告訴時具備其身分為要件，並應注意刑法第三〇八條第二項之限制，即其告訴須以不違反被略誘人之意思為限。條文曰「亦」得告訴，意即本有一般告訴權人，為恐彼等難行告訴或不為告訴，因而將告訴權人範圍擴大及於上述各人，使之亦可實行告訴也。

⑶補充規定告訴權人（本法第二三四條第四項）

刑法第三一二條之妨害名譽及信用罪，所處罰者乃侮辱或誹謗已死者之行為，與被害人生前遭受侮辱或誹謗後未及告訴即告死亡之情形不同。

已死亡之人，根本無告訴之可能，又無從依本法第二三三條定其告訴權人。且該罪並非直接妨害死者遺屬之名譽法益，刑法所以明定處罰，旨在保護死者遺屬之孝思感情。從而死者遺屬亦不能居於被害人地位而為告訴。

惟刑法第三一二條係告訴乃論之罪，必須有人告訴，方可追訴處罰，

本法乃於第二三四條第四項特為補充規定：「已死者之配偶、直系血親、三親等內之旁系血親、二親等內之姻親或家長、家屬」得為告訴，俾資依據（須以告訴時有此身分為要件）。又條文曰死者遺屬「得為」告訴，不曰「亦得」告訴，正所以表示本無其他告訴權人，自不能謂為「亦得」也。

(4)上述第二三四條各項所稱配偶、姻親，依司法院釋字第七四八號解釋施行法第二十四條第二項前段規定，包含該法第二條所定同性結合關係者在內

3.代行告訴

告訴乃論之罪須以告訴為訴追條件，如無人得為告訴，或告訴權人不能實行告訴時，豈非聽任犯人逍遙法外，殊有未妥。本法爰於第二三六條明定得由該管檢察官指定「代行告訴人」，以充足其訴追之條件，俾利偵查。關於代行告訴人之指定，須具備下列要件：

(1)須以告訴乃論之罪為限，方有指定代行告訴人之適用

如係非告訴乃論之罪，既不以告訴為訴追條件，檢察官因告發、自首或其他情事知有犯罪嫌疑者，儘可依職權偵查起訴，無須指定何人代行告訴。又雖係告訴乃論之罪，如有本法第二三四條第一項、第二項（本項有待刪除）、第三項所列限定告訴人之情形，則依院 1524 號解釋，仍不許指定代行告訴人。

(2)須無得為告訴之人，或得為告訴之人不能行使告訴權，方可指定代行告訴人

前一情形，如被害人死亡而別無其他告訴權人是；後一情形，如被害人年幼不解告訴之意義，而其法定代理人即係被告，復無本法第二三五條所定得獨立告訴之人是。又後一情形如依院 1639 號解釋，本不許指定代行告訴人，惟本法五十六年一月修正第二三六條已增訂「或得為告訴之人不能行使告訴權」一句，該號解釋係就舊法條而言，現已不能援用。他如被害人因智能障礙或為「植物人」，事實上不能行使告訴權者亦屬之。

⑶須由該管檢察官指定之

依普通觀念在財產上或精神上有直接利害關係之人，雖有聲請權，但需否指定及指定何人代行告訴，檢察官不受聲請意旨之拘束。且檢察官得不待聲請而逕依職權指定代行告訴人。總之，是項指定權專屬於該管檢察官。

⑷代行告訴，須非與被害人明示之意思相反

此亦為本法於五十六年一月修正第二三六條所新增，舊法無此規定。

㈢告訴期間

告訴乃論之罪，須以告訴為訴追條件，追訴權之行使，繫於告訴權人之意思，究竟是否有意告訴，不宜聽任久懸不定，本法第二三七條爰設告訴期間之規定。茲說明如下：

1.告訴期間乃係專就告訴乃論之罪而設

逾期告訴即非合法，檢察官應依本法第二五二條第五款為不起訴之處分。

至若非告訴乃論之罪，本無告訴期間可言，得為告訴之人在該罪追訴權時效未完成前，隨時均可告訴，且即使無人得為告訴，檢察官儘可依職權偵查起訴。

2.告訴期間為六個月

⑴告訴期間應自得為告訴之人知悉犯人之時起算。稱知悉者，係指確知犯人之犯罪行為而言，犯罪時告訴權人立即知悉者，告訴期間固可即時起算，如犯罪在先，嗣後始確信其人犯罪者，則應自確悉之時起算❽。又如雖已確悉其人犯罪，而事實上無法行使告訴權者，其告訴期間須俟告訴權人得為告訴之時起算，例如被害人遭看管無法自由實行告訴是❾。再

---

❽ 院 1023 號解釋，26 上 919、40 臺上 20 號判例。又刑法第二三八條詐術結婚罪依第二四五條第一項規定須告訴乃論，該罪必須婚姻無效或撤銷婚姻之裁判確定，方足構成。日本刑事訴訟法第二三五條第二項就此情形規定其六個月告訴期間應自家事裁判確定之日起算（依同法第五十五條第一項規定始日不算入），本法雖未特設明文，惟該罪於婚姻事件裁判確定以前尚未成立，在解釋上自應與日本法相同。

❾ 最高法院民刑庭總會二十六年八月二日決議參照 （甲女被乙男賣與丙家為娼，當時雖知乙男為犯人，但因丙家防閑甚嚴，不得自由告訴）。

者，犯罪行為有連續或繼續之狀態者，依釋字 108 號解釋，告訴期間應自知悉犯人最後一次行為或行為終了之時起算。

(2)關於六個月告訴期間之計算方法，究竟告訴權人知悉犯人之當日應否算入？不無疑義。最高法院 110 臺非 215 號刑事判決認為條文謂自知悉犯人之時起算，係指得以開始行使告訴權之時點而言，非就告訴期間之起算所為特別規定，無民法第一一九條之適用，法定告訴期間六個月，應自知悉日之翌日起算。

(3)告訴乃論之罪案件，得為告訴之人可依鄉鎮市調解條例第三十一條規定聲請調解，經調解不成立時，鄉、鎮、市公所依其向調解委員會提出之聲請，應將原案移請該管檢察官偵查，並視為於聲請調解時已經告訴。實例（最高法院 109 臺上 4249 號刑事判決）認為該條例並未限定應於何時提出移送偵查之聲請，因此，凡經調解不成立者，無論在調解不成立當時，或於其後六個月內向調解委員會提出聲請，均具有視為於聲請調解時已經告訴之效果。

3.告訴權人往往不止一人，各人所享告訴權各別存在

本法第二三七條第二項規定：得為告訴之人有數人，其一人遲誤期間者，其效力不及於他人。可知告訴權人如有數人，其告訴期間應各別起算。

㈣告訴之撤回

本法對於告訴乃論之罪許由告訴人撤回其告訴，第二三八條定有明文，茲說明如下：

1.告訴人方得撤回告訴

依院解 3658 號解釋，有告訴權之人且實行告訴者，方得撤回其告訴。因此，經檢察官依本法第二三六條指定之代行告訴人，不得為告訴之撤回。

2.唯告訴乃論之罪方有撤回告訴可言

非告訴乃論之罪不以告訴為訴追條件，其告訴祇係促使開始偵查之一種原因而已，即使告訴人表示撤回告訴，仍須照常偵查審判，不得據為不起訴處分或不受理判決之事由。

3.告訴人如欲撤回告訴，須於第一審辯論終結前為之

一經第一審終結辯論，該案審理業已成熟，即不許撤回告訴。縱因本法第三六九條第一項但書情形發回第一審法院更審中，參考院 801 號解釋意旨，仍不應准許撤回告訴。至若案移第二審上訴審理或經最高法院發回第二審法院更審中，尤不得撤回告訴（29 上 821 號判例）。

4.告訴之撤回，係一種訴訟行為

其方式如何，本法未有明文規定，解釋上無論書面或庭訊時以言詞行之，均為法之所許。在 3.之時點以前，於審判中亦得向法院為之。

惟此項訴訟行為，必須肯定、明確，不許附有條件，如謂：「假使被告願意登門放鞭炮道歉，我就撤回告訴」云云，即不發生撤回之效力。又告訴乃論之案件於檢察官偵查中或第一審法院辯論終結前，經依鄉鎮市調解條例成立調解，由法院核定，並經告訴人同意撤回告訴者，依該條例第二十五條第二項規定，視為於調解成立時撤回告訴，併予述明。

5.喪失告訴權

告訴乃論之罪經告訴人合法撤回告訴後，即生喪失告訴權之效果，該告訴人不得再行告訴（見第二三八條第二項）。

又鄉鎮市調解條例第二十四條第一項亦規定：調解經法院核定後，當事人就該事件不得再行告訴。惟告訴權人有數人時，其中一人實行告訴後復撤回告訴者，僅就該人發生喪失告訴權之效果，其他有告訴權人當然仍得依法實行告訴；如已提出告訴者，其告訴更不受任何影響（70 臺上 6859 號判例）。

6.數人共犯告訴乃論之罪

經告訴人就共犯中之一人撤回告訴，對於其他共犯有何效力，另詳後述。

㈤告訴不可分原則

告訴乃論之罪一經合法告訴，就共犯而言，對於其中一人告訴之效力，是否及於其他共犯及相關事實，此乃告訴不可分原則所解決之課題。茲從人與事之不可分兩方面解說如下：

1.對人之不可分──主觀不可分

⑴本法第二三九條規定

告訴乃論之罪對於共犯之一人告訴……者，其效力及於其他共犯。足見告訴乃論之罪有共犯者，告訴權人雖僅對其中一人告訴，而其效力則係整體不可分割，仍應及於其他共犯，是為告訴對人不可分即主觀不可分之原則。所稱共犯，不以共同正犯為限，尚包括教唆犯及幫助犯在內。

⑵上述原則唯告訴乃論之罪始有其適用

被害人對於非告訴乃論之罪實行告訴者，經開始偵查後，檢察官所偵查之對象，不以該被害人指明之犯人為限，如經查明尚有其他共犯涉案，儘可依法追訴，此乃本於檢察官之職權，與告訴不可分原則無關。

⑶凡屬告訴乃論之罪，不論其係絕對或相對的告訴乃論，均有告訴主
　　觀不可分原則之適用

【例一】甲之配偶乙，教唆丙妨害甲之名譽，係犯刑法分則第二十七章之罪，依刑法第三一四條規定，須告訴乃論。該項罪名無須審究犯人與被害人之間有何身分關係，絕對告訴乃論。假設甲僅向檢察官對丙告訴，其效力仍及於乙。

【例二】甲之子乙、丙共同侵占甲所有古董一件變賣得款花用，係犯刑法第三三五條第一項之罪，一般犯人本非告訴乃論，惟甲與乙、丙有父子關係，依刑法第三三八條準用第三二四條第二項規定，相對的必須告訴乃論。假設甲僅向檢察官對乙告訴，其效力仍及於丙。

⑷告訴，不過偵查開始原因之一，檢察官是否提起公訴，須視偵查結
　　果而定

告訴乃論之罪如有共犯而被害人僅對於其中一人告訴者，依上述主觀不可分原則，其他共犯雖同為告訴效力所及，應由檢察官併予偵查。惟法院將來審判之對象，須以起訴書列名為被告之人作準（本法第二六六條）。

⑸共犯之間如有訴追條件不一致者，即無上述主觀不可分原則之適用

例如甲乙為父子關係，丙教唆乙盜賣甲之財物，所涉竊盜或侵占罪嫌，在甲乙間須告訴乃論，在甲丙間非告訴乃論，訴追條件不一致。設甲

僅向檢察官對丙告訴，檢察官不得引據本法第二三九條規定將乙一併起訴；反之，設甲僅對乙告訴，經偵查結果發現丙係教唆犯，則檢察官可將丙一併起訴，此乃本於職權進行追訴，並非適用告訴主觀不可分原則所致。

(6)上述主觀不可分原則，依本法第二三九條之規定，在依法撤回告訴之情形，其喪失告訴權之效果，亦及於全部共犯

例如甲之配偶乙，教唆丙妨害甲之名譽，案經甲提起告訴後，旋即對乙撤回告訴，其撤回效力亦及於丙，全案應為不起訴處分（本法第二三九條及第二五二條第五款）。

(7)特別法上所設兩罰規定

與刑法上之共犯有別，且其處罰對象一為從業人員（行為人）另一為法人時，因法人並無犯意可言，與自然人之間尤無所謂犯意聯絡之存在，如該罪須告訴乃論，其兩罰主體間能否適用告訴主觀不可分原則，成為疑問（見公平交易法第三十七條）。著作權法第一〇一條第二項、商業事件審理法第七十七條第二項、智慧財產案件審理法第三十六條第二項均已明定亦有告訴主觀不可分原則之適用，俾資依據。公平交易法上述條文實有增訂之必要。

(8)主觀不可分原則之排除適用

營業秘密法第十三條之三第一項所定告訴乃論之罪，依同條第二項規定：「對於共犯之一人告訴或撤回告訴，其效力不及於其他共犯。」從而，依該法第十三條之四前段兩罰規定追訴處罰之案件，即應排除主觀不可分原則之適用。至其自然人與法人之間，更無適用此項原則之餘地。

(9)外國立法例

瑞士刑法第三十二條及第三十三條第三項、日本刑事訴訟法第二三八條皆有告訴主觀不可分原則之規定。

2.對事之不可分──客觀不可分

告訴乃論之罪係法律上一罪之型態者，如經告訴權人就其中一部事實告訴，究竟對於具有單一關係且亦須告訴乃論之他部事實是否亦為告訴效

力所及，本法未見明定。衡酌單一訴訟客體之基本概念及法律關於告訴乃論規定許由被害人決定是否追訴之精神，其能否依客觀不可分原則處理，可析述如下：

⑴實質上一罪

接續犯——例如被告接續十次行竊其父之現款，其父雖表明僅就其中三次失竊事實訴請究辦，檢察官仍應將全部十次接續犯行偵查起訴，亦即認係全案已經告訴。

繼續犯——例如被告和誘有配偶之某人離家十日，被誘人之配偶雖表明僅就其中三日之離家事實訴請究辦，檢察官仍應以和誘某人脫離家庭十日之犯行偵查起訴，亦即認係全案已經告訴。

集合犯——例如刑法第三一三條散布流言損害他人信用之罪，被害人雖僅就整篇流言中之幾句部分訴請究辦，仍應認為全案已經告訴。

結合犯——結合犯所相互結合之各部事實皆須告訴乃論者，尚乏其例。茲舉單一性案件之類似事例如下：假設甲以行竊目的，侵入居住別處胞兄乙之住宅，竊得現款花用，係犯刑法第三二一條第一項第一款加重竊盜罪，該條項所列各款，乃加重條件；侵入住宅竊盜，尚與結合犯有別，不能於加重竊盜罪之外，復論以刑法第三○六條第一項侵入住宅罪。倘若乙告訴甲竊盜，則侵入住宅部分是否為告訴效力所及，已無須審酌。惟如乙僅就遭甲侵入住宅之事實提出告訴，由於兄弟間之竊盜罪須告訴乃論，此部分未經告訴，追訴條件即有欠缺。

吸收犯——例如甲、乙因口角而衝突，甲隨手拿起乙所有瓷碟一只擲擊乙成輕傷，瓷碟落地破碎，傷害行為足以吸收毀損行為，僅論以傷害罪即足。設乙告訴甲傷害，對於毀損部分是否為告訴效力所及，已不必審酌。

加重結——加重結果犯係因犯罪（基本行為）致生一定結果而為加重
果犯　　其刑之規定。犯人在主觀上須無預見，基本行為與加重結
　　　　果間，難謂等同於故意犯與過失犯之結合，且其加重結果
　　　　部分，未必單獨成罪。刑法第二二六條第二項之罪是其適
　　　　例，刑法於八十八年四月修正前，該罪之基本行為與加重
　　　　結果兩者皆須告訴乃論，一經告訴，即應認其整個事實已
　　　　有告訴。刑法修正後，此種型態難以舉例。

⑵裁判上一罪

依九十五年七月一日施行之修正刑法，裁判上一罪僅剩想像競合犯一
種，因其本質上係數罪，被害人即得選擇是否全部追訴。例如甲故意丟擲
磚塊砸毀乙之古董花瓶，因花瓶散裂，碎片擊傷一旁之乙。依此事實，甲
涉嫌毀損罪及過失傷害罪，為想像競合犯，兩罪均須告訴乃論。乙如表明
僅就甲所犯毀損罪為告訴，其效力即不及於過失傷害罪。

⑶上述⑴及⑵情形，如其各部分之訴追條件不一致，或其被害人不同
　一者

均應分別認定告訴之有無，並無所謂客觀不可分與否之可言。49 臺
上 517⑴及 54 臺上 1629 號判例均可參照。

㈥告訴之方式

本法第二四二條第一項規定：告訴，應以書狀或言詞向檢察官或司法
警察官為之❿；其以言詞為之者，應製作筆錄。為便利言詞告訴，得設置
申告鈴⓫。同條第二項規定：檢察官或司法警察官實施偵查，發見犯罪事

---

❿　告訴乃論之罪在事實審法院（一審及二審）審理中，被害人可補為告訴。但
　　必須向檢察官或司法警察官為之，再由檢警補送法院。其逕向法院表示告訴
　　者，於法不合（院 2105 號解釋及 73 臺上 4314 號判例）。又如在第二審補為
　　告訴者，即無撤回告訴之機會。

⓫　申告鈴創始於二十六年一月十五日施行之「上海地方法院檢察處申告鈴使用
　　暫行規則」，經前司法行政部於同年二月六日准予備查並通令全國各省倣照
　　辦理。

實之全部或一部係告訴乃論之罪而未經告訴者，於被害人或其他得為告訴之人到案陳述時，應訊問其是否告訴❷，記明筆錄。同條第三項規定，本法第四十一條第二項至第四項（關於朗讀筆錄、增刪註記、受訊問人簽名蓋章等事項）及第四十三條（筆錄製作人）之規定，於上述第二四二條第一項、第二項筆錄準用之。

　　實行告訴，依院 89 號及 122 號解釋，得委任代理人代行。所委之人不以具備律師資格者為限，該代理人縱係律師，仍不能與辯護人視同一律。依本法第二三六條之一第一項規定：告訴，得委任代理人行之。但檢察官或司法警察官認為必要時，得命本人到場。又依同條第二項規定，前項委任應提出委任書狀於檢察官或司法警察官，並準用第二十八條及第三十二條之規定。即代理人之人數不得逾三人，代理人如有數人時，送達文書應分別為之。至於閱覽卷證及接見嫌犯，係第三十三條及第三十四條所定辯護人之權限，於此不在準用之列。倘若告訴人於案件起訴後在審判中委任代理人到庭陳述意見者，此種代理人之權限，另依本法第二七一條之一之規定。惟檢察官偵查案件依第二三六條規定指定代行告訴人者，業已就其資格、能力及案情為綜合之考量，自不應允許受指定代行告訴之人再委任代理人處理事務。本法第二三六條之二爰規定：「前條及第二百七十一條之一之規定，於指定代行告訴人不適用之。」以示排除。

四、偵查開始原因之二：告發 (Anzeige, Strafanzeige)

§§240
~242

　　告訴權人以外之第三人知有犯罪嫌疑，或公務員因執行職務知有犯罪嫌疑，而向偵查機關（主體機關及輔助機關）申告犯罪事實促使開始偵查，謂之告發，俗稱檢舉。

　　貪污治罪條例第十八條第一項、毒品危害防制條例第三十二條、組織犯罪防制條例第十條及第十一條等所稱「檢舉人」，實即指告發人而言。本法第二四〇條係就非公務員規定不問何人得為告發，此非義務，是否告發，任憑自行決定。第二四一條係責成公務員應為告發，此為義務。公務

---

❷　申告他人犯罪事實，必須意思明確，不得附條件，但不以指明法條為必要。

員因執行職務過程中發現有犯罪嫌疑時，必須告發。倘若怠忽此項職責，須負懲戒責任❸甚至刑事責任❹。告發，得以書狀或言詞為之，所用方式與告訴同，詳如本法第二四二條。

告發之目的，在於促使開始偵查，並無期間限制。偵查一經開始，即應由偵查機關本於職權依法處理，無所謂撤回告發或告發是否可分之可言。告發人如係自然人，法院認有命其作證之必要時，得依本法關於證人之規定予以傳喚拘提，強制其到場作證（釋字 249 號解釋）。從而本法第一六六條所定應受詰問之證人，即應包含告發人在內❺。又檢察官之不起訴處分書及起訴書依本法第二五五條第二項及第二六三條規定，應作成正本，送達於告發人。惟告發人對於檢察官所為不起訴處分，無權聲請再議。因告發而開始偵查之案件，一經終結偵查為不起訴之處分，除須職權再議者外，其處分即告確定（見院 1016、1178 號解釋及 27 上 2045 號判例）。

§243
五、偵查開始原因之三：請求

刑法第一一六條所定妨害友邦元首或外國代表名譽之罪及第一一八條所定侮辱外國國旗國章之罪，依刑法第一一九條規定，須經外國政府之請求乃論。

本法爰於第二四三條第一項明定外國政府之請求得經外交部長函請司法行政最高長官令知該管檢察官，同條第二項復規定本法第二三八條及第二三九條於外國政府之請求準用之。依上所述，請求乃論之請求，與告訴乃論之告訴，同屬一種訴追條件，且可準用撤回告訴及告訴不可分原則之規定。

惟其請求之方式，須依本法第二四三條第一項規定行之，即應循外交途徑，經外交部轉法務部，再由法務部轉知最高檢察署令發有管轄權之檢

---

❸ 參見公務員懲戒委員會鑑字 2093 號議決案例。
❹ 如貪污治罪條例第十三條及第十四條之不舉發罪是。
❺ 組織犯罪防制條例第十二條另有不為對質、詰問之特別規定。

察官偵辦。又本法第二三七條關於告訴期間六個月之規定，不在準用之列，第二五二條第五款及第三〇三條第三款均無「請求期間」字樣，是請求乃論之請求尚無請求期間之限制（日本刑事訴訟法第二三五條第一項，係以但書明定六個月告訴期間，對於日本刑法分則第四章關於國交之罪不在此限，堪供參考）。

六、偵查開始原因之四：自首

§244

自首之意義，詳如刑法第六十二條及其相關判例。本法第二四四條規定：自首向檢察官或司法警察官為之者，準用第二四二條之規定。

因此，自首方式係用言詞或書面，自行或託人代行（或請非檢警機關轉送），均無限制。惟受理自首之公務員訊問被告時，應先作初步審認。如發現不符合自首要件者，即不得循被告之口吻而發問（例如訊以：你來自首什麼事情？），以免誤導被告信賴自首寬典而坦承犯罪事實，導致法院以被告自白出於檢警人員施用詐欺方法而認為無證據能力。最高法院72 臺上 4380 號刑事判決即係此種事例，檢警人員應引以為戒。

七、偵查開始原因之五：其他情事

本法第二二八條第一項所列檢察官開始偵查之原因，除告訴、告發、自首，已如上述外，尚有「其他情事」一詞，以資概括。其範圍甚廣，茲舉例如下：

①檢察官因相驗發現有犯罪嫌疑而開始偵查（本法第二一八條）。

②檢察官接受自訴不受理或管轄錯誤之判決書認須提起公訴因而開始偵查（本法第三三六條第二項）。

③檢察官受理少年法院或少年法庭裁定移送之少年刑事案件因而開始偵查（少年事件處理法第六十六條）。

④檢察官因海關緝私發現有犯罪嫌疑移送案件而開始偵查（海關緝私條例第十六條之一）。

⑤檢察官因軍事審判機關移送案件而開始偵查（軍事審判法第一三九

條第二項及第一七〇條）。

⑥檢察官因該管機關處理違反社會秩序維護法事件併涉犯罪嫌疑移送案件而開始偵查（社會秩序維護法第三十八條）。

⑦檢察官因監察院移送公務員違法失職涉嫌刑責案件而開始偵查（監察法第十五條及第十九條第一項）。

⑧檢察官自動檢舉開始偵查（例如從報章雜誌發覺特定犯罪行為、從偵辦刑案發覺偽證誣告等）。

在上述⑧之情形，檢察官發現總統涉嫌犯罪時，能否自動檢舉開始偵查，乃係憲法上之問題。依釋字 388 及 627 號解釋（暨理由書），總統涉犯內亂或外患罪以外之罪依憲法第五十二條不受刑事上訴究者，不過在其任職期間暫時不能進行刑事訴究而已，非謂就其犯罪行為享有實體之免責權。由於此種暫時性程序障礙之存在，檢察官自不得以總統為犯罪嫌疑人或被告而予開始偵查，更不許實施拘提或對其身體為搜索、勘驗或鑑定等強制處分。惟其既非免責權，一經卸任，應即依法追訴處罰。為避免證據湮滅導致難以追訴審判起見，仍得於無損總統身分尊崇及職權行使之前提下，進行證據調查與證據保全措施。例如勘驗現場、勘驗物件或電磁紀錄、調閱文書及物件，以及自總統以外之人搜集所需保全之檢體等屬之（關於牽涉搜索扣押之問題已詳 §126 說明）。且總統刑事豁免權雖不得為事前、概括之拋棄，但就個別證據調查行為，仍得由總統自行判斷是否導致身分尊崇與職權行使之損傷或妨礙，而為個案豁免權之拋棄，此項拋棄得隨時終止，自不待言。倘若案經起訴而就其拋棄是否違反解釋意旨有所爭執時，自應由法院審酌之。

八、偵查之方法

檢察官為偵查之主體，於偵查開始後，就個別案件，視案情需要，透過檢警聯繫，採行對人或對物各種強制處分，蒐集證據，發見真實，進行研判，據以終結偵查。每一案件之具體偵查方法，各不相同，無從劃一，本法僅能就其要項，作原則性之規定：

1.本法第二四五條第一項規定：「偵查，不公開之。」是為偵查不公開
原則
§245

按偵查犯罪，必須掌握機先，多方蒐證，深入查究，發掘真相，以積極證據，使被告認罪。關於偵查策略及行動，均應嚴加保密，不容外洩，以防被告勾串人證、湮滅罪證甚至逃匿無蹤。

惟所謂偵查不公開，自七十一年八月修正增訂偵查中辯護制度後，已改採相對不公開之概念（第三十一條第五項及第三十一條之一尚有強制辯護之規定。且第二四八條之一允許被告親屬或一定資格之人陪同在場。又於人口販運防制法第二十四條、性侵害犯罪防治法第十五條亦有陪同在場者並得陳述意見之特別規定）。對於辯護人而言，應賦予其有限度參與之機會，第二四五條第二項乃有辯護人在場權之規定。八十九年七月修正後，其內容為：「被告或犯罪嫌疑人之辯護人，得於檢察官、檢察事務官、司法警察官或司法警察訊問該被告或犯罪嫌疑人時在場，並得陳述意見」，俾能提供法律輔助，保障合法權益。「但有事實足認其在場有妨害國家機密或有湮滅、偽造、變造證據或勾串共犯或證人或妨害他人名譽之虞，或其行為不當足以影響偵查秩序者，得限制或禁止之」，以期確保偵查之順利進行。九十五年五月增訂第三十一條第五項，復於一○二年及一○四年修正後，對於因精神障礙或其他心智缺陷無法為完全陳述者，以及原住民被告之強制辯護，已擴及偵查程序。檢察官依上述第二四五條第二項但書所為限制或禁止之處分，本法第四一六條第一項未列入準抗告之範圍，憲法法庭111憲判7號判決認為違背憲法第十六條保障訴訟權之意旨，應行修法妥為規定；在完成修法前，可準用準抗告程序聲請法院撤銷之。

又為使辯護人得以在場，同條第四項明定：「偵查中訊問被告或犯罪嫌疑人時，應將訊問之日、時及處所通知辯護人。但情形急迫者，不在此限。」且辯護人雖得在場，仍不許其對外洩漏偵查祕密，同條第三項揭示之保密義務，於一○一年六月修正內容謂：「檢察官、檢察事務官、司法警察官、司法警察、辯護人、告訴代理人或其他於偵查程序依法執行職務之人員，除依法令或為維護公共利益或保護合法權益有必要者外，偵查中

因執行職務知悉之事項,不得公開或揭露予執行法定職務必要範圍以外之人員。」辯護人、檢警人員、告訴代理人等均應遵守,如有違背,將分別情形查究律師懲戒責任、公務員懲戒責任甚至刑事責任。又於一○一年六月增訂同條第五項規定:「第一項偵查不公開作業辦法,由司法院會同行政院定之。」俾就同條第一項偵查不公開之規定,另訂詳盡具體規範,以資遵循。此項「偵查不公開作業辦法」已於同年十二月發布,並於一○二年八月及一○八年三月兩度修正。該辦法明定對於偵查程序、內容及所得之心證,均不得公開;並就偵查程序、偵查內容之內涵,其例外可適度公開或揭露之事項,以及建立新聞發言人制度等情形,詳為規定。

按偵查中被告是否被訴尚未可知,訴訟關係尚未形成,本無所謂辯護可言,偵查中辯護人之職責,在於提供法律輔助,保障嫌犯權益。本法賦予偵查中辯護人之權限,與審判中比較,相去甚遠,除上述第二四五條之在場權甚為重要外,其餘尚有下列六項:

①交通權(第三十四條、第三十四條之一)。

②羈押被告所依據事實之受告知(第一○一條第三項、第一○一條之一第二項)。

③押票之收執(第一○三條第二項)。

④變更押所之聲請及受通知(第一○三條之一)。

⑤撤銷羈押及具保停止羈押之聲請(第一○七條第二項、第三項及第一一○條第一項)。

⑥收受不起訴處分書正本及起訴書正本之送達(第二五五條第二項、第二六三條)。

關於第二四五條第二項之在場權,辯護人在場時,非謂僅能在場觀察訊問過程聽取詢答內容而已,如當場提出有關調查證據以供偵查案件參考之意見,亦為法之所許。惟本法所定辯護人得在場之情形,尚有辯護人得於搜索、扣押、勘驗時在場等規定,其第一五○條第一項(第二一九條準用)已載明「審判中」字樣,從而於偵查中實施搜索、扣押或勘驗時,辯護人即無在場權,限制過嚴,宜予檢討放寬。

◎關於偵查之方法，有所謂任意偵查與強制偵查者，此種區分，源自日本。該國刑事訴訟法第一九七條第一項前段規定：為達成偵查目的，得為必要之調查。而同條項但書則謂：但強制處分，除法律有特別規定者外，不得為之。日本檢察官無權簽發傳票，除經依法拘捕或羈押者外，僅得通知嫌犯或嫌犯以外之人到場接受調查（見日刑訴 §§198、223），不具強制性，此即所謂任意偵查模式。受通知人未受意思自由之壓抑或其他限制，並無到場義務，即使到場後，仍可隨時離去。於是，在日本學術及實務上乃有任意偵查與強制偵查之區分。日本檢察官辦案以任意偵查為原則，如需採取強制方法，須受「強制處分法定主義」之約束。

我國檢察官有權簽發傳票傳喚被告或證人到場應訊，對於無正當理由不到場者得予拘提，與日本法制有別。釋字 392 號解釋理由書指明檢察官為偵查之主體。本法對於檢察官辦理案件稱曰偵查（如 §228）、訊問（如 §§245、248、248 之 1）；而對於司法警察人員辦理案件則曰調查（如 §§229 至 231）、詢問（如 §§71 之 1、196 之 1）。自各該不同用詞可知，司法警察人員調查犯罪蒐集證據，除別有規定外（如 §§130 至 131 之 1），應以任意（非強制）方式進行為原則。至若檢察官辦理案件可否採取任意偵查之方式進行，法無明文，遂有所謂「他」字案之產生（以下略稱：他案）。關於他案具體規範，最初係由司法行政部以六十三年十一月二十二日臺 (63) 函刑字第 09904 號函下達實施，內容甚為嚴謹（全文見該部公報第三期），函文並說明他案採用「簽結」屬於內部行政上之處理方法，在訴訟法上並無依據。該部改制為法務部後，原仍維持一貫立場，可惜日久漸趨寬鬆。監察院曾經為此糾正法務部，糾正案文刊登於監察院公報第 3109 期（一〇八年一月九日）。他案由於是否涉及特定人犯罪尚未明瞭，乃冠用「他」字俾與已有特定被告之「偵」字案有所區別。

傳喚，須以被告、證人為對象，且係間接強制處分，他案不容使用。法務部七十年十一月五日法 (70) 檢字第 13545 號函主旨謂，檢察官對於尚未列有被告之他案如須查詢時，可酌以便宜方法通知其到場。由此可知他案屬於任意偵查性質。對於受通知之人（即約詢對象）已往使用某君或

某某先生女士為稱呼，本無不妥，法務部九十一年三月二十五日法 (91)
檢字第 0090047562 號函謂依本法第六十三條前段規定可用「關係人」身
分「通知」其到場云云，殊不知他案既非該條所稱「指定期日行訴訟程
序」，即與規定不符，且條文內「訴訟關係人」一詞係總稱而非稱呼，對
於個別之人仍應載明具體稱呼，此觀傳喚被告或通知檢察官時，不因本法
第三條而可使用「當事人」作籠統稱呼即明。既曰「通知」而非「傳喚」，
則受通知之人即無到場義務。縱使到場接受約詢，仍可隨時離去，書記官
當場所作筆錄，祇能稱為「談話筆錄」。檢察實務所見，有於他案進行詢
問前告知本法第九十五條第一項各款事項者，在程序上實已將約詢對象認
之為被告，又如令其具結作證者，由於應先查明其與「被告」有無本法第
一八〇條第一項之關係，足見已經產生被告，凡此皆已踰越任意偵查之界
限。尤有甚者，倘若先將約詢對象作為「證人」令其具結作證，隨又變更
為「被告」身分予以偵訊，則自任意偵查轉為強制偵查，在時間上毫無緩
衝區隔，即使告以「得選任辯護人」，既已無法自由離去，何能妥為選聘
律師，容或有預聘律師在場外等候以備不時之需者，究非常態事例。上述
情形，不僅影響被告合法權益，且易導致疲勞訊問，顯有未妥。

§246　　**2.本法第二四六條規定於必要時可就被告所在訊問之**

　　依照該條規定，「遇被告不能到場，或有其他必要情形，得就其所在
訊問之。」

　　按實施偵查非有必要不得先行傳訊被告，為本法第二二八條第三項所
明定，此乃基本要求。倘若檢察官蒐集證據已達相當程度，認有訊問被告
之必要時，即可依第六十三條及第七十一條規定，指定訊問期日，傳喚被
告到場應訊。法庭開庭，應於法院內為之，法院組織法第八十四條第一項
前段定有明文。檢察官既非法官，即無「開庭」可言，俗稱所謂「偵查
庭」者，在法律上雖無根據，向來仍於檢察署內關室進行訊問（檢察實務
所用「他」字案屬於任意偵查性質，是否涉及特定人犯罪尚不明瞭，既無
「被告」之存在，即不得使用傳票，如有接受談話通知書者，並無到場義
務，即使到場仍可隨時離去）。惟如被告無法前來應訊，則依上述第二四

六條規定，檢察官得就被告所在訊問之。例如被告拒捕為警械所傷，住入醫院治療，檢察官即可帶同書記官前往病房進行訊問並製作筆錄。

3.本法第二四七條規定相關機關之報告義務

§247

依照該條規定，「關於偵查事項，檢察官得請該管機關為必要之報告。」茲所謂該管機關者，係指司法警察機關以外之一切公務機關而言，檢警聯繫基於檢察官之調度指揮權限，非以本條為依據。

4.本法第二四八條規定被告於偵查中之詰問權

§248

該條第一項規定：訊問證人、鑑定人時，如被告在場者，被告得親自詰問；詰問有不當者，檢察官得禁止之。同條第二項規定：預料證人、鑑定人於審判時不能訊問者，應命被告在場；但恐證人、鑑定人於被告前不能自由陳述者，不在此限。按本法第一六六條、第一六七條關於審判中詰問證人、鑑定人之規定，於偵查中無從援用。惟檢察官實施偵查訊問證人、鑑定人，在時機上較審判中更為重要，基於發現真實及維護被告防禦權之考量，本法特於第二四八條另設偵查中被告詰問證人、鑑定人之規定，俾利應用。又本條並與第一五九條之一第二項之適用相互關聯，附帶指明。檢察官如未予被告在場進行詰問之機會，除被告放棄詰問，或證人、鑑定人有在客觀上不能受詰問（參見 §159-3）之情形外，法院必須傳喚彼等到庭，踐行詰問程序，以期完足調查，符合嚴格證明法則之要求。

5.本法第二四八條之一明定於偵查程序中例外允許陪同被害人在場之人

§248-1

該條係於一〇九年一月，配合本法第七編之三之增訂，將舊條文修正成三項。其第一項規定：被害人於偵查中受訊問或詢問時，其法定代理人、配偶、直系或三親等內旁系血親、家長、家屬、醫師、心理師、輔導人員、社工人員或其信賴之人，經被害人同意後，得陪同在場，並得陳述意見。同條第二項謂：前項規定，於得陪同在場之人為被告，或檢察官、檢察事務官、司法警察官或司法警察認其在場，有礙偵查程序之進行時，不適用之。

上述第一項規定，旨在保障被害人合法權益，尊重其意願，並考量其

受害後之身心狀況尚待重建，爰許可一定親屬或特定資格之人陪同在場，避免造成二度傷害。此乃單純陳述意見，非屬證人身分，否則必須具結。至於該項陳述之證據能力問題，請參閱 §186 相關說明。條文所稱配偶，依司法院釋字第七四八號解釋施行法第二十四條第二項前段規定，包含該法第二條所定同性結合關係者在內。上述第二項規定，係因陪同者有妨害偵查情事而設。蓋偵查本不公開，第一項所定被害人一定親屬或特定資格之人得以陪同，原屬基於保障被害人而例外許其在場，倘若妨礙偵查，自應排除適用也。

§248-2
6.本法第二四八條之二引進「修復式司法」之運用

該條第一項規定：「檢察官於偵查中得將案件移付調解；或依被告及被害人之聲請，轉介適當機關、機構或團體進行修復。」同條第二項補充規定謂：「前項修復之聲請，被害人無行為能力、限制行為能力或死亡者，得由其法定代理人、直系血親或配偶為之。」茲說明如下：

⑴本條係於一〇九年一月與本法第七編之三同步增訂。

⑵本條第二項所稱配偶，依司法院釋字第七四八號解釋施行法第二十四條第二項前段規定，包括該法第二條所定同性結合關係者在內。

⑶本條所稱「修復」，係指「修復式司法」而言。其修復之進行，須以被告與被害人雙方共同聲請為前提，檢察官不得依職權逕行轉介。案件經轉介後，接受轉介者依評估結果，如認為不適於進行修復時，自當移回檢察官繼續依法偵查；如認適合修復者，俟其修復結果提出書面報告，送還檢察官供終結偵查時之參考，憑以擇取緩起訴處分或其他適當之處遇。

⑷Restorative Justice（修復式司法，又譯稱修復式正義）一詞，最早出現之國際性文件，為聯合國經濟暨社會理事會一九九九年七月二十八日第四十三次全體會議 1999/26 號決議，其第三點內容，強調調解與修復式司法（中文簡體文本譯稱恢復性司法）措施，於適當時，具有使受害者滿意以及防止未來非法行為之效果，並可供作短期監禁及罰款之一種可行之替代手段。原文以 Mediation and Restorative Justice Measures 相稱。三年後，該理事會二〇〇二年七月二十四日第三十七次全體會議 2002/12 號決

議，提出刑事案件中使用修復式司法方案之基本原則 (Basic Principles on the Use of Restorative Justice Programmes in Criminal Matters)，其第四項第二十至二十二點內容，要求持續推行修復式方案。又隔二年後，聯合國第十一屆預防犯罪與刑事司法大會於二〇〇五年四月在泰國曼谷集會作成之曼谷宣言 (Bangkok Declaration)，其第三十二點內容，中文簡體文本譯謂：「為了促進被害人的利益和罪犯的改造，我們認識到進一步制定包括了起訴以外其他選擇的恢復性司法政策、程序和方案的重要性，從而避免監禁可能帶來的不良後果，幫助減少刑事法庭的案件數量，並促使將恢復性司法方法納入刑事司法體系中。」自此以後，修復式司法之運用，逐漸成為各國刑事政策之方向。

　　⑸法務部自九十九年六月起，已訂定「修復式司法試行方案」推動實施，並於一〇一年六月檢討修正。十餘年來漸見成效。本條之增訂，正式取得法律上之依據。

　　⑹關於修復式司法之意義，於後述第二七一條之四，續有相關說明。

7.本法第二四八條之三保護被害人之隱私

§248-3

　　本條係於一〇九年一月與本法第七編之三同步增訂。其第一項規定：「檢察官於偵查中應注意被害人及其家屬之隱私。」俾能避免遭受二度傷害，並維護安全與尊嚴；對於彼等之身分資料尤須嚴密保護，防範不當揭露。緊接於第二項規定：「被害人於偵查中受訊問時，檢察官依被害人之聲請或依職權，審酌案件情節及被害人之身心狀況後，得利用遮蔽設備，將被害人與被告、第三人適當隔離。」此種措施，在性侵害犯罪防治法第十六條第一項已有成例。所謂遮蔽設備，例如深色厚布簾幕、阻隔屏風、單面鏡等是。上述兩項規定，於第三項並就檢察事務官、司法警察官或司法警察調查時，明定「準用之」。

8.本法第二四九條規定急迫時之輔助

§249

　　依本條規定，實施偵查遇有急迫情形，得命在場或附近之人為相當之輔助。檢察官於必要時，並得請附近官長派遣軍隊輔助。

§250

九、偵查之移轉

　　法院組織法對於各級檢察署，採取機關配置之模式。該法第五十八條規定：各級法院及分院各配置檢察署。第六十二條規定：檢察官於其所屬檢察署配置之法院管轄區域內執行職務，但遇有緊急情形時，不在此限。從而，檢察官執行職務，在基本上應受其所屬檢察署審級配置及管轄權分配之拘束，除有緊急之迫切情況時，得為必要處置外，不許越級、越區行使職權。

　　本法第二五○條規定：「檢察官知有犯罪嫌疑而不屬其管轄或於開始偵查後，認為案件不屬其管轄者，應即分別通知或移送該管檢察官。但有急迫情形時，應為必要之處分。」意即案件尚未開始偵查者，應通知有管轄權法院所配置之檢察署檢察官開始偵查；案件已經開始偵查者，應移送於有管轄權法院所配置之檢察署檢察官使其接續偵查。

　　無論案件已否開始偵查，在尚未通知或移送以前，如有急迫情形，依第二五○條但書及本法第十六條準用第十四條之規定，該檢察官有為必要處分之職責。實務所見，關於已經開始偵查案件之移送（移轉），須由共同直接上級檢察署之檢察長核定轉送，以求慎重，而防推諉。

　　惟檢察官上下一體，與法院之因土地或事物管轄而行使職權者有別。依法院組織法第一一一條第三款、第四款規定，高等檢察署檢察長對其檢察分署與所屬地方檢察署及其檢察分署有行政監督權，高等檢察分署檢察長對其轄區內地方檢察署及其檢察分署有行政監督權，復依該法第六十四條規定，檢察長得行使檢察事務移轉權。因此，高等檢察署或其檢察分署檢察長，對於土地管轄不同之某一法院該管案件，得以檢察命令指揮轄區內他法院所配置之檢察署檢察官實施偵查。如認應行起訴者，倘若他法院有管轄權，即可向其提起公訴，否則仍須向原法院起訴方屬合法（見院63、598 及 1872 號解釋）。

十、偵查之終結

　　檢察官之偵查程序以就所偵查案件為起訴或不起訴處分而終結　（院2550 號解釋），茲分述如下：

㈠提起公訴

§251

　　檢察官實施偵查告一段落時，經就案件進行研判，作成追訴之結論後，即應代表國家行使追訴權，將該一具體個案訴請法院審判，以確定刑罰權之有無暨其範圍。此項訴訟行為，稱曰提起公訴。關於起訴書之製作及起訴之效力，另詳後述（第二六四條以下）。又如檢察官係向法院聲請簡易判決，其聲請與起訴有同一效力。

　　本法第二五一條第一項規定：檢察官依偵查所得之證據足認被告有犯罪嫌疑者，應提起公訴。同條第二項復規定：被告之所在不明者，亦應提起公訴。上述規定乃係起訴法定原則 (Legalitätsprinzip) 之表現。

　　惟因本法兼採起訴裁量原則 (Opportunitätsprinzip)，檢察官之起訴，除依第二五一條外，尚須具備訴訟條件（包括程序及實體兩方面）及起訴之必要性，方屬完備之起訴，否則，將發生起訴不正確甚至公訴權濫用問題。第二五一條第一項謂「足認被告有犯罪嫌疑」，第二九九條第一項謂「被告犯罪已經證明」，兩相對照，前者尺度雖然較寬，但檢察官仍應研判案情及證據，必須在客觀上具有論罪科刑之把握者❶❻，方能提起公訴，以重人權，不得曲解為有嫌疑即可起訴，以致濫用公訴權草率起訴❶❼。

㈡聲請簡易判決

　　聲請簡易判決，與起訴有同一之效力（本法第四五一條第三項），另詳本法第七編簡易程序。

---

❶❻　可參照 76 臺上 4986 號判例。

❶❼　關於公訴權濫用論，日本學者有此主張，認為既係出於濫用，其公訴即屬無效，應由法院諭知免訴或不受理之判決，惟為該國司法實例所不採（參考其最高裁判所昭和 55.12.17. 判例（刑集 34–7–672），學界理論值得肯定，但在適用上極其嚴格）。

(三)不起訴處分

　　檢察官實施偵查告一段落時，經就案件進行研判，認其欠缺訴訟條件，或認無起訴之必要，作成不追訴之結論後，以書面對外表示不予提起公訴，是為不起訴處分。探究本質，不起訴處分祇屬檢察官於控方立場所作不追訴之內部意思決定而已，原無製作處分書之必要。民國初期曾經採用豫審（預審）制度，凡高等審判廳管轄第一審之案件，及地方審判廳管轄第一審之案件屬於最輕本刑為二等有期徒刑者，檢察官如認被告有犯罪嫌疑時，應移送該管法院聲請豫審，其餘案件得移送該管法院聲請豫審，均須經由豫審推事審認個案，分別為起訴或不起訴之裁決。如為起訴之裁決者，應將卷證一併送交檢察官向管轄法院起訴。如為不起訴之裁決者，檢察官得抗告。最早制定施行全國之十七年刑事訴訟法，取消豫審程序，改由檢察官承接豫審推事之職權，當時該法第二四三條至第二五〇條，遂有不起訴處分、製作處分書以及可聲請再議等規定。現制檢察官係司法官❶，本法界予廣泛之強制處分權限，諸如傳喚、拘提、通緝、鑑定、勘驗等對人對物處分，檢察官均得為之，且其運用各種強制處分實施偵查結果所達成之不起訴處分，本法第二六〇條更賦予實質上之拘束力，實與無罪確定判決同其效果（見後述㉛），顯見不起訴處分具有司法處分之性質。因此依第二五五條第一項規定，應製作處分書敘述其處分之理由。但處分前經告訴人或告發人同意者，處分書得僅記載處分之要旨，以資簡化。又依同條第二項及第三項規定，前項處分書應以正本送達於告訴人、告發人、被告及辯護人。此項送達，自書記官接受處分書原本之日起，不得逾五日。

　　本法關於公訴權之行使，除採取起訴法定原則外，尚兼採起訴裁量原則，前已述及。於是檢察官所為不起訴處分遂有絕對「應」不起訴與相對「得」不起訴之區別。茲將不起訴處分之法定原因說明如下：

1.應不起訴

　　檢察官偵查案件，除認為不屬其管轄者應依本法第二五〇條規定移送

❶　見司法人員人事條例第三條第二款。

於該管檢察官外，其偵查結果發現案件有下列情形之一者，絕對不得提起公訴，必須予以不起訴處分。

⑴曾經判決確定者（本法第二五二條第一款）

同一被告之同一行為，應僅受一次實體判決，同一案件如經實體判決確定在先，則其犯罪之起訴權即告消滅，既不得再為刑事訴訟之客體，檢察官即應為不起訴之處分，否則構成雙重追訴，將遭免訴。詳見前述「裁判之效力」㈡之 2.相關說明。

⑵時效已完成者（本法第二五二條第二款）

刑法總則第十一章所定時效，有追訴權時效與行刑權時效兩種。茲所稱時效，專指前者而言。追訴權經過法定期間而不行使者即告消滅，時效已完成之案件，其起訴權既已消滅，則其訴訟條件顯有欠缺，自應為不起訴處分。關於追訴權時效之計算，應依刑法之規定，惟在實用上尚須注意下列各點：

①時效已否完成，係以案件起訴繫屬於法院之日為準。例如某案於其追訴權時效期間末日終結偵查提起公訴者，檢察官必須在當日將起訴書連同卷證送交該管法院之收發室，使生訴訟繫屬，其後即無時效進行問題（釋字 138 號解釋）。如遲至翌日送交法院，則該案時效已完成，法院勢必判決免訴。

②犯罪後法律遇有變更而應依刑法第二條第一項但書為舊法或中間法最有利規定之比較適用時，關於追訴權時效，亦在比較之列（32 上 750 號判例）。

③偵查中被告經依法通緝者，構成追訴權時效停止進行之原因，而有刑法第八十三條之適用（參照釋字 123 號解釋）。

⑶曾經大赦者（本法第二五二條第三款）

憲法第四十條規定總統依法行使大赦之權，赦免法第二條規定大赦之效力，其第二款規定：「未受罪刑之宣告者，其追訴權消滅」。從而被告涉嫌之罪行一經依法赦免，即應為不起訴處分。至於實體情節如何，已無須審究（36 上 4483 號判例）。我國建國以來，曾於元年、十六年、二十年、

二十一年及三十六年，先後辦理大赦五次，均在行憲以前（另有十四年元旦北京政府赦令，與國民政府法令牴觸不計）。憲法自三十六年十二月二十五日施行以來，尚未有大赦之舉，至於六十年、六十四年、七十七年、八十年及九十六年計有前後五次減刑，皆以「條例」為根據，須以裁判行之，與總統依憲法及赦免法，不經司法或軍法程序，而逕行發布命令行使減刑之權者有別，且僅係減刑而已，不發生大赦之問題。

⑷犯罪後之法律已廢止其刑罰者（本法第二五二條第四款）

此種情形，係指行為時法律所定刑罰，其後已經廢止，而現行法復無科處刑罰之明文者而言。如依現行法仍應構成刑責，則不過行為後法律之變更而已，國家之刑罰權並未因而消滅，自不能據為不起訴之理由。

例如票據法第一四一條、第一四二條關於違反票據法罪之規定，其施行期限於七十五年十二月三十一日屆滿，依中央法規標準法第二十三條規定，因期滿而當然廢止，其他法律別無處罰票據犯罪之規定是。又如違反糧食管理治罪條例第九條第一項規定：「經營糧食業之商人，購進、售出、存儲、加工、經紀糧食，不遵照規定詳確登記帳簿或不向糧食主管機關填送報表者，科糧價百分之二十以下之罰金。」惟該條例已於八十六年五月三十日廢止，同日制定之糧食管理法，對於上述不依規定登簿之行為，依其第十七條第二款規定，係處以罰鍰，已無刑罰規定，亦為適例。

處罰犯罪之法條經司法院解釋宣告違憲失效者，其刑罰即已廢止，尚在偵查中之案件，無待該法條完成刪除之立法程序，檢察官即應為不起訴之處分。例如刑法第二三九條處罰通姦、相姦罪之規定，經釋字 791 號解釋認其對於憲法第二十二條所保障性自主權利之限制，與憲法第二十三條比例原則不符，應自該號解釋公布之日（一○九年五月二十九日）起失其效力，檢察官對於此類案件，應即終結偵查處分不起訴。此段說明，係解釋公布後，本書於同年九月修訂九版所增訂之內容，相隔十一個月後，最高法院刑事大法庭 110 臺非大 13 號裁定，對於本法第三○二條第四款之適用，採取相同見解，併可參照。

茲應注意者，空白刑法補充規範之內容變更，有無刑法第二條第一項

之適用，在學理上雖有爭議，但實例持否定說，認為祇屬事實變更，法律並未變更或廢止，此可參照關於懲治走私條例所定行政院專案指定管制物品公告內容變更問題之釋字 103 號解釋及 51 臺上 159 號判例意旨即明。釋字 680 號解釋雖認為該條例第二條第一項及第三項規定，有違授權明確性及刑罰明確性原則，應自解釋公布之日 (99.7.30.) 起，至遲於屆滿二年時失其效力。惟經於一〇一年六月十三日修正公布之該條例第二條第三項，已改採明確授權之管制公告方式，仍屬空白刑法補充規範性質，依然有釋字 103 號解釋之適用。

(5)告訴或請求乃論之罪，其告訴或請求已經撤回，或已逾告訴期間者（本法第二五二條第五款）

按告訴或請求乃論之罪係以告訴或請求為犯罪之訴追條件，如其告訴或請求已經撤回，或其告訴已逾告訴期間（法無請求期間規定），則該案訴追條件即有欠缺，自應不予起訴。惟在實用上尚須注意下列各點：

①必須合法之撤回，方為有效。例如附條件之撤回，即無撤回告訴之效力。

②告訴，得向檢察官為之，亦得向司法警察官為之，撤回告訴之情形自應相同。告訴乃論之罪經告訴人向司法警察官告訴後旋復撤回者，案移檢察官後，即應適用本款為不起訴處分。如又翻悔再向檢察官告訴時，檢察官應引用本法第二五五條第一項「其他法定理由」（見本法第二三八條第二項）為不起訴處分。

③少年刑事案件屬於告訴乃論之罪，而其告訴已經撤回或已逾告訴期間者，檢察官除應據以處分不起訴外，並須俟處分確定後，如被告係十四歲以上未滿十八歲，即應將原案移送該管少年法院（庭）依少年保護事件處理。其因未經告訴或告訴不合法而未為處分者，亦同❿。

④告訴乃論之罪在審判中經告訴人於第一審辯論終結前對於共犯中一人撤回告訴者，其效力及於偵查中之其他共犯（見最高法院七十四年度第六次刑事庭會議決議）。

---

❿　見少年事件處理法施行細則第九條第二項。

(6)被告死亡者（本法第二五二條第六款）

被告死亡者，追訴權對象消失，案件無從起訴。所謂死亡，在自然人固係指事實上死亡而言❷，惟刑事訴訟以發現真實為重，被告死亡之認定，乃係調查認定之問題，即使未能覓得屍體，如就其他證據已足證明其死亡者，仍得為被告死亡之認定（參照 26 上 648 號判例）。茲所指「其他證據」，未始不可包括依民法為死亡宣告之判決暨其相關資料在內。至於被告係法人者，本無所謂「死亡」，應解為指法人宣告破產或解散，經清算完結其法人人格歸於消滅而言。日本刑事訴訟法第三三九條第一項第四款關於裁定公訴不受理之情形，將被告死亡與法人不存續併列，對於法人被告不曰死亡，用語妥切。本法第三〇三條第五款已注意及此而予修正，第二五二條第六款竟未一併修正，顯有疏漏。

(7)法院對於被告無審判權者（本法第二五二條第七款）

關於刑事審判權之意義，已詳總則編第一章法例之 §1 二。法院辦理刑事案件，對於審判權之有無，乃首要調查事項，如無審判權，在法院應依本法第三〇三條第六款諭知不受理判決，在檢察官則應優先適用本款為不起訴處分。如誤用本款以外理由為不起訴處分者，其處分應屬無效。下列情形，法院對於被告為無審判權：

①被告為現役軍人依法應受軍事審判者（憲法第九條、軍事審判法第一條第一項、第五條第一項及第二三七條）。所稱現役軍人，其定義依軍事審判法第二條、第三條及陸海空軍刑法第六條、第七條之規定。後備軍人必須入營後，方屬現役軍人。軍校學生、替代役男均無現役軍人身分。惟自軍事審判法於一〇二年修正後，現役軍人僅在戰時犯軍法之罪者方受軍法審判，於平時不問所犯是否軍法之罪，法院均有審判權，雖在戰時而其所犯為非軍法之罪者，法院亦仍有審判權。

②被告非現役軍人而依戒嚴法第八條規定須受軍事審判者（按臺灣地區自七十六年七月十五日零時起，金門馬祖東沙南沙地區自八十一年十一月七日零時起，先後解除戒嚴後，已無此情形）。

---

❷ 最高法院六十二年度第一次刑庭庭推總會決議及 74 臺非 224 號判例。

③外國派駐我國之外交、領事或其他特定人員為被告者（駐華外國機構及其人員特權暨豁免條例第一條至第三條、第六條第一款、第七條及第七條之一）。

④最高法院變更 60 臺非 61 號判例之見解，其刑事大法庭 110 臺上大5557 號裁定主文謂：「中華民國人民被訴在中華民國領域外（含香港與澳門）涉犯刑法第五條至第七條以外之罪，而無我國刑法之適用時，法院應依刑事訴訟法第三〇三條第六款規定諭知不受理之判決。」並於裁定理由三之㈢附述：「……在偵查中檢察官應依刑事訴訟法第二五二條第七款規定，為不起訴處分……」。惟此項變更後之見解，尚有商榷餘地，另詳後述本法第三〇三條第六款相關說明。

⑻行為不罰者（本法第二五二條第八款）

行為不罰，謂其行為不受刑事上之處罰，刑罰權既不發生，追訴權亦不存在，自應處分不起訴。茲所稱行為不罰，除法律明定不罰字樣者外（例如刑法第十九條第一項、第三一〇條第三項前段等規定），參照院1345 號解釋，尚包括行為不成犯罪之情形在內。行為不成犯罪云者，係指案經偵查結果認定被告確有某行為，但其行為在刑事實體法上未有處罰規定者而言，亦即根本不成立犯罪之謂也，舉例如下：

①純屬應受行政罰之行為❷。

②刑事實體法所不處罰之階段行為❷。

---

❷　刑事法令未規定之行為，法院即應諭知無罪。過往 44 臺非 18 號判例謂，違警罰法並非刑事法規，法院無權審判。經查原確定案件，係臺灣花蓮地方法院認定被告等四人在寢室內賭博，觸犯違警罰法第六十四條第一項第八款「於非公共場所或非公眾得出入之場所賭博財物」之規定，而以處刑命令科處被告等罰鍰並將賭具沒收（本法舊制處刑命令，已於五十六年一月修正改用簡易判決。違警罰法已於八十年六月二十九日廢止）。惟按上述事實與刑法第二六六條賭博罪之構成要件不符，違警行為並非刑事法令所處罰之行為，法院未依通常程序諭知無罪之判決，顯屬違背法令。然而該則判例之非常上訴判決，將原處刑命令撤銷後，並未改判被告等無罪，而係以無審判權為理由，改判不受理。是否妥適，不無商榷餘地。

③刑事實體法所不處罰之過失行為❷。

④在國外犯罪因不合刑法第五條至第八條各該規定以致無從適用國內法處罰者❷。惟此項見解已有變更，另詳前述第(7)款之④說明。

(9)法律應免除其刑者（本法第二五二條第九款）

依法應予免除其刑之罪，既係必須免刑，即無須追訴，自應處分不起訴。

按法律規定免刑之方式有：免除其刑、得免除其刑、減輕或免除其刑、得減輕或免除其刑等四種體例。本款專指第一種絕對免除其刑者而言，例如：刑法第二八八條第三項、貪污治罪條例第八條第一項、第十一條第五項、總統副總統選舉罷免法第八十六條第四項、第八十九條第四項第五項、公職人員選舉罷免法第九十九條第四項、第一〇〇條第五項、第一〇一條第四項第五項、槍砲彈藥刀械管制條例第十八條第二項等規定是。其餘三種免刑規定，僅係相對免刑而已，除合於本法第二五三條所定要件得依職權酌為不起訴處分外，並無本款之適用。

(10)犯罪嫌疑不足者（本法第二五二條第十款）

按犯罪事實應依證據認定之，必須依偵查所得證據足認被告有犯罪嫌疑者，檢察官始應提起公訴，本法第一五四條及第二五一條第一項規定甚明。

案經偵查結果，被告涉嫌之犯罪行為缺乏證據足以認定者，是為嫌疑不足，應即處分不起訴。

前述第(8)之行為不罰，係謂被控之行為根本不成其為犯罪，例如甲告訴乙欠債不還或預備竊盜，或被控之行為雖經查明屬實而依法不罰，例如丙告訴丁傷害，丁供認屬實，惟丙並未受傷或丁係智能障礙之人，此與本款犯罪嫌疑不足係不能證明有其行為者，在適用上應有區別。惟如戊告訴

---

❷ 如陰謀殺人不為罪（院 186 號解釋），預備竊盜法無處罰明文（27 滬上 54 號判例）。

❷ 如過失毀損不為罪（參考最高法院十七年解字第 191 號解釋。按當時尚無司法院解釋）。

❷ 參見 60 臺非 61 號判例。其原判決全文載於《司法院公報》十三卷七期。

己犯罪，經查出於誣告者，檢察官得逕以誣告罪將戊提起公訴，無須對己以罪嫌不足為不起訴處分，但戊對其原告訴案件如有聲請時，仍應補為不起訴處分（釋字 53 號解釋），是為特例。

⑾其他法定理由（本法第二五五條第一項）

檢察官於本法第二五二條至第二五四條以外，因其他法定理由，須為不起訴處分時，參照院 1345 號解釋，應引用本法第二五五條第一項為根據。茲舉述其例如下：

①告訴乃論之罪其告訴不合法或依法不得告訴而告訴者（釋字 48 號及院 2292 號解釋）。惟少年刑事案件有此情事時，檢察官除據以處分不起訴外，依少年事件處理法施行細則第九條第二項規定，應於處分確定後，將該案移送少年法院（庭）依少年保護事件處理。

②案經不起訴處分或撤回公訴確定後，或緩起訴期滿未經撤銷，另據有告訴權人訴請偵查結果，認無本法第二六○條之情形，仍不應起訴者。

③同一案件經提起自訴後尚未判決確定前，另向檢察官告訴者。

④同一案件經提起自訴並經法院裁定駁回確定後，又向檢察官再行告訴者。

⑤同一案件曾經撤回自訴後，該撤回自訴之人又向檢察官再行告訴者。

⑥少年法院（庭）裁定移送之案件，經偵查結果認為係犯少年事件處理法第二十七條第一項第一款規定以外之罪者（見少年事件處理法施行細則第十一條）。並應於處分確定後，將原案移還俾依少年保護事件處理。

⑦毒品危害防制條例第二十條第二項、第二十一條第二項及第二十三條第一項之不起訴處分。

⑧對於已成立調解之事件復行告訴者（見鄉鎮市調解條例第二十四條第一項）。

以上所述⑴至⑾各種絕對應不起訴之原因，其適用順序以⑺為最優先，其次為⑹，然後為其他各該欠缺訴訟條件之情形（⑾、⑸、⑴、⑵、⑶、⑷），最後為欠缺實質條件之情形（⑻、⑼、⑽）。

2.得不起訴

檢察官依偵查所得證據，雖足認被告有犯罪嫌疑，本應基於職責依法提起公訴，但就特定情形，基於起訴裁量原則，運用刑事政策，經妥為審酌後，認為尚無行使追訴權之必要者，本法明定檢察官得依職權為不起訴之處分，俾能與起訴法定原則相互調和，是為相對不起訴。茲說明如下：

(1)於執行刑無重大關係之案件（本法第二五四條）

被告犯數罪而合於刑法第五十條併合處罰規定者，其中一罪已受重刑確定判決後，他罪雖行起訴，縱獲科刑判決，如依刑法第五十一條規定，與重刑之罪併合定其應執行刑之結果，並無重大出入，則他罪之追訴即無實益，從刑事政策及訴訟經濟立場予以衡酌，可認為無起訴之必要，檢察官得為不起訴處分。此種情形，與德國刑事訴訟法第一五四條第一項第一款相似。

至於他罪與已判重刑確定之一罪，不符合刑法第五十條之情形者，既不生定執行刑問題，即無本法第二五四條之適用。例如無期徒刑在監受刑人單純脫逃，觸犯刑法第一六一條第一項之脫逃罪，因係前案判決確定後另犯之罪，彼此不能定執行刑，檢察官即不能依本法第二五四條就脫逃案件為不起訴處分。

(2)對於不得上訴第三審法院各罪之案件酌情認以不起訴為適當者（本法第二五三條）

起訴法定原則，要求檢察官對於具備訴訟條件之犯罪案件，必須盡其追訴之職責。惟如一切犯罪不問案情輕重一律起訴，絲毫不留衡酌餘地，未必符合公平正義，且非刑事政策所期盼。外國法例亦多肯定檢察官對於犯罪需否追訴具有裁量權，不認為絕對必須起訴❷❺。

依本法第二五三條規定：第三七六條第一項各款所規定之案件，檢察官參酌刑法第五十七條所列事項，認為以不起訴為適當者，得為不起訴之處分。所謂第三七六條第一項各款所規定之案件，即指不得上訴第三審法

---

❷❺ 參閱作者所撰〈檢察官裁量不起訴之研究〉一文，刊載於《法令月刊》，八十年五月。

院各罪之案件而言。檢察官對於此類案件，一面認為被告確有犯罪事證且已具備訴訟條件，一面又參酌情狀從刑事政策立場考量而認為尚無追訴之必要，乃依職權為不起訴之處分，以勵自新。在學術上稱曰微罪不舉或微罪不檢舉者，即係指此而言。本條於八十四年十月前，僅以刑法第六十一條所列各罪之案件為適用範圍，經修正放寬後，仍以「微罪」相稱，其實並不恰當。

　　檢察實務所見，對於第三七六條第一項各款所規定之案件，曾經認為有諸如告訴人或被害人請求免罰、非告訴乃論之罪經與被害人和解、自首或自白犯罪且態度誠懇、外國人過境暫時居留其犯情輕微、現正就學中其犯情輕微等等情形者，宜依職權為不起訴處分❷ 。

　　(3)對於少年犯酌情認以不起訴為適當者(少年事件處理法第六十七條第一項、第二項)

　　少年事件處理法第六十七條第一項規定：檢察官依偵查之結果，對於少年犯最重本刑五年以下有期徒刑之罪，參酌刑法第五十七條有關規定，認以不起訴處分而受保護處分為適當者，得為不起訴處分，移送少年法院依少年保護事件審理。此乃特別法上針對少年犯得為職權不起訴處分之規定。惟如再經少年法院裁定移送偵查，依上述第六十七條第二項規定，檢察官即不得再為不起訴處分而又移送少年法院處理，以免反覆循環。

　　(4)依證人保護法第十四條第二項規定為裁量不起訴處分

　　非屬該法第二條所列刑事案件正犯或共犯之被告或犯罪嫌疑人，於偵查中供述其前手、後手或相關犯罪之網絡，因而使檢察官得以追訴與該犯罪相關之第二條所列刑事案件之被告者，參酌其犯罪情節之輕重、被害人所受之損害、防止重大犯罪危害社會治安之重要性及公共利益等事項，以其所供述他人之犯罪情節或法定刑較重於其本身所涉之罪且經檢察官事先同意者為限，就其因供述所涉之犯罪，得為不起訴處分，並準用本法第二五五條至第二六〇條之規定。 又於人口販運防制法第二十三條所定情

---

❷　詳請參考法務部八十五年八月二日法 85 檢 19322 號函准備查之「臺灣高等法院檢察署暨所屬各署檢察官偵辦案件審慎起訴應行注意要點」第四點內容。

形，有證人保護法上述第十四條規定之準用。此外，關於美國法上證人免責制度，請參閱本書本論第一編第十二章⑯。大陸法系日本修正刑事訴訟法已增訂刑事免責制度，見其§157-2及§157-3，與美國法類似，自平成三〇年即西元二〇一八年六月施行。德國對其刑事訴訟法第一〇〇條a第二項所列舉該國刑法及特別法上若干嚴重犯罪案件之汙點證人，依刑法第46條b之規定，得予減輕或免除其刑。奧地利刑事訴訟法第二〇九條a，對於汙點被告設有附條件終止訴訟之規定。

㈣緩起訴處分

本法九十一年二月修正條文，除保留第二五三條微罪不檢舉之職權不起訴處分外，另增緩起訴處分一種，以資應用。廣義之起訴裁量原則，包括上述兩者在內。類似立法例，如德國刑事訴訟法第一五三條之輕微案件不追訴及第一五三條a之暫不起訴，奧地利刑事訴訟法第一九八條之附條件終止訴訟、法國刑事訴訟法第四十一條之二、之三之暫緩起訴，日本刑事訴訟法第二四六條但書之微罪不移送及第二四八條之起訴猶予，均可參考。本法增訂之緩起訴處分，係以我國抗日戰爭時期三十一年五月一日施行之「實驗地方法院辦理民刑訴訟補充辦法」第二十五條至第三十五條相關規定為藍本，與德日不盡相同。當年實驗成效如何，文獻難覓。

§253-1

1.基本規定

依本法第二五三條之一規定，檢察官就案件偵查結果認為被告所犯為死刑、無期徒刑或最輕本刑三年以上有期徒刑以外之罪，參酌刑法第五十七條所列事項及公共利益之維護，認以緩起訴為適當者，得定一年以上三年以下之緩起訴期間為緩起訴處分，其期間自緩起訴處分確定之日起算。茲分述之：

⑴緩起訴處分所能適用之案件，有一定範圍限制。被告所犯如為死刑、無期徒刑或最輕本刑三年以上有期徒刑之重罪者，即無適用緩起訴處分之餘地。此一範圍限制，與德日比較，德例以輕罪為限，日例根本不設限制。衡酌我國現況，法務行政與檢察事務界限模糊，檢察一體原則尚欠強固，尚難採取日本模式。本法參照第三十一條強制辯護案件之範圍，折

衷規定如上，將抗戰時期實驗地方法院檢察官以刑法第六十一條所列各罪為適用範圍者，予以擴大。

⑵是否緩起訴，須參酌刑法第五十七條所列事項及公共利益之維護而為抉擇。條文明定參酌刑法第五十七條所列事項，其實已經蘊含公益考量在內，與職權不起訴處分對照，此處增添「公共利益之維護」字樣，無非強調公益因素而已。

⑶緩起訴處分，就原案有無起訴必要之點，須待對於被告觀察考驗期滿後，方作認定。在第二五三條之職權不起訴，無須對被告為一定期間之觀察考驗，檢察官於處分時，即已認無起訴必要而依職權為不起訴處分。該項觀察考驗期間，條文稱曰緩起訴期間，為一年以上三年以下，又可稱為猶豫期間，由檢察官審酌個案情節決定具體期間長短，在期間未滿前，是否起訴尚屬猶豫未定。原案事證已明，本應提起公訴，而於猶豫期間內，需否起訴暫不決定，實乃暫緩起訴，因而稱之為緩起訴處分。每有以緩起訴與日本之起訴猶予相提並論者，實則日制不限罪名均可適用，且無命被告履行負擔及違規者撤銷原處分等規定，更不認有何確定力，與本法之緩起訴處分，差別甚大。

⑷緩起訴處分，尚有聲請再議及聲請交付審判等情形（見本法第二五六條至第二五八條之四），緩起訴期間應自處分確定之日起算。由於追訴權在此期間內暫不行使，恐將發生時效完成問題，爰於第二五三條之一第二項及第三項規定「追訴權之時效，於緩起訴之期間內，停止進行」及「刑法第八十三條第三項之規定，於前項之停止原因，不適用之」，俾能與第二五三條之三撤銷緩起訴處分繼續偵查起訴之規定相配合，以免屆時因時效完成而無法起訴。

⑸本法尚有自訴制度，同一案件經檢察官為緩起訴處分後，如屬告訴乃論之罪另由被害人逕向法院提起自訴時，即已發生訴訟繫屬，將使暫緩起訴之措置失去意義，爰於第二五三條之一第四項明定：第三二三條第一項但書之規定，於緩起訴期間，不適用之。

§253-2

2.被告遵守及履行事項

依本法第二五三條之二第一項、第三項及第四項規定，檢察官為緩起訴處分者，得命被告於一定期間內，遵守或履行下列各款事項（其一定期間，不得逾緩起訴期間，且各該事項應附記於緩起訴處分書內以利執行）：

①向被害人道歉。（憲法法庭 111 憲判 2 號判決認為強制公開道歉與憲法保障言論自由之意旨有違。因此，得被告同意且非公開之道歉即無違憲疑慮。檢察實務應用時必須注意。）

②立悔過書。

③向被害人支付相當數額之財產或非財產上之損害賠償。

④向公庫支付一定金額，並得由該管檢察署依規定提撥一定比率補助相關公益團體或地方自治團體（按：此係一〇三年六月修正之內容。並經同時增訂本條第五項授權另訂法規命令謂：「第一項第四款提撥比率、收支運用及監督管理辦法，由行政院會同司法院另定之。」）。

⑤向該管檢察署指定之政府機關、政府機構、行政法人、社區或其他符合公益目的之機構或團體提供四十小時以上二百四十小時以下之義務勞務（按：此係九十八年七月修正之內容。其中政府機關包括中央及各級地方政府機關在內；政府機構、行政法人兩者，請參照中央行政機關組織基準法第十六條、第三十七條規定。勞務之提供，以受指定者願接受服務為前提，非可強制接受）。

⑥完成戒癮治療、精神治療、心理輔導或其他適當之處遇措施。

⑦保護被害人安全之必要命令。

⑧預防再犯所為之必要命令。

上述命被告遵守一定事項或履行一定負擔等規定，仿自德國刑事訴訟法第一五三條 a 立法例。查閱立法理由謂係基於個別預防、鼓勵被告自新及復歸社會之目的而設。其中①、②、③原列於第二五三條之第二項，如今雖已刪除，檢察官依第二五三條為職權不起訴處分前，仍得酌情採用。又其中③、④、⑤、⑥四種負擔，皆需被告配合，且係未經法院裁判而涉及財產給付、勞務提供甚至人身自由約束事項，爰於第二五三條之二第二

項規定：檢察官命被告遵守或履行前項第三款至第六款之事項，應得被告之同意；第三款、第四款並得為民事強制執行名義。第⑤之公益勞動，奧地利刑事訴訟法第二〇一條、第二〇二條規定被告同意無償提供公益勞動之期限，最高為六個月，每日不得逾八小時，每週不得逾四十小時且總計不得逾二百四十小時，命其提供之勞務，應考量被告之培訓、進修或其職業活動情形，如對其人格及生活造成不可期待之侵犯者，應予禁止。此種詳細規範，頗有參考價值。

　　認罪協商 (Plea Negotiation, Plea Bargaining) 制度自本法增訂第七編之一酌採量刑協商模式後，業已有限度引進於國內。檢察官偵查案件，對於緩起訴處分，尤其伴隨第二五三條之二各種措施，如能善加運用，亦有達成某種程度協商效果之可能。曾有實例（最高法院 98 臺上 5665 號及102 臺上 170 號刑事判決），對於檢察官與被告原先已經達成「認罪並向公庫或指定之公益團體支付一定之金額，即給予一定期間緩起訴」條件之協議，被告據此向檢察官認罪，惟檢察官嗣後未為緩起訴處分而仍予起訴之案件，認為被告當初係因檢察官允予緩起訴而為認罪，為保護其正當合理之信賴起見，參酌本法第四五五條之七之相同法理，應將該被告先前向檢察官之認罪及因此所為之不利陳述，予以排除，不得作為證據。上述實務見解，一方面認此情形尚與不法取證者有別，另一方面則援用禁反言原則之法理將被告先前向檢察官所為認罪及其他不利陳述予以排除，就偵查中緩起訴條件之協議而言，具有強化其效果之意義。

3.緩起訴處分之撤銷

§253-3

　　受緩起訴處分之被告，在緩起訴期間內，必須保持善良品行及遵守或履行一定事項，使原案維持於暫緩起訴之狀態。如有犯罪或違背規定情事，足見未能改悔向上，缺乏反省能力，已無暫緩起訴之必要。

　　依本法第二五三條之三第一項規定，被告於緩起訴期間內，有下列情形之一者，檢察官得依職權或依告訴人之聲請，撤銷原處分，繼續偵查或起訴：

　　①於期間內故意更犯有期徒刑以上刑之罪，經檢察官提起公訴者（條

文雖未規定須經判決有罪確定，惟實務見解認應參酌緩起訴制度立法意旨，採取目的性限縮解釋，與刑法上撤銷緩刑宣告之情形相同，亦須以其起訴案件經法院判決有罪確定為要件。見 103 臺上 3183 號刑事判決）。

②緩起訴前，因故意犯他罪，而在緩起訴期間內受有期徒刑以上刑之宣告者（條文雖未規定須受刑之宣告確定，惟參照 103 臺上 3183 號刑事判決所持見解，應以其受刑之宣告確定為要件）。

③違背第二五三條之二第一項各款之應遵守或履行事項者。

上述撤銷緩起訴處分之規定，與刑法上撤銷緩刑者相類似。惟其中第③種情形，被告可能已經履行某種負擔，如經檢察官撤銷緩起訴處分時，依第二五三條之三第三項規定，被告已履行之部分，不得請求返還或賠償。

4.處分書

緩起訴與不起訴，皆係檢察官終結偵查所為處分。緩起訴處分書或撤銷緩起訴之處分書，其製作及送達，均適用第二五五條之規定。其中緩起訴處分書正本，並應送達與被告遵守或履行行為有關之被害人、機關、團體或社區，使之知曉，以利執行。

十一、不起訴處分及撤銷緩起訴處分之無效

㈠概　說

檢察官所為不起訴處分，存有明顯之重大瑕疵者，釋字 140 號解釋，認此重大違背法令之處分為無效，如經合法再議，上級檢察首長即應將之撤銷，以資糾正。

按無效之刑事判決，實例認其不失為違法判決之一種，得為上訴或非常上訴之對象（釋字 135 號解釋及 30 上 2838 號判例）。惟不起訴處分未必均可聲請再議，無效處分未經再議或依法不得再議者，其處分一經確定，別無救濟途徑，因其具有形式上效力，祇能解為當然不發生實質效力，尤無本法第二六〇條之適用。

㈡型　態

茲說明無效不起訴處分各種型態如下：

1.案經提起公訴後再為不起訴處分

檢察官於案經提起公訴或聲請簡易判決後，如發現有應不起訴或以不起訴為適當之情形時，得依本法第二六九條及第二七〇條規定撤回起訴。倘若不依撤回起訴之方式辦理，誤就原案再為不起訴處分者，則依釋字140 號解釋，其處分應屬無效，法院當然不受拘束，應仍就已經繫屬之案件為裁判（49 臺非 47 號判例）。又如甲地檢察官偵結起訴之案件，同有管轄權之乙地檢察官因不知前案資料，而就同一案件為不起訴處分者，基於相同理由，其處分亦應認為無效。

2.雙重處分

同一案件經處分不起訴確定後，原告訴人或告發人認有本法第二六〇條各款所定再行起訴之情形而請求偵查，或上級檢察首長依職權復令偵查，如經查明並無可以起訴之新事證或得為再審原因之情形，則依院 284 及 679 號解釋，檢察官祇須將不應起訴之理由，分別通知告訴人、告發人或陳報上級檢察首長即足，無須再作不起訴處分書。如果再作處分，即係雙重處分，應屬無效（此種情形，如認後處分並非無效，則在合法再議時，將發生可否撤銷處分命行續查之疑問）。

3.原處分合法確定後誤遭撤銷續行偵查又為處分

案經處分不起訴後，未經合法再議、或依法不得再議者，原處分已告合法確定。如原檢察官自行撤銷原處分繼續偵查，或上級檢察首長對於不合法之聲請再議誤認合法而予撤銷原處分令行續查，嗣又為不起訴之處分者，後處分應屬無效。

4.單一案件一部起訴他部另為不起訴處分

事實上或法律上一罪之案件，僅有一個刑罰權存在，在訴訟上係一個訴訟客體，不容割裂處理。依本法第二六七條規定，檢察官就犯罪事實一部起訴者其效力及於全部，法院基於公訴不可分原則，對於全部事實均應加以審判。檢察官誤將整個犯罪事實強裂為二，於就其中一部分起訴後，如就他部分另為不起訴處分者，其處分即應認為無效（43 臺上 690 號判例。惟此判例係就牽連犯而言，修正刑法已刪除牽連犯之規定）。又如就

其中一部分起訴後，發現他部分前經處分確定者，基於相同理由，其處分亦屬無效，法院不受拘束。

5.告訴乃論之罪未經告訴而為不起訴處分

告訴乃論之罪未經告訴者，依釋字 48 號解釋，應不發生處分之問題，如果誤為處分，其處分為無效。嗣後告訴權人於告訴期間以內當然仍得實行告訴，不受本法第二六〇條之限制。至於原案已據告訴，因告訴之撤回、告訴之逾期、告訴不合法、或依法不得告訴而告訴等情形，以致無法追訴者，檢察官自應分別適用本法第二五二條第五款或第二五五條第一項為不起訴處分，此與根本未有告訴者有別，應予分辨。

6.案經另提自訴而檢察官仍為不起訴處分

告訴乃論之罪之犯罪被害人先為告訴，而於檢察官終結偵查前，就同一案件另提自訴者，依本法第三二三條第二項前段規定，應即停止偵查，將案件移送法院併同自訴案件辦理。檢察官如仍繼續偵查，進而為不起訴處分，則依院 2634 號解釋，其處分為無效。所須注意者，檢察官之終結偵查，依院 2550 號解釋，應以檢察官所作處分對外表示之時為準，非以製作處分書原本之日期或原本經檢察長核定之日期為準。實務上認為告訴人在檢察署已將結案要旨揭示公告後始行提起自訴者，其自訴不合法（即違背本法第三二三條第一項規定），反之檢察官所為不起訴處分無效。

7.對於無刑事被告當事人能力者所為錯誤不起訴處分

(1)刑事被告除法律別有規定外，係以自然人為限

如有堅指非自然人為被告而向檢察官告訴告發，經查法律未有兩罰規定者，檢察官應依本法第二五五條第一項規定為不起訴處分❷❼。倘若誤用別種理由處分，參照院 1453 號解釋所持見解，其處分應屬無效。

(2)刑事被告死亡者

應依本法第二五二條第六款為不起訴處分，倘若誤用別條款理由處

---

❷❼ 遇此情形在法院係依本法第三〇三條第一款為不受理之判決，檢察官如適用本法第二五五條第一項為不起訴處分，其處分無實質上確定力，與不受理判決之效果相似。

分，此種明顯之重大違誤，應解為原處分無效。

8.對於無審判權者非以無審判權之理由而為不起訴處分

對於被告無審判權者，檢察官應依本法第二五二條第七款為不起訴處分，如果誤用別條款理由處分，參照院解 2960、2988 號解釋及 29 上 3819 號判例意旨，應認其處分欠缺權限而歸於無效，其他有審判權之機關當然不受拘束。

9.欠缺事物管轄權之不起訴處分

本法關於案件之管轄，有土地管轄與事物管轄之分。違反土地管轄之檢察官不起訴處分，似可無須解為無效之處分。惟違反事物管轄規定者，其不起訴處分不足以拘束該管機關，在理論上宜解為無效。例如地方檢察署檢察官對於本法第四條案件或殘害人群罪為不起訴處分，高等檢察署當然不受拘束是（事物管轄又稱事務管轄，參見 21 上 1290 號舊判例）。

上述各種無效不起訴處分，本不發生其應有之效力，惟既已具備法定之程式，在程序上應認其得為聲請再議之對象（釋字 140 號解釋）。如未經再議或依法不得再議者，一經處分確定，由於無從適用非常上訴程序謀求糾正，別無救濟方法，唯有解為當然無實質上之效力。

(三)撤銷緩起訴處分之無效

檢察官依本法第二五三條之三就原緩起訴處分所作撤銷處分，實務上已有無效案例。被告業已履行第二五三條之二第一項第四款之捐助行為，檢察官竟誤認為逾期未履行而撤銷原緩起訴處分，將被告提起公訴。最高法院非常上訴判決（94 臺非 181 號）認為該項撤銷處分顯係重大違背法令，不生實質效力，法院對於公訴部分，應依本法第三〇三條第一款規定，諭知不受理之判決（按其適用款別究係第一款抑或第四款，須視起訴繫屬時，原緩起訴期間是否已經屆滿而定，參見 100 臺非 46 號及 78 號刑事判決）。又如檢察官以被告另有犯罪乃予撤銷緩起訴處分將該被告提起公訴，而另罪案件經判決無罪確定者，實例認為原撤銷處分自始無效，法院對該公訴應為不受理之判決（參見 103 臺上 3183 號刑事判決）。

十二、檢察官終結偵查所為起訴以外各種處分之救濟❷⁸

㈠再議——內部監督——檢察首長審核

1.聲請再議

(1)聲請權人

依本法第二五六條第一項及第二五六條之一規定：

①對於不起訴或緩起訴處分，告訴人得聲請再議（但第二五三條之職權不起訴處分及第二五三條之一之緩起訴處分曾經告訴人同意者，不得聲請再議）。凡因告發而開始偵查之案件，無人可得聲請再議，除符合職權再議者外，一經處分，其處分即告確定（27 上 2045 號判例）。所稱告訴人，指有告訴權且經實行告訴之人而言（院 1576 號解釋）。例如甲乙為夫妻，甲受害之案件，乙雖有獨立告訴權，倘若當初僅甲一人告訴，乙並未實行告訴，則於聲請再議時，亦僅甲一人始得為之。法人為告訴人而聲請再議時，應由其代表人以法人名義行之，方為合法。惟在處分確定前告訴

---

❷⁸ 依德國刑事訴訟法第一七二條以下規定，檢察官中止偵查不為追訴時，應通知告訴人，告訴人可向上級檢察長官聲請再議，如遭駁回，則得聲請高等法院裁定命檢察官提起公訴，是為強制起訴程序 (Klageerzwingungsverfahren)。在日本，其刑事訴訟法第二六二條所定得聲請地方法院將不起訴案件移付審判者，僅以日本刑法第一九三條至第一九六條及破壞活動防止法第四十五條及無差別大量殺人行為を行った団体の規制に関する法律第四十二條、第四十三條之罪為限，告訴人或告發人均有聲請權，是為準起訴程序。另依檢察審查會法第四十一條之二以下相關規定，對於告訴人、告發人或被害人不服檢察官不予提起公訴案件之聲請審查，經作成「起訴適當」之決議通知該管檢察官後，如檢察官仍不予起訴（或經過一定期間後仍未起訴）者，該會必須進行第二階段審查；在十一名檢察審查員中贊成作成「起訴」決議者如有八名以上時，即應製作決議書載明被告涉嫌犯罪之事實，移付該管法院審判。經由上述兩項途徑交付審判之案件，倘若仍由檢察官實行公訴，未免不切實際。因此，日本刑事訴訟法第二六八條、檢察審查會法第四十一條之四及之九，皆規定應由法院指定律師擔當公訴，受指定之律師視為依據法令從事公務之人員，並得囑託檢察官對於檢察事務官或司法警察人員指揮偵查。

人死亡之情形，其他告訴權人於原案偵查中如未實行告訴，則因本法並無告訴人遺屬得承受聲請再議之規定❷，原處分即形成永不確定之狀態。似此情形，對於被害人方面之合法權益頗有影響，將來宜予檢討修正。

②對於撤銷緩起訴之處分，被告得聲請再議。蓋緩起訴處分如經撤銷確定，被告將遭繼續偵查或起訴，處於不利地位，自應給予聲明不服之機會也。於此可探討者，被告如受緩起訴處分，因其是否被追訴未定，固不發生聲請再議問題。惟如受職權不起訴處分者，雖其未被追訴，並無不利，然而原處分係認被告犯罪事證明確，由於尚無追訴必要，遂予處分不起訴者，此種實體事項之認定結果，顯於被告不利，可能在其他事件中被引用（例如民事事件、公務員人事事件），本法未予被告聲請再議之權，是否妥適，不無商榷餘地。

(2)聲請之程式

A. 遵守不變期間

聲請再議應於收受處分書正本後十日內為之，此項期間之遵守，以再議書狀提出於原檢察署之日為準，惟聲請人之住居所或事務所不在原檢察署所在地者，計算該期間時必須扣除在途期間。如於檢察官為處分後尚未收受處分書正本之送達前，即行聲請再議，實例認為有效（院 669 號解釋），並應於送達之處分書正本內告知補述理由，不得遽予駁回。又依第二五六條第二項規定，不起訴或緩起訴處分得聲請再議者，送達告訴人或被告之不起訴或撤銷緩起訴處分書正本內，應記載再議期間（即十日不變期間）及聲請再議之直接上級檢察署檢察長或檢察總長，俾利告訴人或被告有所依循。

B. 以書狀敘述不服理由

聲請再議須以書狀敘述如何不服原處分之理由。本法第二五六條第一項前段，未如第三八二條第一項設有補提理由之規定，實務上以提出書狀及敘述理由為同時具備之程式要件，聲請人具狀再議而未敘明不服原處分之理由者，原檢察官即得駁回之，縱於事後補提理由，仍不發生聲請再議

---

❷　見最高法院 66 臺上 4006 號刑事判決理由，刊載於《司法院公報》二十卷八期。

之效力（院 1686 號解釋）。又如於十日不變期間內先行具狀為不服原處分之聲明者，如其逾越期間以後始補提不服理由，仍應以逾期而予駁回。

C. 向原檢察官提出聲請

聲請再議，須經原檢察官向直接上級檢察署檢察長或檢察總長為之。再議案件原檢察官有初步審核之權（本法第二五七條），再議書狀必須向原檢察官提出，如有逕向上級檢察署提出者，仍須轉交原檢察官初核。又原處分經上級檢察首長駁回再議後，除得依第二五八條之一聲請交付審判外，不得更向再上級檢察首長再次聲請再議。申言之，不服地方檢察署檢察官所為處分而聲請再議者，如經高等檢察署檢察長駁回，告訴人不得更向最高檢察署檢察總長聲請再議。如仍不服，得向該管第一審法院聲請交付審判。

(3)再議案件之處理

A. 原檢察官初核

a.再議已逾聲請期間者，逕予駁回（本法第二五七條第三項）。

至於逾期以外其他之程序不合法者，原檢察官並無逕行駁回之依據，應陳送上級檢察機關核辦。

b.聲請合法，而其所敘對於原處分不服之理由無可採取者，應即將卷證陳送上級檢察首長核辦（本法第二五七條第二項）。

惟原檢察署之檢察長認為必要時，在送卷前，得親自或命令他檢察官再行偵查或審核，以決定應否撤銷或維持原處分。

如認仍維持原處分者，應即陳送上級核辦（本法第二五七條第四項）。他檢察官將其再行偵查結果簽報檢察長即足，無須另作處分書，蓋原處分依然存在也。

c.聲請合法且有理由者，應自行撤銷原處分，除第二五六條之一之情形外，應繼續偵查或起訴（本法第二五七條第一項）。

其經原檢察署之檢察長依再行偵查或審核結果而撤銷原處分者，亦同。在此情形，原處分已經撤銷不復存在，續查結果如認仍應不起訴、緩起訴、或撤銷緩起訴者，必須另作處分書，仍得聲請再議。

關於原檢察官自行撤銷原處分，其方式如何，法條未有規定，實務上應以書面通知聲請人及被告知曉。惟如原檢察官已經更為偵查者（例如傳喚人證、重付鑑定），原處分即視為撤銷，縱使漏未通知，仍認該案已經進入續行偵查之程序。

B. 上級檢察首長核辦

a.認再議之聲請為不合法者

除逾期之情形應為駁回處分外（院 1780 號解釋），其餘情形祇須以書面通知批駁，無須製作處分書❸。

b.認再議之聲請為合法，而其所敘對於原處分不服之理由無可採取者

應製作處分書，為駁回之處分（本法第二五八條前段）。

再議案件實際上雖由上級檢察署各檢察官所承辦，惟其處分書必須首長署名，以符合本法第二五八條之規定，承辦檢察官僅於處分書原本附簽姓名，無須具名（參見院 142 號解釋）。

c.認再議之聲請合法且其理由可採者，上級檢察首長應分別情形作下列處理

原案偵查已完備者，應命令原檢察署檢察官起訴（本法第二五八條第二款）。基於檢察一體原則，原檢察官必須服從命令，不得仍為不起訴處分，否則構成懲戒責任。惟如該項命令所持法律見解顯然有誤時，原檢察官自可向上級長官陳述意見，如仍奉命起訴者，當難以刑法第一二五條第一項第三款之濫權追訴罪相繩。

原案偵查未完備者，得親自或命令他檢察官再行偵查，或命令原檢察署檢察官續行偵查（本法第二五八條第一款）。續查結果如認仍應不起訴、緩起訴或撤銷緩起訴者，應再作處分書，告訴人如有不服，仍可聲請再議。惟在上級檢察機關對於不合法之聲請誤認為合法，而將原案發回續查之情形，祇須將不應起訴之理由陳報上級，不必再作處分書（院 1970 號解釋）。

---

❸　前司法行政部二十九年十二月三日答覆四川高檢首席第 12059 號指令謂對於告發人之聲請再議「應以批示駁回」。

　　原處分係撤銷緩起訴者，如被告聲請再議為合法且有理由時，應將原處分撤銷，以回復原來之緩起訴處分，無須適用第二五八條各款規定。

　　原處分如屬無效者，應以命令將之撤銷以資糾正（釋字 140 號解釋）。此種情形，應依職權自為審認，再議聲請狀內雖未指摘及此，仍應認有理由。又此際祇須以命令撤銷原處分即足，無須命行繼續偵查，蓋原處分根本不應產生也。

2.職權再議

　　依本法第二五六條第三項規定：死刑、無期徒刑或最輕本刑三年以上有期徒刑之案件，因犯罪嫌疑不足，經檢察官為不起訴之處分（指第二五二條第十款情形而言），或第二五三條之一之案件經檢察官為緩起訴之處分者，如無得聲請再議之人時，原檢察官應依職權逕送直接上級檢察署檢察長或檢察總長再議（後者係指高等檢察署檢察官之處分應依職權逕送檢察總長再議而言，並非再再議之意），並通知告發人。此項職權再議之規定，係於九十一年二月修法增訂者，已往經告發或由司法警察機關主動查覺移送偵查之案件，一經處分即告確定，縱有違誤，仍無法救濟。有鑑於此，因而新增職權再議制度，發揮檢察一體功能。關於職權再議案件之處理，可參考上述 1.之(3)之 B.及第二五八條之規定。

　　依法院組織法第六十三條之一規定，高等檢察署以下各級檢察署及其檢察分署為辦理重大貪瀆、經濟犯罪、嚴重危害社會秩序案件需要，得借調相關機關之專業人員協助偵查。各該檢察署之檢察官執行上述職務時，如經檢察總長或臺灣高等檢察署檢察長指定者，其執行各該審級檢察官之職權，雖可不受同法第六十二條之限制（即不受審級配置及管轄區域之限制），但其辦理案件一切作為，依法仍應遵守事務管轄及土地管轄之相關規定。因此，高等檢察署檢察官受命辦理上述案件，如需聲請羈押被告或聲請核發搜索票時，必須交由該管地方檢察署檢察官向該管地方法院為之，不得向高等法院提出聲請。（被告提起準抗告之情形亦同，另詳 §416 說明。）上述法條所列各類案件之第一審管轄法院既係地方法院，則於案件不應起訴時，即應交由該管地方檢察署檢察官為不起訴之處分，而其職

權再議案件自應送由該管高等檢察署及其檢察分署檢察長審核辦理。

㈡聲請交付審判──外部監督──法院審查

§§258-1～258-4

1.立法緣由

　　依本法第二三二條及第三一九條第一項規定，犯罪之被害人享有告訴權及自訴權。提起自訴，係直接行使訴訟權，須委請律師為代理人，一經提出於法院，即發生訴訟繫屬。提出告訴，為開始偵查原因之一（見本法第二二八條第一項）。案件是否起訴，須由檢察官定奪，必待提起公訴後，方有訴訟繫屬，實際行使訴訟權者，乃係檢察官，並非告訴人。究採告訴或自訴，由被害人自行抉擇。如經提起自訴，案件即由法院審理、裁判。如向檢察官告訴因而開始偵查，則除告訴乃論之罪外，依第三二三條第一項前段所示公訴優先原則，就同一案件不得改提自訴。案經偵查結果為不起訴或緩起訴處分者，告訴人如有不服，雖得聲請再議尋求救濟，惟再議程序畢竟屬於檢察系統內部監督機制，如遭駁回，告訴人已確定喪失直接行使訴訟權之機會，當初本得自訴，因擇取告訴而反受箝制。就此而言，有失憲法第十六條保障訴訟權之旨意，參考外國立法例（見㉘），有增訂外部監督機制之必要。本法九十一年二月修正條文，特予增訂告訴人得聲請交付審判之規定，以期周全。何況本法第二六〇條承認不起訴及緩起訴處分均具有確定力，倘若經由法院參與審查，更能強化原處分之實體效果，可謂兼籌並顧。

2.聲請權人及聲請程式

　　本法第二五八條之一第一項規定：告訴人不服前條（即第二五八條）之駁回處分者，得於接受處分書後十日內，委任律師提出理由狀，向該管第一審法院聲請交付審判。茲分述如下：

　　⑴告訴人方得提出聲請。茲所稱告訴人，指有告訴權且已實行告訴並經聲請再議被駁回者而言。有告訴權並未實行告訴者，或雖曾實行告訴而於接受處分書後未曾聲請再議者，均不得聲請交付審判。此一制度採取再議前置原則，未經再議程序，不得逕行聲請交付審判。至於告發人，本無所謂訴訟權，且無權聲請再議，自無聲請交付審判可言。

　　(2)聲請期間為十日。此項不變期間，於告訴人接受再議駁回之處分書後起算，收件當日不計入，並須注意在途期間之扣除。茲所謂再議駁回之處分書，非可拘泥於檢察書類所冠用之名稱，因第二五八條僅謂再議無理由者應予駁回，實務上製作處分書駁回再議者，遂以該條所定情形為限，對於再議之聲請為不合法者，使用檢察署「函」予以通知駁回，雖未製作處分書，究難否定告訴人之聲請權。

　　(3)須委任律師提出理由狀。律師係法律專業人員，且受律師法之規範，委由律師撰提理由狀，可防止濫行聲請，以免虛耗司法資源。

　　(4)律師接受委任，經向檢察官提出委任狀後，得檢閱偵查卷宗及證物，並得抄錄或攝影，以利了解案情，但涉及另案偵查不公開或其他依法應予保密之事項，得限制或禁止之（見第二五八條之一第二項及第三項）。律師聲請檢閱卷證，應向檢察官提出；如誤遞法院，應移送檢察署核辦。

　　(5)聲請交付審判，由該管第一審法院管轄。德國立法例規定聲請高等法院裁定，本法基於審級利益考量，未予仿照，惟規定第一審法院之裁定須以合議行之（見第二五八條之三第一項）。

3.聲請之撤回

　　依本法第二五八條之二第一項規定，交付審判之聲請，於法院裁定前，得撤回之，於裁定交付審判後第一審辯論終結前亦同。同條第二項規定，撤回交付審判之聲請，書記官應速通知被告。同條第三項又規定，撤回交付審判聲請之人，不得再行聲請交付審判。

4.聲請案件之處理

　　聲請交付審判案件，依本法第二五八條之三及之四處理如下：

　　(1)聲請交付審判之裁定，法院應以合議行之。

　　(2)法院認交付審判之聲請不合法或無理由者，應駁回之；認為有理由者，應為交付審判之裁定，並將正本送達於聲請人、檢察官及被告。

　　(3)法院為裁定前，得為必要之調查（調查而已，應僅以偵查中已發現之證據為調查範圍，並無蒐集證據之責）。

　　(4)法院為交付審判之裁定時，視為案件已提起公訴。至於被告是否有

罪，猶待法院進行審判。交付審判之裁定書，宜於理由欄載述被告涉嫌之犯罪事實及證據並所犯法條，實乃替代起訴書，檢察官無須補提起訴書。從而，第一六一條第二項起訴審查制之規定，自應排除適用，且檢察官無從援引第二六九條撤回起訴。由此可知，法院依憑偵查卷證及告訴人所提聲請理由（不包括其另提新證據在內）而就檢察官之處分予以審查時，係以第二五一條所示起訴法定原則為基準。案件本來應行起訴而竟未予起訴者，原處分即屬無可維持，應認交付審判之聲請為有理由。反之，如認被告罪嫌不足，或案件欠缺其他各種訴訟條件時，縱使檢察官所為職權不起訴或緩起訴之裁量處分有所違誤，由於原案本不應起訴，法院仍應以交付審判之聲請無理由，而為駁回之裁定。將來原案能否依第二六○條所定情形再行起訴，乃另一問題。

　　⑸被告對於交付審判之裁定，得提起抗告；駁回之裁定，不得抗告（按此係指聲請人而言）。

　　⑹交付審判後之訴訟程序，除法律別有規定外，適用本法第二編第一章第三節之規定。

　　⑺於此可探討者，法院處理告訴人聲請交付審判案件，實乃就檢察官所為處分予以審查，其中涉及檢察官職權裁量部分（如第二五三條、第二五三條之一、之二及第二五四條所定情形），法院得否審查，仁智互見。本書見解認為此等情形法院雖以盡量尊重檢察裁量為宜，若謂可排除於審查範圍以外，於法尚乏依據。如有必要，法院自非不得予以變更。釋字245號解釋，對於檢察官就得易科罰金之執行案件所為不准易科罰金之裁量結果，認為如經受刑人聲明異議，法院有權變更該項裁量結果而為准予易科罰金之裁定。上述解釋案例，足供參考。

　　⑻經法院裁定交付審判之案件，先前曾經兩級檢察官表明不予起訴，如仍由檢察官實行公訴，未免不切實際，似宜創設「擔當公訴」模式，修法增訂規定，應由告訴人所委任之律師到庭執行檢察官於審判中得為之一切訴訟行為，且得對於法院裁判提起上訴或抗告，以維告訴人之權益（日本刑事訴訟法第二六八條及第三五一條第二項可供參考）。

(9)法院處理聲請交付審判案件之流程，圖示如下：

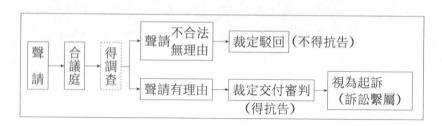

十三、不起訴或緩起訴處分後關於羈押被告及扣押物之處理

§259 I **(一)對於羈押中被告之效力**

　　本法第二五九條第一項規定：羈押之被告受不起訴或緩起訴之處分者，視為撤銷羈押，檢察官應將被告釋放，並應即時通知法院。按偵查中被告之羈押既已改由法院決定，並由法官簽發押票，則其釋放本應由法院行之，惟在不起訴或緩起訴處分案件，偵查機關已作成不追訴或暫緩追訴之決定，為免聲請撤銷羈押耗費時日，法律特予授權可由檢察官逕行釋放被告（須即通知法院），使被告及早回復自由。

§259 II **(二)對於扣押物之處理**

　　本法第二五九條第二項規定：為不起訴或緩起訴之處分者，扣押物應即發還。但再議期間內或聲請再議中遇有必要情形或應沒收或為偵查他罪或他被告之用應留存者，不在此限。依上所述，案經不起訴或緩起訴處分後，對於扣押物之處理，除有該條但書所定情形外，應以發還為原則。關於發還與否如有爭議，可循本法第四一六條（見該條第一項第一款）準抗告程序聲請撤銷或變更之。

§259-1 **(三)聲請單獨宣告沒收或保安處分**

　　1.本法第二五九條之一內容，配合刑法沒收相關條文之修正，已於一〇五年修正規定為：「檢察官依第二五三條或第二五三條之一為不起訴或緩起訴之處分者，對刑法第三十八條第二項、第三項之物及第三十八條之一第一項、第二項之犯罪所得，得單獨聲請法院宣告沒收。」其聲請案件應行遵循之法定程序，詳見後述第七編之二 §455–34 以下規定。

2.依本法第四八一條第二項規定：「檢察官依刑法第十八條第一項或第十九條第一項而為不起訴之處分者，如認有宣告保安處分之必要，得聲請法院裁定之。」其實此條不宜列在第八（執行）編，請參閱後述該條項相關說明。

㈣不起訴或緩起訴處分之確定力

§260

1.原處分於何時確定

⑴無告訴人之案件

除應依第二五六條第三項規定予以職權再議者外，一經處分，即告確定（27 上 2045 號判例）。告發人無權聲請再議，例如刑法第一六八條之偽證罪，被偽證人僅居告發人地位，不得聲請再議（院 1016 號解釋）。縱令具狀自稱告訴人，檢察官於處分書內，應予改列為告發人。

⑵有告訴人之案件

因告訴人未於法定期間內聲請再議、或逾期聲請再議、或合法撤回聲請、或聲請再議經上級檢察首長處分駁回後未曾聲請交付審判等情形而告確定。惟如告訴人於原案偵查中死亡者，法律並無承受聲請再議之規定，原處分將永不確定。

⑶依少年事件處理法第六十七條第一項規定所為不起訴處分

因少年保護事件審理細則第四條第二項明定不得聲請再議，是其一經處分即告確定。

2.應否承認不起訴或緩起訴處分之確定力

檢察官所為處分，衹屬檢察機關在控方立場所作不追訴或暫緩追訴之內部意思決定，此乃追訴權之不行使或暫緩行使，既非公訴權之消滅，本不宜承認其有如無罪判決一般之確定力。

惟依現行法制，檢察官為司法官，且係偵查主體機關。除偵查中羈押被告或一般搜索須聲請法院核定並由法官簽發押票、搜索票外，其他各種對人、對物之強制處分，檢察官皆得逕行實施，不經法院審查，且不以情況急迫為限。與德日相較，截然不同，與英美相較，更無論矣。

在檢察官未擁有廣泛強制處分權限之制度下，對於不提起或暫緩提起

公訴之處分或偵查程序之中止處分，猶如一造不欲控告他造，此項內部意思決定，固不必賦予確定力；然而我國檢察官並非居於單純原告之一造當事人地位，其以司法官身分，全權廣泛運用各種強制處分實施偵查結果所達成之處分，具有司法處分性質；被告面對優勢原告（檢察官），已受未經法院審查之若干強制處分（如拘提、通緝及各種強制性蒐證處分），最終獲得不起訴或緩起訴處分，倘若不認其有確定力，使之仍得隨時續查起訴，則本法第三條所謂檢察官與被告皆係當事人者，兩造地位勢必相差懸殊（遑論對等），未免漠視被告權益之保障，顯然有失其平。本法第二六〇條明文承認不起訴及緩起訴處分之確定力，應予肯定支持。實例❸謂檢察官依本法第二五二條第十款規定為不起訴處分確定者，「其實質效果，就現行法制言，與受無罪之判決無異，故於該不起訴處分書所敘及之事實範圍內，發生實質上之確定力，非僅止於訴權之暫時未行使而已。」是以除合於本法第二六〇條第一、二款所定原因「得再行起訴外，別無救濟或變更方法，其於法院審判時，於事實同一範圍內，仍不得作與之相反之認定，以維護法律效果之安定與被告自由人權之受適法保障。」此項論述，實為不起訴處分確定力之最佳詮釋。

3.不起訴或緩起訴處分確定力之效果如何

原處分已確定者：除重罪案件之職權再議外，就形式上之確定力而言，檢察機關須受羈束，不僅原檢察官不得自行撤銷變更，即使上級檢察首長亦無權撤銷復令偵查（院 223 號解釋及 31 上 981 號判例）。

又就實質上之確定力而言，除依本法第二五二條第一款至第四款規定所為不起訴處分，由於公訴權已消滅，不發生再行起訴問題外，其依同條

---

❸ 見最高法院 81 臺上 3183 號刑事判決案例，刊載於《司法院公報》三十四卷十期。96 臺上 2435 號刑事判決所述理由，亦仍相同。又 94 臺非 215 號判例，對於緩起訴處分期滿未經撤銷者之效力，亦以「實質確定力」相稱。至若尚在緩起訴期間內（即尚未期滿以前）者，既無實質確定力可言，自不受第二六〇條之拘束，如有新事證認已不宜緩起訴時，即得就同一案件逕行起訴，原緩起訴處分不待撤銷即已失其效力。

第八款至第十款及第二五三條　（含少年事件處理法第六十七條第一項情形）、第二五三條之一、第二五四條等規定而為不起訴或緩起訴處分者，原案之再行起訴，須受本法第二六〇條之限制，如違背該條規定再行起訴，將受不受理之判決（本法第三〇三條第四款）；至若依本法第二五二條第五款至第七款及第二五五條第一項規定所為不起訴處分，皆係基於欠缺形式的訴訟條件之理由，均無實質效力❸❷，原案應不受本法第二六〇條之限制（參見院 2152 號及釋字 48 號解釋）。

關於再行起訴之限制，依本法第二六〇條規定，不起訴處分已確定或緩起訴處分期滿未經撤銷者，非有下列情形之一，不得對於同一案件再行起訴：

①發現新事實或新證據者。

原處分具有實質確定力之情形，已詳上述。本款規定，猶如本法第四二二條第二款、第三款為受判決人不利益之聲請再審。兩相對照，本款係將新事實與新證據並列，未要求須係「確實之」新事證，其文句較為寬鬆。所謂新事證，參考 44 臺上 467、57 臺上 1256 及 69 臺上 1139 各號判例，與最高法院 103 臺上 959 號刑事判決意旨，係指於原處分時所未知悉之事實或未曾發現之證據而言，非以在原處分確定後新發生之事證為限。因此，檢察官如以該項新事證，連同先前既存資料，予以綜合研判，足認被告有犯罪嫌疑而再行起訴者，其起訴即為合法，法院應予受理。至於是否確能證明犯罪，應由法院從實體上審理判斷，尋求嚴格證明，此非再行起訴之合法要件。

至於原處分之適用法則雖有違誤，如已確定，非有本法第二六〇條之情形，仍不得再行起訴。例如對於非屬本法第三七六條第一項各款所規定之案件誤依第二五三條為職權不起訴處分確定，雖有明顯錯誤，仍無救濟之途。

---

❸❷　例外情形，根據毒品危害防制條例第二十條第二項而依本法第二五五條第一項規定所為不起訴處分，涉及實體的訴訟條件，具有實質確定力，須受不得再行起訴之限制。

②原處分所憑之證物已證明其為偽造或變造，或所憑之證言、鑑定或通譯已證明其為虛偽，或所憑之通常法院或特別法院之裁判已經確定裁判變更，或參與偵查之檢察官因該案件犯職務上之罪已經證明或因該案件違法失職已受懲戒處分足以影響原處分者。

按此項再行起訴事由，係援用本法第四二二條第一款所定為受判決人不利益聲請再審之原因，其有關再審之判解，均可參照應用。

茲應說明者，上述對於「同一案件」不得再行起訴之限制，實例（例如 98 臺上 1018 號刑事判決）謂係僅指事實上同一之案件而言，並不包括法律上同一之情形在內。按不起訴處分之實質效果形同無罪判決已如前述❸。案經無罪判決確定者，就法律上一罪而言，無所謂顯在與潛在事實之不可分關係，其未經審判之事實，非既判力所及。同理，不起訴處分之確定力自亦不應擴及於未受處分之事實。惟其中加重結果犯及想像競合犯雖係法律上一罪，因其基本行為僅有一個，該項行為經處分不起訴確定而遭否定後，倘若將其結果或相競合之部分再行起訴，法理能否自圓，尚有研酌餘地。

§261

十四、偵查之停止

本法第二六一條規定：「犯罪是否成立或刑罰應否免除，以民事法律關係為斷者，檢察官應於民事訴訟終結前，停止偵查。」

所指以民事法律關係為斷者，例如刑法第二三七條有配偶而重為婚姻（重婚）罪，以行為人已婚為要件之一；刑法第三二四條第一項規定配偶間竊盜得免除其刑（依第三三八條、第三四三條規定於侵占、詐欺、背信各罪準用之），以行為人與被害人有配偶身分關係為免刑條件。如有婚姻無效或確認婚姻不成立之訴在民事法院家事法庭涉訟中者，影響配偶身分之有無，為免認定發生歧異，檢察官應尊重民事訴訟判決結果，方能據以處理。本法於五十六年一月修正時，爰將舊條文「得」停止偵查改作硬性規定。因此，院 1781 號及 2583 號解釋均應不再援用。

除上述規定外，尚有本法第三二三條第二項之停止偵查，留待自訴章

說明。

　　停止偵查，僅係偵查程序之停止，並非偵查終結，一旦停止原因消滅，即應繼續偵查。惟如停止原因繼續存在之期間過久，對於追訴權時效不無影響，詳見刑法第八十三條之規定。

　　除上述第二六一條規定外，依釋字 627 號解釋，總統涉犯內亂或外患罪以外之罪之刑事偵查程序，因憲法第五十二條之規定而有暫時性程序上障礙，自其就職日起，不得開始；已開始者，應即停止。須俟其卸任之日起，方能續行偵查。

十五、犯人不明者不得終結偵查

§262

　　本法第二六二條規定：犯人不明者，於認有第二五二條所定之情形以前，不得終結偵查。所謂犯人不明者，係指不知犯人為誰而言。倘若已經查明犯人為誰，不過所在不明而已，依本法第二五一條第二項之規定，仍應提起公訴，至於是否通緝，乃另一問題。又如犯人雖然不明，但其案件具有本法第二五二條所定應不起訴之情形時，即非不得終結偵查，此際關於不起訴處分書之製作，由於無從記載被告為誰，雖有其困難，惟參照院 2550 號解釋意旨，此乃程式問題，不影響終結偵查之效力。假使犯人不明，且無應不起訴之原因，則其全案有待查明真相，依本法第二六二條規定，檢察官自應實施偵查，不得遽行終結。

十六、起訴書正本之送達

§263

　　檢察官起訴書正本之送達❸，依本法第二六三條規定，應準用第二五五條第二項及第三項之規定，即應分送告訴人、告發人、被告及辯護人，且其送達，自書記官接受起訴書原本之日起，不得逾五日。

---

❸　漏送起訴書正本，不影響合法起訴之存在（28 上 3423 號判例）。

第二節 起 訴

一、起訴之意義

起訴，乃訴訟行為之一種，其目的在於訴由法院以裁判方式確定具體的刑罰權之有無暨其範圍。本法兼採被害人追訴制度，有公訴與自訴之別，檢察官與自訴人皆為刑事訴訟當事人（見本法第三條），本節之「起訴」，係就檢察官之提起公訴而為規定，惟於自訴程序，除有特別規定外，應予準用之（見本法第三四三條）。

關於公訴，除依證據足認被告涉嫌犯罪外，尚須具備訴訟條件（包括程序與實體兩方面）及起訴之必要性，檢察官代表國家以客觀立場行使追訴權，俾能符合公益之要求。在自訴之情形，由私人或法人操追訴之權，法律雖未課以符合起訴條件之義務，惟法院仍得適用本法第三二六條所定訊問程序，以裁定駁回自訴。

刑事案件一經起訴於法院，即有下列重要效果：

(一)發生訴訟繫屬

本法未如德國刑事訴訟法採取開始審判程序裁定 (Eröffnungsbeschluss) 之規定，且檢察官得於第一審言詞辯論終結前撤回起訴，並非限定於第一次審判期日前方可撤回。因此，檢察官起訴書連同卷證經提出於法院後 （自訴案件須提出自訴狀），即發生訴訟繫屬 (Rechtshängigkeit)，不論訴訟條件是否具備，該案件已產生受法院審理、裁判之狀態，訴訟主體相互間產生訴訟上權利、義務之關係，法院與當事人同受拘束，受訴法院負有審判之義務。此與瑞士刑事訴訟法第三二八條第一項所定訴訟繫屬之起始同其意旨。申言之，其未具備訴訟條件者，法院應以形式裁判終結訴訟，其已具備訴訟條件者，則以實體裁判為刑罰權存否之確定。此項訴訟繫屬狀態之審級關係，因終局裁判或訴之撤回而告

消滅。因此，基於繫屬所生訴訟結構三面關係之消滅：1.法院須用裁判方能終結訴訟。2.被告除非死亡否則無法脫離訴訟。3.檢察官或自訴人唯有依法撤回其訴始可使訴訟繫屬消滅（參見 97 臺非 470 號刑事判決，載《司法院公報》五十一卷十一期）。在 2.之情形，法院應依本法第三〇三條第五款諭知不受理之判決。在 3.之情形，法院無須作任何裁判。

訴訟繫屬可謂有狹義與廣義之分：狹義訴訟繫屬（或稱案件繫屬），係就某一審級因上述 1. 2. 3.各該情形而脫離該審級；廣義訴訟繫屬，須俟終局裁判確定或訴之合法撤回已無爭議，方能完全脫離。

起訴，就檢察官之偵查已否終結而言，以其對外公告為準（院 2550 號解釋），但在法院則以已否繫屬為準。

㈡重複繫屬之禁止

同一案件本應祇有一次訴訟繫屬之發生，一經起訴繫屬在先，其後之重複繫屬即應及早消除，以防一案兩判，導致雙重處罰或判決結果之歧異。茲分述如下：

1.已經提起公訴之案件在同一法院重行提起公訴者

對該重複公訴，應依本法第三〇三條第二款為公訴不受理之判決。

2.已經提起自訴之案件，檢察官又提起公訴者

對該重複起訴，應依本法第三〇三條第二款為公訴不受理之判決。

3.已經提起自訴之案件在同一法院重行提起自訴者

對該重複自訴，應依本法第三四三條準用第三〇三條第二款為自訴不受理之判決。

4.已經提起公訴之案件，被害人或其他自訴權人又提起自訴者

對該重複起訴，應依本法第三三四條為自訴不受理之判決。

5.已經起訴之案件，又在亦有管轄權之其他法院重複繫屬者

依本法第八條不得為審判之法院，應依本法第三〇三條第七款就其繫屬中之案件為不受理之判決。

㈢土地管轄權之恆定

受訴法院對於案件是否具有土地管轄權，係以起訴繫屬當時之情形為

準（參照院解 3825 號解釋及 48 臺上 837 號判例），當時有土地管轄權者，該案之管轄即已恆定。在繫屬以後，其取得土地管轄權之原因縱有變更，仍不受任何影響。此點與事物管轄之有無應依起訴時至最終裁判時定之者有別（院解 3026 號解釋）。

㈣追訴權時效之停止進行

依九十五年七月一日施行之刑法修正條文第八十三條第一項規定，追訴權之時效，因起訴而停止進行（惟應注意該條所定停止原因視為消滅之情形）。

㈤起訴之對人效力及對事效力，另詳後述（§266 至 §268）

二、起訴之程式

§264

㈠基本規定

1.要式訴訟行為

提起公訴，除追加起訴得於審判期日以言詞為之者外，因係要式訴訟行為，依本法第二六四條第一項規定，應由檢察官向管轄法院提出起訴書為之。如向無管轄權之法院提出者，將受本法第三〇四條所定之管轄錯誤判決。檢察官實施偵查，基於檢察一體原則，上級檢察首長得依法院組織法第六十四條規定令將甲地該管案件移轉於乙地之檢察官辦理，雖不受土地管轄限制，惟如偵查終結提起公訴而乙地法院並無管轄權時，仍須向甲地法院❸❹提出起訴書為之。

2.起訴書應行記載事項

起訴書之內容，因案而異，無從以法律定之。惟其應行記載之事項，依本法第二六四條第二項規定，有下列兩大項：

　　⑴被告之姓名、性別、年齡、籍貫、職業、住所或居所或其他足資辨別之特徵

案件係人與事之結合，本項記載，在於表明被告其人究係何人。其中姓名一項最為重要，起訴書如漏載被告姓名，即屬程式有所欠缺。若在敘

---

❸❹　見院 63、598、1872 各號解釋及 30 聲 16 號判例。

述犯罪事實部分載有姓名，則起訴所指被告尚非不能辨識，法院可依本法第二七三條第六項規定，以裁定定期命檢察官補正。若於全篇起訴書內容毫無姓名之記載者，則其情形無可補正，法院應依本法第三〇三條第一款諭知公訴不受理之判決。至於年籍等項，尚屬次要，起訴書如有漏載，尚難遽予不受理（參照院 1243 號解釋）。

(2)犯罪事實及證據並所犯法條

案件係人與事之結合，本項記載，在於表明被訴之犯罪及其事實並其所憑證據。縱使記載欠詳或漏載法條，實例（64 臺非 142 號判例）認為如足以表明起訴範圍者，法院仍應受理，非可遽認為違背程式。又其所引法條，法院得依本法第三〇〇條之規定予以變更，但不得妨害事實之同一性。

此外，本法第四五五條之十三第二項另有對於起訴書應行記載事項之補充規定，詳見該條說明。

3.起訴應附送卷證

依本法第二六四條第三項規定，起訴時應將卷宗及證物一併送交法院。關於起訴須將卷證隨同起訴書一併送交法院之規定是否妥適，各有其立法例。民國初期曾經採用豫審（預審）制度，其經豫審推事審認案件而為起訴之裁決者，即應將該案卷宗及證據物件一併送交檢察官向管轄法院起訴。此項卷證併送之規定，沿用至今，從未變更。惟須注意者，行國民參與審判之案件，並不附送卷證，且起訴書應記載事項另有規定，請參閱本書專論「國民法官法」五之㈠之 1 相關說明。

德國刑事訴訟法第一九九條第二項、意大利刑事訴訟法第四一六條第二項均明定應予附送。國際刑事法庭審理自一九九一年起發生於前南斯拉夫地區嚴重違反國際人道法罪行者之案件 (International Criminal Tribunal for the Prosecution of Persons Responsible for Serious Violations of International Humanitarian Law Committed in the Territory of the former Yugoslavia since 1991)，以及審理一九九四年在盧安達境內從事種族滅絕及其他嚴重違反國際人道法罪行案件 (International Criminal Tribunal for Rwanda)，其所適用之訴訟程序與證據規則 (Rules of Procedure and

Evidence)，於 Rule 47 ⒝亦明文採用卷證併送制 (The Prosecutor...shall
prepare and forward to the Registrar an indictment for confirmation by a
Judge, together with supporting material.)（可自 www.icty.org/sid/136 及
www.unictr.org/tabid/95/default.aspx 查閱）。日本戰後刑事訴訟法受美國法
制影響，於第二五六條第六項規定：起訴書不得添附有使法官就案件產生
預斷之虞之文書其他物件或引用其內容，日人稱曰「起訴狀一本主義」。
而在英美法制，控方祇送起訴書，更不待言。

　　按起訴不送卷證在於防止法官在審判前預設立場預作判斷致生不利
於被告之成見，而起訴附送卷證則著重於發見真實以期毋枉毋縱，兩者優
劣難決。

　　前者若謂防止預斷，似僅於審判前有其意義，且被告及辯護人在法院
開始審理前，不知控方將提出何項證據，對於防禦之準備，頗為不利❸。
後者雖有助於發見真實，且使法官能深入案情為順暢之審理，有效掌握審
訊時間，惟將損及法官超然、公平之形象。其實，起訴不送卷證，除非極
少數案件祇需一次審判期日即可終結者法官無從產生預斷，否則，該案如
經踐行準備程序或曾依本法第二七四條至第二七八條於審判期日前取證，
或非一次審判期日所能終結必須連續開庭，或有更新審理等情形者，法官
均仍有了解案情產生預斷之可能。與採取卷證併送方式相比較，不過預斷

----

❸　被告及其辯護人如何獲取控方所用證據資料？ 英美法有 Disclosure 或
　　Discovery 相關規範可循。日本最高裁判所昭和四十四年四月二十五日裁定案
　　例（刑集 23–4–248），對於「證據開示命令」之准許，謂應限於進入調查證
　　據階段後方可聲請，且須說明閱覽某一特定證據之具體必要性，由法院審酌
　　全盤情況，如認為在被告之防禦上特別重要，且無招致湮滅罪證或威脅證人
　　等弊害之虞者，方可准許。惟日本刑事訴訟法已於平成十六年修正增訂「公
　　判前整理手續」，自第三一六條之二起，至第三一六條之三十二止，對於審
　　判期日前之準備程序，予以詳細規定，其中關於證據開示之範圍，已較往日
　　更加放寬。又就日本司法實務所見，經由略式程序處理之案件約占九成，依
　　刑事訴訟規則第二八九條規定，略式命令聲請書係附送必要之文書及證物。
　　因此，實際循「起訴狀一本」而適用通常審判程序之案件尚不及一成。

產生之時間遲早及預斷之程度深淺而已，若謂起訴不將卷證一併附送即可排除預斷，未免過於理想化。

㈡追加起訴

§265

1.追加起訴，依本法第二六五條規定，得於第一審辯論終結前為之，如在審判期日，並得以言詞為之

上述規定乃為考量訴訟經濟兼顧當事人審級利益而設，所追加之訴，本係獨立新訴，儘可單獨提出起訴書循一般手續辦理，是否採取追加起訴，法條未作硬性規定。由於當庭追加起訴，將使被告猝不及防，不宜當庭終結，德國刑事訴訟法第二六六條規定追加起訴須得被告同意，值得借鏡。又當庭言詞追加起訴，係要式訴訟行為之例外規定，限於審判期日始得為之，應陳明本法第二六四條第二項各款事項（自訴為第三二○條第二項各款事項），由書記官記明於審判筆錄。至於其他期日，如審判期日前之訊問期日或勘驗期日等，均不在適用範圍。

須注意者，行國民參與審判之案件，不許檢察官追加起訴，請參閱本書專論「國民法官法」五之㈠之 2 相關說明。

2.追加起訴，依同條規定須以⑴與本案相牽連之犯罪或⑵本罪之誣告罪為限

稱相牽連之犯罪，即指本法第七條各款情形而言（83 臺抗 270 及 87 臺上 540 號判例），此類情形，本得合併管轄，許為追加，有其實益；而將本罪之誣告罪追加起訴，使其得以同時審理，則可避免結果互歧。如追加起訴之犯罪，與原起訴案件之犯罪有實質上或裁判上一罪關係者，基於審判不可分原則，不生追加起訴問題。

3.追加起訴之型態有三

⑴增加被告

即追加共犯，如本法第七條第二款共犯一罪之「數人」是。

⑵增加事實

即追加犯罪事實，如本法第七條第一款一人所犯「數罪」是。至若裁判上一罪之事實有所擴張者，並非相牽連之犯罪，僅能併辦，不適用追加

起訴規定。

(3)既增加被告又增加犯罪事實

如本法第七條第四款之情形或就本罪之誣告罪追加起訴是。

上述(1)、(2)、(3)均以本案之存在為前提,否則,乃係提起新訴,無所謂追加可言。

德國刑事訴訟法第二六六條所定追加起訴,僅以上述(2)一種情形為限,且須經被告同意,方得為之。本法允許追加起訴之型態甚廣,未必全然符合訴訟經濟效益;尤其在本案案情繁雜之情形,如於審理終結前忽又追加共犯暨其犯罪事實,勢必導致延宕訴訟進度,殊與設計追加訴訟制度之本旨相違背。縱使針對本案被告追加數罪,由於該被告受選任辯護人人數限制,就其防禦權益而言,即有不利影響。實例(見最高法院 104 臺上 2269 號及 108 臺上 4365 號刑事判決)已經出現援引刑事妥速審判法第一條、第三條及公民與政治權利國際公約健全人權保障意旨,對於追加起訴,採取限縮適用之見解,認為法院不受檢察官任意追加起訴之拘束,就控方不當之追加起訴,得以不適合制度設計本旨為由,依本法第三〇三條第一款關於「起訴之程序違背規定」之禁止規範,諭知不受理判決,以滿足正當法律程序及實現公平法院之理念。

§266 三、起訴之對人效力

刑事訴訟,乃對於特定嫌疑人被訴之犯罪事實,為求確定國家刑罰權之有無暨其範圍,而進行之程序。被告及其被訴之犯罪事實,結合為一個案件,經由起訴而繫屬於法院。就被告其人而言,法院所審判之「人」的對象,須以被起訴之某特定人為限,如對於未經起訴之人而為審理裁判,即係違背法令。

被告究係何人,此乃被訴者之人的範圍問題,亦即起訴之對人效力。

依本法第二六六條規定:「起訴之效力,不及於檢察官所指被告以外之人」,又依本法第三四三條規定,於自訴程序亦準用之。上述法條係從反面而言,其正面意旨實即明定起訴之對人效力應以檢察官或自訴人所指

被告其人為範圍是也。

　　關於被告之指明，固應記載於起訴書或自訴狀，惟本法第二六四條第二項第一款及第三二〇條第二項第一款所以規定起訴書狀應記載被告姓名、性別、年籍、職業、住居所或其他特徵等項，旨在確定被追訴之人，以明起訴之對人範圍。欲辨明被告為誰，通常雖以姓名為最重要之憑藉，倘若被告姓名欠詳，而就起訴書狀之其他記載，在客觀上已能確定被追訴之人者，仍不得指為起訴程序違背規定。因此，確定其人是否為被起訴之「被告」，應以刑罰權對象為準，非可專憑姓名為絕對標準，本此而論：

　　㈠起訴書狀所載被告姓名縱屬冒名、假名或化名，對於起訴之效力並無影響。如經查明真實姓名，且刑罰權對象同一者，可於判決時逕行訂正（51 臺上 594 及 70 臺上 101 號判例）。此際僅係訂正姓名而已，被追訴之人始終相同，並非對於被告以外之人誤加審判。假設某甲酒醉駕車為警察當場逮捕，在警局冒用「乙」之名籍資料應詢，案移檢察官偵查中繼續冒名，且於檢警筆錄上偽造「乙」之署押。旋經檢察官提起公訴，起訴書列名「乙」為被告。嗣於審判中查悉冒名情事，由於全案偵審過程並無真「乙」其人應訊受審，該案之刑罰權對象始終為某甲（倘若曾受羈押則係同一對象更為明顯），即可認為顯係文字誤寫（姓名錯誤），法院可曉諭檢察官更正，或於判決時逕行訂正被告真實姓名為「甲」。如果遲至判決確定後始知為冒名，則依釋字 43 號解釋另以裁定更正原列被告姓名為「甲」即可。關於某甲涉犯偽造署押部分，應由檢察官另行偵查起訴。惟如真「乙」收受法院傳票到庭受審，則發生受審者並非被訴者之情形，法院如不知被告姓名錯誤而對真「乙」作出判決，即與本法第二六六條有違，應循上訴或非常上訴程序予以撤銷，使原案回復至尚未判決之狀態續行審判。

　　㈡頂替他人而受偵查者，起訴書狀如仍將被頂替之他人列名起訴，即應為起訴效力所及，法院自應加以審判，不因其並未親受偵查而受影響。至於頂替者之刑責，應另案查究（院 1098 號解釋）。

　　㈢被告其人經起訴後，在審判中另有他人頂替到庭受審者，由於被告本人並未實際到庭，該項判決即與本法第二八一條第一項規定有違，惟被

告本人原係被追訴之人，應為原起訴效力所及，案經提起上訴，應由上級審撤銷原判另為判決。至於頂替者之刑責，亦應另案查究 （院 569 及 1729 號解釋）。

㈣告訴，祇屬開始偵查原因之一；起訴，即產生訴訟繫屬。兩者不可混淆。告訴乃論之罪，如檢察官僅就共犯中之一人起訴者，其他共犯皆係檢察官所指被告以外之人，依本法第二六六條規定，自非起訴效力所及，法院不得援引告訴不可分原則而對其他共犯一併審判。

四、起訴之對事效力

§267
§268

案件係被告及其被訴犯罪事實之結合，前已述之。法院審判案件，除須以被訴之人為對象外，並應以起訴書狀所控之犯罪嫌疑事實，為其審判範圍，不可逾越，否則即屬訴外裁判（見本法第三七九條第十二款），當然違背法令，是為起訴之對事效力。惟按國家刑罰權係對於每一犯罪事實而存在，單一性犯罪事實，在實體法上僅有一個刑罰權，在訴訟法上不容割裂處理，必須為合一之審判，起訴之事實雖欠完整，法院仍應就該案之整個事實為審判；否則為漏判，仍屬當然違背法令。茲詳述如下：

㈠公訴不可分原則

實質上或裁判上一罪（合稱法律上一罪）之案件，在訴訟上屬於單一性案件，其刑罰權既僅一個，自不能分割為數個訴訟客體。因此，法律上一罪之犯罪事實，乃整體而不可分，必須始終以一個單元處理，不得僅就其中一部分事實起訴。縱在起訴書內祇記載一部分事實（學術上稱曰顯在事實），但其餘事實（學術上稱曰潛在事實）仍應為公訴效力之所及。法院對此具有單一不可分性之整個事實（即顯在事實加潛在事實），應全部予以審判，是為公訴不可分及審判不可分之原則（70 臺上 781 號判例）。

本法第二六七條規定：「檢察官就犯罪事實一部起訴者，其效力及於全部。」即係本此旨趣而設。且依本法第三四三條規定，自訴案件亦準此原則處理。

法院基於審判不可分原則實際審判之事實範圍，較之起訴書狀所載事

實範圍，雖可能有所擴張或縮減，因其仍為起訴效力所及，即不生訴外裁判問題。茲舉例以明之：

1.接續犯

被告行竊恐被認出面目，於是先在他人屋外竹竿上竊取黑布一塊包臉，然後進入屋內竊取財物，係單一行為之接續進行，僅成立一罪（48臺上970號判例）。起訴書雖僅記載被告在屋內行竊之事實，倘若審判中查悉尚有竊取屋主所有黑布情事，仍屬起訴效力所及，法院應就全部事實加以審判。

2.繼續犯

被告意圖性交而和誘未滿二十歲女子脫離家庭，先在甲地租屋姘居，嗣又轉至乙地繼續同居，為繼續犯，僅成立一罪（62臺上2820號判例）。起訴書縱未列載乙地同居事實，如於審判中查悉其事，仍為起訴效力所及，法院應就全部事實加以審判。

3.集合犯

被告未領得許可文件而從事廢棄物清除業務，應依廢棄物清理法第四十六條第四款處罰，其於一定時間、地點反覆多次從事業務，應認係包括的一罪，為集合犯。起訴書已經記載被告數次清除廢棄物之事實，如於審判中續有發覺五次事實時，法院即應連同該五次事實併予審判。他如獨資事業違反公平交易法之行為，亦有發生類似情形之可能。

4.結合犯

被告犯強盜強制性交罪係結合犯（69臺上3638號判例），起訴書以被告犯強盜罪訴請審判，法院於審判中查悉尚有強制性交情事，仍應認係起訴範圍而就全部事實予以審判，改依結合犯論處罪刑。

5.吸收犯

被告被訴使用支票詐財，在審判中查悉該支票係被告所偽造者，因行使偽造有價證券及詐欺取財，均應吸收於偽造行為之中（43臺非45⑵號判例），法院須就全部事實為審判，改依刑法第二○一條第一項偽造有價證券罪論科。

6.加重結果犯

被告被訴毆打他人成普通傷害，在審判中被害人因傷不治死亡，雖起訴書就此部分無從敘入，仍應認屬起訴範圍，法院應予一併審判，並依傷害致死罪處斷（41 臺上 113 號判例）。

7.想像競合犯

被告舉槍射殺某甲未中，誤將旁人某乙擊斃，此種打擊錯誤之例，所犯殺人未遂與過失致人於死罪，構成想像競合犯（37 上 2318 號判例）。如起訴書僅記載過失致死之犯罪事實，法院審理中查悉被告原欲殺甲，尚有殺人未遂情事，即應併予審判，並從較重之殺人未遂罪名處斷。

上述七種法律上一罪之案例， 1.至 6.為實質上一罪， 7.為裁判上一罪，均具有單一性，在訴訟上係單一性案件，其起訴部分（顯在事實）如構成犯罪者，即與未起訴之其餘事實（潛在事實）發生一部與全部之關係。從起訴方面而言，偵查結果縱認其餘事實之罪嫌不足，惟依公訴不可分原則，檢察官不得一面將部分事實起訴，另一面又將其餘事實為不起訴處分。否則，即係就此具有不可分性之整個事實強裂為二，與單一性原理相悖，應認該項不起訴處分為無效（參見 43 臺上 690 號判例，惟此判例所述牽連犯之規定現已刪除）；從審判方面而言，基於審判不可分原則，法院如認起訴部分成立犯罪時，即應連同潛在事實併予論究而為合一審判。

然而，以上所論，皆以起訴部分即其顯在事實構成犯罪為前提，倘若被訴部分不構成犯罪，即與未起訴之其餘（潛在）事實不發生一部與全部之關係。縱使潛在部分應成立犯罪，由於已無一部效力及於全部之可言，法院不得針對潛在部分之犯罪事實予以論究❸❻。

綜上說明，公訴不可分原則之產生，與案件之單一性密切相關，單一

---

❸❻ 單一性案件與公訴不可分原則之適用，其相關判解甚多，例如院 2393 號解釋，37 特覆 3722、45 臺非 61、47 臺非 44、70 臺上 781、70 臺非 11 各號判例是，惟其中述及牽連犯或連續犯之規定，九十五年七月一日施行之修正刑法已予刪除，併此指明。另又涉及上訴不可分之原則，將於本法第三四八條再行論述。

案件之被告與犯罪事實均係單一，其在程序法上之效果，可擇要整理如下：

1.偵　查

案件之單一性，涉及起訴對事效力及既判力問題，檢察官除須注意一部事實已經起訴他部潛在事實不得重複起訴，以及本法第二五二條第一款之適用外，偵查程序並無案件單一性或偵查不可分之可言。因此，檢察官偵查案件，本應對於一切事實實施偵查（告訴乃論之罪須注意告訴不可分原則），依偵查結果而為起訴、不起訴或緩起訴之處分。少年事件處理法施行細則第七條第三項之規定，亦係本此意旨而設。

惟對於單一性案件，如認僅有一部事實涉嫌犯罪應行起訴，其餘事實罪嫌不足者，該項罪嫌不足部分，祇能在起訴書內附述如何不應起訴之理由，不得另為不起訴處分，倘若原案有告訴人者，無從就該部分聲請再議。

2.起　訴

檢察官終結偵查提起公訴後，如查悉原案尚有在單一性範圍內之其餘事實涉及犯罪時，僅能送請法院一併審判，不得另行起訴（45 臺非 61 號判例❸❻），否則造成重複繫屬，將遭不受理之判決。至於自訴案件之限制，則依本法第三一九條第三項規定，判斷其應否受理。

3.審　判

法院對於單一性案件，應就全部事實予以合一審判，但以已起訴部分（即顯在事實）構成犯罪為前提。

惟法院認定全部事實究竟是否具有單一不可分關係，不受起訴意旨所拘束。申言之，原以單一案件起訴者，法院得認定其非不可分而為數罪之諭知；原以數罪案件起訴者，法院亦得認定其不可分而按單一案件為合一之裁判。

在撤回起訴之情形，基於審判不可分原則，不許對於單一性案件所起訴之犯罪事實為一部之撤回，以免割裂。又在上訴程序則有上訴不可分原則之適用，當事人僅就一部事實提起上訴，而其餘部分如具有不可分之單一性者，於審判上即屬無從割裂，依本法第三四八條第二項規定，應視為其餘部分亦已上訴❸❼。且其中雖含有本法第三七六條所列不得上訴於第三

審法院之部分在內，如得上訴部分為合法上訴時，基於上訴不可分原則，即應以全部上訴處理，非可將不得上訴之部分恝置不論❸。

4.既判力

單一案件之一部事實曾經有罪判決確定者，其既判力及於全部，其餘事實不受雙重追訴處罰，否則應受免訴之判決❸。如經起訴之一部事實係受無罪判決確定者，除加重結果犯或想像競合犯之情形外（見本書本論第一編第十三章⓳），其餘事實自得另行追訴，並無重複可言。

㈡不告不理原則

本法第二六八條規定：「法院不得就未經起訴之犯罪審判。」法院審判被告所涉嫌之犯罪事實，除依上述㈠公訴不可分原則，有時將其範圍擴張及於具有單一關係之其餘部分外，必須以起訴書狀所控之嫌疑事實為限。對於未經起訴且無審判不可分關係之其餘事實，既不屬起訴範圍，即不得加以審判，是為不告不理原則（32 上 2105 號判例參照）。

起訴事實之範圍如何，除本法第二六七條之情形外，應以起訴書狀所載事實內容為準。敘引被告所犯法條如與所訴事實不相適合，法院自不受誤引法條之拘束。依本法第三○○條規定，在不妨害事實同一之範圍內，有罪判決得就起訴事實變更檢察官所引應適用之法條 （於自訴案件準用之）。

關於事實同一性如何界定，留待本法第三○○條部分詳為說明。某案與另案相互比對，是否屬於同一案件，應以被告與犯罪事實是否具有同一性為斷。茲將同一案件❹在程序法上之效果，擇要整理如下：

❸ 29 上 3382 及 70 臺上 4673 號判例，惟其述及牽連犯之規定，修正刑法已予刪除。又基於上訴不可分原則，當事人不得僅就一部事實為一部之捨棄或撤回。

❸ 69 臺上 2037 及 69 臺上 4584 號判例，惟其述及牽連犯之規定，修正刑法已予刪除。

❸ 49 臺非 20、50 臺非 108、60 臺非 77 號判例，惟其述及牽連犯或連續犯之規定，修正刑法均已刪除。

❹ 案件，係人與事之組合，即以被告及犯罪事實為要素。所謂同一案件，指某案與另案（二以上案件）相互比對，彼此具有同一性 (Identität)，即其所訴被

1.偵　查

⑴同一案件曾經實體判決確定者

應依本法第二五二條第一款為不起訴之處分。

⑵同一案件一部已起訴者

其餘部分衹能移送法院併辦，檢察官不得為起訴或不起訴之處分❹。

⑶同一案件曾經不起訴處分確定而由不同之告訴人訴究者

如無本法第二六○條情形，檢察官應依本法第二五五條第一項規定，以「其他法定理由」為不起訴之處分。如仍由同一告訴人反覆訴究者，衹須將不應再行起訴之理由通知該告訴人，不必再作不起訴處分❹。

告及犯罪事實均屬同一者而言。被告是否相同，乃「人」之同一性問題 (Identität der Person)。除有少數冒名、假名情形外，通常甚易辨別。犯罪事實是否相同，乃「事」之同一性問題 (Identität der Tat)，其刑罰權據以發生之原因事實如具有同一性者（另請參閱 §300 相關說明），即應認為同一事實，此在法律上一罪（實質上一罪及裁判上一罪），各案事實就外形觀察縱有差異，但依法既係整個一罪不容割裂，即應認係法律上同一。例如甲案為張三偽造文書，乙案為張三行使偽造文書，張三其人相同，兩案事實在外觀上雖有不同，惟因偽造行為為行使行為所吸收，乃法律上一罪。於是，兩者仍不失其同一性，應認乙案與甲案係同一案件，甲案如已經有罪判決確定，乙案即應受不起訴處分或免訴判決。由此可知同一案件係數個案件之比對，與單一案件專就某案本身而論者有別。所謂單一 (Einheit) 案件，指某案之被告及犯罪事實均為單數者而言，數人共犯一罪，或一人犯數罪，皆非單一案件，數人共犯數罪更非單一案件。被告是否單一，明顯易辨。犯罪事實是否單一，取決於罪數之單數或複數，涉及實體法問題。法律上一罪在外觀上似有複數事實，但依法對於整個事實僅有一個刑罰權，即應將其外觀上之複數事實認定為單一事實，不容割裂處理。起訴不可分、審判不可分、上訴不可分等原則，皆以單一性原理為基礎。又「單一案件」係學術名詞，而「同一案件」係法定名詞，見本法第八條、第二六○條、第三二三條及第三二四條。

❹　43 臺上 690、45 臺非 61 號判例，惟其所述牽連犯、連續犯之規定業已刪除。

❹　院 284 及 679 號解釋。

2.起　訴

(1)同一案件一部已起訴者

其餘事實即為起訴效力所及，檢察官不得再行起訴已如前述，被害人亦不得再行自訴。

(2)同一案件已經不起訴處分確定者

非有本法第二六○條情形，檢察官不得再行起訴。但在法律上一罪之情形，除加重結果犯及想像競合犯，基礎行為僅有一個，一行為祇應受一次審判者外，其他各種法律上同一案件，不受上述限制。（請參閱前述§260相關說明。）

(3)關於自訴，同一案件已經不起訴處分者

無論其處分已否確定，既經終結偵查，被害人均不得再行自訴。法律上同一案件有一部分已經不起訴處分者，已往仍受不得再行自訴之限制 [43]，現因舊判例不再援用而有變更。

3.審　判

(1)同一案件繫屬於有管轄權之數法院者

依本法第八條規定，由繫屬在先之法院審判。但經共同之直接上級法院裁定，亦得由繫屬在後之法院審判。

(2)同一案件如有重複繫屬者

視其情形分別適用本法第三○三條第二款、第七款或第三三四條為不受理之判決，詳見本節「一、起訴之意義」之㈡說明。

(3)同一案件曾經實體判決確定者

應依本法第三○二條第一款為免訴之判決。

(4)法院如依本法第三○○條變更起訴法條而為被告有罪之判決時

須於不妨害事實同一之範圍內，方得為之，亦即不失其案件之同一性者，始稱合法。

---

[43]　參見 25 上 116、27 上 2307、47 臺上 1199、50 臺上 451 號判例，旨在限制自訴。惟各該判例業經最高法院公告不再援用。

4.既判力

同一案件已有實體判決確定在先者，即應為免訴之判決；其確定判決如係有罪判決時，縱使先後兩案事實在外觀上有異，如屬法律上同一者，即生既判力及於整個事實之效果，後案仍應免訴。

五、公訴之撤回

§269
§270

訴之撤回，具有消滅訴訟繫屬之效果，惟其撤回，必須符合法定要件，方能發生撤回之效力。本法第二六九條及第二七〇條，係就公訴之撤回，明定其要件，茲說明如下：

㈠檢察官有權撤回原先提起之公訴

惟此處之檢察官，基於檢察一體原則，並非專以原承辦檢察官為限。

㈡檢察官撤回起訴，必須提出撤回書

言詞撤回者不生效力。

㈢何種罪名之案件，其公訴可由檢察官撤回

本法未就罪名設限，惟撤回書必須敘述理由，意即應具備法定理由者方得撤回。所謂法定理由，即檢察官發現原案具有應不起訴❹或以不起訴為適當之情形時，始得裁量需否撤回起訴。撤回書如未備理由者，即不生撤回之效力。須注意者，在單一性案件，基於審判不可分原則，不得對於一部事實撤回起訴。

㈣檢察官如撤回起訴，限於第一審辯論終結前為之，方屬適法

一經第一審終結辯論，該案審理業已成熟，即不應准許撤回起訴，且亦無撤回之實益。縱有本法第三六九條第一項但書情形經發回第一審法院更審中，參照院 801 號解釋意旨，仍不許撤回起訴。

---

❹ 原案應依本法第二五五條第一項規定以「其他法定理由」為不起訴處分之情形，不能據為撤回公訴之理由。但其根據毒品危害防制條例第二十條第二項而以「其他法定理由」所為不起訴處分，已涉及實體的訴訟條件，宜解為例外得許據以撤回公訴。

(五)訴訟繫屬之消滅

案件經檢察官撤回起訴後訴訟繫屬即告消滅，法院無須作任何裁判。

(六)撤回公訴等同不起訴處分

檢察官撤回原先提起之公訴如已合法生效，即與不起訴處分有同一之效力，並以其撤回書視為不起訴處分書，準用本法第二五五條至第二六〇條之規定，原案如有告訴人時，必待撤回確定，方有撤回公訴之效果。

第三節　審　判

一、審判之意義

刑事案件經起訴繫屬於法院後，受訴法院即有審判之責。法院對於繫屬中之案件，以確定國家刑罰權之有無暨其範圍為目的，所從事之訴訟行為，稱曰審判；其一系列審判行為（含裁判以外之其他訴訟行為）之流程，總稱為審判程序。

憲法第八條直接保障人民身體自由，明定「非由法院依法定程序，不得審問處罰。」第八十條規定：「法官須超出黨派以外，依據法律獨立審判，不受任何干涉。」而本法第一條第一項復規定：「犯罪，非依本法或其他法律所定之訴訟程序，不得追訴、處罰。」法院審判刑事案件，係以言詞、直接、公開審理等原則為基本立場，並以審判期日為重心所在。於審判期日以前，尚有若干準備或附隨之行為。迨審理終結後，即應認定事實、適用法律而為裁判，並須製作裁判書，予以宣示或送達。如有合法上訴或抗告，即阻斷其確定；否則，應視裁判內容分別處理或依法執行。本節節名為「審判」，編列於「第一審」以內，係就第一審之審判程序詳加規定，惟依本法第三六四條及第三八七條之規定，第二審、第三審之審判，除有特別規定外，仍準用本節之規定。

第一審之審判程序，因案經提起公訴或自訴，或經軍事審判機關之移

送❹而開始。除上述基本原因外，就個案而言，尚有下列各種開始之原因：

　　1.相牽連案件之合併審判（本法第六條第二項、第三項）。

　　2.案件之指定管轄（本法第九條）。

　　3.案件之移轉管轄（本法第十條）。

　　4.案件因管轄錯誤判決之移送（本法第三〇四條。自訴案件管轄錯誤者須經自訴人聲明方予移送，見本法第三三五條）。

　　5.案件經第二審法院判決發回（本法第三六九條第一項但書）。

　　6.案件經第三審法院判決發回或發交（本法第三九九條但書）。

　　7.第一審開始再審之裁定確定(本法第四二六條第一項及第四三六條)。

　　8.案件經非常上訴判決應由第一審法院更為審判(本法第四四七條第二項)。

　　9.檢察官聲請以簡易判決處刑之案件，經改用通常程序審判（本法第四五二條）。

二、審判期日前之準備

　　刑事案件之審判，係以審判期日為重心。檢察官起訴時，已將卷宗及證物一併致送於法院，經詳閱卷證後，除有本法第三〇七條情形者外，法院必須指定審判期日，使當事人及其他訴訟關係人相與會合，在法庭從事各項訴訟行為。

　　第一審之審判，採行集中審理，為應釐清爭點及整理證據之需要，法院於首次審判期日以前，宜預行準備，俾利審判程序之密集、順利進行。本法第二七一條至第二七九條，乃就審判期日前之準備，明定其相關要項。其間並納入保護被害人及運用「修復式司法」之規定，以利適用。

(一)出庭、到庭人員之傳喚或通知
§271

1.出（到）庭人員之召喚

　　依本法第六十三條前段規定，審判長指定期日行訴訟程序者，應傳喚或通知訴訟關係人使其到場。所謂訴訟關係人，從廣義言，指當事人及當

---

❹　見國家安全法第九條第一款、軍事審判法第五條第一項但書。

事人以外其他之訴訟關係人而言。檢察官與被告，乃公訴案件兩造當事人；被告之代理人，依法代理被告從事訴訟行為。檢察官應於審判期日出庭，而被告或其代理人亦須到庭；如有辯護人、輔佐人者，分別擔負辯護、陳述意見之任務，均應到庭盡其職責。本法第二七一條第一項爰規定：審判期日應傳喚被告或其代理人，並通知檢察官、辯護人、輔佐人。八十六年十二月修法時，考量維護被害人之權益，增訂該條第二項規定：審判期日應傳喚被害人或其家屬並予陳述意見之機會，但經合法傳喚無正當理由不到場，或陳明不願到場，或法院認為不必要或不適宜者，不在此限。實務所見，法院於傳票或通知書隨附「犯罪被害人及告訴人訴訟權益告知書」，臚列依法享有之各項權益，俾使其知曉並得以適時主張或行使應有之權利。

2.告訴代理人及其權限

§271-1　　本法於九十二年二月修法時，為配合第二三六條之一之增訂，新增第二七一條之一。依該條第一項規定，告訴人得於審判中委任代理人到場陳述意見，但法院認為必要時，得命本人到場。同條第二項則規定前項委任應提出委任書狀於法院，並準用第二十八條、第三十二條及第三十三條第一項之規定。但代理人為非律師者，於審判中對於卷宗及證物不得檢閱、抄錄或攝影，意即第三十三條第一項仍不在準用之列，蓋非律師之代理人尚無執業規範及監督機制也。

　　此外，依人口販運防制法第二十四條規定，人口販運被害人於審理中受訊問或詰問時，其法定代理人、配偶、直系血親或三親等內旁系血親、家長、家屬、醫師、心理師、輔導人員或社工人員得陪同在場，並陳述意見（稱配偶，依司法院釋字第七四八號解釋施行法第二十四條第二項前段規定，包括該法第二條所定同性結合關係者在內。）惟如得陪同在場之人係人口販運犯罪嫌疑人或被告時，不適用之。按上述被害人如有合法告訴者，即得委任代理人到場；如未為告訴時，則以被害人身分可由陪同在場人員陳述意見，此等人員可謂無代理人之名而有代理人之實。

§271-2　　### 3.保護被害人隱私

　　本法於一〇九年一月增訂第七編之三時，同步增訂第二七一條之二，

保護被害人之隱私。該條第一項明定：「法院於審判中應注意被害人及其家屬隱私之保護。」復於第二項謂：「被害人依第二百七十一條第二項之規定到場者，法院依被害人之聲請或依職權，審酌案件情節及被害人之身心狀況，並聽取當事人及辯護人之意見後，得利用遮蔽設備，將被害人與被告、旁聽人適當隔離。」上述兩項內容，其立法意旨與第二四八條之三之增訂相同，請對照該條說明。

4.被害人之陪同措施

§271-3

本法於一〇九年一月增訂第七編之三時，同步增訂第二七一條之三，採取被害人之陪同措施。依照該條第一項規定：被害人之法定代理人、配偶、直系或三親等內旁系血親、家長、家屬、醫師、心理師、輔導人員、社工人員或其信賴之人，經被害人同意後，得於審判中陪同被害人在場。惟如得陪同在場之人為被告時，則依同條第二項規定，不適用之。上述兩項內容，其立法意旨與第二四八條之一相同。

5.引進「修復式司法」之運用

§271-4

本法於一〇九年一月增訂第七編之三時，同步增訂第二七一條之四，引進「修復式司法」之運用。該條第一項規定：「法院於言詞辯論終結前，得將案件移付調解；或依被告及被害人之聲請，於聽取檢察官、代理人、辯護人及輔佐人之意見後，轉介適當機關、機構或團體進行修復。」同條第二項謂：「前項修復之聲請，被害人無行為能力、限制行為能力或死亡者，得由其法定代理人、直系血親或配偶為之。」茲說明如下：

⑴本條「將案件移付調解」之規定，雖非以聲請為要件，法院仍須審酌被告、被害人或其家屬之意願，以及調解成立之可能性，方得依職權為之，不可勉強運用。

⑵本條所稱「修復」，係指「修復式司法」而言。其修復之進行，須以被告與被害人雙方共同聲請為前提，法院不得依職權逕行轉介。既係出於共同聲請，即已顯現彼此化解對立尋求調和之意願，法院應以准許為原則。案件經轉介後，接受轉介者依憑估結果，如認為不適於進行修復時，自當移回法院進行審判；如認為適合修復者，俟其修復結果提出書面報

告，送請法院供審判上量刑或宣告緩刑之參考。倘若法院駁回聲請，此乃判決前關於訴訟程序之裁定，不得抗告。

(3)本條第二項所稱配偶，依司法院釋字第七四八號解釋施行法第二十四條第二項前段規定，包括該法第二條所定同性結合關係者在內。

(4)「修復式司法」之意義，最高法院 108 臺上 2191 號刑事判決提出簡要闡述。該則判決理由二之（二）略謂：「……修復式司法，亦即對於加害人、被害人及其等家屬，甚至包含社區成員或代表者，提供各式各樣之對話與解決問題之機會，使加害人認知其犯罪行為所帶來之影響，而反省其自身應負的刑責，並藉此契機，修復被害人等方面之情感創傷和填補其實質所受的損害。……現代刑事司法的功能……自傳統的懲罰、報復，擴大至尋求真相、道歉、撫慰、負責及修復，正義因此得以更完美彰顯。」本條施行後，最高法院 109 臺上 2748 號刑事判決理由壹之三段內容，對於「修復式司法」與「調解」兩者之意義、目的及其運用，闡釋綦詳，頗具參考價值。此外，司法院已發布「法院辦理審判中轉介修復式司法應行注意事項」以期協助開展運用，此乃司法行政上之注意命令（參見釋字 253 號解釋理由書），可供重要參考。

(5)綜合刑事政策學之論點，修復式司法認犯罪為一項社會衝突，需以被害人、加害人、與因犯罪導致衝突而使社會關係破裂之相關人等，三者為核心，藉由適當之第三方（即機關、機構或團體）居中調和，共同參與，充分溝通，解決衝突；使加害人真誠認錯負責，進而平撫被害人苦痛、療癒其創傷、滿足其需求，達成相互包容，療傷止痛，避免加害人有再犯情事，終於復歸社會之目標。上述(4)所引 108 臺上 2191 號判決當時本條尚未完成立法，判決理由謂原審倘能命被告於法庭上努力與被害人父母對話並協商具體解決問題，即非不得藉以重新審視有無宣處死刑之必要一節，此項發回更審關於當庭協商之指示，雖非修復式司法所循之模式，惟原案被告五名，一人判處死刑，其餘無期徒刑，如此重大刑案，最高法院提示刑事政策取向，仍然值得讚揚。

(6)「修復式司法」已成為國際性之刑事政策取向，請參閱 §248-2 相

關說明。

　　(7)依本條及偵查程序之第二四八條之二規定，偵查或審判中之案件，均得運用「修復式司法」處理。此與德國刑事訴訟法第一五五條 a 關於加害人與被害人調和 (Täter-Opfer-Ausgleich) 之立法例相仿。該條指明檢方 (Staatsanwaltschaft) 及院方 (Gericht) 均應審酌犯罪行為人 （Täter 即加害人）與被害人 (Opfer) 間彼此調和 (Ausgleich) 之可能性；但不得與被害人明示之意思相反。

(二)就審期間

§272

　　本法第二七二條規定：「第一次審判期日之傳票，至遲應於七日前送達；刑法第六十一條所列各罪之案件至遲應於五日前送達。」此乃第一次審判期日之傳喚必須預留就審期間之規定，其目的在使被告能有相當時間作防禦之準備。至於第二次以後之審判期日，即無就審期間可言（69 臺上 2623 號判例）。依照該條文義，既謂至遲應於七日或五日前送達傳票，自不包括七日或五日之本數在內，例如指定某月二十日為第一次審判期日之傳票，至遲應於當月十二日送達；如係刑法第六十一條所列各罪之案件，至遲應於當月十四日送達，倘若於當月十三日或十五日送達者，恰僅七日或五日，即與規定不合，不能認為合法傳喚（78 臺非 181 號判例）。但被告已到庭陳述參與辯論者，即於判決無影響（55 臺上 1915 號判例）。惟就審期間之規定對於在羈押或在監服刑之被告亦有其適用，其就審期間不足而強制提解被告到庭者，雖參與辯論，究不能與自願拋棄此項就審期間之利益而自動到庭為訴訟行為者同視，應無上述判例之適用（參考最高法院 90 臺上 4100 號刑事判決）。

　　上述規定雖編列於第一審程序，惟依本法第三六四條規定，於第二審應準用之，併須注意。

　　按就審期間之規定，德國刑事訴訟法第二一七條第一項定為至少一星期，而日本刑事訴訟規則第一七九條第二項定為一般酌留五日，簡易案件酌留三日，尚較本法為短。值得注意者，意大利刑事訴訟法第四二九條定為至少提前二十日送達，充分保障被告之正當權益。

第二七二條係送達傳票之規定。至於起訴書狀之送達，檢察官起訴書正本，依第二六三條準用第二五五條第二項及第三項規定，由檢察機關負責送達；自訴狀繕本，則依第三二八條規定，由法院負責送達，實務上不妨連同被告傳票一併發送之。

§273

(三)準備程序

九十二年二月修法，為達刑事審判集中審理之目標（德Konzentrationsmaxime），於第二七三條明定法院在首次審判期日以前，得進行準備程序，俾就訴訟資料預作彙集整理。刑事妥速審判法第四條更強調規定：「法院行準備程序時，應落實刑事訴訟法相關規定，於準備程序終結後，儘速行集中審理，以利案件妥速審理。」同法第五條第一項並明定：「法院就被告在押之案件，應優先且密集集中審理。」茲分述如下：

1.期　日

案經起訴繫屬後，除有得不經言詞辯論之情形者外，法院即應指定審判期日進行審理。如有必要，不妨先作相當之準備，俾利審判程序得以密集、順暢進行，而對於案情繁雜者，尤其有此需要。依本法第二七三條第一項規定，法院得於第一次審判期日前，傳喚被告或其代理人，並通知檢察官、辯護人、輔佐人到庭，行準備程序。當事人等與法院於一定之日時會合在庭為審判之準備，是為準備程序之期日。其傳票之送達，應預留就訊期間，依同條第三項規定，應準用第二七二條就審期間之規定。茲所稱法院，與第二七九條對照得知，包含獨任制法院及合議制法院兩種情形在內。期日如有變更或延展，應適用第六十四條之規定。

2.處理事項

◎行國民參與審判之案件，其準備程序有諸多特別規定應予優先適用，請參閱本書專論「國民法官法」五之(四)相關說明。

依第二七三條第一項規定，法院得行準備程序為下列各款事項之處理：

(1)起訴效力所及之範圍與有無應變更檢察官所引應適用法條之情形

審判範圍必須與起訴效力所及範圍兩相一致，否則，即有第三七九條第十二款所定判決當然違背法令情事。如經初步審查（並非實質審認）認

為尚欠明確或認有變更起訴法條之可能時，對於被告防禦權之行使，勢必有所影響，後一情形依第九十五條第一項第一款規定，且應告知被告。凡此事項，應於準備程序以訊問、闡明等方法先行釐清並作適當處理。

　　⑵訊問被告、代理人及辯護人對檢察官起訴事實是否為認罪之答辯，
　　　及決定可否適用簡式審判程序或簡易程序

　　本款訊問，僅係訊問被告方面是否為認罪之答辯而已；其被訴事實及相關證據之實質調查，應於審判期日行之。蓋準備程序之任務，重在審判之準備而非「替代」也。經依本款訊問之結果，如獲被告方面之有罪答辯時，法院即得審酌是否開啟簡式審判程序或轉換為簡易程序（見本法第二七三條之一、第四四九條第二項），以求程序之簡捷。

　　⑶案件及證據之重要爭點

　　兩造當事人於準備程序中互提起訴及答辯意旨，案件及證據之重要爭點，將逐一顯現，不妨預作整理，以便在審判期日就其重點事項進行密集順暢之實質調查（準備程序在原則上不得進行實質查證。見 93 臺上 2033 及 5185 號判例）。所謂重要爭點，對照本法第二八九條意旨，係指兩造當事人關於被告犯罪事實或量刑基礎事實有所爭執，其就事實及法律之爭點，對於判決結果具有重要影響者而言。參照上述判例意旨，實例（最高法院 105 臺上 304 號刑事判決）認為倘若受命法官於準備程序中，已就卷內書證、物證進行實質調查，並非僅止於整理、彙集當事人等意見而已，則其所踐行之訴訟程序即有違誤，如將該項實質調查證據之結果，作為判決之基礎，縱使已於審判期日為準備程序筆錄之提示，仍無疑使審判程序空洞化，破壞直接審理與言詞審理原則，其採證自非適法。

　　⑷有關證據能力之意見

　　本款處理有關證據能力意見之規定，依原提修正草案說明，旨在對於證據能力已無爭執部分先予排除，而專就有爭執之證據，留待審判期日進行調查（見本書緒論❻所引關係文書，政二一二頁）。例如本法第一五九條之五第一項情形，被告以外之人於審判外之陳述經當事人同意者即得作為證據，準備程序可就此先作確認，如未同意且有爭執者，即應留待審判

期日處理。詎料立法部門以證據能力如有爭執即可先予調查為由，增列第二七三條第二項「於前項第四款之情形，法院依本法之規定認定無證據能力者，該證據不得於審判期日主張之」之規定，導致準備程序有介入實質調查之情況出現，軼出「準備」審判之範圍。實務應用時，除就具有證據能力部分記明筆錄外，對於兩造一致認為無證據能力部分，亦可一併記明筆錄予以篩選。

　　至若有無證據能力尚有爭執兩造欠缺共識者，實例（95 臺非 204 號刑事判決）雖曾出現法院得就證據能力事項先予調查之見解，但其調查範圍應解為須以調查證據能力之程序爭點為限，不得進行實質調查。例如辯方就控方所提智障被告自白之證據能力有爭執，受命法官依第一五六條第三項規定，命控方指出證明方法，檢察官如聲請傳喚辦案刑警、製作警詢筆錄人員及依第三十五條第三項規定陪同在場之社工人員作證時，受命法官即得傳喚各該證人到庭，依第一七一條準用第一六六條等規定，針對當時如何取得自白之過程，進行交互詰問。至於認定證據能力之有無，如就第二七九條第二項以觀，雖未必否定受命法官有此權限，惟依同條第一項配合第二七三條第一項第四款規定，並參照第二七三條立法說明，受命法官之職責為「處理」有關證據能力之意見，就「當事人對於卷內已經存在之證據或證物，其證據能力如有爭執，即可先予『調查』」，足見僅有調查處理之權，並無認定判斷之權。因此，除非係由合議庭全員行準備程序，或係獨任審判案件而由獨任法官（審判長）行準備程序，否則，受命法官一人不得逕為有無證據能力之認定，必須留待評議予以認定。對此認定之結論，可於審判期日前先以裁定行之，或於審判期日踐行調查證據程序前宣示之，當然亦得於判決理由內說明之。

　(5)曉諭為證據調查之聲請

　　相關條文見本法第九十五條第一項第四款、第九十六條、第一六一條之一、第一六三條第一項、第一六三條之一。依第一六三條規定，證據調查之主導，既係以當事人為主、法院為輔，於行準備程序時，法院自應曉諭當事人為證據調查之聲請。

(6)證據調查之範圍、次序及方法

各該當事人等依本法第一六一條之二規定就調查證據之範圍、次序及方法所提意見，難求一致，法院於準備程序中，必須針對上述第(3)款所整理之案件及證據各項重要爭點，以及當事人聲請調查之證據，予以綜合審酌，預作安排，以利審判期日程序之進行。至於第一五六條第三項、第一六一條之三及第二八八條第三項、第四項已予明定調查先後之次序者，自應依其規定行之。

(7)命提出證物或可為證據之文書

法院認有必要時，對於當事人所持有或保管之證物或書證，得命其提出或交付，並得予以扣押，甚至實施搜索。詳如本法第一編第十一章搜索及扣押之規定。

(8)其他與審判有關之事項

指前七款以外其他與準備審判有關事項而言。例如調取前案卷宗以了解本案是否一事再理應為免訴判決，或函詢該管機關提供說明以了解本案被告是否現役軍人應為不受理判決。此類判決可不經言詞辯論，即無須為審判期日之指定。

3.不到庭之效果

依第二七三條第五項規定，被告或其代理人經合法傳喚，檢察官、辯護人、輔佐人經合法通知，而無正當理由不到庭者，法院得對到庭之人行準備程序。是否僅對到庭之人進行，由法院視其情況對於該案審前準備有無重要影響而定，總以盡量避免缺席進行為宜。（審判期日改行準備程序之情形另見後述 §281 相關說明）

4.筆　錄

依第二七三條第四項規定，準備程序處理之事項，應由書記官製作筆錄，並由到庭之人緊接其記載之末行簽名、蓋章或按指印。

5.訴訟行為瑕疵之補正

訴訟行為必須符合法定程式方能生效，倘若不合程式，即係存有瑕疵，經法院審查後，應依其瑕疵情節分別予以處理，然後方可指定審判期

日。第二七三條第六項爰規定：「起訴或其他訴訟行為，於法律上必備之程式有欠缺而其情形可補正者，法院應定期間，以裁定命其補正。」與此相同意旨之有關補正規定，另可參見本書本論第一編第五章❹之說明。

§273-1
§273-2

㈣簡式審判程序（注意：此類案件並有適用本法第七編之一協商程序之機會）

　　刑事案件之審理程序，可依罪名輕重及被告是否認罪而採取通常程序或簡式程序進行，以利事證明確案件從速審結，符合訴訟經濟原則。本法參考日本立法例，於第二七三條之一及之二規定簡式審判程序如下：

　　①被告所犯非為死刑、無期徒刑、最輕本刑為三年以上有期徒刑之罪，或非屬高等法院管轄第一審之案件，有適用簡式審判程序之機會。按上述案件，並非第三十一條第一項所定強制辯護重罪案件範圍，法院可於一定條件下，擇行簡式程序。

　　②上述案件於準備程序進行中，如被告先就被訴事實為有罪之陳述時，審判長（受命法官與審判長有同一之權限，見第二七九條第二項）得告知被告關於簡式審判程序之意旨，並聽取當事人、代理人、辯護人及輔佐人之意見後，裁定進行簡式審判程序。法院為裁定時，尚在通常程序之中，該項裁定除獨任審判案件外，依第二八四條之一規定應以合議行之（實務所見，係以「被告於本院準備程序中就被訴事實為有罪之陳述，經合議庭裁定由受命法官獨任依簡式審判程序審理，判決如下：……」等文句表明）。倘若被告同時提出阻卻違法或阻卻責任事由為答辯時，有待進行深入調查，即仍應依通常程序進行審判。

　　③簡式審判程序貴在簡捷，其證據調查之程序，由審判長以適當方法行之即可，且被告就被訴犯罪事實不爭執，可認其並無行使反對詰問權之意，因此無須受傳聞法則之限制，第二七三條之二爰明定不受本法第一五九條第一項、第一六一條之二、第一六一條之三、第一六三條之一及第一六四條至第一七〇條規定之限制。

　　④法院所為進行簡式審判程序之裁定不得抗告，惟如法院認有不得或不宜者，應依職權撤銷原裁定，依通常程序審判之。此種情形，應更新審

判程序。但當事人無異議者，不在此限。例如被告已先就被訴事實供認有罪後，經法院發現尚涉嫌最輕本刑為三年以上徒刑之犯罪事實，且有裁判上一罪關係者，即不適於進行簡式審判程序。

　　⑤茲應注意者，案經一度裁定進行簡式審判程序，又依第二七三條之一第二項回復通常審判程序後，即不許再度引用同條第一項規定改為簡式程序進行，以保障被告之權益。

㈤其他得於審判期日前準備之事項

§§274～278

1.本法第二七四條規定

　　法院於審判期日前，得調取或命提出證物。按可為證據之物依第一三三條規定，得扣押之。如在當事人持有保管中者，法院可依第二七三條第一項第七款規定處理；如在第三人持有保管中者，則依第二七四條處理之。茲應注意者，上述得調取或命提出證物之規定，必須以基於當事人聲請或依卷內訴訟資料得知某項證物之存在為前提，非謂法院負有蒐集證物之職責。

2.本法第二七五條規定

　　當事人或辯護人，得於審判期日前，提出證據及聲請法院為前條（即調取或命提出證物）之處分。

3.本法第二七六條第一項規定

　　法院預料證人不能於審判期日到場者，得於審判期日前訊問之。按訊問證人本應於審判期日行之，惟如證人有病危、遠行、移民出國、外籍人士返回其本國等情形，屆時無法到庭者，法院即得依此例外規定，於審判期日前（準備程序中）先行訊問，獲取其證言，供證據之用。93臺上5185號判例併可參照。又依第一七一條規定，法院或受命法官於審判期日前訊問證人時，應準用第一六六條至第一七〇條各該規定，以保障當事人交互詰問及有關聲明異議之權利。

4.本法第二七六條第二項規定

　　法院得於審判期日前，命為鑑定及通譯。又依第一六八條之一規定，當事人、代理人、辯護人或輔佐人，於法院訊問證人、鑑定人或通譯時有

在場權。

5.本法第二七七條規定

法院得於審判期日前，為搜索、扣押及勘驗。須注意者，九十二年二月修法時，已增訂第二一九條之四審判中證據保全之規定，為維持公平法院之立場，法院不宜主動援用第二七七條為強制處分。

6.本法第二七八條規定

法院得於審判期日前，就必要之事項，請求該管機關報告。

§279

(六)合議審判案件之準備程序

依本法第二七九條第一項及第二項規定，行合議審判之案件，為準備審判起見，得以庭員一人為受命法官，於審判期日前，使行準備程序，以處理第二七三條第一項、第二七四條、第二七六條至第二七八條規定之事項。受命法官行準備程序，與法院或審判長有同一之權限。但第一二一條之裁定，不在此限。（其實第二七三條所稱法院，兼指合議制及獨任制法院而言，合議審判案件雖得由受命法官行準備程序，並有以裁定擇行簡式審判程序之機會，惟其裁定仍須以合議行之。）

第二七九條第一項及第二項原有受命推事「訊問被告及蒐集或調查證據」之規定，經於九十二年二月修正後，因準備程序不作實質之證據調查，且事實審法院不負蒐集證據之責，已將上開文字予以刪除。

第二審行合議審判，其準備程序，依本法第三六四條準用第二七九條之規定。至於第三審程序，係法律審，其受命法官所負職責，另依本法第三九〇條及第三九一條之規定。

三、審判期日

審判期日，謂法院與當事人及（或）其他訴訟關係人，會合於法庭而為審理、辯論、宣示裁判等訴訟行為之日時。茲將本法對於審判期日之有關規定分述於下：

㈠出庭人員

1.法官（本法第二八〇條）

§280
§284-1

　　審判期日須由一定人數之法官始終出庭，依本法第二八四條之一規定，簡式審判程序、簡易程序及第三七六條第一項第一款、第二款所列之罪之案件，行法官一人獨任審判，通常審判程序行法官三人合議審判。又依本法第二九二條第一項規定，出庭之法官應自始至終參與審理，如有更易，必須更新審判程序，以符合直接審理原則。此外，行國民參與審判案件之合議庭，尚有非法官者在內，請參閱本書專論「國民法官法」四相關說明。

2.檢察官（本法第二八〇條）

　　檢察官在訴訟上為當事人之一造（本法第三條），居於控方地位，應於審判期日出庭，盡其實行公訴之職責。基於檢察一體原則，出庭之檢察官其人雖得更易，惟無論如何，始終應有檢察官至少一人在庭，方能實行公訴。德國刑事訴訟法第二二六條明定檢察官亦須始終出庭 (in ununterbrochener Gegenwart)，可供借鏡。檢察官實行公訴如有蒐證必要，須依證據保全程序或於審判期日，聲請法院為之，蓋檢察官於終結偵查後已無強制處分權也（另詳 §219-4 說明）。

3.書記官（本法第二八〇條）

　　審判期日應由書記官製作審判筆錄，為本法第四十四條所明定，且如無書記官在場時，該條未如第四十三條許由行訊問之公務員親自製作筆錄，是書記官必須隨同法官出庭。因書記官之職責在於製作審判筆錄，係記錄工作，並非不可替代，在審判進行中如有更易，對於筆錄之製作不生影響。

4.被告（本法第二八一、二八二、二八三條）

§§281
～283

　　被告須經法院依法定程序予以審問（參照憲法第八條第一項），在訴訟上為當事人之一造（本法第三條），與檢察官互為控、辯之兩造，應於審判期日會合為訴訟行為。基於保障被告詰問權及辯論權與符合直接、言詞審理原則之要求，本法第二八一條第一項爰明定審判期日除有特別規定

外，被告不到庭者不得審判。

所指特別規定，同條第二項曰：「許被告用代理人之案件，得由代理人到庭。」即其一例。他如本法第二九四條第三項、第三〇六條、第三七一條均屬之。

審判期日被告不到庭而其辯護人及其他訴訟關係人已到庭者，法院不妨改行準備程序，並命證人具結後，由檢辯雙方進行本法第一六六條之詰問程序，此在實質上具有與審判期日調查證據之同等效果，應與本法第二七六條第一項規定無涉。

被告出庭受審，乃其權利兼義務，如經合法傳喚而無正當理由拒不到庭者，法院得命拘提。被告遵傳到庭受審，依本法第二八二條規定，於在庭時不得拘束其身體，但得命人看守，旨在保障被告之陳述自由。又依第二八三條規定，被告到庭後，非經審判長許可，不得退庭。審判長因命被告在庭，得為相當處分。如被告未受許可擅自退庭者，法院得不待被告陳述逕行判決（本法第三〇五條）。

§284
§284-1
（前述）

5.辯護人（本法第二八四條）

辯護人輔助被告實行防禦，保障被告正當權益。關於辯護人之出任，雖以任意選聘為原則，惟對於重大刑事案件或防禦能力薄弱之被告，本法特設強制辯護制度，於第三十一條第一項所定之案件，審判長必須指定公設辯護人為被告辯護，該案如無選任辯護人或指定辯護人到庭者，法院不得審判。但宣示判決不在此限。至於非屬第三十一條第一項或第四五五條之五第一項所定之案件，辯護人之有無，全憑被告抉擇，縱令無辯護人到庭，法院仍得審判，但如被告已有選任辯護人而法院漏未通知以致無辯護人到庭者，即仍不得審判。又如辯護人有二人以上時，宜解為至少有一人到庭即足，法條無要求全數到庭始得審判之意，蓋每一辯護人均可為完整之辯護也。

6.通譯（本法第九十九條）

上述應於審判期日出（到）庭之人，如未出（到）庭而法院逕為判決者，視其情形，分別依本法第三七九條第一款、第六款、第七款或第八款

之規定，認該判決為當然違背法令，構成上訴或非常上訴之理由。

　　書記官如未出庭，則審判筆錄無從作成，審判期日之訴訟程序曾否踐行，勢必無法證明，遑論判決矣。至若需用通譯而未有通譯者，應解為本法第三七八條之違背法令。

㈡審判期日踐行之程序

　　本法採取直接審理及言詞辯論之原則，第四十七條規定：審判期日之訴訟程序，專以審判筆錄為證。茲將審判期日所踐行之訴訟程序，依序說明如下：

1.朗讀案由（本法第二八五條）

§285

　　期日須因一定行為方能開始（期日之終結，亦同）。審判期日，係以朗讀案由為始。何人朗讀？法無明定，法官或書記官，皆得為之，實務所見方式，係稱：「本院○○年度○字第○○○號張三偽造文書一案，現在開庭審理。」

　　案由之朗讀行為一經完成，審判期日即告開始。此與德國刑事訴訟法第二四三條第一項規定審判程序以案件之點呼 (Aufruf) 為始者相似。

2.審判長對被告作人別訊問（本法第二八六條）

§286

　　審判期日一開始，審判長首先必須對於在庭被告進行人別訊問，即依本法第九十四條規定，詢其姓名、年齡、籍貫、職業、住居所等項，以查驗其人有無錯誤。實務上並取閱其國民身分證或其他證件，間或詢其教育程度、家庭情況等事項，而於少年刑事案件尤有了解之必要。至於法院主動查悉前科紀錄而使被告確認屬實者，依第二八八條第四項規定，應於調查證據階段最末行之（例如累犯加重）。

3.審判長命在庭之檢察官陳述起訴要旨（本法第二八六條）

　　被告經受人別訊問完畢，接由控方陳述，審判長應命在庭檢察官陳述起訴要旨。如屬自訴案件，則由自訴代理人陳述自訴要旨。檢察官將案件提起公訴，卷證已經併送法院，陳述起訴要旨，並非傳達新的資料，應係就起訴書所載內容，擇其重點作扼要陳述，其目的有三：

　　⑴當庭言詞陳述，使被告知悉被控罪行，引發其展開防禦行為。

(2)加深審判庭對本案之印象，據以展開本案訊問及調查證據。

(3)使旁聽席了解案情梗概。

§287
4.**審判長告知被告第九十五條規定之事項（本法第二八七條）**

§§287-1
〜
288-3
5.**踐行調查證據程序（本法第二八七條之一至第二八八條之三）**

◎行國民參與審判之案件，其調查證據程序有諸多特別規定應予優先適用，請參閱本書專論「國民法官法」五之㈤之 2 相關說明。

⑴依本法第二八八條第一項規定，調查證據應於第二八七條程序完畢後行之。意即被告經審判長告知第九十五條規定之事項後，隨即開始調查證據程序。參照九十二年二月修正第二八八條之立法說明謂：「訴訟程序之進行，以採當事人間互為攻擊、防禦之型態為基本原則，法院不立於絕對主導之地位……在通常情形下，法院應係在當事人聲請調查之證據全部或主要部分均已調查完畢後，始補充進行」調查證據。因此，法院之調查證據，與第一五六條第三項、第一六三條及第一六三條之二參互以觀，除被告陳述其自白係出於不正之方法者，應最先予以調查外，首先為當事人、代理人、辯護人或輔佐人所聲請調查且於客觀上非「不必要」之證據，其次為依第一六三條第二項但書規定須依職權調查之證據，再其次為依該條項前段規定為發見真實而得補充介入調查之證據(此部分另請參閱前述 §163 說明)。

⑵調查證據之範圍、次序及方法，由當事人、代理人、辯護人或輔佐人提出意見，經準備程序為處理後，法院據以裁定之。見第一六一條之二、第二七三條第一項第六款及第二七九條等規定。

⑶各種證據如何調查，諸如物證之提示辨認，書證之宣讀或告以要旨，錄音、錄影等之顯示聲音影像，證人、鑑定人之交互詰問暨聲明異議之處理等，詳見本法總則編第十二章及其他有關規定。凡未經合法調查之證據，依第一五五條第二項規定，不得作為判斷之依據。惟簡式審判程序之證據調查，依第二七三條之二規定，不受第一五九條第一項、第一六一條之二、第一六一條之三、第一六三條之一及第一六四條至第一七〇條規定之限制，即其調查證據程序得以簡化。又依第二八八條第二項規定，審

判長對於準備程序中當事人不爭執之被告以外之人之陳述，得僅以宣讀或告以要旨代之，但法院認有必要者，不在此限。

　　⑷調查證據程序之分離

　　依本法第二八七條之一第一項規定，法院認為適當時，得依職權或當事人或辯護人之聲請，以裁定將共同被告之調查證據或辯論程序分離或合併。復依同條第二項規定，前項情形，因共同被告之利害相反，而有保護被告權利之必要者，應分離調查證據或辯論。條文所稱共同被告，指在一訴訟程序中有二人以上被訴者而言。在本法第七條第二款至第四款情形由檢察官合併起訴（見第十五條）或在第二六五條情形經追加起訴者，均有共同被告之形成。此乃基於程序法而來，與實體法上之共犯（見刑法總則編第四章）應分別以觀。因此，共犯未必皆為共同被告，而共同被告亦未必皆有共犯關係。共同被告雖經合併審理，其訴訟關係仍屬各別，如認以分離進行調查證據程序較為適當時，不妨許由法院審酌而為分離調查之裁定。惟如共同被告間之利害相反者，即「應」為分離調查之裁定。當共同被告合併受審時，每一人均非「案外人」，其身分為被告，其陳述乃係「被告」之陳述，並得依第九十五條第一項第二款規定保持緘默。倘若將調查證據程序分離進行，則因二人以上共同被告，對其中一被告而言，其餘各人均為該一被告以外之人，形同「案外人」，於是得以比照「證人」處理。本法第二八七條之二爰明定：「法院就被告本人之案件調查共同被告時，該共同被告準用有關人證之規定。」因此，依第一八六條規定應命具結（第一八六條第一項第三款原有與本案有共犯或有藏匿犯人及湮滅證據、偽證、贓物各罪之關係或嫌疑者不得令其具結之規定，已於九十二年二月修法刪除），且依第一六六條規定應受交互詰問，以取得其證言。

　　惟如具有第一八一條情形，仍得針對所訊之個別事項拒絕證言。此際即應進行調查被告之程序，妥為訊問、對質，以明真相。分離調查證據程序，雖有上述具結負責（偽證之責）及接受交互詰問之效果，惟經準用人證規定受調查之共同被告其人，就被告本人案件被訴事實作證，由於其與被告本人之關係，或為共犯、或非共犯，所為證言之證明力，隨之而有強

弱差異，法院務須審慎判斷。至其證言內容併有不利於該共同被告自己之陳述在內，且與被告本人有共犯關係時，此部分之陳述，形同自證其罪，具有「證言」與「自白」之雙重性質，應與補強法則結合處理，本書§156 說明㈡之 4.併請參閱。假設某竊盜案有共同被告甲、乙二人，該案分離進行調查證據，甲對於被訴事實全然否認，乙經準用人證規定具結作證並受詰問，堅稱自己與甲共同行竊屬實，其證言內容關於自己參與行竊部分，由於欠缺補強證據，可獲無罪判決，關於甲亦參與行竊部分，若謂乙之證言係獨立證據，無須顧及補強法則而得作為判決某甲有罪之基礎證據，豈非鼓勵誣陷或卸責，殊有未妥。

⑸如無上述⑷情形，即應合併進行調查證據程序，共同被告每人均為被告身分，不具證人適格性，無從準用人證之規定。

⑹自從司法院於九十三年七月及九十四年三月先後公布釋字 582 號及釋字 592 號解釋以後，共同被告於其他共同被告案件之證人適格性已告確立，被告於其本人案件之審判，面對具證人適格之共同被告，享有詰問權。凡以共同被告之陳述，供作其他共同被告論罪之證據者，必須先以該項陳述為證言性質，踐行證人調查之程序，依法具結並受詰問，使之立於證人地位陳述證言，如遭拒絕證言時，方能按照調查被告之程序進行訊問與對質。茲依上述解釋將其流程圖示如下：

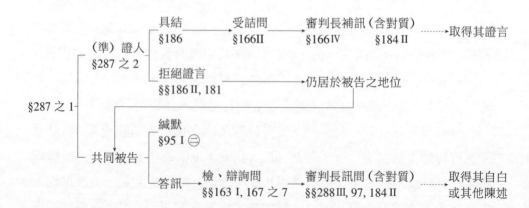

⑺上述兩號解釋，具有重要價值，在未經變更前，自應遵行。惟釋字582號解釋文指摘當時之31上2423號及46臺上419號判例與憲法第八條第一項「法定程序」意旨不符云云，尚非毫無商榷餘地。查：該號解釋之原因案件確定終局判決（最高法院89臺上2196號刑事判決）理由，並無隻字引述判例字號，系爭判例本不應成為審查對象，詎料竟以雖未明載判例字號，而已實質上具有判例意旨內容為詞，認應受理聲請解釋，未免牽強。準此以論，幾乎每件確定判決皆可尋繹相關判例加以審查矣。次查：上述兩則判例當時有效適用之本法（舊）第二七三條，係採職權進行原則，法庭活動由審判長主導，詰問權並非強制規定，昔日大陸法系各國立法例亦不一致，解釋理由書所引國際公約，乃第二次世界大戰結束以後之事，奈竟據而率謂詰問權係普世價值之基本人權，指摘當時法制下之判例為違憲，豈非「今是昨非」。何況最高法院自本法於九十二年二月大幅修正淡化職權進行色彩後，已經針對昔日判例進行檢討整理，陸續公告何者不再援用何者加註文字說明，與新制詰問程序不相適合之舊判例，終將不再援用，司法院何需如此急躁爭先。再查：釋字582號及592號解釋對於九十二年二月修正之本法施行法第七條之三但書「修正刑事訴訟法施行前已依法定程序進行之訴訟程序，其效力不受影響」之過渡規定，暨其立法理由指明包含施行前相關證據法則之適用應不受影響等情形，一概恝置不理，雖經最高法院聲請補充解釋，仍然未獲答案，總覺未盡周延。此外，釋憲案件之通過，與大法官會議出席人數及可決人數有關，釋字582號解釋僅有大法官十一人（含主席在內）具名，缺席人數幾近三分之一，如此重要之釋憲案件，何以不待全員出席會議即迫不及待而予通過公布，頗有耐人尋味之處。

⑻依本法第二八八條第三項規定，除在簡式審判程序有被告可能先就被訴事實為有罪陳述之情形外，審判長就被告被訴事實所為訊問，應於調查證據程序之最後行之。倘若未為訊問，無異剝奪被告防禦權之行使，程序即有瑕疵，本此所為判決，自屬不適用法則之違誤（參考最高法院108臺上1845號及109臺上2309號刑事判決）。復依第一六一條之三規定，

法院對於得為證據之被告自白，除有特別規定外（如簡式審判程序或簡易程序），非於有關犯罪事實之其他證據調查完畢後，不得調查。凡此規定，旨在避免過分重視自白，防止法官預斷。

(9)本法第二八八條之一，係由原第一七三條修正移列。該條第一項規定：審判長每調查一證據畢，應詢問當事人有無意見。至其第二項：「審判長應告知被告得提出有利之證據」之規定，旨在促使被告及時答辯並提出反證，並非要求被告負何舉證責任。如依卷存證據已認為不能證明被告犯罪者，審判長縱未為該項告知，仍不得指為違法，此有 28 渝上 1139 號判例可資參照。

(10)本法採自由心證原則，證據之證明力（即證據價值）委諸法院自由判斷。為防範恣意或不當之判斷，基於嚴格證明法則，要求具備證據能力及踐行合法調查，且其判斷不得違背經驗法則及論理法則。如此猶感未足，當形成心證之際，本法第二八八條之二（原列第一六二條）復規定：「法院應予當事人、代理人、辯護人或輔佐人，以辯論證據證明力之適當機會。」俾使法院能斟酌辯論意旨及調查證據結果，作正確之判斷。惟該條所指辯論，其重點在於就某項證據之證明力有所爭辯，甚至提出反證、反駁或聲請調查其他必要證據，此與本法第二八九條之辯論有別，後者重在總結辯論 (Closing Argument) 而非個別爭辯。

(11)依本法第二八八條第四項規定，審判長就被告科刑資料之調查，應於被告被訴事實經訊問後行之。將該條第三項及第四項聯結可知，對於被告被訴事實之訊問，應於調查證據程序之最後行之，而就科刑資料之調查，則在訊畢被訴事實後，最末行之。茲可附述者，被告在偵審中之態度，其有自白者，得為量刑從輕之參考，某些罪名依實體法尚且定為減刑原因，惟如堅不承認犯罪者，非可認其犯後態度不佳而據為從重量刑之理由，蓋其否認犯罪乃係行使防禦權也。

(12)異議之聲明

本法第二八八條之三，係由原第一七四條修正移列。依該條第一項及第二項規定，當事人、代理人、辯護人或輔佐人，對於審判長或受命法官

有關證據調查或訴訟指揮之處分不服者，除有特別規定外，得向法院聲明異議。法院應就前項異議裁定之。上述異議機制，以當事人、代理人、辯護人或輔佐人為異議權人，以審判長或受命法官有關證據調查或訴訟指揮之處分為異議標的。但在詰問程序中別有聲明異議之規定，審判長依第一六七條之三至之五所為處分，該條之六另有不得聲明不服之特別規定，即不許更依第二八八條之三規定聲明異議。條文所稱調查證據處分者，94臺上 1998 號判例謂係專指調查證據之執行方法或細節（包括積極不當行為及消極不作為）而言。舉例言之，假如審判長依第一六六條第四項所為補充訊問，雖與詰問有別，仍應避免誘導訊問，當事人等主張審判長發問有誘導訊問之嫌，即得依第二八八條之三規定為異議之聲明，由法院裁定之，其裁定無須作成裁定書，以記明筆錄即可，因係程序裁定，不得抗告。又如合議審判案件，受命法官行準備程序，或審判長於審判中，對於當事人等所提調查證據之聲請，獨自逕行駁回，違背第一六三條之二應由「法院」以裁定駁回之規定；他如當事人認為審判長訊問被告違背第二八八條第三項、第四項所定先後順序；或如認為審判長違法禁止當事人詢問證人、鑑定人者。皆得引用第二八八條之三聲明異議。

⒀審判長於調查證據程序之最後，向被告訊問被訴事實，然後調查科刑資料（本法第二八八條第三項、第四項）。

6.審判長宣布調查證據完畢，命開始辯論（本法第二八九條第一項、第三項）　§289

關於辯論程序之分離或合併，另依第二八七條之一之規定。

審判長應命當事人及辯護人，依下列次序，就事實及法律分別辯論之：

⑴檢察官。

⑵被告。

⑶辯護人(強制辯護案件由公設辯護人或受指定之律師為被告辯護)。

已辯論者，得再為辯論；審判長亦得命再行辯論。

檢察官於辯論階段首先陳述，稱曰「論告」，應注意被告犯罪事實與起訴所憑證據之相互連結，針對被告或證人等當庭所為不實或矛盾陳述，

及時予以反駁，並表明如何適用法條之法律見解，及表示求刑（含褫奪公權、緩刑宣告）之具體意見。如發現有利於被告之情形，亦應為有利被告之論告。檢察官對於刑事案件之「求刑」，請參閱本書本論第七編 §451-1 相關說明。

又上述首由檢察官論告，次由被告答辯，再次由辯護人為被告辯護之辯論次序，得周而復始，由三者再為辯論，且審判長亦得依職權命再行辯論。再為辯論及再行辯論，皆係辯論終結以前之事，與本法第二九一條之再開辯論有別。

7. 依上述 6. 辯論後，審判長應命依同一次序，就科刑範圍辯論之（本法第二八九條第二項、第三項）

⑴於科刑辯論前，並應予到場之告訴人、被害人或其家屬或其他依法得陳述意見之人就科刑範圍表示意見之機會。

⑵由於刑法總則編已修正另列第五章之一「沒收」專章，此處所指「科刑範圍」能否包括沒收在內，尚有疑問。本書見解認為檢察官宜就沒收、保安處分一併表示具體意見。

⑶最高法院 100 臺上 2261 號刑事判決，曾經認為檢察官具體求處死刑之案件，攸關被告生命權之剝奪，審判長基於訴訟指揮權之行使，可「曉諭」檢、辯雙方就與量刑範圍有關之事項互為辯論，以達罪刑相當、罰當其罪之目的。第二八九條於一○九年一月修正後，已有科刑辯論之明文規定，不以死刑案件為限。

⑷英美法庭係將罪責認定程序與量刑程序分離進行，定罪辯論與量刑辯論不在同一期日，如未定罪，即無量刑辯論。大陸法系國家之刑事訴訟法，不採定罪、科刑分離辯論之模式（參見德 §258、瑞 §346、奧 §255、法 §346、日 §293）。第二八九條將科刑辯論與定罪辯論，於同一審判期日接續進行，本書見解認應以起訴書或檢察官於論告時，已有具體求刑為前提（如未為具體求刑，審判長應曉諭之），方能有辯論之主題。否則，被告既受無罪推定，何來科刑辯論，豈非預斷有罪，失卻公平法院立場。

⑸已經依序進行科刑辯論者，得再為辯論；審判長亦得命再行辯論。

8. 審判長詢問被告最後有無陳述（本法第二九〇條）

§290

　　辯論臨結束前，法律給予被告最後陳述之機會，使其除答辯外，再次表達意見，以示對被告之充分保障。倘若未與被告以最後陳述之機會而為判決者，依本法第三七九條第十一款規定，其判決當然為違背法令。

9. 審判長宣示辯論終結（本法第二九〇條）

　　當事人及辯護人於辯論階段均已暢所欲言，被告亦已為最後陳述完畢，此際辯論告一段落，審判長即宣布：「本案（或本件）辯論終結。」如係當庭宣判者，即席起立宣示判決，由書記官記載於審判筆錄（見本法第四十四條第一項第十三款）。如非當庭宣判，則審判長除宣示辯論終結外，並應宣布「定於〇年〇月〇日〇時在〇法庭宣判」。此項宣判期日，應依本法第三一一條指定之，屆時由書記官另作宣判筆錄。

　　上述 1. 至 9. 乃通常程序審判期日全程進行之次序。至於適用簡易程序，以簡易判決處刑之案件，法院僅於有必要時，在處刑前訊問被告而已（本法第四四九條第一項），無須開審判庭。又適用簡式審判程序者，其證據調查依第二七三條之二規定予以簡化，已見前述。

　　審判庭所依序進行之各項訴訟行為，如僅就程序言，其實與外國法庭有相類似之處❹，惟訴訟架構不同，我國未採用陪審或參審制。

---

❹　參見德國刑事訴訟法第二四三條、第二四四條、第二四五條、第二五八條。日本刑事訴訟法第二九一條、第二九二條、第二九三條、第二九六條、第二九七條及日本刑事訴訟規則第一九六條、第一九七條、第一九九條、第二一一條。
　　美國有聯邦法院及各州法院兩個體系，以聯邦地方法院刑事案件初審流程為例，其進行之大致情形簡介如下：
　　一、起　訴
　　聯邦地方法院受理刑事案件，首先須由聯邦檢察官向大陪審團 (Grand Jury)提出起訴書 (Bill of Indictment)，經大陪審團查證審定（陪審員十六人至二十三人，以十二人以上為可決，大陪審程序不公開，嫌疑人無權選聘辯護人出庭），獲得簽署認可 (True Bill，由大陪審團召集人具名簽署) 後，再將起訴書送交法院。於是，正式起訴程序乃告完成。大陪審之權利，除死罪案件

外，被告可捨棄之，而改用 Information 起訴。

二、傳　拘

起訴書送達法院後，即經由法院書記人員製發傳票或拘票，使被告到案應訊。於應訊前，被告須受告知享有緘默權、辯護人依賴權及一切供述均有引用為不利證明之可能等各項基本保障事宜。

三、罪狀認否──初訊

正式起訴之案件，被告首度出庭應訊，稱曰 Arraignment。經予人別訊問後，即告知其被訴事實、所犯罪名及所享緘默權等事項。在初訊程序中，最主要之事項在於罪狀答辯：

㈠被告為認罪答辯 (Plea of Guilty) 者，法官可當庭判決或另行定期宣判。

㈡被告為不認罪之答辯 (Plea of Not Guilty) 者，由法官另定期日進行審理，同時裁定被告可否保釋暨其保釋金數額，以確保隨傳隨到。

㈢被告為不爭執之答辯 (Plea of Nolo Contendere) 者，比照㈡處理。惟此種答辯須經法院認可，方為有效。

四、協　商

被告已作認罪答辯之案件，可由控辯雙方進行協商（Plea Negotiation 或 Plea Bargaining）。通常係以辯方願就某項被訴事實承認有罪，與控方允將所訴罪名修正為較輕之罪、或撤回某部分之起訴（按英美法無公訴不可分概念）、或允諾向法院為從輕科刑之請求等項，互相妥協，成立協議 (Plea Agreement)，俾能迅速結案，減輕訟累。

五、定　期

被告作不認罪答辯之案件，已無協商餘地，由於美國憲法增修條文第六條保障被告應獲得迅速及公開之審判，法院應於七十天以內指定審判期日 （詳 U.S.C. Title 18, §3161）。

六、陪　審

陪審審判之權利，受美國憲法保障。依聯邦最高法院判決例，除六月以下徒刑或罰金之罪外，其餘刑案均應接受陪審審判，被告非經檢察官同意及法院許可，不得捨棄陪審。陪審團由十二名陪審員組成，挑選程序甚為繁複。

七、審　判

㈠開端陳述 (Opening Statement)

先由檢察官陳述起訴事實並舉述所憑證據，次由辯護人陳述之。

㈡調查證據 (Presentation of Evidence)

㈢審判期日各訴訟主體及其他訴訟關係人之行為

茲依上述㈡所述程序，註記相關條次，將各訴訟主體及其他訴訟關係人之行為，分別說明如下：

1.起始程序

⑴法院（獨任或合議）

①人別訊問（本法第二八六條、第九十四條）

②告知權利（本法第二八七條、第九十五條）

⑵檢察官

陳述起訴要旨（本法第二八六條）

⑶被告（暨辯護人）

1.檢察官先就控方證人進行詰問 (Direct Examination)，緊接由辯護人進行反對詰問 (Cross Examination)。隨後並可進行再詰問 (Redirect/Recross Examination)。又鑑定人亦係以證人身分應訊，稱曰 Expert Witness。

2.辯方可主張控方舉證不足而聲請法院以裁定駁回起訴 (Motion for Dismissal)。

3.辯方提證、詰問、再詰問及輪由控方反對詰問等程序與 1.同。被告亦可自願選擇以證人身分接受詰問 (U.S.C. Title 18, §3481)。

4.控辯雙方相互舉證反駁 (Rebuttal)。

㈢論告及辯論 (Closing Argument)

1.檢察官論告。

2.辯護人答辯。

3.檢察官再論告。檢方負有舉證責任，因此，多獲一次陳述之機會。

㈣裁決 (Verdict)

辯論終結後，法官應就案情爭點及證據法則要項，先向陪審團作適當之提示 (Instruction)，然後方由陪審團進行評議 (Deliberation) 作成裁決，宣示被告有罪或無罪。聯邦法院審案，必須基於全體陪審員一致意見，方能達成裁決。否則即成 Hung Jury，必須繼續評議，或宣告無效審判 (Mistrial) 解散原陪審團另行組審。

㈤判　決

陪審團召集人宣布被告有罪之裁決後，法院應妥為量刑，擇期宣判。

對於檢察官所陳述之起訴要旨表示意見（即初步答辯）

2.調查證據程序

⑴法院（獨任或合議）

　①準備程序筆錄（本法第二七三條第四項）之宣讀或告以要旨

　②依下述順序踐行證據調查：

　　一本法第一五六條第三項情形之優先調查

　　一當事人聲請調查之證據（本法第一六三條第一項）

　　一法院依職權調查之證據（本法第一六三條第二項）

　　一就被告之被訴事實（含自白）為訊問（本法第二八八條第三項）

　　一調查科刑資料（本法第二八八條第四項）

　③就詰問聲明異議為處分（本法第一六七條之一以下）

　④就本法第二八八條之三聲明異議為處分

⑵檢察官

　①聲請調查證據（本法第一六三條第一項）

　②詰問證人、鑑定人（本法第一六六條）、暨聲明異議（本法第一六七條之一）

　③對於證據暨其證明力表示意見(本法第二八八條之一及第二八八條之二)

　④本法第二八八條之三之聲明異議

⑶被告（暨辯護人）

　①、②、③、④與檢察官相同

3.辯論程序（本法第二八九條）

⑴法院（獨任或合議）：命行言詞辯論

⑵檢察官：進行論告

⑶被告暨辯護人：被告答辯、辯護人為被告辯護

◎於上述定罪辯論後，依同一次序進行科刑辯論

4.其他訴訟關係人

⑴證人、鑑定人受詰問（本法第一六六條）

⑵證人與被告或其他證人對質（本法第一八四條第二項）

⑶被告或其家屬陳述意見（本法第二七一條第二項）

⑷告訴代理人陳述意見（本法第二七一條之一）

⑸被害人或其家屬陳述意見（本法第二七一條第二項、第二八九條第二項）

⑹沒收特別程序參與人暨其代理人行使權利（詳如後述第七編之二）

⑺被害人訴訟參與程序之參與人暨其代理人行使權利（詳如後述第七編之三）

㈣再開辯論

§291

本法第二九一條規定：辯論終結後，遇有必要情形，法院得命再開辯論。此係案經審判長宣示辯論終結後，在尚未宣判前，由於調查證據欠完備、認定事實有困難等必要情形，而經法院以裁定命再行開啟已閉之辯論。再開辯論乃回復至辯論尚未終結之狀態，除非因再開辯論所另行指定之審判期日間隔十五日以上或法官有更易，否則不必再由檢察官陳述起訴要旨。至於本法第二八九條第二項所稱得命再行辯論，係由審判長當庭依訴訟指揮權為之，其時辯論並未終結，審判期日尚未終了，與再開辯論有別。

㈤更新審判

§292

§293

刑事訴訟，以直接審理及言詞辯論為原則，法院必須以顯出於審判期日之訴訟資料為判斷之依據。倘若審判庭法官變更，或前後兩庭期日相隔過久，為求確保審判上之心證不致有誤，本法明定應予更新審判。

1.因參與法官更易之更新

本法第二九二條第一項規定：審判期日，應由參與之法官始終出庭；如有更易者，應更新審判程序。

同條第二項規定：參與審判期日前準備程序之法官有更易者，毋庸更新其程序。

2.因開庭間隔過久之更新

本法第二九三條規定審判非一次期日所能終結者，除有特別情形外，應於次日連續開庭；如下次開庭因事故間隔至十五日以上者，應更新審判

程序。

3.簡式審判程序回復通常程序之更新（另見第二七三條之一第三項）

上述更新審判程序，係指重新踐行審判期日之訴訟程序而言，除非當事人無異議，否則檢察官（或自訴代理人）必須再度陳述起訴要旨，審判長必須命更為詰問人證或提示物證，否則應以更新前之審判筆錄（與第一五九條之一第一項有關）為本法第一六五條第一項之書證而踐行該條之調查程序。惟以前踐行之程序並非一概失效，例如當事人或辯護人以前所提調查證據之聲請，法院尚未准駁者，於更新審判中仍須依法准駁，無須重新聲請。案件具有更新審判事由，法院未為更新審判遽行判決者，依本法第三七九條第九款規定，其判決當然為違背法令，構成上訴及非常上訴之理由。究竟有否更新審判，以審判筆錄所載實際踐行之程序為斷，不得拘泥於有無記明「更新審判」或「更新審理」字樣。

§§294
～298

㈥停止審判及其審判之繼續

刑事訴訟程序開始後，法院本應依職權進行，惟於進行中，間或發生不能繼續審判之情事，此種事由必須出於法律規定，方能停止追訴權時效之進行（見刑法第八十三條），本法爰為規定如下：

1.被告心神喪失或因病不能到庭之停止審判

本法第二九四條第一項規定：被告心神喪失者（心神喪失一詞尚待配合刑法予以修正），應於其回復以前停止審判。同條第二項規定：被告因疾病不能到庭者，應於其能到庭以前停止審判。惟上述兩項規定，旨在保障被告權益，如其顯有應諭知無罪或免刑判決之情形者，則依同條第三項規定，法院得不待被告到庭，逕行判決。又如係許用代理人案件而委任有代理人者，依同條第四項之規定，即無第一項至第三項之適用，蓋此種案件依本法第二八一條第二項之規定，本可由代理人到庭也。

2.等候他罪定讞之停止審判

⑴本法第二九五條規定

犯罪是否成立以他罪為斷，而他罪已經起訴者，得於其判決確定前，停止本罪之審判。例如某罪與該罪之誣告罪，兩案分別繫屬中，誣告罪是

否成立，以某罪之判決結果為斷，如有必要，可就誣告案件停止審判。

(2)本法第二九六條規定

被告犯有他罪已經起訴應受重刑之判決，法院認為本罪科刑於應執行之刑無重大關係者，得於他罪判決確定前，停止本罪之審判。

按本條立法目的係基於刑事政策及訴訟經濟之考量，與本法第二五四條同其意旨。惟本法於五十六年一月修正前之第二九四條（現為第三○二條）第五款，將「被告就他罪受重刑之判決已經確定，因其於執行之刑無重大關係，認為本罪無庸科刑者」，列為免訴判決原因之一，是本罪停止審判，俟他罪判決確定後即應諭知免訴，如此停止審判方有其實益。現行法既已刪除上述第五款之規定，則於停止審判原因消滅後，即無從判決免訴，此處規定停止審判顯已失其意義，他日宜將第二九六條刪除為妥。

3.等候民事程序終結之停止審判

本法第二九七條規定：犯罪是否成立或刑罰應否免除，以民事法律關係為斷，而民事已經起訴者，得於其程序終結前停止審判。此一規定與本法第二六一條同其意旨，惟該條規定「應」停止偵查，此處規定為「得」停止審判，法院尚有裁量餘地。

4.等候總統卸任之停止審判

總統享有憲法第五十二條之刑事豁免權，依釋字 627 號解釋，認係一種暫時性之程序障礙。因此，總統涉犯內亂或外患罪以外之罪之刑事審判程序，無論公訴或自訴案件，於其就職之日，應為停止審判之裁定，須俟其卸任之日起，方能繼續審判。

上述各種停止審判之原因，除第 1.與 4.係「應」停止審判外，2.與 3.係「得」停止審判，有待法院作個案考量，一經裁定停止審判，原案基於起訴而停止追訴權時效進行之原因，即視為消滅，俟停止審判之原因消滅，法院即應繼續審判，唯恐有所延誤，當事人亦得聲請法院繼續審判（本法第二九八條）。

◎法院對於繫屬中之案件，除有上述停止審判原因者外，應於審理終結後作出判決。本法所定之法院判決為：有罪、無罪、免訴、不受理、管

轄錯誤五種判決。其適用之順序，以無審判權之不受理判決為最優先；其次為管轄錯誤判決（但無審判權或被告死亡者，無管轄權之法院仍應為不受理之判決）；再其次為免訴判決；然後為不受理判決。如無管轄錯誤、不受理、免訴之情形，即應為有罪或無罪之實體判決。詳如以下四、至八、各該說明。

四、有罪判決

§299　　刑事案件經審理結果，法院依自由心證為證據之判斷，如認被告被訴之犯罪已經證明者，國家即對之有具體刑罰權存在，於是法院應諭知被告有罪之判決。

依本法第二九九條第一項規定：被告犯罪已經證明者，應諭知科刑之判決；但免除其刑者，應諭知免刑之判決。

科刑判決與免刑判決，前者係論罪科刑，後者論罪而不科刑，兩者同屬有罪判決，其差別在於主文內有無為刑之宣告。

有罪判決書之製作，留待第三○九條至第三一○條之一另行詳述。條文所謂犯罪已經證明也者，此項訴訟上之證明，參照 76 臺上 4986 號判例，必須達於通常一般人均不致有所懷疑而得確信其為真實之程度，方足為有罪之認定。基於無罪推定原則，罪疑唯輕 (in dubio pro reo)，如有合理之懷疑存在時，即應作有利被告之認定。必須已無合理懷疑存在，如同成語所謂「無可置疑」者，方與有罪確信之程度相符。請對照參閱本書 §155 自由心證原則說明㈣之 4.。

法院諭知有罪免刑判決所根據之實體法，有四種規定方式：

㈠免除其刑

例如：刑法第二八八條第三項。貪污治罪條例第八條第一項及第十一條第五項。槍砲彈藥刀械管制條例第十八條第二項。總統副總統選舉罷免法第八十六條第四項及第八十九條第四項、第五項。公職人員選舉罷免法第九十九條第四項，第一○○條第五項、第一○一條第四項及第五項。

㈡得免除其刑

例如：刑法第六十一條、第三二四條第一項（第三三八條及第三四三條準用）、第三五一條。

㈢減輕或免除其刑

例如：刑法第二十七條、第一〇二條、第一二二條第三項、第一六六條、第一六七條、第一七二條。貪污治罪條例第八條第二項、第十一條第五項。槍砲彈藥刀械管制條例第十八條第一項、第四項。總統副總統選舉罷免法第八十六條第四項、第五項及第八十九條第四項。公職人員選舉罷免法第九十九條第四項、第五項、第一〇〇條第五項及第一〇一條第四項。組織犯罪防制條例第八條。證人保護法第十四條第一項。

㈣得減輕或免除其刑

例如：刑法第二十三條但書、第二十四條第一項但書。

以上所述，除第㈠種係絕對必須免刑者外，其餘三種均有待於法院之裁量。是否予以免刑，抑或只減不免，概由法官衡酌。其中根據刑法第六十一條規定而為免刑判決者，於判決前並得斟酌情形經告訴人或自訴人同意，命被告向被害人道歉（憲法法庭 111 憲判 2 號判決認為強制公開道歉與憲法保障言論自由之意旨有違。因此，得被告同意且非公開之道歉，即無違憲疑慮。審判實務應用時必須注意），或立悔過書，或向被害人支付相當數額之慰撫金（可複選）。此等情形應附記於判決書內，慰撫金之支付，並得為民事強制執行名義（見本法第二九九條第二項至第四項）。

科刑或免刑判決，皆係有罪判決，已如上述。有罪判決論斷被告所犯罪名，必須載明適用之法律，方為符合罪刑法定原則。法院審判案件，一方面固不得就未經起訴之犯罪審判，以免違背不告不理原則；另一方面在受訴同一基本事實範圍以內並不受起訴書狀記載被告所犯法條之拘束，俾能正確適用法律避免違背法令。依本法第三〇〇條規定，有罪科刑或免刑判決，得就起訴之犯罪事實，變更檢察官所引應適用之法條❹。此乃以被

§300

---

❹　依本法第三二〇條第二項第二款規定，自訴狀亦應記載被告所犯法條，法院為有罪判決時，仍得準用第三〇〇條變更罪名。

訴事實為基礎，由法院依審理結果，認定被告之確切犯罪事實後，據以引用正確之法條，而予論罪科刑（或免刑）。如須變更法條時，審判長應依本法第九十五條第一項第一款規定，向被告再行告知可能變更之罪名，並宜改期審理，以利被告及辯護人為防禦之準備。然而，事實與法條相互依存，第三〇〇條之適用，除基於訴訟經濟便捷之考量外，尚須兼顧被告防禦權之保障及社會通常觀念之認知，當有罪判決變更起訴法條時，須受事實同一性之限制，亦即不許逾越事實同一之範圍。

事實是否同一，係以刑罰權據以發生之原因事實是否具有同一性為判別之標準。犯罪行為之所以應受刑罰制裁，乃因其作為或不作為，對於某項法益有所侵害，就此具有侵害性之行為，依實體法作何論斷，係屬法院如何適用法律之職權範圍，雖不受起訴法條之拘束；惟法院對於起訴意旨指控被告涉有法益侵害性之事實（犯罪行為之內容），仍受起訴事實❹❽之約束。判決事實與起訴事實如非同一，即屬違背不告不理原則，斯二者究否同一，須以檢察官請求確定其具有侵害性之基本社會事實是否雷同及犯罪構成要件是否具有共通性為斷，而基本社會事實是否同一，則應視訴之目的及侵害性行為之內容是否同一而定。例如起訴書所載被告「刺被害人一刀」之行為，法院因認定「殺」意之有無，在殺人與傷害致死，或殺人未遂與傷害，兩種罪名之間變更法條，由於基本事實同一，即屬合法。又如實例（最高法院 86 臺非 187 號刑事判決）對於由刑法第三二〇條第一項普通竊盜罪變更為同法第三三七條侵占離本人持有物罪之情形，以兩者構成要件具有相當程度之胭合且罪質並無差異，認為未逾起訴事實同一性之範圍，可供參考。再如實例（最高法院 101 臺上 5182 號刑事判決）對於將貪污治罪條例第四條第一項第二款藉勢勒索財物之未遂犯，變更為同條例第五條第一項第三款之要求賄賂罪，亦認為兩者具有同一性。

本法不採訴因制度❹❾，無所謂變更訴因之可言，法院於不妨害基本社

---

❹❽ 起訴書狀應記載被告涉嫌之犯罪事實，敘述犯罪行為之內容，以明法院審理裁判及被告所需防禦之範圍。

❹❾ 日本戰敗後受美國法影響，採用訴因制度（見日本刑事訴訟法第二五六條及

會事實同一之範圍內，有權自行認定事實、據以適用正確法條。倘若逾此範圍，則已失其同一性，即無變更起訴法條之餘地❺⓪。

　　實例認為下列事例，判決事實與起訴事實對照，依通常一般人之認知，在基本社會事實關係上，乃截然不同之兩事，已失其同一性，係就未經起訴之犯罪為審判，不許變更法條，否則有違不告不理原則：

起訴事實所涉法條罪名	法院變更法條罪名	最高法院判例、判決、決議
廢弛職務	包庇盜匪	37 特覆 5063 號判例
搶奪未遂	強制猥褻	43 臺上 62 號判例
侵占	行賄	44.7.26 決議
買受盜賣之軍用品	幫助盜賣軍用品	48 臺上 73 號判例
走私	竊盜	48 臺上 228 號判例
竊盜	故買贓物	62 臺非 65 及 94 臺非 261 號判決
搶奪	詐欺	62 臺上 3344 號判決
詐欺	行賄	69 臺上 1802 號判例
違反票據法罪（現已廢止）	偽造有價證券	70 臺上 2348 號判例
單純恐嚇	恐嚇取財	74 臺上 3428 號判決
強盜	侵占	95 臺上 775 號判決
侵占公有財物	利用職務上之機會	96 臺上 1499 號判決

第三一二條）。惟因並非全然等同於 count 之概念，且在日本法上，公訴事實、罪名、訴因、應適用之罰條等用詞並存，致使學術界及實務界，對於訴因之界說及應用，產生諸多爭論。一般而言，日本法所稱「公訴事實」與「訴因」實乃一體之兩面。後者著重表明該當於犯罪構成要件之具體事實，與民事訴訟上訴訟標的法律關係之表明，有相類似之處。例如起訴詐欺案件，應表明「詐取」、「騙取」或「用詐騙方法取得」他人物品之事實（一事一訴因），或可表明如非詐欺便是背信之預備訴因（一事二訴因）。本法雖不採取訴因制度，並無預備訴因或變更訴因等問題。但檢察官起訴書應記載「犯罪事實」，其記載內容須足以表明起訴範圍，且與其他犯罪不致相混。如需變更罪名，必須踐行第九十五條第一項第一款應再告知被告之規定。就此以觀，其實已能彌補不載訴因之不足。

❺⓪　此種情形即使在採用訴因制度之日本，仍不許為訴因之變更。

詐欺	詐取財物 侵占	97 臺非 375 號判決

以上所述逾越事實同一之範圍者不得變更起訴法條,應注意與實質上一罪、裁判上一罪之案件相區別（現僅剩想像競合犯一種）。法院如依潛在事實處斷而為論罪科刑時,判決事實及引用法條,即可能與起訴事實及法條有所差異，自當為法條之變更，此乃適用本法第二六七條公訴不可分、審判不可分原則之結果,與第三○○條無關。又第三○○條關於變更起訴法條**⑤**之規定，專就事實審法院所為有罪判決而設，如為其他判決時,即使實質上已有變更法條情事,但在判決理由內無從引用第三○○條之規定。例如起訴殺人未遂案件,法院認係傷害罪而未經合法告訴,依法諭知不受理判決是。

§301 五、無罪判決

依本法第三○一條第一項規定，法院應為無罪判決之情形有二：

㈠不能證明被告犯罪

犯罪事實應依證據認定之,無證據不得推定其犯罪事實,本法第一五四條定有明文。被告被訴涉嫌犯罪,倘若缺乏確切之積極證據,未能獲致充分證明,尚有合理之懷疑存在時,基於證據裁判、無罪推定原則,自應諭知被告無罪之判決,以免冤抑（參見 30 上 816 及 76 臺上 4986 號判例）。

至於諭知被告無罪後,被訴事實究係何人所犯,真正犯人究竟為誰,法院並無查明之義務（73 臺上 3892 號判例）。

㈡行為不罰

請參閱有關本法第二五二條第八款檢察官應為不起訴處分之說明,此

---

⑤ 所謂變更起訴法條之情形,並非專以條次不同者為限:一、公務上侵占變更為業務上侵占（同條不同項）。二、以脅迫為猥褻變更為以恐嚇為猥褻（同項不同罪名）。三、教唆殺人變更為共同殺人或幫助殺人（30 上 1574 號判例）。

處不再重述。如係因未滿十四歲或依刑法第十九條第一項規定其行為不罰者，依本法第三○一條第二項規定，法院為無罪判決時，得審酌宣付保安處分之必要性，同時為保安處分及其處分期間之諭知，以期防衛社會。

惟未滿十八歲人應受少年事件處理法之優先適用，未滿十四歲人之觸法行為，依該法第二十七條第三項規定，專擇少年保護事件程序辦理，不審究其罰與不罰之問題，檢察官應依該法第十八條第一項規定，將之移送該管少年法庭（院）處理，不復適用行為不罰之理由而作不起訴處分。準此而論，如果檢察官誤予起訴，應無本法第三○一條之適用，法院即應判決不受理，從程序上終結訴訟繫屬，不應諭知無罪之判決。否則，法院為無罪判決之同時，豈非尚得依第三○一條第二項對於未滿十四歲人宣付刑法上之保安處分，而置少年事件處理法上保護處分之特別處遇於不顧，殊有未合。66 臺非 139 號判例仍採無罪之見解，不無商榷餘地。

以上所述無罪判決，除單純事實上一罪案件，法院認為證據不足或行為不罰者，自應為被告無罪之諭知外，如係法律上一罪（實質上一罪或裁判上一罪）案件而有部分有罪部分無罪之情形時，鑑於審判不可分之關係及單一案件不容割裂之原理，法院僅於諭知有罪判決之理由內附述部分無罪之緣由即足，無須於該項判決之主文內另為無罪之諭知（參見 70 臺上4673 號判例）。惟如認為一部無罪他部應不受理或免訴者，則應分別諭知之，蓋其間不發生一部及全部之關係也（參見 70 臺非 11 號判例）。

六、免訴判決

§302

免訴判決係欠缺實體層面訴訟條件之程序判決　（見總則編第十三章「二、裁判之種類」說明㈡之 5），仿自日本刑事訴訟法第三三七條，為德國刑事訴訟法所無。依本法第三○二條規定，案件有下列情形之一者，應諭知免訴之判決：

①曾經判決確定者。
②時效已完成者。
③曾經大赦者。

④犯罪後之法律已廢止其刑罰者。

請參閱關於本法第二五二條第一款至第四款所定不起訴處分理由之說明，此處不再重述。茲應補充者，同一案件如僅曾受程序上之判決，既與案件實體內容無關，檢察官或自訴人仍可另行起訴，不受一事不再理原則之拘束。

上述㈠曾經判決確定之情形，實用上專指法院判決而言。同一案件如經有權審判之軍法機關為實體判決確定者，足見該案係於被告任職服役中所發覺，依軍事審判法第五條第一項前段規定，本應接受軍事審判，縱令其後被告已失軍人身分，仍不能變更審判權之歸屬（院 1078 號解釋）。倘若重行訴究，法院應優先適用本法第三○三條第六款為不受理之判決，非依第三○二條第一款判決免訴。

外國或香港澳門法院之刑事確定裁判，或大陸地區人民法院之刑事確定裁判，依刑法第九條、香港澳門關係條例第四十四條、臺灣地區與大陸地區人民關係條例第七十五條規定，並無既判力可言，不發生一事不再理之效果，自無免訴規定之適用。

同一行為曾經行政機關裁處罰鍰確定（甚或已經完納）者，無礙於刑事法院之審問處罰，不構成免訴事由。基於行政罰法第二十六條第一項前段所示刑罰優先適用原則，行政機關應作何處理（例如撤銷原處分），此乃另一問題。

§303　七、不受理判決

不受理判決，與上述免訴判決，兩者同屬程序判決。惟免訴判決之事由，涉及實體層面訴訟條件之欠缺，而不受理判決之事由，則純屬程序層面訴訟條件之欠缺。依本法第三○三條規定，案件有下列情形之一者，應諭知不受理之判決：

㈠起訴之程序違背規定者

起訴，係訴訟行為之一種，有其一定程式。如有欠缺而其情形可補正者，法院應定期間以裁定命當事人補正，為本法第二七三條第六項所明

定。如無可補正或不遵限補正者，起訴程序既非適法，法院即應為不受理之判決。惟下列各種情形，有待特加說明：

1.起訴書狀將非自然人列為被告，而所訴事實在法律上並無處罰非自然人之特別規定者

應以起訴程序違背規定為理由，予以不受理之判決（54 臺上 1894 及 72 臺上 4481 號判例），而非無罪判決，蓋其被告欠缺當事人能力，無須審究實體事項也。

2.少年事件處理法將少年觸犯刑罰法律之行為，分成保護事件與刑事案件兩類處理

凡符合該法第二十七條第一項、第二項情形者，由少年法庭（院）以裁定移送該管檢察官偵查。如未經裁定而檢察官逕自偵查起訴，則其起訴程序即屬違背規定（見該法第六十五條第一項，並注意該法施行細則第九條第三項之適用），法院應為不受理之判決（71 臺上 5561 號判例）。又如縱令曾經裁定移送並以少年刑事案件起訴，但經審理結果認為被訴事實祇屬保護事件之範圍者，仍應以起訴程序違背規定而為不受理之判決（63 臺上 1178 號判例）。凡少年觸犯刑罰法律而符合下述情形者，即應按少年保護事件處理：

①十二歲以上未滿十四歲之少年有觸法行為者，因其並無刑事責任能力，不能成立刑事案件，應歸於保護事件之範圍。

②十四歲以上未滿十八歲之少年有觸法行為，而其情形不符合少年事件處理法第二十七條第一項、第二項之規定者。

③十四歲以上未滿十八歲之少年觸犯告訴乃論之罪，而未經告訴、告訴已經撤回或已逾告訴期間者（見少年事件處理法施行細則第九條第三項）。又如檢察官之起訴違背少年事件處理法第六十五條第一項、第三項規定者亦同。

3.符合毒品危害防制條例第二十條第二項、第二十一條第二項或第二十三條第一項所定情形，檢察官本應為不起訴處分而誤予起訴者，應不

予受理

參酌立法原意，上述 2. 及 3. 之情形，乃係處遇上對於刑罰或保安處分之選擇問題，並非有罪或無罪之判斷問題，法院應以起訴程序違背規定判決不受理為妥。

4.檢察官於撤銷緩起訴處分後將被告提起公訴，經法院認定該項撤銷處分為無效者，就公訴部分應諭知不受理之判決（第三〇三條第一款或第四款）

5.被告姓名不詳，如就起訴書狀之其他記載，在客觀上已能確定其所訴追之人者

不得以起訴程序違背規定為理由而不予受理

(二)已經提起公訴或自訴之案件在同一法院重行起訴者

同一案件在同一法院重複起訴而應為不受理判決者，有下述各種情形：

①前後兩訴均為公訴，對於後訴應不受理。

裁判上一罪之一部事實已經起訴者，依本法第二六七條規定，基於公訴不可分原則，其起訴效力及於全部，亦即等於全部事實均已起訴。如前訴僅就一部事實起訴，後訴續就其餘部分事實起訴，則因前後兩訴具有同一性，後訴事實本屬前訴之範圍，應認後訴為重行起訴而予判決不受理。

②前後兩訴均為自訴，對於後訴應不受理，並須引用本法第三四三條準用條文（裁判上一罪與公訴不可分原則之情形與①同）。

③自訴在前，公訴在後，對於公訴應不受理（裁判上一罪與公訴不可分原則之情形與①同）。

至若公訴在前，自訴在後者，係適用本法第三三四條規定判決自訴不受理，非以第三〇三條第二款為根據。

上述①、②、③係就通常情況而言。後訴雖應不予受理，惟如已經實體判決確定在先者，則本於尊重既判力兼顧訴訟經濟原則，前訴即不得不為免訴之判決矣。至若前訴判決時，後訴雖已先為判決而尚未確定者，前訴之判決不受影響，仍應認後訴之判決為違背法令，須依上訴或非常上訴

程序予以撤銷改判不受理（釋字 168 號解釋）。

㈢告訴或請求乃論之罪，未經告訴、請求，或其告訴、請求經撤回或已逾告訴期間者

此種情形，請參閱關於本法第二五二條第五款所定不起訴處分理由之說明。又本法第二三九條所定告訴不可分原則，係規定於偵查程序中，此在審判程序能否準用，曾有不同見解。最高法院七十四年度第六次刑事庭會議決議，認為依本法第二三八條規定，告訴人於審判中既得撤回告訴，則其及於共犯之效力，應無偵查中或審判中之區分。由此決議意旨可知，告訴人在第一審辯論終結前，雖僅對於告訴乃論罪名之共犯其中一人撤回告訴，其效力仍及於其他共犯，法院應就全案諭知不受理之判決。

㈣曾為不起訴處分、撤回起訴或緩起訴期滿未經撤銷，而違背本法第二六〇條之規定再行起訴者

此處所指撤回起訴，專指撤回公訴而言。不起訴處分或撤回公訴已確定，或緩起訴處分期滿未經撤銷者，非有本法第二六〇條所列情形，不得對於同一案件再行起訴。如有違背，即應不予受理（例如先前所提證據業經檢察官調查斟酌者即非所謂發現新證據）。檢察官因發現新證據而對於同一案件再行起訴者，祇須足認被告有犯罪嫌疑即可，法院在程序上應予受理。是否確能證明犯罪，則係判斷有罪無罪之實體問題，非可混淆（參照 44 臺上 467 號判例）。至於撤回自訴之人再行自訴者，乃係違背本法第三二五條第四項之禁止規定，法院應適用第三三四條諭知自訴不受理之判決，無須準用第三〇三條第四款之規定。

㈤被告死亡或為被告之法人已不存續者

此種情形，請參閱關於本法第二五二條第六款所定不起訴處分理由之說明。

㈥對於被告無審判權者

此種情形，除請參閱關於本法第二五二條第七款所定不起訴處分理由之說明外，尚須補述下列三點：

1.法院對於被告有無審判權

係依最終裁判時之情形而定，已經繫屬中之案件，在未判決前如因法律變更而歸由軍法審判者，仍應以無審判權為由諭知不受理判決。已判決而未確定者，則依循上訴程序改判。此與定土地管轄依管轄恆定原則以起訴繫屬時之情形為準者有所不同。

法院組織法於一一〇年十二月八日公布增訂第七條之二第一項「起訴時法院有審判權者，不因訴訟繫屬後事實及法律狀態變更而受影響」之規定，對照增訂第七條之一及其立法說明，旨在統合普通法院（該法第一條）與各專業法院（行政法院、懲戒法院、智慧財產及商業法院、少年及家事法院）間應遵循之審判權爭議解決規範，係以各該司法機關為適用範圍。刑事案件倘若涉及司法與軍法審判權之變更時，本書見解認應仍依上述說明辦理。惟自軍事審判法於一〇二年八月大幅修正以後，此種情形幾無發生之可能。

2.法院對於現役軍人有無審判權之判斷

依軍事審判法第五條之規定，並非以犯罪行為時作準，而係以犯罪發覺時[52]為準。犯罪時雖有軍人身分，發覺時如已離職離役者，仍歸司法審判。

又法院對於裁判上一罪之一部事實有審判權者，依軍事審判法第三十四條規定，即對於全案均有審判權。（惟自軍事審判法於一〇二年修正後，幾乎無適用該條之機會。）

3.最高法院變更 60 臺非 61 號判例之見解，其刑事大法庭 110 臺上大 5557 號裁定主文謂：「中華民國人民被訴在中華民國領域外（含香港與澳門）涉犯刑法第五條至第七條以外之罪，而無我國刑法之適用時，法院應依刑事訴訟法第三〇三條第六款規定諭知不受理之判決。」惟按本法第三〇三條謂案件有下列情形之一者應諭知不受理之判決，所稱案件，乃人（被告）與事（被訴之犯罪事實）兩者之結合。該第六款所列舉之七種情

---

[52] 依院解 3785 號解釋，所謂發覺，係指有權偵訊犯罪之機關知悉其犯罪事實及犯人而言，不以已經告訴告發或檢察官開始偵查者為限。

形，其中第五款及第六款專就人（即被告）而言。第六款所指對於被告無審判權之情形，宜與事（即被訴之犯罪事實）分別以觀。被告如非應受軍事審判或享有外交豁免權之人，法院對其即有審判權，業已具備訴訟要件；至其被訴之國外犯罪行為有無我國刑法之適用，屬於能否適用刑法論罪處刑，亦即罰與不罰之問題。而被告滯留國外致生追訴障礙，此乃通緝及追訴權時效之探討範圍，與審判權無涉。最高法院 60 臺非 61 號判例，係就非常上訴案件所為判決，具有指標意義，且其法律見解堪稱妥適。刑事大法庭以無我國刑法之適用，即不為我國刑罰權所及，構成訴訟障礙欠缺訴訟要件，而謂性質上已屬無審判權，應諭知不受理而非無罪判決，是否得當，本書見解認為尚有商榷餘地。

㈦依本法第八條之規定不得為審判者

㈡與㈦之不受理判決均以消除同一案件重複繫屬為目的，㈡係解決同一法院之重複繫屬問題，㈦則在解決不同一法院之重複繫屬問題。

依本法第八條規定，同一案件繫屬於有管轄權之數同級法院者，其歸併方法為：由繫屬在先之法院審判，是為原則；如經共同之直接上級法院裁定，得由繫屬在後之法院審判，是為例外。其依規定不得為審判之法院，自應為不受理之判決。

裁判上一罪之一部事實已在甲法院起訴，而其餘部分事實續在乙法院起訴者，依公訴不可分原則，兩訴本屬同一，其不得為審判之乙法院，即應為不受理之判決。惟如該不得為審判之法院已作實體判決並經確定在先者，則為尊重既判力並兼顧訴訟經濟之考量，原得為審判之法院，反而不得不為免訴之判決（參考釋字 47 號解釋）。

八、管轄錯誤判決

§304

關於管轄權之有無，應依事物管轄及土地管轄之有關規定而為判斷。法院對於無管轄權之案件，依本法第三〇四條規定，應諭知管轄錯誤之判決，並同時諭知移送於管轄法院。但自訴案件非經自訴人聲明毋庸移送，此在本法第三三五條別有規定。案件經移送於管轄法院後，受移送之法院

應逕自為審判，無須再經配置檢察署之檢察官重行起訴（院 2817 號解釋）。

管轄錯誤判決確定後，受移送之法院如並無管轄權時，是否仍受羈束，本法未有如同民事訴訟法第三十條之規定。惟按管轄錯誤判決具有形式的確定力，受移送之法院自應尊重該項判決之效力而受拘束，仍須進行審理，不得更為管轄錯誤之判決而移送於有管轄權之他法院❺。至於是否提起非常上訴，乃另一問題。

§§305
～307

九、判決與辯論

審判，以言詞審理及直接審理為基本原則。依本法第二二一條規定，判決，除有特別規定外，應經當事人之言詞辯論為之；又依第二八一條第一項規定，審判期日，除有特別規定外，被告不到庭者，不得審判。惟如遇有被告已經到庭而拒絕陳述，或為微罪或無罪案件，或須作程序判決等情形，本法審酌當事人權益並被告防禦權影響之程度，許法院裁量，得按下列規定辦理：

①被告拒絕陳述者，得不待其陳述逕行判決；其未受許可而退庭者亦同（本法第三〇五條）。

②法院認為應科拘役、罰金或應諭知免刑或無罪之案件，被告經合法傳喚無正當理由不到庭者，得不待其陳述逕行判決（本法第三〇六條）。

③第一六一條第四項、第三〇二條至第三〇四條之判決，即免訴、不受理、管轄錯誤等判決，得不經言詞辯論為之（本法第三〇七條）。

④協商判決，應不經言詞辯論為之（本法第四五五條之四第二項）。

上述①、②僅係不待被告陳述而逕行判決，仍須經原告（檢察官或自訴人）一造之辯論，是為一造缺席之判決。③、④之不經言詞辯論，則完全不必踐行審判期日之程序，根本不以當事人到庭為必要，是為言詞審理

---

❺　此種事例其實並不多見。事物管轄涉及審級問題，宜作嚴格要求，惟土地管轄之錯誤，不妨考慮酌予修正明定在審判期日開始以後，非經被告異議，不得諭知管轄錯誤判決，以減少消極爭議之發生（德國刑事訴訟法第十六條及日本刑事訴訟法第三三一條可供參考）。

之例外。又除④外，①、②、③在法條上均係「得」而非「應」，是否逕行判決或不經言詞辯論，有待法院裁量。至於本法第七編之簡易判決，其簡易程序不生言詞辯論問題。

十、判決書

判決，係要式之結論性訴訟行為，如係合議審判案件，須經評議。判決書應由法官製作，除以正本送達外，並對外公開其內容❺。判決書當事人欄之記載及法官之簽名，在本法第三十九條及第五十一條已有一般規定。適用本法第七編簡易程序所為簡易判決，其判決書應記載事項依第四五四條之規定。適用第二七三條之一及之二所定簡式審判程序而為有罪判決者，其判決書之製作準用第四五四條之規定（見第三一〇條之二）。適用本法第七編之一協商程序所為協商判決，另有第四五五條之八及之九特別規定。適用通常程序所為判決，其基本內容段落及有罪判決書之製作要領，應依下列規定：

㈠基本內容段落

§308

本法第三〇八條規定：判決書應分別記載其裁判之主文與理由，有罪之判決書並應記載犯罪事實，且得與理由合併記載。茲解說如下：

1.有罪判決書

不論科刑或免刑，均應包含主文、事實、理由三個段落。案情簡單者，後二段落得合併之。

2.無罪、免訴、不受理、管轄錯誤等判決書

僅有主文、理由兩個段落。

3.上述1.之犯罪事實欄

應記載法院職權上所認定之被告犯罪事實，諸如犯罪時地、方法、態樣以及其他與適用法律有關事項，均應詳確載明，俾足資為適用法律之依據（44臺上497及63臺上2153號判例參照）。稱犯罪事實，第三〇八條

---

❺　本法第五十條、第二二七條第一項及法院組織法第八十三條、第一〇一條至第一〇六條。

立法說明謂係賦予法律評價而經取捨並符合犯罪構成要件之具體社會事實。因此，諸如累犯、自首等刑罰加減事由，並非構成犯罪之事實，乃係理由（第三一〇條）之範圍。

4.上述 2.之各該判決

雖無認定之犯罪事實可供記載，但歷來實務仍於理由欄起始，摘敘相關之起訴要旨，以明緣由，尤其在無罪判決，更有扼要引述公訴或自訴要旨之必要，方能判斷法院所判決之範圍，有無漏判或訴外判決之違誤。

5.主　文

乃判決主旨所在，且係據以執行之基礎。有罪判決書主文應行記載事項，本法第三〇九條有詳細規定。其餘（即上述 2.）各該判決之主文如下：

⑴無罪判決主文

標明被告姓名，揭示無罪字樣。例如：張三無罪。

⑵免訴判決主文

本件免訴。

⑶不受理判決主文

本件公訴不受理或本件自訴不受理。

⑷管轄錯誤判決主文

本件管轄錯誤，移送於〇〇〇〇法院（如係自訴案件，非經自訴人聲明，無須併為移送之諭知）。

6.程序先理之原則

案件應行諭知程序判決者即無須審究實體事項 ，而於各種程序判決中，又有其先後順位。說明如下：

⑴管轄錯誤優先於不受理

但無審判權之不受理優先於管轄錯誤，是其例外。

⑵不受理優先於免訴

但在 60 臺非 173 號判例及最高法院五十一年三月十九日民刑庭總會第二案決議所示情形，則應優先為免訴之諭知，是其例外。

⑶免訴優先於無罪（院解 3458 及 3623 號解釋）或有罪（36 上 4483 號判例）

7.一被告被訴數罪而受各種不同之判決者

應予分別諭知，主文分成數行，第一行依本法第三〇九條諭知有罪判決之主文，第二行以後，載明「被訴〇〇部分」字樣，分別諭知無罪、免訴或不受理。

8.單一案件一部有罪，其餘部分無罪、免訴或不受理者

無須就其餘部分在主文內分別諭知，但應於判決理由內詳為說明。如係一部無罪，其餘部分免訴或不受理時，則應予分別諭知❺。

9.判決應敘述理由

本法第二二三條已有明定。主文係判決主旨所在，不可或缺。因此，判決之主文及理由，係判決書必備之兩個段落，而有罪之判決書，則應增加事實欄之記載，以示經法院認定之犯罪事實，據以論罪科刑（或免刑）。但得與理由合併記載之。

㈡有罪判決書主文內容　　　　§309

本法第三〇九條規定，有罪之判決書，應於主文內載明所犯之罪，並分別情形，記載下列事項：

①諭知之主刑、從刑、刑之免除或沒收

②諭知有期徒刑或拘役者，如易科罰金，其折算之標準

③諭知罰金者，如易服勞役，其折算之標準

④諭知易以訓誡者，其諭知

⑤諭知緩刑者，其緩刑之期間

⑥諭知保安處分者，其處分及期間

茲說明要領如下：

1.有罪判決書之主文

包含三「名」，即被告姓名、所犯罪名、所科刑名（免刑則無刑名）。

---

❺　參見院 2639 號解釋，28 上 1153、28 上 2182、29 上 2003 號判例。最高法院五十五年六月二十八日及六十九年十二月九日決議。

2.記載被告所犯罪名

以按照據以處罰之法條文字予以記載為原則，但條文內容已標示罪名，如逕列該罪名不致引起混淆者，可簡書其罪名。例如：

①張三意圖為自己不法之所有而侵占自己持有他人之物，處有期徒刑八月（見刑法第三三五條第一項）。

②李四竊盜，處有期徒刑三月（見刑法第三二〇條第一項）。

③王五侵入住宅竊盜，處有期徒刑九月（見刑法第三二一條第一項第一款）。

◎按主文對於罪名之記載，除法條本身已定明「罪名」者外（見刑法第三二〇條第一項、第三二八條第一項），應與論罪法條條文文字相互一致。茲有編印「參考手冊」倡導主文簡化者，實例亦已出現支持簡化之見解（見 97 臺上 1310 號刑事判決），例如觸犯刑法第二一三條之罪者，主文應諭知「趙六，公務員明知為不實之事項，而登載於職務上所掌之公文書，足以生損害於公眾，處有期徒刑六月。」如今簡化為「趙六，犯公務員登載不實罪，處有期徒刑六月。」惟此種簡化主文各法院尚未普遍採行。關於已往所採主文記載方式，本書著作人就讀大學時曾經求教當年講授「刑事審判實務」課程之陳師樸生教授，承示知，論罪法條條文明定各該犯罪之構成要件，判決主文應依該當法條條文文字明確記載，有其對應刑法第一條罪刑法定原則之重要意義。本書認為素來所用主文記載方式甚為妥適，行之將近百年，既非窒礙難行，仍應維持不變。倘若遷就簡化，不求嚴謹，美其名曰普及民眾，未免因陋就簡。

3.法律設有「以……論」、「依……之規定處斷」、「亦同」等規定者

記載罪名時，仍記載其本來條項之規定（28 上 3984 (2)號判例）。例如：

①張三和誘未滿十六歲之女子，處有期徒刑五年（見刑法第二四一條第三項）。

②李四行使偽造公文書足以生損害於公眾，處有期徒刑二年（見刑法第二一六條）。

③王五意圖販賣而持有猥褻之圖畫，處有期徒刑八月（見刑法第二三

五條第二項）。

4.犯罪之型態

如陰謀、預備、未遂、幫助、教唆、共同等，均應併同罪名，於主文內載明。例如：

①○○○陰謀在與外國開戰期內以軍事上之利益供敵國，處有期徒刑三年（見刑法第一○六條）。

②○○○預備殺人，處有期徒刑一年（見刑法第二七一條第三項）。

③○○○殺人未遂，處有期徒刑五年（見刑法第二七一條第二項）。

④○○○幫助殺人，處有期徒刑六年（見刑法第三十條及第二七一條第一項）。

⑤○○○教唆殺人，處有期徒刑十年（見刑法第二十九條第二項及第二七一條第一項）。

⑥○○○、○○○共同殺人未遂，各處有期徒刑五年（見刑法第二十八條及第二七一條第二項）。

⑦○○○成年人與未滿十八歲之人共同殺人未遂，處有期徒刑六年（見少年事件處理法第八十五條第一項及刑法第二十八條、第二七一條第二項）。

5.教唆犯、幫助犯如有「共同」之情形者

此種情形，不適用刑法第二十八條之規定。主文並不記載共同教唆、共同幫助字樣（陰謀犯、預備犯亦無刑法第二十八條之適用）。

又必要共犯，如賭博、通姦、結夥、聚眾等，本已含有共同犯罪之性質，於主文內亦不必記載共同字樣。再者，共同過失僅成立民法上之共同侵權行為，在刑法上並無過失犯之共犯（院 2383 號解釋、民事判例 66 臺上 2115 號），二人以上因過失而犯罪者，主文不得記載共同字樣。

6.實質上一罪及裁判上一罪

均以所從處斷之罪名作準，按照法條文字記載其罪名。

7.數罪併罰者

各別載明其罪刑（含保安處分），並依刑法第五十一條定其應執行之

刑。例如：

①張三意圖為自己不法之所有而侵占自己持有他人之物，處有期徒刑八月。又傷害人之身體，處有期徒刑四月❺❻。應執行有期徒刑十月。

②李四收受贓物，處罰金新臺幣〇〇元，如易服勞役以新臺幣〇千元折算一日。又在公共場所賭博財物，處罰金新臺幣〇〇元，如易服勞役以新臺幣〇千元折算一日。應執行罰金新臺幣〇〇元，如易服勞役以新臺幣〇千元折算一日。

③須注意刑法第五十條第一項但書及同條第二項之規定。該第二項明定「受刑人」方能請求檢察官提出定應執行刑之聲請。審判中之被告，不得請求法院定應執行刑，法院更不得逕行定應執行刑。（最高法院刑事大法庭 111 臺非大 43 號裁定）

④數罪併罰之數罪所處之刑，如均得易刑，而其折算標準不同時，應按比例就所定之刑，分別諭知各該部分之易刑折算標準 （參考最高法院 109 臺非 22 號刑事判決）。

8.刑法分則加重規定

與罪名有關，應予載明。例如：

①張三公務員假借職務上之機會以脅迫使人行無義務之事，處有期徒刑八月（見刑法第一三四條及第三〇四條）。

②李四意圖陷害直系血親尊親屬受刑事處分向該管公務員誣告，處有期徒刑一年（見刑法第一六九條第一項及第一七〇條）。

9.累犯加重

已往實務，應於犯罪之下記載「累犯」字樣。例如：王五傷害人之身體，累犯，處有期徒刑八月。惟最高法院刑事大法庭 110 臺上大 5660 號裁定，認為基於精簡裁判之要求，判決主文無庸為累犯之諭知。自此以後，即無須記載累犯字樣。（見裁定理由欄參之六）

10.刑名、刑期之記載方式

死刑與無期徒刑僅載刑名，有期徒刑以若干年、月、日為刑期❺❼，拘

---

❺❻ 見院 2702 號、釋字 144 號及 679 號解釋。

役以日為單位。至於罰金，原係以銀元為貨幣單位，依九十五年七月一日施行修正刑法規定，已改用新臺幣為單位（刑法第三十三條第五款、刑法施行法第一條之一）。惟須注意：

①罰金為新臺幣一千元以上，以百元計算之。但森林法第五十二條所定罰金，係併科贓額二倍以上五倍以下罰金，若贓物價額非整數時，則其倍數即有產生零數之可能。他如糧食管理法第十七條，管理外匯條例第二十二條等，亦有類似情形。

②法人被告因兩罰規定被處罰金，當然不得易服勞役，無須為罰金易服勞役之諭知（參見司法院廿四年十二月廿七日第八七六號訓令）。

11.宣告緩刑者

於主刑下諭知之，並應宣告其期間。如係數罪併罰時，則於所定應執行刑之下諭知緩刑及其期間。如宣付保護管束及履行負擔者，併諭知之。例如：……處有期徒刑六月，緩刑二年。緩刑期間付保護管束，並應履行如附表所示之負擔。

12.宣告保安處分者

應載明其處分之種類；如定有期間者，一併諭知其期間為若干年或月❺❽。

想像競合犯係一行為觸犯數罪名，刑法第五十五條前段所定從一重處斷，僅限於主刑。其非所從處斷之輕罪罪名，如有保安處分之規定者，既非主刑，即與從一重處斷之規定無關，自得一併宣告保安處分（108 臺上大 2306 號裁定）。

13.宣告褫奪公權

應緊接主刑之下載明，並須記載其係終身褫奪或有期褫奪。例如：

①張三殺人，處無期徒刑，褫奪公權終身。

②李四依據法令從事公務之人員，利用職務上之機會詐取財物未遂，

---

❺❼　宣告有期徒刑以若干月若干日為刑期者，除有減刑之情形外，實務上甚為少見。

❺❽　刑法第九十一條、第九十一條之一之治療處分期間，分別為至治癒、至其再犯危險顯著降低為止，無須諭知其期間。

處有期徒刑五年，褫奪公權五年。

　　須注意者，依少年事件處理法第七十八條第一項規定，對於少年不得宣告褫奪公權。

14.宣告沒收時[59]

　　另起一行與主刑併列。且為配合刑法第三十八條第四項及第三十八條之一第三項規定，應一併宣告「於全部或一部不能沒收或不宜執行沒收時，追徵其價額。」至於追徵之價額究有若干，乃係執行事項，無須諭知。

　　刑法上之沒收已非從刑，判決主文首行對於被告雖未為有罪之宣告，仍得於次行諭知沒收相關物件。例如被訴殺人未遂認係傷害因欠缺告訴而為不受理之判決時，扣案兇器仍得予以沒收。

15.免刑判決

　　仍須諭知罪名，例如：某甲因過失傷害人，免刑。又免刑與刑法第九條及臺灣地區與大陸地區人民關係條例第七十五條、香港澳門關係條例第四十四條各該免其刑之執行之規定不同，後一情形，應於主文諭知罪刑，並宣告免其刑之全部或一部之執行。至於免其執行之幅度如何，除另有條約者外，實例認為可參考該外國司法制度及其裁判之公正、良窳與服刑效果等情形，據以適度衡酌。（參考最高法院 110 臺上 3955 號刑事判決）

㈢有罪判決書事實之記載

　　有罪判決書所載事實，係法院職權上所認定被告之犯罪事實，乃論罪科刑之基礎，必須詳為記載，尤須注意下列要領：

1.符合犯罪構成要件之具體事實

　　舉凡犯罪時日、處所、型態、手段、結果、既遂未遂、共犯態樣、特定身分（如公務員）等該當於犯罪構成要件而足資認定既判力範圍之具體社會事實，均應依法認定，於事實欄為詳細明確之記述。如案情繁雜被告

---

[59]　1.供犯罪所用之物如併具違禁物性質者，應優先適用刑法第三十八條第一項之規定宣告沒收（最高法院一〇〇年度第三次刑事庭會議決議）。

　　　2.沒收之執行，不因主刑受緩刑宣告而受影響（釋字 45 號解釋及刑法第七十四條第五項）。

眾多時，可酌予分段或列表敘述。至於後述㈣之 4.、5.事項，以及屬於量刑事項之事實，可在理由欄予以敘述，不必記載於事實欄內。（參考最高法院 94 臺非 152 號及 105 臺上 2629 號刑事判決）

2.免刑判決仍屬有罪判決

自應於事實欄記載被告犯罪事實。

3.沒收之物

必須在事實欄內具體載明，方足為主文宣告沒收及檢察官執行沒收之根據。

4.符合犯罪構成要件之意思要素

例如財產上犯罪之不法所有意圖，必須於事實欄明確認定詳細記載之（52 臺上 2601 號判例）。

5.以被害人之年齡為犯罪構成要件者

其年齡必須詳確認定並載明之。例如刑法第二二二條第一項第二款、第二二四條之一、第二二七條、第二三三條、第二四〇條、第二四一條、第二八六條。

6.據為量處罰金數額之基礎事實

例如森林法第五十二條之贓額、糧食管理法第十七條之糧價總額、妨害國幣懲治條例第五條之幣額、管理外匯條例第二十二條之營業總額，均為計科罰金數額之根據，自應載明於事實欄，俾資依據。

7.事實欄之末句

通常為敘明案件之來源。例如：

①案經某甲訴由某某警察局移送〇〇〇〇地方檢察署檢察官偵查起訴。

②案經某乙提起自訴到院。

㈣有罪判決書理由之記載　§310

判決書應記載理由，以明其論斷之依據，而有罪判決之理由欄，更須依本法第三一〇條所列事項，詳加敘述，方為適法。

倘若判決不載理由或所載理由矛盾，則依本法第三七九條第十四款規定，當然為違背法令。茲就第三一〇條各款說明其要領如下：

1. 認定犯罪事實所憑之證據及其認定之理由

有罪判決既認被告確有犯罪行為須負刑責,則法院所憑之證據為何?採證之理由何在?所採用之證據與待證事實如何相關?證據證明力之判斷理由如何?均應於判決理由內詳加說明,以示符合證據裁判原則,並能據而明瞭如何獲致心證之過程。茲所謂證據,係指具有證據能力之積極證據,經合法調查,適於為被告犯罪事實之證明者而言。

採納被告自白時,應就其補強證據一併說明,以明自白之證據能力。又所載證據必須實際上確係存在,就該案卷宗不難考見,否則失所依憑,即非適法(29 上 2782 號判例)。至於與本案相關之民事訴訟或行政訴訟確定判決所為之證據判斷,刑事法院不受拘束,仍須為相當之查證作成判斷,非可逕行援用。

再者,證據之證明力固應由法院自由判斷,惟其自由判斷,必須斟酌各方面之情形,並須受經驗法則與論理法則之支配(53 臺上 2067 號判例),所得論斷不能有論理上之矛盾。

此外,行國民參與審判之案件,其有罪判決書有關認定犯罪事實之理由,另有特別規定,請參閱本書專論「國民法官法」五之㈤之 5 相關說明。

2. 對於被告有利之證據不採納者其理由

法院審理案件,應於被告有利及不利之情形一律注意,為本法第二條第一項所明定。刑事案件被告固不負舉證責任,縱使拒絕陳述或保持緘默,仍不許憑空推斷其罪行。惟為辯護、防禦起見,實際上有舉證之必要,法院如不採納有利於被告之證據,自應敘明理由。以示有所審斷。本法於五十六年一月修正增訂本款,旨在促使審判上之注意,防杜輕忽率斷之弊。茲所指不採納之證據者,實例(81 臺上 1658 號刑事判決)謂如有三名證人各自為不同之證明內容時,法院對於其中某一證人所為有利於被告之證言倘若不予採納,即應說明因何不採納之理由。惟如對於同一證人前後供述證言互不相容而就某一部分證言予以採信時,當然排除其他部分之證言,此乃法院取捨證據職權之行使,即使未於判決內說明何以捨棄其

他部分證言之理由，既於判決本旨並無影響，即不容指為判決不備理由。

3.科刑時就刑法第五十七條或第五十八條規定事項所審酌之情形

刑法上述條文乃有關科刑輕重所應審酌之各種事項，法院判決理由，自應有所說明，以明量刑衡酌過程。惟刑法第五十七條列有十款，判決理由不以針對各款逐一說明為必要。

4.刑罰有加重、減輕或免除者其理由

此類事由專指純屬刑罰之加減或免除，與構成犯罪事實無關者而言。例如累犯加重、自首減輕、行賄者自首免刑是。

如與構成犯罪事實有關，即係理由 1.所應記載之範圍。例如刑法第二十三條但書、第二十四條第一項但書、第一三四條、第一七〇條、第二三一條第二項、第二三一條之一第三項、第二八〇條等規定是。

至於裁判上之加減或免除，係由法院裁量，除刑法第五十八條之酌加，在上述 3.已有規定外，第五十九條至第六十一條各該情形，亦應於判決理由內予以說明。

5.易以訓誡或緩刑者其理由

參見刑法第四十三條、第七十四條及少年事件處理法第七十九條。

依刑法第四十三條規定，受拘役或罰金之宣告，而犯罪動機在公益或道義上顯可宥恕者，得易以訓誡，立法用意甚佳，可惜實務上極少應用。

至於緩刑問題，司法院基於刑事政策之考量，於九十五年十一月十三日發布 「法院加強緩刑宣告實施要點」 一種 ，例示若干宜予緩刑之情形❻，促使法院妥適運用。有罪判決如有易以訓誡或宣告緩刑時，不特應於主文諭知之，且須於理由欄敘述如何裁酌。

6.諭知沒收、保安處分者其理由

參見刑法沒收與保安處分以及竊盜犯贓物犯保安處分條例相關規定。

7.適用之法律

有罪判決對於被告論罪科刑，必須有法律上之根據。判決書理由欄末

---

❻　刊載於《司法院公報》四十九卷一期。該實施要點第八點內容，曾於一〇七年八月八日修正，刊載於《司法院公報》六十卷九期。

段，應詳細列載所適用之法律名稱及其條次、項別、款序，俾與主文內容相互呼應，符合罪刑法定原則。關於法條引敘方式，應注意下述各點：

(1)先引程序法條，次引實體法條

例如主文為「張三意圖他人受刑事處分向該管公務員誣告，處有期徒刑一年」之判決，其引敘法條為：「……依刑事訴訟法第二百九十九條第一項前段，刑法第一百六十九條第一項，判決如主文。」

(2)程序法條除本法第二九九條第一項前段或同條項但書外，並視其情形加引相關條文

例如本法第三○○條、第三四三條、第三○五條、第三○六條、第三○七條以及上訴審之有關條文。

(3)實體法之條文，其順序按主文文字，先「罪」後「刑」

如引敘刑法第二條第一項前段或但書、第二十八條、第二十九條、第三十條等條文，均列在罪名條文之前。

如引敘刑法第二十六條、第四十七條、第五十九條、第六十二條等條文，均列在罪名條文之後。惟如係適用特別刑法論罪科刑時，則應先引敘特別法，然後引敘刑法相關條文（例如先引貪污治罪條例後敘刑法上褫奪公權條文）。

(4)從刑（褫奪公權）條文列於主刑法條之後

(5)特別刑法有褫奪公權之規定者

除引用其法條外，關於褫奪公權之期間，仍須引用刑法第三十七條第一項或第二項為根據。

現行貪污治罪條例第十七條、總統副總統選舉罷免法第九十九條第三項、公職人員選舉罷免法第一一三條第三項等特別法均有強制褫奪公權之規定，但其奪權期間仍須依刑法定之。

(6)想像競合犯

依刑法第五十五條從一重處斷，所涉輕重各該行為之該當法條，均應一一引敘，再將刑法第五十五條列在各該罪名法條之後。

(7)「結夥」之罪名

主文雖不必標示「共同」字樣，但判決理由內仍須引敘刑法第二十八條。

(8)法條規定「未遂犯罰之」

因其罪刑仍以既遂犯之條項為根據，除引用處罰未遂犯之條項外，應一併引用既遂犯之條項。

(9)宣告緩刑

應引敘刑法第七十四條第一項或（及）第二項相關款次（尚須注意第九十三條第一項），在少年刑事案件，應併引少年事件處理法第七十九條及第八十二條第一項，並於主文宣示交付保護管束。

(10)空白刑法之補充規範，係行政命令

例如走私罪之行政院專案公告，應於判決理由內敘述其詳，不列入法條欄。

(11)依特別刑法論罪科刑者，如需引用刑法總則編有關條文時

於引敘該特別法之條文後，緊接引用刑法第十一條前段，然後再引刑法有關條文。

但特別法上定有「適用刑法總則」或「適用刑法」之明文者❻，即可引用其規定，不引刑法第十一條前段。至於特別法僅規定「本法（或本條例）未規定者適用其他法律」者❻，仍應引用刑法第十一條（院 1752 號解釋）。

(五)有罪判決書之簡化　　　　　　　　　　　　§310-1

依本法第三一〇條之一第一項規定，有罪判決諭知六月以下有期徒刑或拘役得易科罰金、罰金或免刑者，其判決書得僅記載判決主文、犯罪事實、證據名稱、對於被告有利證據不採納之理由及應適用之法條。同條第二項更規定，前項判決，法院認定之犯罪事實與起訴書之記載相同者，得

---

❻　如竊盜犯贓物犯保安處分條例第一條。

❻　如少年事件處理法第一條之一、妨害兵役治罪條例第一條、糧食管理法第一條等。

引用之。

§310-2　㈥**簡式審判程序有罪判決書之製作**

　　適用簡式審判程序所為有罪判決書之製作，準用第四五四條之規定，意即準用本法第七編內簡易判決之規定。

§310-3　㈦**諭知沒收之判決應行記載事項**

　　諭知沒收之判決，除附隨於有罪判決者，應依本法第三〇九條、第三一〇條規定記載外，在其他情形，依第三一〇條之三規定，諭知沒收之判決應記載其裁判之主文、構成沒收之事實與理由。理由內應分別情形記載認定事實所憑之證據及其認定之理由、對於被告有利證據不採納之理由及應適用之法律。

　　本法第七編之二沒收特別程序第四五五條之二六併可對照。

十一、判決之宣示

　　依本法第二二四條第一項之規定，判決，除不經言詞辯論者外，應宣示之。判決之宣示，係就已經成立之判決向外發表；不經言詞辯論之判決未宣示者，係以送達而向外發表。判決如何宣示？本法第二二五條第一項已經有所規定，其他有關事項，依下列規定辦理：

§311　㈠**宣判之限期**

　　本法第三一一條規定：宣示判決，應自辯論終結之日起十四日內為之。按該條原定限期為七日內，八十六年十二月修正放寬，俾能詳細製作判決書原本，以求增進品質。一〇七年十一月再度修正為「行獨任審判之案件宣示判決，應自辯稱終結之日起二星期內為之；行合議審判者，應於三星期內為之。但案件煩雜或有特殊情形者，不在此限。」上述宣判之限期，屬於訓示規定，如有逾越，對於判決之效力並無任何影響。至於承辦法官之懲戒責任問題，應依法官法相關規定處理。

§312　㈡**宣判不以被告到庭為必要**

　　本法第三一二條規定：宣示判決，被告雖不在庭亦應為之。按宣判如係在審判期日當庭為之者，被告本來在庭，書記官應記明於審判筆錄（本

法第四十四條第一項第十三款）；如係另行指定期日宣判者，實務上應另作宣判筆錄，因宣判係將審判結果對外發表之程序，並非審判程序，即不以被告到庭為必要。

㈢宣判之法官　§313

　　審判期日法官如有更易而未經更新審判，或未經參與審理之法官竟參與判決者，依本法第三七九條第九款、第十三款規定，其判決當然違背法令。惟宣判程序不過告知既定之斷案，並不涉及直接審理、言詞審理問題，本法爰於第三一三條明定：宣示判決，不以參與審判之法官為限。

㈣宣判之教示規定　§314

　　本法第三一四條第一項規定：判決得為上訴者，其上訴期間及提出上訴狀之法院，應於宣示時一併告知，並應記載於送達被告之判決正本。同條第二項復規定：前項判決正本，並應送達於告訴人及告發人，告訴人於上訴期間內，得向檢察官陳述意見。

　　按上述第三一四條之規定，實際情形更加周延，由於判決書正本係以電腦打字印製，上訴期間及遞狀法院名稱之教示文句，皆已印在正本內，不僅記載於送達被告之一份正本而已　（對於自訴人之教示，見第三三七條）。且此條雖謂判決正本應送達於被告、告訴人及告發人，其實根據本法第二二七條第一項之規定，並應送達於檢察官、自訴人、代理人及辯護人。

㈤論罪法條之附記　§314–1

　　依本法第三一四條之一規定：有罪判決之正本，應附記論罪之法條全文。

十二、判決書之登報　§315

　　本法第三一五條，針對因偽證、誣告、妨害名譽、妨害信用各罪而直接或間接受害者，為便利其回復名譽之請求，不必另提民事訴訟，爰規定可聲請刑事法院令被告付費登報，以求經濟便捷。茲說明要點如下：

(一)適用範圍

以被告犯刑法分則編第十章偽證及誣告罪或同編第二十七章妨害名譽及信用罪兩章各罪為限。

(二)聲請權人以上述各罪之被害人及其他有告訴權人為範圍

由於個人不能成為偽證罪之直接被害人（院 1016 號解釋及 26 渝上 893 號判例），此處所稱被害人，當係包含間接被害人在內。

(三)聲請內容

係請求法院令被告負擔費用將其有罪判決書之全文或部分內容刊登於報紙。

(四)聲請時期

必須上開被告有罪判決確定以後方得為之。

(五)管轄法院為最後審理事實法院

原案在地方法院確定者，向地方法院聲請；如在高等法院或最高法院確定者，一律向高等法院聲請。

(六)裁判方式

法院准許聲請時，依釋字 159 號解釋及本法第二二〇條之規定，應以裁定令被告付費登報。此項裁定確定後，如被告延不遵行，即由檢察官準用本法第四七〇條及第四七一條之規定執行。參照憲法法庭 111 憲判 2 號判決，其裁定並無違憲疑慮。

十三、判決後關於羈押被告及扣押物之處理

§316

(一)依本法第三一六條規定

羈押之被告經諭知無罪、免訴、免刑、緩刑、罰金或易以訓誡或第三〇三條第三款、第四款不受理之判決者，視為撤銷羈押。但上訴期間內或上訴中，得命具保、責付或限制住居，並準用第一一六條之二之規定；如不能具保、責付或限制住居而有必要情形者，並得繼續羈押之。按上述視為撤銷羈押，係擬制規定，一旦符合該條規定，即生擬制效果，無須製作裁定。惟在該條但書情形，就此部分須予裁定，俾資依據。

㈡依本法第三一七條規定

§317
§318

　　扣押物未經諭知沒收者，應即發還。惟如該項扣押物可為證據之用，且於原案上訴期間內或上訴中，尚未判決確定，遇有必要情形時，依該條但書規定，仍得繼續扣押之，俾收保全證據之效果。又依本法第三一八條規定，扣押物如係贓物而依本法第一四二條第一項應發還被害人者，應不待其請求即行發還；若係依同條第二項暫行發還之物而法院判決並無他項諭知者，即視為已有發還之裁定。

第二章　自　訴

本法兼採被害人追訴制度，除檢察官之實施偵查、提起公訴並實行公訴外，犯罪之直接被害人或與其有一定身分關係之人，亦得提起自訴。

本章對於自訴權人、自訴限制、自訴之駁回與撤回、自訴之承受、檢察官協助與擔當自訴、自訴及其反訴等事項，詳加規定，計二十四條條文，與公訴章同列於本法第二編（第一審），除本章有特別規定外，準用公訴章第二四六條、第二四九條及該章第二節、第三節關於公訴之規定。

一、自訴之意義

§319

自訴，係公訴之對稱，即犯罪之被害人或與其有一定身分關係之人，可不經檢察官偵查程序，逕自向法院提起訴訟，請求法院確定國家對被告之刑罰權有無暨其範圍是也。依自訴而開始進行之訴訟程序，謂之自訴程序。

大陸法系日本刑事訴訟法，鑑於刑事訴訟非以私權為基礎，應採取國家追訴原則，不許私人提起，僅以檢察機關為唯一代表國家行使追訴權之機關，學術上稱曰公訴獨占主義或起訴壟斷主義。

德國立法例，為求調和國家追訴原則起見，兼採自訴制度，惟其限制較嚴，且於一定情形下，自訴人尚須負擔費用❶。

我國北洋政府時期，於十年所定刑事訴訟條例，仿德例引進私訴 (Privatklage) 之規定，適用範圍以告訴乃論之罪為限；北伐統一後，十七年刑事訴訟法改稱自訴，限於對告訴乃論及直接侵害個人法益之罪方得提起；二十四年刑事訴訟法仍維持上述自訴範圍，定為有行為能力之被害人

---

❶　見德國刑事訴訟法第三七四條、第三七九條、第三七九條a、第三八〇條、第四七一條等條規定。

得提起自訴；三十四年增訂單一案件限制自訴之規定（現為本法第三一九條第三項）；五十六年增訂第三一九條第一項但書，放寬自訴權人之範圍，以迄於今。

自訴之利弊得失如何，仁智互見，素有爭議❷。此一制度實施多年，固難遽予廢除，其實並未發揮應有功能。提起自訴之人有不諳法令濫訴者，有藉自訴以刑事罪名恫嚇被告解決民事糾葛者，更有原先提出告訴復又改提自訴以阻撓偵查者，其流弊甚多，徒增訟案，浪費司法資源。

司法院幾經研討，於八十八年提案修正改採自訴強制律師代理方得提起。按自訴程序原係以當事人進行為主，如能經由律師代理，即可由律師為有效之攻擊，進行訴訟活動，以保障被害人之合法權益。倘若發現濫訴情事，須受律師法之規範與懲戒。自訴制度既難廢除，則其改採強制律師代理以謀改進，不失為一良策。惜因行政院及立法院均表反對，以致未能實施。迨九十二年修法，始告完成立法，定自同年九月一日施行。第三一九條第二項雖僅謂提起自訴應委任律師行之，其實如欲提起上訴亦應委任律師為代理人，最高法院業經作成九十四年度第六次、第七次刑事庭決議。自訴人如未委任律師為代理人而逕行提起上訴者，應認其係不合法律上之程式，須命補正。

自訴代理人之權限，除本章第三二九條第一項外，他如第三十八條、第四十四條之一第二項及本書 §161–2 說明之㊶所述事項均屬之。又本法雖無如民事訴訟法第七十條訴訟代理人對於某些訴訟行為須受特別委任之規定，惟如追加自訴、提起反訴、撤回自訴、捨棄上訴權或撤回上訴等導致發生或消滅訴訟繫屬之訴訟行為，在法理上仍應解為非受自訴人特別委任不得為之。

有權告訴或自訴之人，皆以犯罪之被害人為主，此觀本法第二三二條及第三一九條第一項前段規定即明，兩者同有一「訴」字，其實大不相同。茲列述如下：

---

❷　中國大陸亦有自訴制度，其刑事訴訟法第二〇四條至第二〇六條，為自訴案件之程序規定，第二〇七條為反訴適用自訴之規定。

類別 區別 項目	告　訴	自　訴
資　格	告訴權人之資格較寬，且有檢察官得指定代行告訴人之規定。	自訴權人之資格甚嚴，且無代行自訴之規定（§319 I 但書並非代行自訴）。
程　式	以書狀或言詞向檢察官或司法警察官提出即可。	以書狀向管轄法院提出，其書狀繕本由法院向被告為送達。
代　理	得委任代理人行之。不以律師為限。	必須委任代理人行之，且應選任律師充之。
閱　卷	告訴人及其代理人均不得閱卷（§258 之 1 為唯一例外）。	自訴代理人有權閱卷。
效　果	告訴，為開始偵查原因之一，在告訴乃論之罪並係其追訴之條件。	自訴，為開始審判原因之一，就告訴乃論之罪提起自訴者，其追訴條件即已兼備。
繫　屬	偵查結果須經提起公訴者方能發生訴訟繫屬。	一經提起自訴即生訴訟繫屬。
範　圍	依告訴主觀不可分之原則（§239）。	自訴效力不及於自訴人所指被告以外之人（準用 §266）。
地　位	告訴人非當事人。	自訴人係當事人（§3）。
結　案	告訴之結果，依檢察官偵查結果（起訴、不起訴或緩起訴）而定。	自訴案件由受訴法院予以裁判。

二、自訴權人及其起訴之程式

§319

§320

㈠自訴權人

依本法第三一九條第一項之規定，有權提起自訴者以下列兩種為限：

1.犯罪之被害人

指犯罪當時直接受有損害之人（自然人或法人）而言，不包括間接被害人在內，詳見本法第二三二條告訴人有關說明，此處不再重述。

茲可探討者，刑法第一一九條所定須外國政府請求乃論之罪，在自訴程序方面，本法第二四三條不在準用之列，究竟請求乃論之罪是否允許被

害人提起自訴，似有疑義。

　　按國際公法僅承認國家及外交人員之被訴豁免權，並未否定外交人員在駐在國之起訴權。至其是否甘願進行訴訟活動，乃係現實問題。且從本法第三二五條第一項觀之，關於自訴人撤回自訴規定，將告訴乃論與請求乃論之罪相提並論，足見本法其實已經承認請求乃論之罪，被害人亦得提起自訴，否則何來撤回自訴可言。

2.犯罪被害人之法定代理人、直系血親或配偶

　　自訴一經提起，即生訴訟繫屬，自訴人必須具有完全行為能力，方能實行訴訟。犯罪之被害人如無行為能力，或係限制行為能力，或死亡者，五十六年修正增訂本法第三一九條第一項但書　（修正前條次為第三一一條），規定得由其法定代理人、直系血親或配偶提起自訴。

　　此種情形，該等親屬原僅得向檢察官告訴，自條文增訂但書後，遂享有自訴權，彼等如依本法第三一九條第一項但書規定提起自訴時，並非代提自訴，應以自己名義行之。至其身分之認定，自應依照民法有關規定。須注意者，條文所稱配偶，依司法院釋字第七四八號解釋施行法第二十四條第二項前段規定，尚包含該法第二條所定同性結合關係之人在內。

　　限制行為能力人或受輔助宣告之人，能否經法定代理人允許或輔助人同意，委由律師代理，以其本人名義提起自訴，事涉民法所定之允許或同意，除民事訴訟行為外，是否併及刑事自訴之問題。實務（最高法院 107 臺上 3921 號刑事判決）似有認為應經輔助人「同意」否則無效之意向。

㈡自訴之程式

　　自訴權人提起自訴之程式，依本法第三一九條第二項及第三二〇條第一項至第四項規定，應委任律師向管轄法院提出自訴狀為之，並須按被告之人數提出自訴狀繕本，俾由法院送達於被告。其自訴狀應記載下列事項：

　　①被告之姓名、性別、年齡、住所或居所，或其他足資辨別之特徵。

　　②犯罪事實及證據並所犯法條(此等記載事項可參照關於檢察官起訴書之說明，見本法第二六四條)。

前項犯罪事實，應記載構成犯罪之具體事實及其犯罪之日、時、處所、方法。

提起自訴與提起公訴，兩者之起訴程式有下述不同：

類別 / 區別 / 項目	提起自訴	提起公訴
書狀名稱	自訴狀	起訴書
書狀具名	自訴人（法人或自然人）❸，須委任律師為代理人。	檢察官
書狀繕本	自訴狀應備繕本，由法院負責送達於被告 (§328)。	起訴書應製作正本，由檢察機關分別送達於告訴人、告發人、被告及辯護人 (§263)。
卷證併送	自訴無此問題，但自訴人可任意附提書證影本或聲請傳訊證人、鑑定人。	起訴時應將卷宗及證物一併移送法院，且有在押被告之可能。
簡易程序	不適用	檢察官得為聲請 (§451)

三、自訴之限制（自訴不受理之原因）

本法雖採取公訴、自訴雙軌制，惟其仍以公訴為主軸，對於自訴頗多限制。由於被害人行使訴訟權，非以自訴為唯一途徑，儘可訴請檢察官實施偵查並提起公訴，法條所設限制規定，應無違於憲法保障人民訴訟權之本旨。證諸不採刑事自訴立法例之國家，素無違憲爭議者，尤為明顯。

自訴案件之不受理原因，除依本法第三四三條準用第三〇三條公訴不受理有關規定外，其自訴違背規定者，另有第三二九條第二項、第三三一條及第三三四條自訴不受理判決之專設條文為根據。因此，自訴案件不受理之原因，較公訴不受理之原因為多。自訴不受理之判決，並非實體判決，如告確定，僅具有形式的確定力。茲列述如下：

---

❸　特別規定見本書第二編第一章第一節之❺。德國得自訴之罪名採取列舉式，允許非法人團體由代表人提起自訴（德國刑事訴訟法第三七四條及 Roxin/Schünemann, Strafverfahrensrecht, §63, Rn. 13, 29 Aufl., 2017）。

(一)非犯罪之被害人而提起自訴者

此種自訴顯然違背本法第三一九條第一項前段對於自訴權人之資格規定，自應不予受理。因此：

1.間接被害人所提自訴，應不受理

惟被害之是否直接，須以犯罪行為與受害法益有無直接關係為斷。以偽證罪為例，26 渝上 893 號判例即以證人虛偽陳述就他人是否因此被害而言，尚繫於司法官採信其陳述與否而定，乃認非屬直接受害，無權提起自訴。

2.侵害財產法益之罪，該項財產之所有權人及事實上管領權人，均係直接被害人（院 2314 號解釋）而得提起自訴

惟對於是否確係所有權人或是否確有管領權之點，必須先行查明。如果並非所有權人或並無管領權，即無直接被害可言，不得提起自訴❹。

3.單純侵害國家或社會法益之罪，私人（含法人）如非同時直接受害者，即不得提起自訴

例如公務員受賄罪、枉法裁判罪、抑留剋扣罪、公務員圖利罪、毀損封印罪、包攬訴訟罪、湮滅證據罪、偽證罪、墮胎罪等，雖可能有受害之人，均非直接被害，不得提起自訴❺。

至若某罪既侵害國家或社會法益，復同時侵害私人法益者，該罪之受害人即得提起自訴。例如濫權捕押罪、故為出入人罪、凌虐人犯罪、違法徵收罪、變造投票結果罪、誣告罪、準誣告罪、放火燒燬他人之物罪、偽造有價證券罪、變造公文書罪等，所涉同時受害之人均有自訴權❻。

---

❹ 見最高法院八十年度第三次刑事庭會議決議。

❺ 見司法院解釋：釋字 297 號，院 350、院 2250、院解 3033 號；最高法院判例：26 渝上 893、29 非 65，54 臺上 246、70 臺上 1799、75 臺上 742 號。

❻ 見司法院解釋：院 1540、1542、1545、1573、1601、1616、1617、1641、2732 號；最高法院判例：54 臺上 1139、54 臺上 1785、54 臺上 1884、73 臺上 4817 號。

4.法人被害而由其代表人逕以自己名義所提自訴

於法不合，不應受理。蓋法人與其代表人乃兩個不同之人格主體，法人受害，其代表人並非直接被害人也（68 臺上 214 號判例）。

5.自訴人以自然人及法人為限

以非法人團體、商店、未經認許之外國法人或公司、未經法人登記之外國教會、或國家機關之名義提起自訴者，因其均無法律上之人格，應不予受理❼。

㈡犯罪被害人非無行為能力、非限制行為能力或未死亡，而由其法定代理人、直系血親或配偶提起自訴者

§319 I

此種自訴與本法第三一九條第一項但書之規定不符，不應受理。惟須說明下列三點：

1.假設有犯罪被害人就告訴乃論之罪提起自訴後依法撤回自訴，隨後死亡或受監護宣告成為無行為能力者

其法定代理人、直系血親或配偶，對於原案事實，應仍不得提起自訴。該等親屬之自訴權，須以被害人生前或受監護宣告前未及提起自訴為前提。原案事實既經被害人合法提起自訴後依法撤回或以撤回論在案，則其親屬即無引用本法第三一九條第一項但書再提自訴之餘地。

2.犯罪被害人於受害後，未及親行自訴而死亡者

其直系血親或配偶，固可依本法第三一九條第一項但書規定提起自訴，惟彼等之自訴權有無獨立性，仁智互見。按現行規定並未如十七年刑

---

❼ 見司法院解釋：院 533、院 1743 號；最高法院判例：27 上 1191、27 渝上 1410、39 臺上 73、49 臺上 80 號。及本書本編第一章第一節之❺茲須討論者，依地方制度法第十四條及第二條第一款規定，直轄市、縣（市）、鄉（鎮、市）均為地方自治團體，具有公法人地位。又依釋字 467 號解釋，省並未喪失其為地方制度層級之地位，且於一定限度內仍有公法人資格。上述各該公法人之自訴權，應可予以承認。惟因直轄市政府、縣（市）政府、鄉（鎮、市）公所皆係各該公法人之機關，而省政府則為行政院之派出機關，各該公法人如有受害情事，實際上均以機關公函送請檢察官偵辦，此乃本法第二四一條之告發，鮮有以某「市」、某「縣」之名義提起自訴之案例。

事訴訟法第三三八條明定不得與被害人明示之意思相反，自不宜解為須受被害人生前意思之拘束。又如被害人未及親行自訴即已受監護宣告之情形，亦宜作相同解讀。

3.刑法第三一二條妨害死者名譽罪

係對於「已死之人」公然侮辱或犯誹謗罪，該條旨在保護遺屬之孝思感情，非認遺屬為被害人，此與侵害墳墓屍體罪涉及遺屬管理權被害而得自訴者有別（院1812號解釋）。倘若可認遺屬為被害人，則在告訴乃論方面，即可適用本法第二三二條由遺屬實行告訴，何需另有本法第二三四條第五項之規定。

由於刑法第三一二條之罪非可適用本法第二三二條以遺屬為被害人使之行使告訴權，且「已死之人」遭受侮辱誹謗，與生前遭受妨害名譽未及親行告訴或自訴即告死亡之情形不同，又無從依照本法第二三三條第二項或第三一九條第一項但書定其有告訴權或自訴權之人，於是乃有第二三四條第五項之規定，以資補充，俾能有人實行告訴。由此可知，刑法第三一二條之罪除得由本法第二三四條第五項所列之人告訴外，遺屬不得援用第三一九條第一項但書為提起自訴之根據，法院已往曾有受理之個別案例，不無商榷餘地。

§319 II **㈢自訴人提起自訴未委任代理人者**

§329 II 　自訴之提起，必須委任律師行之。自訴人如未委任代理人，依本法第三二九條第二項規定，法院應定期間以裁定命其委任代理人，逾期仍不委任者，其起訴程式即有欠缺，應諭知自訴不受理之判決。惟依最高法院九十四年度第六次、第七次刑事庭會議決議第玖點，自訴人具有律師資格者，按照民事訴訟法第四百六十六條之一第一項相同法理，即無須另再委任律師為代理人。

§319 III **㈣實質上或裁判上一罪**

　其犯罪事實之一部雖經提起自訴，如果他部係不得提起自訴之罪，且屬較重之罪，或其第一審屬於高等法院管轄，或有對於直系尊親屬或配偶提起自訴之情形者。

依本法第三一九條第三項規定　，　此一整體犯罪事實均在不得自訴之列，應不予受理。例如：

　　1.某甲拾得毒犯某乙遺落公園板凳之嗎啡一包占為己有　，　參照院2348號解釋意旨，違禁物得為財產犯罪之標的物。因此，某甲構成違反毒品危害防制條例及刑法第三三七條之侵占遺失物罪。某乙對於某甲侵占遺失物一節，本得提起自訴，惟因某甲違反毒品危害防制條例第十一條第一項部分係不得提起自訴之罪，且屬較重之罪，與侵占遺失物部分具有裁判上一罪關係，對於此一想像競合犯之整體犯罪事實，僅有一個刑罰權，必須始終以一個單元處理，在訴訟上乃單一性案件，不容割裂為二。於是，某乙就某甲侵占遺失物罪部分所提自訴，即受限制，而認為不應受理。

　　2.暴動內亂而有以搶劫或燒燬他人財物為手段者，參照院1081號解釋，應依牽連犯之例處斷（注意：牽連犯規定現已刪除）。由於暴動內亂罪之案件，其第一審管轄權屬於高等法院，因此該項財物之所有人提起自訴，即須受有限制，亦即所提自訴不應受理。

　　3.某丙駕車載乘妻丁及妻弟戊外出郊遊，不慎肇事，汽車翻落田野，致使丁、戊均受輕傷。戊對丙本可自訴，由於丁、戊兩人受傷，同屬某丙一個過失行為所致，而丁不得對丙自訴，因而戊對丙所提自訴於法不應受理（惟自釋字569號解釋以後，第三一九條第三項但書所指「第三百二十一條之情形」部分，似應配合予以刪除）。

㈤對於直系尊親屬或配偶提起自訴者　§321

　　此種自訴違背本法第三二一條之規定，應不予受理。被告是否有此身分，以起訴時為準。所稱「直系尊親屬」，兼指直系血親尊親屬及直系姻親尊親屬而言。該條限制自訴，重在維護人倫關係，避免影響夫妻和睦及家庭和諧　，且被害人仍可提出告訴。釋字569號解釋認為此乃合理之限制，與憲法第十六條及第二十三條尚無牴觸。又所稱「配偶」，依司法院釋字第七四八號解釋施行法第二十四條第二項前段規定，尚包含該法第二條所定同性結合關係者在內。

　　至若被告有二人以上而其中尚有不具直系尊親屬或配偶身分者在內，或自訴人有二人以上而其中尚有不具直系卑親屬或配偶身分者在內時，各該部分之自訴仍應受理。

§322

(六)告訴或請求乃論之罪，已不得為告訴或請求，而再行自訴者

　　此種自訴違背本法第三二二條規定，應不予受理。例如：告訴乃論之罪已逾六個月之告訴期間、告訴或請求乃論之罪已經合法撤回其告訴或請求等情形，被害人依法已不得告訴或請求，如仍許其自訴，無異否定原來失權之效果，爰規定不得再行自訴，以資配合。

§323

(七)同一案件經檢察官開始偵查而再行自訴者

　　此種自訴違背本法第三二三條第一項前段規定，應不予受理。茲析述如下：

1.同一案件云者

　　指被告及其涉嫌之犯罪事實皆相同之案件而言，自訴人所訴罪名與檢察官所偵查之罪名，兩者是否相同，並非必然作準。無論事實上或法律上同一案件，一經檢察官開始偵查，被害人即不得自訴。

2.檢察官開始偵查云者

　　依本法第三二三條第一項前段規定，係指檢察官依第二二八條第一項規定，因告訴、告發、自首或其他情事知有犯罪嫌疑即行開始偵查而言。除依第二二八條第二項或第二三一條之一交查者外，不包括尚在司法警察機關蒐證調查中者在內。凡案件一經開始偵查後，告訴人或被害人可向檢察官盡情陳述並提供證據，該案應即歸由檢察官處理，不許改提自訴。

3.檢察官開始偵查在先，被害人提起自訴在後者

　　其自訴為不合法，應不予受理，法院應依本法第三三四條諭知自訴不受理之判決。偵查開始之時點，以檢察署收案（如收受書狀、接受言詞申告、司法警察機關移送等）為準；自訴之提起，其時點依有無發生訴訟繫屬而定，即以法院收到自訴狀為準。孰先孰後，按照上述時點而為判斷。

　　舊條文第三二三條第一項規定同一案件經檢察官終結偵查者不得再行自訴（何時終結參照院 2550 號解釋以檢察署公告日期為準）。八十九年

二月修正公布之條文，將限制自訴之時點提前至一經「開始」偵查即不得再行自訴，乃係基於公訴優先原則及防範濫行自訴之考量，並與緩起訴制度相配合。因此，自訴係於偵查開始後、尚未終結前提起者，固非合法；如係於偵查終結後提起自訴者，依舊條文，本非合法，依新條文，既已將限制自訴之時點提前，殊無反而允許自訴之理。此種情形，其自訴仍應不予受理。

　　倘若已有自訴在先而偵查開始在後，則其自訴為合法，依第三二三條第二項規定，檢察官應即停止偵查，將案件移送法院俾與在先之自訴一併審判。但遇有急迫情形，檢察官仍應為必要之處分，例如重要證人移民出國在即必須立刻訊問是。假設檢察官不僅未停止偵查，甚至終結偵查者，如屬提起公訴或聲請簡易判決，法院應依本法第三〇三條第二款為公訴不受理之判決，如屬不起訴處分，其處分為無效，如經合法再議，上級檢察首長應以檢察命令將該項無效處分予以撤銷糾正　（院 2634 號及釋字 140 號解釋）。

4. 告訴乃論之罪之直接被害人提起自訴不受限制

　　本法第三二三條第一項前段，雖規定同一案件經檢察官開始偵查者不得再行自訴，惟同條項但書另規定：告訴乃論之罪經犯罪之直接被害人提起自訴者不在此限。該項但書為司法院當初提出之修正草案所無，由於草案將限制自訴之時點修正提前，在立法院遭受杯葛，遂有折衷妥協之但書出現，致使原修正之目的未能貫徹。依照上述但書規定，犯罪之被害人得依本法第二三二條實行告訴，亦得依第三一九條第一項前段提起自訴。除第二五三條之一第四項所禁止者外，其於檢察官終結偵查前改提自訴，可不受限制。檢察官知有改提自訴之情形時，依第三二三條第二項規定，應即停止偵查，將案件移送法院，俾由法院與自訴案件一併處理。關於檢察官應為必要處分以及誤未停止偵查所生問題，詳見上述第 3. 點說明。單一性案件之一部事實經被害人合法改提自訴時，全案均應停止偵查移送法院併辦。惟如他部事實為非告訴乃論之罪不得自訴，或具有本法第三一九條第三項但書情形者，宜解為仍須受該條所設限制。至於犯罪被害人以外其

他告訴權人，本身既非直接受害之人，即不得改提自訴而主張第三二三條第一項但書之適用。

§324　　又依本法第三二四條規定：同一案件經提起自訴者，不得再行告訴或為第二四三條之請求。此乃防止一案分辦，以免造成雙重追訴處罰。如有違背第三二四條而提出告訴或請求者，檢察官應依第二五五條第一項「其他法定理由」❽為不起訴處分。

§325 IV ## (八)撤回自訴之人再行自訴者

此種自訴違背本法第三二五條第四項之規定，應不予受理。惟其適用，須以合法撤回自訴為前提。上項規定除禁止再行自訴外，並明定不得告訴或請求，以消除偵查與自訴之分歧現象。關於自訴之撤回，另詳後述。

§326 IV ## (九)自訴經裁定駁回確定後，並無本法第二六〇條各款情形，而對於同一案件再行自訴者

此種自訴違背本法第三二六條第四項之規定，應不受理。關於如何適用以裁定駁回自訴之問題，另詳後述。

§331 ## (十)自訴代理人經合法通知無正當理由不到庭者

依本法第三三一條規定，自訴代理人經合法通知無正當理由不到庭，應再行通知，並告知自訴人。自訴代理人無正當理由仍不到庭者，應諭知不受理之判決。蓋其審判程序無從進行也。

(土)對於少年提起自訴者

少年事件處理法第六十五條第二項規定：「刑事訴訟法關於自訴之規定，於少年刑事案件不適用之。」如有對於少年提起自訴者，其自訴即非合法，不應受理。如認應適用少年保護事件程序時，則移送該管少年法院（庭）處理。須注意者，該條禁止規定，以被告於行為時係未滿十八歲少年為準，被害人提起自訴時，被告雖已滿十八歲，其自訴仍非合法，此觀

---

❽　假設同一案件數被害人之中，一部分被害人合法提起自訴在先，另一部分被害人提出告訴在後，由於全案為起訴效力所及（依本法第三四三條準用第二六七條規定），在後之告訴即非合法，檢察官應為不起訴處分。

該條第三項規定即明。

㈢對於已成立調解之事件提起自訴者

鄉鎮市調解條例第二十五條第二項規定：「刑事事件於偵查中或第一審法院辯論終結前，調解成立，經法院核定，並經當事人同意撤回者，視為於調解成立時撤回告訴或自訴。」該項擬制撤回，經適用本法第三二二條或第三二五條第四項之結果，原案須受不得再行自訴之限制，如有違背，則其自訴應不受理。

四、自訴之撤回

§325

自訴一經撤回，訴訟繫屬即告消滅，惟其撤回，必須符合法定要件方能發生效果。本法第三二五條係就撤回自訴之手續及效果等項有所規範，茲連同其與公訴撤回之區別一併說明如下：

1.自訴之撤回，除有承受自訴之情形者外，係由原自訴人行之；公訴之撤回，基於檢察一體原則，並非必須由原承辦檢察官為之。

2.自訴之撤回，以告訴或請求乃論之罪為限；公訴之撤回，本法並未就其罪名設限。惟無論自訴或公訴，在單一性案件，基於審判不可分原則，均不得對於一部事實撤回起訴。

3.撤回自訴，應以書狀為之。但於審判期日或受訊問時，得以言詞為之；撤回公訴，必須提出撤回書，不許以言詞為之。

4.撤回自訴，限於第一審辯論終結前方得為之。此項時限，與撤回公訴同（縱有本法第三六九條第一項但書情形發回第一審法院更審中，參照院 801 號解釋，仍不得撤回自訴）。

5.撤回自訴，不以敘述理由為必要；撤回公訴所用之撤回書，必須敘述理由，即應敘述原案如何具有應不起訴或以不起訴為適當之情形，方為合法。

6.撤回自訴，應由法院書記官速將此一事由通知被告。德國刑事訴訟法第三九一條第一項規定，在第一審程序中，法院已就該案對被告為訊問後，自訴人如欲撤回自訴，須經被告同意。此乃考慮被告盼能澄清案情洗

刷清白之立場，可供借鏡。撤回公訴，應由檢察署書記官將撤回書正本分送告訴人、告發人、被告及辯護人。

7.自訴一經撤回，訴訟繫屬即告消滅，法院無須作何裁判，如有多數被害人共同提起自訴後，其中一部分自訴人撤回自訴者，其他自訴人所提自訴不受影響，法院仍須裁判；公訴如經撤回，訴訟繫屬亦告消滅，法院無須裁判。惟因撤回公訴係與不起訴處分有同一效力，撤回書視為與不起訴處分書同。原案如有告訴人，尚有聲請再議之可能。從而公訴之撤回，必待撤回確定，經檢察署函報法院後，方能發生消滅繫屬之效果。

8.撤回自訴之人，不得對於同一案件再行自訴，且無準用本法第二六〇條再行起訴之餘地（53 臺上 450 號判例）；撤回公訴後，檢察官就同一案件得依本法第二六〇條規定再行起訴，惟如法院審認無此法定原因時，應依第三〇三條第四款規定，諭知不受理之判決。

§326

五、自訴案件之訊問程序及裁定駁回

自訴案件非如公訴案件之先經偵查程序，易遭濫訴，且未曾預行調查遽行審判，有違訴訟經濟，本法乃於第三二六條特設類似於偵查或預審功能之訊問程序及裁定駁回自訴等規定，俾供法院斟酌運用，以期簡省程序，兼可防止濫訴。

依本法第三二六條第一項及第二項規定，法院或受命法官，得於自訴案件第一次審判期日前，訊問自訴人、被告及調查證據，於發見案件係民事或利用自訴程序恫嚇被告者，得曉諭自訴人撤回自訴。前項訊問不公開之，非有必要不得先行傳訊被告。

按所謂曉諭撤回自訴，參照院解 3349 號解釋，仍應以告訴或請求乃論之罪為限，且自訴人願否撤回，由其自行決定，不受任何約束。又所指不公開訊問，專就訊問程序而言，故案經提起自訴後，被告即得選聘辯護人閱卷，此與偵查中不許辯護人閱卷者有別。

案經訊問及調查結果，如認具有本法第二五二條、第二五三條、第二五四條之情形（即如同檢察官偵查結果應不起訴或得不起訴）者，法院得

以裁定，駁回自訴。

　　如曾命被告向自訴人道歉，或立悔過書，或向自訴人支付相當數額之財產或非財產上之損害賠償，或向公庫或指定之公益團體、地方自治團體支付一定之金額者(即如同本法第二五三條之二第一項第一款至第四款情形)，並應附記於裁定書內。所載應行支付部分，得為民事強制執行名義。

　　上述以裁定駁回自訴者，其裁定具有消滅自訴繫屬之效果，且不論自訴罪名如何，均有其適用。一經裁定駁回，依本法第四○三條第一項及第四一五條規定，自訴人僅得提起抗告，不得再抗告。一般係由高等法院駁回抗告而告確定，產生實質的確定力，嗣後非有本法第二六○條各款情形之一，不得對於同一案件再行起訴❾。至若被告違背所應遵守或履行之事項者，由於第二五三條之二本身非屬裁定駁回自訴所依據之事由，且第二五三條之三未在準用之列，法院即無從撤銷已經確定之裁定而重行審判。

　　本法關於自訴案件得以裁定駁回之規定，除上述第三二六條外，尚有第三三三條亦屬之，容後再述。

六、自訴案件之審判

　　自訴案件之審判程序，依本法第三四三條規定，除在自訴章有特別規定外，準用關於公訴案件審判程序之規定。茲就特別規定事項分別說明如下：

---

❾　本法第三二六條自訴訊問程序及得不用判決而以裁定駁回自訴之規定，頗有類似於偵查或預審之功能，此就下列條文對照可知：
　　㈠第三二六條第二項上段與第二四五條第一項相對照。
　　㈡第三二六條第二項下段與第二二八條第三項相對照。
　　㈢第三二六條第三項與第二五二條至第二五四條相對照。
　　㈣第三二六條第四項與第二六○條相對照。
　　㈤駁回自訴裁定經抗告仍予駁回後不得再抗告　(本法第四一五條第一項前段)，與第二五八條駁回再議後並無再再議之規定相對照。至於告訴人尚得聲請交付審判，乃另一問題。

§327 **㈠自訴人之傳喚及自訴代理人之通知**

　　提起自訴，必須委任律師為代理人行之，已如前述。依本法第三二七條規定，法院命自訴代理人到場應通知之，如有必要命自訴人本人到場者，應傳喚之，並準用第七十一條、第七十二條及第七十三條之規定。九十二年二月修法前，自訴未採強制代理，第三二七條尚且規定自訴人經合法傳喚無正當之理由不到場者得予拘提，現已刪除。

§328 **㈡自訴狀繕本之處理**

　　本法第三二〇條第四項規定：自訴狀應按被告之人數提出繕本。

　　第三二八條復規定：法院於接受自訴狀後，應速將其繕本送達於被告。

　　上述自訴狀繕本之送達與交付，旨在使被告知悉其事，俾能為防禦之準備。倘若自訴人未依規定附提自訴狀繕本，法院應以裁定限期補正。如故延不遵，即予判決自訴不受理（本法第三四三條準用第三〇三條第一款）。

　　又如法院疏漏未將自訴狀繕本完成送達或交付者，固屬違誤，惟如被告已受法院告知自訴內容，經為合法之言詞辯論時，依釋字 134 號解釋，即不得執以指摘判決違法。

§329 **㈢自訴代理人得為之訴訟行為**

　　自訴人在自訴案件居於刑事原告地位，仍為當事人，並非證人身分。由於採行強制律師代理，因此，本法於第三二九條第一項明定：檢察官於審判期日所得為之訴訟行為，於自訴程序，由自訴代理人為之。例如：陳述起訴要旨、詰問證人鑑定人、聲請調查證據、進行辯論等各種訴訟行為❿，在自訴程序中，皆由自訴代理人為之。惟如自訴人本人於自訴程序中喪失行為能力或死亡者，仍應依本法第三三二條規定處理，容後說明。

　　本法第三二九條第二項之說明，請參見本章三之㈢。

§330 **㈣檢察官協助自訴**

　　依法院組織法第六十條第一款規定，協助自訴為檢察官法定職權之

---

❿　對照本法第二八六條、第一六六條、第一六三條第一項、第二八九條。

一。檢察官在自訴程序中，並非當事人之一造，自訴雖由律師代理，惟刑事訴訟與公益有關，職司追訴犯罪之檢察官，於必要時，仍當提供協助，俾期毋枉毋縱。依本法第三三〇條第一項規定，法院應將自訴案件之審判期日通知檢察官。同條第二項規定，檢察官對於自訴案件，得於審判期日出庭陳述意見。

茲應注意者，檢察官參與自訴案件之法庭活動，限於審判期日。本法第三二六條之訊問期日，法院無須通知檢察官；其參與程度，限於陳述意見而非言詞辯論；且係得出庭而非必須出庭。因此，本法第三七九條第八款對於未經檢察官到庭陳述而為審判者以其判決當然違背法令之規定，係就公訴案件而言，檢察官在自訴案件審判期日出庭與否，不影響於程序之進行。

(五)自訴代理人不到庭之處理　　　　　　　　　　　　　　§331

依本法第三三一條規定，自訴代理人經合法通知無正當理由不到庭者，法院應再行通知，並告知自訴人，俾便另行委任代理人，或作其他適當處理。如經再行通知而仍無故不到庭，足見自訴人本人並未重視其事，甚至有濫訴之嫌，本條爰明定法院應諭知不受理之判決，以終結自訴程序。另見本章三之(十)。

(六)自訴之承受　　　　　　　　　　　　　　　　　　　　§332

1.意　義

自訴案件因具有法定事由而由他人接替原自訴人續行訴訟者，是為承受訴訟❶。

2.法定事由

其法定事由，指原自訴人於辯論終結前喪失行為能力或死亡而言。原自訴人喪失行為能力，本法第二九四條第一項規定無從適用（該項規定僅適用於被告）；如係死亡，則自訴原告已不存在，均導致訴訟程序無法進

---

❶　承受自訴之規定，十七年本法第三四八條即已採用。其後本法修正，二十四年本法第三二四條不予採用。迨本法於五十六年一月修正後，又予恢復採用。

行，本法爰設承受訴訟之規定。如無人承受或逾期不承受時，則由檢察官擔當訴訟或由法院逕行判決。

3.適　格

自訴之承受，本法十七年舊條文即已採用。當年第三四八條第一項規定內容為：自訴人於辯論終結前死亡者，於一月內，「被害人」或「其直系親屬、配偶或同財共居之親屬」，得承受其訴訟。二十四年舊法第三二四條取消承受自訴。五十六年本法修正為第三二二條，回復承受規定以迄於今。有權接替原自訴人承受訴訟者，係本法第三一九條第一項所列得為提起自訴之人。條文並未規定以該條項但書所列一定親屬為限，對照上述十七年舊法內容，可知本法第三一九條第一項前段所列「犯罪之被害人」亦係得為承受自訴之人。例如原自訴人以外因同一犯罪行為而直接受害之其他被害人即屬之。

適格得為承受自訴之人，可於法定事由發生後一個月內聲請法院承受訴訟。一經合法承受，即生自訴主體原告變更之效果，承受人接替取代原自訴人而自為自訴人。判決書當事人欄，應將承受人逕列為自訴人，而於事實欄或理由欄簡述如何承受自訴之緣由，以明經過。如由一定親屬承受自訴時，本法並未要求其必須全體承受，此與民事訴訟原告死亡須由全體繼承人承受訴訟者不同。

4.程　式

承受自訴之程式如何，本法未有規定，惟因承受自訴將發生變更主體（原告）之效果，宜解為與提起自訴之程式同，即得以聲請狀為之。關於承受自訴之聲請，法院如認為不應准許者，因涉及自訴權之存否，依本法第二二○條意旨，應以裁定為駁回之諭知。此項駁回聲請之裁定，依本法第四○四條規定，恐難許為抗告，嫌有未妥，他日修法，宜參考民事訴訟法第一七九條之例，明定得為抗告，以利適用。

5.自訴人於裁判後或訊問程序中死亡所涉問題

(1)原案辯論終結並宣判後死亡

以上所述承受自訴，係就案件辯論終結前發生法定事由者而言。至於

原案已經辯論終結並宣判後，自訴人如果喪失行為能力或死亡者，除檢察官得依本法第三四七條提起獨立上訴外，本法第三一九條第一項所列得為提起自訴之人亦得依本法第三四四條第二項規定，以自己名義提起上訴❷。

(2)第三二六條訊問程序中死亡

惟如自訴人於法院依本法第三二六條第一項行訊問程序中死亡，法院適用同條第三項為駁回自訴之裁定者，該裁定將因無從送達於自訴人而勢必永不確定，殊不相宜。遇此情形，法院似以按照通常程序審判為妥，避免採用裁定方式，以維自訴人親屬得承受訴訟之權益。

(3)駁回裁定後死亡

至若自訴人係於法院已為駁回裁定後死亡者，不論其係裁定正本送達前死亡，抑或送達後抗告期間屆滿前死亡，由於自訴人親屬或檢察官均無提起獨立抗告之根據，該裁定即成為永不確定。究應如何救濟，有待修法增訂。

6.檢察官之擔當訴訟

擔當自訴，為法院組織法第六十條第一款所定檢察官法定職權之一。依本法第三三二條規定，自訴案件遇有上述得承受訴訟之情形，如無承受訴訟之人，或有第三一九條第一項所列提起自訴之人而逾期不為承受者，法院應分別情形，逕行判決或通知檢察官擔當訴訟。需否通知，當由法院依個別案情審酌之。例如原案具有免訴、不受理之事由或有本法第三六七條前段、第三七二條等情形時，即得逕行判決，不必通知檢察官擔當訴訟。

---

❷　自訴人在其自訴案件辯論終結後法院判決前死亡者，法院雖可照常判決，再由自訴人親屬提起上訴，惟如自訴人之死亡與自訴事實有因果關係時（例如傷害致死），為免上訴救濟，法院宜予再開辯論，等待承受或擔當自訴後，就自訴事實所發生之結果而為判決（院 1844 號解釋參照）。又本法所設承受訴訟之規定，係針對自然人提起自訴者方能適用。如有法人提起自訴後其人格消滅時，無從循承受自訴途徑處理，宜解為應通知檢察官擔當訴訟。

　　　　自訴案件如經檢察官擔當訴訟，則其訴訟行為即由檢察官為之。惟原案並不因而變更為公訴案件，檢察官並非接替自訴人而承受自訴，判決書當事人欄，除列載自訴人外，應併列擔當訴訟人（院 1635 號解釋）。檢察官如欲提起上訴時，仍係依本法第三四七條規定為獨立上訴。至於原來自訴代理人與自訴人之間委任關係，可依民法第五五〇條規定解決。

§333
(七)自訴案件之停止審判及裁定駁回

　　　　自訴案件停止審判之法定原因，應依本法第三四三條準用第二九四條至第二九七條各該規定。

　　　　惟其中第二九七條規定：「犯罪是否成立或刑罰應否免除，以民事法律關係為斷，而民事已經起訴者，得於其程序終結前停止審判。」係以民事已經起訴為前提，方能停止審判。

　　　　就自訴案件而言，除得準用上述規定外，基於避免民刑事裁判歧異及節省無謂程序之訴訟經濟考量，本法第三三三條針對此種須以民事法律關係為判斷基礎之情形，更加規定如民事未起訴者，法院應停止審判並限期命自訴人提起民事訴訟。如自訴人未遵辦，逾期不提起民事訴訟者，法院即應以裁定駁回其自訴。此項裁定，具有消滅自訴繫屬之效果，依本法第四〇三條第一項及第四一五條規定，自訴人如有不服，僅得提起抗告，不許再抗告。惟其裁定並未為實體上之論斷，尚難認有禁止再行自訴之拘束力，與法院依第三二六條所為駁回自訴之裁定有別❸。

(八)自訴不受理及管轄錯誤判決之特別規定

§334
1.自訴案件之不受理原因

　　　　有依本法第三四三條準用第三〇三條公訴不受理有關規定者，有係逕行適用本法第三二九條第二項、第三三一條或第三三四條各該規定為其判決之根據者，惟就不經言詞辯論之點而言，後一情形仍須併引第三四三條準用第三〇七條之規定。

　　　　法院對於自訴案件，以本章前述「三、自訴之限制」之㈠、㈡、㈣至

---

❸　法院適用本法第三二六條第三項所為駁回自訴之裁定已確定者，依同條第四項之規定，非有第二六〇條各款情形之一，不得對於同一案件再行自訴。

㈨、㈢、㈣各該原因而諭知自訴不受理之判決者，祇須引據第三三四條即足。

2. 法院對於自訴案件認為無管轄權者 §335

應依本法第三四三條準用第三〇四條規定，諭知管轄錯誤之判決。

惟按公訴案件係由檢察官代表國家行使追訴權，且全國各法院皆有檢察機關之配置，公訴案件如經諭知管轄錯誤判決，依第三〇四條規定，應同時諭知將該案移送於管轄法院。而在自訴案件，則係私人（含法人）追訴，尚無一律依職權移送之必要，本法第三三五條特予明定：「諭知管轄錯誤之判決者，非經自訴人聲明，毋庸移送案件於管轄法院。」倘若違背規定而為移送之諭知者，其判決確定後，既具有形式的確定力，受移送之法院即應尊重該項判決之效力而受拘束。惟此種移送之諭知，未經自訴人聲明，能否謂係未受請求事項予以判決之當然違背法令且不利於被告，而得循非常上訴程序謀求救濟，值得吾人思考。

法院如依自訴人聲明而同時諭知移送案件於管轄法院時，關於協助自訴及擔當自訴之事項，即應由受移送法院所配置檢察署之檢察官負責。

㈨自訴案件判決之送達及教示

1. 自訴案件之判決書 §336

依本法第二二七條第一項規定，應以正本送達於當事人、代理人及辯護人。檢察官在自訴程序中雖非當事人，因其代表公益，負有協助自訴之職責，依第三三六條第一項規定，自訴案件之判決書並應送達於該管檢察官。所稱該管檢察官，係指辦理原自訴案件之法院所配置檢察署之檢察官而言（院 1671 號解釋）。

檢察官收受送達後，如認應行上訴時，即得依第三四七條規定提起獨立上訴。如經接受不受理或管轄錯誤之自訴案件判決書而依自訴程序所存證據足認被告涉嫌犯罪應提起公訴者，檢察官依第三三六條第二項之規定，應即開始或續行偵查❹，以防被告逍遙法外。即使原案為告訴乃論之

---

❹　所指續行偵查之情形，例如原案曾經檢察官停止偵查並將案件移送法院（見本法第三二三條第二項），嗣經法院判決自訴不受理後，檢察官自應繼續進

罪，亦無須另行告訴（院 1844 號解釋）。惟此處所謂接受不受理之判決書，不包括依第三四三條準用第三〇三條各款諭知之不受理判決在內（院2632 號解釋）。

§337

2.自訴案件之判決得為上訴者

依本法第三四三條準用第三一四條第一項之規定，其上訴期間及提出上訴狀之法院，應於宣示時一併告知，並應記載於送達被告之判決正本。

上述告知及記載之教示規定，原係針對被告而設，檢察官無教示之必要。惟自訴人大多不諳法律，對於上訴期間及提出上訴狀之法院，往往不甚明瞭，本法爰於第三三七條規定：第三一四條第一項之規定，於自訴人準用之。以免自訴人遲誤上訴。

七、反　訴

§338

(一)反訴之意義

本法第三三八條規定：提起自訴之被害人犯罪，與自訴事實直接相關，而被告為其被害人者，被告得於第一審辯論終結前，提起反訴。由此可知，自訴案件之被告，藉自訴同一程序之便，以自訴人為被告而反控自訴人犯罪，其所提起之訴，稱曰反訴（Widerklage，德國刑事訴訟法第三八八條參照）。申言之：

1.反訴與自訴，須係原、被告易位（互為被害人互為被告）

(1)反訴人須為被告，且係自訴人所涉犯罪之被害人

反訴人在自訴案件處於被告地位，而在反訴案件則居於原告地位。倘若自訴人所涉犯罪侵害多人時，僅以在自訴案件中列名為被告之被害人為限，方得提起反訴。其餘被害人或其他得為提起自訴之人，均不得為之（32 上 650 號判例）。

(2)反訴被告須為自訴人

自訴人在自訴案件居於原告地位，而在反訴案件則處於被告地位。反訴，係反控自訴人犯罪而對之起訴，不得對於自訴人以外之人提起反訴。

行偵查。

法人為自訴人之案件，反訴最易發生錯誤，自訴案被告往往逕將自訴人（法人）之代表人列為反訴被告而提起反訴。由於法人之代表人，與法人本身為兩個不同主體，此種反訴即非合法**⑮**。

2.反訴須符合得自訴之規定

反訴，又稱反自訴，其性質與自訴無異。本法第三三九條明定反訴準用自訴之規定，自應符合得提起自訴之相關規定，方為適法。典型反訴案例，以誣告罪為常見，甲以乙犯某罪向法院提起自訴，乙以甲係蓄意誣告而於第一審辯論終結前向同院提起反訴，依院 1545 號解釋，誣告罪得自訴，乙為誣告罪之被害人，其反訴為合法。如甲所涉犯罪，乙並非直接被害人時，乙僅得告發，不得提起反訴。

3.反訴事實須與自訴事實直接相關

此點係八十九年二月修正第三三八條所增訂者，將向來實務見解予以明文化，旨在防止濫訴。

4.反訴須於自訴案件第一審辯論終結前提起之

反訴之規定，原為審判便利而設，須於自訴案件正在繫屬中尚未經第一審辯論終結前提起，方有經濟便捷之實益。如已經第一審辯論終結，即無從將反訴與自訴合併審判。如已進入第二審程序仍許反訴，勢必損及反訴被告之審級利益。此等情形儘可另提自訴，不得提起反訴。倘若自訴人於第一審辯論終結前喪失行為能力或死亡，而由依法得為提起自訴之人承受訴訟者，由於承受者已接替自訴人而續行訴訟，宜解為被告得對承受自訴之人提起反訴。

㈡反訴之程序

§339

1.本法第三三九條規定：「反訴，準用自訴之規定。」

按反訴仍以自訴為其本質，法院處理反訴案件之程序，自應準用自訴之相關規定。反訴之提起，亦應委任律師為代理人行之，此點尤須注意。惟反訴係一獨立存在之訴，即使自訴部分因不合法而不受理，法院對於合

---

⑮　法人為自訴人之案件，被告如欲針對法人提起反訴，須以法律有處罰法人之特別規定者為限，方得為之（院 2115 號解釋）。

法之反訴，仍應予以審判，並將反訴人視為自訴人，其反訴應認係自訴（見最高法院民刑庭總會二十六年六月一日決議）。

2. 鑑於便利審判及訴訟經濟起見

§340
（刪）
§341

本法第三四一條規定：「反訴應與自訴同時判決。」是為原則。「但有必要時，得於自訴判決後判決之。」是其例外（德國刑事訴訟法第三八八條第三項並無例外規定，更加嚴格）。

惟反訴絕不可先於自訴判決而為判決，即使反訴案情簡單，自訴案情繁雜，仍必須與自訴同時判決或在後判決。當其同時判決時，判決書當事人欄之記載分別為：「自訴人即反訴被告某某」及「被告即反訴人某某」字樣，俾能明瞭彼此關係。

§342

3. 反訴，係藉自訴同一程序之便而提起之訴

反訴與自訴彼此各別獨立存在，不過為審判便利起見，合併其程序，要求其同時判決而已。自訴之撤回，不影響於反訴，本法第三四二條作此規定，即係基於上述理由。申言之，自訴雖經合法撤回，反訴之訴訟繫屬並未消滅，法院仍應就反訴案件依法審判。

§343

八、自訴程序關於公訴規定之準用

自訴與公訴，皆係追訴犯罪，就此點而言，兩者相同。從而，自訴案件第一審程序，除另有規定外，原則上應可準用公訴有關規定。本法爰於第三四三條明定：「自訴程序，除本章有特別規定外，準用第二百四十六條、第二百四十九條及前章第二節、第三節關於公訴之規定。」俾有依據。

其中關於法官對司法警察人員之指揮權，本法第二二九條至第二三一條雖不在準用之列。惟依調度司法警察條例第一條之規定，法官於辦理刑事案件時，亦有指揮司法警察官及命令司法警察之權，該條例第二條以下，並有相應之詳細規定，足資適用。

第三編　上　訴

　　刑事判決之結果，涉及人民財產、自由乃至生命，對於憲法所保障之基本權利，影響甚鉅。無論認定事實或適用法律，均應公平正確。如有誤判情事，即須尋求救濟，以維護當事人正當權益，確保刑罰權正確行使。經判決有罪被告向上級法院尋求救濟之權利，尤為「公民與政治權利國際公約」第十四條第二項所保障（參見本書附錄二之柒之五相關說明）。

　　本法於第二編規定「第一審」即初審程序，緊隨其後之第三編則為「上訴」程序，此乃不服下級法院尚未確定之判決而請求上級法院撤銷或變更之法定救濟程序。本編第一章通則，係就上訴程序之共通事項予以彙整規定，第二章及第三章，則針對第二審及第三審為各別之規定，俾資遵循。

第一章　通　則

一、上訴之意義

§344

　　上訴權人對於尚未確定之刑事判決聲明不服，阻斷該判決之確定，在法定不變期間以內，依照法定程式，向該管上級法院請求撤銷或變更原審之判決，稱此訴訟行為曰上訴。茲分析說明如下：

㈠上訴，須由上訴權人提起之

　　有上訴權之人，方得提起上訴。何人有上訴權，容後詳述。是否行使上訴權，除本法第三四四條第六項擬制上訴者外，悉由各該上訴權人自行決定之。

㈡上訴，係對於判決聲明不服

對於裁定如有不服，依本法第四編抗告程序辦理。對於處分或檢察官執行之指揮如有不服，則依本法第二五六條、第二八八條之三、第四一六條、第四八四條等規定，分別循聲明異議、聲請再議、聲請撤銷或變更處分等程序辦理，均與上訴不同。關於違式裁判問題：

1.依法應以裁定行之而誤用判決者，仍按抗告辦理。如於該項違式判決送達後之上訴期間內提起上訴者，縱使已逾五日抗告期間，仍應視為合法之抗告（院 2382 及 2639 號解釋）。

2.依法應以判決行之而誤用裁定者，仍按上訴辦理。此種情形，由於不服裁定得為抗告之法定期間較上訴期間為短，尚無導致逾期之疑慮。

上述判解所持以法律定式為準之見解，與德國實例相同❶。

㈢上訴，係對於尚未確定之判決有所不服

判決如已確定，或根本尚未判決，均無得為上訴之餘地（49 臺上 1299 及 49 臺抗 54 號判例）。如認確定判決尚有違誤者，可於符合一定要件時，另依再審、非常上訴甚至循聲請釋憲或統一解釋❷等程序尋求救濟，非屬本編上訴程序之範圍。

㈣提起上訴，須遵守法定期間及程式，且無限制上訴之情形

關於上訴期間及法定程式，依本法第三四九、第三五〇、第三六一條第二項及第三八二條之規定，容後詳述。關於限制上訴之情形，見本法第三七六條、第四五五條之一第二項及第四五五條之十第一項之規定。

---

❶ Roxin/Schünemann, Strafverfahrensrecht, §53, Rn. 6, 29 Aufl., 2017. 德例並認為法定不變期間之遵守不因誤信違式裁判而受不利影響，甚至可循聲請回復原狀途徑辦理。

❷ 見司法院大法官審理案件法第五條第一項第二款、第七條第一項第二款及釋字 177、185、188、193、686、725、741 號解釋。須注意者，法官不得以判例或決議為聲請釋憲之標的，見釋字 687 號解釋及一〇〇年四月二十二日司法院大法官第 1372 次會議第 36 案之不受理決議。

(五)上訴，係不服原審之判決而請求該管上級法院救濟

提起上訴，其目的在指摘原審之判決有所違誤，請求該管上級法院予以撤銷或變更。依法院組織法第三十二條第二款、第四十八條第一款第二款及本法第三六一條、第三七五條、第四五五條之一第一項之規定，第二審上訴之管轄法院，在通常情形為高等法院。不服依通常、簡式審判或協商程序所為判決者，得依法向高等法院（含分院）提起第二審上訴；如係簡易程序案件，則為地方法院合議庭；如屬智慧財產案件審理法第二十三條、第二十五條所定情形，須注意向智慧財產法院提起第二審上訴之特別規定；第三審上訴之管轄法院，為最高法院，其不服高等法院所為第一審判決（本法第四條但書及殘害人群治罪條例第六條）而提起之上訴，仍須適用第三審程序辦理。上訴之目的在於不服原判而向上級審尋求救濟，自應具有上訴利益，必須受不利益之判決而訴求有利之判決者，方能提起上訴（另詳 §362 相關說明）。

(六)上訴，具有移審及阻斷判決確定之效果

案經上訴，即延緩原審判決之確定 (Suspensiveffekt)，全案移由該管上級法院審判 (Devolutiveffekt)，既未定讞，即不發生執行力，此點顯與抗告有別。依本法第四〇九條之規定，抗告並無停止執行裁判之效力。民事訴訟法第三九八條第一項有「阻其（判決）確定」之用詞，可供參照。

二、上訴與一事不再理原則

一事不再理，為刑事訴訟基本原則之一，釋字 271 號解釋已將該項原則納入憲法第八條「法定程序」之範疇，提升至憲法層次。釋字 775 號解釋明確釋示一事不再理原則屬於憲法第八條第一項「依法定程序」所保障之範圍。惟因傳統觀念難以突破，致使本已受有利判決確定之被告，基於訴訟程序上之原因，仍有蒙受不利判決之危險❸。「公民與政治權利國際公約」第十四條第七項謂「任何人依一國法律及刑事程序經終局判決判定有罪或無罪開釋者，不得就同一罪名再予審判或科刑。」已將一事不再理

---

❸　參見最高法院七十三年九月十八日七十三年度第九次刑事庭會議決議。

訂為普世公認之原則（參見本書附錄二之柒之七相關說明）。

案經判決後因上訴而移審，該案即有待於上級法院審判。訴訟既因判決而終結，復又移送上訴審進行審理判決，是否違背一事不再理原則？我國與美國斷交前，中華民國與美利堅合眾國關於在中華民國之美軍地位協定❹第十四條第八項，曾經出現下述規定：「被告經依本條規定由中華民國當局或美國軍事當局一方審理而宣告無罪者……不得由他方當局在協定地區內就同一罪行重予審判。」又關於同條第九項同意紀錄第二節，亦規定：「如被告被判無罪，他造當事人不得提出上訴；被告對任何判決不提出上訴時，他造當事人亦不得提出上訴。但關於誤用法律者除外。」此乃採納美方意見，源自美國憲法增修條文第五條禁止雙重追訴處罰 (Double Jeopardy) 原則，與吾人所稱一事不再理原則相當。英美法對於雙重追訴處罰之禁止，不以「判決」確定後為限。由於實行陪審制，被告經陪審團「裁決」認為並無如起訴狀所控之犯罪事實者，控方即不得上訴。未經陪審而由法庭為無罪之判決者，亦同❺。英國法制，陪審團作成被告無罪之裁決，如係由於陪審員或證人受脅迫或被收買（受賄）所致者，依一九九六年 Criminal Procedure and Investigations Act，控方得提起上訴。如涉及法律爭點具有原則上之重要性者，依一九七二年 Criminal Justice Act，控方亦得上訴，但上訴審之判決不利於被告者，其效力不及於被告；又如法庭所為被告有罪判決量刑顯然過輕者，依一九八八年 Criminal Justice Act，控方得為被告之不利益提起上訴。美國法制對於控方上訴限

---

❹ Agreement between the Republic of China and the United States of America on the Status of United States Armed Forces in the Republic of China，該協定於五十四年八月三十一日簽訂，自五十五年四月十二日生效，至六十八年因兩國中止外交關係而停止適用。請參閱拙著〈處理美軍刑案之研究〉論文，刊載於國立臺灣大學《法學論叢》第四卷第二期（六十四年四月）。

❺ United States v. Sanges, 144 U.S. 310 (1892). Benton v. Maryland, 395 U.S. 784 (1969). United States v. Scott, 437 U.S. 82. 其中 Scott 一案判決內容指明 ...A judgment of acquittal, whether based on a jury verdict of not guilty or on a ruling by the court that the evidence is insufficient to convict, may not be appealed...

制甚嚴，且有聯邦法及各州州法之分，係複數法域。因此，彼此在實用上不盡相同。本法不採陪審制，且檢察官得為被告之不利益而提起上訴，德、法、日亦復如此。日本最高裁判所認為被告在同一案件中接受歷審審判，係自訴訟起始至裁判確定之間，整個過程追訴危險之繼續狀態，始終僅係一次危險，並無雙重追訴危險可言❻。此項肯定上訴合憲之見解，使大陸法與英美法所持立場，達成相容效果。

三、上訴審之構造

依本法第三六四條至第三六九條及第三七七條、第三九四條等規定，第二審為事實審之覆審，第三審為法律審。事實覆審既調查事實且糾正違法，法律審則專以糾正原判決之違背法令為職責。圖示如下：

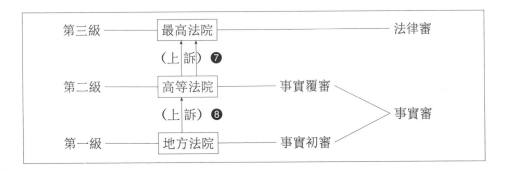

---

❻　日本最高裁判所昭和 25.9.27. 判例（刑集 4-9-1805）。美國聯邦最高法院一九○四年 Kepner v. United States (195 U.S. 100) 一案，九位大法官以五比四之較多數決，判認容許政府（控方）對於被告無罪判決提起上訴有違禁止雙重追訴處罰原則（又譯禁止雙重危險原則），在四位大法官不同意見中，Holmes 等三位即認為所謂雙重「危險」者，係指一個自始至終持續進行之危險而言 (...The jeopardy is one continuing jeopardy, from its beginning to the end of the cause....)。

❼　本法第三七五條第二項。又第三七六條及刑事妥速審判法第八條尚有不得上訴第三審之規定。

❽　尚須注意本法第四五五條之一第一項至第三項及第四五五條之十之規定。

第二審法院須就合法上訴部分，重新調查證據，就原審認定事實、適用法律、量刑事項，進行全面重複之直接審理，據以形成心證而為判決。所憑證據係依自第一審以迄第二審審判中一切與待證事實有重要關係之資料為準，非僅以第一審判決時所存在者為限。其審理結果經與原審判決比較，如相一致，即應以判決駁回上訴，如不一致，則應自為判決❾。由於第二審必須依職權重新調查證據而為事實之認定，因此，除有本法第三六九條第一項但書情形者外，雖發見原審判決所認定之事實有誤，仍不得發回更審。且本法第三九四條第一項前段明定「第三審法院應以第二審判決所確認之事實為判決基礎」。於是，事實之認定乃以第二審為中心。按第一審距離事實發生時點較近，易於發見真實，本應以第一審之審判為重心，確切認定事實。現行第二審上訴為事實覆審，必須全面重覆審理，不特有程序重複之譏，且其所憑訴訟資料大多照舊，鮮有新增，未必有助於發見真實，反使第一審產生依賴感，因而未能堅實第一審之事實審功能，導致事實真相難以及早釐清。本法將來如有修正，亟需針對上述問題研求改進之道。現行法條已採行交互詰問制度及傳聞法則，並就證據能力嚴加規範，且要求檢察官實質舉證，對於事實之認定，自應以第一審為中心。第二審之構造，於事後審、續審、覆審三者之間，在原則上僅就第一審判決認事用法有無違誤予以事後之審查為已足，例外則就一定限度內之證據或特定事項得為續行調查，以期訴訟經濟糾正違誤兩者兼顧。至於第三審為法律審，自當採行事後審制，應無不妥。

四、上訴權人

§§344〜347

依本法規定有上訴權之人如下：

㈠當事人

本法第三條所列之人，即檢察官、自訴人、被告三者，得依各自立場提起上訴。本法第三四四條第一項明定：當事人對於下級法院之判決有不

---

❾ 72臺上5047號判例稱：「第二審法院仍為事實覆審，得自行調查證據認定事實……」而73臺非116號判例則謂：「第二審訴訟為事實審兼法律審……」。

服者，得上訴於上級法院。該條排列於上訴編之通則章內，所稱下級法院兼指地方法院及高等法院，所稱上級法院兼指地方法院合議庭（簡易程序準用）、高等法院及最高法院。

1.檢察官

(1)檢察官對於下級法院就公訴案件所為判決如有不服，得以當事人地位提起上訴。基於檢察一體原則，提出上訴書者雖不以承辦檢察官為限，惟仍須受審級配置及管轄區域之拘束（76臺上4079號判例）。因此，上級檢察署與下級法院並無配置關係，上級檢察官對於下級法院之判決，不得提起上訴。同此理由，下級檢察官對於上級法院之判決，自亦不得提起上訴。又甲地之法院所為判決，乙地檢察官不得提起上訴。如有意見，僅得提供甲地檢察官參酌而由其上訴，乙地檢察官不得越區執行職務。再者，檢察官就公訴案件乃居於控方（原告）立場，本來係以使被告受刑事處罰為目的；惟因檢察官代表公益，必須客觀執行職務，且有要求正確適用法律之責任，本法第三四四條第四項明定其為被告之利益亦得上訴，俾資依據。

(2)檢察官對於法院就自訴案件所為判決而言，並非當事人，本無上訴權。本法鑑於檢察官係代表公益客觀執行職務，特賦予其上訴權。爰於第三四七條明定檢察官對於自訴案件之判決得獨立上訴，俾求正確適用法律。

(3)告訴人或被害人，均非當事人，並無上訴權，對於下級法院之判決有不服者，依本法第三四四條第三項規定，得具備理由，請求檢察官上訴。須注意者，檢察官所提上訴書雖不妨引用告訴人聲請狀為附件，但上訴人既係檢察官而非告訴人，則其上訴書本身自應以檢察官立場敘述具體理由方為合法。倘若除該項附件外別未敘述任何理由者，將遭駁回。請參閱後述§361說明。

2.自訴人

自訴人對於下級法院就自訴案件所為判決如有不服，得以當事人地位提起上訴。此係依據本法第三四四條第一項之規定辦理。惟如自訴案件於下級法院辯論終結後，原自訴人喪失行為能力或死亡者，即無從行使上訴

權，同條第二項復明定：「得由第三百十九條第一項所列得為提起自訴之人上訴。」俾能維護自訴權益。又自訴人專以使被告受刑事處罰為目的，其上訴必須以被告之不利益為限（72 臺聲 53 號判例），不得為被告之利益而提起上訴(本法十七年舊條文第三五八條第二項曾有自訴人為被告利益起見亦得上訴之規定，自二十四年修正以後已經刪除)。

3.被　告

被告對於下級法院所為判決如有不服，無論公訴或自訴案件，均得以當事人地位，依本法第三四四條第一項規定提起上訴。此項權利，為憲法第十六條及「公民與政治權利國際公約」第十四條第五項所保障。惟被告不得為其自己之不利益而提起上訴，否則即與上訴制度之本旨有違（71 臺上 5938 號判例）。又宣告死刑或無期徒刑之判決，案關重典，特種刑事案件訴訟條例❿第九條但書曾有其判決應不待聲請依職權逕送最高法院覆判之規定，本法於五十六年一月修正時，以舊條例該項規定不失為慎刑之美法，堪為常典，乃予擷取，定為第三四四條第五項：「宣告死刑或無期徒刑之案件，原審法院應不待上訴依職權逕送該管上級法院審判，並通知當事人。」及第六項：「前項情形，視為被告已提起上訴。」是為擬制被告上訴之規定，至關重要。

一〇九年一月修法，刪除無期徒刑案件職權上訴規定後，僅限於死刑案件，方有該條第五項之適用。按照立法說明，謂：「……無期徒刑因屬自由刑，當事人本得自行決定是否提起上訴，此與宣告死刑之情形有別……依職權逕送該管上級法院審判之規定，無異剝奪被告期能及早確定而不上訴之權益……」爰將無期徒刑案件予以排除。其實無期徒刑須逾二十五年方能獲得假釋機會（見刑法第七十七條），同樣案關重典，徒以尊重被告意願為由而排除適用職權上訴，此項理由尚欠充分。本書認為應以無期徒刑案件適用職權上訴規定有其盲點為修法理由，方能具有說服力。茲敘述其盲點如下：某案如經地方法院判處被告死刑後，由高等法院改判無

---

❿　該條例係於三十三年一月十二日公布，同年十一月十二日施行，至四十三年一月一日廢止。

期徒刑，檢察官及被告均未提起上訴，如無職權上訴規定，即可無期徒刑定讞。由於職權上訴，而其上訴結果，如經最高法院撤銷原判發回更審，則原案即回復至第一審死刑判決上訴於第二審尚待判決之狀態。倘若高等法院更審維持地方法院先前之死刑判決，再經被告上訴而由最高法院駁回上訴定讞，則被告豈非受職權上訴之害致遭處決。此種情形極為不妥，顯然違背職權上訴保障被告權益之本旨。因此，無期徒刑案件是否提起上訴，即有尊重被告意願之必要。該條第五項刪除「或無期徒刑」五字，應予支持❶。

(二)被告之法定代理人或配偶

本法第三四五條規定：「被告之法定代理人或配偶，得為被告之利益獨立上訴。」此項上訴權，與被告本人之上訴權各自獨立存在，不受被告意思之拘束；即使被告捨棄上訴權或撤回上訴，對於本條所定獨立上訴權並無影響。至於法定代理人或配偶之身分，應依民法判別，並須以其提起上訴時具有該項身分為準（所稱配偶，依司法院釋字第七四八號解釋施行法第二十四條第二項前段規定，尚包含該法第二條所定同性結合關係者在內）。例如地方法院判決時被告尚未成年，迨判決正本送達時被告已經成年者，其父母即不得獨立上訴；又如判決時被告有完全行為能力，隨即受監護宣告而成為無行為能力者，其法定代理人即得為獨立上訴，即使被告於上訴程序中恢復健康因而撤銷監護宣告，仍不影響原提獨立上訴之效力；再如被告於判決後死亡者，訴訟主體已不存在，其生前配偶即無權提起上訴。然則未成年被告本人不上訴，其法定代理人合法提起獨立上訴後旋即死亡，案件將如何進行審判，不無疑問。最高法院六十四年度第三次刑庭庭推總會決議認為對於本來合法之上訴效力並無影響，在程序上雖無從命為上訴要旨之陳述，上級法院仍可進行審理及判決。

(三)原審之代理人或辯護人

本法第三四六條規定：「原審之代理人或辯護人，得為被告之利益而

---

❶　本書著作人曾於一〇一年八月撰文主張刪除無期徒刑職權上訴之規定。見《法令月刊》第六十三卷第八期所載〈死刑法制之探討〉專論。

上訴，但不得與被告明示之意思相反。」以期發揮輔助被告之功能。本條所稱代理人，專指被告所委任之代理人而言（見第三十六條及 62 臺上 1286 號判例）。至若自訴案件，自訴人既不得為被告之利益而上訴（72 臺聲 53 號判例），則自訴代理人殊無依本條提起上訴之餘地。又在沒收特別程序，參與人依本法第四五五條之二一所委任之代理人，根據第四五五條之二八準用條文，本書見解認該代理人得為參與人利益而以參與人名義，就沒收財產之判決提起上訴，但不得與參與人明示之意思相反。

本條所稱辯護人，不以選任辯護人為限，對於指定辯護人亦適用之。就但書所設限制規定以觀，其得為被告利益提起上訴，非屬辯護人之固有權。按照本法第三十三條第一項規定，辯護人於審判中得檢閱卷證，案件經判決後，雖已不在「審判中」，惟如提起上訴而卷證尚在原審法院時，原審辯護人仍得聲請檢閱卷證，以應製作上訴狀之實際需要。

本條之上訴，具有代理權性質。因此，原審代理人或辯護人依本條為被告之利益而提起上訴，實乃代行上訴，必須以被告名義行之，方為適法。如於上訴狀內漏未表明以被告名義上訴字樣者，法院應先限定期間命該代理人或辯護人為補正。逾期仍未補正，即應認上訴不合法而予駁回（釋字 306 號解釋）。

㈣**本法第七編之二沒收特別程序參與人對於沒收財產判決得提起上訴，見第四五五條之二七及二八**

§348

五、上訴之範圍

上訴權人對於下級法院之判決如有不服，得提起上訴尋求救濟。原判決如係可分 (trennbar) 者，得僅針對某一部分為上訴，此即一部上訴；如不可分 (untrennbar) 者，則雖聲明一部上訴，法院仍應以全部上訴進行審理。

上訴範圍亦即上訴審之審判範圍如何界定，本法第三四八條於一一〇年六月十六日修正公布之條文分成三項，新增上訴不可分原則之例外規定。此係本法自十七年施行以來之重大變革。茲按其可分、不可分之情

形，分述如下：

㈠上訴可分

第三四八條第一項規定：「上訴得對於判決之一部為之。」此乃指原判決為可分之情形而言。其訴訟客體如不可分，則為同條第二項之適用問題。例如某被告犯甲、乙兩罪具有本法第七條第一款之情形，相牽連案件本屬可分之數個案件，該被告得僅就其中甲罪部分，聲明不服提起上訴，上級法院應專就甲罪部分予以審判，乙罪部分已告確定，不在上訴移審範圍。倘若上級法院誤將乙罪部分併為審判，即構成訴外判決之違誤（參考49 臺上 206 號判例）。

第三四八條第一項舊條文，尚有「未聲明為一部者，視為全部上訴」文句。此一擬制規定，自本法十七年九月一日施行當時之第三六二條第一項開始，即已有之。（當年舊條文謂：上訴得對於判決之一部為之；其不以一部為限者，以全部上訴論。）歷經多次修正，由於已往第二審上訴，不論上訴書狀有無敘述理由，均有效力，除條次及文字略為變動外，從未改變。惟自本法於九十六年七月修正增訂第三六一條第二項以後，第二審及第三審上訴書狀，皆須敘述理由。究竟是否一部抑或全部上訴，已可對照書狀所載上訴理由據以判斷。一一〇年六月十六日修正公布之條文，爰將舊有擬制全部上訴之規定刪除。倘若難以判斷時，法院應為適度闡明，盡其照顧義務 (Fürsorgepflicht)。

㈡上訴不可分及其例外

第三四八條第二項前段規定：「對於判決之一部上訴者，其有關係之部分，視為亦已上訴。」是為上訴不可分原則。此項原則以具有單一性之案件為主要適用對象，因其訴訟客體祇有一個，雖僅就原案某一部分提起上訴，基於審判不可分原則，其餘部分為「有關係之部分」，在審判上無從分割，必然受有影響，一部上訴之效力及於全部，應視為亦已上訴❷。此外，程序與實體事項互有不可分之關係，上訴意旨雖僅指摘程序違誤，關於實體部分仍應視為同屬上訴範圍（但在本法第三八〇條之情形，另當

❷　參見院 1668 及 2510 號解釋。

別論）。至於以往因罪刑不可分原則而不許單就科刑、沒收、保安處分部分提起上訴之見解，由於法條修正，不再適用上訴不可分之規定（另詳後述 2.）。

依照一一〇年六月十六日修正公布第三四八條第二項增加但書例外，以及增訂同條第三項例外規定，上訴不可分原則於下列情形不適用之：

1.第三四八條第二項但書

第三四八條第二項前段所指「有關係之部分」，如「為無罪、免訴或不受理者」，依同條項但書，不適用「視為亦已上訴」之規定。茲以假設該部分係「無罪」者為例，說明如下（免訴或不受理者可比照理解）：

(1)公職候選人張三急求當選，基於單一犯意，在甲地向選民 A、B、C「買票」，緊接又在屬於同一選區之乙地，向選民 D、E、F「買票」，涉嫌投票行賄罪，案經偵查終結提起公訴。地方法院判決，參考最高法院九十九年度第五次刑事庭會議決議所採見解，按接續犯論處張三罪刑，判決理由載明張三被訴向 C、F 兩人「買票」部分之犯罪不能證明，因接續犯為實質上一罪，具有單一性，僅於理由欄敘述如何認其罪證不足，主文不另為無罪之諭知。張三服判並未上訴。檢察官專就張三向 C、F 兩人「買票」部分，認為證據充足，敘述理由提起上訴，對於其餘（張三向 A、B、D、E 四人「買票」經判決有罪）部分未置一詞。於此情形，檢察官雖就其餘部分毫無指摘，由於其餘部分與合法上訴（張三被訴向 C、F 兩人「買票」原判決主文不另諭知無罪）部分，具有單一不可分之關係，依第三四八條第二項前段規定，應視為亦在上訴範圍以內，高等法院非僅審究張三曾否向 C、F「買票」而已，必須連同其餘有關係之有罪部分併為審判。

(2)承上案例，檢察官收判後並未提起上訴，被告張三對其被訴經判決有罪部分提起上訴。於此情形，張三被訴向 C、F 兩人「買票」原判決主文不另諭知無罪部分，依第三四八條第二項但書規定，不在移審、上訴範圍以內（且張三就此部分本無上訴利益），即無上訴不可分原則之適用，高等法院不得併予審判。又如檢察官認為原判決適用法條不當提起上訴，

而對於主文不另諭知無罪部分 ， 其上訴書毫無敘述如何不服之具體理由
者，亦同。

⑶上述⑴係上訴不可分原則之正常適用 ， 上述⑵則為該項原則之例
外。惟承上⑵所述例外情形，張三原先被訴涉嫌向 C、F 兩人「買票」部
分之事實，地方法院判決主文縱使「不另為無罪諭知」，對照修正條文立
法說明，此部分已因「不生移審上訴審之效果而告確定」，又參照最高法
院刑事大法庭 109 臺抗大 1221 號刑事裁定理由三之㈡有謂：「不論在主文
諭知或理由敘明，該不能證明犯罪部分均屬無罪判決，應無二致」，從而，
如發現確實之新證據足認張三向 C、F「買票」部分亦應受有罪判決時，
檢察官能否於全案尚未確定前，依本法第四二二條第二款規定，就此部分
聲請再審？如再審結果判認有罪，則與其餘有關係之部分 （張三向 A、
B、D、E 四人「買票」有罪），勢必造成接續犯之一罪兩罰，顯有未合。
倘若認為立法說明所謂「確定」並非真正確定，上述「不另為無罪諭知」
部分，須俟全案確定，方為真正確定，則檢察官於全案確定後，就此部分
聲請再審，經再審認定事證確鑿時，張三增加兩筆「買票」犯罪事實，罪
名依舊，其再審判決主文應為如何？是否與先前確定判決相同而衹須諭知
較重之刑即足？各項疑義有待釐清。

2.第三四八條第三項

⑴上訴權人不服原審判決提起上訴，其上訴書狀所敘理由指摘原判認
事用法違誤者 ， 即使對於有關係之刑、 沒收或保安處分宣告部分未表不
服，基於罪刑不可分原則，該部分依第三四八條第二項前段規定，仍應視
為同屬上訴範圍。

⑵依一一〇年六月十六日修正公布增訂第三四八條第三項規定：「上
訴得明示僅就判決之刑、沒收或保安處分一部為之。」 意即在此情形其
「罪、刑可分」。於是，上訴權人得僅就原判決所為「刑、沒收、或保安
處分」之宣告部分聲明不服提起上訴，至於原判決認定犯罪事實之刑責部
分有無違誤，即不在上訴審之審判範圍。

⑶上述⑴係上訴不可分原則之正常適用 ， 上述⑵則為該項原則之例

外。上訴不可分、審判不可分、罪刑不可分三項原則相互關聯。論罪與科刑（一〇五年六月前沒收為從刑）或宣告保安處分，在審判上具有不可分割之關係，本有第三四八條第二項上訴不可分原則之適用（參見 37 上 2015 號及 46 臺上 914 號判例）。探究該條增訂第三項例外規定之立法說明，係以「尊重當事人設定攻防之範圍，並減輕上訴審審理之負擔」為其增訂之理由。惟按：援引攻防對象論與本法第二審仍為事實覆審制不相適合；至於減輕上訴審負擔一節，除可理解出於現實政策取捨外，法理欠明。德國刑事訴訟法第三一八條未針對可分或不可分性作分別規範，實例雖允許可僅就刑或保安處分部分提起一部上訴，惟就不可分之同一訴訟客體而言，未上訴部分之確定力暨其所及橫向水平範圍如何，有待釐清。假如上訴審認定被告欠缺責任能力時，是否祇須改判輕刑而將原判有罪事項恝置不論，非無不同見解。(Roxin/Schünemann, Strafverfahrensrecht, §53 BⅢ, 29 Aufl., 2017) 第三四八條新增第三項以後，與第三七〇條第一項但書之適用如何協調？倘若被告僅表明對於科刑部分請求從輕改判提起上訴，檢察官並未上訴，上訴審之審判是否必須限定以量刑事項為範圍？如發現原審判決適用法條不當時，究竟有無上述但書之適用？能否擴及有關係之論罪事實部分併為審查而據以改判較重罪刑？又如認為有阻卻違法或阻卻責任事由時，可否審查被訴事實改判被告無罪？抑或仍受原判決（有罪）之拘束而祇能改判輕刑即足？皆有待於釐清。再者，對於原判決宣告緩刑與否有所不服而提起上訴者，涉及罪名、法定刑度與緩刑條件問題，能否恝置不論，亦有疑義。

(4)刑法已將原屬從刑之沒收，修正為刑罰以外獨立之法律效果，即無「罪刑不可分」之關係可言，倘若原判決論處被告罪刑並無不合，僅關於沒收部分有違法或不當情形者，如無歧異之顧慮，宜解為上訴審可專就沒收部分予以撤銷，另就罪刑部分，為上訴駁回之判決。

㈢以上所述，雖各有其是否適用之情形，惟案經合法上訴後，上訴審與原審，對於適用原則或例外之前提事實（例如一罪或數罪），彼此在認定上未必一致，究竟上訴範圍如何，由上訴審認定作準。此外，本法第四五五條之二七第一項尚有相關規定。

　　◎司法院研提本法部分條文修正草案，與行政院會銜，於一〇八年七月二十九日函送立法部門之內容，係對於上訴審程序，以建構金字塔型為目標，進行通盤研修，第二審改為事後審兼續審制，第三審改為嚴格法律審兼許可上訴制。第三四八條不過通盤架構中之一個條文而已。由於第二審揚棄覆審制，不再進行全面重複審理，草案遂有縮減並從嚴界定上訴審審理範圍之考量。第三四八條第二項但書意旨，與日本最高裁判所昭和四十六年三月二十四日判例類似（刑集 25–2–293）。日本第二（控訴）審不採覆審制，本不進行事實之全面重複審理，判例從嚴界定上訴審之審理範圍，尊重當事人設定之攻防範圍，符合法理；且其再審程序並無為受判決人不利益再審之規定。司法院一〇八年草案因立法怠惰而未完成立法程序，此次迫於無奈，將第三四八條抽出，單獨予以修正，第二審仍然維持事實覆審不改，卻將上訴審之審理範圍縮減，以致未能整體相配，滋生諸多疑義。

六、上訴應遵守事項

㈠須未逾上訴期間

　　本法第三四九條規定：上訴期間為二十日，自送達判決後起算。但判決宣示後送達前之上訴，亦有效力。依照上開規定，提起上訴必須遵守法定不變期間。茲分述如下： §349

　　1.上訴期間為二十日，此乃法定不變期間，提起第二審上訴或第三審上訴，均應於二十日內行之。除有本法第六十七條得聲請回復原狀之情形外，逾期上訴即非法之所許。

　　2.上訴期間二十日係自送達判決正本後起算，即自判決正本合法送達之翌日起算。但判決一經宣示，即已發生效力，未待收受判決正本即行提

起上訴者，自亦有效。判決正本如未經合法送達者⓭，應以受送達人實際收件為準（31 上 738 號判例）。

3.上訴是否逾期，以上訴書狀到達法院之日為準。交郵日雖在二十日以內，如到達法院已逾二十日者，除期間末日為星期日、紀念日或其他休息日，應以次日代之，或有在途期間可資扣除者外，應認上訴為逾期。惟如上訴書狀誤遞於無管轄權之法院者，祇須未逾法定上訴期間，仍有合法上訴之效力，不因延誤轉送有管轄權法院而受影響。又如係誤遞於檢察署者，實務上亦按相同原則處理。

4.前述第三四五條及第三四六條各該上訴權人，其上訴期間之計算及有無在途期間可得扣除，請查閱 §65 相關說明。

5.本法第三一四條第一項規定：判決得為上訴者，法院應將上訴期間記載於判決正本，俾使上訴權人知曉。如漏未記載或記載錯誤（例如誤載為三十日），並不影響上訴期間之進行（29 上 2162 號判例），惟書記官應負疏失責任。倘若誤信較長之不變期間導致因逾期而遭駁回者，得聲請回復原狀尋求補救，請參閱本法第六十七條回復原狀要件之相關說明。

6.自十七年本法第三六三條起，上訴期間始終維持為十日。一〇九年一月修法，比照民事訴訟法所定民事事件上訴期間規定，改為二十日。德國、法國、日本之刑事案件上訴期間，均少於二十日，本法修正後之上訴期間，與瑞士刑事訴訟法第三九九條第三項相同⓮。

§§350
~352

⒟須提出上訴書狀

1.提起上訴，係要式訴訟行為，依本法第三五〇條規定，應以上訴書狀提出於原審法院為之，並應按他造當事人之人數，提出書狀繕本，俾便經由原審法院書記官，依第三五二條規定，將繕本送達於他造當事人。

⓭ 法院不知被告已死亡，誤行一造辯論判決，檢察官未上訴，因判決正本無法送達於被告，上訴期間無從起算，其判決永不確定。如係有罪判決，既未確定，即應依無罪推定原則（§154）認該被告未曾犯罪。

⓮ 德國為一週，見 §§314 I、341 I。法國為十日，見 §§380-9 I、498 I、547 II。日本為十四日，見 §§373、414（以上係各國刑事訴訟法條次）。

2.第二審上訴或第三審上訴，均須提出書狀。第三審上訴更應敘述上訴之理由（見本法第三八二條）。此在第二審上訴本來無此要求❺，其書狀祗須表示不服原判決之意思為已足，不以敘述理由為必要，關於具體之上訴理由，留待第二審審判期日向審判長陳述即可（見本法第三六五條）。九十六年七月修法以後，亦要求敘述上訴理由（詳見 §361 說明）。至於言詞上訴，殊非法之所許，不合法律上之程式，不生上訴效力（院 680 號解釋）。

3.提起上訴所作書狀，應提出於原審法院，經予程序上審查後，申送該管上級法院（見本法第三六二條、第三六三條第一項、第三八四條、第三八五條、第四五五條之一第三項、第四五五條之十一第一項）。如於上訴期間內誤送其他法院或逕送上級法院者，仍有合法上訴之效力，各該法院應速轉送該管原審法院處理。又審檢雖然分隸，實例（最高法院 79 臺上 4038 號刑事判決）對於上訴狀在上訴期間內誤送檢察署，而經檢察署轉送法院時，已在上訴期間屆滿以後者，仍認其上訴為合法。

4.上訴人未依第三五〇條第二項規定提出書狀繕本時，原審法院應命補正，不得遽予駁回。書記官未依第三五二條規定將書狀繕本送達他造當事人者，此種程序上之違誤，並不構成上訴第三審之理由（72 臺上 4542 號判例）。

5.本法第三五一條❻對於在監所被告之上訴，尚有補充規定。在監獄或看守所之被告，於上訴期間內向監所長官提出上訴書狀者，視為上訴期間內之上訴。被告不能自作上訴書狀者，監所公務員應為之代作。監所長官接受上訴書狀後，應附記接受之年月日時，送交原審法院。被告之上訴書狀，未經監所長官提出者，原審法院之書記官於接到上訴書狀後，應即

---

❺　德國刑事訴訟法第三編第三章之 Berufung（上訴），與本法第二審上訴採事實覆審制者類似，其上訴書狀亦不以敘述理由為必要。日本刑事訴訟法第三編第二章之「控訴」相當於第二審上訴，但採取事後審制，其上訴書狀必須敘述理由。

❻　本法第三五一條雖係針對在監所被告之上訴為補充規定，實則拘禁於保安處分處所者亦應有其適用，他日修法宜予明定。

通知監所長官。上述補充規定，對於喪失自由之被告，便利並保障其行使上訴權。

七、捨棄上訴權與撤回上訴

㈠意　義

　　1.捨棄上訴權，係由當事人於原審判決宣示或送達後，在法定期間內尚未依法提起上訴前，即明白表示不聲明不服之意思，使生上訴權喪失之效果。上訴權乃係當事人之固有權，本法第三五三條明定唯「當事人」得捨棄其上訴權，其他上訴權人究非當事人，自不得僭越捨棄當事人之上訴權。

　　2.撤回上訴，係有上訴權（不限於當事人）且已提起上訴之人（即上訴人），於上級法院尚未判決以前，認為無須上訴而明白表示不求裁判之意思。爾後該上訴人即喪失其上訴權。本法第三五四條規定：上訴「於判決前」得撤回之。在此以前撤回上訴，方有實益，否則無撤回之餘地。

㈡程序規定

　　捨棄上訴權與撤回上訴，皆係訴訟行為，必須符合本法關於主體、時期、方式等項程序規定，方能發生捨棄 (Verzicht) 或撤回 (Zurücknahme) 之效力。茲分述如下：

　　1.主　體

　　⑴捨棄上訴權，僅限於當事人，方得為之。

　　⑵撤回上訴，凡有上訴權且已提起上訴之人，皆得為之，不以當事人為限。下級檢察官提起上訴者，基於檢察一體原則，上級檢察官得撤回之（院 526 及 1273 號解釋）。但依本法第三四四條第四項、第三四五條或第三四六條為被告之利益而上訴者，慮及被告或許信賴此項上訴，因而並未自行上訴，乃於第三五五條明定：非得被告之同意，不得撤回，以保權益。又在自訴人（即自訴案件當事人之一造）提起上訴之情形，基於維護公益之考量，依第三五六條規定，該自訴人非得檢察官之同意，不得撤回上訴。上述情形如未得同意而撤回上訴時，自不生撤回之效力。

2.時　期

⑴捨棄上訴權，當事人於法定上訴期間內，尚未依法提起上訴前，隨時均得為之。上訴期間如已屆滿，則當事人本不得提起上訴，即無捨棄上訴權可言。又如原審尚未判決，則其上訴權尚未發生，並無捨棄之問題。

⑵撤回上訴，上訴人須於上級法院判決前，方可撤回。其於辯論終結後、尚未判決前具狀撤回者，仍為法之所許。如因法院內部作業延誤，以致合議庭不知上訴已經撤回，而仍為判決者，參照釋字 135 號解釋意旨，應認該判決不生效力。茲所謂於「判決前」得撤回上訴，在第二審上訴之情形，已往實務見解認係以第二審法院作出首次判決前為限。如經第三審判決發回更審中，即不許撤回上訴。自九十六年七月修正第三五四條增訂「案件經第三審法院發回原審法院，或發交與原審法院同級之他法院者，亦同」之明文以後，已不受舊例之限制。

3.方　式

依本法第三五七條及第三五八條規定，捨棄上訴權或撤回上訴，均應以書狀為之，但於審判期日，得以言詞為之。在監所被告之捨棄上訴權或撤回上訴，準用第三五一條之規定。惟捨棄上訴權應向原審法院為之；而撤回上訴應向上訴審法院為之，僅於該案卷宗尚未送交上訴審法院以前，方得向原審法院為之。當事人或其他上訴權人如在訴訟外表示願捨棄上訴權或撤回上訴而未向法院為之者，於法應不生效。且訴訟行為必須肯定明確，附條件之捨棄或撤回，均不能認為有效。其非出於自由意志者，亦同。

㈢效　果

捨棄上訴權或撤回上訴者，依本法第三五九條規定，即喪失其上訴權。立法理由在於既經合法捨棄或撤回後，原判決即告確定，自應不許再行上訴。在合法撤回上訴之情形，訴訟繫屬消滅，法院無須為任何裁判。關於捨棄或撤回之生效時點，以其聲明到達該管法院之日為準。但撤回上訴須得被告或檢察官同意者，自應延至同意日始生效力。所謂喪失上訴權，僅就為捨棄或撤回表示之人而言。除適用本法第三四六條但書之情形者外，對於其他上訴權人不生影響❶。惟須注意：

§359

　　1.依本法第三四四條第五項 、 第六項規定職權上訴及擬制被告上訴者,在性質上不許捨棄或撤回上訴,以免牴觸法意。

　　2.具有本法第三四八條第二項之情形(上訴不可分)者,不許為一部之捨棄或撤回上訴,以免割裂。

§360　　凡經合法捨棄上訴權或撤回上訴者,該管法院之書記官,應速通知他造當事人(本法第三六〇條),使其知悉,以免作無謂之訴訟準備。

---

❼　本法第三四五條被告之法定代理人或配偶之獨立上訴,其上訴權是否因被告本人捨棄上訴權或撤回上訴而告喪失?十七年舊法第三七〇條第二項明定彼等不得提起上訴,現行法已無此規定,本問題宜採取否定說,認應不受影響。

第二章　第二審

一、第二審上訴之意義

§361

　　上訴權人不服第一審未確定之判決而上訴於管轄第二審之高等法院者，是為第二審上訴。所稱第一審之判決，依本法第三六一條規定，係指地方法院之第一審判決而言。如依本法第四條但書或殘害人群治罪條例第六條規定而由高等法院所為之第一審判決，其上訴應向最高法院為之（見本法第三七五條）。又依本法第四五五條之一第一項規定，不服簡易判決（含智慧財產刑事案件在內）之上訴，係向管轄之第二審地方法院合議庭為之。再者，在智慧財產案件審理法第二十三條、第二十五條所定情形，須注意向智慧財產及商業法院提起第二審上訴之特別規定（該法院分設智慧財產法庭及商業法庭，前者管轄智慧財產刑事案件）。如與同一被告所涉他罪案件認有相牽連關係者，基於著重專業判斷以定其管轄之立法本旨，仍應歸併該法院管轄，僅於該他罪案件係較重之罪且案情確屬繁雜時，方得例外裁量將其以裁定移送高等法院審判。

　　第三六一條原無分項，九十六年七月修正增訂兩項規定要求上訴書狀須述理由。該條第二項為「上訴書狀應敘述具體理由」，第三項為「上訴書狀未敘述上訴理由者，應於上訴期間屆滿後二十日內補提理由書於原審法院。逾期未補提者，原審法院應定期間先命補正」。參照修法理由說明，因第二審並非法律審，所提上訴理由，並非必須引用卷內訴訟資料具體指摘原審判決有何不當或違法之事實，亦不以主張新事證而具體敘述如何足以影響判決結果為必要（見最高法院一〇六年度第八次刑事庭會議決議）。且原審法院僅作形式審查，上訴理由是否具體，乃係第二審之審查範圍，不在命補正之列。又雖逾期未補正，而於法院尚未據以為裁判前，仍得提

出理由書狀以為補正。條文第二項所謂「具體」理由，係「抽象」之反面語詞。因此，該條第三項所稱未敘述上訴理由者，係指僅泛稱原判決認事用法不當、採證違法或判決不公、量刑過重等空洞之詞，欠缺具體實際內容而言。上訴人如於第二審為判決前猶未補提具體理由者，將遭第二審法院以判決駁回上訴。實例（97 臺非 454 號刑事判決）對於檢察官僅引用告訴人請求上訴之聲請狀為附件而別未敘述任何上訴理由之情形，認為第二審法院不經言詞辯論逕將檢察官之上訴駁回，於法並無違誤，足資參考。

　　上述第三六一條全條規定，對於簡易判決之上訴，不在準用之列（見第四五五條之一第三項）。

二、第二審上訴程序之流程圖

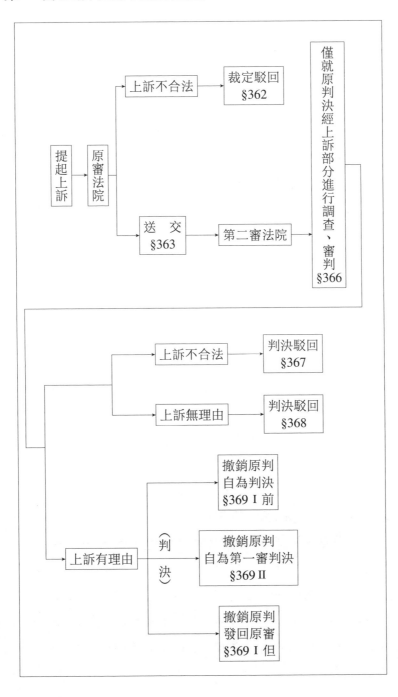

三、第二審上訴之程序──原審法院處理程序

§362

上訴書狀及繕本依本法第三五○條規定應向原審法院提出,原案卷證及判決正本之送達證書,均存於原審法院,究竟上訴有無違背應行遵守事項,首先應由原審法院預作審查,如認上訴符合程序,即須檢送卷證移審,而由第二審法院進行審判。

第二審上訴案件,在原審法院方面,係以上訴是否合法而作分別處理:

㈠上訴不合法──裁定駁回上訴

本法第三六二條規定:「原審法院認為上訴不合法律上之程式,或法律上不應准許,或其上訴權已經喪失者,應以裁定駁回之。但其不合法律上之程式可補正者,應定期間先命補正。」依上所述,原審法院如認上訴具有下列各種不合法之情形者,即應以裁定駁回之(裁定主文為「上訴駁回」):

1.上訴不合法律上之程式

例如⑴上訴書狀之製作不合本法第三十九條或第五十三條所定程式(參見 28 上 2233 及 69 臺抗 101 號判例)。

⑵上訴人未依本法第三五○條第二項規定提出上訴書狀之繕本,或其所提繕本份數不足。

⑶上訴人以言詞上訴而未在上訴期間內提出書狀(參見院 680 號解釋及 25 上 210 號判例)。

⑷上訴人所提書狀未敘述理由(併須注意第三六一條第三項之規定。至其理由是否具體,應由第二審作審查)。

⑸自訴人未委任律師為代理人而逕行提起上訴者。

但其程式之欠缺,如可得補正者,應先定期命行補正,不得遽予駁回,釋字 306 號解釋及 69 臺抗 101 號判例,即其適例。又檢察官上訴書內,該檢察官雖未簽名,惟其上訴書係由檢察署函送法院,而公函蓋有檢察長之簽名章,基於檢察一體原則,參照院 2236 號解釋意旨,應認上訴程式並無不合。

2.上訴在法律上不應准許

例如⑴依第四五五條之一第二項或第四五五條之十第一項規定不得上訴者。

⑵未經第一審判決而為上訴（見 73 臺上 4124 號判例）。

⑶非上訴權人所提起之上訴（注意：公司或法人為自訴人者，該自訴人委任律師提起上訴如僅由其代表人具名,因法人與代表人在法律上係兩個不同之人格者，此種上訴為法律上所不應准許。見 67 臺上 1845 號判例)。

⑷自訴人為被告之利益提起上訴，或被告為自己之不利益提起上訴（見 72 臺聲 53 號判例），均無上訴利益。

⑸被告死亡後，他造當事人或其他有上訴權之人所提起之上訴（最高法院民刑庭總會二十八年八月十五日決議）。

⑹受免訴判決之被告，能否主張應受無罪判決而提起上訴，參照最高法院二十九年二月二十二日關於非常上訴案件之總決議第三項第㈣點「應為無罪判決而誤為免訴判決者」其原判決係不利於被告之見解，以及刑事補償法第二條第二款、第三款意旨，對於被告所提上訴應予准許。惟實例（如最高法院 94 臺上 854 號刑事判決）有認為被告並無客觀之上訴利益於法不應准許者，與上述總決議不符。尤其案涉民事訴訟而被告引用無罪判決為防禦方法時，民事法院雖不受拘束，然其對於心證之形成，顯有相當影響，是則被告求為無罪判決，在客觀上並非毫無上訴利益。再者，有罪確定判決之受刑人經特赦致其罪刑之宣告成為無效後 （見赦免法第三條），倘若堅決認為自己清白無辜而聲請再審求為無罪判決者，實務（最高法院 106 臺抗 842 號刑事裁定）認係為受刑人利益聲請再審應予准許。據此申論，足見免訴與無罪相較，前者不利於被告。

⑺本法第三〇一條第一項所定無罪判決，有「不能證明被告犯罪」或「行為不罰」兩種情形，其結論同為無罪。法院援引刑法第十九條第一項精神障礙者阻卻責任及同法第八十七條第一項令入相當處所施以監護之規定，而認被告之「行為不罰」，依本法第三〇一條規定諭知被告無罪並

宣付監護處分之判決後，被告主張其係犯罪不能證明，法院不應以行為不罰為判決無罪之理由，且其精神疾病已受治療並獲控制應無監護必要，據以提起上訴。此種上訴是否具有上訴利益？最高法院一〇六年度第九次刑事庭會議決議認為原審所作無罪判決已同時諭知對被告不利之監護處分，與僅單純宣告被告無罪之判決不同，應認為被告具有上訴利益。尋繹決議意旨，似認不論無罪判決屬於不能證明被告犯罪抑或行為不罰何種情形，其結論同為無罪，對於被告尚無不利，若無監護處分之宣告，即無上訴利益。

3. 上訴權已經喪失

見本法第三五九條。又如逾期之上訴亦屬之。

§363

(二)上訴合法——移審

依本法第三六三條第一項規定，除有上訴不合法之情形須以裁定駁回外，原審法院應速將該案卷宗及證物送交第二審法院。是為上訴之移審效果。同條第二項復規定：被告在看守所或監獄而不在第二審法院所在地者，原審法院應命將被告解送第二審法院所在地之看守所或監獄，並通知第二審法院。按該項規定旨在便利第二審法院就近提訊被告受審。如被告係在保安處分處所執行中者，可由第二審法院借提寄押於當地看守所，其借提期間應算入受保安處分之期間。

四、第二審上訴之程序——第二審法院審判程序

§364

第二審為事實審之覆審，並兼法律審（72 臺上 5047 及 73 臺非 116 號判例），得自行調查證據認定事實，其審理及判決，多有比照第一審之處。本法第三六四條明白規定：第二審之審判，除本章有特別規定外，準用第一審審判之規定（見第二編第一章第三節及第二章）。按該條之準用規定，非僅指公訴案件，經第一審判決之自訴案件，於第二審仍依自訴程序辦理而得準用第一審之相關規定。因此，該自訴案件經被告上訴後，自訴人縱未上訴，而於第二審法院審判中，仍須委任律師為代理人作訴訟行為。最高法院九十四年度第六次、第七次刑事庭決議謂：「……或認此有強迫自訴人選任律師為代理人之嫌，但自訴人既選擇自訴程序，即有忍受

之義務……」。惟如自訴人堅拒委任律師代理時如何處理？原決議未有申論，對照本法第三七九條第八款規定，祇須自訴人已到庭有所陳述，法院仍得進行審理，其判決並未違背法令。設若發生自訴人拒不到庭之情形，由於舊條文第三二七條第二項原有得拘提自訴人之規定已刪除，訴訟程序究竟如何進行？能否解為可準用本法第三三〇條規定，經由檢察官之協助自訴而為審判？抑或修法解決疑慮？尚待釐清。

　　第二審既係事實審之覆審，則當事人如聲請調查新的證據，法院除認有本法第一六三條之二第二項所列無調查必要之情形外，即應予以調查。至於第一審已經踐行證人調查程序而當事人在第二審就同一證人再度聲請調查時，法院如認待證事實已臻明瞭或別無新問題者，應妥為運用第一六三條之二及第一九六條規定，駁回該項聲請，無須重複交互詰問，不必再行調查。

　　第二審上訴案件之審理，無論審判期日前之程序，或審判期日所踐行之程序，依本法第三六四條規定，在原則上均應準用本法第二七一條以下有關規定。惟須注意下列特別規定：

㈠上訴要旨之陳述 §365

　　第一審審判期日開始後，即由控方（檢察官或自訴代理人）陳述起訴要旨，本法第二八六條定有明文，並為自訴程序所準用。但在第二審審判期日，由於進入上訴階段，且上訴權人不以檢察官或自訴人為限。因此，本法第三六五條另行規定：審判長依第九十四條訊問被告後，應命上訴人陳述上訴之要旨。於是，案經控方提起上訴者，固應由檢察官或自訴代理人陳述上訴意旨，以明上訴範圍。如係被告提起上訴者，即應僅由被告陳述上訴意旨，殊無命檢察官或自訴代理人陳述起訴要旨之餘地。又本法總則編第九十五條所定訊問被告前應行告知事項，務須踐行，自不待言。此外，關於上訴要旨之陳述，尚有下列三點說明：

　　1.審判期日之訴訟程序，依本法第四十七條規定，專以審判筆錄為證。據書記官所作筆錄內容，雖無審判長命陳述上訴要旨之記載，但上訴人對於上訴意旨已經自行陳述者，仍應認為程序合法。

2.宣告死刑或無期徒刑之案件，原審法院應不待上訴依職權逕送該管上級法院審判，此種情形，視為被告已提起上訴，為本法第三四四條第五項、第六項所明定。被告縱未自提上訴狀，既經擬制上訴，審判長即應命被告陳述上訴要旨，不因該案係由原審法院依職權送審而得以省略。

3.被告本人未上訴，其法定代理人或配偶提起獨立上訴後死亡，第二審法院於審判期日雖無從命該上訴人陳述上訴要旨，惟如被告已到庭者，最高法院六十四年度第三次刑庭庭推總會決議所持見解，認為仍得進行審判。

§366

(二)第二審之審理範圍

無訴即無裁判。第一審之審判，係以起訴書或自訴狀內容及檢察官或自訴代理人於審判期日所為陳述為根據，並依本法第二六六條至第二六八條規定，定其審判範圍。在第二審，則為上訴程序，且依本法第三四八條第一項規定，上訴得對於判決之一部為之。從而，上訴範圍與原來起訴範圍，未必一致。因此，本法於第三六六條明定：第二審法院應就原審判決經上訴之部分調查之。換言之，其未經合法上訴之部分，非屬第二審之審理範圍。被告犯數罪經第一審法院判決後，該被告僅就其中一罪部分提起上訴，而檢察官或自訴人並未對於其餘部分提起上訴者，第二審法院即應僅就上訴部分進行審判。未經上訴部分，非屬第二審之審理範圍，如果併予審理並判決，除符合本法第三四八條第二項之情形外，依第三七九條第十二款規定，為當然違背法令。又如被告有數人而僅其中一部分被告提起上訴，控方未對其餘被告提起上訴者，第二審自亦不得就其餘被告併予審判。上述第三六六條所定應就上訴部分「調查」之者，由於第二審係事實覆審，有審理事實之職責，因此，除有本法第一九六條情形外，務須重新調查證據，進行全面重覆之直接審理，當事人且得提出新證據，除認為不必要者外，第二審法院仍應予以調查，非可專憑原審卷宗據以判決。否則為本法第三七九條第十款之當然違背法令。至於是否改造為事後審制度，乃係未來研究修法之課題。

㈢本章之其餘特別規定，詳如第三六七條至第三七四條

五、第二審法院之判決

◎行國民參與審判之案件，第二審法院對於第一審經國民參與合議審判案件判決之審查基準，另有特別規定，應予優先適用，請參閱本書專論「國民法官法」五之㈥相關說明。

㈠駁回上訴

1.程序上駁回

本法第三六七條規定：「第二審法院認為上訴書狀未敘述理由或上訴有第三百六十二條前段之情形者，應以判決駁回之。但其情形可以補正而未經原審法院命其補正者，審判長應定期間先命補正。」此乃從程序上所為駁回上訴之判決。凡上訴不合法律上程式，或法律上不應准許，或其上訴權已經喪失者，依第三六二條前段規定，本應由原審法院逕為駁回上訴之裁定。如未予裁定駁回而送卷移審，第二審法院基於程序先理之原則，首須從程序上審查，對此不合法之上訴，無須開庭，更不必審認實體事項，應即為駁回上訴之判決。但其不合法之情形可得補正（含補提理由書狀）而未經原審法院命上訴人補正者，在第二審仍應定期先命補正，不得遽予駁回。

§367

上述第三六七條所謂「上訴書狀未敘述理由」之情形，係指其書狀僅在形式上記載空泛理由，並未提出新的事證或本於卷存訴訟資料敘述（指摘）原審判決如何不當或違法應予撤銷之具體理由者而言。由於依第三六七條駁回上訴之判決得不經言詞辯論（見第三七一條），而不經言詞辯論之判決，因其未經宣示，須待送達方能生效。被告原先所提上訴狀雖有未敘述理由之情形，如於該項判決尚未送達生效前，已有選任辯護人並向法院提出委任狀者，有實例（最高法院 101 臺上 2257 號刑事判決）認為應予該辯護人行使辯護權之機會，不得遽以被告原先上訴狀未述具體理由而從程序上予以駁回。

◎關於誤認合法上訴為不合法而從程序上判決駁回確定之救濟問題，

另詳 §395 說明。

2.實體上駁回

本法第三六八條規定：第二審法院認為上訴無理由者，應以判決駁回之。此乃從實體上所為駁回上訴之判決，如經確定，具有實質的確定力，產生一事不再理之效果。所謂上訴無理由，係指第一審判決與第二審審理結果所應為之判決相同，意即第二審就合法上訴部分審理結果，與第一審所認定之事實及其所適用之法律並無不同，應予維持者而言。究竟上訴有無理由，第二審須就合法上訴部分，進行事實覆審，重新調查被告有利或不利之證據，然後對於第一審判決之認事用法是否妥適，予以全面審查，並非專以上訴書狀所載如何不服原判之點為準。縱使上訴書狀並未指摘之點，第二審如認第一審判決尚有違誤，依第三六九條規定，仍須撤銷原判，不得駁回上訴。

(二)撤銷原審判決

依本法第三六九條第一項規定，第二審法院認為上訴有理由，或上訴雖無理由而原判不當或違法者，即應將原審判決經上訴之部分撤銷，就該案件自為判決，或於一定情形下發回原審法院。因此，第二審之審理結果，如認上訴書狀指摘原判違誤之點為可取，或雖無可取而經審理發現別有違誤情事者，原判均屬無可維持，皆應撤銷其經上訴之部分，依該條第一項、第二項或第一項但書規定，分別情形自為判決或發回原審法院更為審理。72 臺上 5047 號判例明指第二審為事實覆審，73 臺非 116 號判例更稱第二審為事實兼法律審。從而第二審法院就合法上訴部分經予審理，如認原判適用法律違誤，或對於適用法律有關❶之犯罪構成要件之基本犯罪事實認需變更者，均應認上訴有理由而將上訴部分予以撤銷。至於是否自為判決抑或發回原審法院，可分述如下：

---

❶ 某殺人案件，被告行兇所用長刀被擊落後，究係由何人取得，與殺人之基本犯罪事實無涉，亦與適用法條無關，第二審雖就何人取得之點有不同之認定，71 臺上 2364 號判例謂第一審之判決仍可予以維持。

1. 自為判決（通稱撤銷改判）

第二審審理結果所應為之判決，如與第一審不同時，應依第三六九條第一項前段規定，將原審判決經上訴之部分撤銷，就該案件自為判決。因此，第二審依調查結果本於自由心證而認定與第一審相異之事實者，即應依變更認定之事實而為判決。又如第一審適用法律錯誤且與判決主旨有關者，縱令事實未有變更，仍須撤銷改判。所謂事實之變更認定，係指與適用法律有關之犯罪構成要件之基本犯罪事實有所變更、擴大或減縮者而言。惟變更認定事實，有時涉及法條之適用，如逾越事實同一性而改判別罪者，即與本法第二六八條相違背，此際祇能撤銷原判改為無罪之諭知，檢察官可於無罪判決確定後另以別罪起訴。再如第二審認為第一審量刑不當時，即使並未變更事實及論罪法條，基於罪刑不可分原則，仍須撤銷原判自為判決。

上述撤銷改判，其結果固不以有罪為限，惟如改判被告仍屬有罪時，在科刑上須受本法第三七〇條規定之限制，其相關事項另詳後述。至若原審判決被告無罪經予撤銷改判有罪者，不發生與原審宣告刑比較輕重之問題，即與第三七〇條無涉；如係本法第三七六條第一項各款所列案件，則有該條項但書之適用。

2. 自為第一審判決

本法第四條但書及殘害人群罪之案件，第一審管轄權屬於高等法院，如經誤向地方法院起訴，本應諭知管轄錯誤之判決並移送高等法院審判（參見院解 4072 號解釋）。倘若誤為其他判決，經上訴權人合法提起上訴者，第二審法院因原審判決未諭知管轄錯誤係不當而予撤銷時，由於第二審法院本來具有第一審管轄權，依第三六九條第二項規定，即應自為第一審判決，按照第一審程序辦理。此種情形與本法第三七〇條無涉，不發生不利益變更限制之問題。

3. 發回原審法院

原審法院對於有管轄權或並無免訴、不受理情形之案件，誤為管轄錯誤或免訴、不受理之判決者，案經合法上訴，第二審法院自應將原審判決

予以撤銷。由於原審未曾為實體裁判，且往往未經言詞辯論，依第三六九條第一項但書規定，第二審法院得將該案件發回原審法院，以維護當事人之審級利益。惟法條定曰「得」發回，第二審仍屬事實審，如認不必發回者，第二審法院即可自為判決，與本法第三九九條「應」發回之規定有別❷。倘若未予發回而自為判決諭知被告有罪，其係本法第三七六條第一項各款所列案件者，即有該條項但書之適用。茲應注意者，第二審法院撤銷原判決而得將原案發回原審法院之情形，僅以第三六九條第一項但書為限。原判決縱有諸如本法第三七九條第二款、第六款、第七款、第八款、第十三款等程序違法情事，第二審法院仍應本於事實覆審之職能，撤銷原判自為判決，不得發回原審法院。

§370

㈢不利益變更限制原則

本法第三七○條第一項規定：由被告上訴或為被告之利益而上訴者，第二審法院不得諭知較重於原審判決之刑。但因原審判決適用法條不當而撤銷之者，不在此限。此一「上訴不加刑」之限制，稱曰不利益變更限制原則❸。

法條所稱「原審判決」，係指第一審判決而言。案經第二審法院為判決後，因上訴於第三審而由最高法院發回更審者，第二審所為更審判決，並非第一審判決，倘若再次更審，前次更審判決非此所謂「原審判決」。

法條所指適用「法條」不當，包括刑法總則條文在內。實例認為應依共同正犯論擬而誤以幫助犯處斷者，即不受不利益變更之限制。(參考最高法院 109 臺上 2143 號刑事判決) 同理，在誤以教唆犯處斷之情形，亦應不受限制。(26 渝上 48 號舊判例雖因無裁判全文可資查考而停止適用，

---

❷ 日本刑事控訴審採取事後審之制度，遇有相當於我國本法第三六九條第一項但書情形，依日本刑事訴訟法第三九八條規定，係「應」發回原審法院。

❸ 德國刑事訴訟法第三三一條及第三五八條第二項，日本刑事訴訟法第四○二條及第四一四條，均無得加重科刑之例外規定，堪稱禁止 (Verbot) 原則。本法第三七○條附有但書，實乃限制為不利益之變更，尚非全然禁止。現已不再援用之 28 上 331 號舊判例，其用詞稱「不利益變更之限制」，至為正確。

但其結論仍可支持。）

　　上述㈡之 3.，第二審法院並未自為判決。上述㈡之 2.，第二審法院方有管轄權，其所為判決，係第一審判決，與原審違法判決不生比較輕重問題。另如本書後述 §455-1 第 4 點之情形，亦同。因此，第三七〇條實乃針對上述㈡之 1.撤銷改判者所設限制，茲分析說明如下：

1.所適用之案件

　　⑴以僅由被告上訴或為被告利益而上訴之案件為限。如遇自訴人或由檢察官為被告之不利益亦提起上訴時，成為兩造均有上訴。除非控方即檢察官或自訴人之上訴經認定為不合法或無理由應予駁回，已失其改判之前提，否則不受不利益變更之限制。

　　⑵所稱「由被告上訴」者，指被告本於當事人一造地位提起上訴而言。其所提上訴必然係為自己之利益，固不待言；如係依本法第三四四條第六項規定視為被告上訴者，雖屬出於擬制，由於被告本不得提起為自己不利益之上訴，此種擬制上訴，依法視為由被告上訴之案件，自應同受不利益變更之限制。

　　⑶所稱「為被告之利益而上訴」者，指本法第三四四條第四項、第三四五條及第三四六條各該情形而言。其中檢察官為被告利益上訴之案件，是否應受不利益變更之限制，德日實務見解互異，德例採肯定說❹。本法第三四四條第四項及第三七〇條第一項前段與德國刑事訴訟法第二九六條第二項及第三三一條第一項規定相近；且檢察官無論提起有利或不利於被告之上訴，均與代表公益之立場相合。因此，檢察官為被告之利益而上訴者，應解為有本法第三七〇條之適用。

2.何謂不利益之變更

　　所謂不利益之變更，係學術及舊判例（28 上 331 號，已不再援用）所用名詞。本法第三七〇條並未如同第四二二條及其相關再審條文之出現「不利益」字樣。最高法院六十七年度第一次刑庭庭推總會決議認為第三七〇條前段規定，係就第二審宣告刑與第一審宣告刑兩相比較而言。因

❹　Roxin/Schünemann, Strafverfahrensrecht, §53, Rn. 31, 29 Aufl., 2017.

此，第二審宣告刑如未加重，縱令其所定之執行刑較第一審所定之執行刑為重，苟與刑法第五十一條之規定無違，即不得指為違法。但為貫徹保護被告之立法意旨，第二審定執行刑以不較重於第一審所定之執行刑為宜。又如易服勞役之折算標準，本身並非宣告刑。縱令第二審變更折算標準致使易服勞役日數增多，仍非違法（26 渝上 988 號舊判例，已不再援用）。再如第二審判決宣告刑與第一審判決相同，其將所宣告之緩刑期間由二年改為三年，尚非法所不許（28 上 331 號舊判例，已不再援用）。凡此皆從本法第三七○條第一項前段文字：第二審法院不得諭知較重於原審判決之「刑」而為立論。惟按被告每因顧慮招致更不利之裁判而對於是否上訴猶豫難決，甚至因此不敢提起上訴。不利益變更限制原則，正係以排除顧慮為目的。所謂不利益，往昔侷限於宣告刑之比較輕重，認為易刑、緩刑、定執行刑等事項，均無上述限制原則之適用，未免違背立法原意。上述兩則判例，現已不再援用。

最高法院 110 臺上 5984 號刑事判決謂第三七○條第一項但書所指原審判決適用法條不當而撤銷之者，係指原審判決適用較輕罪名之法條，或未適用加重其刑之法條，或適用減輕或免除其刑之規定，經第二審認為適用法條不當，撤銷改判適用較重罪名或加重其刑之法條，或不適用減免其刑之規定等情形而言。茲就下述實例以觀，已有並不僅從形式上比較輕重之取向：

⑴最高法院 86 臺上 3763 號刑事判決案例❺略謂：第一審判決認定有牽連犯關係之輕重二罪俱能證明而從一重罪論科，被告上訴後，第二審認定輕罪部分不成立犯罪，雖因第一審判決適用法條不當而將之撤銷改判，但此時所認定之犯罪情節已屬較輕，除非第一審量刑失輕，第二審如仍維持原宣告刑而未說明理由，即與不利益變更禁止原則之旨意相悖（注意牽連犯已刪除）。又有 107 臺上 1837 號及 108 臺上 2274 號刑事判決案例，謂第二審所認定之犯罪情節顯較第一審為輕而仍處以相同之刑者，有違罪刑

---

❺ 見八十六年十月出版《司法院公報》三十九卷十期（注意牽連犯已刪除，想像競合犯仍在）。

相當原則。

　　⑵最高法院 87 臺上 1463 號刑事判決案例❻略謂：所謂不利益，除從第一審及第二審判決所宣告主文之刑（刑名及刑度）形式上比較外，尚須綜合觀察，將二判決對應比較。凡使被告之自由、財產、名譽等受較大損害者，即有實質上之不利益。保安處分在實際上仍為拘束人身自由，諭知保安處分或延長保安處分之期間，均有不利益變更禁止原則之適用。

　　⑶最高法院 99 臺上 4127 號刑事判決案例，認為第一審判決如別無適用法條不當之情形，第二審不得單憑原判決宣告緩刑不當為由，而予撤銷改判不為緩刑之宣告。此項見解基於緩刑在本質上無異恩赦之觀點，似認單純宣告緩刑與否，屬於法院依職權審酌事項，並非適用法條當否之問題。同理，第一審判決如別無適用法條不當之情形，第二審即不得加長原宣告之緩刑期間。

　　第三七〇條於一〇三年六月修正增訂第二項規定：「前項所稱刑，指宣告刑及數罪併罰所定應執行之刑。」並增訂第三項謂：「第一項規定，於第一審或第二審數罪併罰之判決，一部上訴經撤銷後，另以裁定定其應執行之刑時，準用之。」自此以後，數罪併罰所定應執行之刑，亦在不利益變更限制之列。前述最高法院六十七年度第一次刑庭庭推總會決議已無須參考。從而，凡屬提高刑度、增加被告實質負擔之易刑處分或宣付保安處分等情形，皆受不利益變更之限制。

　　刑法部分修正條文自一〇五年七月一日施行後，總則編另列第五章之一「沒收」專章，沒收已非從刑。第三七〇條第一項前段「第二審法院不得諭知較重於原審判決之『刑』」之規定，倘若原審對於得沒收之物未宣

---

❻　見八十七年十月出版《最高法院刑事裁判書彙編》第三十二期。惟基於治療目的而拘束人身自由之保安處分是否亦須受限，尚有探討餘地。德國刑事訴訟法第三三一條第二項規定，安置精神病院或禁戒之命令，不受禁止不利益變更原則之限制，值得參考。另如彙編第二十六期所載 85 臺上 6090 號刑事判決認為改判不予緩刑乃不利益之變更。95 臺上 6646 號刑事判決意旨與 87 臺上 1463 號刑事判決相同。

告沒收，而第二審法院增加沒收之諭知者，是否仍受不利益變更之限制，即有疑義。本書見解認為沒收影響被告財產權，對其產生實質上不利益，應仍有該條項前段之適用。他日修法有待明定。又有實務（最高法院 107 臺上 3559 號刑事判決）對於刑法第三十八條之一第一項規定犯罪所得之沒收，認為無其適用。是否形成定論，尚待觀察。

3.因原審判決適用法條不當之撤銷改判，不受不利益變更之限制

依本法第三七○條第一項但書規定，第二審法院如因原審判決適用法條不當而予撤銷改判者，即不受不利益變更之限制。前述最高法院 110 臺上 5984 號刑事判決對此但書之詮釋，併請參照。惟按罪刑相當原則（罪責與處罰之相對應）係憲法第二十三條比例原則之規範範圍（見釋字 669 號解釋）。從而，罪刑相當原則於該項但書情形，仍應有其適用。最高法院 110 臺上 5445 號刑事判決案例，經整理其判決理由第七段要旨（全文可於官網查詢）略謂：不利益變更禁止原則（本書認為在未刪除但書前宜稱不利益變更限制原則）係設定量刑之外部界限，將第一審所宣告之刑視作第二審量刑上限；罪刑相當原則係設定量刑之內在界限。兩項原則各有其效用。自前者而言，第二審判決諭知之刑較第一審為重者，即屬違反原則；從後者以觀，第二審改判之量刑結果，仍須罪刑相當。因此，縱使第二審判決適用較輕罪名（或認定之犯情較輕）據以改判，倘若第一審判決量刑失輕者，第二審如仍諭知與原審判決相同之刑，則既未加刑，且其罪刑相當，即無所謂不利益變更之可言。準此判決意旨以觀，即令第二審判決適用較重罪名，經審酌罪責與刑罰之對應後，仍得諭知與原審判決相同之刑，並非必須加刑。

六、其他相關事項

(一)被告缺席之判決

§371

本法第三七一條規定：「被告經合法傳喚，無正當之理由不到庭者，得不待其陳述，逕行判決。」此乃被告一造缺席之判決，且不以第二審法院認為有應科拘役、罰金或應諭知免刑或無罪之情形為限。與第一審程序之第三○六條比較，本條為特別規定，自應依本條辦理（第三六四條參

照）。惟被告缺席之判決，法院仍須踐行審判期日之訴訟程序，非謂逕用書面審理。

(二)不經言詞辯論之判決 §372

本法第三七二條規定：「第三百六十七條之判決及對於原審諭知管轄錯誤、免訴或不受理之判決上訴時，第二審法院認其為無理由而駁回上訴，或認為有理由而發回該案件之判決，得不經言詞辯論為之。」按本條列述各種判決，均未針對具體刑罰權之有無作出判斷，與第三六八條、第三六九條第一項前段及同條第二項之實體判決有別，乃明定其得不經言詞辯論為之，亦即完全不必踐行審判期日之訴訟程序，此乃本法第二二一條所指之特別規定（第三○七條亦同）。

(三)判決書之簡化 §373

本法第三七三條規定：「第二審判決書，得引用第一審判決書所記載之事實、證據及理由，對案情重要事項第一審未予論述，或於第二審提出有利於被告之證據或辯解不予採納者，應補充記載其理由。」第二審為事實審之覆審，雖應自行認定事實據以適用法律，惟如依調查結果本於自由心證所認定之事實及其應行適用之法律，與第一審相同時，在判決書之製作上，即可予以簡化，爰為明文規定，俾資依據。法條明定為「得」引用，是否採取引用方式，應由第二審法院妥為裁量，非謂依第三六八條所為駁回上訴之判決，一概採用簡化之判決書也。至若第二審審認結果與第一審判決書所載者不相同時，即無從以引用方式製作簡化之判決書，自不待言。

(四)教示規定 §374

本法第三七四條規定：第二審判決，被告或自訴人得為上訴者，應併將提出上訴理由書之期間，記載於送達之判決正本。該條所謂提出上訴理由書之期間，見本法第三八二條第一項之規定。如因判決正本漏未記載致使被告或自訴人陷於錯誤而生遲誤者，可聲請回復原狀尋求救濟（院1372 號解釋）。

第三章　第三審

一、第三審上訴之意義

§375

　　上訴權人不服高等法院所為第二審未確定之判決而上訴於最高法院者，是為第三審上訴。高等法院依事物管轄規定就內亂、外患、妨害國交、殘害人群之案件所為判決，雖係第一審判決，如經上訴於最高法院者，由於最高法院恆為法律審，因而仍應適用第三審程序。此觀本法第三七五條第一項及第二項規定甚明。

　　依本法第三七六條第一項不得上訴於第三審法院之案件，一經高等法院判決，即告確定，另詳該條說明。

　　依本法第七編簡易程序第四五五條之一第一項規定，由地方法院合議庭所為第二審判決，因其並非高等法院之第二審判決，核與第三七五條第一項規定未符。對於適用簡易程序案件之第二審判決，即使不在第三七六條第一項限制上訴之範圍，仍不得向最高法院提起上訴。例如某甲偽造私文書，係最重本刑五年以下有期徒刑之罪，如經地方法院逕以簡易判決處刑三月得易科罰金（刑法 §210 及 §41），並經管轄第二審之地方法院合議庭駁回上訴後，其判決即告確定。該案雖非第三七六條第一項第一款所列案件，由於此項第二審判決並非第三七五條第一項所稱「高等法院之第二審判決」，即不得向最高法院提起第三審上訴。惟如經地方法院合議庭撤銷改判被告無罪者，該項無罪判決應屬第一審無罪判決，檢察官如有不服，可向高等法院提起上訴（91 臺非 21 號判例），倘若高等法院改判被告有罪時，被告即得依第三七六條第一項但書規定，提起第三審上訴。

　　對於智慧財產及商業法院（該法院分設智慧財產法庭及商業法庭，前者管轄智慧財產刑事案件）關於智慧財產案件審理法第二十三條案件所為

判決，依該法第二十六條規定，除別有規定外，得上訴於第三審法院。

二、第三審上訴之限制

㈠依本法第三七六條第一項前段規定，下列各罪之案件，經第二審判決者，不得上訴於第三審法院：

　1.最重本刑為三年以下有期徒刑、拘役或專科罰金之罪。

　2.刑法第三二〇條、第三二一條之竊盜罪。

　3.刑法第三三五條、第三三六條第二項之侵占罪。

　4.刑法第三三九條、第三四一條之詐欺罪。

　5.刑法第三四二條之背信罪。

　6.刑法第三四六條之恐嚇罪。

　7.刑法第三四九條第一項之贓物罪。

㈡上述 2.至 7.款均以罪名為基準，與第 1.款之注重在刑者有別，不因具有法定（刑法總則、分則或特別法）加重原因而受影響（42 臺上 616號判例），一概不得上訴於第三審法院。因此，凡屬 2.至 7.款範圍以內者，即以第二審為終審，一經第二審法院判決，其判決即告確定。

㈢上述第 1.款係以刑為基準。遇有刑法總則（例如累犯）或相當於刑法總則（例如少年事件處理法第八十五條第一項）所定加重其刑之情形，不能認為伸長法定本刑，仍屬該款限制範圍❶。惟如依刑法分則加重其刑❷，或依特別刑法加重其刑而有伸長法定本刑之性質者❸，由於依法加重其刑結果超過三年有期徒刑，即不屬於該款所列案件，自不受第三審上

---

❶　43 臺上 163、69 臺上 3254 及 4870 號判例。

❷　43 臺上 163 及 52 臺上 1554 號判例。

❸　例如公務員假借職權犯毒品危害防制條例所定各罪中最重本刑為三年以下有期徒刑之罪而應依同條例第十五條第一項規定加重其刑；或公務員或經選舉產生之公職人員，犯兒童及少年性剝削防制條例所定各罪中最重本刑為三年以下有期徒刑之罪或包庇他人犯該條例之罪，而應依同條例第四十一條規定加重其刑者是（該條例施行日期由行政院另定）。

訴之限制。如因法律修正而有法定本刑輕重之變更時，應以第二審法院依刑法第一條第二項規定，為比較適用之結果，據以論罪科刑之法條為準，判斷其得否上訴於第三審法院。

㈣單一性案件因受本法第三四八條第二項所示上訴不可分原則及第二六七條所示起訴不可分（就審判立場謂審判不可分）原則之支配，如有一部不得上訴而他部得上訴於第三審之情形，則其全案均得提起第三審上訴。但必須該他部之上訴為合法，第三審法院方能併予審判，否則仍應從程序上予以駁回（76 臺上 2202 號判例）。

㈤案件是否屬於第三七六條第一項各款應受第三審上訴限制之範圍，係以當事人在第二審言詞辯論終結前對於罪名是否業已提出爭執，且依被訴事實是否顯然不屬於該條所列各罪之案件，為判斷之基準❹；非以起訴書或自訴狀引用之所犯法條為憑，且未必受第二審判決所適用法條之拘束，倘若當事人對於罪名尚有爭執，而其所爭者，復非該條各款之罪時，即不受第三審上訴之限制。惟如原來起訴罪名本非該條各款範圍，經第二審法院變更法條改以該條之罪判決後，僅被告主張應受無罪宣告而提起第三審上訴者，由於被告不得提出其自己涉嫌重罪之不利主張，因此其上訴即非合法（45 臺上 1275 號判例）。

㈥釋字 512 號解釋曾就肅清煙毒條例（已廢止）對於煙毒案件判處有期徒刑之高等法院判決限制被告提起第三審上訴之規定，以訴訟救濟應循若干審級及其程序與相關要件，應由立法機關衡量訴訟案件之種類、性質、訴訟政策目的、訴訟制度之功能等因素，以法律為正當合理之規定。基於此項理由，而認該條例第十六條並未侵害人民之訴訟權，並審酌煙毒之危害性及維護國民健康之必要性等因素，認為合乎比例原則，於是認定該條規定尚非違憲❺。吾人參照上開解釋意旨，固可肯定本法第三七六條第一項限制第三審上訴之合憲性，惟查刑法分則外患罪及妨害國交罪章，有若干罪名之最重本刑為三年以下有期徒刑者，由於此類案件之第一審管

---

❹　釋字 60 號解釋，48 臺上 1000、52 臺上 921 及 72 臺上 5811 號判例。

❺　民事訴訟法第四六六條第三審上訴限制規定之合憲性，見釋字 574 號解釋。

轄權屬於高等法院，如經判決後，須受第三七六條第一項第一款之限制，將產生一個審級即告確定之情形，所幸立法先賢於該條明定為經「第二審判決」者方受限制，高等法院對於此類案件所為判決，乃係「第一審判決」而非第二審判決，在文理解釋上，自應不受該條第一款之限制。然而，刑法第二七六條第一項普通過失致死罪，係侵害生命法益之重大案件，由於法定本刑為二年以下有期徒刑、拘役或罰金，因而須受第三審上訴之限制，就上開解釋所示立法裁量因素以觀，是否妥適，不無審酌餘地❻。按第三七六條原先規定以「刑法第六十一條所列各罪之案件」為限制第三審上訴之範圍，而刑法第六十一條第一款係以但書將普通過失致死罪排除在外，該罪因此仍得上訴，自八十四年十月二十日修正第三七六條，其第一款成為現行文句後，即產生上述問題，未來需否考慮修正，有待探討。

㈦上述釋字512號解釋係對於舊煙毒條例特別法所作解釋。司法院於一〇六年七月二十八日公布之釋字752號解釋，則係直接針對本法第三七六條違憲問題作成重要解釋，茲說明如下：

1.第三七六條（解釋當時尚無第二項）第一款及第二款所列案件（此為該號解釋之原因案件系爭規定）在被告經第一審判決有罪，而經第二審駁回上訴或撤銷原審判決並自為有罪判決之情形，重申釋字512號解釋相同理由，以其受第一審有罪之判決後，已有由上訴審法院審判之機會，系爭規定不許其提起第三審上訴，認為屬於立法形成範圍，與憲法第十六條保障人民訴訟權之意旨尚無違背。

2.惟在被告經第二審撤銷原審無罪判決並自為有罪判決之情形，依照現行規定亦不許提起第三審上訴，將使被告於初次受有罪判決後即告確定，無法依循通常上訴程序尋求救濟，因其未能提供至少一次上訴之機會，即與憲法第十六條保障人民訴訟權之意旨有違，此部分應自解釋公布之日起失其效力。

按上述第一款及第二款係釋字752號解釋之原因案件系爭規定，雖已

❻ 第三七六條規定，尚涉及檢察官依第二五三條為職權不起訴處分之問題。

自解釋公布之日起失其效力，然而尚有第三款至第七款各該規定，均存在與上述 2.相同之違憲問題，因此亟需全條修正，方能全盤適用。其實就公民與政治權利國際公約第十四條第五項以觀，該號解釋宣告其失效之部分，亦有違背公約之疑慮，解釋理由書吝於論述，甚為可惜（請參閱本書附錄二之柒之五相關說明）。該第三七六條經於一○六年十一月十六日全條修正公布後，已於第一項增訂但書規定：「但第一審法院所為無罪、免訴、不受理或管轄錯誤之判決，經第二審法院撤銷並諭知有罪之判決者，被告或得為被告利益上訴之人得提起上訴」，於是上述違憲及違背公約之問題方告解決。前述 §375 說明所舉偽造私文書案件可適用但書規定提起第三審上訴之情形，併請參閱。實務（最高法院 107 臺上 2630 號刑事判決）更認為裁判上一罪所涉罪名不得上訴第三審部分，如第一審不另為無罪之諭知，但經第二審改判論處罪刑者，仍屬初次受有罪判決；其係第一審漏未審究，而經第二審併予論列者，亦同。又該項但書所指第一審所為免訴、不受理或管轄錯誤判決經第二審改判有罪之情形，可對照本法第三六九條第一項但書規定。其因符合第三七六條第一項但書規定所提起之第三審上訴，應適用第三審（法律審）程序，自不待言。此類案件經予例外允許提起第三審上訴，即已提供一次之上訴機會，其經第三審撤銷原判發回後之更審判決，即不許再度提起第三審上訴，第三七六條爰予修正增訂第二項明定：「依前項但書規定上訴，經第三審法院撤銷並發回原審法院判決者，不得上訴於第三審法院。」以示回復限制上訴之本旨。（沒收程序參與人，對於第二審所為初次沒收其財產之判決，可否提起第三審上訴？另詳後述第四五五條之二八相關說明。）此外，第三七六條第一項但書之適用，尚與後述第四○五條有關，詳見該條說明。

　　㈧在平時經最高軍事法院宣告有期徒刑案件，依軍事審判法第一八一條第四項及第二○六條第一項但書規定，當事人得以判決違背法令為理由，向司法機關之最高法院提起上訴，準用本法關於上訴第三審之規定。惟如係本法第三七六條所列案件，是否因準用而受不得上訴之限制？最高法院 91 臺上 4853 號刑事判決曾經參照軍事審判法第一八一條立法理由

認為不受限制，相隔六年後，最高法院 97 臺上 4352 號刑事判決改變見解，忽謂須受限制，嗣經提起非常上訴，98 臺非 38 號刑事判決雖援引往昔 25 上 3231 號舊判例（已停止適用）謂無提起非常上訴之必要而予駁回上訴，未將先前 97 年之判決撤銷，但其判決理由略以參據釋字 436 號解釋，基於保障軍人人身自由及訴訟權益之意旨，為使軍人在平時經終審軍事審判機關宣告有期徒刑案件得以增加審級利益起見，認為本法第三七六條限制第三審上訴之規定，應不在準用之列，實已自承先前 97 年之判決所持法律見解有誤（軍事審判法於一○二年八月修正後已無需探討上述問題）。

㈨依本法第七編之一協商程序所為之科刑判決，因適用第四五五條之十第一項但書規定提起上訴，經第二審判決後，不得提起第三審上訴，另見後述第四五五條之十一相關說明。

◎除上述本法第三七六條以罪名為準所定限制外，另依刑事妥速審判法第八條規定：「案件自第一審繫屬日起已逾六年且經最高法院第三次以上發回後，第二審法院更審維持第一審所為無罪判決，或其所為無罪之更審判決，如於更審前曾經同審級法院為二次以上無罪判決者，不得上訴於最高法院。」該條係以更審結果為準所設專對控方（檢察官、自訴人）不准提起第三審上訴之規定（被告對於無罪判決本不得上訴），實乃本法第三四四條第一項之特別規定，其情形有二：

【第一種情形】

案經第一審為被告無罪之判決後，迭經上訴，迨最高法院第三次以上發回後（含第三次更審在內），第二審更審結果仍然維持第一審所為無罪判決，而該案自第一審繫屬日起已逾六年者，則此最後一次更審無罪判決即告確定，不得上訴於最高法院。至於在此最後一次更審維持無罪判決前，第二審法院曾否為有罪判決，並非所問。

【第二種情形】

案經第一審為被告有罪之判決後，迭經上訴，曾經第二審改判無罪二次以上，迨最高法院第三次以上發回後（含第三次更審在內），第二審更

審結果仍然改判無罪（意即連同此次改判已有三次以上無罪判決），而該案自第一審繫屬日起已逾六年者，則此最後一次更審無罪判決即告確定，不得上訴於最高法院。

　　按上述特別規定，乃係鑑於案經最高法院發回更審三次以上且久懸超過六年猶未確定，卷存證據迭經事實審法院反覆調查，既不足為不利於被告事實之認定，顯見控方未能盡其實質舉證責任，依 30 上 816 號判例及本法第一五四條所示無罪推定意旨，即應使最後一次更審無罪判決於事實審定讞，俾免被告遭受訟累。日後如有再審或非常上訴事由，儘可依循各該程序辦理。所稱自第一審繫屬日起「已逾六年」者，謂自案件繫屬於第一審法院之日起算，計至控方（檢察官、自訴人）提起第三審上訴之書狀到達最高法院之日為止，已經超過六年。惟參照立法說明，在再審或非常上訴之情形，其自判決確定日起，至更為審判繫屬前之期間，應予扣除。茲須注意者，上述限制控方上訴之特別規定，旨在保障被告受公平迅速審判之權利，與外國法所謂禁止雙重追訴處罰原則 (Double Jeopardy) 無關，本書 §344 對於「上訴與一事不再理原則」之說明，併請參閱。又為顧及被告有受迅速審判之權利起見，刑事妥速審判法第七條針對久懸未決如仍判決被告有罪之案件，另設以酌量減輕其刑方式給予被告救濟之規定，詳見本書附錄二第柒段第三小段（寅）之第 3. 點說明。

三、第三審上訴之理由——原判決違背法令

　　第三審之構造，為法律審，係以原審裁判所認定之事實為基礎，審查該裁判是否適法。第三審法院對於上訴案件係以糾正下級法院之違法裁判為職掌。本法爰於第三七七條明定：上訴於第三審法院，非以判決違背法令為理由，不得為之。釋字 302 號解釋認此設限旨在合理利用訴訟程序，以增進公共利益，尚未逾越立法裁量範圍，與憲法第十六條並無牴觸。因此，其上訴如與該條所定要件不符者，即屬不合法律上之程式，應予駁回。然而，在審查法律問題抑或事實問題之間，往往不易明白區隔，容俟後述第三九四條詳加說明。茲將第三七七條所稱原判決「違背法令」之意

§377

義，及其「違背法令」對於原判決有無影響（關聯性）之問題，析述如下：

§378　(一)**相對違背法令**

　　1.依本法第三七八條規定，判決不適用法則或適用不當者，為違背法令。與後述第三七九條所定「當然違背法令」之情形相對照，第三七八條可謂係相對違背法令之規定。

　　2.條文所稱不適用法則，謂對於應行適用之法則未為適用也；所稱適用不當，則指未能正確適用法則而言❼。此等違誤，或出於疏忽遺漏，或出於見解錯誤，上訴書狀如已具體指摘原判決違背法令，在程序上即屬合法。至於究竟是否構成違背法令情事，乃係上訴有無理由之問題。

　　3.「法則」一詞，含義甚廣，且係兼指實體法則與程序法則而言。

　　(1)憲法第八十條、第一七〇條及中央法規標準法第二條、第三條所稱之法律及命令，行政程序法第一五〇條所稱之法規命令，以及地方制度法第二十五條所稱之自治法規（分成自治條例及自治規則），均屬「法規」無疑。

　　(2)行政程序法第一五九條所稱之行政規則，依同法第一六一條規定，雖僅有對內效力，但在貪瀆案件往往引為論斷公務員是否違背職務或違背法令之根據。且同法第一五九條第一項對於行政規則所作立法解釋，並未否定其間接對外效力。而同法第一六〇條第二項更規定第一五九條第二項第二款之行政規則必須登載政府公報予以發布，足見具有解釋性、裁量性或政策方針指示性之行政規則，仍有間接對外發生法規範之效力❽。從而

---

❼　法院依法得為自由裁量之事項，除非逾越法定範圍或有顯然濫用權限情事，否則不能指為違背法令（75 臺上 7033 號判例）。因此，法院量刑顯然不妥有違比例原則者，即屬適用法則不當。

❽　參考吳庚，《行政法之理論與實用》一書第三編第七章「行政命令」章；林錫堯，〈行政規則之種類與法效力〉專文，登載於九十五年三月三十日《司法週刊》一二八〇期。又刑法及貪污治罪條例所定圖利罪，係以「明知違背法令」、「明知違背法律、法律授權之法規命令、職權命令、自治條例、自治規則、委辦規則或其他對多數不特定人民就一般事項所作對外發生法律效果

參照釋字 38、137、216 號解釋，可謂行政規則亦在本法第三七八條所稱「法則」之列。

　　(3)外國法，亦有被適用之可能（見刑法第七條但書）。

　　(4)關於國際條約或協定與國內法之關係，素有一元論與二元論兩種觀點。在國內法上如有不相一致之規定時，舊判例曾經出現「國際協定之效力優於國內法」之見解❾。惟憲法第一四一條所稱「尊重」條約者，是否即採一元論，恐有疑問，不無探討餘地。英國於一九九八年制定 Human Rights Act，將「歐洲人權公約」諸多保障人權規定予以納入，俾使英國法院便於適用。我國自九十八年起，陸續制定諸如：公民與政治權利國際公約及經濟社會文化權利國際公約施行法、兒童權利公約施行法、身心障礙者權利公約施行法、聯合國反貪腐公約施行法等法律，旨在將國際公約國內法化而具有國內法之效力。據此以觀，可謂未持一元論之立場。因此，我國為締約國之條約、公約、協定或協議，經立法院完成二讀後（見立法院職權行使法第七條），其位階即等同法律；我國非締約國者，必須制定「施行法」使其轉化為國內法。如其內容就同一事項有特別規定者，應依中央法規標準法第十六條予以優先適用。

　　(5)自由心證之運用有無違背經驗法則或論理法則，已往認係適用法則當否問題❿。惟自本法第一五五條第一項於九十二年修正後，倘若違背此等客觀存在之法則，即成為違背該條項但書之規定矣。

　　(6)判例本身雖非法律，但於審判實務具有事實上之拘束力，而釋字 154 號解釋，更在其理由書中指稱判例在未變更前有其拘束力，可為各級

　　之規定」為主觀要件，公務員處理事務是否違背行政規則，勢必影響犯罪之成立。

❾　參考 23 上 1074 號舊判例。此一判例業經最高法院於九十九年四月二日公告，以其不合時宜而不再援用。且在制憲當時，曾有擬於第一七〇條明定「國際法及條約乃國內法之一部分」之草案，結果未獲採納。此外，另有 79 臺非 277 號判例及 74 臺上 137 號非常上訴判決可一併參酌。

❿　44 臺上 702、53 臺上 2067 及 74 臺上 1560 號判例。

法院裁判之依據，足見判例乃係「法則」之一種。惟自法院組織法於一〇八年一月四日修正公布後，依照該法增訂第五十七條之一及第一一五條第二項規定，自同年七月四日起，先前依法（即已刪除之舊條文第五十七條）選編之判例，若無裁判全文可資查考者，應停止適用；未經前項規定停止適用之判例，其效力與未經選編為判例之最高法院裁判相同。但在三年內（即一一一年七月四日前）仍得以先前判例為系爭標的聲請釋憲。於是，因有裁判全文可資查考而未經停止適用之過往判例，與最高法院所為個案裁判同屬裁判先例性質，已非「法則」。創始於民初大理院時期之判例制度，至此告一段落。今後個別案件適用法律，如與過往裁判先例所持見解不同，經以適用法則不當為理由，提起第三審上訴，最高法院認有必要時，可開啟法院組織法第五十一條之二所定歧異提案程序，送由大法庭抉擇，然後按照大法庭裁定見解，據以裁判。

(7)習慣，為民事法源之一。但在刑事實務上，則為法院適用法律所應解決之前提事實❶，非屬「法則」範圍。

(8)法則之概念已如(1)至(7)所述。至於能否更加擴充包含維護法則化正義所應遵循通常評價基準之一切法則在內，乃理論上可供探討之課題。

§379　**(二)絕對違背法令（當然違背法令）**

依本法第三七九條規定，有下列情形之一者，其判決當然違背法令：

1.法院之組織不合法者

參與審理之法官，不依法律規定之人數組織者，是為本款所稱之法院組織不合法。實例更認為，行合議審判之案件，其受命法官如踰越權限僭行審判長職權而逕自指定審判期日，竟自為審判長進行言詞辯論並定期宣判者，亦屬法院之組織不合法（30 上 129 及 89 臺上 1877 號判例）。

法院組織法增訂第十四條之一自一〇六年一月一日施行後，法院如設有強制處分庭者，該庭承辦審核聲請案件之法官，不得辦理同一案件之審判事務，本書認為此非法官迴避事由，如有違背，宜解為其係法院組織不

---

❶　參考 32 上 1208 號舊判例。該則判例雖因無裁判全文可資查考而停止適用，惟其針對習慣所持見解，仍有參考價值。

合法。

2.依法律或裁判應迴避之法官參與審判者

　　法官如有本法第十七條各款情形或依裁判應行迴避而仍參與審判者，其判決當然違背法令；如有本法第十八條第二款情形者，須經法院為迴避之裁定，方不得參與審判（29 上 2592⑵號判例）。

3.禁止審判公開非依法律之規定者

　　請參閱本書緒論三㈡ 4.。

4.法院所認管轄之有無係不當者

　　關於管轄權，見本法第一編（總則）第二章（法院之管轄）。本法十七年舊條文第三九一條第五款僅就事物管轄有無之認定不當，規定其判決以違背法令論，（21 上 1290 號舊判例稱曰事務管轄）自二十四年以後，不再侷限於此。惟土地管轄之錯誤，對於當事人審級利益無何影響。日本刑事訴訟法第三三一條規定非經被告聲請，法院不得就土地管轄為管轄錯誤之宣告，且其聲請，於本案開始調查證據後，即不得提出。德國刑事訴訟法第十六條亦持相同立場，堪供參考研酌。

5.法院受理訴訟或不受理訴訟係不當者

　　受理訴訟不當，乃不應受理而誤予受理也；不受理訴訟不當，則指本應受理竟誤為不受理判決而言。此在公訴及自訴方面，與應否適用本法第一六一條第四項、第三〇三條、第三二九條第二項、第三三一條、第三三三條、第三三四條等規定有關，詳如各該條文說明。又參考昔日最高法院二十四年七月總會決議，受理「訴訟」之當否，尚包括上訴在內。對於⑴第一審未經諭知及送達之判決上訴或⑵第一審判決未經上訴或⑶第一審無效之判決上訴或⑷第一審不合法之上訴等情形，第二審如誤予受理其上訴而為實體上審理之判決者，亦屬受理訴訟不當。

6.除有特別規定外，被告未於審判期日到庭而逕行審判者

　　請參看 §281 說明。其未依規定（例如傳票未經合法送達）而為缺席判決者，即屬違背法令。

7.依本法應用辯護人之案件或已經指定辯護人之案件，辯護人未經到庭

辯護而逕行審判者

請參看 §31 說明。惟須注意：

⑴應否強制辯護，以起訴書狀或上訴書狀記載被告所犯法條為斷，非以判決結果為準（47 臺上 1531 號判例）。

⑵本款著重於審判期日之訴訟程序，辯護人縱未參與準備程序，依本法第二七三條第五項規定，亦不生程序違法問題。

⑶辯護人到庭而未為辯護者，與未經辯護無異。實務曾經發生審判筆錄記載律師陳述辯護意旨如辯護書等字樣而卷內並未附有任何辯護書狀或理由狀之案例，68 臺上 1046 號判例認為違背法令。惟依九十二年二月增訂第四十四條之一第一項規定，審判期日應全程錄音，必要時並得全程錄影，該判例所論情節，如辯護人實際上確已當庭以言詞陳述辯護內容而有錄音甚至錄影可為佐證者，是否仍得謂為違背法令，恐有疑問。又數辯護人為其被告辯護，乃係分別獨立自主而為被告作忠實有效之辯護，彼此之間無從相互取代。倘若數辯護人於審判期日皆已到庭，而審判長僅命一部分辯護人為被告進行辯護者，其程序即有違誤。值得注意者，最高法院 97 臺上 561 號刑事判決認為所謂未經到庭辯護，除辯護人根本未到庭之情形外，尚包括其雖到庭而未盡忠實辯護義務者在內。倘若辯護人並未本其職業倫理探究案情，以盡忠實辯護誠信執行職務之義務，仍與未經到庭辯護無異。此一案例所持見解，與美國聯邦最高法院一九八四年 Strickland v. Washington (466 U.S. 668) 一案判決意旨正相一致。

⑷法院諭知被告無罪判決之案件，縱有違背本款情形，若謂此項訴訟程序違背法令而撤銷原判決發回更審，非特徒增訟累無何實益，且與辯護制度保護被告利益之本旨有違，檢察官如據此提起上訴，難認其有理由。

⑸至於案件已有輔佐人之陳明而未為通知逕行審判者，乃係本法第三七八條判決不適用法則之違法（70 臺非 85 號判例）。

8.除有特別規定外，未經檢察官或自訴人到庭陳述而為審判者

請參看 §221 說明。第二九四條第三項、第三○五、三○六、三七一條之得不待被告到庭陳述逕行判決，均係被告一造缺席判決，仍須經檢察

官或自訴人一造之辯論終結程序為之（院 1688 號解釋），否則違背法令。又自九十二年二月對於自訴改採強制律師代理後，對照第三二九條第一項規定，本款「未經……」等語宜修正為「未經檢察官、自訴人或自訴代理人到庭陳述而為審判者」，以資配合（前述 §364 相關說明併請參閱）。

9.依本法應停止或更新審判而未經停止或更新者

(1)應停止審判之情形，見本法第二十二條、第二九四條第一項、第二項及第三三三條。至於第二九五條至第二九七條，均非強制規定，是否停止審判，法院有裁量權，自不包括在內。

(2)應更新審判之情形，見本法第二九二條第一項及第二九三條。至於第二七三條之一第三項應行更新審判之規定，如當事人無異議者，即不在此限。

10.依本法應於審判期日調查之證據而未予調查者

(1)法院採為判決基礎之證據，依法應於審判期日踐行調查程序。如未經合法調查而遽予採用，即與直接審理、言詞審理及本法第一五五條第二項所示嚴格證明法則不合。依本款規定，該項判決當然違背法令。某項證據雖經調查，但其所用調查方法未符合法律之規定（例如證物未經提示辨認、書證未經宣讀或告以要旨，參見 46 臺上 414 號判例），或某項證據雖經調查而其調查尚未詳盡（31 上 87 號判例謂此與未經調查無異）者，法院如據以判決，其判決即屬違背法令。惟法院應行調查之證據範圍如何，本法並未定有明文，依釋字 238 號解釋文暨其解釋理由，應解為係以事實審訴訟程序中已存在之證據，而與待證事實有重要關係，且在客觀上為認事用法之基礎者為範圍，如屬第一六三條之二所列無調查必要之證據，即使法院疏未駁回而有程序瑕疵，仍無本款之適用。

(2)自本法於九十一年二月將第一六一條及第一六三條予以修正以後，控方須負實質舉證責任，刑事審判改採當事人舉證先行、法院調查證據為輔助之模式。最高法院九十一年度第四次刑事庭會議針對本款所稱「應於審判期日調查之證據」範圍，綜合相關判解作成決議，並於一〇〇年度第四次刑事庭會議作部分內容修正，即原則上指該證據具有與待證事實之關

聯性、調查之可能性，客觀上並確為法院認定事實適用法律之基礎，亦即具有通稱之有調查必要性者屬之。除依法無庸舉證者外，並包括間接證據、有關證據憑信性之證據在內，但應擯除無證據能力之證據，且以踐行調查程序，經完足之調查為必要，否則仍不失其為本款調查未盡之違法，復不因其調查證據之發動，究竟出於當事人之聲請，抑或法院基於補充性之介入而有差異。惟檢察官如未盡實質之舉證責任，不得以法院未依第一六三條第二項前段規定主動調查某項證據為由，指摘為有本款之違法。

(3)由於依第一六三條第二項前段規定，法院在原則上不主動調查證據。因此，僅於下列情形始有調查證據之義務：

◎當事人、代理人、辯護人或輔佐人聲請調查而客觀上認為有必要者。

◎第一六三條第二項但書規定應依職權調查者（關於但書之適用，請與 §163 說明相互參照）。

(4)事實審法院判決，有無本款所稱調查未盡之情形，與第一六三條如何應用互有關聯。自九十一年二月修法後，證據調查係由當事人主導，法院改居輔助地位，在原則上無須主動調查證據。因此，法院於審判期日調查證據，除依第一五六條第三項規定針對被告自白任意性優先調查外，應以調查經當事人、代理人、辯護人或輔佐人所提出或聲請，且於客觀上非「不必要」之證據為主要範圍。如有未足，即應充分運用第一六三條第三項及第二七三條第一項第五款規定，向當事人等闡明（不妨督促舉證），使之陳述意見，不宜逕行介入，且需否補充介入調查證據，法院保有裁量權限❷。至於有無第一六三條第二項但書情形，仍須視具體個案情節而定，非謂法院毫無斟酌餘地，畢竟但書為例外規定，刑事審判實務參考最高法院上述決議時，對於該項但書之適用，本於例外從嚴原則，務須嚴格界定，避免落入審檢協力辦案之舊窠，以維護公平法院立場。關於「調查證據」之意義，請與 §163 說明相互參照，事實審法院並無蒐集證據之義務。

---

❷ 日本刑事訴訟規則第二〇八條第一項有審判長認為必要時得對訴訟關係人求為釋明或促其舉證之規定，可供參考。

⑸最高法院一〇一年度第二次刑事庭會議決議第七點，業經闡明本法第一六三條第二項但書所指「公平正義之維護」，乃係專指利益被告且攸關公平正義者而言。法院之根據此一但書而應依職權調查證據，其意義在於事實審法院是否發動職權主動介入證據調查，不受當事人已否聲請所拘束。針對被告而言，即使被告（或其代理人、辯護人、輔佐人）未有主張，法院如就卷存訴訟資料中考見某項有利於被告之證據，足以影響裁判結果，且有調查之必要與可能時，即應發動職權進行調查。至若法院於辯方聲請調查證據過程中，察覺有此情形時，其應主動依職權調查該項有利於被告之證據，更不待言。此種情形或有不同見解認為不應使法院依職權調取或取得證據者，惟其不同見解參據釋字 181 號及 238 號解釋，未便採納。釋字 181 號解釋之原因案件（最高法院 70 臺非 14 號刑事判決）及釋字 238 號解釋之原因案件（最高法院 72 臺非 135 號刑事判決），均係被告於審判中曾經具狀聲請傳訊證人，法院既不傳訊，又未駁回聲請，且未於判決內說明不調查之理由。前一案件因係對於判決顯有影響之重要證人疏未調查，認有本款之適用（法院依卷內已有之聲請狀而傳訊證人取得證言，此乃調查證據並非依職權蒐集取得證據）；後一案件由於是否傳訊證人對於判決顯無影響，認無本款之適用。

⑹小結：本款所定情形包括下述三種：

◎法院對於某項證據方法，未為合法調查者，依嚴格證明法則，該項證據不得作為判斷之依據，法院如憑以判決，該判決當然違背法令。此其一。

◎當事人、代理人、辯護人或輔佐人聲請調查之證據（於事實審訴訟程序中存在之證據，有係就卷存訴訟資料中可考見者，有係經由當事人等聲請調查證據過程中察覺者，有係可考見或經察覺而尚待調取者），在客觀上有調查之必要，且於判決結果顯有影響者，如法院疏漏未予調查遽為判決，該項判決當然違背法令。此其二。

◎按照本法第一六三條第二項但書規定應依職權調查之證據，如法院疏未調查即行判決，該項判決當然違背法令。此其三。（至於該條項前段

之「得」依職權調查證據，並非義務規定，需否補充介入調查，乃係法院職權裁量事項，既不負調查義務，即無當然違背法令之可言。）

11.未與被告以最後陳述之機會者

請參看 §290 說明。

12.除本法有特別規定外，已受請求之事項未予判決，或未受請求之事項予以判決者

⑴本款規定意旨，在於要求法院審判範圍必須與訴之範圍互為一致。成語曰過猶不及，未受請求而予判決謂之「過」，此乃訴外判決；已受請求而未予判決謂之「不及」，是為漏判。兩種情形皆屬違背法令。惟在漏判之情形，倘若漏判部分與已經判決部分本可分別判決者，法院即得予以補判，並無本款之適用（28 上 2079 號判例）。例如甲被訴數罪併罰案件，法院僅就其中一罪為判決，對於其餘各罪部分可予補判。又如甲、乙被訴共犯某罪案件，法院僅對甲為判決，就乙被訴部分可予補判。

⑵何者屬於訴之範圍？

①就起訴案件而言，其訴之範圍除依起訴書、裁定書（§258 之 3）、聲請書（§451）或自訴狀所載內容及檢察官或自訴代理人於審判期日所為陳述外，尚須注意起訴（審判）不可分原則之應用。請參看 §267 說明。法院如對潛在部分恝置不理，仍有審判範圍與訴之範圍不相一致之違誤，亦即已受請求事項未予判決之違法。

②就上訴案件而言，其訴之範圍除依上訴書狀所載內容及上訴人於審判期日所為陳述外，尚須注意上訴不可分原則之應用。請參看 §348 II 說明。法院如對有關係部分恝置不理，即係已受請求事項未予判決之違誤。且因上訴案件常有二以上之上訴人（例如兩造當事人均提起上訴，或被告與第三四五條之獨立上訴權人均提起上訴），上訴審如僅針對某一上訴人之上訴予以判決，而對於其餘各上訴人之上訴疏未論及者，亦屬已受請求事項未予判決之違法（69 臺上 1552 號判例）。

⑶無訴即無裁判，法院就未受請求事項而為判決者，該項判決明顯違反不告不理原則，非但違背法令，甚且產生無效判決之問題（釋字 135 號

解釋)。

13.未經參與審理之法官參與判決者

法院審判案件，基於直接審理及言詞辯論之原則，必須於審判期日始終出庭參與審理之法官，方能參與判決。此觀本法第二九二條第一項規定甚明，否則即係違背法令。惟宣示判決不過告知既定之判決結果而已，不以參與審判之法官為限（§313）。

14.判決不載理由或所載理由矛盾者

(1)凡屬判決，不論實體判決或程序判決，均應載明主文與理由，其中有罪判決書並須記載事實，為本法第二二三條及第三〇八條所明定。而有罪判決書理由應載事項，在第三一〇條更有詳細規定❸。主文乃判決主旨所在，且係據以執行之基礎；而判決理由則為主文所由產生之依據，使當事人及其他訴訟關係人據此了解法院如何憑以論斷。若經合法上訴，並使上級法院得以明瞭原審判決所持理由內容，進而加以審查。

(2)本款所稱判決不載理由，係指依法應記載於判決理由內之事項不予記載，或記載不完備者而言（63 臺上 3220 號判例）。又所謂理由矛盾，則指所載理由內容彼此有相牴觸者而言（27 上 2910 號判例）。例如上訴審認為原判決量處被告拘役為過輕反而改判罰金、判決主文與理由不相一致、科刑判決所認定之事實與所採用之證據不相適合。上述各種情形，實例認為均係理由矛盾（見 29 上 2306、48 臺上 1182 及 69 臺上 4913 號判例）。惟有罪判決書之理由內對於訴訟程序事項暨其適用法條漏未載明者，未必構成違誤；主文論罪用語有欠周全而於案情及判決本旨並無影響者，亦不構成理由矛盾之違法（84 臺非 190 號判例）。

(三)準違背法令

第三審法院係根據原審訴訟資料，以原審為判決時作準，而就原審法院之判決有無違背法令予以審查。此乃事後審查，倘若原審判決後刑罰有廢止、變更或免除者，依原判決當時適用之法律如果並無錯誤，本不應指

§380
（後述）
§381

---

❸　簡易判決、協商判決、輕刑判決及適用簡式審判程序之有罪判決書，均另有簡略規定。見 §§454, 455 之 8, 310 之 1, 310 之 2。

摘原判決為違背法令；惟其判決尚未確定，法律既經修正，即不妨使之改依新法判決。由於此種情形與一般之違背法令有別，本法特於第三八一條明定：「原審判決後，刑罰有廢止、變更或免除者，得為上訴之理由。」茲應注意者，刑罰廢止或免除，顯然有利於被告。至於刑罰之變更，如因修法而加重者，依刑法第二條第一項規定，即無本條之適用。

§380

㈣違背法令對於原判決有無影響（關聯性）之問題

第三審法院認為原審判決係違背法令而予以撤銷時，在一定情形下，依本法第三九八條規定，應就該案件自為判決，足見第三審除以統一法令之適用為目的外，並有具體救濟之功能，對於抽象正義與具體正義之維護，兩者兼備。因此，第三七七條雖僅規定提起第三審上訴須以原判決「違背法令」為理由方得為之，其實尚須該項違背法令與判決結果間，具有因果關聯性(Kausalzusammenhang) 者，方足構成上訴之充分理由❶。所謂因果關聯性，意指由於有此違背法令情事因而導致產生不正確之原判決，如果無此違背法令情事即不致產生該項違誤判決而言。然而，依第三八〇條之規定：除前條（即第三七九條）情形外，訴訟程序雖係違背法令而顯然於判決無影響者，不得為上訴之理由。足見對於因果關聯性之考量，設有範圍限制。於是：

1.在第三七八條相對違背法令之情形：

⑴如屬訴訟程序違背法令，尚須考量上述因果關聯性。必其違背法令對於原判決並非顯無影響者，方得為上訴之理由。茲舉 29 上 3116 號判例予以解說：該則判例之原案判決內容，認定被告張四麻子對其與各共犯結夥販運私鹽之事實，迭經供認不諱，夥犯之中既有攜槍意圖拒捕而殺人者，則該被告對於共同殺人之罪責，當然不能解免，「……雖原審於張四麻子所舉出之證人張生輝等既不予以傳訊，復未以裁定駁回其聲請，揆之

---

❶ Gerd Pfeiffer, Strafprozessordnung und Gerichtsverfassungsgesetz, §337, Rn. 17, 4 Aufl., 2002. 及 Löwe-Rosenberg, Die Strafprozessordnung und das Gerichtsverfassungsgesetz, 5 Band, §337, Rn. 254, 255, 258, 25 Aufl., 2003. 及 Roxin/Schünemann, Strafverfahrensrecht, §55, Rn. 34, 29 Aufl., 2017.

刑事訴訟法第二百七十九條（舊條文。相當於現行條文第一六三條之二第一項）之規定，其訴訟程序不無違誤，但查該張四麻子舉出張生輝等請求傳質，無非欲以證明其家貧無力購買槍枝而已，茲原審審核本案情形，既不以張四麻子必須持有槍枝為論罪之根據，則張生輝等到案縱能證明張四麻子家中確無藏槍情事，仍難認為係其有利之證明。是原審訴訟程序雖係違背法令，但於判決顯無影響。……」此一案例顯示原審訴訟程序之違背法令並未導致產生不正確之判決結果，其間欠缺因果關聯性，不得為上訴於第三審之理由。

⑵結合第三八〇條與第三七八條以觀，第三八〇條將因果關聯性此一要件限縮於訴訟程序違背法令部分，未將實體事項違背法令部分納入，遂成為如有實體事項違背法令情事，即不必考量因果關聯性之有無，皆得提起上訴，是否妥適，非無商榷餘地。

2.在第三七九條絕對違背法令之情形，本法以其違誤情節重大而予設定為當然具有因果關聯性，並於條文使用「當然違背法令」一詞，俾與第三七八條有所區別，在立法上尚無不妥。惟 72 臺上 3467 號判例對於未在審判期日將扣案翻版書提示被告令其辨認之違誤 ， 以警局當場起出翻版書，為被告親身經歷之事，且經自白犯罪不諱，是否踐行提示而擔保其真正已無關重要為理由 ， 引用第三八〇條規定， 認為對於判決顯然不生影響，而謂與第三七九條第十款之情形不合。此一判例內容，在語意上是否認為第三七九條之情形仍須考量其因果關聯性？與「當然」違背法令之意旨有無出入？不無疑問❶❺。

3.在第三八一條準違背法令之情形，必然具有因果關聯性，見 §381 說明。

◎除依上述本法第三七七條規定，其上訴理由必須以 「判決違背法令」為限，以及第三七八條至第三八一條相關規定外，另依刑事妥速審判法第九條之特別規定，對於第二審法院維持第一審所為無罪判決，如無同

---

❶❺　80 臺上 4672 號判例較無顧慮。該則判例原案所存錄影帶，其錄取之畫面業經實施勘驗，並作成勘驗筆錄，法院就該筆錄已踐行 §165 之調查程序。

法第八條所定不得上訴之情形（參見前述 §376 相關說明。如有第八條所定不得上訴之情形，即應優先適用該條規定駁回上訴，與同法第九條無涉）而欲提起上訴時，其上訴理由須以下列事項為限：

　⑴判決所適用之法令牴觸憲法。

　⑵判決違背司法院解釋。

　⑶判決違背判例（另請參閱本書專論「刑事妥速審判法概要」二之㈤相關說明）。且本法第三七七條至第三七九條及第三九三條第一款各條款，依刑事妥速審判法第九條第二項規定，於依該條第一項提起上訴案件之審理，不適用之。

　　刑事妥速審判法第九條雖就第二審維持第一審所為無罪判決之情形而設其限制，惟在有第三人參與之沒收特別程序，如第一審諭知不予沒收，第二審維持第一審不予沒收之判決者，倘若檢察官不服此部分之第二審判決而提起第三審上訴時，實例（最高法院 110 臺上 3333 號刑事判決）以舉重明輕並本於該第九條之同一法理，認應同受限制。

　　刑事妥速審判法第九條，乃係專就第二審法院維持（包括更審維持在內）第一審所為被告無罪判決之案件，對於控方（檢察官、自訴人）提起第三審上訴，特別採取嚴格的法律審制，自應優先適用。按照該條立法說明，檢察官或自訴人依法應負實質舉證責任，案經一審無罪、二審維持後，如許控方一再上訴，有礙被告接受公正、合法、迅速審判之權，因而就控方之上訴權予以合理限制，要求所提上訴理由須以上述⑴、⑵、⑶各項為限。茲應注意者，該條所定「第二審法院維持第一審所為無罪判決」之情形，專指案經第二審法院實體審理結果維持第一審所為被告無罪之判決而言。最高法院刑事大法庭 109 臺上大 3426 號裁定認為尚包括第二審法院就裁判上一罪案件之一部，維持第一審於判決理由論敘不另為無罪諭知者在內。其相關問題之探討，另詳本書專論「刑事妥速審判法概要」二之㈥討論內容。

四、第三審上訴書狀及他造答辯書之提出

第三審為法律審，非有必要，無須行言詞辯論（見後述 §389），上訴 §382
人無從到庭陳述上訴意旨，而第三審之調查範圍，則以上訴理由所指摘之
事項為限（見後述 §393）。因此，提起第三審上訴除依本法第三五〇條規
定應以書狀為之外，尚須敘述理由，方為合法❶（互見本書 §350 說明）。
本法爰於第三八二條第一項明定：「上訴書狀應敘述上訴之理由；其未敘
述者，得於提起上訴後二十日內補提理由書於原審法院；未補提者，毋庸
命其補提。」復於同條第二項規定：「第三百五十條第二項、第三百五十
一條及第三百五十二條之規定，於前項理由書準用之。」俾能配合應用。

上訴理由之敘述，應依卷存資料，對於原判決究竟不適用何種法則或
如何適用不當，提出具體指摘。倘若僅以籠統詞句空泛指摘，或檢察官依
告訴人或被害人請求提起上訴，僅引用原聲請狀為附件，而該檢察官上訴
書本身並未敘述理由者，均與法定程式有違（28 上 1251、69 臺上 2724
及 76 臺上 5771 號判例）。

補提理由書之二十日期間，自提出上訴書狀後翌日起算。實務所見，
大多先行聲明上訴，然後補提理由書。該項二十日期間，院 1372 號解釋
雖謂係屬不變期間，並以補提理由書乃完成上訴之一項訴訟行為，如非因
過失而有遲誤者，與遲誤上訴期間同，認有回復原狀規定（見 §67）之適
用。惟因上訴人於第三審法院未判決前尚得向該院提出理由書，此可對照
第三八六條第一項及第三九五條後段規定即明，足見縱然逾期補提，仍未
必發生失權效果。

第三審以書面審理為原則，上訴人與他造當事人無從當庭進行言詞辯 §383
論，於是經由書面陳述而相互攻防。上訴人所提書面，即前述之上訴書狀
暨上訴理由書；他造當事人所提書面，稱曰答辯書。被告是否提出答辯

---

❶　德國刑事訴訟法第三編第四章之 Revision 為法律審上訴，日本刑事訴訟法第
　　三編第三章「上告」亦為法律審上訴，均相當於本法之第三審上訴，且均規
　　定其上訴書狀必須敘述理由。

書，本法未予強制；如被告或其法定代理人或配偶（見 §345）為上訴人而自訴人係他造當事人時，自訴人是否提出答辯書，本法亦無強制規定。惟如檢察官係他造當事人時，檢察官即有提出答辯書之職責，即使檢察官與被告均提起上訴，檢察官仍應針對被告之上訴理由提出答辯書。因此，本法第三八三條第一項規定：「他造當事人接受上訴書狀或補提理由書之送達後，得於十日內提出答辯書於原審法院。」同條第二項規定：「如係檢察官為他造當事人者，應就上訴之理由提出答辯書。」同條第三項規定：「答辯書應提出繕本，由原審法院書記官送達於上訴人。」

五、第三審上訴程序之流程圖

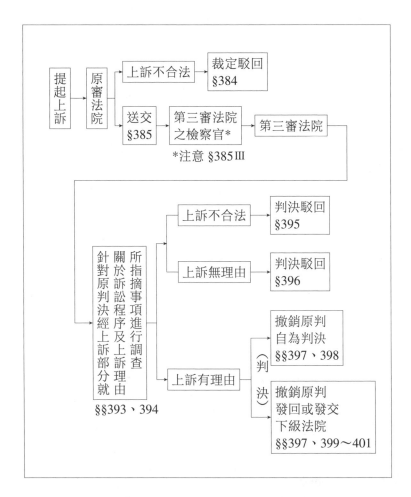

六、第三審上訴之程序──原審法院處理程序

　　上訴書狀、上訴理由書及各該繕本，依本法第三五〇條及第三八二條 §384
規定，應向原審法院提出，由其預作審查。如認上訴為不合法，即以裁定
駁回，否則，即應移審。茲分述如下：

㈠上訴不合法──裁定駁回上訴

　　本法第三八四條規定：「原審法院認為上訴不合法律上之程式，或法

律上不應准許，或其上訴權已經喪失者，應以裁定駁回之。但其不合法律上之程式可補正者，應定期間先命補正。」本條內容文字與第三六二條完全相同，可參見該條之說明，在此不再重複敘述。惟本條在適用上應注意下列不同之點：

1.提起第三審上訴未提出上訴理由書狀者，雖係不合法律上之程式，由於第三八二條第一項另有「未補提者毋庸命其補提」之規定，因此原審法院無須命行補正；且上訴人縱使未於提起上訴後十日內補提，由於第三八六條又有「在第三審法院未判決前得提出上訴理由書」之規定，原審法院即不得逕為駁回上訴之裁定。

2.提起第三審上訴所具理由書狀未依卷存資料具體指摘原判決如何違背法令者，固屬不合法律上之程式，惟其書狀內容對於原判決究竟有無具體指摘，或其所指是否顯與法律審上訴理由不相適合，均應由第三審法院予以審認。因此原審法院不應逕為駁回上訴之裁定。

3.本法第三七六條第一項所列各罪之案件，除有該條項但書情形外，一經第二審判決，其判決即告確定。倘若提起第三審上訴，其上訴在法律上不應准許，原審法院本應逕為駁回之裁定。惟如上訴意旨主張非屬該條所列之罪時，不論上訴理由是否可取，應由第三審法院審認准駁，原審法院即不得逕予裁定駁回。

4.違背刑事妥速審判法第八條或第九條第一項之規定而提起上訴者，其上訴為不合法。

§385

(二)上訴合法──移審

第三審上訴經提起後，除因上訴不合法經原審法院以裁定駁回者外，依本法第三八五條規定，全案即應移審。由於第三審以書面審理為原則，移審過程與第三六三條不同。茲分述如下：

1.原審法院於接受答辯書或提出答辯書之期間已滿後，應速將該案卷宗及證物，送交第三審法院之檢察官（見第三八三條及第三八五條第一項）。

2.第三審法院之檢察官接受卷宗及證物後，應於七日內添具意見書送

交第三審法院。但於原審法院檢察官提出之上訴書或答辯書外無他意見者，毋庸添具意見書（見第三八五條第二項）。

　　3.無檢察官為當事人之上訴案件，原審法院應將卷宗及證物逕送交第三審法院（見第三八五條第三項）。因此，自訴案件經提起第三審上訴者，無須先送第三審法院之檢察官提出意見書，其移審過程係逕送第三審法院審理。院313號解釋謂自訴案件仍應送經檢察官轉交一節，係因當時適用之舊條文第三九八條並無如同現行條文第三項之規定所致，應不再援用（釋字174號解釋參照）。

　　4.被告在押之案件，並不隨案解送，第三六三條第二項之規定，對於第三審上訴之移審無其適用。

七、第三審上訴之程序──第三審法院審判程序

㈠移審後得向第三審法院提出書狀

§386

　　案件移審後，在第三審法院未判決前，依本法第三八六條第一項規定，上訴人及他造當事人，得提出上訴理由書、答辯書、意見書或追加理由書於第三審法院。又依同條第二項規定，前項書狀，應提出繕本，由第三審法院書記官送達於他造當事人。

㈡準用規定

§387

　　依本法第三八七條規定，第三審之審判，除本章有特別規定外，準用第一審審判之規定。是本法第二編第一章第三節及第二章相關規定，於第三審性質不相牴觸之範圍內，在第三審程序亦援用之。例如第三審法院撤銷原判決改為免訴或不受理之判決者，即須引用本條及第三○二條某款、第三○三條某款或第三三四條為其依據。又如自訴人提起第三審上訴，應準用自訴須委任律師為代理人之規定是。惟第三審並非事實審，第三八七條雖與第三六四條相同意旨，其實可得準用者較第二審為少。

㈢不適用強制辯護規定

§388

　　第三審判決以不經言詞辯論為原則，本法第一編第四章關於強制辯護之規定，衡酌第三審性質，認為無須適用。爰於第三八八條明定：第三十

一條之規定，於第三審之審判不適用之。縱使有例外命行辯論之情形（見第三八九條第一項但書），法院應依公設辯護人條例為無資力被告指定辯護人，仍無第三十一條之適用。

㈣第三審判決以不經言詞辯論為原則

§389

第三審並非事實審，依本法第三八九條第一項規定：「第三審法院之判決，不經言詞辯論為之。但法院認為有必要者，得命辯論。」所謂有辯論「必要」，係指針對某種法律事項經由辨析釋疑以獲致正確見解者而言。因此，同條第二項緊接規定：「前項辯論，非以律師充任之代理人❶或辯護人，不得行之。」由此可知，被告或自訴人本人均不得為辯論。實務所見，原審宣告死刑之案件，除判決明顯違背法令必須撤銷發回者外，最高法院均予進行言詞辯論，其他案件涉及重要法律爭議如有必要者亦同。惟法律辯論至為重要，被告如因無資力而未能選任辯護人時，得依公設辯護人條例第三條規定，聲請最高法院指定辯護人，且依該條例第二條第二項規定，最高法院應為指定，以期維護被告正當權益。

㈤第三審例外命行辯論之相關程序規定

§390

1.本法第三九〇條規定：第三審法院於命辯論之案件，得以庭員一人為受命法官，調查上訴及答辯要旨、為後述第三九四條第一項之調查、以及與檢察官或代理人、辯護人確認須行言詞辯論之爭點，並製作報告書。按此規定雖與準備程序相當，其實與第二七九條所定事實審法院準備程序之性質截然不同。又受命法官之任務在於彙集訴訟資料、整理上訴及答辯要點、釐清法律事項之爭執或疑義。至於判斷意見，應留待評議，不必記載於報告書內。

§391

2.⑴依本法第三九一條第一項規定：審判期日，受命法官應於辯論

---

❶ 被告依本法第三十六條得於審判中委任代理人到場之案件，受第三七六條第一項第一款限制，除有該條項但書情形外，不得上訴於第三審法院。第三八九條第二項、第三九一條第二項及第三九二條所列「代理人」，係指自訴代理人而言，蓋自訴人提起第三審上訴須準用第一審關於自訴應委任律師為代理人之規定也。

前，朗讀報告書。同條第二項規定：檢察官或代理人、辯護人應先陳述上訴之要旨，再行辯論。

⑵第三審法院審判期日，應由合議庭法官（含審判長）五人、檢察官或代理人、辯護人、以及書記官出庭。檢察官提起上訴之案件，先由檢察官陳述上訴要旨；自訴人提起上訴之案件，先由自訴代理人陳述上訴要旨；被告方面（含獨立上訴權人）提起上訴之案件，則由辯護人先行陳述上訴要旨。兩造均有上訴者，基於公訴優先原則，仍應先由檢察官陳述之。陳述完畢，再進行辯論。

3.審判期日，被告或自訴人無代理人、辯護人到庭者，應由檢察官或他造當事人之代理人、辯護人陳述後，即行判決。被告及自訴人均無代理人、辯護人到庭者，得不行辯論（見第三九二條）。　§392

㈥第三審之調查範圍　§393

§394

1.第三審法院之調查，依本法第三九三條及第三九四條第一項規定，係以上訴理由所指摘之事項為限，並應以第二審判決所確認之事實為判決基礎，不得另行調查事實。從而，於第二審判決後即不得主張新事實或提出新證據資為第三審上訴之理由（見最高法院一〇六年度第七次刑事庭會議決議）。申言之，最高法院對於原審所認定之事實不作評判。因此，以不對案件本身進行審理為根本原則。

2.惟依第三九三條但書及第三九四條第一項但書規定，關於訴訟程序，及對於下列事項，第三審法院得調查事實：

⑴第三七九條各款所列之情形（即當然違背法令之情形）。

⑵免訴事由之有無。

⑶對於確定事實援用法令之當否。

⑷原審判決後刑罰之廢止、變更或免除。

⑸原審判決後之赦免或被告死亡。

3.前項調查，得以受命法官行之，並得囑託他法院之法官調查。

4.調查之結果，認為起訴程序違背規定者，第三審法院得命其補正；其法院無審判權而依原審判決後之法令有審判權者，不以無審判權論。

　　5.依上述說明，除關於訴訟程序及得依職權調查之事項，第三審法院得自行或囑託他法院調查事實外，關於實體事項之認定，應受第二審判決確認之事實所拘束，不得另行調查事實。因此，第三審法院須以原審判決所認定之事實為準，依憑原審訴訟資料而審查原審判決適用法則有無違誤，此乃事後審查，不得逕行調查證據重行認定事實。例如九十五年七月一日施行之刑法第十條第四項第一至五款均已增訂「嚴重減損」生理機能亦屬重傷之規定，倘若第二審法院依憑醫學鑑定結果作此認定並詳敘理由判處被告重傷害罪刑後，被告不服原判決而以未達嚴重減損程度請求實施勘驗為由提起第三審上訴，由於第三審法院在此情形不得調查證據，該項上訴即非有理，應予駁回；縱經審閱卷存資料認為鑑定報告尚有疑義，上訴非無理由，祇能發回更審，不得自行實施勘驗或交付鑑定。惟適用法則必以具體事實為基礎，對於判決是否違背法令之審查，與對於事實是否已臻明確或有無誤認之審查，兩者如何區隔，誠非易事；且如就原判決違背證據法則有所指摘時[18]，勢必影響事實之認定。歷來實務所見，導致適用法則錯誤之事實認定不當，必須自卷存資料即可發見者，第三審法院方能據以評斷。倘若有待調查證據方能釐清者，其事實尚欠明瞭，究竟適用法則是否允當，自難評斷，即應撤銷原判發回更審。

八、第三審法院之判決

　　◎第一審行國民參與審判之案件，經第二審法院判決後提起合法上訴者，第三審法院審查第二審判決宜採取之原則，另請參閱本書專論「國民法官法」五之㈥相關說明。

---

[18]　最高法院七十七年度第十一次刑事庭會議決議壹之乙之四謂：何種證據應予調查，其應調查之範圍如何？在未違背經驗法則、論理法則之範圍內，係專屬事實審法院得依職權自由裁量之事項。因之，原審法院對於證據之取捨與依調查所得之證據以為事實之認定，倘未明顯違背經驗法則、論理法則，第三審毋庸依職權判斷其當否。

㈠駁回上訴

1.程序上駁回 §395

(1)本法第三九五條規定：「第三審法院認為上訴有第三百八十四條之情形者，應以判決駁回之；其以逾第三百八十二條第一項所定期間，而於第三審法院未判決前，仍未提出上訴理由書狀者亦同。」此乃基於程序先理原則，對於不合法之上訴，從程序上所為駁回上訴之判決，並無實質的確定力。提起第三審上訴所具理由書狀未依卷存資料指摘原判決如何違背法令者，即屬違背法律上之程式，應依本條從程序上予以判決駁回。惟在目前實務所見，最高法院對於書狀內容所指摘原判決違背法令情事，如認其顯與法律規定得為第三審上訴理由之違法情形不相適合時，亦以其上訴係違背法律上程式而依本條為程序駁回之判決，勢必減縮適用次條（第三九六條）之機會，且所謂「顯」不相適合，欠缺明確性，如何區隔本條與次條之正確適用，甚感困惑。此種處理方法，未諳是否受日本法之影響所致。按日本最高裁判所依日本刑事訴訟法第四一四條準用第三八六條第一項第三款規定為上訴不受理（上告棄却）之裁定，其所準用之第三款內容略謂：控訴理由書記載申明控訴之理由，與法定之控訴理由明顯不相適合（不該當）者，應為不受理之裁定。然而本法本條「第三百八十四條之情形」，並無如同日本法上所謂與上訴理由「明顯不該當」之文句。倘若仿效日例，尚嫌無據。

(2)往昔 25 上 3231 號舊判例，對於法院誤認合法上訴為不合法而予判決駁回確定之救濟方法，謂該項程序判決不生實質確定力，經發現錯誤後，原法院儘可逕行另為實體上之裁判。此就訴訟經濟角度言，堪稱便捷。然而前後兩次判決同時存在，前一判決雖非實體判決，仍有雙重判決之嫌，究非妥適。釋字 271 號解釋於是重申院 790 號解釋意旨，針對上述判例予以責難，認為前一判決固屬重大違背法令，但其既已具有判決形式，仍應先依非常上訴程序將之撤銷後，始得回復原訴訟程序就合法上訴部分進行審判，否則即與憲法第八條規定人民非依法定程序不得審問處罰之意旨不符，上述判例應不再援用。惟釋字 271 號解釋之原因案件，係

「不利益於被告之合法上訴,上訴法院誤為不合法,而從程序上為駁回上訴之判決確定」者,最高法院八十年度第五次刑事庭會議決議,乃以解釋文末有上述判例「於上開解釋範圍內應不再援用」之語句,遂認利益於被告之合法上訴經誤判駁回確定者,不屬於該號解釋之範圍,仍應援用上述判例辦理,不必依非常上訴救濟。九十七年度第四次刑事庭會議「關於非常上訴之補充決議」附表二之(二)之 2,依然堅持相同見解未有變更。

其實,對於一個訴訟繫屬,僅能有一個終局確定判決❿,無論程序判決或實體判決,皆有終結訴訟之效力,除因開始再審而失效,或依非常上訴程序經撤銷者外,原來訴訟繫屬既已消滅,即無再行判決之餘地。就上訴案件而言,不論原上訴主旨係有利或不利於被告,既然同樣導致一訴兩判之重大違誤,何能容許前後兩次判決併存?釋字 271 號解釋理由所引院 790 號解釋之原因案件,即係法院將有利於被告之上訴誤為不合法之類型(原案係由被告為自己利益提起上訴),綜合行憲前後兩則解釋以觀,釋字 271 號解釋是否刻意將利益於被告之合法上訴遭法院誤為不合法而予判決駁回之情形排除在外,頗有疑問。相同違誤採取不同救濟方法,顯難自圓其說。如今 25 上 3231 號舊判例已因無判決全文可資查考而停止適用,最高法院上述兩則有關該號舊判例之決議,皆已無所附麗。本書見解認為無須區分是否利益或不利益於被告,應以一致方式(即先依非常上訴程序將前一違誤判決撤銷)尋求救濟。至於過往 53 臺上 1220 號判例,雖未停止適用,既係沿襲舊判例之見解,且與訴訟法理及院 790 號解釋意旨不符,自應不再援用。

(3)第三審法院對於依第三七六條規定不得上訴之案件,疏未從程序上判決駁回,竟誤認上訴合法而予撤銷原判發回更審,下級法院亦遵照更為判決者,則此兩個判決均屬重大違背法令,依釋字 135 號解釋,並參考 55 臺非 205 號判例,應認均為無效,可循非常上訴程序救濟。

---

❿ 具有消滅訴訟繫屬效果之裁定,如本法第一六一條第二項、第三二六條第三項、第三三三條是。又關於釋字 271 號解釋及最高法院決議之探討,另請參閱本書本論第一編第十三章㉑。

2.實體上駁回

本法第三九六條第一項規定：「第三審法院認為上訴無理由者，應以　§396
判決駁回之。」此乃從實體上所為駁回上訴之判決。由於第三審法院為終
審法院，此項判決即係確定判決，具有實質的確定力，產生一事不再理之
效果。該條第一項雖與第三六八條對於第二審上訴無理由應以判決駁回之
規定相同，惟第三審並非事實覆審，茲所謂上訴無理由，係指第三審法院
審查原案卷證資料，認為原審判決並無如上訴理由書狀所指摘之違背法令
情形應予維持，或原審訴訟程序雖係違背法令但顯然於判決無影響仍應維
持者而言。至若上訴人於法定期間內聲明上訴而未提出理由書狀者，在第
三審程序係以不合法律上之程式適用第三九五條從程序上判決駁回上訴。
又第三審上訴因無理由而從實體上為駁回上訴之判決時，如認被告符合緩
刑條件者，在法律審能否為緩刑之宣告，不無疑問。本法爰於第三九六條
第二項明定：「前項情形，得同時宣告緩刑」以杜爭議。

㈡撤銷原審判決　§397

依本法第三九七條規定：「第三審法院認為上訴有理由者，應將原審
判決中經上訴之部分撤銷。」因此，第三審之審理結果（書面審理或例外
命行辯論）如認上訴理由所指摘原判違背法令之點為可取且無第三八○條
所定情形，或依第三九三條但書及第三九四條第一項但書為職權調查結
果，發現另有上訴理由所未指摘之違背法令事項且於判決有影響者，原判
均屬無可維持，皆應將其中經上訴之部分予以撤銷，依第三九八條至第四
○一條各該規定，自為判決或發回、發交下級法院。茲分述如下：

1.自為判決（通稱撤銷改判）　§398

依本法第三九八條規定：「第三審法院因原審判決有下列情形之一而
撤銷之者，應就該案件自為判決。但應為後二條（即第三九九條、第四○
○條）之判決者，不在此限：

⑴雖係違背法令，而不影響於事實之確定，可據以為裁判者（何謂
「不影響於事實之確定」，最高法院七十七年度第十一次刑事庭會議決議
參之二㈡有詳細闡述，可參照）。

⑵應諭知免訴或不受理者。

⑶有第三九三條第四款或第五款之情形者。」

以上所列情形，其中第⑴種較為常見，茲舉例如下：

【例一】高等法院判決已認定被告有將未中獎之獎券改造使與中獎號碼相符持往領取獎金之事實，因而論處被告變造有價證券罪刑。惟該紙未中獎之獎券已無價值，被告所為應係偽造有價證券，原判決以變造罪論擬，適用法則顯有不當，即屬違背法令。但此種違誤尚不影響於事實之確定，可據以為裁判。該案如經合法上訴，最高法院應依本法第三九八條第一款規定，將原判決關於罪刑部分撤銷，改判被告偽造有價證券罪刑。

【例二】高等法院判決已認定被告搶奪他人所有抽水馬達一臺，當其搬放機車欲離去時，適有警車巡經該處，被告驚慌逃逸等事實，因而論處被告搶奪未遂罪刑。惟其當時已將他人財物移歸自己持有，即屬既遂。原判決依搶奪未遂論科，適用法則顯有不當。但此種違誤尚不影響於事實之確定，該案如經合法上訴，最高法院應依本法第三九八條第一款，將原判決關於罪刑部分撤銷，改判被告搶奪既遂罪刑。

【例三】某一死刑案件，高等法院依憑多項證據，認定被告確有如何之犯罪事實，因而諭知有罪科刑之判決。案經被告提起第三審上訴，最高法院審閱卷存資料發現其中某項證據為無證據能力，原審未察，予以採用，顯有程序法上適用法則不當之違誤。惟除去該項不適格之證據後，依憑其餘多項證據仍足為同一事實之認定，此種違誤尚不影響於被告犯罪事實之確定，可據以為裁判。於是最高法院將原判決關於罪刑部分撤銷自為判決，仍處被告死刑定讞（案號為 72 臺上 4380 號）。

於此可探討者，第三審法院之自為判決，能否諭知較重於原審判決之刑？因依第三八七條僅能準用第一審審判之規定，於是第三七〇條不在準用之列，即成疑問。從法理言，自亦不應為不利益之變更，他日修法可參考德國刑事訴訟法第三五八條第二項之例，予以明定為宜。又第三審法院之自為判決能否撤銷原判改為被告無罪之諭知？此種情形法條並未禁止，且非絕無發生之可能，例如原判決所確認之事實為某犯罪之未遂，而該罪

並無處罰未遂犯之規定，如有合法上訴，第三審法院依此事實基礎，撤銷原判改為無罪之諭知，不予發回更審，當非法所不許。最高法院七十七年度第十一次刑事庭會議決議參之㈣，即有「依原判決所確認之事實，其行為顯屬不罰者，第三審應逕為無罪之諭知」之見解。曾有具體案例即最高法院 62 臺上 373 號刑事判決，該案被告原經地方法院判處偽證罪刑，高院判予維持，將被告之上訴駁回，最高法院依原判所認定之事實基礎，以被告與其所偽證事件之當事人係三親等內之姻親，欠缺具結能力，其具結不生效力，遂認原判及地院判決均有違誤，將兩審判決均予撤銷，改判被告無罪❷。又如 102 臺上 5093 號刑事判決，最高法院認為第二審判決所引法規命令相關條文，係逾越法律之授權，法院自不受其拘束，因而撤銷原判決，改判被告無罪。

2.發回或發交下級法院

§399
(1)依本法第三九九條規定，第三審法院因原審判決諭知管轄錯誤、免訴或不受理係不當而撤銷之者，應以判決將該案件發回原審法院。但有必要時，得逕行發回第一審法院。此種情形，由於原審未曾為實體裁判，且往往未經言詞辯論，而第三審又非事實審，因此必須將原案發回原審法院更為審判。如有必要，例如第一審即誤為管轄錯誤、免訴或不受理之判決，第二審仍誤予維持者，甚至可將原案逕行發回第一審法院，以維護當事人之審級利益。

§400
(2)依本法第四○○條規定，第三審法院因原審法院未諭知管轄錯誤係不當而撤銷之者，應以判決將該案件發交該管第二審或第一審法院。但第四條所列之案件，經有管轄權之原審法院為第二審判決者，不以管轄錯誤論。此種情形，原審法院本無管轄權，第三審法院於撤銷原判決後，自不能發回原審法院，而應將該案件改交其他有管轄權之法院更為審判。法條

---

❷　原案被告所偽證之事件，查係民事訴訟，依民事訴訟法第三一四條第二項第一款規定，三親等內姻親得不令其具結，非無具結能力，最高法院誤為不得令其具結，遂認具結不生效力，顯有誤解。此處引述該案，旨在說明撤銷原判改為被告無罪者確有其例，並非贊同錯誤之法律見解。

使用「發交」一詞，俾與一般發回更審案件有所區別。惟第四條但書及殘害人群罪之案件，原審法院雖違背第三六九條第二項規定未將第一審違誤判決撤銷而誤為第二審判決，如其本來具有管轄權時，於當事人之審級利益尚無影響，即不必專以管轄錯誤為由而予撤銷原判決。

§401　　　⑶第三審法院因上述第三九八條至第四〇〇條以外之情形而撤銷原審判決者，依第四〇一條規定，應以判決將該案件發回原審法院，或發交與原審法院同級之他法院。關於第三審法院認為上訴有理由而將原審判決中經上訴之部分撤銷者，絕大部分係將案件發回更審，自為判決者不及百分之五，而於發回更審之中，又以適用第四〇一條者為絕大多數。諸如原判決違背法令且影響於事實之確定無法據以為裁判者，或事實未臻明瞭無從審認原判決適用法令之當否者，或訴訟程序違背法令且於判決顯有影響者，均應依第四〇一條規定，予以撤銷原判發回更審。與第三九九條及第四〇〇條不同者，此項發回判決，不得發回或發交第一審法院，應將案件「發回原審法院」或「發交與原審法院同級之他法院」。後一情形，探尋最原始之立法理由謂：「仍須原審判衙門詳細調查者，則發還之；恐原審判衙門之調查為無益者，則應送交該衙門相等之審判衙門。例如事實上之理由相牴觸者，可發還原審判衙門，使之再行審判；如事實上之理由並無牴觸，然尚未完備，恐原審判衙門堅持己見，稱為既已調查完備者，則送交他審判衙門，使之再行調查。」實際罕有其例。已往案例：不服某地方法院判決者，本應向管轄第二審之甲高等法院提起上訴，案經上訴並遭甲高等法院駁回後，當事人復提起第三審上訴，當最高法院為撤銷原判發回更審之判決時，適第二審法院管轄區域變更，不服該地方法院判決提起上訴案件改由新設之乙高等法院管轄，於是最高法院判決主文即應諭知「發交乙高等法院」。

　　⑷最高法院發回更審之判決理由所述法律上判斷意見，對於受發回之原審法院有無拘束力？本法第四〇一條並無如同民事訴訟法第四七八條第四項或類似於德國刑事訴訟法第三五八條第一項、日本裁判所法第四條之明定其拘束力，因此僅有事實上之拘束力，蓋其更審判決如未按發回意旨

為判決基礎時，一旦再經合法上訴，除非最高法院變更意見，否則勢必仍被撤銷也。30 上 785 號判例雖謂：「第三審發回所指示之點，在第二審法院固應受其拘束，若更審法院於指示範圍以外，另有證據可憑，未嘗不可採為判決之資料。」惟查該則判例之原案判決內容為「……另有證據可據為被告有罪或無罪之判決者，未嘗不可採取原判決於本院發回更審時所指示範圍以外，參酌案內各證據，維持第一審對於被告諭知無罪之判決……」，顯係關於認定犯罪事實有無以及諭知被告有罪或無罪之問題，並未涉及法律上判斷意見。倘若比附援引此一判例而謂具有法律上之拘束力，尚乏法條可據。是其根本解決之道，有待修正增訂條文予以明定。

3.為被告利益撤銷原判時共同被告同蒙其利

§402

為被告之利益而撤銷原審判決時，如於共同被告有共同之撤銷理由者，依本法第四〇二條規定，其利益並及於共同被告。該條之適用，應注意下列各點：

(1)稱共同被告，指在一訴訟程序中有二人以上被訴者而言，即同案被告有二人以上之意。詳見第二編第一章第三節之三「審判期日」之㈡ 5.⑷ 說明。

(2)適用對象以合法上訴於第三審之共同被告為限❷。

(3)所謂「利益」，兼指改判或發回、發交更審在內。原判違背法令不利於共同被告，且非得依職權調查之事項者，如有一被告就該事項有所指摘，而於同為上訴人之其他共同被告有共同撤銷原判之理由時，雖其他共同被告未於上訴理由內指摘及此，仍可同沾撤銷之利益。

---

❷　十七年舊法第四一〇條第二項曾經規定其利益亦及於未經上訴之共同被告（目前德國刑事訴訟法第三五七條仍作如此規定），惟二十四年舊法既已刪除，院 634 號解釋應不再援用。

第四編　抗　告

　　裁判，除依本法應以判決行之者外，以裁定行之（見第二二〇條）。裁定係以處理程序事項為主，但亦有涉及實體事項者，例如撤銷緩刑、定執行刑、科處證人罰鍰等裁定是。抗告程序乃係受裁定人不服裁定請求撤銷或變更之法定救濟程序；除裁定以外，尚有法官或檢察官個別本於職權所為之若干處分，受處分人如有不服，亦應畀予救濟管道，因其性質與抗告相似，學術上稱之為「準抗告」。本編各條，即係對於抗告及準抗告兩者，規定其相關程序，俾資遵循。

一、抗告之意義

　　抗告權人對於尚未確定之刑事裁定聲明不服，在法定不變期間以內，依照法定程式，向原審法院及該管上級法院請求變更或撤銷原裁定，稱此訴訟行為曰抗告（德 Beschwerde）。茲分析說明如下：

㈠抗告，須由抗告權人提起之

§403

　　有抗告權之人，依本法第四〇三條規定，為 1.當事人，即本法第三條所列之人。 2.非當事人而受裁定者，如受罰鍰裁定之證人（或鑑定人、通譯）、受沒入保證金裁定之具保人、被告以外之人受第二〇四條之三罰鍰裁定或受第四五五條之三十六第二項單獨宣告沒收裁定者是。 3.依憲法法庭 111 憲判 3 號判決，本法第三四五條及第三四六條規定，均在準用之列。

㈡抗告，係對於裁定聲明不服

　　對於判決不服者，依上訴程序救濟。對於若干處分如有不服，依本法相關規定，分別循聲明異議、聲請再議、準抗告等程序辦理，均與抗告有別。

㈢抗告，係對於尚未確定之裁定有所不服

裁定如已確定，除符合一定要件得依非常上訴程序予以救濟外，並無得為抗告之餘地。

㈣提起抗告，須遵守法定期間及程式，且無限制抗告之情形

§404　　1.限制抗告之情形

⑴依本法第四〇四條第一項規定，對於判決前關於管轄或訴訟程序之裁定，不得抗告。惟該條但書所列各種裁定，例外許為抗告，即：

①有得抗告之明文規定者。

例如聲請法官迴避經裁定駁回者，雖屬程序事項，而依第二十三條規定，聲請人得提出抗告。其他關於程序事項之裁定，法條明定得提起抗告者，見第三十三條第四項、第二五八條之三第五項、第四三五條第三項、第四五五條之四十二第三項各該規定。

②關於羈押、具保、責付、限制住居、搜索、扣押或扣押物發還、變價、擔保金、身體檢查、通訊監察、因鑑定將被告送入醫院或其他處所之裁定及依第一〇五條第三項、第四項所為之禁止或扣押之裁定。

③對於限制辯護人與被告接見或互通書信之裁定。

此等裁定雖屬程序性質，由於涉及強制處分事項，爰予明定例外得為抗告。其中，檢察官對於審判中法院所為停止羈押被告之裁定提起抗告者，實務經常可見，此乃「關於羈押」之裁定，檢察官既係當事人，則依本法第四〇三條第一項規定，當然有抗告權，本無疑義。曾有曲解法律而以違憲相指摘者，業經釋字 665 號解釋予以否決，認為檢察官行使抗告權於法有據，與憲法第十六條保障人民訴訟權之意旨並無不符。

上述②、③之裁定，依一〇三年一月修正增訂第四〇四條第二項規定，雖已執行終結，受裁定人亦得提起抗告，法院不得以已經執行終結而無實益為由駁回。蓋原裁定縱使已然執行完畢，如因抗告而經「撤銷」，即有確認原裁定違背法令之意義（甚且可能據以究責）也。

§405　　⑵依本法第四〇五條規定，不得上訴於第三審法院之案件，其第二審法院所為裁定，不得抗告。

　　例如刑法第三三九條詐欺罪之案件，依本法第三七六條第一項第四款規定，不得提起第三審上訴，該案於高等法院審判中，當事人聲請法官迴避經裁定駁回者，不得向最高法院提起抗告。又如該案經判決確定後，由高等法院裁定開始再審者，即不許依第四三五條第三項規定向最高法院提起抗告。倘若誤認抗告合法而將原裁定撤銷，且原審法院亦遵照更為裁定者，則此兩個裁定均屬重大違背法令，參照釋字 135 號解釋及 55 臺非 205 號判例意旨，應認均為無效。茲須注意者，第四〇五條所指「不得上訴於第三審法院之案件」，應包含第三七六條第一項但書之例外情形在內。上述詐欺罪之案件，假如第一審判決被告無罪，案經檢察官提起上訴，第二審改判有罪，被告依該條項但書規定提起第三審上訴被駁回後聲請再審，經第二審法院以裁定駁回再審之聲請者，得對該項裁定抗告於第三審法院一次。(見最高法院刑事大法庭 110 臺抗大 427、1493 號裁定)

2.法定期間

§406

　　依本法第四〇六條規定，抗告期間，除有特別規定外，為五日，自送達裁定後起算。但裁定經宣示者，宣示後送達前之抗告，亦有效力。該條所謂特別規定，目前有(1)第四三四條第二項對於駁回再審聲請之裁定另設「十日內」抗告之規定(2)第四三五條第三項對於開始再審裁定另設「三日內」抗告之規定，三日或五日，不過相差二日而已，有無另設特別規定之必要，他日修法時宜加檢討。抗告期間乃法定不變期間，有扣除在途期間及回復原狀規定之適用。

3.抗告之程式

§407

　　提起抗告，係要式訴訟行為，依本法第四〇七條規定，應以抗告書狀，敘述抗告之理由，提出於原審法院為之。言詞抗告係屬無效，須在法定期間內補提書狀。抗告程序並不開庭辯論，抗告書狀必須敘述如何不服原裁定之理由，以憑審查原裁定有無違誤。所提書狀如未敘述理由，即屬違背法定程式，但得命補正。又其書狀之所以向原審法院提出，除由原審法院為程序上審查外，如認為抗告有理由時，依第四〇八條第二項規定，原審法院可更正其裁定而不必申送上級法院。

㈤抗告，係不服裁定而請求原審法院及該管上級法院變更或撤銷
　原裁定以資救濟

　　關於該管上級法院之意義，請參見本書 §344 說明上訴之意義第㈤點。
又智慧財產案件審理法第二十五條及第二十六條關於抗告之規定，併須注
意。

二、抗告程序之流程圖

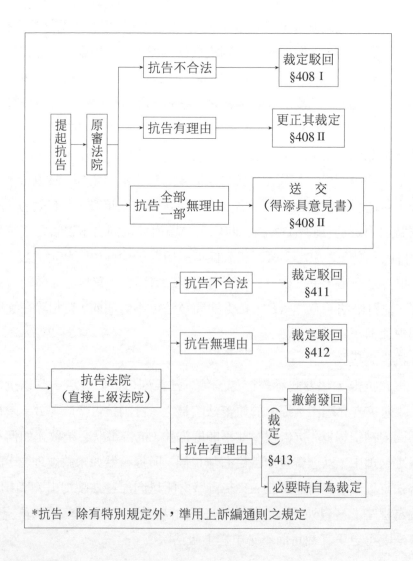

三、抗告案件之處理

㈠原審法院

1.依本法第四○八條第一項規定：「原審法院認為抗告不合法律上之 §408
程式，或法律上不應准許，或其抗告權已經喪失者，應以裁定駁回之。但
其不合法律上之程式可補正者，應定期間先命補正。」此乃基於程序先理
原則，由原審法院先作程序上之審查。上述規定與第三六二條相仿，請參
考該條說明（其中關於「法律上不應准許」之情形，尚須注意第四○四條
及第四○五條之規定）。

2.又依第四○八條第二項規定：「原審法院認為抗告有理由者，應更
正其裁定；認為全部或一部無理由者，應於接受抗告書狀後三日內，送交
抗告法院，並得添具意見書。」此乃對於在程序上合法之抗告案件，由原
審法院進行實體上之審查，如認抗告為有理由者，應更正其裁定，即逕自
撤銷原裁定並更為裁定而不必申送上級法院。惟如認為抗告理由無可採取
者，即應申送上級法院（即抗告法院）核駁。但原審法院得添具意見書供
抗告法院參酌。上述原審法院自行撤銷原裁定及申送上級法院時得添具意
見書之規定，為抗告程序所特有，與上訴程序不同。

3.依本法第四○九條第一項規定：「抗告無停止執行裁判之效力。但 §409
原審法院於抗告法院之裁定前，得以裁定停止執行。」同條第二項復規
定：「抗告法院得以裁定停止裁判之執行。」根據本條規定，抗告雖有阻
斷原裁定確定之效果，但於原裁定之執行力，除另有裁定外，以不停止為
原則，此與上訴有阻斷原判決之確定力及執行力者不同。

4.裁定以處理程序事項為主，本案之訴訟尚在進行中，倘若一有抗告 §410
即須將全案卷證送交抗告法院，勢必延滯本案審判程序。因此原審法院在
原則上祇須將抗告書狀及意見書送交抗告法院即足，如有必要，方將卷證
併送。本法第四一○條爰為下列規定：

原審法院認為有必要者，應將該案卷宗及證物送交抗告法院。

抗告法院認為有必要者，得請原審法院送交該案卷宗及證物。

抗告法院收到該案卷宗及證物後，應於十日內裁定。

㈡抗告法院（即原審法院之直接上級法院。另須注意智慧財產案件審理法之相關規定）

1.抗告法院尚未裁定前，於有必要時，得依第四〇九條第二項規定以裁定停止裁判之執行，並得依第四一〇條第二項規定向原審法院調取卷證。

§§411
～414

2.抗告不合法之駁回：依本法第四一一條規定，抗告法院認為抗告有第四〇八條第一項前段之情形者，應以裁定駁回之。但其情形可以補正而未經原審法院命其補正者，審判長應定期間先命補正。

3.抗告無理由之駁回：依本法第四一二條規定，抗告法院認為抗告無理由者，應以裁定駁回之。

4.抗告合法且有理由者：依本法第四一三條規定，抗告法院應以裁定將原裁定撤銷；於有必要時，並自為裁定。該條條文雖未見「發回」一詞，惟原裁定既經撤銷而不存在，業已回復至原審法院尚未裁定（猶待裁定）之狀態，其實即係發回更為裁定也。又就抗告法院是否自為裁定而言，條文僅稱「有必要時」，顯屬抗告法院之裁量權限。但原審法院駁回檢察官所提羈押被告之聲請如經檢察官抗告時，倘若抗告法院欲自為羈押裁定，必須訊問被告方得為之，且抗告法院能否自行簽發押票，涉及本法第四條管轄權事項，已非有無必要之問題。實務所見，該項抗告案件於原審法院與抗告法院之間，常有多次往返者，其原因在此。在各種強制處分中，以羈押為非常手段，且最嚴厲，自應盡量避免使用。與搜索及通訊監察相互對照比較，此兩種強制處分對於基本人權之侵害，均不如羈押之強烈。依本法第一二八條之一第三項、通訊保障及監察法第五條第三項規定，檢察官所提搜索或實施通訊監察之聲請，一經法院駁回，尚且不得聲明不服；而羈押被告之聲請如經法院駁回時，檢察官猶得抗告，殊屬失衡。本書見解認以修法明定亦不許檢察官聲明不服為宜；至少可考慮限制其抗告不得逾三次，以免延宕不決。

5.依本法第四一四條規定，抗告法院之裁定，應速通知原審法院。

四、再抗告

　　對於抗告法院所為裁定仍有不服而向其上級法院再提抗告者，是謂再抗告。為求審判之順暢進行並避免程序爭點之久懸不決，除於抗告人或相對人有重大利害關係者外，本法以不許再抗告為原則；例外允許再抗告之情形，則採取列舉方式。依第四一五條第一項規定，對於抗告法院之裁定，不得再行抗告。但對於其就下列抗告所為之裁定，得提起再抗告：

　　㈠對於駁回上訴之裁定抗告者。

　　㈡對於因上訴逾期聲請回復原狀之裁定抗告者。

　　㈢對於聲請再審之裁定抗告者。

　　㈣對於第四百七十七條定刑之裁定抗告者（注意：減刑裁定與定刑裁定之性質相同）。

　　㈤對於第四百八十六條聲明疑義或異議之裁定抗告者。

　　㈥證人、鑑定人、通譯及其他非當事人對於所受之裁定抗告者。

　　又依第四一五條第二項規定，前項但書所列得提起再抗告之規定，於依第四〇五條不得抗告之裁定，不適用之。例如張三因背信案件經地方法院為有罪判決後，不服判決提起上訴。同院認為上訴逾期，依第三六二條前段規定，為程序上駁回之裁定。張三不服裁定於五日內提起抗告，經高等法院以抗告無理由仍予裁定駁回。該項裁定雖與第四一五條第一項但書之第一款情形相符，惟背信罪之案件係第三七六條第五款所定不得提起第三審上訴之案件，因此高等法院裁定即屬確定，張三不得提起再抗告。

　　關於再抗告之程序，本編未有特別規定，自當適用第四〇六條至第四一四條各該規定處理。惟其裁定書應載明再抗告字樣，如：再抗告人、再抗告駁回等用語是。

　　此外，本法第四五五條之三二第三項及第四五五條之三六第三項尚有准許再抗告之特別規定，併須注意。

五、準抗告

§§416
～418

　　訴訟上之司法處分，從廣義言，係指法院所為判決、裁定以及法官或檢察官個別本於職權所為之處分而言。德國法即係將 Urteil、Beschluss、Verfügung（判決、裁定、處分）三者合稱為 Entscheidung（裁判）。不服法院裁定之救濟方法為抗告程序，當事人或其他受裁定人得經原審法院向直接上級法院提起抗告；不服法官或檢察官個別本於職權所為之處分者，依本法第四一六條規定，係向為處分之法官或檢察官所屬法院聲請撤銷或變更，由該法院以裁定准駁。此項裁定，除就撤銷罰鍰之聲請所為者外，其餘一律不得抗告。惟該條之聲請撤銷變更原處分，與抗告性質相當，處理程序亦準用抗告之規定，乃以「準抗告」相稱。其因裁定或處分之不同而形成抗告或準抗告之差別待遇，釋字 639 號解釋認無違憲。

㈠準抗告之範圍

　　法官或檢察官所為處分，受處分人如有不服，並非皆得提起準抗告。依本法第四一六條第一項規定，受處分人對於審判長、受命法官、受託法官或檢察官所為處分有不服而得聲請所屬法院撤銷或變更者，係以下列處分為限：

　　1.關於羈押、具保、責付、限制住居、搜索、扣押或扣押物發還、變價、擔保金、因鑑定將被告送入醫院或其他處所之處分、身體檢查、通訊監察及第一○五條第三項、第四項所為之禁止或扣押之處分。

　　2.對於證人、鑑定人或通譯科罰鍰之處分。

　　3.對於限制辯護人與被告接見或互通書信之處分。

　　4.對於第三十四條第三項指定之處分。

　　此外，檢察官依本法第二四五條第二項但書所為限制或禁止之處分，未列入準抗告之範圍，憲法法庭 111 憲判 7 號判決認為違背憲法第十六條保障訴訟權之意旨，應行修法妥為規定；在完成修法前，得準用準抗告程序聲請法院撤銷之。

　　上述各種處分事項，其中亦有以法院裁定行之者，例如依第一二一條

被告之具保、責付或限制住居，於偵查中由檢察官以命令為處分，於審判中由法院以裁定行之；關於羈押，參照釋字 639 號解釋理由書，如係行合議審判之案件而由審判長 、 受命法官或受託法官一人作成羈押被告之決定，是為「處分」；如係偵查中檢察官聲請羈押被告而由輪值（值日）法官一人或三人作成之羈押決定，以及審判中由獨任法官一人、或由合議庭法官三人所為羈押被告之決定，則屬「裁定」；又如依第一三一條所為搜索由檢察官逕行實施之，是為處分；一般搜索須由檢察官聲請法院核發搜索票（裁定）行之，但行合議審判之案件而由審判長或受命法官一人，或受託法官依第一五三條所為搜索扣押則由該法官行之 ， 即係該法官之處分；再如因鑑定將被告送入醫院或其他處所之處分，依第二〇三條規定，審判長或受命法官即得為之，如審判長認有必要時，亦可採取合議裁定；而縮短或延長鑑定留置期間，則依第二〇三條之三規定，必須以法院裁定行之；至若對於證人、鑑定人或通譯科罰鍰之處分，依第一七八條第二項、第一九三條第二項、第一九七條、第二一一條等規定，此種處分須由法院裁定之，僅在第二七九條情形，受命法官行準備程序，依該條第二項前段規定，與「法院」或「審判長」有同一之權限；如係受命法官一人所作對於證人等科罰鍰之決定，即屬「處分」。因此，究應提起抗告抑或提起準抗告（即聲請撤銷或變更原處分），須依個別事項暨法條規定為準；如有誤用，可依後述第四一八條第二項規定辦理。

　　本法第四一六條於一〇三年一月修正後，條文明定該條第一項各款處分雖已執行終結，受處分人亦得聲請（意即準抗告），法院不得以已執行終結而無實益為由駁回。 蓋原處分縱使已然執行完畢，如因準抗告而經「撤銷」，即有確認原處分違背法令之意義（甚且據以究責）也。

　　在此須說明者，高等檢察署檢察官辦理法院組織法第六十三條之一所列各類案件經為本法第四一六條第一項第一款之處分（例如限制出境、出海）者，被告如有不服，應依原案管轄權之歸屬，向該管法院聲請撤銷或變更（例如向該管地方法院聲請撤銷限制出境、出海處分），不得向高等法院提出聲請。在法院組織法上述條文修正前，曾經發生最高檢察署特別

偵查組檢察官對於瀆職等罪案件被告為限制出境處分之案例，被告聲請最高法院撤銷原處分，最高法院 97 臺聲 23 號刑事裁定即以聲請為不合法予以駁回，此一案例可資參考。

◎準抗告救濟程序，原係以不服第四一六條第一項各款所列法官或檢察官之處分者為限。司法院於一〇三年五月十六日公布之釋字 720 號解釋，以當時適用之羈押法第六條及同法施行細則第十四條第一項之規定，不許受羈押被告不服看守所處分之申訴事件向法院請求救濟，與憲法第十六條保障人民訴訟權之意旨有違，相關法規延宕多年仍未修正，爰宣示在相關法規修正公布前，受羈押被告對於申訴決定如有不服，應准許其準用本法第四一六條準抗告之規定，向裁定羈押之法院請求救濟。此一解釋，旨在彌補相關違憲法規完成修正前之空窗期，畀予在押被告救濟途徑，由於看守所處分本不能適用準抗告之規定，遂以「準用」辦理。惟羈押法已於一〇九年一月修正，自同年七月十五日施行，依該法第十一章（陳情、申訴及起訴）內第一〇二條第三項之規定，被告不服看守所駁回異議之決定者，可於五日內，偵查中向檢察官，審判中向裁定羈押之法院，聲請以處分或裁定撤銷或變更之。從而上開解釋即可不必適用。

㈡準抗告之程序（即聲請程序）

1.聲請期間為五日，自為處分之日起算，其為送達者，自送達後起算（第四一六條第三項）。既就有否送達作區別規定，則其所指「自為處分之日起算」，即應自處分之日當日起算（始日算入）。五日聲請期間，係法定不變期間，有扣除在途期間及回復原狀規定之適用。

2.聲請之准駁應以合議裁定行之及原為處分之法官不得參與合議等相關事項，均準用第二十一條第一項之規定（第四一六條第五項）。

3.對於聲請案件之處理，準用第四〇九條至第四一四條抗告程序之規定（第四一六條第四項）。

4.搜索、扣押處分如經撤銷者，審判時法院得宣告所扣得之物不得作為證據（第四一六條第二項）。此項規定並請參閱本書 §131 及 §158 之 4 相關說明。

5.聲請，應以書狀敘述不服之理由，提出於該管法院為之（第四一七條）。

6.法院就第四一六條之聲請所為裁定，不得抗告。但對於其就撤銷罰鍰之聲請而為者，得提起抗告（第四一八條第一項）。

7.第四一六條第一項所列各種處分事項，其中亦有出於法院之裁定者，惟受處分人或受裁定人容或不易分辨，以致誤用救濟程序。為保障其權益，爰於第四一八條第二項明定：依本編規定得提起抗告，而誤為撤銷或變更之聲請者，視為已提抗告；其得為撤銷或變更之聲請而誤為抗告者，視為已有聲請。例如保證金原為聲請具保而設，沒入保證金之處分，應屬第四〇四條第二款及第四一六條第一項第一款「關於具保」之範圍（院 219 號解釋）。倘若具保人對於法院所為沒入保證金之裁定誤為撤銷或變更之聲請者，法院應本於職權適用抗告程序處理；其對於檢察官所發沒入保證金之命令誤提抗告者，法院應即依循準抗告程序辦理。由於兩者聲明不服之法定期間皆為五日，程序變換並無窒礙。

六、抗告準用上訴編通則規定

§419

依本法第四一九條規定，抗告，除本章有特別規定外，準用第三編第一章關於上訴之規定。此條所謂「本章」實係「本編」之誤。所指「特別規定」，例如第四〇四條對於抗告事項之限定，第四〇六條對於抗告期間之規定，第四一〇條第三項抗告法院應於十日內裁定之訓示規定是。至於抗告權人，除依第四〇三條定其範圍外，憲法法院 111 憲判 3 號判決認為本法第三四五條及第三四六條規定，均在準用之列。

七、立法例比較

德日刑事訴訟法除一般抗告外，均有即時抗告 (sofortige Beschwerde) 之規定。後者須受法定抗告期間之限制（德一星期、日三天），前者可隨時提出。對於再抗告，德國法僅有一種例外情形（StPO §310），其餘均不許再抗告；日本法完全禁止再抗告，但另設特別抗告制，對於確定裁定有

違背憲法或判例之情形者，得向最高裁判所提起特別抗告。又德國法明定抗告並無阻斷執行力之效果，但原審法院或抗告法院均得依裁量命停止執行；日本法之即時抗告有阻斷執行力之效果，一般抗告則以不阻斷為原則，但法院得命停止執行。關於準抗告，日本法有此規定，德國法不分裁定或處分，如有不服，均依抗告程序尋求救濟。詳見德國刑事訴訟法 §§304～311a 及日本刑事訴訟法 §§419～434。

本法與德日立法例相比較，依第四〇六條及第四一〇條第三項規定，凡提起抗告者必須遵守法定不變期間五日（第四三五條第三項為三日）之限制，期間之日數介於德日之間。抗告法院應於收受卷證後十日內為准駁之裁定，與其謂無即時抗告之規定，不如謂為已將一般抗告與即時抗告融合。如另增訂即時抗告，恐與一般抗告難以區別，是否有此必要，自應審慎研酌。至於抗告與準抗告之分別規定或不作區分，何者為優，仁智互見，本法現行規定，在應用上尚無窒礙，仍宜維持。受裁定人或受處分人如有誤用救濟程序，在第四一八條第二項已明定其程序之變換，不致損及合法權益。

茲就日本法而論，即時抗告與一般抗告比較，前者具有兩項特徵：㈠須受法定抗告期間限制；㈡須停止原裁定之執行。以駁回法官迴避聲請為例，依日本刑事訴訟法第二十五條及第四二五條規定，對此駁回裁定可於三日內提起即時抗告，且原裁定應停止執行。相同事例依本法第二十二條及第二十三條規定，聲請人可於五日內提起（一般）抗告，如係主張法官有自行迴避之事由者，原案應即停止訴訟程序，可謂雖無即時抗告之名而有即時抗告之實。如認為本法第四〇九條第一項但書尚欠周全，不妨接增文字，酌量選擇某些裁定，明定其應予停止執行，以期兼具所謂即時抗告之實效。

第五編　再　審

　　本編所定再審，與後述第六編非常上訴，均為對於刑事確定判決所設之特別救濟程序。再審係因原確定判決認定事實有誤而糾正其錯誤，與非常上訴旨在糾正原確定判決之法律適用錯誤並不涉及事實問題者，截然不同。判決既經確定，基於法秩序安定性及一事不再理原則，本不容再事變更。惟刑事訴訟以發見真實俾利刑罰權正確行使為目的，確定判決所認定之事實如有錯誤或不當，究難一概忽視不理。本法為兼顧尊重既判力與發見真實之調和，特設再審制度，不論為受判決人❶之利益或不利益，均得聲請再審。爰於本編臚列各種再審原因及聲請權人，明定其聲請程式與處理程序，藉此特別救濟途徑，以期具體刑罰權之正確行使。

一、再審之意義

　　再審（德 Wiederaufnahme），係聲請權人對於刑事確定判決，以其具有法定再審原因，指其認定事實有誤，依照法定程式，請求其原審法院予以重新審判之特別救濟程序。析言之：

　　㈠須案經判決確定後，方有再審之適用。倘若尚未確定，即應依循本

---

❶　1.受刑事追訴之人，於判決確定前稱曰犯罪嫌疑人或被告，請參見 §2 及 §3 說明，迨判決確定後，被告為「當事人」之身分即告喪失。再審程序於開始再審之裁定確定前，原來訴訟繫屬尚未回復，不稱被告而曰受判決人。至於執行程序中，則以受刑人相稱。在非常上訴程序，一經檢察總長向最高法院提起非常上訴，即生訴訟繫屬，因此仍有被告之稱謂。

　　2.被告一詞，德國刑事訴訟法按照其程序之不同階段，使用不同稱謂。在偵查程序稱 Beschuldigte(r)。在開始審判前之中間程序稱 Angeschuldigte(r)。在初審審判程序及上訴審程序均稱 Angeklagte(r)。在再審程序稱 Verurteilte(r)。參見 Heger/Pohlreich, Strafprozessrecht, Rn138, 2Aufl., 2018.

法第三編所定上訴程序尋求救濟。至於確定之裁定，不得對其聲請再審。少年事件處理法第六十四條之一、之二及毒品危害防制條例第二十條之一之重新審理程序，係另一問題。

㈡須具有聲請權之人方得聲請再審。聲請權人範圍，應依本法第四二七條及第四二八條之規定。

㈢聲請再審有其嚴謹之法定再審原因，詳如本法第四二○條至第四二二條各該規定，非可隨意為之。

㈣聲請再審須遵守本法所定程式，詳見本法第四二三條至第四二六條以及第四二九條。

㈤再審程序為就已確定之判決發現事實上錯誤或有錯誤之虞所設救濟方法。聲請再審係主張原確定判決認定事實有誤而求為糾正，與專為糾正法律錯誤之非常上訴有別。

㈥再審之聲請如經准許，法院應依其審級之通常程序，更為審判。再審判決所適用之實體法條如與原確定判決不同，此乃重新認定事實後據以適用法條之結果，與非常上訴判決無涉事實問題而糾正法律錯誤者不容混淆。

㈦有罪確定判決之受判決人雖因獲得特赦而其罪刑之宣告為無效（見赦免法第三條），惟原確定判決仍然存在，受判決人如堅決認為自己清白無辜，唯有聲請再審尋求無罪判決，方能依刑事補償法第一條第二款之規定請求補償。最高法院 106 臺抗 842 號刑事裁定認為赦免與再審，兩者同屬對於有罪確定判決之非常救濟手段，皆以受判決人之利益為目標，屬於併存、互補之關係而不相互排斥。臺灣高等法院一○七年度再字第三號刑事判決即係獲得特赦者另經再審判決無罪之案例。

二、再審程序之流程圖

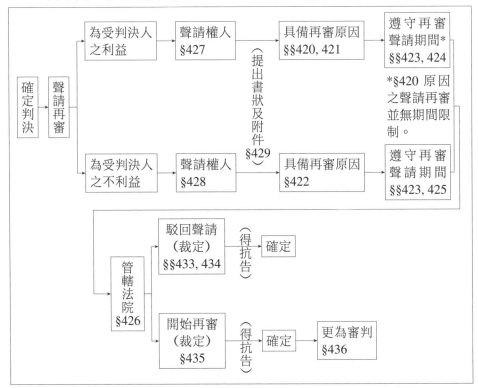

三、為受判決人利益之再審原因

　　本法仿照德國立法例，對於為受判決人利益或不利益之聲請再審，分別規定其再審原因。有罪之判決確定後，為受判決人之利益得聲請再審者，須具備下列原因❷：

---

❷　本法所定為受判決人利益之再審原因，與德、意、日三國刑事訴訟法相似條文對照如下：

本　　法	德刑訴相似條文	意刑訴相似條文	日刑訴相似條文
420 I ㈠	359 ㈠	629 及 630 ㈣	435 ㈠
420 I ㈡	359 ㈡	－	435 ㈡
420 I ㈢	－	629 及 630 ㈠	435 ㈢
420 I ㈣	359 ㈣	629 及 630 ㈠㈡	435 ㈣㈤

§420 ## (一)原判決所憑之證物已證明其為偽造或變造者（本法第四二○條第一項第一款及第二項）

1.謂「所憑」之證物者，係指該項證物經原確定判決採為認定受判決人有罪之基礎證據而言。某項證物如經調查後捨棄不採者，既已否定其憑信力，即無「所憑」之可言。

2.謂所憑之「證物」者，在此處宜解為兼指本法第一六五條書證及第一六五條之一準書證而言。第一六四條至第一六五條之一各條，乃係對於審判長如何就物證、書證及準書證踐行調查，分別規定各該調查方法與程序，並非否定書證與準書證之兼具物件性質。倘若執第一六四條至第一六

420 I ㈤	359 ㈢	–	435 ㈦
420 I ㈥	359 ㈤	629 及 630 ㈢	435 ㈥
420 II	364	633 III	437
421	–		–

表列意大利及日本刑事訴訟法均僅得為受判決人之利益聲請再審，不許不利於受判決人之再審。法國立法例亦同，惟該國刑事訴訟法所定再審原因及管轄較為特殊，依其第六二二條規定，有罪判決確定後得為受判決人利益聲請再審之原因有四種：(1)殺人罪之有罪判決確定後，有充分證據足以證明原判決所認定之被殺者仍尚生存。(2)共犯分受不同裁判彼此不能併存，其矛盾可證明另一受判決人為無辜者。(3)原案證人偽證經判罪確定。(4)發生或發現新事實足以對受判決人是否有罪產生懷疑。我國現行規定，本法第四二○條第一項第二款及第六款，相當於上述(3)及(4)，而上述(2)之原因，如發生在我國，能否援引第四二○條第一項第六款為再審原因，恐有疑問。至於上述(1)情形極為罕見，中國大陸湖北省，有佘祥林者，於一九九四年間遭起訴涉嫌殺妻，案經法院於一九九八年以殺人罪判刑十五年確定。詎料佘祥林之妻張玉在，突於二○○五年三月返家。另有趙作海者，於二○○二年因殺人罪經法院判處死刑緩期二年執行，詎料所謂「被殺之人」趙振裳（晌）突於二○一○年四月返家。上述兩件冤案，均經法院再審改判無罪。又法國之再審聲請案件，一律經由最高法院（又譯稱破毀院，原文為 la Cour de Cassation，英譯 The Court of Cassation）全院會議選派該院法官五名組成之委員會先行審查，如經核可，即提交該院刑事庭進行審理。

五條之一所取體例而認為此處規定原判決所憑之「證物」必須與第一六四條第一項配合，勢必產生盲點。例如證言筆錄如有變造情事，從事變造行為之書記官縱受有罪確定判決，仍無從引用第四二○條第一項第五款聲請再審。其實，書證及準書證本身亦屬物件，此可參照第一六四條第二項意旨即明，此處「證物」一詞，不宜將書證及準書證排除在外❸。

　　3.謂所憑之證物「已證明」其為偽造或變造者，依第四二○條第二項規定，其證明係「以經判決確定，或其刑事訴訟不能開始或續行非因證據不足者為限」。是其證明途徑有二：

　　⑴與證物偽造或變造相關之行為人業經法院為有罪判決確定者，由再審聲請人提出該項確定判決以資證明。

　　⑵如其刑事訴訟不能開始或續行，以致無法獲得有罪確定判決者，必須提供足以證明證物有偽造或變造情事之相當證據，方得聲請再審。例如涉嫌偽造證物之人經檢察官偵查結果認為事證明確，以刑法第一六五條之罪提起公訴後，因逃匿遭通緝久未歸案，或因死亡而由法院判決公訴不受理確定，或因追訴權時效完成而由法院判決免訴確定。再審聲請人雖因上述事實上或法律上之原因，無法提出其人有罪之確定判決為證，仍不妨提供檢察官起訴書、法院之不受理或免訴判決書為替代，據以聲請再審，此等書類具有客觀確實性，且足認已達與有罪確定判決所能證明之同等程度。

㈡原判決所憑之證言、鑑定或通譯已證明其為虛偽者（本法第四二○條第一項第二款及第二項）

　　1.本款於適用時，其「所憑」及「已證明」之含義，均與上述㈠同，不另贅述。

　　2.欠缺具結能力者所為證言如有虛偽情事，絕無構成偽證罪之可能。若為原判決之所憑者，既無法取得偽證罪確定判決，復非不能開始或續行訴訟（可否以其犯罪構成要件不符無法起訴而謂係不能「開始」，恐有疑問），別無替代之證明方法，勢必毫無聲請再審之機會，此問題有待研究

---

❸　日本刑事訴訟法第四三五條第一款所用文句係將證據書類與證物兩者一併列入。他日修正本法似可參考，以杜爭議。

修法方能解決。在未完成修法前，法院採用第一八六條第一項但書所列之人陳述之證言必須十分謹慎。德國刑法第一五三條對於未經宣誓之虛偽陳述，訂有較輕刑度之處罰規定，在聲請再審方面，於適用德國刑事訴訟法第三五九條第二款時，並無窒礙，其立法例可供參考。

㈢受有罪判決之人，已證明其係被誣告者（本法第四二〇條第一項第三款及第二項）

1.本款所定「已證明」之要件與上述㈠同，不另贅述。

2.本款所定「被誣告」者，是否包括刑法第一六九條第二項即學術上所稱準誣告罪在內，不無疑問。由於上述㈠㈡兩種再審原因無法完全涵蓋準誣告之情形（例如栽贓誣陷與偽造證物未盡相同），因此本款不宜將準誣告者排除在外。

㈣原判決所憑之通常法院或特別法院之裁判已經確定裁判變更者（本法第四二〇條第一項第四款）

本款亦有「所憑」一詞，其含義與㈠同。又本款已明定須以所憑相關裁判已經「確定裁判」變更者方得聲請再審，既經取得確定裁判，即不發生相關訴訟不能開始或續行之問題。第四二〇條第二項因此未將本款列入，再審聲請人儘可提出該項確定裁判為證。至於本款所謂特別法院，係指軍事法院而言；所稱通常法院之裁判，宜解為包括民事、刑事裁判及少年法院、行政法院、智慧財產法院之裁判在內。

㈤參與原判決或前審判決或判決前所行調查之法官，或參與偵查或起訴之檢察官，或參與調查犯罪之檢察事務官、司法警察官、司法警察，因該案件犯職務上之罪已經證明者，或因該案件違法失職已受懲戒處分足以影響原判決者（本法第四二〇條第一項第五款及第二項）

本款所定職務上之罪「已經證明」者，與上述㈠㈡㈢之「已證明」同其涵義。至於各該承辦人員受懲戒之情形，由於構成懲戒原因之違法失職事實，與該案件有罪確定判決結果，未必具有關聯性，因此，須其違法失職受懲戒處分足以影響原判決者，方得據以聲請再審。又行國民參與審判

案件確定判決之再審原因，尚包括「國民法官」犯罪之情形在內，國民法官法第九十三條設有補充規定。

㈥因發現新事實或新證據，單獨或與先前之證據綜合判斷，足認受有罪判決之人應受無罪、免訴、免刑或輕於原判決所認罪名之判決者（本法第四二○條第一項第六款）

本款再審原因❹，就實務所見，在聲請再審案件中，占絕大多數，其經准予開始再審之比例甚低，且於應用上所涉問題較多。茲分析說明如下：

1.新規性（或稱新穎性、嶄新性）

⑴本款所稱新事實或新證據，依照一○四年二月修訂之第四二○條第三項規定，係指判決確定前已存在或成立而未及調查斟酌，及判決確定後始存在或成立之事實、證據而言。因此，昔日嚴格限定須於判決當時已經存在為要件之舊見解（例如 28 抗 8、35 特抗 21 號判例），已不合時宜，各該判例業經最高法院一○四年度第五次刑事庭會議決議不再援用。修正本款之立法理由並謂包括原判決所憑之鑑定，其鑑定方法、鑑定儀器、所依據之特別知識或科學理論有錯誤或不可信之情形，或以判決確定前未存在之鑑定方法或技術，就原有之證據為鑑定結果，合理相信足使受判決人應受有利之判決者在內。其實，案經判決確定後之再行鑑定，仍係以判決前之舊有材料及原先鑑定資料為基礎，其再行鑑定結果，無論是否相同，本可認為係「新證據」之發現。已往在適用上產生肯定或否定兩種見解，此次經修正後，當能釐清疑義。「刑事案件確定後去氧核醣核酸鑑定條例」於一○五年十一月十六日制定公布施行後，受判決人或其近親屬可在具備該條例第二條所定條件下，向為判決之原審法院（請對照後述第四二六條

---

❹ 本款再審原因，在德國刑事訴訟法之相似條文為第三五九條第五款，德國學說對此再審原因，以拉丁文稱之為 propter nova （英譯 because of the newness），而對於證據偽造、證人偽證、原案承辦人員有犯罪或違失情事等再審原因，則稱之為 propter falsa（英譯 because of the falseness。falseness 意指參與訴訟程序者之不當行為）。

說明），聲請就本案相關聯之證物或檢體進行去氧核醣核酸鑑定，作為新證據之用。

(2)本款於一〇四年二月修正後，經參考德國立法例，已將發現「新事實」與「新證據」兩者並列。按某項事實是否存在，須憑證據方能認定，事實與證據密不可分。主張新事實者，必須提供新證據以實其說，而發現新證據本來即可聲請再審。茲舉昔日票據刑罰案件為例：在六十二年五月至六十六年七月之間有效適用之票據法第一四一條第四項，對於違反票據法罪支票發票人於辯論終結前清償支票金額全部或一部者，明定為減輕或「免除」其刑之事由。此項清償票款之事實，如於有罪判決確定後始行發現者，依判決前卷存訴訟資料，原確定判決並無違誤，不能適用非常上訴程序救濟。惟其清償票款之事實在判決前已經成立，雖無法以「新事實」為再審原因，倘若用於證明清償票款事實之證據係於判決確定後始行發現者，仍得以發現「新證據」為原因而聲請再審。（見最高法院六十七年度第二次刑庭庭推總會決定。該項決定因票據刑罰廢止而經九十五年度第十七次刑事庭會議決議以不合時宜為由不再供參考。）由此觀之，縱然未列新事實為再審原因，有時仍可依新證據之例聲請再審。新條文將新事實與新證據兩者並列，在應用上，其間如何區分及其有何區分之實益，值得思考。

(3)德國刑事訴訟法第三五九條第五款原文 "neue Tatsachen oder Beweismittel"，其所稱 "Beweismittel" 乃係證據方法之意，與證據資料 "Beweisstoff" 有別；75 臺上 7151 號舊判例亦謂：「……人證，係以證人之證言為證據資料，故以證人為證據方法……」指明兩者須作區分。本款之修正既係參考德國法，則對此「新證據」一詞，即宜詮釋為「新證據方法」或「新證明方法」❺之意，方能累積案例而顯現其區分「新事實」與「新證據」之真正實益❻。

---

❺ 往昔舊判例（75 臺上 7151）所稱證據方法，本法法條用語為「證明方法」或「證明之方法」。例如 §§96、100、156、161、161 之 1。

　　⑷新事證之「發現」與否究以何人為準？此一問題在基本上固應以事實審法院為準，著重於新事證與法院間之關係，惟修正前或修正後之本款均無規定，而 41 臺抗 1 號判例則謂受判決人於判決前所明知之證據非屬新證據，因此除事實審法院「不知」者外，尚須兼以受判決人是否「不知」為要件，注重受判決人與證據間之新規性，有無必要，非無商榷餘地。按再審係因原確定判決認定事實有誤而糾正其錯誤，是否有誤，本應由事實審法院認定，究竟有無新規性，宜視其是否具有「未判斷資料性」❼而定，凡屬法院未經發現因而不及審酌判斷之證據，其證明力究竟如何，法院既係未曾判斷，即已具有新規性。至於受判決人是否明知，應非所問。本款係為受判決人利益之再審原因，最高法院一〇一年度第二次刑事庭會議決議，認為證據如係利益被告而攸關公平正義者，按照本法第一六三條第二項但書規定，法院負有依職權調查之責，足見受判決人所明知卻未聲請調查之有利證據，事實審法院本應主動調查審酌，是否原係受判決人所明知，應與新規性無關。衡酌第六款此次修正放寬再審條件之本旨，上述 41 臺抗 1 號判例業經最高法院一〇四年度第五次刑事庭會議決議，以不合時宜為由而不再援用。

---

❻　例如受判決人對其先前自白翻供或陳明其從未供述之某項情事，此就證據方法而言，仍屬同一人證。但其翻異前詞或事後陳明先前未曾供述之具體情事，則為「新事實」。以上所舉之例，請參閱 Roxin/Schünemann, Strafverfahrensrecht, §57, Rn. 9, 29 Aufl., 2017. 實例見解（最高法院 106 臺抗 722 號刑事裁定）對於證人或共同被告翻異先前供述或事後陳明先前未曾有此供述者，亦認為該證人或共同被告仍屬原確定判決之同一證據方法，雖非新證據，但此項事後翻異之具體情事，則為新事實。再審聲請人必須說明彼等何以先後供述不一，及其新供述之信用性何以較高且足以推翻先前供述證明力之理由。

❼　「未判斷資料性」一詞，請參閱陳樸生，《刑事訴訟法專題研究》，三七四至三七六頁，國立政治大學法律學系法學叢書，七十四年四月初版。又關於新事證之「發現」與否，應以事實審法院為準，法國刑事訴訟法第六二二條第四款明定為 "...which was unknown to the court on the day of the trial..."。

2.可靠性（或稱確實性、明確性、顯著性）

(1)本款於一〇四年修正後，雖將「確實之」三字刪除，但又增訂「單獨或與先前之證據綜合判斷」文句，定為在形式上是否確有再審原因之判斷方法。原有「足認受有罪判決之人應受無罪、免訴、免刑或輕於原判決所認罪名之判決者」等語未予變更，足見並無否定「確實性」要件之意。惟條文既已刪除「確實之」字樣，為求緩和辭意，本書以「可靠性」替代已往慣用之「確實性」一詞，亦即其係以發現新事實或新證據聲請再審者，在形式上必須具備可靠性方能准許。

(2)最早之 19 抗 8，抗戰時期之 32 抗 113，以及遷臺後之 40 臺抗 2 各號判例，對於舊稱確實性之認定，一貫係以該項新證據是否顯然足為受判決人有利判決作基準。過往 32 抗 113 號判例更進一步闡釋，謂就證據本身之形式上觀察，無顯然之瑕疵，可認其足以動搖原確定判決者，即屬符合舊稱確實性之要求，至於能否准為再審開始之裁定，仍應予以相當之調查，而其實質證明力如何，則有待於再審開始後之調查判斷。關於相當之調查，雖有本法總則編第十三（裁判）章第二二二條第二項「為裁定前有必要時得調查事實」之規定可據，究嫌未足。一〇九年一月修法，已增訂第四二九條之三（另詳後述）足資依據，更加周全。

(3)上揭 19 抗 8 及 40 臺抗 2 號判例，業經最高法院一〇四年度第五次刑事庭會議決議，以不合時宜而不再援用，32 抗 113 號判例依然保留。倘若經由該判例所述「相當之調查」而認證據本身為真實可靠時，究應如何認定已達顯然足為受判決人有利判決之程度？本款原無規定。此次修正增訂以「單獨或與先前之證據綜合判斷」為其認定之方法，已有明文可資依據，此係參考德國立法例，學術上稱為「綜合評價說」。日本法於法條未見明文，在司法實務見解方面，該國最高裁判所昭和五十年五月二十日白鳥事件裁定意旨（刑集 29-5-177）謂就聲請人所提新證據與卷存其他全部證據予以綜合判斷，祇須對於原確定判決所認定之事實足以產生合理懷疑者，基於「疑罪有利於被告」原則，即可裁定開始再審。（白鳥警官遭槍殺案，某一同謀共犯聲請再審雖被駁回，但上述裁定意旨成為重要指

標。）其後之昭和五十一年十月十二日財田川事件（刑集 30-9-1673）及平成九年一月二十八日名張事件（刑集 51-1-1）均仍援用白鳥事件裁定所持綜合評價意旨辦理。條文謂單獨「或」與先前之證據綜合判斷，可見並未禁止單獨評價，倘若聲請人所提新證據欠缺證據能力，或有本法第一六三條之二第二項第一款、第二款之情形者，應僅予以單獨評價即可，無須進而連同先前舊證據再為綜合評價。

　　⑷再審程序分為兩個階段：首先審查有無再審原因應否開始再審；俟為開始再審之裁定確定後，原確定判決即告失效，法院應依其審級之通常程序更為審判。審查是否具備再審原因之過程，可謂屬於形式判斷階段，前揭 32 抗 113 號判例所述「相當之調查」，宜解為經由自由證明，對於原確定判決所認定之事實是否正確無誤產生合理懷疑（蓋然性），具有動搖其認定之可能性即足，無須要求達於確信之程度。倘若未能產生合理懷疑，自應駁回再審之聲請。迨開始再審後更為審判究應作成如何之實體判決，誠如該則判例所述，屬於實質判斷階段範圍，此時必須經由嚴格證明形成確信，方能據以判斷。形式判斷採取合理懷疑說，較易開始再審，對受判決人有利。除日本最高裁判所上述見解外，法國刑事訴訟法第六二二條第四款亦有僅要求「產生懷疑」之規定（法文英譯為 after the conviction, a new fact or element occurs or is discovered which was unknown to the court on the day of the trial, which is liable to raise doubts about the guilt of the person convicted.）。本法此次修正本旨在於放寬再審條件，本款再審原因關於可靠性之認定，自以採取合理懷疑說為妥適。已往判例謂須達到顯然足為受判決人有利判決程度一節，其中「顯然」之要求，易產生要求高度蓋然性之誤解，今後需否繼續強調？有待商榷❽。

---

❽　案經綜合評價結果，在德國須對原確定判決認定事實是否有誤產生重大（或充分）懷疑時方能准許開始再審，要求甚嚴。參閱 Löwe/Rosenberg, Die Strafprozessordnung und das Gerichtsverfassungsgesetz, 5 Band, §370, Rn. 17-24, 25 Aufl., 2003 及 Roxin/Schünemann, Strafverfahrensrecht, §57, Rn. 15, 29 Aufl., 2017。惟本法此次修正意旨在於放寬再審條件，不宜採取德例見解。

(5)本款之修正及本法第四二〇條第三項之配合增訂，無論在新規性或可靠性方面，其目的均在促使較易獲准開始再審。然而，本法第四二二條係為受判決人不利益再審之規定，該條現行條文第二款、第三款發現新證據得為不利益再審原因之規定，如採上述綜合評價與合理懷疑之相同立場，祇須具有蓋然性即可輕易開始不利益再審，殊有未妥。倘若對於第四二二條改採從嚴適用立場，則前後採取寬嚴不同之判斷基準，未免有失一貫，面臨兩難困境。此在德國刑事訴訟法，新事證非屬其第三六二條不利益再審之原因，無此疑慮。刑事判決既經確定，基於法秩序安定性及一事不再理原則，本不容再事變更。惟刑事訴訟以發現真實俾利刑罰權正確行使為目的，確定判決所認定之事實如有錯誤，究難一概忽視不理。法律設計再審制度，必須兼顧尊重既判力與發現真實之調和，並從有利於受判決人為考量。聯合國公民與政治權利國際公約第十四條第七項揭櫫一事不再理原則，同條第六項僅承認有利於受判決人之再審，大陸法系法國、意大利、日本均無為受判決人不利益開始再審之規定。本書強烈建議將本法第四二二、四二五、四二八、四三八各條刪除；如認仍需維持不利益之再審規定，至少應將發現新事證之原因部分剔除。司法院於九十二年底送出之本法部分條文修正草案，其中第四二二條修正內容，將不利益再審原因大幅縮減，值得支持採用❾。

3.何謂應受輕於原判決所認罪名之判決

(1)本款所指足認受有罪判決之人應受無罪、免訴、免刑或輕於原判決所認罪名之判決者：①其中應受「無罪」之判決者，最高法院刑事大法庭109 臺抗大 1221 號裁定認為對於裁判上一罪而言，不論應否於主文為無罪之宣示均屬之。②其中「免刑」一詞，專指依照法律規定必須免除其刑者而言。此種情形，依本法第二五二條第九款「法律應免除其刑」之規定，本不應起訴。法條如規定得免除其刑、減輕或免除其刑、得減輕或免

---

❾ 原草案所提本法第四二二條修正內容為：「無罪之判決確定後，有下列情形之一者，為受判決人不利益，得聲請再審：一、（維持現行內容不改）。二、因訴訟上或訴訟外自白，足認其有應受有罪判決之犯罪事實者。」

除其刑者，均非再審原因。③其中「輕於原判決所認罪名之判決」一語，係指應受較輕罪名之判決而言（56 臺抗 102 號判例）。最高法院七十年度第七次刑事庭會議決議更進一步指明，係指與原判決所認罪名比較，其法定刑較輕之相異罪名而言。例如原認放火罪實係失火罪，原認殺尊親屬罪實係普通殺人罪，原認血親和姦罪實係通姦罪等是。至於同一罪名有無減輕刑罰之原因，僅足影響科刑範圍而罪質不變，即與「罪名」無關。從而主張自首或未遂犯，或爭執量刑問題者，均不得據以聲請再審。

　　⑵本款並無足認受有罪判決之人應受不受理判決者得聲請再審之規定，遇此情形，依院 1871 號解釋，應循非常上訴程序救濟，與再審無涉。同理，如有管轄錯誤情形者，亦不得聲請再審（參照本法第三七九條第四款、第五款及第四四一條）。

4.冒名受審與再審問題

　　院 1899 號解釋謂：檢察官誤乙為甲偵查起訴，法院仍誤乙為甲判處罪刑，此種事實錯誤之有罪判決確定後，如實際受有罪判決之某乙所提出之新證據，足認其對於該案應受無罪之判決者，自得為受判決人之利益聲請再審。按上開解釋之原因案件情節，係檢察官誤以某乙為告訴人訴狀所列之被告某甲，而對某乙偵查起訴並經法院判處某乙罪刑確定，其起訴對象自始錯誤。某甲根本未經起訴及未受審判，因此尋求再審判決某乙無罪。此與刑罰權對象同一，不過冒名應訊而已，例如某甲到案冒稱為某乙者，情形有別，真甲既自接受偵查以迄到庭受審始終為同一人，嗣經查覺真名後，即可另以裁定將原判決所載被告姓名某乙更正為某甲，與再審無涉。相關問題另請參閱本書 §266 說明。

(七)**不得上訴於第三審法院之案件，除第四二〇條（即上述(一)至(六)** §421
　　各種再審原因）規定外，其經第二審確定之有罪判決，就足生
　　影響於判決之重要證據漏未審酌者（本法第四二一條）

　　1.本款再審原因，專為不得上訴第三審之案件而設，此類案件除得援用上述(一)至(六)各該原因聲請再審外，另有本款規定之適用。由於此類案件不得上訴於第三審，倘若第二審法院對於足生影響於判決之重要證據漏未

審酌，即予判決，則判決後無復救濟之途。為受判決人利益起見，特許其聲請再審，以資救濟。

2.本款所稱不得上訴於第三審法院之案件，詳如本書 §376 說明。又條文明定為「其經第二審確定之有罪判決」，如係經第一審確定之有罪判決，除具有上述㈠至㈥各該原因者得依第四二〇條聲請再審外，縱使尚有重要證據漏未審酌，仍無本款之適用。須注意者，依本法第七編簡易程序第四五五條之一第一項規定，由地方法院合議庭所為被告有罪之判決，乃係第二審判決，因其並非高等法院之第二審判決，與第三七五條第一項規定未符，即使不在第三七六條各款範圍，仍屬不得上訴於第三審法院之案件。

3.本得上訴於第三審法院之案件，經第二審為有罪判決後，如因並未提起上訴、逾期上訴被駁回、捨棄上訴權、撤回上訴等情形而告判決確定者，除得依上述㈠至㈥各該原因聲請再審外，並無適用本款之餘地。

4.謂「重要證據漏未審酌」者，乃該項證據具有重要性而就原確定判決對於事實之認定足生影響之意，例如當事人聲請調查證據而法院漏未調查復未依法指駁者是。如何可認其係「足生影響」，參照前述第四二〇條第一項第六款之修正規定，亦應採取「綜合評價說」。至若未曾提出、或於判決確定後始提出者，法院於判決前既係無從審酌，即無所謂漏未審酌之可言（能否主張第四二〇條第一項第六款之再審原因係另一問題）。

5.依刑事妥速審判法第八條規定不得上訴於最高法院之案件，其確定判決係被告無罪之判決，不發生本法第四二一條「為受判決人之利益聲請再審」之問題，與該條無關。

以上㈠至㈦各該為受判決人利益聲請再審之原因，其所謂「利益」究指何者而言？在第四二〇條第一項第六款已有明定，即尋求開始再審以期獲得無罪、免訴、免刑或改處較輕罪名之判決是也。雖然該條第一項其餘各款及第四二一條未有「足認受有罪判決之人『應受無罪、免訴、免刑或輕於原判決所認罪名之判決』者」等字句，其為受判決人「利益」之基準，應作一致相同之詮釋。

四、為受判決人不利益之再審原因

§422

　　為受判決人不利益之再審可否容許，乃立法政策問題。以日本為例，舊刑事訴訟法曾經採行，現行法為貫徹該國憲法第三十九條禁止重複追訴處罰之規定，早已改為僅得為受判決人利益而聲請再審。又以英國為例，基於遏阻重大犯罪之需求，破除禁止重複追訴處罰 (Double Jeopardy) 之傳統原則，於二〇〇三年 Criminal Justice Act，例外容許對於若干限定罪名案件受無罪確定判決之人，得以發現新證據為由，進行不利於受判決人之再審❿。日本與英國，呈現不同取向，英國立法例尤其值得重視。

　　本法仿照德國立法例（StPO §362），除為受判決人利益之再審外，尚得為其不利益聲請再審（惟德例較嚴，新事證非屬不利益之再審原因）。依本法第四二二條之規定，有罪、無罪、免訴或不受理之判決確定後，有下列情形之一者，為受判決人之不利益，得聲請再審：

　　㈠有第四二〇條第一款、第二款、第四款或第五款之情形者。

　　㈡受無罪或輕於相當之刑之判決，而於訴訟上或訴訟外自白，或發現確實之新證據，足認其有應受有罪或重刑判決之犯罪事實者。

　　㈢受免訴或不受理之判決，而於訴訟上或訴訟外自述，或發現確實之新證據，足認其並無免訴或不受理之原因者。

　　以上各款再審原因：第㈠款之應用，可參閱 §420 之㈠、㈡、㈣、㈤各點說明，該款雖未將第四二〇條「第二項」一併援引，惟參照 69 臺抗176 號判例，仍應有其第二項之適用。第㈡款所稱訴訟上之自白或訴訟外

---

❿　英國二〇〇三年 Criminal Justice Act 之 Part 10，有 Retrial for Serious Offences 之規定，對於若干限定罪名案件受無罪確定判決之人，得以發現令人信服之新證據為由，進行不利於受判決人之再審。所稱限定罪名 (Qualifying Offences) 案件，係指殺人罪、性犯罪、毒品罪、縱火罪、爆炸罪、戰爭犯罪、恐怖犯罪等案件而言。所謂令人信服之新證據 (New and Compelling Evidence)，則指實質可靠且有高度證明力而於先前未曾提出之新的證據而言。

之自白，前者係受判決人於原案審判外其他案件訴訟上之自白（30 上 189
號判例），後者係受判決人在訴訟程序以外其他時地承認犯罪之自白，無
論自白時點在判決確定前或確定後，必須先前未經發現，方足當之。如於
判決確定前已有自白而為法院所不採納者，即不得據以聲請再審，且該款
之「自白」僅係再審原因而已，對於受判決人曾否有此自白一節，固須先
加調查，而自白是否與事實相符，則係開始再審以後實質調查之問題。又
所謂發現確實新證據，在應用上可參閱 §420 之第㈥點尤其㈥之 2 之⑸相
關說明。最高法院一〇四年度第五次刑事庭會議決議，對於七十二年度第
十一次刑事庭會議決議之審查結論，認為第四二二條「新證據」之意義，
仍採已往見解，即指該項證據於事實審法院判決前已經存在，當時未能援
用審酌，至其後始行發見者而言。再者，該款所謂輕刑重刑，依院解
3490 號解釋，係指罪名之輕重而言，情節輕重問題，屬於量刑範圍，並
不包括在內。第㈢款再審原因，除以免訴、不受理確定判決為再審對象
外，其架構與第㈡款相同，使用「自述」一詞俾與「自白」有別者，蓋
「自述」並未直接關涉犯罪之實體事項也。

五、再審之聲請期間

§§423
～425

再審程序乃為救濟事實錯誤而設，原確定判決所認定之事實既係錯
誤，即應隨時依法糾正，即使所宣告之刑罰已經執行完畢，或有事實上不
受執行之情形（例如大赦、特赦或刑法第二條第三項、第八十四條等情
形），仍得依法聲請再審。甚至受判決人已死亡者，由本法第四二七條第
四款及第四三七條觀之，仍可為其利益聲請再審。因此，再審之聲請期間
以不予設限為原則，如有法定再審原因，隨時得為聲請。本法爰於第四二
三條規定：「聲請再審，於刑罰執行完畢後，或已不受執行時，亦得為
之。」以明此一意旨。

然而，第四二一條係於第四二〇條一般再審原因以外專為不得上訴第
三審案件所設之特別規定，第四二二條則係不利於受判決人之再審規定，
均宜就其聲請期間，另設例外限制，俾求調和。因此：㈠第四二四條規

定：「依第四百二十一條規定，因重要證據漏未審酌而聲請再審者，應於送達判決後二十日內為之。」此二十日為法定不變期間，有扣除在途期間及回復原狀規定（§§66, 67）之適用。㈡第四二五條規定：「為受判決人之不利益聲請再審，於判決確定後，經過刑法第八十條第一項期間二分之一者，不得為之。」因此，如以聲請再審所主張罪名之法定刑作準，經計算⓫已逾追訴權時效期間一半者，即不得為受判決人之不利益聲請再審，以免刑罰權關係久懸不決。

六、再審之管轄 §426

㈠基本規定

依本法第四二六條第一項規定，聲請再審，由判決之原審法院管轄。詳言之，聲請再審案件，歸由原為審判且其所作判決成為確定判決之法院管轄。判決未經上訴者，再審自應由原審法院管轄無疑。其經上訴後又合法撤回者，與未上訴同，亦應由原審法院管轄（院 1049 號解釋）。又如上訴經上級法院從程序上判決駁回確定者，由於上級審之形式判決並未審究實質內容，仍應由下級審之原審法院管轄。再者，判決確定日期與再審聲請日期往往相距甚久，其間原審法院如經裁併或有管轄區域變更情形，即應歸由原審級承繼事務之法院管轄⓬。

㈡補充規定

判決之一部曾經上訴，一部未經上訴（見 §348 I），對於各該部分均聲請再審，而經第二審法院就其在上訴審確定之部分為開始再審之裁定者，依本法第四二六條第二項規定，其對於在第一審確定之部分聲請再審，亦應由第二審法院管轄之。此乃基於訴訟經濟之考量也。

再審目的在於救濟事實錯誤，判決在第三審確定者，對於該判決聲請再審，若依基本規定歸由原審法院管轄，則最高法院係法律審，如認聲請

⓫　其計算方法，參照最高法院三十年九月三十日刑庭庭長會議決議，並不適用關於追訴權時效停止之規定。

⓬　參見院解 3673 號解釋及最高法院五十二年度第四次民刑庭總會決議。

為有理由，予以裁定開始再審，而就該案件更為審判時，既不能審理事實，仍須為發回或發交下級審法院更審之判決，顯見徒勞而無實益。本法爰於第四二六條第三項明定，在此情形，除以第三審法院之法官有第四二○條第一項第五款情形為原因者外，其聲請再審仍由第二審法院管轄之。

七、再審之聲請權人

§427　　㈠為受判決人之利益聲請再審，依本法第四二七條規定，得由下列各人為之：

　　　1.管轄法院之檢察官❸。

　　　2.受判決人。

　　　3.受判決人之法定代理人或配偶。

　　　4.受判決人已死亡者，其配偶、直系血親、三親等內之旁系血親、二親等內之姻親或家長、家屬。

　　◎條文所稱配偶、姻親，依司法院釋字第七四八號解釋施行法第二十四條第二項前段規定，包含同法第二條所定同性結合關係者在內。

§428　　㈡為受判決人之不利益聲請再審，依本法第四二八條第一項規定，得由管轄法院之檢察官❶及自訴人為之。但自訴人聲請再審者，以有第四二二條第一款規定之情形為限（聲請再審未必開始再審，自訴人似無須委任律師代理）。又依第四二八條第二項規定，如自訴人已喪失行為能力或死亡者，得由第三一九條第一項所列得為提起自訴之人，為再審之聲請。

---

❸　案經移轉偵查而由接受移轉之檢察署檢察官向有管轄權之法院起訴（見 §264 說明及院 598 號解釋）經判決確定者，參照 76 臺上 4079 號判例意旨，原起訴檢察官（即接受移轉之檢察署檢察官）對該確定判決之再審，應解為並無聲請權。

八、再審程序第一階段──再審聲請之程式及其准駁

(一)聲請之程式及相關事項

§429

1.聲請之程式

依本法第四二九條前段規定：「聲請再審，應以再審書狀敘述理由，附具原判決之繕本及證據，提出於管轄法院為之。」所稱「原判決」，係指原確定判決而言。上級審以程序不合法判決駁回上訴確定者，並未審究實質內容，此項判決無須附送，如有發回更審之情形，僅以附具最終實質確定判決為已足。按該條要求聲請人提出原判決之「繕本」，其目的在使法院於尚未調閱案卷前得以先行了解原案情節及確定判決內容，如今使用影印文件甚為普遍，判決之影本當能替代繕本，何況 70 臺上 1107 號判例甚至認為行使影本之作用與行使原本相同。因此，聲請人所提書狀附具原判決之「影本」者，法院自不得拘泥於條文用詞而謂違背程式。一〇九年一月修法，考量原判決正本或繕本，聲請人未必完好保存，甚至可能滅失，因而無法提出，爰予增列但書規定：「但經釋明無法提出原判決之繕本，而有正當理由者，亦得同時請求法院調取之。」以解決事實上之困難，保障聲請人合法權益。倘若聲請人既不提出原判決繕本，復未為上述但書之釋明，法院應依後述第四三三條但書規定，命其補正，不得逕予駁回聲請。

在監所之受刑人聲請再審者，依第四三二條準用第三五八條第二項，再準用第三五一條規定，應經監所長官提出聲請狀，由監所長官附記接受聲請狀之年月日，轉送該管法院。

法院收受（含監所轉送）再審聲請書狀後，依第四三二條準用第三六〇條規定，書記官應速通知他造當事人。

2.委任代理人

§429-1

再審聲請案件可否委任代理人，本法原無規定。一〇九年一月修法，為應實務需要，增訂第四二九條之一，允許聲請人委任代理人，並參照自訴代理人相關規定，就聲請人所委任代理人之資格、人數及其權限，予以

明文規範。該條第一項明定：「聲請再審，得委任律師為代理人。」第二項謂：「前項委任，應提出委任狀於法院，並準用第二十八條及第三十二條之規定。」而代理人檢閱卷證之權限，則依該條第三項準用第三十三條之規定。

§429-2　3.言詞陳述

再審聲請之准駁，悉以裁定行之（見後述第四三三條至第四三五條）。其聲請既非當庭提出，即無本法第二二二條第一項應經言詞陳述規定之適用。一〇九年一月修法，鑑於再審制度旨在糾正原確定判決之誤認事實，屬於非常救濟程序，攸關原案當事人之權益甚鉅，爰增訂第四二九條之二，明定應以開庭聽取言詞陳述為原則（與日本刑事訴訟規則第二八六條相仿），改變已往一概採用書面審查之方式。依照增訂條文規定：聲請再審之案件，除顯無必要者外，應通知聲請人及其代理人到場，並聽取檢察官及受判決人之意見；但無正當理由不到場，或陳明不願到場者，不在此限。再審聲請人未必為檢察官或受判決人本人，條文乃有通知到場及聽取意見之雙重規定。至於所謂「顯無必要者」，例如：聲請人非屬前述第四二七條或第四二八條所定之人，或聲請再審已逾前述第四二四條或第四二五條所定期間，顯然不應准許；或其聲請顯然具有充分理由，無須聽取言詞陳述即可准許者是。

§429-3　4.調查證據

(1)聲請再審，依第四二九條前段規定，應以書狀敘述理由並附具證據。惟如該項證據為私人所不易或無法取得時，即有賴於法院照顧協助。一〇九年一月修法，爰予增訂第四二九條之三，其第一項規定：聲請再審得同時釋明其事由聲請調查證據，法院認有必要者，應為調查。立法說明舉述「諸如該證據為國家機關所持有、通信紀錄為電信業者所保管、監視錄影紀錄為私人或鄰里辦公室所持有等情形」，是其適例。上述規定，法院係由於聲請人釋明難以或無法取得該證據而為調查，既經指明有某項證據之存在，即與「蒐集」證據有別，不可不辨。

(2)再審聲請人所提證據，就其證據本身觀察，是否存有瑕疵，有無證

據能力，能否據以綜合判斷而為准許再審之裁定，參考過往 32 抗 113 號判例意旨，法院應予相當之調查。（至於實質證明力如何，留待再審開始後之調查判斷。）所指「相當之調查」，雖有本法第二二二條第二項「為裁定前有必要時得調查事實」之規定可據，究嫌未足。一〇九年一月修法，爰增訂本（第四二九條之三）條於其第二項規定：「法院為查明再審之聲請有無理由，得依職權調查證據。」可謂係將過往判例予以成文化，俾資依據。（此與德國刑事訴訟法第三六九條、日本刑事訴訟法第四四五條相仿）茲應注意者，本條項之適用，仍須遵守法院不負證據「蒐集」責任之基本法則，非謂法院可協助聲請人搜尋或發掘證據也。

(3)法院根據本條依聲請或依職權調查證據時，應有第四二九條之二之適用，自不待言。

(二)刑罰執行是否停止 §430

依本法第四三〇條規定：聲請再審，無停止刑罰執行之效力；但管轄法院之檢察官於再審之裁定前得命停止。因此，再審書狀及附件雖經提出於管轄法院，受判決人應依原確定判決執行之刑罰，並非當然停止執行。且該條但書所定得為停止執行刑罰之命令者，係管轄法院之檢察官，辦理執行案件之檢察官如果並非配置於管轄法院者，該檢察官即無上述但書之適用。

(三)聲請之撤回 §431

依本法第四三一條第一項規定，再審之聲請，於再審判決前，得撤回之。同條第二項規定，撤回再審聲請之人，不得更以同一原因聲請再審。又依第四三二條規定：「第三百五十八條及第三百六十條之規定，於聲請再審及其撤回準用之。」 §432

(四)聲請之准駁

1.聲請駁回

(1)程序不合 §433

本法第四三三條規定：「法院認為聲請再審之程序違背規定者，應以裁定駁回之。但其不合法律上之程式可以補正者，應定期間先命補正。」

所謂違背程序規定之情形，例如：聲請人無聲請權、未向第四二六條所定法院為聲請❶、聲請已逾第四二四條第四二五條所定期間、聲請未遵守第四二九條所定程式❶、曾經撤回聲請之人更以同一原因為聲請、誤對裁定或未確定之判決聲請再審、為已死亡受判決人之不利益聲請再審等屬之。由於程序不合，法院無須審查究竟有無再審原因，應逕為駁回聲請之裁定。聲請人對此裁定如有不服，得於五日內抗告，但應注意第四○五條之限制規定。倘若不合法定程式可補正者，應命限期補正，不得逕予駁回。（第四二九條但書相關說明併請參閱）

§434　　　(2)無理由

再審之聲請，經核並無上述程序不合情形者，即應從實質上審查其是否符合第四二○條至第四二二條各種再審原因，詳見各該條款相關說明。如經審查結果，認為並未具備法定再審原因時，其聲請理由即無可取。依本法第四三四條第一項規定：「法院認為無再審理由者，應以裁定駁回之。」聲請人或受裁定人對於駁回聲請之裁定如有不服，依一○九年一月增訂之同條第二項規定，得於裁定送達後十日內抗告（惟應注意第四○五條之限制規定）。

又依第四三四條第三項規定：「經前項裁定後，不得更以同一原因聲請再審。」按此項規定，為第四三三條所無，因此，再審之聲請經法院以程序不合為由予以裁定駁回後，聲請人仍以同一原因重行聲請者，並非法所不許。第四三四條第三項所謂「經前項裁定後」者，實係指同條第一項駁回再審聲請之裁定而言。修法增訂第二項時，本應將「前項」二字改成

❶　上訴經上級審從程序上判決駁回確定者，雖應以下級審之原審法院為再審管轄法院（見 §426 說明）；惟如聲請人誤向上級法院提出書狀同時附送歷審判決資料及證據，並已針對下級審之判決敘明如何請求再審之理由者，似宜認有對該下級法院判決聲請再審之效力。

❶　對於法定程式欠缺之得命補正，在第一審、上訴審及抗告程序，本法均有明文規定，但在再審程序未見準用條文。最高法院見解（101 臺抗 921 號刑事裁定）認為聲請再審既屬訴訟行為，即應適用本法第二七三條第六項規定，對於程式欠缺而可補正者，以裁定命行補正，不得逕行駁回。

「第一項」方為正確。由於疏忽未作配合修正，難免引起誤會。

　　茲須附述者，關於是否確有新事證再審原因之判斷方法，自一〇四年修法後，已明定（見第四二〇條第一項第六款）採取綜合評價說。因此，再審之聲請經以無理由駁回後，倘若原聲請人增提新事證，連同原先主張之新事證，復為聲請再審時，法院即應綜合判斷據以准駁，不得割裂取捨。

2.開始再審　　　　　　　　　　　　　　　　　　　　　　　　　　　§435

　　再審之聲請，經核並無程序不合情形，且已具備法定再審原因者，即應予以准許。依本法第四三五條第一項規定，法院認為有再審理由者，應為開始再審之裁定。同條第二項規定，法院為前項裁定後，得以裁定停止刑罰之執行。又於同條第三項，仿德日即時抗告之例，另訂「對於第一項之裁定，得於三日內抗告」之較短抗告期間，且此項抗告仍須受第四〇五條之限制（院 1871 號解釋）。

九、再審程序第二階段──開始再審以後程序之進行

　　本法第四三六條規定：開始再審之裁定確定後，法院應依其審級之通常程序，更為審判。是開始再審裁定須俟確定後方有本條之法定效果。所謂「依其審級之通常程序更為審判」，意即原已消滅之訴訟繫屬因而回復。惟如原來第二、三審確定者，一般皆係回復為第二審程序（注意第四二六條第三項之除外情形）。原案件處於尚未判決之狀態，分別情形依循各該審級之訴訟程序進行審判；再審前之原來各項判決，於開始再審裁定確定後即已失其效力❶。開始再審之裁定，僅認定具備再審原因而已，案經開始再審後，法院必須本於再審更為審判之結果而為判決，即使為受判決人　§436

---

❶　見 33 上 1742 號判例。判決經第三審確定而對於該判決聲請再審，依第四二六條第三項規定歸由第二審法院管轄者，倘若開始再審裁定確定，原先之二、三兩審判決均失其效力。凡經開始再審裁定確定者，原確定判決失效，其所宣告之刑罰當然不能執行，與第四三〇條所指聲請再審准駁未定之情形不同，自無該條之適用。

利益之再審，仍不排除變更原來起訴法條之可能性（須注意 §439），無論其結果與先前判決是否相同，均屬適法，不發生與已經失效之再審前原來判決有無歧異之問題。

§437
§438
受判決人雖已死亡，依法仍得為其利益聲請再審，惟經開始再審後，由於當事人一造即被告死亡，訴訟程序無從進行，不能無解決之道。本法爰於第四三七條及第四三八條作如下規定：

【第四三七條】

受判決人已死亡者，為其利益聲請再審之案件，應不行言詞辯論，由檢察官或自訴人以書狀陳述意見後，即行判決。但自訴人已喪失行為能力或死亡者，得由第三百三十二條規定得為承受訴訟之人於一個月內聲請法院承受訴訟；如無承受訴訟之人或逾期不為承受者，法院得逕行判決，或通知檢察官陳述意見。

為受判決人之利益聲請再審之案件，受判決人於再審判決前死亡者，準用前項規定 ❶。

依前二項規定所為之判決，不得上訴。

【第四三八條】

為受判決人之不利益聲請再審之案件，受判決人於再審判決前死亡者，其再審之聲請及關於再審之裁定，失其效力 ❸。

§439
§440
此外，為受判決人之利益聲請再審之案件，如諭知有罪之判決者，依本法第四三九條規定，不得重於原判決所諭知之刑；如諭知無罪之判決者，依第四四〇條規定，應將該判決書刊登公報或其他報紙。前一情形，

---

❶ 第四三七條第二項情形，受判決人係於再審判決前死亡，倘若法院竟以被告死亡為由而諭知不受理之判決，豈非矛盾，殊與再審目的有違，有此第二項準用規定，即可釐清疑慮。

❸ 第四三八條情形，與第四三七條第二項同。惟因第四三八條係為受判決人不利益聲請再審之案件所作規定，當初欲求對其不利之判決，由於主體消滅，已無意義。有此（§438）規定，法院即無須更為任何判決，實乃回復再審前原來判決確定之狀態，如同未曾開始再審也。

由於第四三九條未設如同第三七○條但書例外之規定，因此，即使再審審
判結果所論罪名，其法定刑之最低度猶較原確定判決所諭知之刑為重，仍
祇能宣告原來之刑度，形成諭知輕於該罪法定最低本刑之刑特例。後一情
形，將再審無罪判決內容刊登公報或新聞紙，旨在回復受判決人名譽。

第六編　非常上訴

　　本編所定非常上訴，與前述第五編再審同屬對於刑事確定判決所設之特別救濟程序。本法受日本及法國立法例影響，除再審外，尚有非常上訴制度，前者救濟事實錯誤，後者救濟法律錯誤。日本刑事訴訟法第四五四條至第四六〇條為「非常上告」之規定，本編與日例相似；法國刑事訴訟法第六二〇條及第六二一條係關於為維護法律上利益而提起非常上訴（原文英譯 Cassation Applications in the Interest of the Law）之規定，檢察總長可主動或依司法部命令，訴請最高法院（又譯稱破毀院，原文為 la Cour de Cassation，英譯 The Court of Cassation）撤銷違背法令之裁判或司法處分（例如陪審員之遴選、引渡人犯之決定）。

　　本法十七年公布之（舊）第四三三條條文為：「判決確定後，發見其審判係屬違法者，最高法院首席檢察官得向最高法院提起非常上訴。」沿用北洋政府刑事訴訟條例所取非常上訴名稱，以迄於今。由於非常上訴案件僅得由檢察總長提出，且專屬最高法院管轄，而最高法院係以糾正違法裁判為職掌，因此，非常上訴之判決無論是否選編為判例，其判決理由所述內容，具有統一法律見解之作用（釋字 238 號解釋理由謂非常上訴旨在統一審判上法律之適用），對於下級法院產生重要影響。

一、非常上訴之意義

§441
§442

　　非常上訴，係檢察總長於刑事判決確定後，發見該案件之審判有違背法令情事，而訴請最高法院予以撤銷糾正之特別救濟程序。茲簡析如下：

　　㈠非常上訴依本法僅得由最高檢察署檢察總長提起之。

　　㈡提起非常上訴，須對於確定判決為之，兼及具有與科刑判決相同效力之確定裁定。

㈢提起非常上訴，須以裁判確定案件之審判違背法令為上訴理由。倘若涉及事實認定問題，屬於再審程序救濟範圍。（後述「六、非常上訴之判決」另有詳細說明）

㈣非常上訴案件專屬最高法院管轄。

㈤非常上訴之判決，除依第四四七條第一項第一款但書及第二項規定者外，其效力不及於被告。

二、非常上訴之上訴權人──檢察總長

依本法第四四一條規定：「判決確定後，發見該案件之審判係違背法令者，最高檢察署檢察總長得向最高法院提起非常上訴。」檢察總長乃本法所定唯一具有非常上訴之上訴權者（自一○二年八月十五日起，在軍事審判法修正前經軍事法院判決確定之案件，如有非常上訴之事由者，僅得依本法規定由檢察總長核提非常上訴，不再適用軍事審判法第二二六條前段之規定，見該法第二三七條第二款但書）。個別案件縱有違背法令情事，而其有無提起非常上訴之必要，檢察總長擁有裁量權。至於各級檢察官如發見刑事裁判確定案件之審判有違背法令情事，依本法第四四二條規定，應具意見書將該案卷宗及證物送交檢察總長，聲請提起非常上訴。又被告能否就其案件聲請檢察總長核提非常上訴，法條並無明文，參照本法第二條第二項意旨，應採取肯定說。且歷來實務亦係如此辦理，其經審核結果未提非常上訴者，最高檢察署無不詳述理由函復聲請人。

三、非常上訴之對象──刑事確定判決

提起非常上訴，須以違法之刑事確定判決為對象，本法第四四一條定有明文。對於實體判決固可提起非常上訴，即使程序判決，亦得為非常上訴之對象（見釋字 271 號解釋與 29 非 23⑴及 29 非 71 號判例）。由於非常上訴案件專屬最高法院管轄，其判決即係確定判決。從而，非常上訴判決本身如有違背法令，檢察總長自得對該非常上訴判決提起非常上訴；且如原確定判決曾經提起非常上訴被駁回者，仍得對之提起第二次以上之非

常上訴，並無次數或期間限制。此際如該項駁回非常上訴之判決本身並未違背法令，則僅得對原確定判決再提非常上訴（見最高法院六十七年度第十三次刑事庭庭推總會決定）。

　　本法第四四一條所稱判決，歷來判解採取擴張解釋，認應包括具有與科刑判決相同效力之刑事裁定在內。因此，諸如：單獨宣告沒收之裁定（如本法第二五九條之一，刑法第四十條第二項及第三項）、減刑之裁定、撤銷緩刑宣告之裁定、定執行刑之裁定、更定其刑之裁定、保安處分之裁定等，皆得為非常上訴之對象❶。又「沒入」雖非刑罰，實例（最高法院105 臺非 43 號刑事判決）認為沒入保證金之裁定確定後，如發現其係違背法令者，亦得依循非常上訴程序撤銷糾正。惟對於少年保護事件之裁定，因少年事件處理法並無準用本法非常上訴之規定，61 臺非 207 號判例謂對此種確定裁定不得提起非常上訴。至於能否適用該法第六十四條之一第一項第一款以適用法規顯有錯誤為理由聲請重新審理，乃係另一問題。

四、非常上訴之理由

　　提起非常上訴，須以判決確定案件之審判違背法令為理由，為本法第四四一條所明定。茲所謂審判違背法令，對照第四四七條並參照 91 臺非 152 號判例，係指其審判程序或其判決之援用法令，與原判決當時應適用之法令有所違背而言，亦即其判決本身違背法令（違反實體法或程序法均屬之。例如誤用法條之判決、欠缺審判權之無效判決）或判決本身以外之訴訟程序（判決前所踐行之訴訟程序）違背法令是也。兩者如何應用，容於後述第四四七條詳加說明。至於違背法令之意義，請參閱第三編第三章相關說明。

---

❶　見院 2507 號解釋。44 臺非 41 號判例。最高法院刑事大法庭 110 臺抗大 489 號裁定。同院四十五年七月二日四十五年度第五次民刑庭總會決議。

五、非常上訴之程式及調查事項

§443 ㈠本法第四四三條規定:「提起非常上訴,應以非常上訴書敘述理由,提出於最高法院為之。」該項非常上訴書,自應由最高檢察署檢察總長具名提出,法條雖未有附送卷證之規定,實際上必然附送也。由於非常上訴唯獨檢察總長方能提出,並由最高檢察署負責文書作業,從未發生違背上述法定程式之案例。

§444 ㈡本法第四四四條規定:「非常上訴之判決,不經言詞辯論為之。」此乃第二二一條所指之特別規定,與日本及法國並非絕對書面審理者,未盡相同。

§445 ㈢檢察總長提起非常上訴,經最高法院收案後,即生訴訟繫屬,最高法院應就此訴不經辯論而為調查及判決,除在極少數具有第四四七條第二項情形者外,原確定案件已然消滅之繫屬並不回復。非常上訴審本於繫屬所生訴訟關係,其判決範圍自應與上訴範圍一致。本法爰於第四四五條第一項規定:「最高法院之調查,以非常上訴理由所指摘之事項為限。」並就所稱調查,於同條第二項明定:「第三百九十四條之規定,於非常上訴準用之。」因此,最高法院審理非常上訴,應受原確定判決所確認事實之拘束,須憑該項事實,據以判斷有否違背法令;對於未經原確定判決認定之實體事實,無從進行調查。依第四四五條第二項準用第三九四條結果,非常上訴審所能調查之事實,僅以關於訴訟程序、法院管轄、免訴事由及訴訟之受理等為限(68 臺非 181 號判例)。倘若非常上訴理由所指摘原案件審判之「違背法令」涉及實體法則時,其因對於實體事實誤認而導致審判違背法令者,是否果真誤認,除可憑卷存資料審斷外,並非最高法院所能調查。從而,關於實體事實暨其前提事實之爭執,均不應屬於非常上訴所能審究之範圍。

　　【例一】票據法第一四一條舊條文❷有處罰所謂空頭支票之規定，六十二年修正公布條文並曾規定發票人於辯論終結前清償支票金額之全部或一部者減輕或免除其刑，此乃必減免，並非得減免。被告即發票人於審判中如已提出清償票款之事實及證據請求減免刑罰，在卷內可考見，而法院疏未予以減免者，顯屬違背法令。惟如被告於審判中從未提出上述事實及證據請求減免，在卷內無可考見者，則法院未予減免，其確定判決適用法律即無違誤可言。關於清償支票金額之事實，乃應否減免刑罰之前提事實，所提涉及調查前提事實之非常上訴，68 臺非 181 號判例即認其為無理由。

　　【例二】刑法第四十七條五年以內再犯者構成累犯之規定，關於前科執行完畢（日期）之事實，乃認定再犯是否在五年以內成立累犯之前提事實。對於原確定判決誤以某甲之假釋日期為前案執行完畢日期因而論處某甲累犯罪刑之案例，最高法院七十年度第四次刑事庭會議決議認為：如果此項誤認，係由於與其採用之證據不符所引起者（如卷內前科資料表記明為假釋出獄日期），自屬審判違背法令，依釋字 146 號解釋前段意旨，得以非常上訴程序救濟，另為有利於某甲之判決。如原確定判決認定某甲構成累犯與所採用之證據並無不符情事(如前科資料表亦係記明執行完畢字樣)，不過事後發見原判決及該項資料均屬錯誤，即某甲確屬假釋出獄人犯，有當時存在之證據（如監獄行刑紀錄），為原判決所不及調查斟酌時，則屬事實錯誤問題，不得提起非常上訴。按此決議意旨，仍以前提事實之有否誤認，如在卷內無可考見，事後始悉卷存資料有誤者，即涉及調查前提事實問題，不得提起非常上訴，與【例一】見解一貫。

　　上述兩例，顯示非常上訴審必須以原確定判決所確認之事實為基礎，據以審斷原案審判有否違背實體法則，不能以事後調查所得資料或就前提事實之爭執，主張與原判決所確認之事實不同而提起非常上訴。惟因本法

❷　票據法第一四一條及第一四二條處罰違反票據法罪之規定，其施行期限於七十五年十二月三十一日屆滿，依中央法規標準法第二十三條規定，因期滿而當然廢止。

第三七九條第十款有「依本法應於審判期日調查之證據而未予調查者」其判決當然違背法令之規定，遂有釋字 181 及 238 號解釋所持對於有此情形之確定判決可循非常上訴予以救濟之見解。後一解釋之理由書更指明法條所稱「依本法應於審判期日調查之證據」，係指事實審訴訟程序中已存在之證據而言，以示其應用範圍並非漫無限制。違背法令一詞，不論違背實體法則或程序法則，均包括在內。非常上訴理由如係指摘原確定案件之審判涉及違背程序法則，最高法院本得依職權調查事實，並無疑問。倘若所指摘事項涉及違背實體法則時，對照釋字 238 號解釋理由，僅能憑已經存在於事實審訴訟程序中之證據資料，亦即存在卷內可以考見之訴訟資料予以審斷，非可逾越第四四五條第二項準用第三九四條限於程序法上事實之調查範圍，以免軼出非常上訴審之權限。

六、非常上訴之判決

§446 **㈠非常上訴無理由者**

依本法第四四六條規定：「認為非常上訴無理由者，應以判決駁回之。」按最高法院駁回第三審上訴之判決，係就上訴為不合法或無理由，分別適用第三九五條或第三九六條為判決依據。在非常上訴程序，最高法院所為駁回非常上訴之判決，僅有第四四六條為唯一依據，雖未另就非常上訴不合法之情形有何規定，但實務上非無「不合法」之案例發生。因此，第四四六條之適用，其實包括非常上訴在程序上不合法或實體上無理由兩種情形在內。非常上訴有無理由，應以原確定判決所認定之事實為基礎，審查其是否正確適用法令。如無違誤，即為無理由，應駁回上訴。所謂實體上無理由，係指非常上訴理由所指摘事項核無可採，原確定案件之審判並無違背法令情形，或就原確定判決確認之實體事實暨前提事實有所爭執，已逾非常上訴所能審究之範圍者而言。又法律見解之變更，不能執後判決所持見解指摘前次判決為違背法令而提起非常上訴，此種非常上訴應認為無理由。唯一例外允許者，司法院解釋之原因案件，依據釋字 177、193、686、725 及 741 號解釋，如符合各該解釋所示情形者，基於

同一法令牴觸憲法疑義聲請解釋之聲請人，得就其原因案件聲請檢察總長提起非常上訴尋求救濟。至所謂程序上不合法，例如誤對尚未確定之判決提起非常上訴，或誤對非刑事實體確定裁定提起非常上訴是，茲舉實例說明如下：

　　【例一】高等法院之判決正本，採用公示送達方式，但其公示送達未經合議庭為許可之裁定，或並不具備公示送達之原因者，均非適法。該項送達既未發生效力，原判決即無從確定，如對之提起非常上訴，顯非合法（42 臺非 11 及 66 臺非 167 號判例）。

　　【例二】得上訴之案件，因被告死亡未經送達判決，或雖經送達而被告在上訴期間內死亡者，原判決均應認為不確定，即不得對之提起非常上訴❸。但不得上訴第三審之案件，一經第二審判決即告確定，仍得提起非常上訴（最高法院六十年度第一次民刑庭總會決議）。

　　【例三】少年事件處理法並無準用本法非常上訴之規定，對於確定之少年保護事件（舊稱少年管訓事件）實體裁定提起非常上訴，於法不應准許（61 臺非 207 號判例）。

　　再者，釋字 238 號解釋理由書業已指明非常上訴旨在統一審判上法律之適用。因此，其與通常上訴係以針對個案救濟為目的者有別。同屬違背法令之情形，可循通常上訴程序據以提起第三審上訴者，未必皆得提起非常上訴，檢察總長就此擁有裁量權，自應審慎斟酌。即使提起非常上訴，最高法院如認其欠缺必要性，仍得依本法第四四六條規定，以非常上訴無理由而予判決駁回。該院九十七年度第四次刑事庭會議「關於非常上訴之補充決議」（載《司法院公報》五〇卷十二期）謂：「……判決確定後，發見該案件之審判係違背法令，並與統一適用法令有關，具有原則上之重要性；或該判決不利於被告，非予救濟，不足以保障人權者，均依非常上訴程序以資糾正或救濟。至於原確定判決雖有違背法令情形，但尚非不利於被告，且不涉及統一適用法令，而無原則上之重要性；或縱屬不利於被

---

❸　最高法院六十年度第一次民刑庭總會決議尚有「判決確定後被告方死亡者，不得對之提起非常上訴」之見解。

告，但另有其他救濟之道，並無礙於被告之利益者，即無提起非常上訴之必要性，本院得以上訴無理由，判決駁回。……」立論至為正確。自此以後，非常上訴更趨嚴謹（實例參見該院 97 臺非 323 號及 359 號刑事判決）。按該院八十二年度第六次刑事庭會議舊決議曾謂對於原確定判決所為緩刑宣告是否違背法令之前提事實（有無前科？），不問被告之前科資料或案卷是否存在於原確定判決事實審訴訟案卷內而得考見者，非常上訴審均應就此調查裁判云云，由於此項「前提事實之誤認」，其過程並不涉及法令解釋錯誤之問題，參照九十七年度補充決議所持見解，即無提起非常上訴之必要性，八十二年度舊決議已不再供參考。

於此需附述者，九十七年度補充決議第二點指明：「所謂與統一適用法令有關，係指涉及法律見解具有原則上之重要性者而言。詳言之，即所涉及之法律問題意義重大而有加以闡釋之必要，或對法之續造有重要意義者，始克相當。……」等情，其文義即指法律見解之闡釋與統一審判上法律之適用有關而言。倘若未將首句「所謂與統一『適用』法令有關」連貫讀取，易招致僅限縮於法令「闡釋」而置「適用」於不顧之誤會。

§447　**㈡非常上訴有理由者**

最高法院審理非常上訴案件，認為原確定判決所認定之事實為基礎，經審查認為該確定案件之審判係違背法令者，即應依本法第四四七條規定，認非常上訴為有理由，針對「原判決違背法令」或「訴訟程序違背法令」兩種情形，分別予以判決。

1.原判決違背法令者

茲所謂原判決違背法令，乃因適用法則違誤導致判決本身發生錯誤之意。最高法院二十九年二月二十二日關於非常上訴案件之總決議第一項，謂「指判決主文所由生之法令適用係屬違誤者而言。故該項案件依法本應為某種判決，而原審因違背法令為其他之判決者（例如應為竊盜罪之判決，原審竟為強盜罪之判決，或應為不受理之判決，原審竟為有罪之判決），無論係違反實體法或程序法，均屬判決違背法令，應……將其違背法令之部分撤銷。」

第四四七條第一項第一款所指「原判決違背法令者」，經綜合各項判解❹，計有下列情形：

⑴第三七九條第四款情形。

⑵第三七九條第五款情形。

⑶第三七九條第六款、第七款情形，致有依法不應為判決而為判決之違誤，顯然於判決有影響者。

⑷第三七九條第十款情形，致適用法令違誤，而顯然於判決有影響者。

⑸第三七九條第十二款情形。

⑹第三七九條第十四款後段之因理由矛盾致適用法令違誤者。

最高法院認為非常上訴有理由，且具有上述情形者（併請參閱本書§379 說明），應依第四四七條第一項第一款及同條第二項規定，分別為下列判決：

⑴如原判決並非不利於被告者（包括有利於被告及無不利於被告者在內），僅將原判決關於違背法令部分撤銷即足。

⑵如原判決不利於被告者，除將原判決撤銷外，應就該案件另行判決。茲所謂另行判決，乃係代替原審就其判決當時應行適用之法律而為判決，原案件確定後法律縱有變更，不在非常上訴判決所能適用之範圍。

⑶無效判決（請參閱總則編第十三章「五、裁判之無效」說明）亦屬違法判決。如經非常上訴判決予以撤銷，除需終結訴訟繫屬者外，主文祇須諭知「原判決撤銷」即可，無須另行判決，且實際上亦無由改為何種判決之宣告。如原無效判決係不利於被告者，雖未另行判決，仍具有改判之性質。55 臺非 205 號判例所示案例❺，由於撤銷原判決後，原來不合法之上訴仍然存在，非常上訴判決主文必須另為駁回上訴之宣告。但在 50

---

❹ 闡釋何種情形應適用第四四七條第一項第一款之判解，見釋字 181 及 238 號解釋，41 臺非 47、44 臺非 54 及 91 臺非 152 號判例。另見最高法院九十一年度第七次刑事庭會議決議。

❺ 該判例之原判決全文載《司法院公報》九卷五期。

臺非 50 號判例所示案例❻，法院對於一個訴訟繫屬，重複判決兩次，原來繫屬已因前一判決而告消滅，後一判決為雙重判決，當然無效。非常上訴判決主文僅將原判決撤銷即足，無須另行判決。又如誤不合法之上訴為合法，或誤合法之上訴為不合法者，此種違法判決屬於無效判決性質。如已確定，依釋字 135 號及 271 號解釋，其救濟方法均有非常上訴程序之適用（另請參閱總則編第十三章「五、裁判之無效」說明㈡之 1.及 2.暨其❷）。

(4)上述(1)、(2)、(3)均敘及原判決是否不利於被告之問題，究應如何認定？在實務上，須視非常上訴改判結果而定。如其另行判決結果顯較原判決將對被告有利時，即屬第四四七條第一項第一款但書所謂「原判決不利於被告」之情形而應另行判決；如果對被告是否有利尚未可知，或對被告之利益並無不同時，即不能謂原判決係不利於被告而須另行判決。此外，對於各種程序判決或實體與程序判決間之比較，最高法院二十九年二月二十二日關於非常上訴案件之總決議第三項謂，原判決如有：應為不須移送之管轄錯誤判決而誤為有罪判決（參照本法第三三五條）、應為不受理判決而誤為管轄錯誤判決、應為免訴判決而誤為不受理判決、應為無罪判決而誤為免訴判決、不合法之上訴應為駁回上訴之判決而誤為上訴合法且為不利於被告之改判等情形，均為不利於被告。惟其中應為無罪判決而誤為免訴判決者，尚有認其欠缺客觀利益之不同見解（見本書 §362 說明 2.之(6)），併此指明。

(5)非常上訴審於上述(1)、(2)、(4)即第四四七條第一項第一款情形，如係誤認為無審判權而不受理，或其他有維持被告審級利益之必要者，依同條第二項規定，得將原判決撤銷，由原審法院依判決前之程序更為審判，但不得諭知較重於原確定判決之刑 。關於誤認為無審判權而不受理之情形，依第三七九條第五款為當然違背法令，因原案未經實體審理，本應撤銷原判決，由原審法院依判決前之程序更為審判。惟第四四七條第二項所謂「前項第一款情形……」係指整個第一款而言，包括該款但書在內。如

<hr>

❻ 該判例之原判決全文載《司法院公報》四卷十期，惟公報誤刊為五十一年度。

依上述⑷所論，不能認為原判決係不利於被告者，既不必另行判決，即無該第二項之適用。且 29 非 71 號判例及最高法院七十三年度第九次刑事庭會議決議，亦均認為案件本應為實體上之審判而誤為不受理之判決者，其訴訟即告終結，將來是否再行起訴，以及應為實體判決之結果如何，尚不可知，即無從斷定該項違誤之不受理判決確係不利於被告。因此，非常上訴案例❼僅將原判決關於違背法令部分撤銷，未另諭知由原審法院更為審判。關於其他有維持被告審級利益必要之情形，亦本相同原則處理，例如 91 臺非 152 號判例所示案例❽即屬此種類型，最高法院非常上訴判決主文係將原第二、三兩審判決均予撤銷，由原第二審法院依判決前之程序更為審判。

　　至於第四四七條第二項所指其他有維持被告審級利益必要之情形，例如原確定判決誤用無證據能力之證據為認定被告犯罪事實之依據，即係顯然於判決有影響，且於被告不利，並有維持其審級利益之必要，應有該條項之適用。

2.訴訟程序違背法令者

　　茲所謂訴訟程序違背法令，係指判決以外之訴訟程序，違背訴訟法之規定，此項違誤情形，對於全案情節及判決本旨不生影響，縱無該項違誤，仍難足認法院應為相異之判決者而言。依第四四七條第一項第二款規定，最高法院認為非常上訴有理由而係訴訟程序違背法令者，應將原審關於訴訟程序違背法令之部分撤銷。除上述 1.「原判決違背法令者」所列各種情形係屬判決違法外，其餘均屬訴訟程序違背法令而為該條項第二款之適用範圍。惟其中第三七九條第七、十、十四款三者，依相關判解意旨，如未具備上述 1.所敘要件時，仍屬訴訟程序違背法令而非判決違法❾。又

---

❼　見最高法院 75 臺非 28 號刑事判決案例，收錄於最高法院檢察署七十七年五月編印之《非常上訴理由及判決要旨選輯》下冊第五四六頁。又非屬誤認無審判權而係因其他緣由為違誤不受理之判決者，亦依相同原則，不另諭知更為審判，見該選輯下冊第六九六頁 74 臺非 137 號刑事判決案例。

❽　該判例之原判決全文載《司法院公報》四十四卷九期。

如原判決之違誤兼有判決本身違背法令及其訴訟程序違背法令兩種情形時，應適用第四四七條第一項第一款暨第二款規定，併為撤銷之諭知❿。

§448 七、非常上訴判決之效力

本法第四四八條規定：「非常上訴之判決，除依前條第一項第一款但書及第二項規定者外，其效力不及於被告。」因此，非常上訴判決之效力，係以不及於被告為原則。申言之，非常上訴旨在統一審判上法律之適用，業經釋字 238 號解釋理由闡明，最高法院認為非常上訴有理由而依第四四七條所為判決，係撤銷原確定判決有違誤之「部分」或其違誤之「程序」以資糾正，並非撤銷原判決本身，在原則上僅發生宣示其「違背法令」之理論性效力，對於被告而言，為效力所不及。惟如具有第四四七條第一項第一款但書及第二項情形者，非常上訴審將不利於被告之原判決撤銷後，尚須另行判決或由原審法院更為審判，此乃給予被告具體救濟之附帶效果，其判決效力即應及於被告。總之，在「原判決違背法令」之情形，經非常上訴判決結果，如係有利於被告者，其判決效力及於被告，甚且有使因判決確定而告消滅之訴訟繫屬得以回復之機會，否則，其判決效力不及於被告❶。例如原確定判決論被告以刑法第三二一條第一項之加重竊盜罪，誤為有期徒刑「三月」或「六年」之宣告，皆已軼出法定刑度範圍，顯屬違背法令。前者有利於被告，非常上訴之判決僅能將原判決關於

---

❾ 例如最高法院 76 臺非 80 號刑事判決案例，全文見❼所引選輯下冊第五七五頁。該判決於理由內指明，本法第三七九條第十款之規定，必須其已致適用法令違誤，而顯然於判決有影響者，依釋字 181 號解釋，在非常上訴程序，始有第四四七條第一項第一款之適用，倘其應調查而未調查，並未致適用法令於違誤，且於判決亦未有「顯然」之影響者，仍僅屬訴訟程序違背法令之問題，殊不得將第三審之程序與非常上訴之程序混為一談。另有判決理由矛盾而適用法律無誤之 50 臺非 13 號案例，見同冊第六三〇頁。

❿ 另見最高法院 44 臺非 8 號刑事判決案例，全文見❼所引選輯下冊第一七〇頁。

❶ 院 1745 號解釋：宣告緩刑之案件，雖經非常上訴判決，將原判決適用法則違法部分撤銷，但其效力既不及於被告，則原宣告之緩刑期間，仍屬有效。

違背法令部分撤銷，宣示所處徒刑「三月」係違背法令應予糾正。此種糾正雖有理論上效果，但其判決效力不及於被告，即被告仍僅受徒刑「三月」之執行。後者之宣告刑超過法定最重本刑，顯於被告不利，非常上訴判決除糾正違誤產生統一法律適用之理論性效果外，尚須於該罪法定刑度以內另行判決，處以適度之刑（假設改判徒刑三年），其宣告刑之效力及於被告，即被告應受徒刑「三年」之執行，不受「六年」之執行。

至若在「訴訟程序違背法令」之情形，本法第四四八條之「除……外」規定，未將第四四七條第一項第二款情形列入。因此，非常上訴審依該第二款所為判決，不問有利或不利於被告，其效力均不及於被告，僅發生理論上糾正效果，對於被告無何實益。

第四四八條係關於非常上訴判決效力是否及於被告之規定，並不涉及刑罰停止執行問題（參見院 1221 號解釋）。且因非常上訴程序並無如同本法第四三〇條或第四三五條第二項得命停止執行之規定，案經提起非常上訴後，最高法院未判決前，檢察總長或最高法院均無命停止刑罰執行之根據，如被告提出停止執行之聲請，自應不予准許。

八、非常上訴與再審之區別

非常上訴與再審，皆係針對刑事確定案件所設之特別救濟程序，此點雖屬相同，惟兩者之目的及各項程序規定，頗有差異，茲列述其區別如下：

項目 \ 區別 \ 類別	非常上訴	再　審
目　　的	統一審判上法律之適用 （釋字238 號理由），亦即法律錯誤之糾正及救濟	事實認定錯誤之救濟
對　　象	刑事確定判決及具有與實體判決相同效力之刑事確定裁定	以刑事確定判決為限
管轄法院	最高法院專屬管轄	原審法院為原則（詳如 §426）
上訴人／聲請人	唯獨檢察總長始得提起非常上訴	依為受判決人之利益或不利益分別定其再審聲請權人
期間限制	無期間限制	除 §§424, 425 外，其餘並無期間限制
上訴理由再審原因	以原確定案件之審判違背法令為理由	依為受判決人之利益或不利益分別定其再審原因
審理程序	(一)一經提起非常上訴即生繫屬	(一)先有開始再審之裁定，然後依其審級之通常程序更為審判。（分兩階段）
	(二)不經言詞辯論	(二)事實審。須行言詞辯論（第三審法院管轄再審及 §437 情形，乃極少數例外）
	(三)非常上訴審應以原確定判決所確認之事實為基礎，據以審斷原案審判有無違背法令，對於未經認定之實體事實暨前提事實，無從進行調查	(三)開始再審裁定確定後，原確定判決失其效力，原已消滅之訴訟繫屬因而回復，法院必須本於再審更為審判之結果而為判決
判決效力	非常上訴判決，除依 §447 I 但書及 II 者外，其效力不及於被告	再審判決之效力及於當事人
停止行刑	不停止刑罰之執行	法院或檢察官得命停止刑罰之執行
判決登報	無此規定	再審改判無罪之判決書刊登公報或報紙

第七編　簡易程序

　　本法於十七年舊條文第七編，即已有簡易程序之規定，針對被告於偵查中自白、犯罪事證明確之輕微處罰案件，採行處刑命令，並規定被告得聲請正式審判。五十六年修法，取消聲請正式審判規定，將處刑命令與舊有適用於輕罪案件之略式判決，歸併為簡易判決。其後歷經七十九年、八十四年、八十六年三度修正施行，以迄於今，成為本編現行之簡易程序。

　　本法第二七三條之一及之二所定簡式審判程序，與本編簡易程序並不相同，前者仍屬通常程序，除證據調查以簡略方式行之，且不受傳聞法則限制外，其訴訟程序仍按通常審判程序切實踐行。由於兩者名稱近似，甚易混淆，特予指明。

一、簡易程序之產生背景

　　刑案初審階段，與犯罪行為發生時間較為接近，蒐集調查證據較為便利，證人記憶猶新，現場尚能保持，欲求發見真實釐清案情，咸認應以事實審之第一審為中心。又為保障被告正當權益不受非法侵犯，在彈劾模式（或謂對抗模式）之審判程序，採取諸如排除不適格證據、保障被告詰問權、落實審判庭交互詰問制、禁用傳聞證據、踐行言詞及直接審理等嚴密證據法則，以防冤抑。然而，進行複雜冗長之訴訟程序，司法資源耗費甚鉅，被告不堪訟累，刑事案件有增無減。在未區分刑罰與行政罰之國家，行政取締目的之處罰（例如交通違規、違反環保法規等）案件大量增加，問題尤其嚴重。倘若不問案情輕重，無論事證是否明確，一律遵循常規進行審判，以法院有限度之人力物力，顯然無法負荷。因此，各國基於政策上之考量，在訴訟經濟及妥適兼顧之要求下，對於輕微案件，莫不設法簡化其處理程序，俾能紓減積案，使司法資源得以合理分配有效運用。

德國刑事訴訟法第六編規定各類特別程序,該編第一章為處刑命令程序 (Verfahren bei Strafbefehlen) ，對於法定刑為一年以下自由刑或罰金之輕罪（Vergehen，見 StGB§12）案件，許由獨任法官或參審法庭依檢察官之聲請暨其所提證據，不經審判逕以書面處罰令科處被告罰金、沒收、追繳、禁止駕駛等處罰或處分。如被告有辯護人者，尚且得處以宣告緩刑之一年以下自由刑。意大利刑事訴訟法亦有處罰令程序之規定，許由獨任法官不經審判程序逕以書面處罰令科處被告財產刑，並得依公訴人之要求，對被告減輕其刑至二分之一❶。日本刑事訴訟法之略式手續，許由簡易裁判所依檢察官之聲請暨其所提證據，不經公判逕以書面略式命令科處被告五十萬日圓以下罰金或一千日圓以上未滿一萬日圓之科料，並得為緩刑、沒收或其他附隨處分。英美法制，將輕微處罰案件歸由無陪審之基層級法院處理 ， 英國之 magistrate's court （有譯稱治安法院者） 管轄即決犯罪 (summary offences) 案件；美國各州法院名稱不一，諸如 magistrate court, municipal court, justice of the peace court 等，管轄輕罪、微罪案件，即審即決。各該基層級之法院，尚且有非職業法官參與或負責辦案。此外，英美法庭於初審階段採行認罪協商制度，簡化審判程序，以期迅為判決，並提高折服率。此部分與本法第七編之一有關，容後說明。

凡此簡化流程之規劃研擬 ， 其具體方式雖未盡相同 ， 要皆以被告認罪、事證明確、案情簡單、處刑不重（或宣告緩刑）為前提；於控辯兩造並無激烈對抗態勢之情形下，採取既妥且速之簡化程序，有效處理大量之輕微處罰案件，節省司法資源，減輕被告訟累。本法第七編之簡易程序，始於十七年舊法，直接仿自日本，間接仿自德國，大抵亦以上述前提為基礎，兼顧妥速斷案與保障人權之立場。

---

❶ 意大利刑事訴訟法第六編「特別程序」之第五章「處罰令程序」，參閱黃風，譯《意大利刑事訴訟法典》，中國政法大學，一九九四年十一月初版。

二、簡易程序與通常程序之對照圖

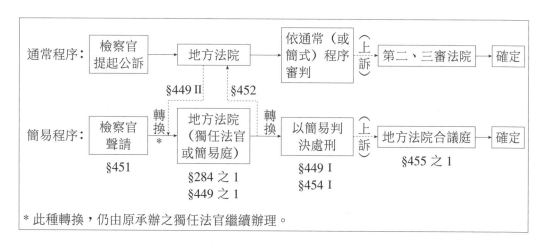

三、適用簡易程序之要件

§449
§449-1
§450

(一)須於第一審法院

　　依本法第四四九條第一項規定，僅第一審法院始能適用簡易程序對被告逕以簡易判決處刑。茲所稱第一審法院，專指地方法院而言。如被告為少年者，簡易程序案件應由少年法庭（院）獨任法官辦理。本法第四條但書所列各罪以及特別法上殘害人群罪之案件，雖以高等法院為第一審法院，惟此類案件情節重大，必須強制辯護（見第三十一條第一項第二款及第三七九條第七款），與簡易程序不經通常審判無須到庭辯論立即處刑者，互不相容；且依第二八四條之一及第四四九條之一規定，簡易程序案件由獨任法官或簡易庭辦理之，而高等法院審理案件必須三人合議，簡易庭則係設於地方法院（見法院組織法第十條），尤其對於簡易判決之上訴，依第四五五條之一規定，歸由地方法院合議庭管轄，其所為第二審判決，並非第三七五條第一項所稱高等法院之第二審判決，無從上訴於最高法院，此與高等法院管轄第一審案件須以最高法院為終審者，顯有牴觸。綜上分析，足見在高等法院並無簡易程序之適用。

㈡須被告犯罪事證已臻明確

刑事案件適用簡易程序時，必須既速且妥，兩者兼顧，不容發生違誤情事，罪證如有疑竇，即有待於查證，殊難簡化處理。因此，第四四九條第一項明定須「依被告在偵查中之自白或其他現存之證據，已足認定其犯罪」之案件，方可逕以簡易判決處刑，以示節制，而昭慎重。茲所謂被告在偵查中之自白，仍應受第一五六條第二項補強法則之約束，欠缺補強證據之自白，根本即失其證明力（46 臺上 809 號判例），無從據以認定被告犯罪，自不容採為簡易判決所憑之證據。至其罪證是否已臻明確，獨任法官或簡易庭應依卷存證據資料妥為審認，依第四四九條第一項但書規定：「有必要時，應於處刑前訊問被告。」如認事證未明者，即應轉換適用通常程序審判。

㈢須由檢察官聲請之（即自訴案件排除簡易程序之適用）

刑事案件是否適於簡易程序辦理，除依法轉換程序者外（§449 II），宜由代表國家實踐刑事政策之檢察官，於執行偵查職務時，作個案考量。因此，案件之適用簡易程序，依第四四九條第一項及第四五一條第一項規定，限於檢察官方有聲請權。被告於偵查中自白者，雖得依第四五一條第四項規定，請求檢察官為聲請，究竟是否提出聲請，仍由檢察官全權決定。至於自訴案件，係由犯罪被害人委任律師具狀逕向法院起訴，無權為適用簡易程序之聲請。須注意者，第四四九條第二項另有轉換程序之規定，即「前項案件檢察官依通常程序起訴，經被告自白犯罪，法院認為宜以簡易判決處刑者，得不經通常審判程序，逕以簡易判決處刑。」

㈣須所科之刑為宣告緩刑、得為易刑之有期徒刑及拘役或罰金

適用簡易程序逕以命令處刑案件，不經通常審判，對於被告權益影響甚大，在簡化手續之餘，就簡易判決之科刑範圍，實有設限必要。第四四九條第三項爰規定其所科之刑以宣告緩刑、得易科罰金或得易服社會勞動之有期徒刑及拘役或罰金為限。復依第四五〇條第一項及第二項規定，以簡易判決處刑時，得併科沒收或為其他必要之處分，並得準用第二九九條第一項但書規定，為免刑之諭知。法條所指其他必要處分，例如沒收有投

票權之人所收受之賄賂是（見刑法第一四三條第二項）。鑑於簡易判決未經通常審判程序，上述科刑範圍限制，係以被告依簡易判決結果無須入獄服刑為考量。檢察官偵查結果，如經衡酌案情，認以使被告受自由刑之執行為必要者，即應正式提起公訴，不得聲請法院以簡易判決處刑；法院如認有使被告服刑之必要，或依卷證資料認其所犯罪名無從為緩刑之宣告者，亦應依第四五二條規定轉換為通常程序審判之。至若依被告所涉罪名及其刑度係無法易刑或宣告緩刑者，當然不能適用簡易程序處理。茲以法定刑為「三年以上十年以下有期徒刑」之罪為例，對照刑法第四十一條及第七十四條規定，既不得易刑，且如別無減刑事由，即因無法宣告二年以下有期徒刑而不得緩刑。此類案件自無簡易程序之適用。

四、簡易程序之開啟

§451

簡易程序之開啟，除由法院依第四四九條第二項規定予以轉換程序者外，始於檢察官聲請書及卷證到達法院而發生訴訟繫屬。依本法第四五一條第一項至第三項規定，檢察官審酌案件情節，認為宜以簡易判決處刑者，應即以書面為聲請，並準用第二六四條關於起訴程式之規定，此項聲請，與起訴有同一之效力。

案件是否以適用簡易程序為宜，除依法轉換程序者外，雖由檢察官決定，惟第四五一條第四項賦予被告請求權，被告於偵查中自白者，得請求檢察官為簡易判決之聲請。

五、求刑與量刑

§451-1

檢察官對於刑事案件之求刑，係依偵查結果，就全案情節及被告所負刑責，向法院表達總評價之意見陳述，提供法院量刑之重要參考，促使法院為合理之量刑，法院固可不受拘束，而求刑之積極意義，在於防止法官量刑擅斷。此在日本司法實務，已行之近百年，雖曾發生違憲爭議（謂有限制法官判斷之嫌），但日本最高裁判所昭和二十四年三月十七日判決例，仍肯定檢察官對於具體的刑罰種類及其分量所為陳述，乃係就法律適用方

面陳述意見之範圍，判認合憲。我國檢察實務，往昔僅就零星個案或重大刑案表達求刑意見，真正訂定規範全面推行者，始自司法院施前院長啟揚先生於任職法務部長期間，曾經提示檢察官運用求刑應行注意事項，以法務部七十四年十二月六日法 74 檢字 14825 號函，基於刑事政策立場，函知各檢察機關辦理，期盼罪得其罰、罰當其罪。本法於七十九年八月修正增訂第四五一條之一，將「求刑」明白載為條文文字，雖僅就簡易程序而言，然則對於通常起訴案件之求刑，亦有正面肯定意義。

　　第四五一條之一第一項至第三項，係關於檢察官求刑依據暨基礎之規定。聲請以簡易判決處刑之案件，被告於偵查中自白者，得向檢察官表示願受科刑之範圍（主刑、從刑。惟自刑法總則編修正另列第五章之一「沒收」專章以後，沒收已非從刑，與後述第四五五條之二第一項第一款文字相對照，此處所指願受「科刑」，能否包括沒收在內，即成疑問。又如「求刑」一詞，亦有相同問題）或願意接受緩刑之宣告，檢察官同意者，應記明筆錄，並即以被告之表示為基礎，向法院求刑或為緩刑宣告之請求。檢察官為該項求刑或請求前，得徵詢被害人之意見，並斟酌情形，經被害人同意，命被告向被害人道歉（憲法法庭 111 憲判 2 號判決認為強制公開道歉與憲法保障言論自由之意旨有違。因此，得被告同意且非公開之道歉，即無違憲疑慮。審判實務應用時必須注意），或（並）向被害人支付相當數額之賠償金。又被告自白而於偵查中未為願受科刑範圍或接受緩刑之表示者，在審判中仍得向法院為之，而由檢察官依被告之表示向法院求刑或請求為緩刑之宣告。須注意者，在此情形被告之表示限於法院尚未作出簡易判決以前為之，否則無從處理（按簡易程序案件不經通常審判迅即終結，第四五一條之一第三項規定，除遇有第四四九條第二項情形者外，甚少適用機會。本法於九十三年四月增訂第七編之一後，該條項實際已為協商程序所替代）。

　　倘若被告未有表示，或其所表示之內容未經記明筆錄，或檢察官並未同意，或檢察官之求刑非以被告所表示之內容為基礎者，均與規定不符，即與第四五一條之一第四項無涉，且不生適用第四五五條之一第二項之問題。

　　以上所述，實與英美法 Sentence Bargaining（量刑協商）類似。就條文文字言，雖著重於被告之向檢察官提出願受科刑或緩刑之意見表示，在實際訊問過程中，究係被告主動表示，抑或檢察官先行曉示，孰先孰後，並無區別之實益。檢察官於偵查中如能妥善運用第四五一條之一第一項及第二項規定，其實即係在偵查中進行求刑協商，可與第七編之一所定起訴後之協商程序前後銜接。

　　關於刑之量定及緩刑之宣告，係實體法上賦予法院得為自由裁量之事項（75 臺上 7033 號判例），本不受檢察官求刑意見之拘束。第四五一條之一第四項雖規定：「法院應於檢察官求刑或緩刑宣告請求之範圍內為判決」，以落實偵查中求刑協商之效果，非特於其範圍內之具體刑度或緩刑期間如何，仍歸法院自由裁量，且在該條第四項尚有但書各款即法院不受拘束之規定如下：

㈠被告所犯之罪不合第四四九條所定得以簡易判決處刑之案件者

　　請參見上述三、適用簡易程序之要件㈠至㈣。

㈡法院認定之犯罪事實顯然與檢察官據以求處罪刑之事實不符，或於審判中發現其他裁判上一罪之犯罪事實，足認檢察官之求刑顯不適當者

　　例如檢察官聲請書載稱被告行竊未遂而據以求處罪刑，法院依卷存證據認定為竊盜既遂；檢察官聲請書載稱被告駕駛公共汽車違規超速以致轉彎傾斜翻覆造成乘客多人受傷，涉有刑法第二八四條第二項業務過失傷害罪嫌，據以求處罪刑，法院發現此項事實尚涉及處罰較重之第一八三條第三項公共危險罪，且該罪無須告訴乃論，自應一併審究並從重處斷。

㈢法院於審理後，認應為無罪、免訴、不受理或管轄錯誤判決之諭知者

　　按適用簡易程序之案件，係對被告逕以簡易判決處刑（包括有罪而免刑者在內，見 §450 II），法院於審理後，如認不能證明被告犯罪（請對照參閱本書 §155 自由心證原則說明㈣之 4.）或其行為不罰，或就該案應為免訴、不受理、管轄錯誤之判決者，即無科刑或宣告緩刑可言，法院當然

不受檢察官聲請意旨之拘束。

㈣檢察官之請求顯有不當或顯失公平者

例如法院審酌全案情節及刑法第五十七條所列事項，並衡量公共利益或被害人權益之維護，認為檢察官求刑範圍與被告之罪責顯不相當或顯失其平，或認為檢察官所提緩刑宣告之請求顯非可採者是❷。

上述第四五一條之一第四項但書所列㈠至㈣款規定，顯示法院對於量刑事項及是否為緩刑宣告，仍擁有最終決定權。茲應注意者，簡易程序與簡式審判程序有別，後者屬於通常程序範疇，檢察官於偵查中與被告獲致求刑範圍或請求宣告緩刑之共識，在踐行簡式審判程序之案件，與第四五一條之一第四項前段無涉，對於法院不發生任何拘束之效果，其判決自無第四五五條之一第二項「不得上訴」規定之適用。

§452（含§449 II ）

六、簡易程序與通常程序之轉換

依本編規定，簡易程序與通常程序之間，有程序轉換機制可資適用：

㈠第四四九條第二項規定，符合適用簡易程序要件之案件，檢察官倘若依通常程序提起公訴者，如經被告自白犯罪（被告先前在偵查中已經自白，或於審判中自白犯罪），而法院認為宜以簡易判決處刑者，得不經通常審判程序，轉換為簡易程序，對被告逕以簡易判決處刑。此種情形，仍由原承辦之獨任法官或受命法官繼續辦理之。

㈡第四五二條規定，檢察官聲請以簡易判決處刑之案件，經法院認為有第四五一條之一第四項但書之情形者，應適用通常程序審判之。此種由簡易程序轉換為通常程序之情形，原案即須移由刑事庭行合議審判。至於是否符合第二七三條之一簡式審判程序而行獨任審判，乃係另一問題。

㈢第四五五條之十八規定，行簡易程序之案件，經法院裁定第三人參與沒收程序者，適用通常程序審判。

---

❷ 參見司法院九十五年十一月十三日發布之「法院加強緩刑宣告實施要點」第七點，刊載《司法院公報》四十九卷一期。

七、簡易判決相關規定

　　檢察官聲請以簡易判決處刑案件，如符合適用簡易程序之要件者，依本法第四五三條規定，法院應立即處分。立即處分，乃迅速終結之意，法院逕以簡易判決處刑時，可否變更檢察官聲請書所引應適用之法條，即有疑問。按本法第三〇〇條屬於通常審判程序章節，在本編未見準用規定；而簡易判決至為簡略，難以敘述如何變更法條之理由；且簡易程序既不開庭，則被告在無從預悉之情形下，對於變更罪名勢必毫無答辯機會；若謂法院可依第四四九條第一項但書規定，指定期日傳訊被告，經第九十五條之告知程序而為變更罪名之告知，未免有失簡易、迅速之本意，何不轉換為通常程序審判。因此，法院對於簡易程序案件如認有待變更法條者，即不宜以簡易判決處刑。 §453

　　法院所為簡易判決，依本法第四五四條第一項規定，應記載下列事項： §454

　　㈠第五十一條第一項之記載（詳見 §51 I）。

　　㈡犯罪事實及證據名稱　（意即僅列證據名目免敘內容及其認定之理由）。

　　㈢應適用之法條。

　　㈣第三〇九條各款所列事項（詳見 §309）。

　　㈤自簡易判決送達之日起二十日內，得提起上訴之曉示。但不得上訴者，不在此限。

　　同條第二項復規定，前項判決書得以簡略方式為之，如認定之犯罪事實、證據及應適用之法條，與檢察官聲請簡易判決處刑書或起訴書之記載相同者，得引用之（注意：該項規定所指引用起訴書之情形，係就本法第四四九條第二項轉換程序之案件而言）。

　　簡易程序貴在簡略、迅速，本法第四五五條爰規定：書記官接受簡易判決原本後，應立即製作正本為送達，並準用第三一四條第二項之規定。按簡易判決必係有罪判決，雖得以簡略方式為之，但其判決正本之應受送 §455

達人，與通常判決並無不同，依總則編第二二七條第一項及本編第四五五條準用規定，簡易判決正本應送達於檢察官及被告，如有被告代理人（§36）、辯護人、告訴人或告發人者，並應分別送達之。

§455-1
八、簡易程序關於上訴抗告之特別規定

(一)上訴部分

　　簡易判決係地方法院獨任法官或簡易庭所為之第一審判決，對於簡易判決有不服者，原得上訴於管轄第二審之高等法院。惟自七十九年八月增訂第四五五條之一條文以後，依該條第一項規定，改由「地方法院合議庭」替代高等法院為第二審上訴案件之管轄法院，即以同一地方法院之合議庭，為該院簡易庭或獨任法官所為簡易判決案件之第二審管轄法院，當年立法理由謂欲減輕高等法院負荷，別無學理可言。按民國初年法院舊制為四級三審，民國三年裁撤初級審判廳後，曾於地方審判廳內添設簡易庭辦理原歸初級審判廳管轄之案件，對該簡易庭所為判決有不服者，仍上訴於其所屬地方審判廳。二十一年制定公布法院組織法以後，改採三級三審制，以迄於今，當年立法原則第三項指稱地方審判廳簡易庭「……所為判決，仍上訴於該地方審判廳，以同一之法院，得分之為二級，同一法院之判決，得名之曰兩審訴訟，轉滋糾紛，人民實受苦累。茲定為實行三級制度，曰地方法院，曰高等法院，曰最高法院，簡單明瞭，民聽不紛……」❸。由此可知，在地方法院設簡易庭辦理輕微案件，如不服其判決，則上訴於同院合議庭之虛二級制，實乃法院組織法當初已經淘汰揚棄者，此種架構，可謂全然遷就現實也。

　　地方法院合議庭辦理不服簡易判決之上訴案件，乃係第二審上訴性質。第四五五條之一爰於第三項明定：「第一項之上訴，準用第三編第一章及第二章除第三百六十一條外之規定。」是凡上訴編通則及第二審程序相關條文，除第三六一條外，皆在準用範圍。惟有下列四點須加說明：

---

❸　見前司法行政部編印，《中華民國法制資料彙編》，第四十七頁，民國四十九年九月出版。

1.對於依第四五一條之一之請求所為之科刑判決（參閱本編五、求刑與量刑），基於期盼有效運用求刑協商並落實求刑效果之政策考量，爰以第四五五條之一第二項規定其為「不得上訴」。此種絕對禁止上訴之規定，成為一級一審特例，較後述第七編之一本法第四五五條之十第一項之限制更加嚴格（該條第一項尚且允許但書例外），若謂並不違反憲法第十六條保障人民訴訟權之規定，除援引釋字 512 及 574 號解釋意旨外，似無其他根據。

2.在不服簡易判決之上訴程序，地方法院合議庭既已成為第二審法院，則原為簡易判決之法官，自不許參與合議庭之裁判。否則，構成本法第三七九條第二款（見第十七條第八款）之當然違背法令。又該合議庭對於不服簡易判決上訴案件之判決，雖屬第二審判決，畢竟仍係地方法院之判決，並非本法第三七五條第一項所稱高等法院之第二審判決，即使有所不服，仍不得提起第三審上訴。

3.本法第三七一條第二審程序被告缺席判決之規定，就通常案件上訴而言，在適用時無可置疑。但在簡易判決上訴程序，原判決已屬書面間接審理而得，被告未受庭訊及未經言詞辯論，地方法院合議庭如援用該條為缺席判決，即無異始終未曾審訊被告，殊欠允當。該條在性質上能否準用，值得推敲，即使可得準用，仍以少用為宜，尤其簡易判決如係科處被告自由刑者，雖有緩刑宣告，將來非無撤銷緩刑之可能，合議庭不妨盡量傳拘被告受審，以昭慎重。

4.簡易程序聲請案件如認應為無罪、免訴、不受理或管轄錯誤之判決者，依第四五一條之一第四項但書第三款及第四五二條規定，不許以簡易判決處理。因此，在合議庭依第四五五條之一第三項準用第三六九條第二項之規定意旨，撤銷原簡易判決改判被告無罪之情形，該項無罪判決應屬第一審無罪判決，檢察官如有不服，得向管轄第二審之高等法院提起上訴（91 臺非 21 號判例）。又如改判免訴、不受理或管轄錯誤者，亦應採取相同見解辦理。

5.簡易判決論處被告罪刑，上訴於合議庭後，經認有第四五一條之一第四項但書第一款情形，而依第四五二條規定，適用通常程序審判，仍為被告有罪之判決者，基於上述相同理由，該項判決乃係第一審有罪判決，與第三七○條無涉，其量刑不受原簡易判決宣告刑之拘束。

㈡抗告部分

關於抗告案件，依第四五五條之一第四項及第五項規定，法院適用簡易程序案件所為裁定之抗告，亦採取虛二級之相同模式，即以同一地方法院之合議庭為抗告法院，並準用本法第四編抗告程序相關規定。例如被告犯妨害名譽罪經簡易判決處刑確定後，原簡易庭或獨任法官因被害人聲請，而依本法第三一五條及釋字159號解釋，以裁定命將判決書登報並令被告負擔費用者，該項裁定如經提起抗告，即應由同一地方法院之合議庭準用本法第四編相關條文辦理之。

第七編之一　協商程序

　　本編係於九十三年四月增訂，自同月九日生效施行。查閱立法資料，列於本編編名下之立法說明略謂……社會多元發展後，刑事審判之負擔日益嚴重，為解決案件負荷之問題，各國均設計簡易之訴訟程序或採取認罪協商機制……我國刑事訴訟制度已朝改良式當事人進行主義方向修正，為建構良好之審判環境，本於「明案速判、疑案慎斷」之原則，對於進入審判程序之被告不爭執之非重罪案件，允宜運用協商制度，使其快速終結，俾使法官有足夠之時間及精神致力於重大繁雜案件之審理等語，是為本法增訂協商程序之緣由。

　　本編各條立法說明中，雖曾零星敘及多國法制，而其主要參考對象，則為繼受英國法制之美國認罪協商制度　（Plea Negotiation ，　又稱 Plea Bargaining）。由於此制在美國涉及憲法增修條文第五條不自證己罪、第六條受陪審團審判之權利、第十四條正當法律程序保障等規定，支持與質疑者各有立場，而聯邦最高法院長期以來❶，始終肯定該項協商制度之合憲

---

❶　David W. Neubauer, *America's Courts and the Criminal Justice System*, 8th ed., 2005. 該書第二九七頁列表簡述相關案例如下：

Boykin v. Alabama (1969), Brady v. U.S. (1970), North Carolina v. Alford (1970), Santobello v. New York (1971), Bordenkircher v. Hayes (1978), Ricketts v. Adamson (1987), Alabama v. Smith (1989), U.S. v. Mezzanatto (1995), U.S. v. Ruiz (2002).

此外，尚有一九七七年 Blackledge v. Allison 案例 (431 U.S. 63) 明白指出，妥適運用協商制度對於被告、法官、檢察官、公眾而言，各方均蒙其利。茲節錄原文如下：

...Properly administered, they can benefit all concerned. The defendant avoids extended pretrial incarceration and the anxieties and uncertainties of a trail, he

性，但一再強調被告之有罪答辯 (plea of guilty) 須係出自其充分了解被訴罪名後所選擇之理智且自願性決定。 聯邦刑事訴訟規則 (Federal Rules of Criminal Procedure) 第十一條，專就認罪協商程序明訂詳細周密之規定，為該國司法實務所遵循之重要規範。法院對於被告有罪答辯之處理，與我國民事訴訟法上「自認」相似，不顧發現真實之考量，逕行承認其不利被告之效果。

協商程序之運用，對於傳統刑事訴訟程序而言，實為一大挑戰。我國最高法院於本編尚未增訂以前，即曾提出強烈質疑❷。此種制度究竟是否

gains a speedy disposition of his case, the chance to acknowledge his guilt, and a prompt start in realizing whatever potential there may be for rehabilitation. Judges and prosecutors conserve vital and scarce resources. The public is protected from the risks posed by those charged with criminal offenses who are at large on bail while awaiting completion of criminal proceedings...

❷ 1.最高法院 91 臺上 7496 號刑事判決理由，除敘述 76 臺上 4986 號判例要旨外，特地指明：「認罪協商制度在未調查全部證據之情形下，即予判決，且部分無辜被告，因恐不接受協商條件可能招致較重之刑罰，為避免風險而勉強接受協商之條件，故經由協商作成之判決，勢必難以期待其達到無所懷疑而得確信其為真實之程度。」

2.德國在刑事訴訟法上原未承認有所謂協商 (Absprache) 之存在 ，但自一九九七年以後，由於聯邦最高法院刑事第四庭一項判決例，對於法庭與當事人之間就審判結果達成合意 ，認為可予接受 ，遂使協商獲得實務上之承認。 迨二〇〇九年修法以後 ，業已建構審判中協商 (Verständigung) 之規範，且經憲法法院肯定其合憲性 (verfassungsgemäss)，該院二〇一三年三月十九日判決意旨 (BVerfGE133, 168–241) 強調其協商務須遵循責任 （罪責）、真實發現、公正、法治國、無罪推定、法院中立諸原則；法院及訴訟參與者對於真實發現及法律適用，不得自由處分；關於量刑事項，應符合罪刑相當原則，不容隨意商定；罪刑之宣告非可僅以協商 （認罪） 為憑，而係以法官內心確信所認定之事實為基礎。

因此，雖經協商成立，法院仍有發見真實之職責，必須踐行證據調查程序方能判決；法院參與當事人（含辯護人）間之協商，應將關於捨棄上訴權事項排除 （即此部分法官不得參與），且如經達成此項協商結果者，法官

妥適，見仁見智，從上述立法說明可知，實乃基於解決刑案沉重負荷之考量，針對非重罪且被告無爭執之案件，在檢、辯兩造對抗態勢薄弱情況下，採取簡捷審理模式，以期合理節省司法資源。

　　本編編名何以未稱「認罪協商」？有稍加說明必要。按認罪協商所協商之事項，有 Charge Bargaining（起訴罪名協商，在第四五五條之二立法說明中譯為控訴協商）、Count Bargaining（起訴罪數或訴因協商，立法說明中譯為罪狀協商）及 Sentence Bargaining（量刑協商）三種。由於法制不同，本法未採訴因制度，且對於刑事案件之追訴審判，涉及第二五一條檢察官起訴法定原則、第二六七條公訴不可分原則、第三〇〇條法院於不妨害事實同一之範圍內得變更起訴法條等問題，關於罪名協商及罪數協商，均難運用。且本編所定之協商，實係檢察官與被告間進行求刑協商，與 Sentence Bargaining 有別。因此本編定名為「協商程序」，以示與真正之認罪協商制度有別。

必須於宣判時明確告知被告知曉，否則不生捨棄上訴之效果；法院認定之事實如與協商合意之事實不符時，其判決即不受協商刑度之拘束；關於協商之重要經過及內容與結果，均應記明審判筆錄，以示透明。

參見 StPO §§35a, 257b, 257c, 273 I, 302 I。(Gerd Pfeiffer, Strafprozessordnung und Gerichtsverfassungsgesetz, §136a, Rn. 10, Einl. Rn. 16-16f, 4 Aufl., 2002. 及 Roxin/Schünemann, Strafverfahrensrecht, §44, Rn. 59-72., §47, Rn. 5, 29 Aufl., 2017.) 惟在學界頗有批判意見。

一、協商程序之流程圖

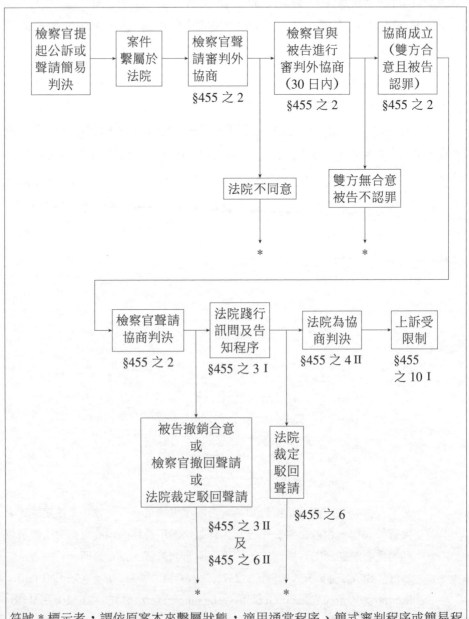

符號＊標示者，謂依原案本來繫屬狀態，適用通常程序、簡式審判程序或簡易程序審判。

二、適用協商程序之要件

依本法第四五五條之二第一項規定，案件必須具備下列要件，方能適　§455-2
用協商程序辦理：

㈠須於第一審法院

本法第七編簡易程序僅能適用於「第一審法院」，為第四四九條第一項所明定，且應解為專指地方法院而言（見本書 §449 說明）。本編第四五五條之二雖無相同揭示，惟該條第一項已將高等法院管轄第一審之案件排除在外，且又限定須於「第一審」言詞辯論終結前或簡易判決處刑前，方得聲請進行協商，顯見協商程序之適用，仍僅以第一審地方法院為限。

㈡須被告所犯非為死刑、無期徒刑、最輕本刑三年以上有期徒刑之罪或高等法院管轄第一審之案件

此類案件並非本法第三十一條所定強制辯護重罪範圍，除有第二七三條之一簡式審判程序可供選擇適用外，依第四五五條之二第一項規定，尚得擇用協商程序辦理。法院依協商程序所為協商判決，不經言詞辯論，並得以宣判筆錄替代判決書，而依簡式審判程序所為判決則否。惟協商判決所科之刑須受限制（見第四五五條之四第二項），而依簡式審判程序所為判決仍屬通常之判決，其科刑除須符合法定刑外別無限制。兩種程序同屬簡捷終結案件之機制，如何選用，當視個案而定。

㈢須案件已繫屬於法院

第七編簡易程序，除由法院依第四四九條第二項規定予以轉換程序者外，係因檢察官聲請簡易判決處刑書及卷證到達法院發生訴訟繫屬而開啟，在此之前，尚未繫屬於法院。本編協商程序，須於案件已由檢察官提起公訴或聲請簡易判決處刑，業已發生訴訟繫屬後，在言詞辯論終結前或簡易判決處刑前，另經檢察官聲請法院同意，方有協商程序之進行。惟逕以簡易判決處刑案件不經庭審，除有依第四五二條轉換為通常程序之情形外，在實際上甚難及時另為協商之聲請。至於案件尚未繫屬於法院前，應係簡易程序第四五一條之一在偵查中進行求刑協商之範圍。又依第四五五

條之十八規定，行協商程序之案件，經法院裁定第三人參與沒收程序者，適用通常程序審判，併須注意。

(四)**須由檢察官聲請之（即自訴案件排除協商程序之適用）**

1. 第四五五條之二第一項所列各款協商事項，涉及刑罰權之行使及刑事政策之裁量，不宜由自訴人為之，條文僅賦予檢察官有聲請法院同意進行協商之權，自訴案件並無適用協商程序之機會。（至於第三二六條第三項有準用第二五三條之二第一項第一款至第四款及第二項與第三項等規定，實務應用時，在整個訊問過程中，雖可能涉有「協商」成分在內，究非本編之協商程序可比。）

2. 檢察官之聲請，得依職權逕行提出，亦得依被告或其代理人、辯護人之請求（決定權仍在檢察官）而提出。為兼顧被害人權利之保障，無論主動或被動依請求而提出聲請，條文明定「檢察官得於徵詢被害人之意見後」經法院同意，於審判外進行協商。所謂徵詢意見，雖非必須徵得同意，惟此項徵詢意見究係強制規定抑或訓示規定，不無爭議。法院實務見解無非以被害人可能不止一人，且未必知悉其姓名住址，一一徵詢恐有困難，何況道歉或支付賠償金之協商，本應得被害人同意，在提出協商聲請前是否先行徵詢意見，已無關重要，因而主張徵詢意見僅係訓示規定。本書見解認為條文曰「檢察官得於……後」，其「得」字係指是否聲請進行審判外協商有待裁量而言，非謂「得」徵詢之意，是否徵詢意見，不容檢察官作裁量，否則何需加一「於」字？案件如有被害人且知其姓名住址者，倘若未予徵詢意見逕提聲請，即有未合。由於科刑及向公庫支付一定金額之協商無須被害人同意，而協商判決又不經言詞辯論，被害人勢將喪失第二七一條第二項所定陳述意見之機會，顯與立法本旨有違。至若被害人姓名住址不明者，此乃無從徵詢而非不為徵詢，檢察官未能徵詢意見，並非疏誤。綜上所述，檢察官提出協商聲請前之先行徵詢被害人意見，應屬強制規定，此乃必須踐行之手續❸。經徵詢意見後，檢察官即得聲請審

---

❸　法務部發布之「檢察機關辦理刑事訴訟案件應行注意事項」第一三八項即定為檢察官於聲請前「應」徵詢被害人之意見。

判外協商，被害人是否同意，並非所問。法院實務見解主張徵詢意見為訓示規定，所持理由尚欠充分。

3.檢察官就是否提出協商聲請為裁量時，自應預行評估協商成立之可能性，其中科刑範圍及宜否緩刑尤屬重點所在，併予指明。又如認有免刑或該案免訴、不受理之情形者，對照第四五五條之四第一項第七款規定，即不應提出審判外協商之聲請，自不待言。

三、協商程序第一階段——審判外協商

案件符合適用協商程序之要件者，在「第一審言詞辯論終結前」或在「簡易判決處刑前」，檢察官得於徵詢被害人之意見後，經法院同意，於審判外，與被告進行協商。必須在上述時段內聲請協商，方有實益與效果。法院如同意檢察官所提聲請，協商程序第一階段即告開始，檢察官與被告，即控辯雙方當事人，於審判外可就下列事項進行協商：㈠被告願受科刑及沒收之範圍或願意接受緩刑之宣告。㈡被告向被害人道歉（憲法法庭 111 憲判 2 號判決認為強制公開道歉與憲法保障言論自由之意旨有違。被告於協商過程中已同意道歉，既非出於強制，即無違憲疑慮）。㈢被告支付相當數額之賠償金。㈣被告向公庫支付一定金額，並得由該管檢察署依規定提撥一定比率補助相關公益團體或地方自治團體（按：此係一〇三年六月修正之內容。並經同時增訂第四五五條之二第四項授權另訂法規命令謂：「第一項第四款提撥比率、收支運用及監督管理辦法，由行政院會同司法院另定之。」）。此等協商事項，係參照第四五一條之一第一項、第二項及第二五三條之二第一項第四款而來。上述㈠之科刑範圍須受第四五五條之四第二項之限制，如被告表示所願受科之刑逾有期徒刑六月且未受緩刑宣告，其未選任辯護人者，依第四五五條之五第一項及第二項規定，法院應指定公設辯護人或律師為辯護人，協助進行協商。辯護人於協商程序，得就協商事項陳述事實上及法律上之意見，但不得與被告明示之協商意見相反。至於沒收之協商，應僅以「得」沒收者為限，其係法律規定應行沒收者，即無協商餘地。又上述㈡及㈢，應得被害人之同意。如就上述

㈠至㈣以外事項有所協議時，乃係任意行為，不生執行效果。雙方於審判外之協商期間，依第四五五條之二第三項規定，不得逾三十日，以免延宕。惟如已逾三十日而檢察官於法院未就該案續行審理前提報協商結果者，法院仍得為協商判決❹，非可指為違背法令。

　　第四五五條之二第一項所謂「經法院同意」，如檢察官係於準備程序中提出協商之聲請者，依第二七三條第一項第八款及第二七九條規定，受命法官即有同意之權限，如在審判期日提出聲請者，即由合議庭或獨任制法院行使同意權。

　　法條既曰「經法院同意」，則是否同意自應由法院決定。案經提起公訴或聲請以簡易判決處刑後，即生訴訟繫屬，法院本應適用通常、簡式審判或簡易程序進行審理。如欲換用協商程序，法院自應擁有同意與否之決定權。為有效運用協商程序發揮協商效果起見，法院固以同意為原則；惟如法院依卷存資料已知該案不合於適用協商程序之要件者，即應不予同意。又如檢察官對於已知之被害人疏未徵詢意見者，法院即應曉諭補行徵詢意見而不必逕予同意。若謂條文所定「經法院同意」不過使法院知悉而已，未免有悖訴訟法理。法院對於檢察官之書面或當庭言詞聲請審判外協商，無論是否同意，均應當庭諭知（書記官須記明筆錄）或函知檢察官。

　　協商程序第一階段即第四五五條之二第一項所稱控辯雙方當事人「於審判外」進行協商，因係兩造之間從事求刑協商。旨在明定法院於此階段不得參與協商之意❺（與德國法之「審判中」協商，法官亦參與者不同），非謂必須離開法院廳舍而在院外其他處所進行協商。如於準備程序或審判期日暫時休庭，而由當事人雙方留在法庭內進行協商者，仍不失為「審判

---

❹　不妨參照本法第三八二條第一項與第三九五條之配合應用情形，上訴人雖逾期補提理由書，但其補行提出時，法院尚未作出判決者，仍認有效，不許駁回上訴。

❺　法官能否參與協商，英美互異。在英國，要求法官參與其事並與被告律師充分溝通（Andrew Sanders & Richard Young, *Criminal Justice*, 2nd ed., 2000, pp. 421–423 及 3rd ed., 2007, pp. 401–403）。在美國，聯邦法院法官不參與協商，各州雖不一致，但大多數法官並不參與協商（見本編之❶書第二九四頁）。

外」協商也。惟如雙方離開法庭而於院外進行協商者，即須注意同條第三項協商期間之規定。

檢察官與被告於審判外進行協商，相互溝通意見，雖與訊問被告有別，當然仍須遵守本法第九十八條之規定。否則，依第四五五條之四第一項第二款規定，法院不得據以為協商判決。惟檢察官曉示被告關於協商之意義及實益並就科刑事項交換意見，屬於進行協商之正常方法，自不能指為脅迫或利誘。

控辯雙方當事人於審判外進行協商如未能達成合意者，協商程序第一階段即告結束，無法進入第二階段。本來繫屬中之案件，法院應依原繫屬狀態適用通常程序、簡式審判程序或簡易程序予以審判。

四、協商程序第二階段——依協商程序為協商判決

前述第一階段之審判外協商，如經當事人雙方合意且被告認罪者，依本法第四五五條之二第一項規定，即由檢察官聲請法院改依協商程序而為判決。其聲請如經法院逕依第四五五條之六第一項規定以裁定駁回者，原案即應依本來繫屬狀態，適用通常程序、簡式審判程序或簡易程序予以審判，另詳後述㈣。此項處理訴訟程序事項之裁定，依該條第二項規定，不得抗告，一經駁回，即告確定，協商程序第二階段提前終結。

檢察官所提上述聲請，如經法院接受者，即開始進入協商程序之第二階段，由法院不經言詞辯論而為協商判決。茲將相關事項分別說明如下：

㈠當事人雙方合意

指檢察官與被告（可能獲有代理人或辯護人 ❻ 之協助），就審判外進行協商之事項，雙方達成合意而言。其協商合意結果，應作成書面紀錄，俾便提出於法院憑以審查，如有必要，並得予以錄音存證。該項書面紀錄，自應由在場參與協商之人簽名，以杜日後爭議。

---

❻　本法第四五五條之五所定情形，法院必須指定公設辯護人或律師，充任被告之辯護人，協助進行協商。

(二)被告認罪

指被告就其被訴事實有所自白，或因協商而為有罪之供認，兩種情形而言。後一情形與美國法所稱協商性答辯 (negotiated plea) 相當❼，係被告本不願自白，由於協商而達成妥協，方為有罪之供認，此與一般自白有別。檢察官於審判外協商過程中，取得被告所為有罪之供認，如未違背本法第九十八條規定，則其認罪即屬合法有效。德國之審判中協商，雖經被告認罪，法院仍須調查證據以防虛假，並未忽視真實發現原則，甚為嚴謹。本法之協商程序，依後述第四五五條之四第二項及第四五五條之十一第二項規定，法院所為協商判決不經言詞辯論，且無傳聞法則之適用，如何察覺被告係虛偽認罪？頗有疑問。請參閱本編前述❷之 2.及後述❶之 1.。

(三)檢察官聲請

必須具備㈠及㈡兩項要件後，檢察官方能就繫屬中之案件聲請法院改依協商程序而為判決。從條文文字敘述先後以觀，似係合意在先，認罪在後，惟究竟孰先孰後，此乃雙方於第一階段如何運用審判外協商相互交換意見之過程，在聲請時，並無區別之實益，法院亦無須研酌。

(四)法院駁回檢察官之聲請

依本法第四五五條之六第一項規定，法院對於第四五五條之二第一項協商之聲請，認有第四五五條之四第一項各款所定情形之一者，應以裁定駁回之，適用通常、簡式審判或簡易程序審判。

案經審判外協商結果，雖獲當事人合意且被告認罪，惟如具有第四五五條之四第一項所列各款情形之一者，法院不得為協商判決。既係不得作

---

❼ 本編之❶所引一九七〇年 North Carolina v. Alford (400 U.S. 25) 案例，被告被訴一級謀殺罪，本不欲自白，因面對大量對其不利之證據，深恐被判處死刑，經協商後，被告一面仍稱無罪，一面又就二級謀殺罪提出有罪答辯。被告 Alford 當庭接受其律師詢問時答稱 I'm not guilty but I plead guilty. 美國聯邦最高法院判決指出，一面拒絕承認實行犯罪之答辯，與一項聲稱無罪但因出於個人利益考量本於理智抉擇而不得不作有罪答辯，兩者並無實質差異，法官接受後一情形之有罪答辯，不構成憲法上之違誤 (The trial judge did not commit constitutional error in accepting it.)。

出協商判決，則檢察官猶聲請改依協商程序而為判決，其聲請之目的顯然
無法實現。法院於未依第四五五條之三行訊問及告知程序前，即已發現有
此情形時，應逕依第四五五條之六第一項規定，以裁定駁回檢察官所提協
商之聲請，於是無法達成協商判決，協商程序第二階段提前終結。如係踐
行訊問程序後發現有此情形者，仍應依相同條項為駁回聲請之裁定，以終
結第二階段協商程序，回復本來繫屬狀態，適用通常程序、簡式審判程序
或簡易程序審判。

§455-3

　　第四五五條之四第一項所定「法院不得為協商判決」之情形，有下列
七款：

§455-4

　　1.有第四五五條之三第二項之撤銷合意或撤回協商聲請者。
　　另見後述㈤之 2.。
　　2.被告協商之意思非出於自由意志者。
　　審判外協商過程之進行，雖與一般訊問被告程序有別，當然仍應遵守
本法第九十八條之規定，非任意性之協商內容，自非合法。
　　3.協商之合意顯有不當或顯失公平者。
　　本款與簡易程序第四五一條之一第四項但書所列第四款相類似。惟本
款立法說明謂法院倘認對被告應諭知無罪者，即屬本款情形而不得為協商
判決。第四五一條之一第四項，已將諭知無罪之情形列入但書之第三款，
因此，其第四款之適用，自不包括諭知被告無罪之情形在內。另請對照參
閱本書 §155 自由心證原則說明㈣之 4.。
　　4.被告所犯之罪非第四五五條之二第一項所定得以聲請協商判決者。
　　此種情形與適用協商程序之要件不符，法院自不得為協商判決。
　　5.法院認定之事實顯與協商合意之事實不符者。
　　6.被告有其他較重之裁判上一罪之犯罪事實者。
　　7.法院認應諭知免刑或免訴、不受理者。
　　以上 5.、6.、7.之情形，與簡易程序第四五一條之一第四項但書所列
第二款及第三款相類似，可參照本書 §451 之 1 相關說明。

(五)法院為協商判決

1.法院接受檢察官之聲請，改依協商程序為判決者，依第四五五條之三第一項規定，應於十日內訊問被告，並告以所認罪名、法定刑及所喪失之權利。此項訊問及告知程序❽，旨在訊明協商合意之內容及是否出於被告之自由意志。且因協商程序不經言詞辯論，諸如受公開審判、詰問證人鑑定人暨與之對質、保持緘默等權利均告喪失。而對於協商判決之上訴又須受第四五五條之十第一項之限制，皆影響被告權益，自應明確告知，使之充分了解。倘若未有異議，即可認其放棄接受通常程序、簡式審判程序或簡易程序審判之權利，方能改依協商程序而為判決。倘若疏未踐行訊問及告知程序即為協商判決者，被告協商之意思是否出於自由意志無從明瞭，宜許主張具有第四五五條之四第一項第二款之情形，依第四五五條之十第一項但書提起上訴尋求救濟。

2.依第四五五條之三第二項規定，被告於同條第一項程序終結前，得隨時撤銷協商之合意；被告違反與檢察官協議之內容時，檢察官亦得於同條第一項程序終結前，撤回協商程序之聲請。上述規定對於被告之撤銷協商合意，無須具備任何理由，旨在保障其訴訟權；對於檢察官撤回協商判決之聲請，則明定必須被告有違反協議內容之情事，方得為之，以示限制。在該條第一項訊問及告知程序終結後，被告雖不得撤銷協商合意，惟如確有冤屈，仍可主張第四五五條之四第一項第二款或第三款事由，促請

---

❽ 案經提起公訴（§264）後，如在準備程序階段成立審判外協商合意且被告認罪，而經檢察官聲請法院改依協商程序為協商判決者，即由受命法官指定訊問期日，踐行第四五五條之三第一項所定訊問及告知程序，併為經合議庭評議結果交由受命法官獨任進行協商程序之諭知。（倘若合議庭全員踐行該項程序並由合議庭為協商判決，仍為法之所許。）如於審判期日經檢察官聲請協商判決者，即由合議庭諭知上述評議結果，或由簡式審判程序之獨任法官諭知改行協商程序。又如係依第四五一條第一項聲請簡易判決案件，經檢察官聲請獨任法官同意進行審判外協商成立合意且被告認罪後，向獨任法官聲請協商判決者，第四五五條之三第一項所定訊問及告知程序，與第四四九條第一項但書所定有必要時訊問被告之程序，不妨合併踐行。

法院審酌。檢察官雖不得撤回協商判決之聲請，惟如依協商內容被告應向被害人支付賠償金，或向公庫或團體支付一定金額，詎竟拖延不付者，依第四五五條之四第四項規定，可循民事強制執行程序辦理。

　　3.法院踐行第四五五條之三第一項所定訊問及告知程序，並經審認協商內容及相關卷證後，除發現有第四五五條之四第一項所定情形之一者外，依該條第二項規定，即應不經言詞辯論，於協商合意範圍內為判決。法院為協商判決所科之刑，以宣告緩刑、二年以下有期徒刑、拘役或罰金為限。法條明定協商判決須於「協商合意範圍」內為之，因此，協商判決所科之刑，不得逾越被告願受科刑之範圍（或願受緩刑宣告），亦即法院對於科刑或宣告緩刑之裁量權受有限制。惟合意內容未必為具體之一定刑期（例如有期徒刑三月），亦得為一定範圍內之刑期（例如有期徒刑三月以上、六月以下）。兩種合意方式相比較：前者，法院毫無裁量餘地，其依第四五五條之六第一項援引第四五五條之四第一項第三款事由而為駁回裁定之機會較多；後者，法院尚有一定範圍之裁量空間，獲得協商判決之機會較高。須注意者，協商之案件，被告表示所願受科之刑逾有期徒刑六月❾且未受緩刑宣告，其未選任辯護人者，依第四五五條之五第一項規定，法院應指定公設辯護人或律師為辯護人，協助進行協商。此乃強制規定，如違背規定疏未指定辯護人協助進行協商，其協商合意顯有不當。法院應依第四五五條之六第一項援引第四五五條之四第一項第三款事由，為駁回之裁定。倘若誤為協商判決，其判決前之訴訟程序，即屬違背被告防禦權之保障規定，由於該判決依第四五五條之十第一項規定不得上訴，僅

---

❾　數罪併罰案件，不問被告就各罪分別願受科刑之範圍如何，如經預估應執行之刑將超過有期徒刑六月且未受緩刑宣告，而被告仍表示願意接受時，本書見解認為即應為被告指定辯護人協助進行協商，以保障其權益。蓋第四五五條之五第一項文字所指「被告表示所願受科之刑逾有期徒刑六月且未受緩刑宣告」者，在被告立場，係指其將來依協商判決結果服刑總刑期之長短也。惟此一問題在實務上有不同見解，由於協商案件不易上訴於最高法院，目前尚乏判例可循。

能依循非常上訴程序參照 91 臺非 152 號判例意旨尋求救濟。

4.最高法院 103 臺非 102 號刑事判決案例,對於協商程序及協商判決之意義,闡釋甚詳,並以協商判決確定後,倘若發覺被告為累犯而予裁定更定其刑,則其主刑經更定後,必較原處之刑為重,有違「量刑協商」本質及誠信原則,因而認為應無刑法第四十七條及第四十八條規定之適用,將該案非常上訴駁回。

5.法院為協商判決時,當事人如有第四五五條之二第一項第二款至第四款之合意,依第四五五條之四第三項規定,法院應記載於筆錄或判決書內。又依該條第四項規定,法院依協商範圍為判決時,第四五五條之二第一項第三款、第四款並得為民事強制執行名義。

6.法院為協商判決前,應先依第四五五條之三第一項規定訊問被告,並告以所認罪名、法定刑及因適用協商程序所喪失之一般權利。在訊問過程中,除訊明協商合意內容及是否出於自由意志外,尚須依憑卷存訴訟資料訊問被告之被訴事實。由於僅係訊問程序,並非審判期日可比,依第四五五條之四第二項及第四五五條之十一第二項規定,並無言詞辯論,且不適用第一五九條第一項(傳聞法則)之規定。至其有無第四五五條之四第一項各款不得為協商判決之情形,必要時亦應一併審認之。

§455–7

7.法院未為協商判決者,依第四五五條之七規定,被告或其代理人、辯護人在協商過程中之陳述,不得於本案或其他案件採為對被告或其他共犯不利之證據。本條立法目的在於確保雙方當事人在協商過程中能有充分溝通意見之空間,與民事訴訟法第四二二條立意相同,美國聯邦刑事訴訟規則第十一條亦有類似規定。至於針對無共犯關係之其他被告而言,在該被告案件審判中,依本條條文文義,雖不在規範之列,法院仍應審酌取得此項陳述之背景(在協商過程中取得),並確保該被告得以有效行使其詰問權。曾有實例(最高法院 98 臺上 5665 號刑事判決)認為檢察官與被告如達成被告認罪並為公益捐助即予緩起訴處分之協議,其後未為緩起訴而仍予起訴者,雖屬檢察官之裁量結果,尚非以不正方法取供,惟參酌第四五五條之七法理,該被告先前之認罪及不利陳述,應予排除,不得作為證

據。此項法律見解，對於偵查中緩起訴條件之協議而言，具有強化其效果之意義。另有最高法院 102 臺上 170 號刑事判決，針對上述排除證據（採證禁止）之見解，仍無變更。

8.協商判決書之製作及送達，依第四五五條之八規定，準用第七編簡易程序第四五四條、第四五五條關於簡易判決之規定。§455-8

9.法院所為協商判決，依第四五五條之九第一項及第二項規定，得僅由書記官將主文、犯罪事實要旨及處罰條文❿記載於宣示判決筆錄，以代判決書。但於宣示判決之日起十日內，當事人聲請法院交付判決書者，法院仍應為判決書之製作。前項筆錄正本或節本之送達，準用第四五五條之規定，並與判決書之送達有同一之效力。§455-9

五、協商判決之上訴 §455-10

法院於第四五五條之三第一項程序中告知被告因適用協商程序所喪失之權利（包括限制上訴在內）後，基於協商合意及被告認罪所為科刑之協商判決，從發揮協商實益落實協商效果之政策考量，自應適度限制其上訴。否則，儘可適用通常程序審判，何需另設協商程序。何況外國立法例採行協商制度者，亦皆有限制或禁止上訴之規定。本編爰於第四五五條之十第一項明定：「依本編所為之科刑判決，不得上訴。但有第四百五十五條之四第一項第一款、第二款、第四款、第六款、第七款所定情形之一，或協商判決違反同條第二項之規定者，不在此限。」對於法院所為被告有罪科刑之協商判決，以不得上訴為原則❶，以得上訴為例外，俾求協商目

---

❿　此係專指實體法之條文而言。惟如附記程序法條者，仍屬合法。

❶　1.法院依被告與檢察官於審判外協商達成之合意，僅憑被告認罪而為科刑之協商判決者，此種情形有發生之可能性（猶如民事訴訟當事人就訴訟標的為認諾，以取得敗訴判決製造假債權）。例如老闆無照駕駛撞傷路人，推由所僱司機頂罪，該司機以虛偽自白換取過失傷害罪之輕刑或緩刑是。因此，檢察官必須嚴加防範，法院應切實注意第四五五條之四第一項第五款不得為協商判決之規定。一旦誤為協商判決，其判決即告確定，唯有依再審程序救濟。

的與判決妥適兩者兼顧。參照釋字 512 及 574 號解釋意旨,上述限制上訴規定,尚難指為違憲。

協商判決係以協商合意內容及被告之認罪為基礎,實體事項大致已告確定。如有不當,法院即不得為協商判決,在第四五五條之十第一項但書例外允許上訴之情形,上訴審僅就有無但書所定上訴事由為審究即足,不應再就實體事項進行覆審。該項但書將第四五五條之四第一項所列第三款及第五款排除在外,其理由即在於此。

依上說明,協商判決之上訴審(即高等法院),不復擔任事實覆審之角色。第四五五條之十第二項爰規定:「對於前項但書之上訴,第二審法院之調查以上訴理由所指摘之事項為限。」並於同條第三項明定:「第二審法院認為上訴有理由者,應將原審判決撤銷,將案件發回第一審法院依判決前之程序更為審判。」蓋受理協商判決上訴案件之第二審法院,並不調查實體事項,而原案在第一審法院又未經實質審理,第二審無從自為判決,自應發回更審也。

§455–11　　第二審法院辦理不服協商判決例外允許上訴案件,在基本上仍屬第二審之上訴,依第四五五條之十一第一項規定:「協商判決之上訴,除本編有特別規定外,準用第三編第一章及第二章之規定。」是凡上訴編通則及第二審程序相關條文,除本編別有規定者外,皆在準用範圍。

按照上述第一項規定,本法第三編第三章(第三審)不在準用範圍。因此,第一審依協商程序所為科刑判決,提起第二審上訴經判決後,即使非屬本法第三七六條所列案件,仍不得提起第三審上訴(見最高法院 110 臺上 2337 號刑事判決)。

第四五五條之十一第二項規定,與上訴程序無關,另見後述六㈣ 2. 及 4. 說明。

---

2. 英國司法實務,雖要求律師確認並充分告知被告,除非有罪,否則不應為有罪之答辯。但亦認為被告究竟如何答辯,最終仍由其自行抉擇並自行負擔後果。(本編之 **❺** 所引 *Criminal Justice* 一書 3rd ed., 2007, p. 431。)

六、通常程序、簡式審判程序、簡易程序、協商程序之比較

㈠通常程序

1. 適用案件

適用於公訴（檢察官提出起訴書或法院為交付審判之裁定）及自訴（自訴人委任律師提出自訴狀）案件。所訴罪名並無設限。

2. 法院組織

法官三人合議審判。但簡式審判程序及本法第三七六條第一項第一款、第二款所列各罪之案件除外（§284 之 1）。

3. 審判期日

法院應指定審判期日踐行通常審判之程序，並得於第一次審判期日前，行準備程序。

4. 調查證據

法院應於審判期日調查證據（§288）。如符合第二七四條至第二七八條之規定者，得於審判期日前為之。證據調查程序，須嚴格遵守證據法則。

5. 言詞辯論

除第三〇七條情形外，應於審判期日行言詞辯論（§289）。

6. 需否自白

被告有無自白或是否認罪，並非所問。

7. 科刑範圍

於論罪法條所定刑種及刑度範圍內量刑。

8. 宣判期限

自辯論終結之日起二星期或三星期內為之（§311）。

9. 判決製作

除第三一〇條之一所定情形外，法院必須詳實製作判決書。

10. 上訴設限

無（注意第三七六條限制上訴第三審之規定，以及刑事妥速審判法第

八條之特別規定)。

(二)簡式審判程序

1.適用案件

與通常程序同為適用於公訴及自訴案件。惟被告被訴案件須非為死刑、無期徒刑、最輕本刑三年以上有期徒刑之罪或高等法院管轄第一審之案件（§273 之 1）。

2.法院組織

法官一人獨任審判（§284 之 1）。惟依第二七三條之一第一項規定，須先經裁定，然後方能進行簡式審判程序。法院為裁定時，尚在通常程序之中，除獨任審判案件外，其裁定應以合議行之。且如認有不得或不宜簡式審判者，應撤銷原裁定，仍依通常程序進行審判，除當事人無異議者外，並應更新審判程序。

3.審判期日

被告於準備程序中先就被訴事實為有罪之陳述者，審判長方能告知被告簡式審判程序之旨，並聽取當事人、代理人、辯護人及輔佐人之意見後，裁定進行簡式審判程序，然後指定審判期日踐行訴訟程序。

4.調查證據

法院應於審判期日調查證據，與通常程序同。惟簡式審判程序貴在簡捷，其證據調查程序，依第二七三條之二規定，不受第一五九條第一項、第一六一條之二、第一六一條之三、第一六三條之一及第一六四條至第一七〇條規定之限制。

5.言詞辯論

與通常程序同，應依第二八九條規定行言詞辯論。

6.需否自白

須經被告於準備程序中先就被訴事實為有罪之陳述，方有適用簡式審判程序之可能。

7.科刑範圍

於上述 1.所列案件被告被訴罪名之法定刑範圍內量刑。

8.宣判期限

與通常程序同。

9.判決製作

除第三一○條之二所定情形準用簡易判決（§454）之規定外，法院應詳實製作判決書。

10.上訴設限

無。

㈢簡易程序

1.適用案件

僅適用於公訴案件。被告被訴案件所涉罪名，法條雖未設限，惟必須預估其所科之刑係宣告緩刑、得易刑之有期徒刑及拘役、或罰金者，方能採用簡易程序。

2.法院組織

法官一人獨任審判（§284 之 1）。

3.審判期日

無。

4.調查證據

無。但有必要時，應於處刑前訊問被告（§449 I）。且須就第四五一條之一第四項但書情形之有無，為必要之調查。

5.言詞辯論

無。

6.需否自白

案經被告於偵查中自白，或有其他現存證據，足認其犯罪者，皆得適用簡易程序。如於審判中自白者，亦得適用之（§449 I, II）。

7.科刑範圍

依第四四九條第三項之限制規定。

8.宣判期限

依第四五三條規定，以簡易判決處刑案件，法院應立即處分，無第三

一一條之適用。

9.判決製作

依第四五四條規定，以簡略方式製作簡易判決。

10.上訴設限

不服簡易判決之上訴，由管轄之第二審地方法院合議庭審判，非由高等法院管轄。如係依第四五一條之一之請求所為科刑判決，不得上訴（§455 之 1）。又如係得上訴於地方法院合議庭之案件，不論維持原簡易（科刑）判決或撤銷改判科刑，其合議庭所為第二審判決，即屬確定判決（見本書 §375 說明）。

11.其他事項

⑴簡易程序之第四五一條之一有於偵查中進行求刑協商等規定。

⑵簡易程序與通常程序兩者之間，有互為轉換程序之規定，詳如第四五二條、第四五五條之十八及第四四九條第二項。

⑶檢察官認為案件宜適用簡易程序者，係提出「聲請簡易判決處刑書」，而非使用「起訴書」，惟其聲請，與起訴有同一之效力（§451）。

㈣協商程序

1.適用案件

僅適用於公訴（含簡易程序）案件。被告被訴案件之限制，與簡式審判程序所定範圍相同。

2.法院組織

獨任或合議均有可能❶❷。

3.審判期日

有於該案審判期日經檢察官提出審判外協商或改依協商程序為協商判決之可能，惟協商程序本身並無審判期日可言。

---

❶❷　除如❽所述外，法院之協商判決皆由獨任法官為之（見本法第四五五條之十一第二項）。倘若以合議行之，似仍為法之所許，蓋第四五五條之十一第二項既已將第二八四條之一全條排除不予適用，即應回歸法院組織法第三條第一項之規定，由法官一人獨任或三人合議均為適法，不過在實務上鮮有合議之例而已。

4. 調查證據

無。但法院應踐行第四五五條之三第一項所定訊問及告知程序，且須就第四五五條之四第一項情形之有無，為必要之調查。至於第一五九條第一項之規定，於協商程序不適用之（見第四五五條之十一第二項）。

5. 言詞辯論

無。

6. 需否自白

除有協商合意外，且須被告認罪，檢察官方能聲請法院將原在通常、簡式審判或簡易程序中之公訴案件改依協商程序為協商判決。

7. 科刑範圍

依協商合意範圍及第四五五條之四第二項之限制規定。

8. 宣判期限

協商判決不經言詞辯論（第四五五條之四第二項），無從適用第三一一條之規定。

9. 判決製作

準用第四五四條簡易判決之規定，甚至許由書記官將主文、犯罪事實要旨及處罰條文載明宣判筆錄以代判決書（§§455 之 8 及之 9）。

10. 上訴設限

依第四五五條之十第一項之限制規定。

11. 其他事項

⑴第四五五條之二第一項所定審判外協商事項之內容，較簡易程序第四五一條之一所定偵查中求刑協商事項為廣。

⑵第四五五條之三第二項有被告撤銷協商合意及檢察官撤回聲請協商判決之規定。

⑶法院未為協商判決者，第四五五條之七對於被告或其代理人、辯護人在協商過程中所為陳述之證據能力，特設限制規定。

⑷依第四五五條之十八規定，行協商程序之案件，經法院裁定第三人參與沒收程序者，適用通常程序審判。

第七編之二　沒收特別程序

　　本編係於一○五年六月增訂，配合一○四年十二月公布修正刑法部分條文，自一○五年七月一日同步施行。刑法沒收相關規定經修正後，被告以外第三者之財產亦在沒收之列，且單獨聲請沒收之範圍業已擴大。基於保障第三者合法權益之目的，本法參考德日立法例❶，增訂本編「沒收特別程序」，對於財產可能被沒收之第三者，畀予參與沒收程序之權利，就其有關事項詳為規範，成為應行遵守之法定程序。

　　此外，本法於增訂本編之同時，另又增訂第三條之一、第一三三條之一與之二、第一四二條之一及第三一○條之三，並將第二五九條之一、第一三三條、第一三六條、第一三七條、第一四一條、第一四三條、第一四五條、第三○九條第一款、第三一○條第六款、第四○四條、第四一六條、第四五五條之二、第四七○條、第四七三條及第四七五條予以配合修正，請參閱各該條文內容。

一、沒收程序之參與

　　依自一○五年七月一日施行之本法第二五九條之一，及刑法第三十八第三項與第三十八條之一第二項各該規定，可能受沒收裁判之宣告者，除刑事本案被告外，尚包括受檢察官不起訴或緩起訴處分者，以及犯罪行為人以外之自然人、法人或非法人團體在內。彼等均無刑事本案訴訟繫屬，欠缺防禦機制，難以維護本身權益。按人民財產權為憲法第十五條所直接

---

❶　德國於刑事訴訟法 (StPO) 中以第六編規定各類特別程序，該編第三章為沒收及財產扣押程序 (Verfahren bei Einziehung und Vermögensbeschlagnahme)。日本在刑事訴訟法之外另行制定特別法，其名稱為：刑事事件における第三者所有物の沒收手続に関する応急措置法。

保障，沒收乃係侵及財產權之一種制裁，具有類似刑罰 (strafähnlich) 性質❷，自應建構合理規範，使權利人獲有及時陳述、答辯與救濟之機會，俾受法定程序之保障。

(一)依聲請而參與

§455–12　　基於上述緣由，本法第四五五條之十二第一項謂：「財產可能被沒收之第三人得於本案最後事實審言詞辯論終結前，向該管法院聲請參與沒收程序。」明定本案被告以外第三人❸享有參與沒收程序之聲請權。申言之，在本案訴訟繫屬中，對於依照後述第四五五條之十三第二項、第三項規定被檢察官聲請沒收財產之事項，該第三人就此部分，有權聲請參與本

❷　自一〇五年七月一日施行之刑法修正沒收相關條文，將修正前之從刑沒收，改列成獨立性法律效果，係參仿當時之德國刑法。惟在德國仍認為沒收具有類似刑罰 (strafähnlich) 性質，學術上稱曰 Strafeinziehung。詳請參閱拙著《評述刑法第二條第二項之修正——質疑修正沒收關於時之效力》一文，刊登於一〇五年一月十五日出版之《司法周刊》第一七八二期第二版。我國舊「違反糧食管理治罪條例」（已於八十六年五月三十日廢止）第五條規定對於未經核准而購存自食糧超過需要量者之處罰，係「沒收其超過量」。所稱沒收，既非主刑，亦非從刑，可謂係獨立法律效果規定之唯一先例，此類案件在當時即認該項「沒收」為刑罰性質，依公訴程序處理，由法院以刑事判決論被告違反該條例之罪而為沒收之宣告。又本編第四五五條之三十五立法說明第三點內容，亦認為沒收人民財產，性質上為國家對人民之刑事處分，見立法院公報一〇五卷三十一期第三一一頁及第三一九頁。部分人士否定沒收之刑事制裁性質，殊有未妥。

❸　本法稱被害人、告訴人、自訴人、上訴人、聲請人等，均不包括非法人團體在內。第七編之二沒收特別程序中，其財產可能被沒收者，對照刑法第三十八條第三項及第三十八條之一第二項規定，除自然人及法人外，尚涉及未具備法律上人格之非法人團體。本編各條所稱第三人、參與人或財產所有人，嚴格言之，其使用「人」字，對於非法人團體並不適合。且法人或團體如何踐行程序，在未有委任代理人之案件，頗成疑問（依兩罰規定將法人列名被告之一般刑事案件亦有相同問題）。雖可由其代表人或從業人員到場陳述，但於法究嫌無據。實宜參考日本刑事訴訟法第二十七條及❶所引特別法第九條內容，增訂條文明定由其代表人、管理人為訴訟行為，俾資依據。

案訴訟程序之進行，俾能及時主張合法權益。其提出聲請之時限，須在本案最後事實審言詞辯論終結前，方有實益。受理聲請之該管法院，則為本案最後審理事實之法院，並非僅以第一審法院為限。倘若本案已經辯論終結，甚或已經繫屬於法律審，即無此條之適用。法條所定「本案最後事實審辯論終結前」之聲請時限，非謂在此時限前隨時均可聲請，倘若第三人於本案第一審言詞辯論終結後，尚未判決確定前，始聲請參與時，除非再開辯論，否則已無從參與本案訴訟程序，如未再開辯論即予裁定准許，而別無合法上訴時，此項准許參與之裁定即無意義。（該第三人能否依照後述第四五五條之二九規定聲請撤銷沒收財產確定判決係另一問題）因此，未來修法宜仿本法第四八八條但書之例，於本（第四五五條之十二）條第一項增訂「但在第一審辯論終結後提起上訴前，不得聲請」之規定，以解困惑。具有聲請權之「第三人」，為配合刑法第三十八條第三項所用「屬於」及第三十八條之一第二項所用「取得」各詞之文義，可解為係指沒收物之所有人、沒收權利之權利人及沒收利益之取得者而言，且包含受其實質支配之財物或不正利益在內。

　　刑法總則編沒收章（第五章之一）所稱犯罪行為人，係指實際參與或實行犯罪行為之人而言（參見最高法院 104 臺上 269 號刑事判決）。同章法條所稱犯罪行為人以外之人，未必皆得以「第三人」身分聲請參與沒收程序。本編賦予聲請權之「第三人」，須以並非本案訴訟當事人為前提。案件適用特別法上兩罰規定追訴處罰者，其因執行業務犯罪之法人代表人、代理人、受僱人或其他從業人員，方為「犯罪行為人」；而對於法人亦應科處刑罰（罰金）之規定，此乃基於加強監督責任防衛社會安全之目的，具有行政刑法特質，與傳統刑法性質未盡相同（參見同上判決），非謂該法人亦係犯罪行為人。按法人無正當理由而取得犯罪行為人（即其代表人等）因犯罪所生之物得沒收之，又犯罪行為人為法人實行違法行為使法人因而取得之犯罪所得應沒收之，刑法第三十八條第三項、第三十八條之一第二項第三款定有明文。該法人係各該法條所稱犯罪行為人以外之人，其財產雖可能被沒收，惟因該法人與其代表人等，在程序法上既經列

為共同被告,即係本案訴訟當事人,並非本編所稱之「第三人」,自不發生聲請參與沒收程序之問題。

第三人如經獲准參與沒收程序,其可參與本案訴訟程序之範圍,在本案被告被訴數罪之情形,應僅以與沒收財產相關之罪部分為限。又在數人共犯一罪或數罪之情形,各人皆係犯罪行為人,均非刑法第三十八條第三項或第三十八條之一第二項所稱「犯罪行為人以外之自然人」,亦即並非「第三人」,殊無「參與」沒收特別程序之餘地。數個共同犯罪行為人,就其中某一犯罪行為人(某甲)所有之沒收物,基於責任共同原則,即使不在同一訴訟繫屬程序中,仍可對於另一犯罪行為人(某乙)之科刑判決中,併予宣告沒收,亦無某甲需否參與沒收程序之問題(參照最高法院106臺上1778號刑事判決)。

財產犯罪之被害人,對其所失財物,未必喪失所有權,如被檢察官聲請沒收,自應許其聲請參與參與沒收程序。且刑法第三十八條第三項前段,係「得」沒收之規定,法院有裁量權。財產犯罪或經濟犯罪案件,皆有被害人(甚至有眾多被害人),法人經依特別法上兩罰規定論處罪刑(罰金)者,其無正當理由而取得犯罪行為人(即法人之代表人等)因犯罪所生之物,法院不宜宣告沒收,以保障被害人之賠償請求權。

第四五五條之十二第二項緊接規定第三人聲請參與沒收程序應行遵守之程式,謂其聲請,應以書狀記載下列事項為之:一為本案案由及被告之姓名、性別、出生年月日、身分證明文件編號或其他足資辨別之特徵。二為參與沒收程序之理由。三為表明參與沒收程序之意旨。

(二)依法院之命而參與

上述第三人不知財產有可能被沒收之情形,或雖知其事而未提出聲請,或檢察官未依第四五五條之十三第二項或第三項為沒收之聲請,而法院於審理本案時認有應行沒收之情形者,鑑於刑事沒收本屬法院應依職權調查之事項,依本法第四五五條之十二第三項規定,法院認有必要時,應依職權裁定命該第三人參與沒收程序,以兼顧其合法權益(如本案被告被訴數罪時,命該第三人參與本案訴訟程序之範圍,僅以與沒收財產相關之

罪為限）。但該第三人向法院或檢察官陳明對沒收其財產不提出異議者，不在此限。蓋其既經明示已無異議，即無照顧之必要也。法院以職權裁定而開啟第三人參與沒收程序，並依審理結果，諭知沒收與否之判決，最高法院刑事大法庭 108 臺上大 3594 號裁定認此不以檢察官聲請為必要，其裁定理由所持見解洵屬正確，應予支持。惟在實務上，法院於裁定前，不妨適時曉諭檢察官補提聲請，或依本法第二二二條第二項規定，指定期日開庭訊問該第三人，曉諭其提出聲請，以淡化職權進行之色彩。

⑶**準用之規定**

　　以上所述規定，雖係針對公訴案件通常程序而設，惟就自訴程序、簡易程序及協商程序而言，考量其共通性，亦應予以準用。本法爰於第四五五條之十二第四項明定此旨，以資依據。

⑷**本法第四五五條之十二至第四五五條之三三所定各該程序，相當於德國所稱主觀程序 (subjektives Verfahren)。至於第四五五條之三四以下之單獨宣告沒收程序，則為客觀程序，另詳後述五之⑸。**

二、檢察官之職責

　　財產可能被沒收之第三人，在刑事本案繫屬法院審判中，有權聲請參　§455–13 與沒收程序，已如前述。為使該第三人及早知悉訊息，本法第四五五條之十三第一項課予檢察官應盡之職責為：檢察官有相當理由認應沒收第三人財產者，於提起公訴前應通知該第三人，予其陳述意見之機會。至於陳述意見之方式，無論言詞或書面，均無不可，旨在提供檢察官審酌有無聲請沒收財產之理由及根據。倘若偵查終結提起公訴，則依同條第二項規定，檢察官提起公訴時認應沒收第三人財產者，應於起訴書記載該意旨，並即通知該第三人下列事項：一為本案案由及其管轄法院。二為被告之姓名、性別、出生年月日、身分證明文件編號或其他足資辨別之特徵。三為應沒收財產之名稱、種類、數量及其他足以特定之事項。四為構成沒收理由之事實要旨及其證據。五為得向管轄法院聲請參與沒收程序之意旨。按上述

應行記載事項,係針對本法第二六四條第二項所作補充規定,其目的在使該第三人預先知悉而能早作參與及防禦之準備。

刑事沒收係法院職權調查事項,縱使檢察官起訴書未有上述記載,本案審理法院認有第三人財產應行沒收時,可曉諭檢察官是否補提聲請沒收,並依前條(§455-12Ⅲ)規定以裁定命該第三人參與沒收程序。倘若檢察官於案件起訴後繫屬法院審理中,方認為應沒收第三人財產,而依第四五五條之十三第三項規定,以言詞或書面向法院為沒收之聲請者,法院亦應依職權以裁定命該第三人參與沒收程序,自不待言。

三、沒收程序之進行

㈠裁定前之通知

§455-14

在上述一之㈠及㈢之情形,法院收受聲請書狀後,對於聲請參與沒收程序之准駁,應以裁定行之(見後述 §455-16)。在裁定前,依本法第四五五條之十四規定,法院應通知聲請人、本案當事人、代理人、辯護人或輔佐人,予其陳述意見之機會。所稱陳述意見,得以言詞或書面為之。法院通知彼等陳述意見,旨在初步釐清聲請是否合法有理以及可能被沒收之財產與本案被告犯罪事實間之關係,據以決定聲請之准駁。至於應否沒收,有待後續裁判。

㈡免予沒收之事由

§455-15

依本法第四五五條之十五第一項規定,案件調查證據所需時間、費用與沒收之聲請顯不相當者,經檢察官或自訴代理人同意後,法院得免予沒收。惟依同條第二項規定,檢察官或自訴代理人得於本案最後事實審言詞辯論終結前,撤回前項之同意。

按本條之規定無非基於訴訟經濟而為考量。所謂顯不相當(unangemessen),例如該項財產已經多次轉手,必須傳訊眾多證人(甚至有遠居國外者)方能釐清;或其鑑價需費甚為昂貴者是。

本條第二項既經明定檢察官或自訴代理人得於本案最後事實審言詞辯論終結前撤回其先前之同意,可見本條之免予沒收,非可認係次條

（§455-16）所指之聲請無理由，兩者應加分辨。

(三)聲請參與沒收程序之准駁

1.駁　回

依本法第四五五條之十六第一項前段規定，法院認為聲請參與沒收程 §455-16
序不合法律上之程式或法律上不應准許或無理由者，應以裁定駁回之。例
如聲請書狀之製作不符合第五十三條或第四五五條之十二第二項所定程
式，或法人聲請參與沒收程序誤由其代表人以自己名義具狀提出，或聲請
人並非沒收之關係人 (Einziehungsinteressenten) 者是。惟其不合法律上之
程式可補正者，依同條項但書規定，法院應定期間先命補正。意即先以裁
定指定適當期間命行補正，不得遽予駁回。

第三人如於第一審言詞辯論終結後，本案尚未判決確定前，始聲請參
與時，雖在法條所定「本案最後事實審言詞辯論終結前」，除非再開辯論，
否則已無從參與本案訴訟程序，能否准許，頗有疑慮（另見前述 §455-12
相關說明）。此種情形，宜認為不應准許而予裁定駁回。該第三人可於本
案有合法上訴時再行聲請參與。

法院所為駁回聲請之裁定，原聲請人得提起抗告。

2.准　許

依第四五五條之十六第二項規定，法院認為聲請參與沒收程序有理由
者，應為准許之裁定。聲請參與獲准後，聲請人已無抗告之利益，同條第
三項爰明定前項裁定不得抗告。至於本案當事人如有相反意見，儘可於本
案刑事訴訟程序中主張其事，無須另提抗告，以免程序之複雜化。且法院
為裁定後如發現有不應准許參與之情形時，尚得按照後述第四五五條之二
五規定，依職權將原裁定撤銷，仍有糾正之途。

3.准許裁定所須記載之要旨 §455-17

依第四五五條之十七規定：「法院所為第三人參與沒收程序之裁定，
應記載訴訟進行程度、參與之理由及得不待其到庭陳述逕行諭知沒收之
旨。」按本條所指裁定，應係兼指第四五五條之十六第二項及第四五五條
之十二第三項前段兩種情形而言。法條要求裁定記載各該事項，其目的在

使獲准參與沒收程序之第三人明瞭刑事本案訴訟進度，以利適時主張權利及實行防禦，如無故不出庭，將蒙受缺席判決之結果。至於要求記載參與之理由，更在於便利本案訴訟關係人瞭解沒收與財產權利人之間現存如何關係。

§455-18 **(四)訴訟程序之轉換**

第三人因聲請獲准或依法院之命而參與沒收程序，均於自訴程序、簡易程序及協商程序之案件準用之 ， 為本法第四五五條之十二第四項所明定。惟其中依簡易程序或協商程序進行之案件，均無調查證據❹及言詞辯論等規定，對該第三人之程序保障殊嫌未足。爰於第四五五條之十八特設訴訟程序之轉換規定謂：「行簡易程序、協商程序之案件，經法院裁定第三人參與沒收程序者，適用通常程序審判。」以期周全。惟簡式審判程序屬於通常審判程序範圍，案經轉換適用通常程序審判者，仍有本法第二七三條之一之適用。

§455-19 **(五)參與人之權利**

按法院宣告沒收財產，依刑法第三十八條之三規定，一經宣告即有禁止處分效力，迨沒收裁判確定時，即移轉為國家所有。足見沒收係侵及人民財產權之制裁，具有類似刑罰 (strafähnlich) 性質❷，且於交易安全亦有影響。第三人既因聲請獲准或依法院之命而參與沒收程序，自應提供比照刑事被告之程序上保障。本法爰於第四五五條之十九規定：「參與人就沒收其財產之事項，除本編有特別規定外，準用被告訴訟上權利之規定。」意即參與人以比照被告處於相同之程序主體地位為原則，參與人之權利除適用本編（第七編之二）相關規定外，諸如：聲請法院職員迴避、預納費用請求付與卷宗及證物之影本、聲請許可檢閱卷證、選任輔佐人、聲請核對更正審判筆錄、聲請回復原狀、緘默權、聲請調查證據、詰問證人、參與言詞辯論、提起上訴或抗告等屬於被告之權利，皆在準用範圍。其中關於詰問證人方式及參與辯論分際，另詳後述（見 §455-23 及 §455-24）。惟法院所為沒收財產判決，並非對於參與人論罪科刑，參與人依照後述第

---

❹ 簡易程序及協商程序，僅有訊問或告知罪刑事項及失權效果等規定。

四五五條之二一規定，得委任代理人，其代理人之權限及其相關事項，準用被告辯護人之規定。因此，關於選任或強制辯護部分，依其性質，應認為不在準用之列。又參與人非因過失而遲誤上訴或抗告期間者，固可準用關於聲請回復原狀之規定，惟如其係遲誤第四五五條之二九第一項所定「三十日」之聲請期間者，由於不在本法第六十七條第一項列舉之各種期間範圍，能否聲請？恐有疑義。

　　沒收特別程序之構造，與民事訴訟法第一編第二章第三節之訴訟參加並不相同。構成沒收理由之基礎事實雖與本案被告犯罪事實有關，惟參與人對於本案被告並無輔助關係，更無如同 20 上 1301 號民事判例所示得獨立為被告提起上訴之權利。第四五五條之十九指明參與人「就沒收其財產之事項」方能準用被告訴訟上之權利（另有相關討論見後述 §455–37）。

　　參與人參與沒收程序，係就其財產被聲請沒收事項，參與本案訴訟程序之進行，在本案訴訟程序中，該參與人係被告以外之第三人，具有證人身分。當其以證人地位應訊時，即應適用關於證人權利義務之規定，而本法第二編第一章第三節內之第二八七條之二有關人證之規定，依第四五五條之二八規定，應在準用之列，尤須注意。

㈥通知及送達之規定　§455–20

　　第三人因聲請獲准或依法院之命參與沒收程序者，已取得參與人地位，依本法第四五五條之二〇規定，法院應將審判期日通知參與人並送達關於沒收其財產事項之文書。條文所示通知及送達文書，如參與人已委任代理人者，並應向代理人為之。

㈦參與人本人及其代理人相關規定　§455–21

　　本法第四五五條之二一，分成四項規範參與人及其代理人相關事項如下：

　　【第一項】

　　參與人得委任代理人到場。但法院認為必要時，得命本人到場。意即參與人可委任代理人到場進行訴訟行為，除法院認有必要外，參與人本人並非必須到場。

【第二項】

第二十八條至第三十條、第三十二條、第三十三條第一項及第三十五條第二項之規定，於參與人之代理人準用之。按其準用範圍，包含代理人之人數、資格、委任程式、數代理人之分別送達文書、閱覽卷證、代理本人（即參與人）為訴訟行為及陳述意見等事項。

【第三項】

第一項情形，如有必要命參與人本人到場者，應傳喚之；其經合法傳喚，無正當理由不到場者，得拘提之。

【第四項】

第七十一條、第七十二條至第七十四條、第七十七條至第八十三條及第八十九條至第九十一條之規定，於前項參與人之傳喚及拘提準用之。

§455-22　(八)**參與人所享權利之告知**

關於被告所享重要權利之告知，本法第九十五條第一項已有明定。沒收程序之參與人，本身並非被告，無從準用。爰於第四五五條之二二另為規定，審判長應於審判期日向到場之參與人告知下列事項：一為構成沒收理由之事實要旨，二為訴訟進行程度，三為得委任代理人到場，四為得請求調查有利之證據，五為除本編另有規定外，就沒收其財產之事項，準用被告訴訟上權利之規定。按上述規定與第九十五條第一項各款比較，除對於參與人並無告知罪名之問題外，緘默權及辯護人依賴權均不在其列（參見前述 §455-19 相關說明），僅有其中第四款相同。

§455-23　(九)**參與人詰問證人之特別規定**

刑事被告詰問證人之權利，依釋字 582 號解釋，受憲法第八條「法定程序」之保障，參與人在沒收程序中，就沒收其財產之事項，應準用被告訴訟上權利之規定，既如前述（見 §455-19），自亦享有詰問證人之權利。惟因沒收程序所審究者，係應行沒收財產與構成沒收理由之事實間關聯性之有無，與所附隨之本案訴訟係審究被告犯罪事實者有別，參與人就沒收財產事項行使詰問權時，實無採取交互詰問方式之必要，以免程序趨於複雜，影響本案訴訟之順暢進行。本法第四五五條之二三特為規定：「參與

沒收程序之證據調查，不適用第一六六條第二項至第六項、第一六六條之一至第一六六條之六之規定。」

因此，參與人（含其代理人）行使詰問權可循下列方式進行：

1.**單純詰問**　參與人就個別事項，依第一六六條第一項規定，對證人作直接具體之詰問，由證人回答❺。

2.**詢　問**　參與人依第一六三條第一項規定詢問證人，由該證人回答。

3.**對　質**　參與人依第一八四條第二項規定聲請對質，由審判長命證人與參與人對證、質問、應答。

在本案訴訟中之證人，雖因符合傳聞例外規定或因採行簡式審判而未予傳訊，但在沒收程序中，仍應注意給予參與人詰問該證人之機會，以保障其詰問權之行使。

參與人參與沒收程序，係就其財產被聲請沒收事項，參與本案訴訟程序之進行，在本案訴訟程序中，該參與人如以證人身分應訊時，即應具結並接受交互詰問，自不待言。

㈩**參與人之參與辯論及其缺席判決** §455–24

沒收程序對於刑事本案訴訟而言，居於附隨地位，參與人準用被告於審判期日行言詞辯論之規定時，依本法第四五五條之二四第一項規定，應於第二八九條程序完畢後，依同一次序行之。因此，法院審判期日之言詞辯論，應先就本案被告被訴犯罪部分依第二八九條第一項進行辯論，然後輪由檢察官、參與人、代理人就沒收財產部分依序進行辯論。於此可附述者，參與人及其代理人對於沒收財產事項就事實及法律為辯論之內容，依照法條所示，固然應以「就沒收其財產事項」為範圍，且參與人對於本案被告並無輔助關係。惟構成沒收理由之基礎事實，與本案被告犯罪事實畢竟密切相關，倘若本案被告獲判無罪，沒收即失所附麗。當參與人進行辯論時，除著重於被告犯罪事實與應沒收財產間關聯性之有無外，委實無法完全避免論及被告之罪責問題。法條如此設限，未免治絲益棼，如何拿捏分際，應由審判長本於訴訟指揮權，視個案具體情況妥為把握（另有相關討論見後述 §455–37）。

---

❺　參見本法第二四八條第一項之單純詰問規定。

參與人不到庭之法律效果，於法院所為第三人參與沒收程序之裁定中已經載明（見 §455-17）。參與人經合法傳喚或通知而不到庭者，依第四五五條之二四第二項規定，法院得不待其陳述逕行判決；其未受許可而退庭或拒絕陳述者，亦同。按本條項雖以「參與人」為主詞，惟如委有代理人時，則其代理人缺席或拒絕陳述之後果，即應歸由該參與人承擔，自不待言。

§455-25 (土)參與沒收程序裁定之撤銷

第三人因聲請獲准或依法院之命參與沒收程序，均須經法院作成裁定。惟如法院為裁定後認有不應參與之情形者，依本法第四五五條之二五規定，應撤銷原裁定。茲所謂事後發現有不應參與之情形者，該條立法說明謂：例如應沒收之財產明顯非屬參與人所有、參與人已陳明對於沒收不提出異議或檢察官表明無沒收參與人財產必要而法院認為適當者是。又如第四五五條之十二第一項所指「第三人」，當初係尚未起訴之共同正犯，因而依法參與沒收程序，其後被另行或追加起訴者，即成為後案當事人，不容兼具「參與人」身分，法院於知悉後，自應撤銷原先許為參與程序之裁定。

§455-26 (圭)沒收財產之判決

本法第四五五條之二六，分成三項規範沒收財產判決相關事項如下：

【第一項】

參與人財產經認定應沒收者，應對參與人諭知沒收該財產之判決；認不應沒收者，應諭知不予沒收之判決。

【第二項】

前項判決，應記載其裁判之主文、構成沒收之事實與理由。理由內應分別情形記載認定事實所憑之證據及其認定應否沒收之理由、對於參與人有利證據不採納之理由及應適用之法律。

【第三項】

第一項沒收應與本案同時判決。但有必要時，得分別為之。

茲就上述三項規定內容，分別說明如下：

　　1.法院就沒收參與人財產與否之決定應於所附隨之刑事本案判決主文對該參與人諭知，爰於第一項明定，以為裁判之依據❻❼。因此在本案判決中，除列載公訴人（或自訴人）及被告外，並應列載參與人，以示該參與人係沒收財產諭知之對象，且就其財產之沒收及不沒收，於主文內分別諭知（對於本案被告，就其不沒收之部分，仍依成例，僅於判決理由內說明即可，不必載明主文）。申言之，於有第三人參與沒收程序時，法院所為判決，應包含兩部分：即對於被告之本案判決，及對於參與人持有被告犯罪所得之沒收判決。本項之適用，其前提必須該第三人已成為參與人，至於「參與人」身分之取得，見第四五五條之十二相關說明。

　　茲須探討者，沒收財產之判決應否遵守嚴格證明法則？實務見解（最高法院 106 臺上 3464 號刑事判決）認為被告犯罪所得之證據調查，應分前後兩個階段審查：前一階段審認其「利得存否」，攸關被告犯罪事實有無與既遂未遂等事項，以及對於被告、第三人財產權之干預，應依嚴格證明法則予以確認；後一階段審認其「利得範圍」，由法院綜合卷證資料，依自由證明法則為合理之認定即足。惟如涉及傳聞證據時，由於本編並無如同第四四五條之十一第二項明訂協商程序不適用傳聞法則之規定，因此，在沒收程序中，縱使容許自由證明，仍須遵循傳聞法則相關規定，亦即除符合傳聞例外規定者外，沒收財產之裁判，應禁止使用傳聞證據。倘若不能證明其間具有關聯性，即應諭知不予沒收。又如有刑法第四十條之

❻　見立法院公報一〇五卷三十一期第三〇二及三〇三頁所載立法說明。

❼　法院對於本案：

　　1.如諭知管轄錯誤判決並移送於管轄法院，則參與沒收程序即亦一併在內。

　　2.如諭知不受理判決者，參與沒收程序即無從附隨。其後如具備訴訟條件而再行起訴時，財產可能被沒收之第三人須聲請准許或依法院職權裁定，方能重行參與沒收程序。

　　3.如諭知免訴判決者，參與沒收程序隨之失所附麗。

　　以上 2. 3.檢察官應注意有無聲請單獨宣告沒收之事由。例如：案件由於被告死亡而不受理者，其沒收客體已因發生繼承而歸屬被告遺產繼承人所有，即應開啟單獨宣告沒收之程序（見後述 §455-34 以下規定）。

二第一項或第二項之情形者，亦同（關於准許單獨宣告沒收之裁定，是否亦以自由證明為已足，另於後述 §455-36 討論）。

2.沒收，具有類似刑罰 (strafähnlich) 性質❷，法院所為沒收財產之判決，自應具備必要記載事項，以明根據，兼供上訴審法院審核之基礎，乃有第二項之規定。由於所沒收財產種類及型態之多樣化，沒收判決主文不妨採用列表、附表、附冊、附件等方式。關於判決理由內容，係參照本法第三一〇條有罪判決書理由其中第一款、第二款及第七款各該規定。

3.沒收程序對於本案訴訟程序而言，居於附隨關係；沒收財產判決，依第三項規定，在原則上應與本案同時判決。惟如本案訴訟有事實上或法律上原因以致未能賡續進行，而沒收財產事項已達可為判決程度時，經法院審酌個案情形，依第三項但書規定，於有必要時，得分別為之，此乃例外。例如本案審判程序因被告逃匿在通緝中，或因具有停止審判事由，以致不能繼續進行，而沒收財產事項已達於可為判決之程度時，如有必要，即得不待本案終結而先行判決。

㈔關於上訴、抗告之規定

§455-27 ### 1.沒收判決之上訴

凡有參與人之案件，皆依通常程序審判（見前述 §455-18），本案判決均得依法提起上訴。沒收程序對於本案訴訟為附隨關係，本案進入上訴程序後，參與人在上訴審（不含法律審）當然參與之❽，無須另行聲請或

---

❽　1.參與人委有代理人者，依第四五五條之二一第二項準用第三〇條第二項規定，仍須向上訴審提出委任狀。

2.參與人如於參與沒收程序中死亡，法院應依第四五五條之十二第三項規定，依職權以裁定命法定繼承人參與之，法定繼承人亦得依同條第一項規定聲請參與沒收程序。如法院不知參與人已死亡而對之為沒收財產判決者，此乃無效判決（參考 Roxin/Schünemann, Strafverfahrensrecht, §21, Rn. 11, §52, Rn. 28, 29 Aufl., 2017），不發生刑法第三十八條之三第三項所定禁止處分之效力，且因判決正本無法送達於參與人，上訴期間無從起算，該項判決成為永不確定（參與人如於上訴期間尚未屆滿前死亡者亦同）。至於是否符合單獨宣告沒收規定而由檢察官聲請處理，另當別論。惟如本案

由法院另依職權裁定。本案判決如經提起上訴者，依本法第四五五條之二七第一項規定，其上訴效力及於相關之沒收判決。申言之，本案判決如經上訴審撤銷改判而動搖構成沒收理由之基礎事實時，不論參與人有無提起上訴，相關沒收部分亦可能隨之有所變更（且上訴審對於本案論罪科刑部分與沒收財產部分，可分別為撤銷改判或駁回上訴之判決）。惟如參與人就自己所受沒收財產判決提起上訴，而本案並無合法上訴時，則依同條項規定，其所提上訴之效力不及於本案判決。按沒收程序本身並無單獨之訴訟繫屬，沒收財產判決係以參與人為諭知對象，參與人對本案當事人（尤其對被告）並無輔助關係，且依同條第二項前段規定，參與人提起第二審上訴時，不得就原審認定犯罪事實與沒收其財產相關部分再行爭執。本案判決如因並無合法上訴而告確定，參與人僅於符合該條第二項但書情形時，得就其對於沒收財產判決提起上訴後，在上訴審再行爭執，是其上訴應無阻斷本案原判決確定之效果。

　　第四五五條之二七第二項前段謂：「參與人提起第二審上訴時，不得就原審認定犯罪事實與沒收其財產相關部分再行爭執。」法條所指「參與人提起第二審上訴時」，在本案當事人亦有上訴之情形，依同條第一項規定，其上訴效力及於相關之沒收判決，參與人於參與上訴審程序中，準用被告訴訟上權利之規定（§455–19）並參與辯論（辯稱之分際見 §455–24 說明）；在僅有參與人提起上訴而本案當事人不上訴之情形，該項參與人之上訴並無阻斷原判決確定之效果，既如前述，矧本案當事人（尤其被告）對於原審所認定之犯罪事實已無爭執，自不容參與人猶於第二審上訴中再行爭執。

　　第四五五條之二七第二項前段之所以設限，已見前述。惟如有非可歸責之事由而導致參與人在原審未能及時主張合法權益實施防禦，或原審所為判決由於當事人以外其他上訴權人（§§345、346）之合法上訴而阻斷確

判決經合法上訴時，由於上訴效力依第四五五條之二七第一項規定及於相關之沒收判決，應由上訴審以職權裁定命法定繼承人參與之，而法定繼承人亦得聲請參與沒收程序。

定，或原審有證物偽造變造、證人鑑定人通譯偽證、相關裁判已經變更、辦案人員違法失職等情形者，倘若參與人仍受不許爭執之限制，即與程序正義及真實發現之旨有違。因此同條項因而特設但書，明定如有下列情形之一者不在此限，意即參與人提起第二審上訴時，不受該條項前段禁止再行爭執之限制。按其但書所列情形有三：一為非因過失，未於原審就犯罪事實與沒收其財產相關部分陳述意見或聲請調查證據。二為參與人以外得爭執犯罪事實之其他上訴權人，提起第二審上訴爭執犯罪事實與沒收參與人財產相關部分。三為原審有第四二○條第一項第一款、第二款、第四款或第五款之情形。須注意者，上述所指「非因過失」之情形，如參與人委有代理人而因代理人之疏失導致未能及時陳述意見或調查證據者，揆諸本法第六十七條第二項意旨，應視為本人即參與人之過失，無但書第一款規定之適用。

　　沒收判決尚涉及刑事妥速審判法第九條之適用問題，另詳後述本書專論該法概要二之㈦相關說明。

2.相關規定之準用

§455-28　　本法第四五五條之二八係關於準用之條文，其內容為：「參與沒收程序之審判、上訴及抗告，除本編有特別規定外，準用第二編第一章第三節、第三編及第四編之規定。」

　　第四五五條之二七第二項前段規定：參與人提起第二審上訴時，不得就原審認定犯罪事實與沒收其財產相關部分再行爭執，係從第二審為事實審之立場而為規範，並未禁止參與人提起第三審上訴，此觀本法第三編全編皆在準用範圍即明。惟如參與人就自己所受沒收財產判決提起第三審上訴時，非以違背法令為理由，不得為之，自不待言。須注意者，關於被告本案不得上訴第三審法院之案件，在該案第二審始參與沒收程序之第三人，對於第二審法院所為初次沒收其財產之判決，實例（最高法院 108 臺抗 1585 號刑事裁定）認為不得提起第三審上訴。

四、沒收財產確定判決之救濟

◎第一階段——聲請撤銷

(一)聲請撤銷原確定判決

§455-29

　　按財產可能被沒收之第三人有權參與沒收程序，檢察官於偵查中有通知義務，並應於起訴書載明聲請沒收意旨，法院於審判中有依職權裁定命該第三人參與程序之責，並須對其將審判期日通知及合法送達相關訴訟文書，法條皆已明定（見 §§455-12、455-13、455-20）。如有非可歸責事由（尤其檢察官或法院如有疏失情事）導致該第三人未能及時參與沒收程序者，則其突受沒收財產判決，未獲程序保障，即與憲法要求法定程序之意旨不符。倘若判決已告確定，自應建構適當機制，許其尋求救濟，補正程序瑕疵。因此，本法於第四五五條之二九第一項規定：「經法院判決沒收財產確定之第三人，非因過失，未參與沒收程序者，得於知悉沒收確定判決之日起三十日內，向諭知該判決之法院聲請撤銷。但自判決確定後已逾五年者，不得為之。」（前述 §455-12 對於共犯案件之相關說明併請參閱）

　　依照上述規定，聲請撤銷原確定判決必須遵守法定期間，俾能兼顧法秩序之安定性。該項聲請，應依法定程式，向「諭知該判決之法院」提出。原審法院所為沒收財產判決如因上訴而經上級法院從程序上判決駁回者，由於並未審究實體事項，仍應向下級審之原審法院提出。設若該第三人業經法院裁定參與沒收程序，且已合法通知並送達文書予有代收權限之代理人，由於代理人之疏失而導致錯失程序保障者，揆諸本法第六十七條第二項意旨，應視為本人之過失，不許其為撤銷之聲請。

　　聲請撤銷沒收財產確定判決，依第四五五條之二九第二項規定，應以書面記載下列事項：一為本案案由。二為聲請撤銷宣告沒收判決之理由及其證據。三為遵守不變期間之證據❾。

　　沒收財產確定判決並非宣告該第三人有罪，無從準用聲請再審相關規

---

❾　此項不變期間有無第六十七條回復原狀規定之適用，由於不在該條所列各種期間以內，恐有疑義，他日修法宜予增訂。

定，上述聲請撤銷判決，實乃特別救濟途徑❿。至若違背法令之沒收財產確定判決，宜解為許由權利人依本法第二條第二項規定，聲請提起非常上訴尋求救濟。

§455-30 **(二)沒收財產是否停止執行**

聲請撤銷沒收確定判決，依本法第四五五條之三〇規定，無停止執行之效力。但管轄法院之檢察官於撤銷沒收確定判決之裁定前，得命停止。按此與第四三〇條關於聲請再審效力之規定同其意旨。（注意：再審之目的在於確定判決認定事實錯誤之救濟，並非補正程序瑕疵。）

§455-31, **(三)聲請撤銷之准駁**
§455-32

該管法院對於撤銷沒收確定判決之聲請，依本法第四五五條之三一規定，應通知聲請人、檢察官及自訴代理人，予其陳述意見之機會。關於聲請撤銷之准駁，應依第四五五條之三二處理。茲分述如下：

1.駁　回

依本條第一項規定，法院認為撤銷沒收確定判決之聲請不合法律上之程式或法律上不應准許或無理由者，應以裁定駁回之。但其不合法律上之程式可以補正者，應定期間先命補正。如其聲請合法有理，即應為准許撤銷之裁定。至於原沒收確定判決本身有無違誤，乃係後述第二階段更為審判之範圍，不可混淆。

2.准　許

依本條第二項規定，法院認為聲請撤銷沒收確定判決有理由者，應以裁定將沒收確定判決中經聲請之部分撤銷。原確定判決有數個部分者，其中未經聲請之部分不受影響。須注意者，沒收標的如經受有本法第一三三條、第一三三條之一之保全扣押者，需否撤銷扣押，抑或另為其他適當處分，法院應併予審酌辦理。

---

❿ 第三人非因過失未參與沒收程序而受有沒收財產確定判決，檢察官依第四七〇條第三項規定就遺產為執行，此種情形，法定繼承人能否依第四五五條之二九規定聲請撤銷原確定判決，可否主張有妨礙執行之事由而依強制執行法對檢察官提起異議之訴，不無疑問。

3.再抗告

對於上述准駁裁定，除檢察官或聲請人得為抗告外，依本條第三項規定，如仍有不服時，並得對於抗告法院之裁定提起再抗告。此乃補充本法第四一五條第一項但書之特別規定。

4.準用之規定

聲請撤銷沒收確定判決之抗告及再抗告，依本條第四項規定，除本編有特別規定外，準用第四編之規定。

◎第二階段──更為審判

依本法第四五五條之三三規定：「撤銷沒收確定判決之裁定確定後，法院應依判決前之程序，更為審判。」意即該項裁定未有抗告或經抗告駁回確定後，原沒收確定判決即因失其效力（參考 33 上 1742 號判例所示法理）而回復至先前尚未判決之狀態，應由該管法院更為審判。准予撤銷沒收確定判決之裁定，僅認定具備撤銷原因而已，該管法院必須本於更為審判之結果而為判決，即使結果與先前相同，仍為法之所許，受判決人上訴與否，另當別論。

§455-33

五、單獨宣告沒收之程序❶

㈠檢察官之聲請權

§455-34

本法第二五九條之一及刑法第四十條第二項、第三項所定之單獨宣告沒收，依本法第四五五條之三四規定，須經檢察官提出聲請，以「違法行為地、沒收財產所在地或其財產所有人之住所、居所或所在地之法院」為管轄法院，而由該管法院以裁定行之。

---

❶ 食品安全衛生管理法第四十九條之一第三項關於檢察官聲請法院以裁定沒收第三者財物、財產上利益之規定，並未就其所須踐行之法定程序詳加規範。自本法第七編之二施行後，應視個案情節，分別適用參與沒收程序或單獨宣告沒收程序處理。其須適用參與沒收程序者，檢察官之聲請，應依本法第四五五條之十三規定辦理，由法院踐行相關程序而為判決，非以裁定行之。

本條雖將違法行為地法院定為最優先之管轄法院，其實考量沒收財產涉及扣押、鑑價、執行等繁瑣工作，沒收財產所在地更應重視。例如依本法第二五九條之一聲請單獨宣告沒收者，如違法行為地與沒收財產所在地不在同地時，為不起訴或緩起訴處分之檢察官，即以移由沒收財產所在地法院所配置之檢察署檢察官向該法院提出聲請為宜。

§455–35 **(二)聲請之程式**

檢察官之聲請，依第四五五條之三五第一項規定，應以書狀記載下列事項，提出於管轄法院為之：一為應沒收財產之財產所有人姓名、性別、出生年月日、住居所、身分證明文件編號或其他足資辨別之特徵。但財產所有人不明時，得不予記載。二為應沒收之財產名稱、種類、數量及其他足以特定沒收物或財產上利益之事項。三為應沒收財產所由來之違法事實及證據並所涉法條。四為構成單獨宣告沒收理由之事實及證據。

司法院所提本條草案原有第二項「檢察官就前項第二款至第四款之事項應負舉證責任」之規定，在立法過程中省略未列，改將相同意旨於立法說明予以敘述，並強調本法第一六一條第一項關於舉證責任之基本規定[12]。

§455–36 **(三)聲請之准駁**

關於聲請單獨宣告沒收之准駁，應依第四五五條之三六處理。茲分述如下：

1.駁　回

依本條第一項規定，法院認為單獨宣告沒收之聲請不合法律上之程式或法律上不應准許或無理由者，應以裁定駁回之。但其不合法律上之程式可以補正者，應定期間先命補正。

2.准　許

依本條第二項規定，法院認為聲請單獨宣告沒收有理由者，應為准許之裁定。

按單獨宣告沒收財產之聲請，與第四五五條之十三第二項所定將聲請意旨一併記載於起訴書內者有別。在單獨宣告沒收案件，未有刑事本案訴

[12]　見立法院公報一〇五卷三十一期第三一一及三一九頁所載立法說明。

訟繫屬，並無本案訴訟程序可供附隨，法院對於檢察官所提聲請之准駁，概以裁定行之。如認其聲請為有理由者，即以裁定准許沒收財產，此項裁定應行記載事項，準用第四五五條之二六第二項之規定 （依後述 §455-37)。

　　依前述第四五五條之二六所為沒收財產判決，對於所沒收財產與本案被告犯罪事實間之關聯性，祇須自由證明即足，已詳該條說明。惟在准許單獨宣告沒收之裁定，除違禁物之沒收應無爭議外，其依刑法第四十條第三項所定之單獨宣告沒收，諸如犯人通緝中未能到案受審、或因死亡而不受理、或因時效完成而免訴等情形，犯人於本案訴訟中未曾作何辯論及受何有罪確定判決，揆諸本法第一五四條第一項意旨，應推定為並無違法事實之存在。從而，即無所謂應行沒收財產與「違法事實」間之關聯性可言，倘若僅憑自由證明遽予單獨宣告沒收，有違憲法第十五條保障財產權之意旨。本書於一〇六年八月修訂六版增加本編（第七編之二）時，即認為此種情形須與沒收財產判決分別以觀，應要求嚴格證明，方能准為單獨沒收財產之裁定，以保障第三者之權益。（見該版第六二六頁）茲查最高法院 110 臺抗 1386 號刑事裁定，對於單獨宣告沒收被告繼承人財產之案例，認為犯罪行為人於本案訴訟中，未行任何辯論或受有罪判決之認定，基於無罪推定原則，究竟原行為人是否因犯罪而獲得財產增值，涉及刑事不法行為有無、既未遂之認定，仍應適用嚴格證明法則予以確認。此與本書見解正相一致。

3.再抗告

　　對於上述准駁裁定，除檢察官或受裁定人得為抗告外，依本條第三項規定，如仍有不服時，並得對於抗告法院之裁定提起再抗告。此乃補充本法第四一五條第一項但書之特別規定。

㈣處理程序之準用

§455–37

　　檢察官聲請單獨宣告沒收財產案件，除未必有刑事本案訴訟繫屬外，與第三人參與沒收程序，本質相同。本法爰於第四五五條之三七規定：「本編關於第三人參與沒收程序之規定，於單獨宣告沒收程序準用之。」

　　法院對於單獨宣告沒收之准駁，概以裁定行之，已如上述。裁定程序

之進行，依本法第二二二條及第二二三條規定，於有必要時，得調查事實，其裁定應敘述理由。當法院調查事實時，自應通知財產所有人（得委任代理人）到場，雖無所謂審判期日或言詞辯論可言，仍須踐行第四五五條之二二告知程序，並予陳述意見之機會；如准許沒收財產時，其裁定應記載第四五五條之二六第二項所定內容，凡此皆係準用關於第三人參與沒收程序之規定。裁定，除當庭所為者應宣示並即生效外，不經宣示者，於裁定正本合法送達之時發生效力。

應沒收財產之財產所有人於單獨宣告沒收程序中，準用刑事被告訴訟上權利之規定，雖應以「就沒收其財產之事項」為限（見 §455–19）。惟依刑法第四十條第三項之單獨宣告沒收，須以由於事實上或法律上原因，未能追訴犯罪行為人之犯罪或判決有罪者為要件。此在諸如犯人通緝中未能進行審判、或犯人死亡而不受理、或追訴權時效完成而免訴等情形，本案訴訟未受實體審理，犯人於本案訴訟程序中未曾作何辯論。由於構成沒收理由之基礎事實，與犯人之違法事實密切相關，倘若不許應沒收財產之財產所有人對該犯人之罪責事項提出申辯，即無程序正義可言。假使案件因被告死亡經判決不受理者，由於繼承人係因被告違法行為而無償取得財產，依刑法第三十八條之一第二項第二款規定，其財產仍應予以沒收。此種情形，依本（四五五之三七）條準用規定，檢察官於聲請單獨宣告沒收時，自應按照第四五五條之十三規定，通知該繼承人知曉，法院亦須依第四五五條之十二規定，本於職權或依該繼承人之聲請，以裁定命其參與單獨宣告沒收程序，俾使享有第四五五條之十九及之二四所賦予之權利，獲得正當法律程序之保障。

㈤德國立法例

單獨宣告沒收程序（第四五五條之三四至第四五五條之三七），因檢察官之聲請 (Antrag) 而開啟，由法院以裁定 (Beschluss) 行之，具有對物訴訟性質。惟如有第三人時，即應準用第三人參與沒收程序各該規定。此在德國稱為客觀程序 (objektives Verfahren)[13]。

---

[13] 關於主觀程序 (subjektiver Verfahren) 及客觀程序 (objektives Verfahren) 可參考 Roxin/Schünemann, Strafverfahrensrecht, §67, Rn. 1–4, 29 Aufl., 2017.

第七編之三　被害人訴訟參與

　　本法增訂本編，係於一〇九年一月八日公布施行。

　　刑事訴訟程序在傳統上向來偏重於保障被告權益。一九四八年世界人權宣言，及一九六六年聯合國公民與政治權利國際公約（另詳本書附錄二）第七、九、十四條，皆欠缺照顧被害人之規定。美國學者 Packer 於一九六八年出版專著，探討刑事訴訟架構，提出犯罪防制與公正程序兩種模式，亦係出自維護被告人權立場（見本書緒論❽）。遲至一九八五年十一月二十九日，聯合國大會第 40/34 號決議通過 Declaration of Basic Principles of Justice for Victims of Crime and Abuse of Power❶（簡稱 1985 宣言）後，該項並無拘束力之宣言，遂成為首部關於照顧犯罪被害人之國際性文件。

　　本法原僅著重於被害人行使告訴權及自訴權之規定。五十六年作通盤修正時，於第三四四條增訂第二項（已修正改列為第三項）明定被害人不服下級法院判決者得請求檢察官上訴，其立法理由載稱「為保障被害人之利益而設」，此係首度提供被害人間接參與公訴程序之規定。八十六年十二月修法，再次考量保障被害人而增訂第二四八條之一規定被害人於偵查中應訊時得由一定人員陪同在場並陳述意見，以及第二七一條第二項規定法院審判期日應傳喚被害人或其家屬並予陳述意見之機會。1985 宣言呼籲各國提供賠償、補償、援助等具體措施，以期保護犯罪之被害人。歐盟於二〇一二年訂定有關犯罪被害人權利、援助及保護之最低標準準則 (Victims' Rights Directive)，英國司法大臣依照該國二〇〇四年 Domestic Violence, Crime and Victims Act 之 Sec. 32 於二〇〇五年訂定（新版二〇

---

❶　聯合國官網中文（原為簡體版）譯稱：「為罪行和濫用權力行為受害者取得公理的基本原則宣言。」

二一年四月）之 Code of Practice for Victims of Crime，皆與一九八五宣言相呼應。我國自八十七年十月一日施行之犯罪被害人保護法，對於被害人提供補償，可謂符合一九八五宣言本旨。惟本法之上述零散條文，實不足以達成保障被害人之目的。

　　本法增訂本編之立法說明，謂係「本於維護被害人及其家屬人性尊嚴之目的」並「考量司法資源之合理有效利用」，而建構犯罪被害人訴訟參與及其保護之機制。全編十個條文，針對被害人或其家屬聲請參與本案訴訟之要件、範圍、程式、權限等事項詳為規範。另於第二編第一（公訴）章內，就被害人未依本編聲請參與訴訟者之一般可得參與等事項，配合修正第二四八條之一及第二八九條，並增訂第二四八條之二、之三及第二七一條之二至之四，顯現保護被害人之目的。

§455-38

一、聲請訴訟參與之要件

　　依照本法第四五五條之三八規定，被害人聲請參與本案訴訟，必須符合下列四項要件：

(一)聲請人須係犯罪之被害人

　　被害人一詞，對照本法第二三二條、第二三三條及第三一九條第一項之適用，係指因他人犯罪行為而直接受有損害之自然人或法人而言。間接受害人僅得依第四八七條規定提起附帶民事訴訟，無權聲請參與訴訟。本法所定被害人之權益，散見於相關章節，可參閱第二三二條彙整列表。

　　被害人如係自然人，由於無行為能力、限制行為能力、死亡或因其他不得已之事由而不能聲請者，依本（第四五五條之三八）條第二項規定，得由其法定代理人、配偶、直系血親、三親等內之旁系血親、二親等內之姻親或家長、家屬為之。但如本案被告具前述身分之一，而無其他前述身分之人聲請者，得由被害人戶籍所在地之直轄市、縣（市）政府或財團法人犯罪被害人保護協會為之。被害人戶籍所在地不明者，得由其住（居）所或所在地之直轄市、縣（市）政府或財團法人犯罪被害人保護協會為之。條文所指「其他不得已之事由」，本條立法說明舉例謂：如被害人因

被告之犯罪行為而住院治療已不能為意思表示，但尚未經法院為監護宣告之情形是。又所稱配偶、姻親，依司法院釋字第七四八號解釋施行法第二十四條第二項前段規定，包括該法第二條所定同性結合關係者在內。

　　被害人如已實行告訴而成為告訴人時，是否仍然有權聲請參與訴訟？或謂被害人與告訴人，在訴訟法上之身分地位不同，條文僅列被害人，此與本法第三四四條第三項關於請求檢察官上訴之規定，係將告訴人與被害人併列者有別，兩相對照，宜解為被害人成為告訴人後，即失其參與訴訟之聲請權。上述否定說為本書所不採，其理由有三：稱被害人，專指直接受害者而言。至於告訴人，除被害人以外，尚有得為獨立告訴之人在內（見§§233、235）。法條將告訴人併列為有權請求檢察官上訴之人，旨在包含被害人以外其他依法實行告訴之人在內，使之亦得請求檢察官上訴，並無分別對待或相互排斥之意，尚難據此而謂被害人成為告訴人後即無權聲請參與訴訟。此其一。何況被害人成為告訴人後，仍非本案訴訟之當事人，依然有其參與訴訟之需要。雖可委任代理人於審判中行使一定之權利，與訴訟參與人之代理人相仿（§§271-1、455-41），但告訴代理人並無辯論證據證明力及就科刑範圍表示意見之權利（§§455-46、455-47），兩者仍有差別，不能等同視之。此其二。再者，本法第七編之三之增訂，旨在維護被害人合法權益，除非被害人委任律師提起自訴而自任為當事人，否則，徒以其成為告訴人而不許其聲請參與訴訟，自目的性解釋之立場言，殊有未合。此其三。總之，本書主張被害人成為告訴人後，其身分之競合，實無礙於參與訴訟聲請權之行使。

　　本條第二項但書所定得為聲請者，其中市政府或縣政府均無法律上之人格。依地方制度法第十四條及第二條第一款規定，直轄市、縣（市）方為具有公法人之地位。因此，倘若以公法人機關（市政府或縣政府）名義提出聲請，即與聲請「人」者不符。是否適法，有待形成案例。

　　至於該等親屬身分關係變更之影響問題，另詳後述第四五五條之四〇第三項相關說明。

㈡聲請人須係特定罪名之犯罪被害人

聲請參與訴訟，並非一切犯罪之被害人均得為之。本條基於立法政策之考量，擇其嚴重侵害被害人生命、身體、自由、性自主等影響人性尊嚴，且於犯罪實害、受害痛苦暨感受甚為強烈者，以所列舉五款特定範圍以內各該罪名之犯罪被害人為限，方得提出訴訟參與之聲請。其五款之範圍如下：

1.因故意、過失犯罪行為而致人於死或致重傷之罪。

2.刑法第二三一條、第二三一條之一、第二三二條、第二三三條、第二四〇條、 第二四一條、第二四二條、第二四三條、第二七一條第一項、第二項、第二七二條、第二七三條、第二七五條第一項至第三項、第二七八條第一項、第三項、 第二八〇條、第二八六條第一項、第二項、第二九一條、第二九六條、第二九六條之一、第二九七條、第二九八條、第二九九條、 第三〇〇條、第三二八條第一項、第二項、第四項、第三二九條、第三三〇條、第三三二條第一項、第二項第一款、第三款、第四款、第三三三條第一項、第二項、第三三四條第一項、第二項第一款、第三款、第四款、第三四七條第一項、第三項、第三四八條第一項、第二項第二款之罪。

3.性侵害犯罪防治法第二條第一項所定之罪。

4.人口販運防制法第三十一條至第三十四條、第三十六條之罪。

5.兒童及少年性剝削防制條例第三十二條至第三十五條、第三十六條第一項至第五項、第三十七條第一項之罪。

至於罪名變更之影響問題，另詳後述第四五五條之四〇第三項相關說明。

㈢訴訟參與之聲請，須於第二審言詞辯論終結前提出

犯罪被害人，或本條第二項所列之人，或依其但書所定得為聲請者，須於本案經檢察官提起公訴後，在第二審言詞辯論終結前，向該管法院提出訴訟參與之聲請。

聲請訴訟參與，係以公訴案件為限。（自訴案件依本法第三一九條第

一項之規定，犯罪被害人或該條項但書所列之人，本可委任律師提起自訴而取得訴訟當事人之地位，即無所謂參與訴訟可言。）受理聲請之該管法院，則為本案訴訟最後審理事實之法院，非以第一審法院為限。

本條所定「第二審言詞辯論終結前」之聲請時限，非謂在此時限前隨時均可聲請，倘若其係於第一審辯論終結後，本案尚未判決確定前提出聲請時，除非再開辯論，否則已無訴訟可得參與，如未再開辯論而予裁定准許參與訴訟，在文義上雖與上述時限相符，假如未有合法上訴，此項裁定即失其意義 。 在德國因其刑事訴訟法第四〇一條第一項賦予附加訴訟人 (Nebenkläger) 得就本案判決獨立上訴之權利，此時亦可參與訴訟。本法之訴訟參與人並無上訴權，自不能作相同解釋。將來似宜仿照本法第四八八條之例，明定「在第一審辯論終結後提起上訴前不得提出聲請」，以符實際。

(四)所聲請之事項，係聲請參與本案訴訟

即指參與繫屬於該管法院之本案刑事訴訟而言。

稱本案訴訟（公訴案件），包括通常程序、簡易程序、協商程序在內，均應有其適用。其中簡易程序及協商程序案件，法院或不訊問被告，或不經言詞辯論，如於訴訟資料知有被害人時，宜主動告知是否聲請參與本案訴訟，甚或改用通常程序進行審判，俾能保障被害人之權益。

二、被害人參與訴訟與第三人參與沒收程序之比較

被害人參與本案訴訟，與前編（第七編之二）所定第三人參與沒收特別程序，兩者皆稱「參與」，有其相同及相異之處，詳請參閱相關各條說明。茲擇要敘述如下：

(一)兩者相同之點有六

1.聲請人均係本案訴訟當事人以外之人 (§455-12、§455-38)。

2.聲請時限均須在本案最後事實審辯論終結前（同上條文）。

3.參與之聲請，均由法院為准駁之裁定，准許參與之裁定，均不得抗告 (§455-16、§455-40)。

4.參與人均有卷證資訊獲知權（§455–19 準用 §33、§455–42）。

5.參與人均可有其代理人（§455–21、§455–41）。

6.此兩者之參與，均與民事訴訟法上之「訴訟參加」有別。請參閱前編 §455–19 相關說明。

㈡被害人參與訴訟不同於第三人參與沒收程序之點有八

1.有權聲請參與訴訟者之範圍尚且包括市政府或縣政府在內 (§455–38 II)。

2.參與訴訟並無如同 §455–12 III 法院應依職權裁定命行參與之規定。

3.對於參與訴訟聲請之裁定，無論准駁，均不得抗告 (§455–40)。

4.自訴案件無被害人參與訴訟規定之適用。

5.被害人參與訴訟，除可選任代理人外，尚有指定（強制）代理之規定 (§455–41)。

6.在多數訴訟參與人之情形，有選任及指定代表人之規定 (§455–45)。

7.訴訟參與人及其代理人或代表人，通常係與被告及其辯護人或輔佐人處於對立地位。

8.訴訟參與人不受本案訴訟之裁判，對於本案判決如有不服，僅得以被害人地位請求檢察官上訴。

§455–
39

三、聲請訴訟參與之程式

依照本法第四五五條之三九第一項規定：「聲請訴訟參與，應於每審級向法院提出聲請書狀。」至於書狀應行記載之事項，同條第二項列有四款：一為本案案由。二為被告之姓名、性別、出生年月日、身分證明文件編號或其他足資辨別之特徵。三為非被害人者其與被害人之身分關係。四為表明參與本案訴訟程序之意旨及理由。

被害人訴訟參與，其所參與之本案刑事訴訟，就狹義訴訟繫屬而言❷，於每一審級因終局裁判而脫離繫屬，該一審級終結時，原訴訟參與之效力即不復存在，並非當然延續至另一審級，爰予規定應於每審級提出

---

❷ 參閱本書本論第二編第一章第二節「一、起訴之意義」之㈠。

聲請書狀。

　　立法政策導入犯罪被害人參與訴訟機制，係以平衡犯罪事件雙方（加害者與被害者）在刑事訴訟程序中之地位為目的。既須保障被告人權，亦應照顧被害人權益，避免產生國法偏護被告之錯覺。循此參與訴訟機制，可使被害人知曉本案訴訟進行情形及其進度，並有陳述意見之機會，獲得積極參與之感受，有助於受害心情之平復。惟因被害人在法庭活動中，或許存有「二度傷害」之感覺，法律僅界予聲請訴訟參與之權利，究竟需否參與，由其自行抉擇，法院不得依職權裁定命行參與。

　　訴訟參與人在本案訴訟程序中究竟處於如何地位，實有探討之必要。前編（第七編之二）沒收特別程序之參與人，可能遭受沒收財產之實體裁判，依第四五五條之十九規定，就沒收其財產之事項，以準用被告訴訟上權利之規定為原則，可謂比照被告而有準當事人之地位。本編之訴訟參與人，不過參與本案公訴程序而已，兩造當事人仍為檢察官及被告（如欲取得當事人地位，儘可提起自訴。且本法不採刑事訴訟費用制度）。被害人之本質屬於證人，93 臺上 6578 號判例闡釋甚明，如經法院裁定准許訴訟參與，即於公訴程序中具有被害人、訴訟參與人、證人三重身分，除非別有隱情，其立場通常係與檢察官一致，以使被告受追訴處罰為目的，與被告及辯護人相對立。檢察官熟諳法律及訴訟實務，擔負舉證及實行公訴之全責，被害人如欲參與訴訟，即有與檢察官相互協調之必要。本條司法院原提草案，擬參考日本立法例，規定聲請訴訟參與須向檢察官提出書狀，經檢察官添具意見後轉送法院裁核，其目的在使檢察官針對「參與」之當否，以公訴人立場，向法院提供意見，憑為准駁之參考。但在立法過程中未予採納。關於犯罪被害人之參與本案刑事訴訟程序，諸如德國、奧地利❸、瑞士❹、日本乃至國際刑事法院❺，均予支持。本章前言所引歐盟

❸　奧地利刑事訴訟法第十條、第六十六條、第六十六條 a。

❹　瑞士刑事訴訟法第一一七條。

❺　國際刑事法院羅馬規約 (Rome Statute of the International Criminal Court) 第六十八條，及該院訂定之程序與證據規則 (Rules of Procedure and Evidence) 第八十九條至第九十三條。

及英國之規章，亦有支持被害人於相當範圍內參與訴訟之規定，可憑各該原文名稱上網搜尋。德國刑事訴訟法第五編第二章之附加訴訟(Nebenklage)、日本刑事訴訟法第二編第三章第三節之「被害者參加」，分別編列專章專節，作詳細之規範。然而，賦予訴訟參與人之權利無論多寡，畢竟不能取得本案當事人之地位。本編提供訴訟參與人之權利，極其有限，後述第「六」另為說明。

§455–40

四、聲請訴訟參與之准駁

(一)駁　回

1.程序上不合法（欠缺合法性）

依本法第四五五條之四〇第一項前段規定，法院對於訴訟參與之聲請，認為不合法律上之程序或法律上不應准許者，應以裁定駁回之。例如聲請書狀之製作不符合第五十三條或第四五五條之三九所定程式，或法人聲請參與誤由代表人以自己名義具狀提出，或聲請人並非第四五五條之三八所定適格之人，或本案被告被訴罪名非屬該條所列各款特定範圍以內之罪，或本案已繫屬於法律審者是。惟其不合法律上之程式可補正者，依同條項但書規定，法院應定期間先命補正，意即先以裁定指定適當期間命行補正，不得遽予駁回。

被害人或其親屬如於第一審言詞辯論終結後，本案尚未判決確定前，聲請參與訴訟時，在文義上雖未逾第四五五條之三八所定之聲請時限，除非再開辯論，否則已無訴訟可得參與，此種情形，宜認為不應准許而予裁定駁回。原聲請人可俟本案有合法上訴時再行聲請（另請參閱前述 §455–38 相關說明）。

2.實體上不適當（欠缺適當性）

依本法第四五五條之四〇第二項規定，訴訟參與之聲請，雖於程序合法，而經法院審酌結果，認為不適當者，應以裁定駁回之。至於如何審酌各情，詳見下述說明。

(二)准　許

依本法第四五五條之四○第二項規定，法院對於訴訟參與之聲請，認為適當者，應為准許訴訟參與之裁定。與同條第一項對應可知，訴訟參與之聲請，必須既具合法性且有適當性，法院方能准許。究竟如何認其聲請為適當或不適當？依照該條項規定：

1.應徵詢檢察官、被告、辯護人及輔佐人之意見。

旨在提供陳述意見之機會，並非徵求彼等之同意。

檢察官擔負舉證及實行公訴之全責，其以公訴人立場，對於訴訟參與之適當與否，可審酌下述 2.各點提供意見，法院應納為重要參考資料。尤其檢察官倘若知悉被害人可能改變立場成為敵意證人❻而提出反對意見時，法院更須重視。

2.並斟酌：(以下敘述係引用本條立法說明)

(1)案件情節

應審酌相關犯罪之動機、態樣、手段、被害結果等因素。例如敵對性極高之組織或團體間因宿怨仇恨所生之犯罪案件，應考量若准許被害人訴訟參與，是否有擾亂法庭秩序之虞。

(2)聲請人與被告之關係

例如被害人與被告具有組織內上下從屬之關係，應考量若准許被害人訴訟參與，是否有實質上不利於被告防禦之虞。

(3)訴訟進行之程度

例如被害人於第一審並未聲請訴訟參與，遲至第二審接近審結之時，始聲請訴訟參與，應考量是否有對於被告防禦權產生無法預期之不利益之虞。

(4)聲請人之利益

就上述(1)(2)(3)綜合評估，聲請人之參與訴訟，是否具有較大利益，方能衡平其對法庭秩序或被告防禦權所生之不利益。

(三)准許訴訟參與裁定之撤銷

法院裁定准許訴訟參與後，如認有不應准許之情形者，依第四五五條

---

❻　參閱本書本論第一編第十二章❻❻。

之四○第三項規定，應撤銷原裁定。

　　茲所指事後發現有「不應准許」之情形，對照同條第二項規定，須以其繼續參與是否「不適當」為審酌重點。聲請訴訟參與之實體准駁，係以兼備合法性與適當性為斷，此與本法第四五五條之十六所定第三人參與沒收程序之實體准駁係以有理由或無理由為斷者不同。例如訴訟參與人別有隱情改變立場成為敵意證人、或訴訟參與人在法庭活動中屢有無法控制情緒妨害法庭秩序情事者，即可認為欠缺適當性是。

　　本案刑事訴訟在法院審理中，如依本法第九十五條第一項第一款規定，向被告告知其被訴罪名變更為第四五五條之三八所列五款特定範圍以外之罪，或第一審判決變更檢察官起訴法條時，對於先前准許訴訟參與之裁定有無影響？本書見解認為，能否參與訴訟，應以檢察官起訴書記載之所犯法條為憑，訴訟參與是否適當，係以獲准參與時為準，就訴訟參與人立場而言，原裁定既係合法，一經獲准參與本案訴訟，除發生可認其繼續參與有不適當之情事者外，並不當然受變更罪名之影響（即尚須審酌其是否欠缺適當性），何況本案判決尚未確定，在第二審言詞辯論終結前，仍有再度變更為原先起訴罪名之可能。

　　犯罪被害人係限制行為能力人，其法定代理人獲准參與訴訟後，被害人於本案訴訟審理中成長為成年人時，先前法定代理人獲准參與之時，原裁定既屬合法，則基於被告之法定代理人得為被告利益獨立上訴者，其上訴是否合法，係以上訴時為準之相同法理，除發生可認其繼續參與有不適當之情事者外，本書見解認為亦不當然構成撤銷原裁定之事由（即尚須審酌其是否欠缺適當性）。該成年被害人如聲請參與訴訟獲准，即有適用後述本法第四五五條之四五選定或指定代表人規定之可能。何況被害人甫成年，仍有輔助之必要，倘若一經成年立即撤銷先前法定代理人之合法參與，顯與保護被害人之本旨不符。又如犯罪被害人受監護或輔助之宣告而於本案訴訟審理中回復健康者，亦可比照上述見解辦理。

　　總之，訴訟參與之准駁，重在是否適當（日本法稱曰「相当」）。訴訟參與人依裁定獲准參與之時，即已具備合法性，其後有無撤銷原裁定之事

由，應以審酌是否欠缺適當性為準。本條立法說明對於被告被訴罪名變更，以及原先獲准訴訟參與人之身分變更，均未考量適當性之要件（即有無不適於繼續參與之情事），一概認為徒增本案訴訟不必要之程序負擔，應將原裁定撤銷，嫌有未周。此項見解似受日本刑事訴訟法第三一六條之三三第三項之影響，是否妥適，需否採取相同立場，即非無商榷餘地。

四駁回、准許或撤銷准許訴訟參與之裁定，均不得抗告

依本法第四五五條之四〇第四項規定，法院所為准許、駁回或撤銷准許訴訟參與之裁定，均不得抗告。一經裁定，即告確定。聲請參與獲得准許者，聲請人已無抗告之利益；本案當事人如主張有不應准許之事由，經法院認為正當者，可按照同條第三項規定，依職權將原裁定撤銷，尚有糾正之途。至於駁回聲請或撤銷准許訴訟參與之裁定，雖對聲請人或參與人不利，惟其仍有到場陳述意見之機會（見第二七一條第二項、第二八九條第二項），且被害人以證人身分到場時，即可據實指證受害事實，而檢察官亦必切實實行公訴，不許抗告可避免訴訟遲滯，尚不致影響被害人之權益。

五、訴訟參與人之代理人

§455–
41

(一)選任代理人

本法第四五五條之四一第一項明定：「訴訟參與人得隨時選任代理人。」俾能輔助訴訟參與人確實有效參與本案刑事訴訟。考量沒收特別程序參與人之代理人並非必須以律師充任，此項代理人亦不以律師為限。倘若被害人不聲請參與訴訟而係提起自訴時，即應委任律師為其自訴代理人。

依同條第二項規定：「第二十八條至第三十條、第三十二條之規定，於訴訟參與人之代理人準用之。」按其準用範圍，包含代理人之人數、資格、選任程式及數代理人時之分別送達文書等事項。

(二)指定代理人

基於保障弱勢訴訟參與人之考量，同條第二項復規定：「第三十一條第一項第三款至第六款、第二項至第四項之規定，於訴訟參與人未經選任代理人者並準用之。」此種情況，實乃強制代理之意。

六、訴訟參與人之權利

本編訴訟參與人之地位，與前編（第七編之二）沒收特別程序參與人並不相同，詳如前述第「二」之比較說明。基於平衡犯罪事件雙方（加害者與被害者）在訴訟程序所處地位之考量，不宜賦予被害人「準公訴人」之較多權限。茲將第四五五條之四二至之四七所定各該權利敘述如下：

§455-42

(一)卷證資訊獲知權

鑑於訴訟參與人與本案之審判結果具有利害關係，自應使其獲知本案訴訟卷證資訊，俾能及時有效行使其權益，本法爰以第四五五條之四二針對資訊獲知事項為明確之規定。

【第一項】

代理人於審判中得檢閱卷宗及證物並得抄錄、重製或攝影。但代理人為非律師者，於審判中對於卷宗及證物不得檢閱、抄錄、重製或攝影。

【第二項】

無代理人或代理人為非律師之訴訟參與人於審判中得預納費用請求付與卷宗及證物之影本。但卷宗及證物之內容與被告被訴事實無關或足以妨害另案之偵查、或涉及當事人或第三人之隱私或業務秘密者，法院得限制之。

【第三項】

前項但書之限制，得提起抗告。

◎上述規定雖與本法第三十三條內容類似，惟該條具有保障被告訴訟權之憲法意義，而本編係以保障被害人參與訴訟為目的，立法本旨有別，遂設專條單獨規定，未採準用方式，附此說明。

(二)在場權

§455-43

1.準備程序期日

準備程序係以對於訴訟資料預作彙集整理為目的，訴訟參與人雖非本案當事人，仍應使其參與準備程序，俾能知曉訴訟進度，積極有效參與本案訴訟。依本法第四五五條之四三第一項規定：「準備程序期日，應通知訴訟參與人及其代理人到場。但經合法通知無正當理由不到場或陳明不願

到場者，不在此限。」同條第二項緊接明定：「第二百七十三條第一項各款事項，法院應聽取訴訟參與人及其代理人之意見。」

2.審判期日

§§455－44～455－45

本案訴訟之審判，係以審判期日為重心，法院與當事人及其他訴訟關係人，會合於法庭而為審理、調查證據、進行辯論、宣示裁判，訴訟參與人自應到場積極參與程序之進行，並行使各項權利。依本法第四五五條之四四規定：「審判期日，應通知訴訟參與人及其代理人。但經合法通知無正當理由不到場或陳明不願到場者，不在此限。」既係通知到場而非採取傳喚方式，是其並無到場義務，更不發生拘提問題。至其於審判期日到場可得行使之權利，詳如後述第四五五條之四六、四七各該規定。

◎代表人之選定及指定

遇有多數訴訟參與人之情形（民事訴訟法第四十四條之二有「因公害、交通事故、商品瑕疵或其他本於同一原因事實而有共同利益之多數人」之語可供參考），彼等全體到場以及行使後述相關權利，往往窒礙難行，甚且導致訴訟遲滯延宕。本編參考民事訴訟法及行政訴訟法所採選定或指定當事人之例，於第四五五條之四五設有選定及指定代表人之規定，以應實需，便利訴訟程序之順暢進行。選定代表人者，應以書狀向法院提出證明之文書。惟經選定或指定代表人後，原訴訟參與人僅係停止行使權利而已，並非脫離參與，此與民事訴訟法及行政訴訟法所設脫離訴訟之效果有別。

第四五五條之四五內容分為四項：

【第一項】

多數訴訟參與人得由其中選定一人或數人，代表全體或一部訴訟參與人參與訴訟。

【第二項】

未依前項規定選定代表人者，法院認為必要時，得限期命為選定，逾期未選定者，法院得依職權指定之。

【第三項】

前二項經選定或指定之代表人得更換、增減之。

【第四項】

本編所定訴訟參與之權利,由經選定或指定之代表人行使之。

§455-
46

(三)對於證據表示意見之權利

訴訟參與人對於本案訴訟資料通常皆有相當程度之認知與瞭解,甚或有與公訴人即檢察官不同之解讀。本編參仿本法第二八八條之一及之二意旨,於第四五五條之四六規定:「每調查一證據畢,審判長應詢問訴訟參與人及其代理人有無意見。」並於同條第二項明定:「法院應予訴訟參與人及其代理人,以辯論證據證明力之適當機會。」茲所謂對於證據暨其證明力表示意見,無非具體主張之表達,關於證據之取捨,應由法院本於確信自由判斷。

§455-
47

(四)對於科刑表示意見之權利

依本法第二八九條第二項規定,審判期日進行言詞辯論後,應就科刑範圍辯論之。訴訟參與人雖非本案訴訟當事人,惟其係受害之一方,對於刑法第五十七條所列科刑輕重標準之第一、三、七、九、十各款事項,感受尤為深切。爰於第四五五條之四七明定:「審判長於行第二百八十九條關於科刑之程序前,應予訴訟參與人及其代理人、陪同人就科刑範圍表示意見之機會。」俾由審判長連同當事人所表示之意見一併裁酌。

◎上述各項訴訟參與人之權利,其中審判期日在場權及對於科刑表示意見之權利,即使未聲請參與本案刑事訴訟之被害人,依本法第二七一條第二項、第二八九條第二項規定,亦仍享有相同權利。且被害人如實行告訴而成為告訴人後,得依第一六三條第四項規定,就證據調查事項向檢察官陳述意見,以及請求檢察官向法院聲請調查證據,並得依第二七一條之一規定,委任代理人行使一定之權利。德、奧、日及國際刑事法院規章,均有提供被害人詢問被告機會之規定,本編司法院原提草案,擬設「訴訟參與人及其代理人於調查證據之最後,審判長就被訴事實訊問被告前,得詢問被告。審判長除認其有不當者外,不得限制或禁止之。」之規定,最終未予採納。立法政策過於保守,訴訟參與人所獲權利極其有限,本編施行後究竟有何成效,令人存疑。

第八編　執　行

　　刑事訴訟係以確定國家具體刑罰權為目的，刑罰權一旦確定，即應予以實現，是為刑法第八十五條第一項所稱「刑之執行」，亦即行刑權之行使。

　　刑事執行，有廣狹兩義。廣義之執行，包括依確定裁判在矯正或矯治機構接受刑罰（主刑及從刑）、易刑或接受保安處分之過程暨其處遇而言，另有監獄行刑法、外役監條例、行刑累進處遇條例、保安處分執行法、觀察勒戒處分執行條例、戒治處分執行條例等專屬之法律，為詳盡之規定。狹義之執行，則指如何使裁判定讞之人開始接受刑罰（主刑及從刑）、沒收、保安處分之執行、完納罰金罰鍰或執行易刑，即自裁判確定以迄執行開始之過程而言，此乃本編所規範之執行程序。

一、裁判之執行力

§456

　　依本法第四五六條第一項規定：「裁判，除關於保安處分者外，於確定後執行之。但有特別規定者，不在此限。」同條第二項緊接規定：「前項情形，檢察官於必要時，得於裁判法院送交卷宗執行之。」茲析述如下：

　　㈠裁判，以確定後始生執行力為原則。請參閱本書本論第一編第十三章之四㈢相關說明。保安處分有於刑之執行完畢或赦免後執行者，不得於確定後立即開始執行。此外，如有停止執行之事由者，其裁判自應停止執行。例如本法第四○九條第一項但書、同條第二項、第四三○條但書、第四六五條、第四六七條是。

　　㈡判決，須俟確定後，方能據以執行。裁定之具有實體性質者，例如定執行刑、撤銷緩刑、單獨宣告沒收、科處證人罰鍰等，通常亦係俟其確定後，方予執行。至於保安處分性質之裁定，例如監護、禁戒、強制治療

（見保安處分執行法第四條）、觀察、勒戒、強制戒治（見毒品危害防制條例第二十條）等，必須即時處置，皆不待確定急速移付執行。惟依法得抗告之裁定，縱因抗告而阻斷確定，依本法第四〇九條規定，仍以不必停止執行為原則。因此，被告對於駁回上訴之裁定提起抗告者，院595號解釋謂苟未經法院以裁定停止執行，自可依法執行。然而在實務上，由於原為裁定之法院須將案卷申送上級法院，大多並未先送執行。

　　㈢有罪確定判決主文依本法第三〇九條第二款、第三款諭知之易科罰金、易服勞役，尚須審認刑法第四十一條、第四十二條所定要件，非可逕予執行。

　　㈣死刑確定判決，依本法第四六一條規定，須經法務部令准後，方能執行，並非一經確定即可執行。且無第四五六條第二項之適用。

　　㈤科自由刑之判決確定後，其主文如有於刑之執行前先執行保安處分之諭知者，即應先為保安處分之執行，並非一經確定即可執行自由刑。至於自由刑之行刑權時效，依刑法第八十四條第二項但書規定，係自保安處分執行完畢之日起算。

　　㈥科刑確定判決之執行力，因行刑權時效完成而告喪失。保安處分裁定後逾三年未開始或繼續執行者，須經法院許可，方能執行；逾七年者，絕對不得執行（見刑法第九十九條）。

　　㈦刑事執行之指揮，應由檢察官以指揮書附具裁判書或筆錄之繕本或節本為之（見後述第四五八條規定）。指揮書之製作，必須詳閱卷宗，審查原案究竟已否確定，以及有無再審或非常上訴事由，並就在押受刑人核算其曾受羈押日數，據以折抵刑期，方能算定刑滿日期。且於發監服刑時，無論受刑人係自看守所提解監獄，抑或遵傳到案解送監獄，均須將確定裁判之正本送交監獄建檔處理（參見監獄行刑法第十條）。因此，在檢察實務上，向來須待收齊全案卷宗後，進行指揮執行。一〇八年七月修法，增訂檢察官可於尚未收到案卷前即先指揮執行之規定，旨在防杜受刑人乘隙逃匿。於此情形，日後閱卷倘若發現刑期計算有誤時，檢察官即應更換指揮書，送交監獄處理。

二、執行之指揮

執行之指揮，與執行之實施不同，後者屬於廣義執行之範圍，係由監獄及保安處分處所負責。指揮刑事裁判之執行❶，法院組織法第六十條第一款明定為檢察官法定職權之一。依本法第四五七條第一項前段規定：「執行裁判由為裁判法院對應之檢察署檢察官指揮之。」倘若案經上訴或抗告，其因駁回上訴抗告之裁判，或因撤回上訴抗告而應執行下級法院之裁判者，依同條第二項規定，則由上級法院對應之檢察署檢察官指揮之。惟不論曾否上訴或抗告，其卷宗在下級法院者，依同條第三項規定，概由該下級法院對應之檢察署檢察官指揮執行。

§457

上述指揮執行之權責，係原則性規定，上級檢察機關本於檢察一體原則，仍得將執行案件交由下級檢察機關辦理。例如羈押被告之看守所，在原地方法院所在地者，案經駁回上訴確定後，高等檢察署即得發交該地方檢察署檢察官指揮執行；又如駁回上訴確定案件，被告未在押者，亦得發交地方檢察署檢察官指揮執行。

刑事裁判之執行，雖屬檢察官之法定職權，惟在第四五七條第一項另有但書例外規定，即其性質應由法院或審判長、受命法官、受託法官指揮，或有特別規定者，不在此限。例如第四七〇條第一項但書情形，得由法官當庭指揮執行；又如審判中羈押裁定之執行，依第一〇三條第一項規定，由審判長或受命法官指揮之。

關於指揮執行之程式，依本法第四五八條規定：「指揮執行，應以指揮書附具裁判書或筆錄之繕本或節本為之。但執行刑罰或保安處分以外之指揮，毋庸製作指揮書者，不在此限。」所指附具筆錄繕本或節本之情形，例如第四五五條之九第一項代替協商判決書之宣判筆錄是。所指但書毋庸製作指揮書之情形，例如羈押被告裁定之指揮執行是。

§458

同一受刑人須受二以上主刑之執行者，除刑法第五十一條相關各款有

§459

❶ 中國大陸刑事訴訟法受前蘇聯（現為俄羅斯聯邦）法制之影響，其第四編執行，規定刑事確定裁判由人民法院交付執行，人民檢察院負監督責任。

何者僅執行其一或不執行他刑等規定外，依本法第四五九條規定：「二以上主刑之執行，除罰金外，應先執行其重者，但有必要時，檢察官得命先執行他刑。」舉例言之：張三犯甲罪判處有期徒刑一年、乙罪判處拘役五十日、丙罪判處罰金若干元，三罪均已判決確定，刑種不同，無從定執行刑，應由檢察官一次簽發兩份指揮書❷，首先執行徒刑，其次銜接執行拘役，至於罰金，並非自由刑，本可單獨完納，如須易服勞役時，因拘役與罰金行刑權時效較短，為免時效完成，檢察官於張三服徒刑中，得變更次序，將勞役插入執行，俟勞役執行完畢後，再接續執行徒刑。至若數罪併罰而其同種之刑已定應執行刑者，即依所定應執行之刑予以指揮執行，無所謂何罪之刑如何先後執行之問題。

裁判確定前在押之受刑人，以及經檢察官傳喚、拘提或通緝到案之受刑人，實務上在其受刑前係由檢察官逕將該受刑人拘禁於看守所以待執行，此種情形與羈押有別，雖然亦屬拘束人身自由，目前法條並無要求任何令狀之規定，尚嫌未周，宜研究增訂適當條文俾資依據。

三、死刑之執行

§460

§461

(一)令准執行

本法第四六〇條規定：「諭知死刑之判決確定後，檢察官應速將該案卷宗送交司法行政最高機關。」第四六一條前段緊接規定：「死刑，應經司法行政最高機關令准，於令到三日內執行之。」

檢察機關在行政體系上隸屬於法務部，上述條文所稱司法行政最高機關，係指法務部而言（第四六五條亦同）。由於原審法院對其宣告死刑案

---

❷ 一次簽發兩份指揮書，表示對於兩種主刑均已指揮執行，既無未執行之情形，自不生行刑權時效進行之問題。本書自初版起，一貫持此見解。迨最高法院於一〇六年第一次刑事庭會議作成決議後，認為「檢察官對同一受刑人之各罪刑，如在刑法第八十四條所定期間內同時或先後簽發二以上之指揮執行書，並註明各罪接續執行者，此係檢察官執行刑罰之裁量處分，尚難謂檢察官對於受刑人之各罪刑未執行刑罰」，更加明確，已無疑義。

件應依職權逕送上訴並視為被告已提起上訴 （第三四四條第五項及第六項），死刑案件必經三審方能定讞。因此，死刑判決一經最高法院判決確定，即由最高檢察署檢同全卷送交法務部審核，俟法務部令准後❸，交由配置於最後事實審法院之高等檢察署（或其檢察分署），指派檢察官於令到三日內執行之。法務部之所以審核案卷，係因案關重典，必須極其慎重，不容有絲毫瑕疵。如發現有再審或非常上訴之原因時，即可循行政系統函知所屬檢察機關核辦❹，絕非行政干涉司法之意。縱使法務部已經核准執行，如檢察官主動發見案情確有合於再審或非常上訴之理由者，依第四六一條但書規定，執行檢察官仍得於三日內電請法務部再加審核。所謂「電」請，原係昔日所用「代電」，如今係指公文程式條例第二條第二項之規定而言。

(二)執行程序

§§462
～464

　　依本法第四六二條規定：「死刑，於監獄內執行之。」又依第四六三條第一項規定：「執行死刑，應由檢察官蒞視，並命書記官在場。」同條第二項規定：「執行死刑，除經檢察官或監獄長官之許可者外，不得入行刑場內。」復依第四六四條第一項規定：「執行死刑，應由在場之書記官

---

❸　中國大陸刑事確定裁判係由人民法院交付執行，人民檢察院負監督責任，已如❶說明。因此，死刑確定判決係由最高人民法院院長簽發執行命令，交由下級法院於十日內執行，執行法院應通知人民檢察院派員臨場監督（中共刑事訴訟法第二一〇條至第二一二條）。

❹　某案被告經某高等法院分院更審判處死刑，所提第三審上訴復經最高法院駁回確定。法務部於審核案卷時，發現其中警詢及檢察官偵查中被告坦承持尖刀刺殺被害人之筆錄，事實審法院未踐行向被告提示宣讀或告以要旨之調查程序，竟採為判決之基礎，有本法第三七九條第十款當然違背法令情事。於是一面不予令准執行，一面送請最高檢察署檢察長（現稱檢察總長）立即提起非常上訴。嗣經最高法院 71 臺非 165 號刑事判決，將其本身先前駁回被告第三審上訴之判決，及原第二審更審判決，關於訴訟程序違背法令部分均撤銷，以資糾正。當時法務部部長係李元簇先生，即李前副總統。當時檢察長為王建今先生，於民國九十五年歡度百齡壽辰。

製作筆錄。」同條第二項規定：「筆錄，應由檢察官及監獄長官簽名。」

此外，監獄行刑法第十六章及依該法第一四五條第二項授權法務部訂定發布之執行死刑規則，對於執行死刑之方式、限制、程序及相關事項，尚有更詳細之規定。該規則第六條第二項規定死刑之執行方法為「用槍決、藥劑注射或其他符合人道之適當方式為之」❺。該法及該規則均自一〇九年七月十五日施行。

死刑定讞後，須經法務部審核、令准，方能執行，且檢察官猶得依第四六一條但書規定，電請法務部再行審核，已如上述。由於涉及再審或非常上訴，甚至憲法訴訟程序，自定讞至執行，其時程長短無法預估。監獄行刑法第一四八條，爰於第一項明定：「死刑定讞待執行者，應由檢察官簽發死刑確定待執行指揮書，交由監獄收容。」稱收容，顯示其與未決羈押有別，無須法院裁定，且無收容日數折抵刑期之問題。至於收容期間之處遇，則依同條第二項及第三項規定辦理。

§465　㈢停止執行

1.依本法第四六五條第一項規定：「受死刑之諭知者，如在心神喪失

---

❺　美國聯邦法（及軍法）及各州中之二十七個州尚有死刑法條。二〇一九年、二〇二〇年、二〇二一年執行死刑人數，分別為二十二人、十七人、十一人，有逐年減少之趨向。二〇二一年之十一人，皆以注射藥劑處決；性別為男十人、女（白人）一人；膚色為黑人六人、白人五人。其中一人（白人Bigler Jobe Stouffer II）犯罪時四十二歲，執行時已七十九歲。我國目前仍停留於槍斃方式。在美國以注射處決死刑犯所使用之複方藥劑，支持廢死者曾經施壓製藥公司不予提供，迫使執行人員改用別種藥劑。於是引發其執行方法是否違背聯邦憲法禁止殘酷異常刑罰規定之爭議，並聲請停止執行。雖為聯邦最高法院二〇〇八年 Baze v. Rees (553 U.S. 35)、二〇一五年 Glossip v. Gross (576 U.S. 863)、二〇一九年 Bucklew v. Precythe (No. 17-8151)、二〇二〇年 Barr v. Lee (No. 20A8) 各案所否決，皆以聲請人未能證明如施用別項處方較之系爭藥劑可獲降低痛苦效果，而認相關各州執行死刑並未違憲；惟其要求聲請人負舉證責任，未免強人所難。又於 Bucklew 案中，除重申所採基準（即 Baze-Glossip test）外，且指明憲法並不保證受刑人無痛苦之死亡(…does not guarantee a prisoner a painless death)。

中，由司法行政最高機關命令停止執行。」惟「心神喪失」一詞，刑法業已修正不再使用，此處宜配合刑法第十九條第一項內容予以修正，俾求一致。

　　2.依本法第四六五條第二項規定：「受死刑諭知之婦女懷胎者，於其生產前，由司法行政最高機關命令停止執行。」按聯合國於一九六六年十二月經大會決議通過之 「公民及政治權利國際公約」 (International Covenant on Civil and Political Rights) 第六條第五項 ， 有對於孕婦不得執行死刑之規定 (Sentence of death...shall not be carried out on pregnant women.)，而十七年本法舊條文第四八四條第二項，即已有「懷胎婦女受死刑之諭知者，於其生產前，由司法部命令停止執行」之規定，較該公約尚早將近四十年。

　　3.又依第四六五條第三項規定：「依前二項規定停止執行者，於其痊癒或生產後，非有司法行政最高機關命令，不得執行。」

㈣探討死刑

　　自意大利學者 Cesare Beccaria 於一七六四年發表 《論犯罪與刑罰》 (*Dei delitti e delle pene*) 一書，在討論關於死刑一章內，提出廢止死刑之觀點以來❻，歷經二百餘年，死刑存廢問題，始終爭論不休。截至二〇〇六年止，全面廢止死刑者已有九十餘個國家（或地區如香港），尚有若干國家，法律上保留死刑規定，事實上久未使用。在違憲爭議方面：南非聯邦憲法法院於一九九五年六月六日判決，宣告死刑違背該國憲法❼。美國聯邦法（含軍法）及各州中之二十七個州均有死刑法條，聯邦最高法院早在一八七九年 Wilkerson v. Utah 案例中❽，即曾表示以槍斃執行死刑並未違憲，一九七六年 Gregg 等三則案例❾之綜合意旨，係要求各州死刑立法必

---

❻　原著為意大利文著作。中文譯本參閱：黃風譯，《論犯罪與刑罰》，第四十五頁至第五十一頁，北京中國大百科全書出版社，一九九三年六月初版。

❼　見《南非共和國司法制度考察報告》，司法院祕書處發行，八十五年六月出版。原判決全文長達二百四十餘頁。

❽　99 U.S. 130

❾　Gregg v. Georgia (428 U.S. 153), Proffitt v. Florida (428 U.S. 242), Jurek v.

須嚴謹且其訴訟程序務求周密，以此為前提要件而認定州法規定死刑條文之合憲性。日本最高裁判所昭和 23.3.12. 判例（刑集 2-3-191），引用日本憲法第三十一條「任何人非依法定程序不得被剝奪其生命或自由，或科以其他刑罰」之規定，略謂國民個人之生命，得依法律所定適當程序科以剝奪之刑罰，日本憲法承認死刑制度有其存續之必要性。該則判例之原判決內容所載島保等四位裁判官補充意見，更直接指稱依日本憲法第三十一條之反面解釋，如係依照法定程序，即得科以剝奪生命之刑罰。

　　我國憲法第十五條直接保障人民之生存權。釋字 194 號、263 號及 476 號三則解釋，均認死刑合憲，其中 476 號解釋首度敘及憲法第十五條，認為特別刑法對於製造、運輸、販賣毒品定為選科死刑之罪，「無違憲法第二十三條之規定，與憲法第十五條亦無牴觸。」在認定特別刑法採取反坐之刑規定與憲法第二十三條所定比例原則未盡相符之釋字 551 號解釋理由書中，更謂「法律對於人民自由之處罰或剝奪其生存權，除應有助於達成立法目的，尚須考量有無其他效果相同且侵害人民較少之手段，處罰程度與所欲達成目的間並應具備合理必要之關係，方符合憲法第二十三條規定之比例原則。」惟按憲法第二十三條規定，對於人民之自由及權利，除為防止妨礙他人自由，避免緊急危難，維持社會秩序，或增進公共利益所必要者外，不得以法律「限制」之，限制與剝奪，在程度上明顯有別，我國憲法第二十三條既未如日本憲法第三十一條之用「剝奪」一詞，則實體法剝奪人民生存權之死刑及程序法執行死刑之規定，已逾憲法第二十三條所稱「限制」之範圍，釋字 476 號解釋猶謂「無違憲法第二十三條之規定，與憲法第十五條亦無牴觸」云云，所持論據顯然大有疑問❿。死

Texas (428 U.S. 262).

以上三案情節，以及美國聯邦最高法院自一九七二年至一九七六年間關於死刑違憲爭議問題之判決演變，另請參閱作者所撰〈從美國司法談季爾摩案例〉一文，刊載於《法令月刊》第二十八卷第二期；及〈死刑法制之探討〉一文，刊載於《法令月刊》第六十三卷第八期。

❿　1.此項質疑，作者早在六十二年間即曾公開提出，見當年七月一日《聯合

刑違憲聲請解釋案件，以程序理由不予受理，違憲疑義未獲釐清，究非長久之計。

我國現行法律所定之罪得處死刑者，合計五十個條文，散見於九種法律，按照條數多寡依序列述為：陸海空軍刑法、刑法（含 §272 在內）、毒品危害防制條例、民用航空法、妨害兵役治罪條例、槍砲彈藥刀械管制條例、懲治走私條例、兒童及少年性剝削防制條例、殘害人群治罪條例。實際上，自民用航空法以下六個法律，從無判處被告死刑之紀錄，而殘害人

報》第十四版，筆名諤士所撰〈閒談死刑〉一文。

2.九十九年曾有張○堡等十四人及張○輝等三十八人以死刑違憲聲請解釋案件，由於聲請意旨涉及憲法第二十三條部分，僅引用憲法第十五條及第二十三條條文主張違反比例原則，並未具體指明其發生疑義之所在，致遭 99.5.28 司法院大法官第 1358 次會議以聲請人等尚難謂已客觀指摘有何牴觸憲法之處等理由，從程序上駁回未予受理（詳見《司法院公報》五十二卷八期），因此違憲疑義迄今仍然未獲釐清。

3.最高法院 105 臺上 984 號刑事判決案例，其理由欄六之㈢之 2 略謂自由權利之限制，非僅限於一定期間內之自由權利限制，自得包括自由權利之永久限制即死刑在內，自民國元年暫行新刑律以迄現行刑法，均有死刑規定，行憲以後並未改變云云，企圖支持死刑立法合於憲法第二十三條規定，殊不知生命刑與自由刑兩者有別，此乃基本認知。生存權為首要人權，如無生存權則其他權利皆因無所依附而失去意義。聯合國公民與政治權利國際公約係將生存權與自由權於第六條及第九條作分別規定，我國憲法第十五條及第八條亦復如此。釋字 476 號關於死刑之解釋，早已引述憲法第十五條生存權條文，且探討刑罰遵循比例原則之釋字 551 號解釋文暨理由書，亦將生存權與人身自由併列，並有「剝奪其生存權」之敘述。（「剝奪」實已逾越憲法第二十三條所定「限制」之文義）上述最高法院個案判決竟認剝奪受刑人生存權之死刑為永久限制其自由之刑罰，強將生命刑與自由刑混為一談，所持見解頗為奇特。何況行憲前即已制定之法律，於行憲後應受合憲性之審查，其經宣告與憲法不符者，已有多次先例（如：釋字 166、251、365、392、452、587、748 各號解釋）。該則判決以自民國元年起即有死刑規定，現行刑法於行憲後並未改變，而認死刑合憲，立論未免牽強。

群罪更無起訴之案例。

　　死刑問題所涉因素甚為複雜❶，與一國之刑事司法制度、經濟社會發展情形，以及歷史文化背景，相互關聯。在世界各國，雖存廢互見，惟如於憲法上存有重大疑義時，亟應消除疑慮，以重人權。如今，現行刑法既仍以死刑為主刑之一種，無論採取防衛社會必要或實現理性正義之立場，身為法官者，皆應深切體會歐陽修於〈瀧岡阡表〉敘述其父「求其生而不得則死者與我皆無恨也」之辦案態度，對於被告有利及不利之情形一律注意，充分審酌一切情狀，妥善注意無期徒刑之運用。（最高法院 105 臺上 1062 號刑事判決略謂自聯合國公民與政治權利國際公約內國法化後，已生實質限縮死刑規定適用範圍之效果，詳見該判決所述理由。）本書作者企盼我國終將廢除死刑。

四、自由刑之執行

§466
（含
§478）

(一)執行處所

　　依本法第四六六條規定：「處徒刑及拘役之人犯，除法律別有規定外，於監獄內分別拘禁之，令服勞役。但得因其情節，免服勞役。」

　　自由刑係以監獄為執行處所。惟如依刑法第四十一條易科罰金者，雖未入監服刑，但其執行易科罰金仍屬自由刑之執行，如係徒刑易科罰金執行完畢者，仍屬累犯前科。又徒刑及拘役為不同種類之自由刑，後者刑期甚短，且無累進處遇，在監管理方式有別，自應予以分別拘禁。至於第四六六條所謂令服勞役，應係指依照監獄行刑法在監從事各種作業而言，與刑法第四十二條之易服勞役無關（易服勞役之執行另見本法第四八〇條規定）。受刑人有特殊情節不適於從事勞務作業者，依本法第四七八條規定，由指揮執行之檢察官，命令免服勞役。例如殘障受刑人未符合拒絕收監之

---

❶　菲律賓之死刑存廢值得重視。該國曾於一九八七年廢除死刑，又於一九九三年恢復死刑，再於二〇〇六年六月廢除死刑。可見死刑之存廢，所涉因素甚為複雜，並非純屬憲法層面或法律制度之問題。另有聯合國大會多次關於暫停實施死刑之決議，請參閱本書附錄二第貳段第六小段相關說明。

情形者是。

　　徒刑及拘役受刑人在監服刑之管理及如何適用累進處遇等事項，悉依監獄行刑法、外役監條例、行刑累進處遇條例暨其相關規章辦理。

㈡停止執行

§467

　　依本法第四六七條規定，受徒刑或拘役之諭知而有下列情形之一者，依檢察官之指揮，於其痊癒或該事故消滅前，停止執行：

§468

　　1.心神喪失者（註：此款文字尚待配合刑法第十九條用語予以修正）。

　　2.懷胎五月以上者。

　　3.生產未滿二月者。

　　4.現罹疾病，恐因執行而不能保其生命者。

　　又依本法第四六八條規定，如係因上述 1.至 4.情形停止執行者，檢察官得將受刑人送入醫院或其他適當之處所。

　　上述各該規定，係就受刑人尚未入監服刑前具有停止執行之原因者而言，檢察官如未察覺而誤予發監執行時，依監獄行刑法第十一條規定，監獄應拒絕收監。至若受刑人已入監服刑後，在執行中罹患疾病而於監獄內不能為適當之醫治者，則屬得否依照該法第五十八條規定予以保外醫治，或移送病監或醫院之問題，保外醫治期間不算入刑期之內，移送病監或醫院者視為在監執行。

五、死刑、自由刑受刑人之到案

§469

　　依本法第四六九條第一項規定，受罰金以外主刑之諭知，而未經羈押者，檢察官於執行時，應傳喚之；傳喚不到者，應行拘提。但經諭知死刑、無期徒刑或逾二年有期徒刑，而有相當理由認為有逃亡之虞者，得逕行拘提。復依同條第二項規定，前項前段受刑人，檢察官得依第七十六條第一款及第二款之規定，逕行拘提，及依第八十四條之規定通緝之。（罰金受刑人之到案，並非適用第四六九條規定，另詳第四七一條說明。）

　　上述第四六九條第二項關於通緝之規定，其文字表達係以「前項前段受刑人」為對象，已涵蓋死刑、自由刑未受羈押之受刑人在內。因此，經

依第一項但書逕行拘提未獲者，即得依法通緝，自屬當然。該條第一項於一〇八年七月修正增訂但書後，與同條第二項對照，在語意上易滋誤會，特予指明。

　　日本立法例對於受刑人之拘提，並非使用拘票，而係以簽發「收監狀」行之，其效力與勾引狀（相當於本法所稱拘票，見日本刑事訴訟法第四八四條及第四八八條）相同。

六、罰金、罰鍰、沒收、沒入之執行

§470　　㈠本法第四七〇條第一項規定：罰金、罰鍰、沒收及沒入之裁判，應依檢察官之命令執行之。但罰金、罰鍰於裁判宣示後，如經受裁判人同意而檢察官不在場者，得由法官當庭指揮執行。同條第二項規定：前項命令與民事執行名義有同一之效力。同條第三項規定：罰金及沒收，得就受刑人之遺產執行。按該條第一項所列罰金，係主刑之一種；所列沒收，依自一〇五年七月一日施行之刑法修正條文，已非從刑[12]；所列罰鍰及沒入，見本法第一一八、一二一、一七八、一九三（一九七及二一一準用）、二〇四條之三，雖非刑罰性質，仍屬依本法經法院裁定或經檢察官命令之一種財產上制裁，爰規定均由檢察官執行之。又依第一項但書得由法官指揮

---

[12] 追徵、追繳或抵償，原係執行沒收之替代方法（院解3895），其本身並非刑罰。九十五年七月一日施行之修正刑法第三十四條增列第三款，將此三者與沒收併列為從刑，立法說明並謂「德國及日本立法例亦設有相類之規定」云云；殊不知德國刑法係將追繳及沒收列入 Massnahme （處分或措施）之範圍，並非主刑或附加刑（德刑第十一條第一項第八款及總則第三章第七節）；日本刑法對於追徵係以第十九條之二另作單獨規定，其第九條所列各種刑罰，亦無追徵在內。自一〇五年七月一日施行之刑法，已將第三十四條及第四十條之一刪除，另於第三十八條第四項及第三十八條之一第三項，分別規定：「……沒收，於全部或一部不能沒收或不宜執行沒收時，追徵其價額。」以示追徵乃係執行沒收之替代方法或手段，並非從刑。又依刑法施行法第十條之三第二項規定，施行日前制定之其他法律關於沒收、追徵、追繳、抵償之規定，不再適用。

執行之例外情形，其中罰金，專指罰金為宣告刑者而言，不包括刑法第四十一條之易科罰金在內。蓋易科罰金在本質上仍屬執行自由刑，是否准予易科罰金尚待檢察官為適當之斟酌也（釋字 245 號解釋參照）。

　　㈡本法第四七一條第一項規定：前條裁判之執行，準用執行民事裁判之規定。同條第二項規定：前項執行，檢察官於必要時，得囑託地方法院民事執行處為之。同條第三項緊接明定，檢察官之囑託執行，免徵執行費。茲就相關執行程序擇要說明如下：

§471（含 §3-1）

　　1.第四七〇條所列罰金、罰鍰、沒收、沒入經裁判確定後，其執行可由檢察官準用執行民事裁判之程序自行辦理，亦可囑託地方法院民事執行處為之。所憑執行名義，並非該項刑事裁判，而係檢察官之執行命令，其就受裁判人財產為執行，實與民事執行無異，通常皆係囑託該管地方法院民事執行處實施強制執行。既曰囑託，即與強制執行法第五條及第六條所定經債權人以書狀聲請強制執行者有別，雖不致發生以裁定駁回聲請之情形，但有拒絕囑託之可能。院 2168 號解釋謂：「民事執行處如確有困難情形拒絕囑託，而檢察官又無不便執行之正當理由時，自應仍由檢察官準用執行民事裁判各法令，命令法警為之」，即為例證。倘若第三人對於執行標的物主張權利時，依院 1886 號解釋，得以原囑託執行機關為被告，提起異議之訴尋求救濟。罰金、罰鍰、沒收、沒入經囑託執行者，參據司法院釋字 37 號解釋意旨，即應依強制執行法有關各條規定辦理。由於刑法對於罰金、沒收及本法對於依刑事裁定所處罰鍰、沒入，均無優先受償之明文規定，在強制執行程序中，僅能認為屬於一般（普通）債權，尚難認其可依強制執行法第三十四條第一項規定「依法」享有「優先受償權」，此就消費者債務清理條例第二十九條第一項第三款及同條第二項關於「劣後債權」之規定意旨，亦可對照而得印證。

　　2.執行罰金刑依刑法第四十二條規定應先令受刑人完納（可於一年內分期繳納），必須認定確已無力完納且無財產可供執行時，始得予以易服勞役或依刑法第四十二條之一規定易服社會勞動。如認其應行易服勞役者，對該受刑人之傳喚、拘提或通緝，方能依第四八〇條第二項準用第四

六九條規定辦理。至於刑法第四十二條之一所定易服社會勞動，乃係罰金易服勞役之易刑處分，在未准易刑前，當仍準用第四六九條辦理。如尚在令其完納罰金階段，檢察官應依第四七一條第一項準用強制執行法第三十條之一再準用民事訴訟法第一五六條規定，通知該受刑人到場。倘若受合法通知無正當理由而不到場，或有強制執行法第二十二條第一項情形者，得準用該法第二十一條及第二十二條規定，命行拘提甚至管收。但在尚未認定應行易服勞役前，無法通緝。

3.法人因特別刑法所設兩罰規定而受罰金刑之宣告經判決確定者，由於無從易服勞役，僅能囑託法院民事執行處實施強制執行，或由檢察官準用強制執行法自為執行，不能準用第四六九條規定為傳喚、拘提或通緝。又如該法人消滅後，對於合併後存續之法人，或因合併而設立之法人，是否仍得令其完納，本法未有明文規定，他日修法宜參考日本刑事訴訟法第四九二條之例予以增訂，俾資依據。

4.第四七○條第一項所列各種應執行之裁判，除罰金外，其餘皆無易服勞役之適用，亦均無準用第四六九條之餘地，請參照上述 3.說明。

5.刑法及其特別法所定追徵、追繳、抵償，皆為執行沒收之替代方法⓬，本法第三條之一謂沒收包括其替代手段，即係指此而言 ⓭。如因全部或一部不能沒收或不宜沒收而採取追徵、追繳、抵償之替代方法時，應依刑法第三十八條之二認定或估算其範圍與價額，至於認定或估算之基準時間如何？有主張以犯罪時、或判決確定時、或實際執行時為準者，參照院解 3895 號解釋，在實務上係以執行時之財物價額為準（按刑法施行法

⓭ 第三條之一規定：「本法所稱沒收，包括其替代手段。」此係一〇五年增訂之條文，側重執行層面。第四七〇條即因已經增訂第三條之一可資適用，而將原有「追徵、追繳」字樣刪除。惟於同時修正之第一三三條、第一四一條、第四七三條及增訂第一四二條之一，仍將「沒收」或「沒收物」與「追徵」一併列入，兩相對照，可見修法零亂。且本法第三條規定：「本法稱當事人者……」，而此次增訂緊接於後之第三條之一 ，則曰：「本法所稱沒收……」，相隔一個條文，竟出現「稱」與「所稱」兩種文字，用詞尤欠嚴謹。

第十條之三規定，施行日前制定之其他法律關於沒收、追徵、追繳、抵償之規定，不再適用。從而，特別法上關於此等規定均應不再適用）。

　　6.依本法第四七二條規定：「沒收物，由檢察官處分之。」究竟如何處分，須視個案而定，諸如破毀、銷燬、廢棄、移歸國庫、送交有關機關處理（例如違禁武器彈藥送交內政部警政署或軍事機關、毒品合於醫藥或研究之用者送交衛生行政主管機關、危險放射性物質送交原子能委員會、偽造變造之護照送交外交部）等各種處分方法，皆可使用。沒收物如係黃金條塊，可委由臺灣銀行標售後，將其價金移歸國庫。關於沒收物所有權之歸屬，依自一〇五年七月一日施行之刑法第三十八條之三第一項及第三項規定，於沒收裁判確定時移轉為國家所有。且一經裁判，即於確定前發生禁止處分之效力。因此，其物如經依法扣押者（例如賄款現金），既已在公權力管領中，不妨解為於裁判確定時即歸國庫，檢察官所發處分命令，僅係完成沒收程序解繳國庫而已；如未經扣押者，檢察官須以處分命令使其物之管領人提交該物；管領人抗不提交時，即依第四七一條準用規定，予以強制執行，俟執行完畢後，其物方能實際上歸屬於國庫。§472

　　7.⑴沒收物及犯罪所得之所有權或其他權利，於沒收裁判確定時移轉為國家所有，雖經刑法第三十八條之三予以明定，已如上述。惟依同條第二項規定，第三人對沒收標的之權利或因犯罪而得行使之債權均不受影響。依本法第四七三條第一項規定：「沒收物、追徵財產，於裁判確定後一年內，由權利人聲請發還者，或因犯罪而得行使債權請求權之人已取得執行名義者聲請給付，除應破毀或廢棄者外，檢察官應發還或給付之；其已變價者，應給與變價所得之價金。」俾能保障合法權益。聲請人對前項發還、給付之執行如有不服者，同條第二項明定應準用第四八四條（即聲明異議）之規定辦理。此外，依第四七三條第三項規定：「第一項之變價、分配及給付，檢察官於必要時，得囑託法務部行政執行署所屬各分署為之。」至於第一項之請求權人、聲請發還或給付之範圍、方式、程序與檢察官得發還或給付之範圍及其他應遵行事項之執行辦法，依同條第四項授權由行政院定之。茲應注意者，其物或權利如可認為符合單獨宣告沒收之§473

規定者，檢察官即應依本法第四五五條之三十四向該管法院聲請裁定。

　　7.(2)第四七三條第四項授權行政院訂定之「檢察機關辦理沒收物及追徵財產之發還或給付執行辦法」，其訂定該辦法之總說明略謂：「……於裁判確定由檢察官執行沒收或追徵後始有權利人主張取回該財產者，其權利自仍應受保障……」，可知第四七三條所定事項，係指已由檢察官執行沒收或追徵後，始有權利人聲請發還或給付財產者而言。究竟何人有請求權？應依該辦法第二條規定界定之。按犯罪所得已實際合法發還被害人者，不予宣告沒收，為刑法第三十八條之一第五項所明定❹，因此，應受發還而未受發還之權利人，得依本法第四七三條及上述辦法之規定，聲請發還或給付。惟第四七三條第一項所指「因犯罪而得行使債權請求權之人已取得執行名義者聲請給付」及該辦法第二條第一項第二款所指「取得執行名義之人」，其取得執行名義往往耗時甚久，倘若最終取得執行名義之時，已在裁判確定滿一年以後者，勢必無法提出聲請（見該辦法第三條第四項），將成疑問，亟待研究修正。

§474　　　8.偽造或變造之物，如經確定判決宣告沒收者，自應依法執行沒收。如未有沒收之宣告，則依本法第四七四條規定，檢察官於發還時，應將其偽造、變造之部分除去或加以標記。例如使用偽造之署押以偽造文書，並已行使，且已交付他人，依刑法第二一九條規定，僅應沒收該偽造之署押，其執行方法為在該項文書之假署押上加蓋沒收戳記。至於該項文書能否單獨宣告沒收，另當別論。

---

❹　金融業務相關法律中，尚有除應發還被害人、或第三人、或得請求損害賠償之人外，沒收行為人犯罪所得之特別規定。見銀行法第一三六條之一、保險法第一六八條之四、證券交易法第一七一條第七項及第一七二條、信託業法第五八條之一、金融控股公司法第六七條之一、信用合作社法第四八條之一、票券金融管理法第七一條之一、證券投資信託及顧問法第一○五條第三項。

七、扣押物之處分

§475

　　法院對於扣押物，本應適時發還權利人（見本法第一四二、一四三、三一七、三一八條）。如於案件確定後移送檢察官執行時尚未處理者，檢察官對於未經確定裁判宣告沒收之扣押物，即應查明權利人予以發還，扣押之贓物則應發還被害人。倘若應受發還人所在不明，或因其他事故不能發還者，依本法第四七五條第一項規定，檢察官應公告之；自公告之日起滿二年，無人聲請發還者，以其物歸屬國庫。又依同條第二項規定，雖在前項二年期間內，其無價值之物得廢棄之；不便保管者，得命變價保管其價金。

八、緩刑判決之執行及緩刑宣告之撤銷

§476

　　確定判決有緩刑之宣告者，其主刑雖暫不執行，惟依刑法第七十四條第五項規定，緩刑之效力不及於從刑與保安處分之宣告。從而，原確定判決如有諭知從刑❺及（或）保安處分者，檢察官仍應予以執行。

　　本法第四七六條規定：「緩刑之宣告應撤銷者，由受刑人所在地或其最後住所地之地方法院檢察官聲請該法院裁定之。」按撤銷緩刑宣告之情形，刑法第七十五條及第七十五條之一，定有應撤銷及得撤銷兩類。上述第四七六條所稱緩刑之宣告「應撤銷」者，係指具有撤銷之原因認為應行聲請撤銷而言，非謂僅以刑法第七十五條所定應撤銷之情形為限。否則，遇有刑法第七十五條之一所定得撤銷之情形，檢察官豈非無法聲請矣！

---

❺　刑法第三十六條所定從刑「褫奪公權」之執行方法，本編未有具體規定。在實務上，參照法務部發布之「檢察機關辦理刑事訴訟案件應行注意事項」第一四五項內容，檢察署須將被褫奪公權者之姓名年籍等項函知受刑人、中央選舉委員會、行政院人事行政局（已改稱人事行政總處）、銓敘部或原服務之公職機關。

§479
§480
§482
（§477
及 §481
另見後
述。
§478 已
併入
§466。）

九、易刑處分之執行

㈠易服勞役、易服社會勞動

本法第四七九條第一項規定：「依刑法第四十一條、第四十二條及第四十二條之一易服社會勞動或易服勞役者，由指揮執行之檢察官命令之。」同條第二項緊接規定：「易服社會勞動，由指揮執行之檢察官命令向該管檢察署指定之政府機關、政府機構、行政法人、社區或其他符合公益目的之機構或團體提供勞動，並定履行期間❶。」第四八〇條第一項規定：「罰金易服勞役者，應與處徒刑或拘役之人犯，分別執行。」有關停止執行及如何使易服勞役者到案之程序，同條第二項及第三項明定為：「第四百六十七條及第四百六十九條之規定，於易服勞役準用之。」及「第四百六十七條規定，於易服社會勞動準用之。」本書 §471 之說明，併請參閱。

㈡易以訓誡

本法第四八二條規定：「依刑法第四十三條易以訓誡者，由檢察官執行之。」其執行方法，得以言詞或書面行之（院 1350 號解釋）。如採取言詞訓誡時，可由檢察官對該受刑人予以訓誨、告誡、勸導，使之知所悔悟不再犯罪，書記官應製作筆錄，並令受刑人簽名。

十、與執行案件有關之各項聲請程序

§477

㈠本法第四七七條第一項規定：「依刑法第四十八條應更定其刑者，

---

❶ 第四七九條第二項之適用，以受指定者願接受提供勞動服務為前提，非可強制接受。條文所稱政府機關包括中央及各級地方政府機關在內；政府機構、行政法人兩者，請參閱中央行政機關組織基準法第十六條、第三十七條之規定。易服社會勞動者係受刑人，與受緩起訴處分而提供義務勞務之被告有別，後者未經法院裁判，依第二五三條之二第二項規定，須得被告同意後，檢察官方能命被告履行。易服何種社會勞動，法律並未限定範圍，應由指揮執行之檢察官斟酌決定之。如認其指揮為不當者，可依第四八四條規定向法院聲明異議。

或依刑法第五十三條及第五十四條應依刑法第五十一條第五款至第七款之規定，定其應執行之刑者，由該案犯罪事實最後判決之法院之檢察官，聲請該法院裁定之。」此項聲請權雖由指揮執行之檢察官行使，惟數罪併罰之定執行刑，有利於受刑人，第四七七條第二項爰明定：「前項定其應執行之刑者，受刑人或其法定代理人、配偶，亦得請求前項檢察官聲請之。」以促使職權之發動（所稱配偶，依司法院釋字第七四八號解釋施行法第二十四條第二項前段規定，包含該法第二條所定同性結合關係者在內）。茲擇要說明如下：

1. 第四七七條第一項關於累犯更定其刑之規定，業經釋字 775 號解釋宣告違憲失效。

2. 九十五年七月一日施行之刑法第四十九條修正條文，已將舊條文對於依軍法受裁判者排除累犯適用之規定予以刪除；又依一〇二年一月二十三日修正公布施行之刑法第五十條規定，裁判確定前犯數罪之併合處罰，如有該條第一項但書所列情形者，須經受刑人請求，檢察官方能向法院聲請定應執行刑。以上兩項修正，實用上均應注意。實例（最高法院 104 臺抗 237 號刑事裁定）認為受刑人之請求於法院裁定生效前尚得撤回，併可參考。

3. 法院因檢察官之聲請而以裁定定其應執行之刑時，應依本法第三七〇條第三項（該項係於一〇三年六月修正增訂者），準用不利益變更限制之規定。

4. 數罪併罰須定其應執行之刑者，執行檢察官彙為聲請時，縱令其中一罪之宣告刑已經執行完畢，法院仍應就檢察官所提連同該罪在內之數罪定執行之刑之聲請，以裁定定其應執行之刑（47 臺抗 2 號判例），然後再依所裁定之執行刑，換發指揮書，予以併合執行。其中一罪既已執行完畢，自不因其後定其執行刑而影響先前該罪執行完畢之事實，如於五年以內故意再犯有期徒刑以上之罪者，參照最高法院一〇四年度第六次刑事庭會議決議，即應認為構成累犯。

5. 定執行刑之裁定確定後，如於基以定執行刑之數罪中，有某罪之確

定判決另經再審或非常上訴撤銷改判者，原裁定因將撤銷之某罪宣告刑與其餘刑罰合併所定之執行刑，即隨之變更而不存在，參照 50 臺非 111 號判例，檢察官應另行聲請定其應執行之刑。某罪如經改判無罪、免訴或不受理時，則就餘罪聲請之。

6.法條所謂「該案犯罪事實最後判決之法院」，院 1571 號解釋稱係專指有審理事實職權之一、二兩審法院而言，不包括第三審法院在內。又按 41 臺抗 10 號判例，數罪併罰有二裁判以上時，應由犯罪事實最後判決之機關以裁定定其應執行之刑，不因其前判決係由軍法機關抑係普通法院審判而有差異。因此，前判決為軍事法院之判決，而最後判決為普通法院之判決者，應由普通法院以裁定定其應執行之刑；倘若前判決為普通法院之判決，而最後判決為軍事法院之判決者，即應由軍事法院裁定之（院解 2908 及 2988 號解釋）。

7.受刑人於判決確定後死亡者，其所犯數罪如符合刑法第五十條規定時，有無本法第四七七條之適用？前司法行政部曾以部令指復前臺灣高等法院首席檢察官，認應採取否定說❶，不得聲請定執行刑。此就刑法第五十一條第五款及第六款情形而言，固無問題，但在同條第七款宣告多數罰金之情形，由於本法第四七〇條第三項明定罰金得就受刑人遺產執行，如不予定執行刑，將依各罪罰金數額之總和執行，勢必不利於受刑人之繼承人，如予聲請定執行刑，則因受刑人已死亡，能否列為受裁定人？頗有疑義。他日修法似宜研擬增訂明文，以應需要。

§481　　㈡本法第四八一條為配合九十五年七月一日施行之刑法修正條文，於同年六月十四日修正公布並與刑法修正條文同步施行。第四八一條分成三項：

【第一項】依刑法第八十六條第三項但書、第八十七條第三項但書、第八十八條第二項但書、第八十九條第二項但書或第九十八條第一項前段

---

❶　前司法行政部五十二年七月六日 52 令刑㈡字 3979 號令。刊載於該部編印之《司法專刊》第一四九期。最高法院 109 臺抗 971 號、110 臺抗 548 號刑事裁定。

免其處分之執行，第八十七條第三項前段許可延長處分，第九十三條第二項之付保護管束，或第九十八條第一項後段、第二項、第三項免其刑之執行，及第九十九條許可處分之執行，由檢察官聲請該案犯罪事實最後裁判之法院裁定之。第九十一條之一第一項之施以強制治療及同條第二項之停止強制治療，亦同。

【第二項】檢察官依刑法第十八條第一項或第十九條第一項而為不起訴之處分者，如認有宣告保安處分之必要，得聲請法院裁定之。

按本項條文係本法於五十六年通盤修正時所增訂者，（立法理由見《立法院公報》第三十八會期第十三期第三〇六及三〇七頁）此乃對於不起訴處分案件許由檢察官聲請法院裁定單獨宣告實體事項（保安處分）之首例。九十五年六月修正公布本項規定，為配合刑法第十九條刑事責任能力定義之修正，將文字改以逕引刑法條項為依據，成為現行條文，與刑法修正條文於同年七月一日同步施行。惟本項規定與刑事裁判之執行無關，列入本（執行）編，未必合適。本法已於九十一年二月增訂第二五九條之一，對於不起訴或緩起訴處分案件，許由檢察官聲請法院裁定單獨宣告沒收，其情形與本項類似。當年疏忽未將本項移列為第二五九條之一第二項，以利檢察官注意應用，如今相隔二百餘條條次，甚易忽略。他日修法，宜予調整。

【第三項】法院裁判時未併宣告保安處分，而檢察官認為有宣告之必要者，得於裁判後三個月內，聲請法院裁定之。

十一、聲明疑義或異議

§§483
～486

關於執行程序中之聲明疑義或異議，本法有下列四條規定：

【第四八三條】

當事人對於有罪裁判之文義有疑義者，得向諭知該裁判之法院聲明疑義。

【第四八四條】

受刑人或其法定代理人或配偶以檢察官執行之指揮為不當者，得向諭

知該裁判之法院聲明異議（所稱配偶，依司法院釋字第七四八號解釋施行法第二十四條第二項前段規定，包含該法第二條所定同性結合關係者在內）。

【第四八五條】

聲明疑義或異議，應以書狀為之。聲明疑義或異議，於裁判前得以書狀撤回之。第三五一條之規定，於疑義或異議之聲明及撤回準用之。

【第四八六條】

法院應就疑義或異議之聲明裁定之。

茲就相關事項分述如下：

㈠對於非屬諭知被告有罪之裁判，不得聲明疑義或異議。此在第四八三條定有「有罪裁判」字樣，至為明瞭。在第四八四條則有「受刑人」一詞，即其就刑之執行以檢察官指揮不當聲明異議之意，自亦以受有罪裁判為前提。須探討者，依本法第七編之二沒收特別程序受沒收裁判之第三人，既非「當事人」，復未受何「有罪」裁判，與上述條文相對照，無法聲明疑義或異議，究應如何解決？由於程序事項允許類推，此在尚未修法釐清前，宜解為可類推適用第四八三條、第四八四條辦理。

㈡假釋中之受刑人，因其假釋被撤銷而不服該項撤銷處分者，最高行政法院九十三年二月份庭長法官聯席會議決議認為屬於廣義之司法行政處分，如有不服，其救濟程序，應依本法第四八四條之規定，俟檢察官指揮執行該假釋撤銷後之殘餘徒刑時，由受刑人或其法定代理人或配偶向當初諭知該刑事裁判之法院聲明異議，不得提起行政爭訟。釋字 681 號解釋，認為上述決議與憲法保障訴訟權之意旨尚無牴觸。至於受刑人不服行政機關不予假釋之決定者能否向普通法院尋求救濟，最高法院與最高行政法院所持法律見解互歧，產生消極爭議。釋字 691 號解釋認其救濟有待立法為通盤考量決定，在相關法律修正前，應由行政法院審理之。如今監獄行刑法修正條文已自一〇九年七月十五日施行，受刑人對於廢止假釋、不予許可假釋或撤銷假釋之處分，得依該法第一二一條、第一三四條相關規定提起復審、行政訴訟尋求救濟。

㈢法條所稱「諭知該裁判之法院」，乃指該法院對被告之有罪判決，於主文內實際宣示其主刑、從刑、沒收者而言。因此，案經上訴審維持原判而為駁回上訴之判決確定後，如有疑義或異議，仍應向原判法院聲明之（79 臺聲 19 號判例）。

㈣第四八三條所稱對於有罪裁判之「文義」有疑義者，參考 27 聲 19 號判例意旨（按該判例係就舊條文第四八七條所稱對於有罪裁判之「解釋」有疑義者闡述法律見解），宜解為須就科刑判決之主文有疑義時，方得聲明疑義，經法院之裁定，使主文之意義臻於明瞭，以利執行。如就判決理由聲明疑義，即應不予准許。至於有無本法第三七九條第十四款所定理由矛盾之當然違背法令情形而構成非常上訴原因，則係另一問題。

㈤易科罰金，乃係自由刑之易刑處分，在本質上仍屬自由刑之執行，本法第四七〇條（舊條次第四七四條）第一項但書例外許由法官指揮執行之「罰金」，依院解 2939 號解釋，並不包括易科罰金在內。如有受刑人或其法定代理人或配偶，對於檢察官不准易科罰金執行之指揮認為不當聲明異議，法院認為有理由而為撤銷之裁定者，應僅得命檢察官重為適當之斟酌。惟釋字 245 號解釋謂：「如有必要，法院自非不得於裁定內同時諭知准予易科罰金」，解釋理由書比附本法第四一六條準抗告之例，謂法院有此權限云云，有否侵犯檢察官之法定職權，不無疑問。實例（最高法院 99 臺抗 899 號刑事裁定）指明檢察官對於受刑人是否確因易科罰金而有難收矯正之效或難以維持法秩序之情事，有就個案具體情形為判斷、裁量之權限，法院僅得審查檢察官為判斷之程序有無違背法令、事實認定有無錯誤、其審認之事實與刑法第四十一條第一項之裁量要件有無關連、有無逾越或超過法律規定之範圍等問題，原則上不宜自行代替檢察官作判斷，僅於檢察官行使裁量權有未依法定程序或超越法律授權裁量範圍等情事時，法院始有介入審查之必要，倘若檢察官並未濫用權限，自不得任意指摘為違法。上開裁定並指出關於是否准予易科罰金之審酌裁量，乃係自由證明之事項，無所謂嚴格證明法則之適用。又如最高法院 108 臺抗 536 號刑事裁定，認為檢察官未就准否易科罰金相關事項，或是否聲請易服社會

勞動等情形，給予受刑人陳述意見之機會，即屬違背法定程序。同院 111 臺抗 127 號刑事裁定認為檢察官如有裁量怠惰或濫用裁量之違法情形，法院即得介入審查，本於陳述意見乃程序參與權基本內涵之考量，法院為裁定前，應予聲明異議之受刑人陳述意見之機會。

㈥易服勞役及易服社會勞動，皆係易刑處分，受刑人或其法定代理人或配偶，對於檢察官所為執行之指揮，如認其有不當情事，亦有本法第四八四條、第四八五條之適用。

㈦第四八四條、第四八六條之聲明異議，係以檢察官指揮執行之當否為審查標的，既無陷受刑人處於更不利地位之危險及負擔，復無置受刑人於重複處罰危險或磨耗之中，與一事不再理原則之核心價值與目的有別，最高法院刑事大法庭 110 臺抗大 1314 號裁定，認為法院就聲明異議以無理由所為駁回裁定確定者，並無該項原則之適用，仍得以同一原因或事由，再行聲明異議。

第九編　附帶民事訴訟

　　民事審判在於確定私權關係，本應依循民事訴訟程序進行。惟同一行為引發刑事及民事責任，而其造成損害之原因事實，即係刑事被告被訴之犯罪事實者，受害人勢必兩面應付民刑訴訟，甚為不便。我國自十七年本法即已明定得於刑事訴訟程序中附帶提起民事訴訟，俾便使用刑事訴訟中之證據資料，由刑事法院與刑事案件為一致之判決，既能獲致訴訟經濟及避免民刑判決互歧之效果，復可減輕受害人之訟累。本編乃係關於附帶民事訴訟之程序法，諸如訴訟當事人、訴訟管轄、起訴程式、法院裁判，以及如何準用民事訴訟法等相關各項，均有詳細規定 ❶。所須強調者，附帶民事訴訟雖係附麗於刑事訴訟而由刑事法院兼行審理，仍未變更其民事訴訟保護私權之本質。

一、附帶民事訴訟當事人　　　　　　　　　　　　　　　　§487

　　此處所稱當事人，指附帶民事訴訟當事人而言（下同），勿與本法第

---

❶　德國刑事訴訟法第五編第三章、法國刑事訴訟法第二條至第五條之一、意大利刑事訴訟法第一編第五章，均有附帶民事訴訟之類似規定。其中，法國採行預審制度，刑事案件係由預審法官負責偵查，惟必須依憑檢察官提出之分案意見書方能開始。（英譯：The investigating judge may only investigate in accordance with a submission made by the district prosecutor.）主張因犯罪而受損害之人，可向該管預審法官提出告訴（英譯 complaint），藉以取得民事當事人（英譯 civil party）地位。預審法官應送經檢察官提出分案意見書後，開始實施偵查。如認需追訴者，須再送檢察官表示意見，其經檢察官認為被告涉嫌犯罪時，即聲請預審法官依案件種類分別移送該管法庭審理。重罪法庭或輕罪法庭除對於刑事部分進行審判外，應就民事部分另為判決。（其相關條文例如 §§2 II, 49, 79, 80, 85, 86, 371, 372, 418, 420–1, 420–2, 470–1 等）

三條之刑事訴訟當事人相混淆。茲分述如下：

(一)原　告

　　1.依本法第四八七條第一項規定，因犯罪而受損害之人，於刑事訴訟程序得附帶提起民事訴訟，對於被告及依民法負賠償責任之人，請求回復其損害。

　　2.本法所稱「被害人」，專指直接被害人而言，請參見第二三二條及第三一九條說明。此處稱曰「因犯罪而受損害之人」，用語有別，不問其係直接或間接受害，均包括在內而得為附帶民事訴訟之原告。受害人如因遇害而死亡者，損害之發生與加害行為有因果關係，依民法第一九二條及第一九四條規定，其父母子女、配偶、支出殯葬費之人、對於被害人有法定受扶養權利之第三人，均得為原告而提起附帶民事訴訟。

　　3.法條雖曰對於「依民法負賠償責任之人」請求回復其損害，倘若民法以外之法律有賠償責任之規定者，自亦應適用之。例如刑事被告犯證券交易法第一七一條第一項第一款之罪者，該有價證券之善意取得人或出賣人因而所受之損害，依同法第二十條第三項規定，即得提起附帶民事訴訟。(參考最高法院 110 臺上 2314 號民事判決)

　　4.國家機關雖無刑事自訴之當事人能力（49 臺上 80 號判例），惟關於民事訴訟之當事人能力，依本法第四九一條第一款，應準用民事訴訟法之規定。國家機關如因刑事被告之犯罪行為而受損害，揆之民事訴訟法第四十條第四項規定，該機關即具有當事人能力而得為原告提起附帶民事訴訟。又如非法人團體，經準用民事訴訟法同條第三項規定，亦具有當事人能力。

　　5.法條所謂「因犯罪而受損害」，固包括直接或間接受害在內，惟其損害之發生，須與加害人之不法行為間，具有因果關係❷。否則，祇能另向民事法院提起民事訴訟。

(二)被　告

　　1.依第四八七條第一項規定，提起附帶民事訴訟之目的，在於「對於

---

❷　參考 29 附 62 號判例。

被告及依民法負賠償責任之人請求回復其損害」。因此，附帶民事訴訟之被告，除刑事本案被告外，尚包括因該刑案被告之犯罪行為而依民法負有損害賠償之人在內。民法關於侵權行為所定連帶負損害賠償責任之共同侵權行為人、造意人、幫助人、行為人之法定代理人或僱用人等（參見民法§§185, 187, 188, 28），皆得為附帶民事訴訟之被告。

　　2.附帶民事訴訟被告不以刑事本案被告為限，已如上述。在甲、乙共犯之情形，即使某甲係現役軍人應受軍事審判，法院對之無審判權，但受害人於某乙為刑事被告之訴訟程序中，附帶提起民事訴訟時，仍得將甲、乙兩人一併列為被告起訴（71 臺附 5 號判例）。

　　3.倘若所負賠償責任源自刑事本案被告犯罪行為以外之法律關係者，即不許據以提起附帶民事訴訟。例如被告侵占業務款項，僱主在侵占案件刑事訴訟程序中，對該被告及其保證人提起附帶民事訴訟，如保證人並非共犯，則就保證人部分而言，其所負賠償責任係以民法債編第二章第二十四節之一人事保證契約為依據，並非有何共同或造意、幫助侵權行為，僱主將保證人一併起訴，此部分為不合法。

二、附帶民事訴訟之請求範圍

　　附帶民事訴訟，係因犯罪而受損害者請求回復其損害之程序，其請求範圍，應依民法之規定（本法第四八七條第二項）。因此，除財產上之損害外，於民法第一九四條、第一九五條所定情形，尚得請求賠償非財產上之損害；且其賠償範圍，依民法第二一六條至第二一八條規定，應依填補原告所受損害及所失利益為限；並有損益相抵、過失相抵及對於賠償義務人之生計有重大影響時得酌減賠償金額各項法則之適用；至其賠償方法，則依民法第二一三條至第二一五條規定，係以回復原狀為原則，金錢賠償為例外。

三、附帶民事訴訟之起訴時限　§488

　　關於損害賠償請求權時效規定，乃係民事實體法上事項。而原告提起

附帶民事訴訟在程序法上應行遵守之時限，則依本法第四八八條規定：「提起附帶民事訴訟，應於刑事訴訟起訴後第二審辯論終結前為之。但在第一審辯論終結後提起上訴前，不得提起。」由此可知，在下列時限以內，得隨時提起附帶民事訴訟：

㈠自刑事本案繫屬於第一審法院起，以迄第一審辯論終結前（如係適用簡易程序案件，應解為在簡易判決處刑前）。

㈡自刑事本案經提起上訴後，以迄第二審（含第四五五條之一第一項之地方法院合議庭）辯論終結前。

㈢依法得上訴於第三審法院之案件，經第三審發回更審中，以迄更審辯論終結前。

在㈡、㈢兩種時限內提起之刑事附帶民事訴訟，其由刑事本案第二審法院所為判決，實乃「第一審」判決。

依上說明，刑事附帶民事訴訟，須以刑事本案（公訴或自訴案件）繫屬於事實審法院且未辯論終結為前提，方得提起。如果尚未繫屬，即無「附帶」之餘地。在少年事件方面，依少年事件處理法第四章規定，須經少年法庭（院）移送檢察官偵查起訴者，方為少年刑事案件，其於少年保護事件調查、審理階段，倘若預行提起附帶民事訴訟，即非合法。

適用簡易程序之刑事案件，除被告已支付相當數額之賠償金者外，由本法第五〇五條規定可知，受害人得於法院為簡易判決前附帶提起民事訴訟，固無疑義。惟在協商程序可否提起附帶民事訴訟，係自本法於九十三年增訂第七編之一所產生之新問題。按協商程序有審判外協商及法院為協商判決兩個階段，審判外協商如未獲致合意，該案即依原來繫屬所適用之通常（含簡式審判）或簡易程序辦理，受害人當可於上述㈠之時限內，附帶提起民事訴訟；如已獲致合意，且其內容有被告支付相當數額賠償金之事項，並經法院記載於協商判決書或代替判決書之筆錄者，受害人即已取得民事強制執行名義，無須提起附帶民事訴訟矣。

四、附帶民事訴訟之管轄

§489

　　附帶民事訴訟既係「附帶」，自應附隨以刑事訴訟為準，方能歸由刑事本案所繫屬之法院兼行審理（見本法第四九六條）。如該刑事案件有管轄牽連、管轄合併、指定管轄、移轉管轄等情形時，其附帶民事訴訟即應為相同處理，又如有應為管轄錯誤及移送案件之判決者，亦應為相同之諭知。本法爰於第四八九條第一項明定：「法院就刑事訴訟為第六條第二項、第八條至第十條之裁定者，視為就附帶民事訴訟有同一之裁定。」同條第二項規定：「就刑事訴訟諭知管轄錯誤及移送該案件者，應併就附帶民事訴訟為同一之諭知。」

五、程序法之適用與準用

㈠原則規定

§490

　　附帶民事訴訟一方面非以確定國家刑罰權為目的，另一方面又係附麗於刑事訴訟程序並由刑事法院兼行審理，其程序法如何取捨，不能無一定之準據。鑑於附帶民事訴訟之附隨性質，本法第四九〇條揭示原則為：「附帶民事訴訟除本編有特別規定外，準用關於刑事訴訟之規定。但經移送或發回、發交於民事庭後，應適用民事訴訟法。」因此，附帶民事訴訟係以準用關於刑事訴訟之規定為原則。如果本編別有規定，則從其特別規定。如已移送或發回、發交民事庭後，即已失其附帶性質，自應完全適用民事訴訟法之規定。

㈡準用民事訴訟法之事項

§491

　　原則規定雖如前述，惟經衡酌特定事項，有於本法並無規定者，有依其性質不宜準用本法者，爰於第四九一條另為特別規定謂：民事訴訟法關於下列事項之規定，於附帶民事訴訟準用之：

1.當事人能力及訴訟能力

　　本事項就刑事案件言，已於本書 §3 ㈠及㈡予以說明。但在附帶民事訴訟案件，依其性質應以準用民事訴訟法為妥，詳如該法第一編第二章第

一節。

2.共同訴訟

在刑事訴訟程序，並無所謂通常共同訴訟或必要共同訴訟之規定，自應準用民事訴訟法，詳如該法第一編第二章第二節。

3.訴訟參加

刑事訴訟法並無所謂參加訴訟之規定（檢察官協助自訴或擔當自訴，並非參加訴訟），在附帶民事訴訟中，如發生參加訴訟時，即須準用民事訴訟法第一編第二章第三節相關規定。

4.訴訟代理人及輔佐人

關於附帶民事訴訟之訴訟代理人及輔佐人資格、權限等事項，應以準用民事訴訟法第一編第二章第四節及其他章節相關規定為妥，在性質上不宜準用本法諸如第三十五條至第三十八條、第二三六條之一、第三一九條第二項、第三二九條第一項等規定。

5.訴訟程序之停止

本事項應以準用民事訴訟法第一編第四章第四節各條為妥，在性質上難以準用本法第二九四條至第二九七條與第三三三條各該停止審判及第三三二條承受自訴、擔當自訴等規定。

6.當事人本人之到場

附帶民事訴訟當事人因準用民事訴訟法而得委任訴訟代理人進行訴訟，法院如認有命當事人本人到場必要時，應準用該法諸如第五十七條、第一二一條、第二○三條第一款、第二六九條第一款、第三七八條、第四○八條、第四○九條等規定，不發生依本法拘提被告之問題。

7.和　解

本事項為刑事訴訟程序所無，自應準用民事訴訟法第二編第一章第四節之規定。惟如先已和解嗣後刑事本案諭知被告無罪判決者，該項和解即難發生訴訟上和解之效力。

8.本於捨棄之判決

本事項為刑事訴訟程序所無，　自應準用民事訴訟法第三八四條之規

定。惟該條尚有本於認諾而為該當事人敗訴之判決部分，不在準用之列。蓋認諾係被告對於原告訴之聲明所主張之訴訟標的法律關係為承認之陳述，形同變相僅以被告「自白」為判決基礎，殊與本法第一五六條第二項意旨不相符合也。

9.訴及上訴或抗告之撤回

本事項難以準用刑事公訴、自訴、上訴或抗告之規定，應準用民事訴訟法相關規定。

10.假扣押、假處分及假執行

本事項為刑事訴訟程序所無，應準用民事訴訟法相關規定。該法第三八九條第一項所列五款應依職權宣告假執行之規定，其中第一款認諾判決不在準用之列已如前述；第三款適用民事簡易程序所為被告敗訴之判決，此在附帶民事訴訟並無簡易程序可得適用。該兩款因與附帶民事訴訟不相適合，均應不予準用。

(三)修法建議

上述(二)之 7.未將民事訴訟法關於「調解」之規定一併納入準用之列，遇有民事訴訟法第四〇三條強制應於起訴前先經調解之情形（例如該條第一項第七款），無異變相禁止提起附帶民事訴訟，他日修法似宜考慮增列，以擴大其解決紛爭之功能。又和解之成立有賴於當事人互相讓步，在和解程序中當事人所為言詞或書面陳述，應不許據為裁判之基礎，以免違背和緩排解紛爭之初衷。他日修法似宜參考本法協商程序第四五五條之七之例，於第四九一條增訂第二項，明定當事人在附帶民事訴訟和解程序中之陳述，於刑事訴訟及附帶民事訴訟，均不得作為判斷之依據，以利和解溝通無所疑慮。

六、附帶民事訴訟之起訴程式

(一)提出訴狀

依本法第四九二條第一項規定，提起附帶民事訴訟，應提出訴狀於法院為之；同條第二項並規定，前項訴狀準用民事訴訟法之規定。因此，其

§492

§493

訴狀應行表明事項如何，即應準用該法第二四四條之規定，起訴程式如有不合或欠缺時，準用該法第一二一條命行補正。又依本法第四九三條規定，訴狀及各當事人準備訴訟之書狀，應按他造人數提出繕本，由法院送達於他造。關於訴狀繕本及其送達，第四九三條與民事訴訟法第一一九條及第二五一條第一項意旨相同；關於準備書狀繕本亦然；但兩造準備書狀繕本依該法第二六五條至第二六七條規定係由書狀提出人直接通知他造，與本法第四九三條之由法院送達於他造者不同，自應依照本法辦理。其送達並應依本法第一編第六章之規定，如有需準用民事訴訟法關於送達文書之規定時，應以本法第六十二條為根據。

§494
§495

(二)言詞起訴

由於本法第四九四條規定刑事訴訟之審判期日得傳喚附帶民事訴訟當事人及關係人，於是依第四九五條第一項規定，原告於審判期日到庭時，得以言詞提起附帶民事訴訟；同條第二項復規定，其以言詞起訴者，應陳述訴狀所應表明之事項，記載於筆錄；同條第三項明定該筆錄應準用本法第四十一條第二項至第四項之規定；且依第四九五條第四項規定，原告以言詞起訴而他造不在場，或雖在場而請求送達筆錄者，應將該筆錄送達於他造。

七、附帶民事訴訟之審理

(一)傳　喚

本法第四九四條規定，刑事訴訟之審判期日，得傳喚附帶民事訴訟當事人及關係人。條文曰傳喚，即應使用傳票，與民事訴訟法諸如第一五六條、第二五二條、第二九九條之使用通知書者不同。惟就附帶民事訴訟之當事人而言，其無正當理由而不到庭者，得依本法第四九八條為缺席判決，尚不發生命行拘提之問題。

§496

(二)審理之先後

依本法第四九六條規定，附帶民事訴訟之審理，應於審理刑事訴訟後行之，是為原則，意即先審刑案，後審附帶民訴。惟同條但書又例外規

定，審判長如認為適當者，亦得同時調查。

㈢檢察官不參與

§497

本法第四九七條明定：檢察官於附帶民事訴訟之審判，毋庸參與。

㈣缺席判決

§498

依本法第四九八條規定，附帶民事訴訟當事人經合法傳喚，無正當之理由不到庭或到庭不為辯論者，得不待其陳述而為判決；其未受許可而退庭者亦同。此一條文，係第二二一條及第四九一條第六款之特別規定，當事人一造或兩造有此情形者，法院均得為缺席判決（院 2184 號解釋參照）。

㈤證據調查

§499

本法第四九九條第一項，就刑事訴訟所調查之證據，明定其視為就附帶民事訴訟亦經調查❸。同條第二項復規定，前項之調查，附帶民事訴訟當事人或代理人得陳述意見。

八、附帶民事訴訟之裁判

㈠事實之認定

§500

附帶民事訴訟系爭之原因事實，即係刑事被告被訴之犯罪事實，所提附帶民事訴訟，既係附隨於刑事訴訟，本法第五○○條爰明定其判決應以刑事訴訟判決所認定之事實為據。惟本於捨棄之判決，依本法第四九一條第八款應準用民事訴訟法第三八四條規定辦理，本法第五○○條但書謂：「但本於捨棄而為判決者不在此限」，即係指此而言（民事訴訟法第三八四條尚有本於「認諾」而為敗訴判決之規定，不在準用之列，另見前述本法 §491 第 8 款相關說明）。

本法第五○○條所謂「應以刑事訴訟判決所認定之事實為據」，乃係附帶民事訴訟判決必須依憑刑事有罪判決所認定被告犯罪事實為根據之意（參見本法第三○八條）。此在單一性案件，涉及附帶民事訴訟據以請

---

❸　附帶民事訴訟之請求內容，如另有待證事實時，自應另加調查。例如傷害案件賠償醫療費用之金額及其醫院單據，在刑事程序中未曾調查者是。

求回復損害之原因事實範圍問題。例如：公共汽車駕駛員被訴刑法第一八三條第三項業務過失傾覆車輛之罪，法院所為有罪判決，對該駕駛員涉犯刑法第二八四條第二項業務過失傷害部分，雖有想像競合犯之關係而為起訴效力所及，由於受傷乘客未提刑事告訴，即不在論列範圍，各該乘客因而無從據以提起附帶民事訴訟。

§501　　(二)**判決之時期**

　　依本法第五〇一條規定，附帶民事訴訟，應與刑事訴訟同時判決。此條規定立意甚佳，惟法院審理附帶民事訴訟，為計算或斟酌原告所請求之賠償金額，往往耗費時日另行調查證據方能判斷，宜否增訂但書作適度寬限之規定，他日修法時，似可考慮（智慧財產案件審理法第二十九條第一項但書規定，值得參考。又 26 鄂附 2 號判例認為法條雖曰附帶民事訴訟應與刑事訴訟同時判決，然此不過一種訓示規定而已）。

§§502　　(三)**各種裁判**
～505

　　1.**判決原告敗訴**

　　(1)依本法第五〇二條第一項規定，法院認為原告之訴不合法或無理由者，應以判決駁回之。法條所謂原告之訴不合法，係指不具備訴訟要件者而言。例如其起訴不合第四八八條之時限規定、或違背一事不再理原則、或有如同民事訴訟法第二四九條第一項各款欠缺訴訟要件之情形者是。法條所謂原告之訴無理由，係其訴訟要件雖已具備，而從實體上審究原告之請求，認為不應准許者也。因其訴不合法而駁回原告之訴，屬於程序上之判決；因其訴無理由而駁回原告之訴，則為實體上之判決。刑事法院對於附帶民事訴訟原告之訴，無論認其為不合法或無理由，皆以「判決」駁回，此與民事訴訟事件就其訴不合法之情形係以「裁定」駁回者有所不同。

　　(2)依本法第五〇三條第一項規定，刑事訴訟諭知無罪、免訴或不受理之判決者，應以判決駁回原告之訴；但經原告聲請時，應將附帶民事訴訟移送管轄法院之民事庭。該項聲請須於法院未為駁回之判決前提出，方能有此但書之適用。又依同條第三項規定，上述但書移送案件，應繳納訴訟

費用。按上述無罪、免訴或不受理判決，依第三〇八條規定，均無被告犯罪事實之記載，既未有事實之認定，即無從判斷原告實體上請求權是否存在，自應從程序上駁回原告之訴。須注意者，單一性案件之某一部分有罪，其餘部分罪證不足或有免訴、不受理之原因者，雖在主文無須另為無罪、免訴或不受理之諭知，而於附帶民事訴訟，仍應就該其餘部分，適用第五〇三條第一項規定，從程序上駁回原告之訴（29 渝上 48(1)號判例）。又應說明者，該條項但書所謂經原告聲請而將附帶民事訴訟移送「管轄法院」之民事庭，對照本法其他各條（見 §§9、264、304、320、335 及 427 至 430）之「管轄法院」涵義，應解為係指對於刑事本案有管轄權之法院而言，非依民事訴訟法認定（不同見解參閱最高法院 86 臺抗 129 號民事裁定），以免相同用語出現相異解讀。例如刑事本案經適用第三〇三條第七款為不受理判決者，如經原告聲請時，應將附帶民事訴訟移送該管得為審判之法院民事庭是。

2.裁定原告敗訴

依本法第五〇三條第四項規定，自訴案件經裁定駁回自訴者，應以裁定駁回原告之訴，並準用同條第一項至第三項之規定。按上述駁回裁定，係與本法第三二六條相互配合，惟依第一六一條第二項規定，公訴案件亦有經法院以裁定駁回起訴之可能，如有附帶民訴，自應作相同處理，即以裁定駁回原告之訴，第五〇三條立法當時尚無第一六一條裁定駁回公訴之規定，他日修法宜併予納入，以利應用。

3.判決被告敗訴

依本法第五〇二條第二項規定，認為原告之訴有理由者，應依其關於請求之聲明，為被告敗訴之判決。按上述情形實乃原告勝訴也，其如何勝訴之具體內容，須視原告所提訴之聲明而定。至於該項勝訴判決是否宣告假執行，應依第四九一條第十款準用民事訴訟法之規定辦理。

4.裁定移送民事庭

依本法第五〇四條第一項規定，法院認附帶民事訴訟確係繁雜，非經長久時日不能終結其審判者，得以合議裁定移送該法院之民事庭；其因不

足法定人數不能合議者，由院長裁定之。同條第二項規定，前項移送案件免納裁判費。同條第三項規定，對於第一項移案於民事庭之裁定，不得抗告。

按本編所定將附帶民事訴訟移送民事庭之情形有三：一為第五〇三條第一項但書，因原告之訴業經從程序上予以駁回，附帶民事訴訟依聲請移送後，原告應繳納訴訟費用。二為第五〇四條之以合議裁定移送，對此裁定不得抗告，案經移送後，免納裁判費。三為第五一一條之規定，另見該條說明。第五〇四條之適用，須以附帶民事訴訟確係繁雜且耗時長久為要件，旨在避免刑事訴訟之延宕。所定「得以合議裁定移送該法院之民事庭」者，意即脫離「附帶」於刑事訴訟而移由同院民事庭進行審判。惟就實務所見，往往忽視上述要件，率而移送民事庭，甚至情節輕微事證明確之普通傷害案件訴請賠償財產上損害者，仍為移送之裁定，積習已久，悖離法意，殊有未妥（專業法院未設民事庭者，其刑事案件遇有附帶民事訴訟時，由於無從移送，即應自行審理裁判，例如臺灣高雄少年及家事法院是。見最高法院九十年度第五次刑事庭會議決議）。

案經裁定移送民事庭後，如民事庭認其不符合本法第四八七條第一項所定要件時（例如原告並非刑事判決認定有罪事實之被害人），由於原告之訴為不合法，刑事庭本應以判決駁回（見第五〇二條第一項），雖誤為移送，仍不能因而轉成合法，於此情形，民事庭可否適用民事訴訟法第二四九條第一項第六款規定，逕以裁定駁回原告之訴，仁智互見。最高法院民事大法庭 108 臺抗大 953 號裁定，認應准許原告繳納裁判費以補正起訴程式之欠缺，意即應依同條第一項但書先命原告補正，非可逕行駁回。

又第五〇四條立法當時，尚無第四五五條之一簡易判決上訴於地方法院合議庭之特別規定，此種上訴案件如有附帶民事訴訟而經裁定移送時，同院民事庭是否一概採行合議審判，抑或尚有審酌訴訟標的價額而視事件性質以定其事務分配之空間，頗有疑問，且對於定民事判決上訴之管轄，亦有影響，他日修法似宜增訂明文，以杜爭議。

5.簡易程序案件之準用

依本法第五〇五條第一項規定，適用簡易訴訟程序案件之附帶民事訴訟，準用第五〇一條或第五〇四條之規定。復依同條第二項及第三項規定，前項移送案件，免納裁判費用，且對於移送裁定不得抗告。

本法第五〇五條第一項並未對於適用協商程序之案件作何規定，此部分請參閱前述第四八八條相關說明。

6.裁判費之免納

上述 4.及 5.移送同院民事庭之事件，其裁判費用之免納，依院 2722號解釋，係指免納移送後在該審級新為訴訟行為所應繳納之裁判費用而言。惟如原告於民事庭為訴之變更、追加或擴張應受判決事項之聲明，已逾移送前所請求之範圍者，就其超過部分，即不在免納裁判費之列（76臺上 781 號民事判例）。

九、附帶民事訴訟之上訴

§§506
～512

附帶民事訴訟之上訴，除本編有特別規定外，應準用關於刑事訴訟之規定（見第四九〇條）。例如其上訴期間應準用本法第三四九條之規定；而上訴於第三審法院時得引用刑事上訴理由不另敘述民事上訴理由，則係依照本編第五〇七條之特別規定。

附帶民事訴訟判決，不過與該案刑事訴訟同時判決而已（見第五〇一條），實乃刑事判決以外之另一判決。附帶民事訴訟當事人對於附帶民事訴訟判決如有不服，除第五〇三條第一項從程序上駁回原告之訴之判決，依同條第二項規定，非對於刑事訴訟諭知無罪、免訴或不受理之判決有上訴時不得上訴外，原告或被告得專就附帶民事訴訟判決提起上訴，亦得與刑事訴訟之判決一併提起上訴。

在第五〇三條第二項情形，刑事訴訟諭知無罪、免訴或不受理之判決者，其附帶民事訴訟判決之上訴，非於刑事判決經合法上訴時，不得提起。因此，公訴案件經法院為無罪、免訴或不受理判決後，如檢察官未上訴（被告本不得上訴），則其附帶民事訴訟駁回原告之訴之判決，即因原

告無從單獨對之提起上訴而告確定（尚有另例詳如第五〇六條說明）。

　　附帶民事訴訟第二審及第三審上訴案件之審判，除本編有特別規定外，應依第四九〇條定其準用或適用之法律。惟本編對於附帶民事訴訟第三審上訴案件之審判，有下列特別規定：

　　㈠依本法第五〇六條第一項規定：「刑事訴訟之第二審判決不得上訴於第三審法院者，對於其附帶民事訴訟之第二審判決，得上訴於第三審法院。但應受民事訴訟法第四百六十六條之限制。」該項上訴，由於第三審法院刑事庭因刑事案件不得上訴而無刑事訴訟程序得以「附帶」，本法第五〇六條第二項爰予明定：「前項上訴，由民事庭審理之。」按刑事本案雖不得上訴於第三審，但其附帶民事訴訟得否上訴，應視上訴所得受之利益多寡而定。如該訴訟標的之價額超過民事訴訟法第四六六條所定數額者，即應仍許提起第三審上訴。本法於五十六年一月修正時，爰將舊條文（第五一〇條）同步限制附帶民事訴訟上訴於第三審之規定，改為現行第五〇六條內容。茲應注意者，依該條所提上訴仍須受第五〇三條第二項之限制，公訴或自訴案件係經第二審為無罪、免訴或不受理判決者，非對各該判決有合法上訴時，其附帶民事訴訟之判決仍不得上訴。如有違背，第三審法院即可逕予駁回，且無須移送民事庭❹。

　　㈡依本法第五〇七條規定：「刑事訴訟之第二審判決經上訴於第三審法院，對於其附帶民事訴訟之判決所提起之上訴，已有刑事上訴書狀之理由可資引用者，得不敘述上訴之理由。」因此，對於刑事判決提起第三審上訴如未敘述理由，即無上訴理由可資引用，其附帶民事訴訟之上訴亦不合法，第三審法院刑事庭應將刑事及附帶民事訴訟之上訴併予駁回❺。

　　㈢依本法第五〇八條規定，第三審法院認為刑事訴訟之上訴無理由而駁回之者，應分別情形，就附帶民事訴訟之上訴，為下列之判決：

　　1.附帶民事訴訟之原審判決無可為上訴理由之違背法令者，應駁回其

---

❹　最高法院六十七年度第五次刑事庭庭推總會議決定及 69 臺上 1232 號民事
　　判例。

❺　最高法院二十五年七月二十一日決議。

上訴。

　　2.附帶民事訴訟之原審判決有可為上訴理由之違背法令者，應將其判決撤銷，就該案件自為判決。但有審理事實之必要時，應將該案件發回原審法院之民事庭，或發交與原審法院同級之他法院民事庭。

　　㈣依本法第五〇九條規定，第三審法院認為刑事訴訟之上訴有理由，將原審判決撤銷而就該案件自為判決者，應分別情形，就附帶民事訴訟之上訴，為下列之判決：

　　1.刑事訴訟判決之變更，其影響及於附帶民事訴訟，或附帶民事訴訟之原審判決有可為上訴理由之違背法令者，應將原審判決撤銷，就該案件自為判決。但有審理事實之必要時，應將該案件發回原審法院之民事庭，或發交與原審法院同級之他法院民事庭。

　　2.刑事訴訟判決之變更，於附帶民事訴訟無影響，且附帶民事訴訟之原審判決無可為上訴理由之違背法令者，應將上訴駁回。

　　㈤依本法第五一〇條規定：「第三審法院認為刑事訴訟之上訴有理由，撤銷原審判決，而將該案件發回或發交原審法院或他法院者，應併就附帶民事訴訟之上訴，為同一之判決。」意即應將刑事及附帶民事訴訟以判決併予發回或發交原審法院或他法院也。

　　㈥依本法第五一一條第一項規定：「法院如僅應就附帶民事訴訟為審判者，應以裁定將該案件移送該法院之民事庭。但附帶民事訴訟之上訴不合法者，不在此限。」又依同條第二項規定：「對於前項裁定，不得抗告。」按該條第一項所謂審判，對照其但書規定，實乃專指實體上之審判而言。適用該條以裁定移送民事庭審理之案件是否免納裁判費，條文未有規定，實務上仍認為應予免納❻。

　　㈦依本法第五一二條規定，對於附帶民事訴訟之判決聲請再審者，應依民事訴訟法向原判決法院之民事庭提起再審之訴。

---

❻　院 2722 號解釋。

十、智慧財產案件之附帶民事訴訟

智慧財產案件審理法第二十七條至第三十條，對於該法第二十三條案件之附帶民事訴訟，就其審理、裁判、上訴、抗告等事項，另有特別規定。

專

論

刑事妥速審判法概要

公民與政治權利國際公約及經濟社會文化權利國際公約施行法，已自民國九十八年十二月十日施行，其中「公民與政治權利國際公約」ICCPR §14 (3)(c)有「審判不得無故稽延」(to be tried without undue delay) 之規定。為求妥速進行訴訟程序避免案件審判遲延而特別制定之 「刑事妥速審判法」(以下稱本法)，係經總統於民國九十九年五月十九日公布，全文有十四條，刊登於總統府公報第六九二二期，茲就該法內容作簡略之說明：

一、原則規定

㈠本法第一條第一項為立法目的之規定❶，同條第二項表明特別法之地位。按本法並無公訴或自訴之區分，對於自訴案件亦適用之。

㈡本法第二條揭示依法速審詳查、確保程序適正、妥慎認定事實、維護正當權益等原則。所指維護正當權益，自當包含被害人之權益在內。

㈢本法第三條明定訴訟關係人進行訴訟行為應遵守誠信原則，不得濫用權利，亦不許無故拖延。實例已有援引本條對於刑事訴訟法第二六五條所定追加起訴應予限縮適用之見解 （見最高法院 104 臺上 2269 號刑事判決）。

㈣本法第四條要求落實準備程序，以利案件之妥速集中審理。且於實務上宜注意刑事訴訟法第一六一條第二項之運用。

㈤本法第六條明定檢察官之實質舉證責任，將最高法院 92 臺上 128 號判例明文化，並強調無罪推定原則之貫徹。

㈥本法第十二條提示建構有效率之訴訟制度及增加適當之司法人力等未來方向。

---

❶　參見司法院釋字 446 號及 530 號解釋理由書。

二、具體規定

㈠本法第五條第一項規定法院就被告在押之案件應優先且密集集中審理。此項要求，與聯合國依公民與政治權利國際公約所設人權事務委員會 ❷ 提出之第三十二號意見第三十五點意旨正相一致。該第三十五點內容謂：："...In cases where the accused are denied bail by the court, they must be tried as expeditiously as possible..." 特予節錄，以供對照。

㈡本法第五條第二項至第四項為關於重罪延押及羈押總計期間之限制規定。分述如下：

1.審判中之延長羈押，如被告所犯之罪其最重本刑為逾十年以上有期徒刑以上之刑者，刑事訴訟法第一○八條第五項未有次數限制，殊欠妥適。本法第五條第二項明定：「審判中之延長羈押，如所犯最重本刑為死刑、無期徒刑或逾有期徒刑十年者，第一審、第二審以六次為限，第三審以一次為限。」亦即在第一審、第二審羈押被告至多各以十五個月為限，第三審至多以五個月為限。

2.尤有進者，案經發回更審，依刑事訴訟法第一○八條第六項規定，雖應更新計算，惟依本法第五條第三項規定：「審判中之羈押期間，累計不得逾五年。」同條第四項緊接規定；「前項羈押期間已滿，仍未判決確定者，視為撤銷羈押，法院應將被告釋放。」因此，不論被告所犯之罪最重本刑輕重如何，審判中各審級（含更審）累計羈押期間，一概不得超過五年。

3.「審判中之羈押期間」之累計，係指各審級（含更審）羈押被告之期間而言。其延長羈押，或依刑事訴訟法第一○八條第八項所為繼續羈押，以及依同法第一一七條命再執行羈押之期間，均包括在內。至於偵查中之羈押期間，或依少年事件處理法第二十六條之二收容少年之期間，其案件尚未繫屬於刑事法院，均不應計入。

4.本法對於刑事訴訟法而言，乃係特別法，上述各該規定，必須優先

---

❷ 關於人權事務委員會之組成及其意見之產生，請參閱本書附錄二之壹說明。

適用。已往久懸未決案件被告長期在押之情形，即須受延押次數及總計期間之限制，最長不致超過五年。惟如被告所犯為死刑、無期徒刑或最輕本刑為七年以上有期徒刑之罪者，依本法第一條第二項規定，應仍有刑事訴訟法第一○八條第八項但書及同條第九項之適用（參考最高法院 110 臺抗 951 號刑事裁定）。

　㈢本法第七條係就久懸未決案件以減輕其刑方式給予被告救濟之規定。依照該條規定，凡自第一審繫屬日起已逾八年未能判決確定之案件，除依法應諭知無罪判決者外（如係程序判決本無減輕其刑可言），法院依職權或被告之聲請（注意：僅限於被告有聲請權），審酌下列事項，認侵害被告受迅速審判之權利，且情節重大，有予適當救濟之必要者，應減輕其刑：

　1.訴訟程序之延滯是否係因被告之事由。例如：被告經通緝中尚未到案受審；或有法定停止審判事由未能進行審判。

　2.案件在法律及事實上之複雜程度與訴訟程序延滯之衡平關係。 例如：被告人數眾多；或案情極其繁雜。

　3.其他與迅速審判有關之事項。例如：跨國（境）查證費事費時；尋求司法互助難以掌握進度；囑託鑑定或命另行鑑定（見刑事訴訟法第二○七條、第二○八條）耗費時日。

　按針對久懸未決刑事案件究宜給予被告如何之救濟，有免訴、不受理、駁回起訴等各種建議方法，由於法理難圓頗多爭議，且有法院推諉職責之嫌，皆未採納。本法上述規定，可謂與德國實務相類似。

　德國刑事訴訟法對於訴訟程序之迅速原則 (Grundsatz der Beschleunigung) 及嚴重遲延案件之救濟未見具體規定，在實務上❸經由聯邦最高法院判決例，導入針對訴訟障礙 (Verfahrenshindernis) 之解決方法，原先將訴訟遲延解為審酌科刑輕重事項之一，晚近傾向宣告抵免執行刑罰之方式 (Vollstreckungslsung)。惟在我國，羈押日數折抵無需裁判宣告，其由法院判決宣告免執行者（刑法第九條但書）須以被告在外國曾受

❸　參閱 Roxin/Schünemann, Strafverfahrensrecht, §16, Rn. 3, 8 ff, 29 Aufl., 2017.

一定期間人身自由拘束為前提，訴訟遲延對於被告之影響，甚難具體估算為幾月幾年而予宣告抵免。因此，上述本法第七條所採經由法院以量刑補償給予救濟之方式尚屬妥適，所列審酌事項亦稱恰當❹。

　　法條原係限定須經被告聲請，即非法院得依職權審酌之事項，一〇三年六月修正公布之規定，改為「法院依職權或被告之聲請」及「應減輕其刑」後，即使被告因堅稱無罪或顧慮請求減刑形同認罪而未聲請減刑，法院仍須依職權予以減輕其刑，對於被告速審權受損之保障，更加周全。關於刑之減輕應適用刑法總則有關規定（見刑法第六十四條第二項、第六十五條第二項、第六十六條），自不待言。由於本條所列審酌事項非屬犯罪構成要件事實，參考71臺上5658號判例意旨，以經自由證明為已足。又第七條原規定文句係「得酌量減輕其刑」，法院即得據以宣告法定本刑以下之刑期，並得再適用刑法第五十九條酌減。茲經修正為「應減輕其刑」後，已不能引為宣告法定本刑以下刑期之依據。惟依刑法第六十條規定，仍應有刑法第五十九條之適用。

　　法條所稱自第一審繫屬日起「已逾八年」，係指自第一審繫屬日起算，第二審、第三審及發回更審之期間累計在內，並算至最後判決法院實體判決之日止，已逾八年猶未確定者而言（見最高法院九十九年度第九次刑事庭會議決議第參點）。又參照立法說明，在再審或非常上訴之情形，其自判決確定日起，至更為審判繫屬前之期間應予扣除（惟再審或非常上訴前繫屬法院之期間仍須算入）。

　　㈣本法第八條係就曾經第二審為被告無罪判決而久未確定案件所設

---

❹　人權事務委員會第32號意見第35點認為審判是否於合理期間內進行，應就個案情形而為評估，並以案件之複雜程度、被告之行為及行政與司法部門之處理方式，為主要考量因素。(...What is reasonable has to be assessed in the circumstances of each case, taking into account mainly the complexity of the case, the conduct of the accused, and the manner in which the matter was dealt with by the administrative and judicial authorities....) 歐洲人權法院亦有相同見解（請參閱本書附錄二之⓬）。本法第七條各款審酌事項，可謂與上述意見相當。

禁止上訴之規定：

1.案經第一審為被告無罪之判決後，迭經上訴，迨最高法院第三次以上發回後（含第三次更審在內），第二審更審結果仍然維持第一審所為無罪判決，而該案自第一審繫屬日起已逾六年者，則此最後一次更審無罪判決即告確定，不得上訴於最高法院。至於在此最後一次更審維持無罪判決前，第二審法院曾否為有罪判決，並非所問。

2.案經第一審為被告有罪之判決後，迭經上訴，曾經第二審改判無罪二次以上，迨最高法院第三次以上發回後（含第三次更審在內），第二審更審結果仍然改判無罪，而該案自第一審繫屬日起已逾六年者，則此最後一次更審無罪判決即告確定，不得上訴於最高法院。

按刑事訴訟法第三七六條之限制第三審上訴係以罪名為準，而上述本法第八條則係以更審結果為準，專對控方（檢察官、自訴人）不准提起第三審上訴，此乃刑事訴訟法第三四四條第一項之特別規定。案經最高法院發回三次以上且久懸超過六年猶未確定者，卷存證據迭經事實審法院反覆調查，既不足為不利於被告事實之認定，顯見控方未能盡其實質舉證責任，依 30 上 816 號判例意旨及本法第六條規定，即應使最後一次更審無罪判決於事實審定讞。倘若日後發現再審或非常上訴原因，儘可依循各該程序辦理。論者有建議引進禁止雙重追訴處罰原則 (Double Jeopardy) 明定檢察官對於被告無罪之判決一概不得上訴者；惟按檢察官為被告之利益或不利益均得依法上訴，自訴訟繫屬起至裁判確定之間，整個過程僅係一次追訴處罰之危險，並非雙重危險❺。本法第八條係以無罪推定原則為基礎，旨在保障被告受公平迅速審判之權利，免遭訟累，其立法意旨與禁止雙重追訴處罰原則無關，應予分辨。茲須注意者，法條所稱自第一審繫屬日起「已逾六年」，參照立法說明，在再審或非常上訴之情形，其自判決確定日起，至更為審判繫屬前之期間，應予扣除。

㈤本法第九條係就第八條情形以外之第二審維持第一審諭知被告無罪案件提起第三審上訴所設之上訴理由嚴格限制。第九條第一項規定：

❺　參考日本最高裁判所昭和 25.9.27. 判例（刑集 4-9-1805）。

「除前條情形外，第二審法院維持第一審所為無罪判決，提起上訴之理由，以下列事項為限：一、判決所適用之法令牴觸憲法。二、判決違背司法院解釋。三、判決違背判例。」同條第二項緊接配合規定：「刑事訴訟法第三百七十七條至第三百七十九條、第三百九十三條第一款之規定，於前項案件之審理，不適用之。」按刑事訴訟法對於提起第三審上訴者，依第三七八條規定，其上訴理由須以「判決違背法令」為限。上述本法第九條，則係專就第二審法院維持（包括更審維持在內）第一審所為被告無罪判決之案件，對於控方（檢察官、自訴人）提起第三審上訴，特別規定採取嚴格的法律審制，即其上訴理由須以該條第一項所列各款為限，該條於民國一○○年五月十九日施行後，自應優先適用。其實，為配合所謂金字塔型審級架構之建立，司法院刑事訴訟法研究修正委員會歷經多年審慎研議，認為第三審必須採行嚴格法律審，早已擬妥部分條文修正草案，與行政院會銜函送立法院審議，惜因迭次受阻，迄未完成立法程序。上述本法第九條即係以較近一次草案版本❻之第三七七條修正條文內容為藍本，未嘗不可視之為將來第三審全面採行嚴格法律審之局部準備。惟自法院組織法增訂第五十七條之一施行後，過往判例若無裁判全文可資查考者，應停止適用；未經停止適用之判例，其效力與最高法院先前所作一般個案裁判相同，判例制度已經告一段落。因此，本法第九條第一項第三款規定必須刪除。立法部門並未併予處理，顯有疏漏。條文謂判決違背判例者，在尚未刪除前，其所指「判例」，除須足以影響於判決結果而得構成撤銷原因者外，包括就刑事程序依法應適用或準用之民事法律有關之民事判例，以及依徵詢或依最高法院民刑事大法庭裁定見解所為之判決先例在內。（見最高法院 102 臺上 1528 號刑事判決及刑事大法庭 110 臺上大 1797 號裁定）

　　㈥本法第九條第一項所定「第二審法院維持第一審所為無罪判決」之情形，專指案經第二審法院實體審理結果維持第一審諭知被告無罪之判決

---

❻　草案內容可於司法院網站「法規草案」以「刑事訴訟法部分條文修正草案」為查詢條件檢索。

者而言。實例認為尚包括第二審法院就裁判上一罪案件之一部，維持第一審於判決理由論敘不另為無罪諭知者在內。檢察官提起第三審上訴，對此部分如未具體敘明該條項各款法定上訴理由時，即屬違背法律上之程式，應予駁回（見最高法院刑事大法庭 109 臺上大 3426 號裁定）。是項裁定基於貫徹上述條項之規範目的等理由，採取目的性限縮解釋，固非無見，惟一一〇年六月十六日修正公布之刑事訴訟法第三四八條第二項但書，擴及一般案件皆予適用，在第二審事實覆審現制尚未變更前，難謂妥適。詳見本書前述該條相關討論。

㈦本法第九條雖係對於兩審無罪判決之情形設其上訴第三審之限制，惟在第三人參與之沒收特別程序，如第一審諭知不予沒收，第二審維持第一審不予沒收之判決者，倘若檢察官不服此部分之第二審判決而提起第三審上訴時，實例（最高法院 110 臺上 3333 號刑事判決）以舉重明輕並本於該第九條之同一法理，認應同受限制。

㈧本法第十一條規定：「法院為迅速審理需相關機關配合者，相關機關應優先儘速配合。」

三、過渡規定

本法第十條及第十三條，為施行前後之過渡規定。

四、施行日期

㈠本法第十四條第一項規定：「第五條第二項至第四項，自公布後二年施行；第九條自公布後一年施行；其他條文施行日期由司法院定之。」

1.第五條第二項至第四項自民國一〇一年五月十九日施行。

2.第九條自民國一〇〇年五月十九日施行。

3.其他條文業經司法院令自民國九十九年九月一日施行。其中第五條及第七條曾經修正，於一〇三年六月四日公布，經司法院令自同年月六日施行。

㈡本法第十四條於民國一〇八年六月十九日增訂第二項規定：「中華

民國一百零八年五月二十四日修正通過之第五條第三項，自修正公布後一年施行；第五條第五項之刪除，自修正公布後六個月施行，並適用中華民國一百零八年五月二十四日修正通過之刑事訴訟法施行法第七條之十一第二項、第三項規定。」

　　1.審判中羈押期間累計不得於五年之規定（第五條第三項），自一○九年六月十九日施行。

　　2.先前第五條第五項規定，自一○八年十二月十九日刪除生效（刪除之理由，係配合刑事訴訟法總則編增訂第八章之一「限制出境、出海」之施行）。

國民法官法

◎國民參與刑事審判新制，本書修訂十版時，尚未施行。本篇擇要說明其與刑事訴訟法之關係。未來如何發展，猶待實務運作累積經驗及案例。

一、名稱之釐清

㈠「國民法官法」（以下稱本法）原經司法院所提草案之名稱為「國民參與刑事審判法」❶，充分表明其係刑事訴訟特別程序法之本旨。立法部門竟將名稱修改，極易誤認其為法官法之特別法，屬於人事法規而非程序法之性質，無從顯示國民參審制之原意，粗糙改名，甚為不妥。

㈡本法將參與刑事審判之國民，稱之為「國民法官」，難謂恰當。法官，係憲法第八十條及第八十一條明定之職稱，具有憲法上之地位，不容套用；且依法官法第一條第二項規定，法官與國家之關係為法官特別任用關係（與德國法官法所稱 Richterverhältnis 相當），非屬此種關係者，豈能以法官相稱。本法深受日本裁判員制度之影響，惟日本使用裁判「員」稱謂，以示與裁判「官」有別；且日本並無「裁判官法」，其「裁判員法」係簡稱，全名為「關於裁判員參加刑事審判之法律」，不致誤認為人事法規。本法參考上述簡稱而將原草案名稱改為「國民法官法」，似有隱含套用憲法第八十條以防違憲爭議之目的，但其顯非真正法官，遂仿照憲法第八十條而於本法第九條第一項有「依據法律獨立行使職權不受任何干涉」之規定。其實縱使冠有「國民」字樣，仍然難脫便宜行事、混淆套用之嫌。

---

❶ 見立法院第十屆第一會期第七次會議議案關係文書院總第 647 號、政府提案第 17090 號。

㈢關於本法合憲性之探討，另詳後述四之㈤說明。

二、本法為刑事訴訟特別程序法

依本法第四條規定，行國民參與審判之案件，除本法有特別規定外，適用法院組織法、刑事訴訟法（以下簡稱刑訴法）及其他法律之規定。因此，對於國民參與審判之刑事案件，按照該條及中央法規標準法第十六條規定，其程序事項必須優先適用本法之特別規定，亦即本法係刑訴法之特別法。

三、本法所適用之案件範圍

㈠依本法第五條規定應行國民參與審判之案件如下：

1.由地方法院管轄之第一審公訴案件而符合 2.之範圍者。（但自訴案件、少年刑事案件、犯毒品危害防制條例之罪之案件、高等法院管轄之第一審案件均排除在外）

2.其罪名為⑴或⑵：

⑴所犯最輕本刑為十年以上有期徒刑之罪者。（自一一五年一月一日施行）

⑵故意犯罪因而發生死亡結果者。（自一一二年一月一日施行）

3.上列罪名以檢察官起訴書記載之犯罪事實及所犯法條為準。其非以各該罪名起訴，而法院於第一次審判期日前，認為應變更所犯法條為上列罪名者，應裁定行國民參與審判。又依本法第七條第一項前段規定，檢察官以被告犯應行國民參與審判與非應行國民參與審判之罪合併起訴者，於此情形，應合併行國民參與審判。惟須注意尚有但書得不合併之規定。

㈡國民參與審判，係與法官共同組成合議庭（見後述四），進行上述㈠所述第一審刑事公訴案件之審判。對於刑訴法第二八四條之一及法院組織法第三條第一項而言，此乃特別規定，自應優先適用。

㈢法院得裁定不行國民參與審判之情形有二：1.本法第六條。2.本法第七條第一項但書。各該裁定，當事人得抗告；抗告中，應停止審判。

四、國民參與刑事審判之構造

㈠法庭之組成

依本法第二條第四款及第三條第一項規定，國民參與審判，應由法官三人及所謂「國民法官」六人共同組成「國民法官法庭」，就應行國民參與審判之刑事案件，共同進行審判。並以庭長充審判長；無庭長或庭長有事故時，以法官資深者充之，資同以年長者充之。

㈡成員之資格

「國民法官」之選任，應避免選任帶有偏見、歧視、差別待遇或有其他不當行為之人擔任，此為本法第三條第三項所揭示之基本條件。其積極資格、消極事由以及得拒絕被選任等事項，於本法第十二條至第十六條有詳盡規定。如有不具積極資格，或有第十三條、第十四條所定消極事由者，雖屬法庭組織不合法，本法第八十九條立法說明謂「尚非明顯有違反公平法院之情形」，參考日本立法例❷，明定不得為上訴之理由，將刑訴法所稱「法院之組織不合法」縮減其適用範圍。至於第十五條消極事由所列人員，有參與審判難期公正之虞，第八十九條未予列入，倘若被選任而參與審判，依刑訴法第三七九條第一款規定，其判決當然違背法令，自不待言。

㈢成員之選任及解任

本法第十七條至第三十八條，設有詳盡規定。因其與刑訴法無關，在此省略不予敘述。

㈣成員之待遇及保護

詳見本法第十一條及第三十九條至第四十二條規定，在此不予敘述。

㈤國民參與審判合憲性之探討

本法深受日本立法例之影響。日本實施裁判員制度，曾經引發違憲疑慮。最高裁判所大法廷平成二十三年十一月十六日判例（刑集 65-8-1285），肯定其合憲性，所述見解頗有參考價值。我國憲法第八條第一項

---

❷　參考日本「關於裁判員參加刑事審判之法律」第六十四條第一項。

對於刑事審判之要求，為「非由法院依法定程序，不得審問處罰」，意即必須恪遵司法審理及正當法律程序兩大基本原則。析言之：1.所稱法院，與審問、處罰對照，可認為係指刑訴法上之狹義法院，亦即行使司法權專司裁判，由法官以獨任或合議制組成之組織體而言。合議制如何組成，憲法未有規定。法院組織法第三條第一項及本法第三條皆為關於組成合議制之規定，而本法更針對參與刑事審判之國民成員，就其資格以及選任程序，參仿英美挑選陪審員之 Voir Dire 程序、美國聯邦刑事訴訟規則 (Federal Rules of Criminal Procedure) 第二十四條、日本法❸等先例，明定篩選及不附理由拒卻成員選任 (Peremptory Challenges) 等規範，以確保其獨立公正、超然無私之立場，實與憲法保障訴訟權之意旨相符。2.本法第四章第一節至第五節，對於國民參與審判案件，自起訴至準備程序、審判期日程序、終局評議及判決各該過程，基於本法第一條所示立法目的，已有詳盡規定足資遵循，未有特別規定者，則依第四條回歸刑訴法之適用。且被告得以難期公平或顯不適當等一定事由，依第六條規定，聲請法院就個案裁定不行國民參與審判。而第八十三條對於評議多數意見必須包含法官意見在內方為可決之嚴密規定，尤足以顯示法官仍為擔當裁判重任具有決定性作用之基本成員。凡此皆與正常法律程序原則相符。3.綜上所述，本法所定國民參與刑事審判新制，堪認為具有合憲性。

五、國民參與刑事審判之審理程序

㈠起訴程式

1.卷證不併送

應行國民參與審判之案件，依本法第四十三條第一項規定，檢察官提出起訴書時，不得將卷宗及證物一併送交法院。此即日本法所謂「起訴狀一本主義」，乃係不同於刑訴法第二六四條第三項之特別規定。為貫徹其意旨，第四十三條第二項所列起訴書應記載之各款事項，證據不在其內。復於同條第四項規定：「起訴書不得記載使法院就案件產生預斷之虞之內

---

❸ 同❷日本法第三十三條第一項，第三十四條，第三十六條，第三十七條。

容」。且因法院僅收到起訴書，並無卷證附送，刑訴法關於起訴審查制之規定（見刑訴法第一六一條第二項至第四項），已無從適用。爰於第四十三條第五項明定排除其適用。

再者，法院處理與本案相關之強制處分及證據保全之事項，必須閱覽偵查卷證，因而有接觸卷證之機會，如仍由參與本案審理之法官處理各該事項，即有產生預斷之虞，而與卷證不併送之意旨不符。本法爰於第四十四條第一項規定：「於起訴後至第一次審判期日前」，該等事項應「由未參與本案審理之管轄法院法官處理之」，以示與一般案件有別。同條項但書例外規定：「但因管轄法院法官員額不足，致不能由未參與本案審理之法官處理時，不在此限」，以應實需。復於同條第二項配合設限謂：「前項但書情形，法官不得接受或命提出與該強制處分無關之陳述或證據。」

2.不得追加起訴

檢察官於國民參與審判案件辯論終結前，如就與本案相牽連之犯罪或本罪之誣告罪追加起訴，將使審判程序複雜化，且其所追加起訴部分，未經準備程序為訴訟資料之彙集整理，難以集中、連續審理。本法爰於第五條第四項明定排除刑訴法第二六五條追加起訴規定之適用。

㈡國民不參與之項目

國民參與審判案件經辯稱終結後之終局評議，依本法第八十二條規定，係就認事、用法、科刑各項，與法官共同行之。惟其所參與者為審判期日之訴訟程序，依第五十條第三項及第六十九條規定，於準備程序期日無須到庭；且關於證據能力、證據調查必要性與訴訟程序之裁定及法令之解釋，皆係法律專業事項，應專由法官合議決定之❹，但參與審判之國民，得陳述意見或請求審判長釋疑。所指由法官合議決定之者，其評議適用法院組織法相關規定，與本法第四章第五節之終局評議無涉。

㈢強制辯護

參照本法第五條第五項之立法說明，行國民參與審判之案件，自準備程序開始，將訴訟資料彙集整理後，進入審判期日，踐行調查證據與言詞

---

❹　同❷日本法第六條第二項及第六十八條第三項。

辯論，當事人展開攻擊防禦等過程，具有高度之法律專業性。爰規定被告未經選任辯護人者，審判長應指定公設辯護人或律師為其辯護，確保被告權益。

㈣準備程序

本法第四十七條至第六十四條，為關於國民參與審判案件準備程序之規定，擇要說明如下：

1.依本法第四十七條第一項及第四十八條第三項、第四項規定，國民參與審判案件應行（必須踐行）準備程序；檢察官、辯護人不到庭者不得行準備程序；準備程序期日之傳票或通知至遲應於十四日前送達。上述特別規定，均應優先適用，與刑訴法第二七三條第一項、第三項及第五項之規定不同。本法採取準備程序前置之規範，較刑訴法嚴格。

2.本法第四十七條第三項規定法院應依準備程序處理訴訟資料之整理結果，作成審理計畫；第五十二條及第五十四條分別規定檢察官及辯護人應向法院提出準備程序書狀；第六十三條有宣示準備程序終結或裁定再開準備程序之規定（攸關第六十四條失權效果）。凡此皆係因應國民參與審判程序之需要而設，為刑訴法所無。

3.本法第四十七條第二項規定準備程序所處理之各款事項，除其中第五款「有關證據開示之事項」，及第十款「與選任程序有關之事項」外，其餘事項與刑訴法第二七三條第一項各款、第二七六條第二項及第二七七條規定，大致相同。惟行國民參與審判之刑事案件，畢竟與並無國民參與者有別，其準備程序務須體認國民參審制度之本旨，以及案件之審判應由當事人舉證先行、法院依職權調查有利被告事項為輔助之原理，經由曉諭、闡明，妥適踐行。

4.法院於準備程序中處理「有關證據開示之事項」，甚為重要。行國民參與審判之案件，檢察官僅提出起訴書，並不附送卷證，旨在排除預斷，惟辯護人在法院開始審理前，不知檢察官所掌握之證據為何，難作防禦之準備，甚為不利。本法針對控辯雙方得以獲取證據資料之需求，於第五十三條至第六十一條，特設關於證據主張、證據開示及其爭議裁定等詳

細規定。此為一般案件之準備程序所無。證據開示，源自英美法之 Disclosure 或 Discovery，皆強調其係控辯兩造相互之責任 (reciprocal duties)。日本刑事訴訟法上「公判前整理手續」定有詳盡規範。本法第五十三條以下，大多參仿其例。公訴案件卷證不併送，對控方似較有利，然而檢察官兼具公益代表人之身分，於擬訂實行公訴策略時，不應一味以追求被告有罪判決為目標，仍須遵守刑訴法第二條之規定。美國聯邦最高法院一九七六年 United States v. Agurs (427 U.S. 97) 一案判決，引述一九三五年 Berger v. United States (295 U.S. 88) 案例，謂檢察官之職責不僅在於贏得訴訟，更應實現社會正義，檢察官為法律之僕人，須以毋枉毋縱為目標 (...in a criminal prosecution is not that it shall win a case, but that justice shall be done... He is the "servant of the law," the two-fold aim of which is that guilt shall not escape or innocence suffer.)。所述理念極其正確。

　　5.法院於準備程序中處理「與選任程序有關之事項」，亦為行國民參與審判案件所特有者，請參閱前述四、之㈠至㈢相關說明。此在一般案件並無選任法庭成員之問題。

　　6.依本法第四十七條第二項第六款規定，「有關證據能力及證據有無調查必要之事項」，屬於準備程序處理事項之範圍。按法院於審判期日調查證據，旨在究明其證明力，所調查之證據，首須具備證據能力，其次為有調查必要，否則不應呈現於審判期日。行國民參與審判之案件，有六名「國民法官」於審判期日與法官共同參與審案，倘若摻雜欠缺證據能力或無調查必要之證據在內，非僅耗費程序，更有招致未備法律素養不具審判經驗之所謂「國民法官」，混淆認知作成錯誤判斷之虞。當事人舉證先行，本應慎選證據（見本法第五十二條第四項，並為第五十四條第三項所準用）。準備程序除整理爭執之點及彙集證據資料外，針對證據能力及其調查之必要性，基於上述疑慮，務須妥為篩選過濾。因此，法院於準備程序階段處理此等事項，甚為重要。檢察官、辯護人分別開示證據後，依本法第五十六條第一項、第五十四條第一項第二款規定，應就對造聲請調查證據之證據能力及有無調查必要，向法院表明意見。法院經審酌兩造意見，

並於不涉及證據證明力之前提下，得為必要之調查，然後依本法第六十二條規定，在準備程序終結前，就此事項作出裁定。其經裁定為無證據能力或不必要者，即不得於審判期日主張或為調查。如係於審判期日始聲請或調查之證據，則法院應於進行調查前先行裁定。各該裁定均不得抗告。又依第六十四條失權效果規定，當事人、辯護人於準備程序終結後，非有該條第一項但書所列各款事由，不得向法院聲請調查新證據。以上所述，專為配合國民參與審判程序運作所需之規範。此在刑訴法上一般案件之準備程序，並無非法官者參與，其規定較為精簡。

　　7.參照本法第五十一條立法說明，自案件繫屬法院後，至準備程序終結前之期間內，檢察官、辯護人雙方宜相互聯絡並作充分協商，以利及早確認案件之爭點，且其聯絡可依個案性質而為彈性運用，俾能有效進行爭點整理，使準備程序得以順暢達成其彙整訴訟資料之目的。第五十一條爰予明定相關事項以資依據；且為顧及控辯雙方之程序利益及促進訴訟起見，該條第三項更規定：法院認為適當者，得於準備程序期日前，聯繫檢察官、辯護人並協商訴訟進行之必要事項❺。此在刑訴法上一般案件之準備程序，並不發生上述情形。

(五)審判期日

　　本法第六十五條至第八十條，為關於國民參與審判案件審判期日之規定，擇要說明如下：

　　1.獲選參與審判之所謂「國民法官」、「備位國民法官」，係就個別案件選任產生，依本法第六十五條於第一次審判期日前，應行宣誓；後者如經遞補時，應另行宣誓❻。宣誓完成後，審判長應向彼等進行第六十六條第一項所列各款事項之說明，聽畢如有疑惑，並得請求審判長釋疑。此項審前說明，可謂與德國之 Rechtsbelehrung 類似。審判長宜使用淺顯易懂之語句，稍補彼等法律素養及審判經驗之不足。宣誓與審前說明程序，乃本法特有之規定，為刑訴法所無。

---

❺　參考日本刑事訴訟規則第一七八條之六及之十。

❻　同❷日本法第三十九條。

2.審判期日調查證據程序，本法有下列特別規定：⑴程序開始前，檢察官應先說明經依準備程序整理之待證事實，聲請調查證據之範圍、次序及方法，聲請調查證據與待證事實之關係；被告、辯護人主張待證事實或聲請調查證據者，則隨後緊接說明之。兩造說明結束後，即由審判長就準備程序整理爭點之結果及調查證據之範圍、次序及方法提出說明（第七十條及第七十一條）❼。⑵調查證據之方法，對於書證、準書證及物證之調查，皆採兩造調查先行模式，其係法院依職權調查者，方由審判長主導（第七十四條至第七十六條）❽，此與刑訴法第一六四條至第一六五條之一規定不同。⑶關於證據能力、證據調查必要性與訴訟程序之裁定，專由法官合議決定；但得聽取兩造及參與審判國民之意見，後者如有疑惑，可請求審判長釋疑（第六十九條）。

3.參與審判之所謂「國民法官」如有更易，除其缺額由備位者遞補之情形外，應更新審判程序（本法第八十條），否則其判決當然違背法令（刑訴法第三七九條第九款）。

4.關於言詞辯論終結後之終局評議事項，本法第八十一條至第八十五條有其詳盡規範，此乃法院組織法第九章之特別規定，自應優先適用。因與刑訴法無涉，省略不予敘述。

5.終局評議終結者，除有諸如評議已至深夜，或震災、風災、水災等不可抗力之特別情形外，應即宣示判決。判決書由法官製作並簽名，且應記載經「國民法官」全體參與審判之旨。有罪判決書有關認定犯罪事實之理由，得僅記載證據名稱及對重要爭點判斷之理由。（見本法第八十六條至第八十八條）對於刑訴法第三一〇條第一款、第三一〇條之一及第三一一條而言，皆為特別規定。

---

❼ 同❷日本法第五十五條，及日本刑事訴訟法第二九六條，刑事訴訟規則第三一六條之三十、三一。

❽ 參考日本刑事訴訟法第三〇五條、第三〇六條及刑事訴訟規則第二〇三條之二。

㈥上訴

關於事實審上訴之構造，一般謂其類型有三：續審、覆審、事後審。刑訴法之第二審上訴，採用覆審制，行之將近百年，與德國法之 Berufung 相當，德國學者比喻以 eine zweite Erstinstanz（意即第二個第一審）相稱，甚為貼切。其實，第一審距離事實發生時點較近，易於發見真實，本應以第一審之審判為重心，確切認定事實。現制第二審上訴為事實覆審，所憑訴訟資料大多照舊，鮮有新增，未必有助於發見真實，反而耗費司法資源，且使第一審產生依賴感。刑訴法主管機關司法院，早已注意及此，在八十四年施故院長啟揚先生任內主持為期一年之司法改革會議中，即經研議建立金字塔型之審級架構，謀求改進。歷經數任院長，皆受諸多法外因素阻撓，未竟其功。迄今將近三十年，未有進展。依本法行國民參與審判之第一審判決，因合法上訴而繫屬於第二審之案件，並無國民參與而仍須進行事實覆審，勢必全面重複審理，與國民參審制度有所扞格。本法因而偏向續審制之構造，於第九十條第二項特設「有證據能力，並經原審合法調查之證據，第二審法院得逕作為判斷之依據」之規定，復於同條第一項明定當事人、辯護人於第二審法院不得聲請調查新證據之原則及其例外情形，兼顧發見真實之基本目的。惟因刑訴法之審級架構尚未修正，仍難完善接軌。

日本控訴審（日本稱第二審上訴為控訴，第三審上訴為上告）採用事後審兼續審制，實施裁判員制度後，經裁判員參與合議審判所為第一審判決，當事人如提起控訴，依循其制，並無窒礙。該項制度係自平成二十一年五月施行，相隔三年後，最高裁判所即於平成二十四年（西元二〇一二年）二月十三日（刑集 66-4-482）作出具有指標性之判例❾，認為對於

---

❾　原案公訴內容，係指被告以營利為目的，非法輸入覺醒劑（即安非他命、冰毒及其相關製品），在日本成田機場當場查獲，涉有違反覺醒劑取締法及關稅法等罪嫌。被告辯稱於馬來西亞吉隆坡機場收受友人贈送禮物巧克力罐頭，不知罐內裝放覺醒劑（當時在機場查獲 998.79 公克覺醒劑分成三個塑膠袋裝放罐內），在主觀上欠缺認識。檢察官則以被告承認受託攜帶假護照入

經由裁判員參與合議審判之案件，就其事實認定部分，控訴審之審查，應持謙抑態度，俾能符合裁判員參審之本旨。反觀我國刑訴法，由於第二審仍為事實覆審，為求調和起見，本法爰以第九十一條揭示對於上訴案件之審查原則。依照該條規定：「行國民參與審判之案件經上訴者，上訴審法院應本於國民參與審判制度之宗旨，妥適行使其審查權限。」

刑訴法上第二審上訴，其審理結果所應為之判決，如與第一審不同者，即應依該法第三六九條第一項前段規定，將原審判決經上訴之部分撤銷，就該案件自為判決。因此，第二審依覆審結果本於自由心證而認為與第一審相異之事實者，即須依變更認定之事實而為判決。惟國民參與審判案件之審理程序，較一般案件更加精緻，合議庭成員九人，其中參審國民為六人，占三分之二，各有其不同生活背景與人生閱歷，得以反映民眾之正當法律感情。從而，第二審法院就第一審關於事實認定部分，體認本法

境，獲酬三十萬円，且被查獲時應對無狀甚為狼狽等間接證據，指被告所辯不實。第一審經裁判員參與合議審判，認為罪證不足，諭知無罪判決。檢察官提起第二審上訴（控訴），指摘第一審有日本刑事訴訟法第三八二條誤認事實之違法情形。高等裁判所撤銷原判，改判被告有罪，宣告懲役十年併科罰金六百萬円。被告不服，提起第三審上訴（上告）。案經最高裁判所判決，撤銷控訴審之判決，駁回檢察官之上訴，於是被告無罪確定。最高裁判所見解認為：控訴審之性質，以事後審為原則，並非居於第一審同一立場審理案件，而係以當事人訴訟活動作基礎所形成之第一審判決為對象，予以事後審查。第一審之審理，採行直接、言詞審理原則，關於爭點事項，以直接傳訊證人，並審酌其證述時之態度等情狀，判斷其信用性，據以綜合判斷、認定事實。控訴審之審理案件，應將第一審判決就證據信用性之評價，以及對於證據之綜合判斷，對照論理法則與經驗法則，有無不合理之情形，進行事後審查，所稱「誤認事實」者，應作上述詮釋。以導入裁判員制度為契機，在第一審直接、言詞審理徹底化之狀況下，持此觀點更加妥適。經核控訴審並未具體說明第一審判決對照論理法則經驗法則有如何不合理之處，遽行改判被告有罪，即屬適用法則不當。此案係由最高裁判所第一小法廷五位裁判官一致評決。相隔六年後，仍為平成三〇年（西元二〇一八年）七月十三日判例（刑集 72-3-324）所沿用。

第九十一條意旨，應以盡量尊重為原則。本法第九十二條第一項前段「第二審法院認為上訴有理由，或上訴雖無理由，而原審判決不當或違法者，應將原審判決經上訴之部分撤銷」之規定，雖與刑訴法第三六九條第一項前段意旨一致，惟本法於第九十二條第一項特設但書規定謂：「但關於事實之認定，原審判決非違背經驗法則或論理法則，顯然影響於判決者，第二審法院不得予以撤銷」，此乃配合國民參審制度之需求，為刑訴法所無。該條立法說明雖未引敘日本最高裁判所上述判例，其與該判例持相同見解，至為明顯。從而，當事人或其他上訴權人依刑訴法第三六一條第二項提出上訴書狀所敘述之具體理由，即應具體指明對照經驗法則、論理法則，原審認定事實究有如何違背之處，方為適法。按第二審法院依職權調查證據，不在本法第九十條第一項限制範圍，倘若原審法院怠於依本法第五十八條為立即開示證據之命令❿，或未依第六十二條為准駁之裁定，復未於判決理由有所說明，而該項證據在客觀上攸關事實之認定，非經調查難以發見真實者，第二審法院以現制事實覆審立場，仍得依刑訴法第一六三條第二項規定，本其職權，調查重要證據，不受原審判斷之拘束。

　　原審判決有認定事實以外之不當或違法情形者，非屬本法第九十二條第一項但書之適用範圍，自應仍依刑訴法相關規定辦理。提起上訴所爭執者，不外乎事實認定、法律適用、量刑事項三方面。上訴審對於事實認定

❿　美國聯邦最高法院一九七〇年 Williams v. Florida (399 U.S. 78) 一案判決謂：證據開示法則係對於刑事審判上決定有罪或無罪具有關鍵性之事實，強化控辯兩造釐清真相之機會，俾能符合正當法律程序及公平審判原則。一九九五年 Kyles v. Whitley (514 U.S. 419) 一案判決謂：某項證據之開示，如有產生不同判決結果之合理的可能性 (reasonable probability) 者，即應認為具有重要性，縱使該項證據係警方所知曉而為檢察官所不知，控方仍須擔負開示之責。二〇〇四年 Banks v. Dretke (540 U.S. 668) 一案判決認為該案證人 Robert Farr 係向警方收取報酬之線民，此種關係有其重要性，控方有所隱藏，未曾適切開示，殊屬違誤。參考上述美國案例，倘若原審法院怠未依本法第五十八條為立即開示證據之命令，而該項證據具有影響判決結果之重要性者，第二審法院自得予以調查，不受原審判斷之拘束。

之審查，須受該條項但書之約束。關於法律適用之審查，因法令之解釋專由法官合議決定，本無是否與參審國民意見一致之顧慮。至於原審判決量刑部分，雖不在適用該條項但書之列，揆諸第九十一條所示基本原則，自應盡量予以尊重；惟如有逾越界限情事，量刑顯然不當者，即應認為違法，參考過往 80 臺非 473 號判例意旨，如不影響事實之認定，仍得予以撤銷糾正自為判決；此種情形，在日本司法實務❶，亦有類似案例。

　　第二審法院依本法第九十二條第一項前段規定，將原審判決經上訴之部分撤銷後，依同條第二項前段規定，應以自為判決為原則（原審宣判後「國民法官」參與審判之職務即告終了，如發回更審，必須重啟選任程序重組合議庭）；必須以具有同條項但書所列各款情形為限，方能將原案發回原審法院。至其自為判決（撤銷改判）應遵守刑訴法第三七〇條之規定，自屬當然。

　　現制第三審尚非嚴格法律審，本法僅第九十一條對於第三審上訴有規範效果。該條立法說明雖謂其係明示「第二審法院之審查基準」，惟其條

---

❶　最高裁判所平成二十六年（西元二〇一四年）七月二十四日判例（刑集 68-6-925）：某夫婦虐童案，構成傷害致死罪名。檢察官起訴求刑十年，第一審經裁判員參與合議審判結果，重判各十五年；控訴審維持原判；上告審最高裁判所將控訴審及第一審判決均予撤銷，自為改判被告夫、妻分別處以懲役十年、八年。綜合終審判決理由要旨，認為第一審以檢察官之求刑，並未針對虐童惡質性及被告於犯罪後之態度，予以充分評價，且量刑檢索系統所示量刑傾向，蒐集案件數量不足，因而量處超過檢方求刑更重之刑，就裁判員參審之功能而言，固非毫無可取；惟累積案例顯示某類案件量刑傾向，係審酌量刑情狀之存在事實，縱使欠缺法規範性，仍然有其量刑基準之機能，裁判員參審案件改變過往先例累積之量刑傾向，雖無不可，仍須保有與同類裁判相較之公平性。控訴審徒以一審量刑尚未逾越法定刑度而予維持，對於何以否定歷來量刑傾向可供量刑審酌，並未敘述具體且有說服力之理由。該案量刑過重，如不撤銷自為判決，顯然違反正義，爰予撤銷改判。（按照日本刑事訴訟法第四一一條第二款規定，案件雖不具備上告之法定理由，倘若原判決量刑甚為不當，如不撤銷顯然違反正義者，上告審仍得將原判決撤銷。）

文文字未如第九十條或第九十二條標明「第二審法院」字樣，且其所屬第四章第六節節名泛稱「上訴」，並未排除第三審上訴之適用。因此，第三審法院亦應體認第九十一條意旨，妥適應行使審查權限。對於刑訴法第三七九條第十款之規定，尤宜限縮適用。昔日最高法院七十七年度第十一次刑事庭會議關於「刑事案件第二審與第三審調查證據認定事實職權之界限與第三審自為判決之範圍」之決議內容，其中壹之乙之四謂：「原審法院對於證據之取捨與依調查所得之證據以為事實之認定，倘未明顯違背經驗法則、論理法則，第三審毋庸依職權判斷其當否。」實與本法第九十二條第一項但書意旨一致。又其中肆之六列述四種證據違法之情形，可認為於判決無影響，無庸將原判決撤銷，即係採取如同英美法無害錯誤法則 (Harmless Error Rule) 之概念。凡此皆具參考價值。

㈦**再審**

本法第九十三條謂：「判決確定後，參與判決之國民法官因該案件犯職務上之罪已經證明，且足以影響原判決者，亦得聲請再審。」此為對於刑訴法第四二〇條第一項第五款之補充規定。除此之外，本法別無特別規定，刑訴法第五（再審）編應全然適用之。

六、罰則及成效評估

本法第五章罰則，及第六章國民參與審判制度成效評估，均與刑訴法無關，從略。

附錄一　刑事訴訟法小檔案

　　刑事訴訟法與刑法具有程序法與實體法之密切關係。國民政府於民國十七年三月十日制定公布刑法後，旋即於同年七月二十八日制定公布刑事訴訟法，兩者均自同年九月一日施行。此為我國第一部施行於全國之刑事訴訟法典❶，計有九編五百一十三條。嗣因法院組織法之制定（改採三級三審制）及刑法之修正，國民政府乃將該部刑事訴訟法予以配合修正，定名為中華民國刑事訴訟法，於二十四年一月一日公布，仍分九編，全文增為五百一十六條，自同年七月一日施行。二十六年，抗日戰爭爆發。三十四年，日本投降，臺灣光復，脫離日據時期❷，於同年十月二十五日納入中華民國法域，包括訴訟法在內之各項法律，均自此日起，在臺灣省施行❸。同年十二月二十六日，國民政府就二十四年所頒法條中之第六條等

---

❶　在此以前，有廣東軍政府之刑事訴訟律（自 10 年 5 月施行）及北洋政府之刑事訴訟條例（自 11 年 1 月施行），分別施行於其所轄各省。由於北伐尚未完成，呈現對峙狀態。

❷　日據時期一詞，為法制上之用語，見最高法院 57 臺上 3410 號民事判例。按國民政府於三十（即西元一九四一）年十二月九日發布之對日宣戰文告結尾指明：「茲特正式對日宣戰，昭告中外，所有一切條約、協定、合同，有涉及中、日之關係者，一律廢止，特此佈告。」而中華民國與日本國間和平條約第四條，亦載明：「茲承認中國與日本國間在中華民國三十年即公曆一千九百四十一年十二月九日以前所締結之一切條約、專約及協定，均因戰爭結果而歸無效。」上述兩項文件相互對照，後者（條約）業已確認前者（文告）對於中日之間包括馬關條約在內各項條約或協定宣告一律廢止之效力。日本殖民統治臺灣所依據之馬關條約既已廢止，則在光復前之臺灣，即屬處於遭受日本非法占據狀態，判例使用日據時期一詞，至為正確（迨六十一年間，日本雖與中國大陸方面建交而片面終止中日和約，惟該項和約早在四十一年八月五日即已生效履行，參照維也納條約法公約第七十條第一項(b)款規定，當事國於條約終止前經由實施條約而產生之任何權利不受影響）。

❸　參照最高法院 39 臺上 1162 號民事判決。當年臺北市及高雄市尚未改制為院轄市。至於金門、馬祖地區，為福建省金門縣及連江縣，本來即屬我國法域。

四十七個條文作部分修正，經公布施行二十餘年後，方由行憲後第一屆立法院進行通盤修正，因憲法以外各項法律，除刑法外，均未冠用國名，併將該法名稱修正為刑事訴訟法，於五十六年一月十三日完成三讀程序，咨請總統於同年月二十八日公布施行，成為九編五百一十二條。自五十六年以後歷經多次部分修正情形，請參閱本書緒論二相關沿革說明。由於增訂條文採用「之一」、「之二」方式，現行刑事訴訟法全文已不止五百一十二個條文，且自九十三年四月增訂第七編之一協商程序、一〇五年六月增訂第七編之二沒收特別程序、一〇九年一月增訂第七編之三被害人訴訟參與後，實際上已分為十二編。

刑事訴訟法經制定或修正而將全部條文公布於政府公報者，分別為十七年、二十四年及五十六年，先後三次；其餘多次修正，皆係部分修正或增刪，均未全文重頒。茲將政府公報刊登上述三次公布刑事訴訟法全文之令文（不包括法條全文）附載於後，以供參考。

國民政府令　二十四年一月一日

茲制定中華民國刑事訴訟法，公布之。此令。

　　　　　　　　主　席　林　森

　　　　　　立法院院長　孫　科

國民政府公報　令

一二五　第一六三〇號

國民政府公報　第七十八期　法規

中華民國國民政府令

茲制定刑事訴訟法及刑事訴訟法施行條例公布之此令

中華民國十七年七月廿八日

中華民國民政府印

總統府公報

經中華郵政台字第一三七二號執照登記認為第一類新聞紙類

中華民國五十六年一月三十一日 （星期二）

第壹貳捌參號

發 印 定 國 本

總統府公報　第一八二三號

總 統 令

總統令

茲將中華民國刑事訴訟法名稱修正為刑事訴訟法，並將條文修正，公布之。此令。

五十六年一月二十八日

總　統　蔣中正
行政院院長　嚴家淦

刑事訴訟法　五十六年一月二十八日修正公布

第一編　總則

第一章　法例

第一條　犯罪，非依本法或其他法律所定之訴訟程序，不得追訴、處罰。

現役軍人之犯罪，除犯軍法應受軍事裁判者外。仍應依本法規定追訴、處罰。

因受時間或地域之限制，依特別法所為之訴訟程序，於

第二條　實施刑事訴訟程序利及不利之情形，被告得請求前項公罰。

其原因消滅後，尚

本法稱當事人者，第一審管轄權屬於

第三條　本法稱當事人者，

第四條　地方法院於刑事案第一審管轄權屬於

一、內亂罪。
二、外患罪。
三、妨害國交罪。

第五條　案件由犯罪地或被告之住所、居所或所在地之法院管轄。

在中華民國領域外之中華民國船艦或航空機內犯罪者，船艦本籍地、航空機出發地或犯罪後停泊地之法院，亦有管轄權。

第六條　數同級法院管轄之案件，

附錄二 「公民與政治權利國際公約」與 刑事訴訟法之關係

壹、公約之法律效力

「公民與政治權利國際公約」及「經濟社會文化權利國際公約」兩者關於保障人權之規定，依照「公民與政治權利國際公約及經濟社會文化權利國際公約施行法」第二條規定，已轉化為我國國內法❶，該施行法業經總統（馬前總統英九先生）於民國九十八年四月二十二日公布，施行日期由行政院另以命令定之，行政院已於同年十月二十九日發布命令，定自同年十二月十日施行。該法僅九個條文，刊登《總統府公報》第 6859 期。

尊重條約，為憲法第一四一條明定之基本國策，23 上 1074 號舊判例謂：「國際協定之效力優於國內法。」自上述施行法第二條及第八條以觀，各該國際公約所揭示保障人權之規定，實已具有國內法效力，且係居於特別法地位。

上述施行法將各該國際公約合稱「兩公約」，其中「公民與政治權利國際公約」全文五十三條，以第九條及第十四條與刑事訴訟法（以下稱本法）最具直接密切關係，另有第六條觸及死刑問題，第七條禁止刑求逼供，第十二條保障遷徙及入出國自由與限制住居有關，第十三條就強制外國人離境事件提供程序上之保障，第十五條罪刑法定禁止溯及處罰既往行為涉及判決法條之適用，第十七條保障隱私權與搜索及通訊監察有關。餘如第八條禁止奴隸、第十條罪犯處遇，可謂屬於廣義刑事司法之範圍。

兩公約係於一九六六年十二月十六日經聯合國大會以第 2200A (XXI) 號決議通過，並開放予各國簽署、批准或加入。其中「公民與政治權利國際公約」（以下稱「公約」者專指此一公約而言）之生效日期為一九七六年三月二十三日❷。我國於一九六七年十月五日，由當時派駐聯合

---

❶ 國內法之施行法，不乏其例。專為國際公約而制定其施行法者，尚屬首例。兩公約再經我國於民國九十八年五月十四日簽署。

國代表團常任代表劉鍇大使，代表中華民國簽署，其後始終未能完成批准書存放程序，如今雖已退出聯合國，然而，我國經由上述施行法將公約轉化為國內法，並賦予特別法之效力，在國際社會中，實已展現當年原始締約國履行公約義務保障人權之決心與行動。

本篇特就公約第六、七、九、十二、十三、十四、十五、十七各條與本法之關係進行探討。茲須說明者，依公約第五十三條第一項規定，公約中、英、法、俄及西文各本同一作準，因此，本篇敘述公約條文文字係以一九六六年聯合國大會決議之中文本內容為準(中文本於二〇〇二年一月由聯合國官網發布之簡體版文字，曾經將公約第六條第三項之「殘害人群罪」譯為「滅種罪」，同條第五項之「未滿十八歲」譯為「十八歲以下」，第十四條第二項之「假定其無罪」譯為「被視為無罪」，均與一九六六年原始中文本不符，目前皆已訂正)。又公約原應稱為「盟約」，本篇除引錄原中文本條文文字之處外，為配合施行法用語，仍以公約相稱。當初之所以不稱「公約」，因其並無退約條款，施行法將「盟約」改稱「公約」，招致混淆。

公約締約國以公約第二十八條至第三十二條為基礎，設置名為Human Rights Committee 之獨立機構，上述施行法第三條譯稱人權事務委員會，公約中文本則稱人權事宜委員會。該委員會（以下同此簡稱）係由十八位不同國籍委員所組成，各締約國得提名本國國民一至二人，由聯合國秘書長召集締約國會議以無記名投票產生，任期四年。依公約第四十條第四項規定，該委員會「應研究本盟約締約國提出之報告書」及「應向締約國提送其報告書及其認為適當之一般評議」。於是此項一般評議

❷ 依公約第四十九條第一項規定，其生效日期「應自第三十五件批准書或加入書送交聯合國秘書長存放之日起三個月後發生效力」。捷克斯洛伐克 (Czechoslovakia) 於 1975 年 12 月 23 日成為第三十五個批准公約之國家，公約因此於 1976 年 3 月 23 日生效。該國自 1993 年 1 月 1 日起分成捷克 (Czech Republic) 與斯洛伐克 (Slovakia Republic) 兩個國家，並不影響其締約國之地位。

（general comment 有譯稱為一般性意見者）所述意見成為對於公約各條文之重要解釋資料。本篇內容有引述該項意見者，概以「委員會第某號意見」為其簡稱❸。又依公約之第一項任擇議定書（First Optional Protocal 與公約同日生效），屬於該項議定書締約國管轄下聲稱遭受其本國侵害公約所保障權利之受害人，在竭盡其國內救濟程序後，得以個人名義具備文件提出聲請（申訴），來文經由聯合國秘書長轉送上述委員會進行初步審查，決定是否受理。如經決定受理，即應通知來文者及關係國，接受通知之關係國，有提交書面說明之義務。然後該委員會綜合來文及關係國所作說明，進行實質審查，並提出意見分送來文者及關係國。此項審議意見亦係對於公約之重要闡釋資料。本篇內容有引述委員會審議意見者，概以「某某（個人）v. 某國」，為原聲請事件名稱之標示方式❹。

貳、公約第六條與本法之關係

公約第六條為保障生存權 (Right to Life) 之規定，涉及死刑問題。關於死刑案件之審理暨其判決之作成及執行，均與本法有關。二○一九年九月三日發布之委員會第 36 號意見，內容有七十點之多，已取代一九八二年四月所提第 6 號意見及一九八四年七月所提第 14 號意見，成為詮釋本條之重要依據。

一、公約第六條第一項係生存權之基本規定。條文謂：「人人皆有天賦之生存權。此種權利應受法律保障。任何人之生命不得無理剝奪。」其重點如下：

㈠生存權為首要人權，如無生存權，則其他權利皆因無所依附而失去意義。

原條文英文 Every human being has the inherent right to life. 使用 has

---

❸　委員會各號意見可自 www.un.org 網站檢索。

❹　本篇引述相關聲請事件之資料來源：Sarah Joseph, Jenny Schultz, and Melissa Castan, *The International Covenant on Civil and Political Rights: Cases, Materials, and Commentary*, 2nd ed., 2005.

而非 shall have，顯示強調生存權係「天賦」即與生俱來之固有權利。對於此項權利，依公約第四條第二項規定，即使在「宣布緊急狀態危及國本」(In time of public emergency which threatens the life of the nation and the existence of which is officially proclaimed...) 之情勢下，國家仍不得減免其履行保障生存權之義務。委員會第 36 號意見第 2 點強調，生存權對於個人及社會整體均極具重要性。第 67 點重申此旨，並指明即使非屬公約第四條第二項適用範圍之其他應受保障事項，如係維護公約第六條之適用者（例如死刑案件之公正審判，對於侵犯生存權事件之調查、追訴、處罰及救濟），仍然不容減免保障義務之履行。

㈡本條保障「人人」之生存權，禁止無理剝奪「任何人」之生命。委員會第 36 號意見第 61 點指明不因種族、膚色、性別、年齡、語言、宗教、國籍、政治、財富、社會地位、出身、性向、身心障礙等因素而有保障上之差別。第 23 點要求各國對於有受威脅之虞者以及弱勢族群之生存權（諸如：人權工作者、肅貪工作者、打擊組織犯罪者、人道主義工作者、新聞從業人員、知名公眾人物、刑案證人、家庭暴力性暴力以及人口販運之被害人、流浪兒童、移民孤兒、武裝衝突中之兒童、少數民族、宗教少數群體、原住民、同性戀或雙性、中性、變性人、流離失所者、尋求庇護人士、無國籍人），尤須提供有效保障之特別措施。第 24 點並要求各國對於身心障礙者（包括心理、社會、智能上之障礙在內）必須提供具體保障。

㈢委員會關切女性自願終止懷孕及末期病人尊嚴問題。第 36 號意見第 8 點肯定各國採行合法流產之政策，認為對於自願人工流產應研訂相關法律，防範危及孕婦生命，提供安全途徑。緊接於第 9 點內容，對於尊重病患（尤其末期病人）自主權利而使其安然終止生命之情形，要求各國務須確保堅實之規範，以維護病患之自主抉擇。上述兩點意見，我國已有優生保健法、安寧緩和醫療條例、病人自主權利法足資適用，所定規範要件均甚嚴謹。

㈣條文謂生存權應受法律保障，在我國已提升為憲法層次。憲法第十

五條保障人民生存權之規定，係與工作權及財產權併列，通說認為屬於受益權性質❺。因此，除消極禁止戕害生命外，尚有積極保護並維持人民生存之意涵在內。委員會第 36 號意見第 3 點持相同觀點，認為生存權不應作狹義詮釋，除不受危害外，並須兼及生存尊嚴之保障。

㈤條文謂任何人之生命不得無理剝奪 (arbitrarily deprived)，此乃對於國家與人民之禁止規範，亦即禁止任意、非法、專橫、擅斷、欠缺合理性、不符合正義之剝奪他人生命。

既曰「不得『無理』剝奪」，意謂如非「無理」，即為公約所容許。對照本條第二項及一九八九年旨在廢除死刑之公約第二項議定書（全名見後述本條第六項說明），默許部分國家保留死刑法制，是其例證。又關於因防衛或執法行為導致他人死亡者，依上所述，不能謂為「無理」。委員會第 36 號意見第 10、13、14 點，要求各國務必立法確保其適切嚴密之程序及要件，以符合適法、合理、手段相當等基本原則。（按此與我國刑法第二十一條至第二十四條所定阻卻事由相關。且警械使用條例第六條及第九條，已明文揭示急迫性、合理性、必要性與勿傷及其人致命部位等規劃。）針對執法人員及軍人執行任務之行為，委員會意見強調務須遵守一九七九年「執法人員行為守則」(Code of Conduct for Law Enforcement Officials) 及一九九〇年「執法人員使用武器及火器之基本原則」(Basic Principles on the Use of Force and Firearms by Law Enforcement Officials) 所定規範，秉持最後手段、最小侵害原則，切實避免濫殺無辜。

㈥委員會第 36 號意見第 65、66、69 點指明戰爭及武裝衝突，導致大量軍民喪失生命，務須極力防止。各國對於武器部署、使用、研發、買賣，必須知所節制，並應就生存權之危害予以考量。使用核子武器，構成國際法上之犯罪（違反人道），對於核武之發展、製造、測試、擁有、貯存、販賣、轉讓、使用，均應避免。

二、公約第六條第二項規定：「凡未廢除死刑之國家，非犯情節最重

---

❺　釋字 476 號關於死刑之解釋，除引用憲法第二十三條外，首度敘及憲法第十五條。

大之罪，且依照犯罪時有效並與本盟約規定及防止及懲治殘害人羣罪公約不牴觸之法律，不得科處死刑。死刑非依管轄法院終局判決，不得執行。」委員會第 36 號意見第 32 點至第 51 點，以 Imposition of the death penalty 為標題，作詳盡之闡釋。茲擇述其重點如下：

㈠任何人之生命均受保障。死刑存廢雖有爭議，惟如對於殺人罪等導致他人死亡之重大罪行，未予應有之處罰，究與國家保障人民（被害人）生存權之義務有違。目前尚有若干國家未廢除死刑，對照一九八九年旨在廢除死刑公約第二項議定書以觀，該項議定書前言，指明本條關於廢除死刑之措詞，已強烈暗示廢除死刑為可取 (strongly suggest that abolition is desirable)。可見公約立場實係默許而非支持死刑。委員會第 36 號意見第 51 點，鑑於響應或事實上已停止執行死刑之國家逐年增多，盼望未來或能達成死刑應受公約第七條禁止之共識。聯合國人權理事會 （Human Rights Council 此理事會係根據聯合國大會二〇〇六年三月十五日 60/251 號決議而設立者，其層級高於依公約所設之人權事務委員會）第四十八屆會議，於二〇二一年十月八日通過一項關於死刑問題 (Question of the death penalty) 之決議 (A/HRC/RES/48/9)，其中第二點，特別籲請尚未廢除死刑各國，考慮加入或批准上述議定書。

㈡死刑立法，不得牴觸公約，尤其不容藉由法律以透過司法機關判處死刑為手段，遂行殘害人群之目的。

㈢死刑之科處，必須極其慎重，非犯情節最重大之罪 (the most serious crimes)，不得為之。所謂情節最重大之罪，對照聯合國經濟及社會理事會一九八四年五月二十五日第 1984/50 號決議「關於保護面對死刑者之權利之保障措施」(Safeguards Guaranteeing Protection of the Rights of Those Facing the Death Penalty) 第一點規定，係指蓄意犯罪其結果為戕害生命或致生其他極端嚴重結果者而言。(...it being understood that their scope should not go beyond intentional crimes, with lethal or other extremely grave consequences.) 委員會第 36 號意見第 35 點及第 36 點，指明上述可適用之範圍，務須從嚴界定。凡未涉及被害人死亡之犯罪，不得科處死

刑。諸如：謀殺未遂、貪瀆犯罪、經濟犯罪、政治犯、攜帶武器搶劫、海盜、綁架、毒品犯罪、性犯罪等，即使情節非輕，仍不容判處死刑。尤其將某些行為予以刑罰化，如與保障公約所定權利之意旨不符者，例如通姦、同性戀、叛教、組成政治上之反對派、冒瀆元首等行為，內國法倘若定為死刑罪名，應認為此項立法違背公約，其死刑判決即與公約本（第六）條有違。以上所述，可謂實係公約提示各國死刑立法之裁量基準。

㈣本條第一項保障生存權之基本規定，應與本（第二）項及後述第六項合併解讀，並須認知死刑實屬例外情形，務必從嚴適用。委員會受理一九九八年第 829 號 Roger Judge v. Canada 一案，RJ 於一九八七年六月，在美國賓州 (Pennsylvania) 被訴一級謀殺罪經判處死刑後越獄逃往加拿大，又於一九八八年七月在加國被訴強盜罪經判處徒刑十年，至一九九一年三月定讞。加國欲將 RJ 遣返美國。委員會於二○○三年八月就該申訴案件作成審查意見，認為加國既已廢除死刑，自應恪遵公約本條第一項保障人人天賦生存權之基本規定，RJ 在加國被訴強盜犯行並非死罪，竟於未獲美方不執行死刑之保證前，急欲實施遣返作業，形同假手執行死刑，即屬違背公約本條第一項之規定（重點理由詳如意見書 10.4、10.5 及 10.6 各段內容）。委員會第 36 號意見第 34 點，擷取 RJ 案例意旨，要求已廢除死刑之締約國，除非獲得不判死刑之可信有效 (credible and effective) 保證，否則不得將嫌犯驅逐、引渡或以其他方式移交予面臨死罪追訴而可能引致死刑判決之國家。此項獲得請求國保證之原則，加拿大最高法院二○○一年 U.S. v. Burns 一案，及歐洲人權法院二○一○年 Al-Saadoon and Mufdhi v. U.K. 一案，於判決理由中，均持相同立場。其實，美洲國家間引渡公約 (Inter-American Convention on Extradition, Adopted at: Caracas, Venezuela; Date: 02/25/1981) 第九條即已採取此一原則。其條文使用 sufficient assurances 字樣，適用範圍兼及無期徒刑或有辱人格之懲罰在內。該公約締約國係部分中南美洲國家。一九九○年聯合國引渡範本條約 (Model Treaty on Extradition) Art.4 (d)，規定對於死罪嫌犯得不予引渡；除非請求國向被請求國提供充分保證 (sufficient assurance)，表明不予判處死

刑，或即使判處死刑仍不予執行。又如澳大利亞引渡法 (Extradition Act 1998) Sec. 22 (3)(c)(d)亦要求請求國提供特別保證 (speciality assurance)。而二〇〇〇年歐洲聯盟基本權利憲章 (Charter of the Fundamental Rights of the European Union) Art.19 (2)，則採用禁止引渡死罪嫌犯之規定。足見死刑犯相對不引渡，已成為引渡法制原則之一。

㈤死刑案件之程序保障，必須符合公約第十四條之規定。如有違背（委員會第 36 號意見第 41 點，舉述採用非出於任意性之自白、被告無法詰問證人、被告未獲有效辯護並與辯護人不受監視之會晤、被告置於囚籠或加銬應訊、對被告違反無罪推定原則、欠缺上訴權利、未獲應訊辯護之充裕時間、未獲接觸訴訟資料之機會、訴訟程序過度及不合理之稽延、程序不公正、法院欠缺獨立性等為例），即應認為同屬違背本（第六）條保障生存權之規定。且即使非屬公約第十四條所列保障事項，仍可能構成本條之違背。例如嫌犯係外國籍而未依維也納領事關係公約相關規定辦理者是。

㈥判處死刑案件被告有罪事實之證明，對照委員會第 36 號意見第 43 點及前述 1984/50 號決議之保障措施第四點內容，須達罪證確鑿、無可置疑之程度，方得為之。否則，即係無理剝奪生命而與本條有違。各國應建立防避誤判之程序機制，准許主張新證據（包括 DNA 新證據）之使用，以求再審。第 37 點要求法官對於列有選科死刑為法定刑之罪行，應綜合一切情狀，審慎斟酌。法定唯一死刑之條文，限制法官裁量權限，不許採用。(此項為不許唯一死刑法條之見解，委員會受理二〇〇二年第 1110 號 Rolando v. The Philippines 及二〇〇五年第 1421 號 Larranaga v. The Philippines 兩案，曾經先後認定當年適用之菲律賓刑法 §335 及 §267 規定唯一死刑之罪係對於生命之無理剝奪。) 第 44 點指明在量刑上不得以被告之宗教、種族、少數民族、貧窮、弱勢、國籍等因素而有所歧視或差別。倘若因此而有明顯較常面臨死刑之情形，即屬刑罰不平等適用，乃係無理剝奪生命，違背公約本條規定。第 49 點特指對於諸如嚴重心理－社會及智能障礙 (psycho-social and intellectual disabilities) 而欠缺自我辯護能力之人，應避免判處死刑。於此突顯社會適應障礙問題，尤其值得重視。

㈦條文曰死刑非依管轄法院終局判決不得執行。所稱「管轄法院」，委員會第 36 號意見第 45 點謂係指依法設置且獨立於行政及立法部門之司法機關而言（後述公約第十四條第一項併請參照）。又所稱「終局」，第 46 點謂係指窮盡一切救濟程序而言。舉凡司法上之一般及特別救濟程序，與行政上之請求特赦或減刑途徑，均包含在內。

㈧關於執行死刑之程序事項，尚且涉及公約第七條之適用。另詳後述該條相關說明。委員會第 36 號意見針對死刑之執行方法，於第 40 點內指明：石刑（按：少數回教國家有此石刑規定，例如沙烏地阿拉伯國刑事訴訟法 §§199 及 201）、注射未經測試之致命藥劑處死、瓦斯刑、火焚、活埋，以及公開行刑，皆係違背公約第七條之規定。

㈨小結：我國尚未廢除死刑。對照上述本（第六）條關於死刑法制之事項，提出下列說明：

　1.在實體法方面：刑法及特別法上舊有唯一死刑之條文，均已修正為相對（選科）死刑之規定。昔日戒嚴時期若干死刑法條，皆已廢止。刑法對於身心障礙者，除阻卻責任外，尚有得減輕處刑之規定。公務員假借職權犯罪者，刑法及部分特別法特設加重其刑之規定。實務見解認為不確定故意（即間接故意）之殺人罪行，並非「蓄意」犯罪，與前述 1984/50 號決議「保障措施」所指「情節最重大之罪」者不符，不得判處死刑（見最高法院 103 臺上 807 號及 110 臺非 222 號刑事判決），係將蓄意犯罪限縮於刑法第十三條第一項之直接故意方為該當。惟查現行法上死罪條文，尚有少數未以被害人死亡為構成要件者，宜予考慮檢討修正❻，俾能符合公

---

❻　在美國，叛亂、間諜、毒梟三者得處以死刑，惟自一九六四年九月以後，凡被告所犯罪名非以被害人死亡為要件者，迄無執行死刑之案例。我國刑法所定選科死刑之條文，有 §§101、103、104、105、107、120、185 之 1、185 之 2、226 之 1、261、271、272、328、332、333、334、347、348 合計十八個條文，前五條屬於內亂外患罪範圍宜暫保留死刑，其餘凡未以被害人死亡為構成要件各罪，相關條項（或款）均宜檢討修正，考慮刪除死刑（§347 第一項已於一〇三年六月修正刪除死刑規定）。在俄羅斯聯邦，該國刑法依據憲法第二十條第二項規定意旨，於刑法第五十九條明定死刑僅得適用於侵害生

約意旨所示死刑立法之裁量基準。

2.在程序法方面：死刑案件應行強制辯護，並有職權上訴機制。法院獨立於行政及立法部門之外，法官超然、獨立、公正執行審判職務，為憲法及法官法所明定（另詳後述公約第十四條第一項相關說明）。有罪事實之證明，必須達於通常一般人已無合理懷疑存在之程度，早經最高法院著有 76 臺上 4986 號判例。死罪案件一律行合議審判，評議一致決已成為實務上之潛規則。在死刑與徒刑之間如何裁酌選科，最高法院 102 臺上 170 號刑事判決有詳盡闡述，謂須已達無從經由終身監禁以防禦其對社會之危險性，且依其犯罪行為與行為人之情況，科處死刑並無過度或明顯不相稱者，方為妥適。110 臺上 4957 號刑事判決則強調法院須在罪責原則之基礎上，綜合刑法第五十七條所列十款事項有利與不利情狀為評價後，依被告具體犯罪情節、所犯之不法及責任之嚴重程度，檢視其罪責是否符合公約所要求情節最嚴重犯行，再審慎衡酌有無足以迴避死刑適用之情形，判斷其是否已無復歸社會之更生改善可能，俾以決定選科死刑或無期徒刑。105 臺上 1062 號刑事判決稱自公約內國化後，已生實質限縮死刑規定適用範圍之效果。108 臺上 2191 號刑事判決更指明死刑誠屬不得已之最嚴屬刑罰，應儘可能謙抑適用；該則判決並首度引述「修復式司法」之理念，認為事實審法院倘能妥為應用，即非不得藉此審視有無判處被告死刑之必要。

此外，司法院建立之量刑系統，業已發揮提供法官審酌參考之功能。至於確定判決違誤之救濟，有再審與非常上訴程序足資適用。本法所定以新事實、新證據為再審原因之修正放寬規定，以及「刑事案件確定後去氧核醣核酸鑑定條例」之制定公布施行，正與公約意旨相符。惟近年來累計死刑定讞尚待執行人數，已有四十餘人。待決死刑犯人身自由應受限制，

命之特別嚴重犯罪，其所定相對死刑之罪名，僅有五個條文。惟該國在事實上業已廢除死刑，未來一經聯邦會議（Duma 即國會）就該國早已簽署之歐洲人權公約關於廢除死刑之第六號議定書完成批准程序，並將刑法有關死刑之條文刪除，即可在法制上完全廢除死刑。

在日本有該國刑法第十一條第二項為依據，而我國刑法及刑事訴訟法均乏規定。彼等被拘禁期間並非羈押，既無令狀為憑，且無刑期可抵，在法律上有何根據？被拘禁期間應受如何之處遇？皆成疑問。亟待增訂相關法條，俾與憲法第八條依法定程序實施拘禁之意旨相符。而對於拘禁期間之處遇事項，亦應明定其合理規範。再者，死刑案件遇有再審、非常上訴程序或請求特赦、減刑之情形，在法律上並未規定必須停止執行，法務部之「審核死刑案件執行實施要點」祇屬內部規章，位階不足，嫌欠周全。自一〇九年七月十五日施行之執行死刑規則，已予納入該規則第二條規定，提高為法規命令之位階。

三、公約第六條第三項規定：「生命之剝奪構成殘害人羣罪時，本盟約締約國公認本條不得認為授權任何締約國以任何方式減免其依防止及懲治殘害人羣罪公約規定所負之任何義務。」按我國早已制定殘害人羣治罪條例以履行公約義務，迄今尚無依該條例追訴處罰之案例。

四、公約第六條第四項謂：「受死刑宣告者，有請求特赦或減刑之權。一切判處死刑之案件均得邀大赦、特赦或減刑。」委員會第 36 號意見第 46 點謂行政上（非司法管道）申訴或請求特赦或減刑，與訴訟法上程序，同屬可循之救濟途徑。按我國憲法第四十條明定總統依法行使大赦、特赦、減刑及復權之權，另有赦免法作進一步之規範。惟該法並無如何請求赦免之程序規定，受死刑宣告者究竟有無請求權，於法尚乏依據，有待研究修正。

五、公約第六條第五項規定：「未滿十八歲之人犯罪，不得判處死刑；懷胎婦女被判死刑，不得執行。」按我國刑法第六十三條第二項對於未滿十八歲人得處死刑之規定，原僅限於殺直系血親尊親屬罪一種，民國九十四年二月修法已將該條第二項刪除，其刪除之理由即係引用公約為根據（Convention on the Rights of the Child 兒童權利公約 §37a 項，更進一步要求締約國確保對於未滿十八歲人不得判處終身監禁）。至於孕婦不得執行死刑，本法第四六五條第二項已明定為停止執行之原因。

六、公約第六條第六項謂：「本盟約締約國不得援引本條而延緩或阻

止死刑之廢除。」且聯合國大會已於一九八九年十二月十五日以 44/128
號決議通過「旨在廢除死刑的公民權利和政治權利國際盟約第二項任擇議
定書」(Second Optional Protocol Aiming at the Abolion of the Death
Penalty)❼；復於二〇〇七年十二月十八日、二〇〇八年十二月十八日、
二〇一〇年十二月二十一日、二〇一二年十二月二十日、二〇一四年十二
月十八日、二〇一六年十二月十九日、二〇一八年十二月十七日、二〇二
〇年十二月十六日，在十三年以內，先後八次通過決議（第 62/149、
63/168、65/206、67/176、69/186、71/187、73/175、75/183 號），皆以暫
停實施死刑 (Moratorium on the Use of the Death Penalty) 為主旨，迭次籲請
各國逐步限制死刑之實施，減少死刑罪名之數目，暫停執行處決，以期終
將廢除死刑；並請已經廢除死刑之國家，將其經驗與各國分享，且不可再
恢復死刑。值得注意者，歷次以多數決通過決議之贊成票，依序為 104
票、106 票、109 票、111 票、117 票、117 票、121 票、123 票，其投贊
成票之國家逐漸增多（惜因人口眾多之中國大陸、美國、印度等國仍有死
刑法條，且該項決議並無拘束力，以致成效未如預期）。由此觀之，公約
對於死刑所持立場，實為默許而非支持，聯合國大會已認廢除死刑係未來
之趨向。又委員會第 6 號意見第 6 點亦指出，公約所用文句語氣實已強烈
暗示各國宜予廢除死刑 (strongly suggest that abolition is desirable)。茲可探
討者，法律對於人民自由之處罰或剝奪其生存權，以符合比例原則為前
提，雖為釋字 551 號解釋理由書所指明，惟憲法第二十三條僅允許以法律
「限制」而非「剝奪」，限制與剝奪，在程度上明顯有別，死刑剝奪人民
生存權，是否踰越「限制」之程度而有違憲疑慮，尚待釐清（日本憲法第
三十一條係使用「剝奪」一詞，可資參考。另有本書本論第八編❿併請參
閱）。

---

❼　依該議定書第八條第一項規定，其生效日期為「應於第十件批准書或加入書
　　交存聯合國秘書長之日起三個月後發生效力」。西班牙於一九九一年四月十
　　一日成為第十個批准議定書之國家，該議定書因此於同年七月十一日生效。

參、公約第七條與本法之關係

公約第七條規定：「任何人不得施以酷刑，或予以殘忍、不人道或侮辱之處遇或懲罰。非經本人自願同意，尤不得對任何人作醫學或科學試驗。」其前半部分涉及非法取供問題，與本法有關。

一、本條前半部分文句，對照英文本 "No one shall be subjected to torture or cruel, inhuman or degrading treatment or punishment." 實係對於任何人皆不得施以酷刑或不當處遇或懲罰之意。中文本缺少「對於」兩字，語意欠明。按處遇一詞，含義較懲罰為廣，可包括各種保安處分，以及受處分人、受刑人、依法受拘留、收容、安置之人或羈押中之被告等所受待遇或所處境遇在內。依本條應予禁止者，在程度上以酷刑最為嚴重，其次為殘忍、不人道之處遇或懲罰，再其次為侮辱之處遇或懲罰。然而，無論何者均應嚴加禁止，委員會第 20 號意見第 4 點即謂須視實際性質、目的與嚴重程度而定，並無區別何種類別之必要。惟應注意者，依公約第四條第二項規定，即使在「宣布緊急狀態危及國本」之情勢下，國家仍不得藉詞情況緊急而對任何人施以酷刑或不當處遇或懲罰。

二、所謂酷刑，參考聯合國禁止酷刑公約 （Convention against Torture and Other Cruel, Inhuman or Degrading Treatment or Punishment 1984，其生效日期為 1987 年 6 月 26 日）第一條所示定義，係指蓄意使人在肉體或精神上遭受劇烈疼痛或痛苦之一切行為而言，此種行為乃出於公職人員或其他以官方身分行使職權之人所為，或由於彼等唆使、同意或默許所致，其目的在於㈠向某人或第三人逼取情資或自白，㈡因其或第三人所為或所涉嫌之行為而對其施以懲罰，㈢對其或第三人予以恐嚇或威脅，或㈣基於任何一種歧視之一切事由。因此，構成酷刑之要件有三：行為（作為或不作為）、蓄意、行為之目的。其中因第㈠種目的而對人施以酷刑者，涉及刑事訴訟程序嚴禁非法取供及否定證據能力等問題，即與本法有關。縱使未達酷刑程度，如屬殘忍、不人道或侮辱之處遇時，仍在禁止之列。惟關於侮辱之處遇、懲罰往往涉及公約第十條（罪犯處遇）及第十七條（保護隱私）之範圍。又從事酷刑等不當行為者，除「公職人員或其

他以官方身分行使職權之人」外，委員會第 20 號意見第 2 點對於公約第
七條之詮釋認為，其踰越職權甚至以私人身分行事者，亦應包括在內。

三、依上所述，使人身心遭受劇烈苦楚者方足構成「酷」刑，究竟是
否達於劇烈 (severe pain or suffering) 程度，須就受害人主觀感受與當時客
觀境遇予以綜合評估，亦即個案認定，無從訂定基準。委員會在早期受理
之拉丁美洲若干國民聲請事件中，認為諸如出於有計畫地毆打，施以電
擊，利用戒具予以長時間懸吊，反覆浸泡於血、尿、嘔吐物、排泄物所混
合之稠狀物中，使之長時間站立，威脅或模擬處決、砍手、斷足等情形，
皆已構成酷刑。又於受理 Shaw v. Jamaica 一案（案號 1996 年第 704 號）
中，認定來文者 Shaw 被拘禁於擁擠潮濕之囚房且與外界隔絕達八個月，
已構成不人道之處遇❽。

再者，違背公約第七條禁止酷刑規定之情形，往往兼亦違背公約其他
條款相關規定。委員會受理 Tarasova v. Uzbekistan 一案（案號 2002 年第
1057 號）中，認定來文者之子被訴殺人罪經判處死刑定讞，曾遭辦案員
警刑求逼供，於審判中指明員警姓名聲請調查未獲處理，除違背上述禁止
酷刑規定外，同時違背公約第十四條第三項（午）款禁止逼供之規定，且
與公約第六條第一項保障生命權之基本規定有違，因而提請當事國採取減
刑及賠償措施以資救濟。又於受理 Rozik v. Tajikistan 一案（案號 2005 年
第 1348 號）中，認定來文者之子被訴加重強盜罪經判處二十年有期徒刑
確定，在押期間曾遭刑訊（被毆及電擊其生殖器與手指），辯護人於審判
中聲請傳訊證人調查刑訊情節，並要求給予充分準備之時間及提供翻譯人

---

❽ 歐洲人權公約 (European Convention for the Protection of Human Rights and
Fundamental Freedoms) 第三條有禁止酷刑之規定。 歐洲人權法院 (European
Court of Human Rights) 在 Ireland v. United Kingdom 一案 （1978/1/18 判決）
中，將強迫嫌犯以痛苦姿勢靠牆用腳尖作長時間站立、將其蒙頭、對其施以
不間斷之強大噪音、不讓其睡眠、不給予充分飲食等五種偵訊過程，認定均
為不人道之處遇。迨至 Aksoy v. Turkey 一案判決 (1996/12/18)，對於剝光嫌
犯衣服反綁雙手將其吊起之情形，認為已經構成酷刑 (網址 www.echr.coe.int)。

員，歷審均予漠視不理，除違背上述禁止酷刑規定外，同時違背公約第十四條第三項（子）、（丑）、（辰）、（午）各款之規定，因而提請當事國採取釋放、賠償或再審等途徑予以救濟。

四、內國法對於情節最重大之犯罪科處死刑並未違背公約，已詳關於公約第六條之說明。因此，在體系解釋上，死刑本身難謂構成酷刑。委員會受理 Kindler v. Canada 一案（案號 1991 年第 470 號）之審議意見 15.1 段即謂：...Accordingly, capital punishment as such, within the parameters of article 6, paragraph 2, does not per se violate article7. 然而，執行死刑之程序事項，仍有違背公約第七條之可能。委員會受理 Pratt and Morgan v. Jamaica 二案（案號 1986 年第 210 號及 1987 年第 225 號）審議結果，認為來文者經准許延緩執行死刑後，相隔二十小時之久方獲告知，此項遲延告知，乃係殘忍不人道之處遇。又於 Ng v. Canada 一案（案號 1991 年第 469 號）採納來文者所提瓦斯行刑死亡過程需時十分鐘以上拖延受刑人身心遭受極度苦楚時間之主張，認定採用瓦斯處決與國際公認之人道處遇不符，有違公約第七條之規定。翌年（一九九二年）四月提出之委員會第 20 號意見第 6 點已正式要求執行死刑時應盡量減少受刑人之身心痛苦。

五、本法第九十八條禁止使用強暴、脅迫、利誘、詐欺、疲勞訊問或其他不正方法訊問被告。且依第一〇〇條之二規定，司法警察人員詢問犯罪嫌疑人時，準用之。如有違反，則依第一五六條第一項、第二項及第一五五條第二項規定，所獲取之自白為無證據能力，不得作為判斷之依據。一旦被告主張其自白係出於不正方法，檢察官須就該項自白之任意性擔負舉證責任。凡此皆係本法禁止非法取供之嚴密規定，與公約意旨一致。

六、執行死刑之方法如何，本法並無明文規定。依監獄行刑法第一四五條第二項授權法務部訂定之「執行死刑規則」第六條第二項規定，執行死刑「用槍決、藥劑注射或其他符合人道之適當方式為之」，其中槍斃方法應否刪除，有待法務部研酌修正。

肆、公約第九條與本法之關係

公約第九條為保障人身自由與安全 (Liberty and Security) 之規定，與本法具有直接密切關係。二○一四年十二月提出之委員會第 35 號意見，內容有六十八點之多，取代一九八二年七月所提第 8 號意見，成為詮釋公約第九條之重要依據。

一、公約第九條第一項謂：「人人有權享有身體自由及人身安全。任何人不得予以無理逮捕或拘禁。非依法定理由及程序，不得剝奪任何人之自由。」

㈠該項條文前兩句揭示對於「人身自由」與「人身安全」之保障，末句進而指明剝奪人身自由非依法定理由及程序不得為之。所稱「人身自由」，其涵義較一般行動自由為廣，委員會第 35 號意見第 3 點謂係指身體自由不受拘束之意。所稱「人身安全」，在第 3 點中，係指身心不受傷害亦即身心完整之意。委員會在 Delgado Paez v. Colombia 一案中（案號 1985 年第 195 號）強調，人身安全保障對象不以受拘禁者為限。如有人民遭受生命身體危害威脅時，即使未受拘禁，國家仍應予以查明防制。因此，委員會於 Jayawardene v. Sri Lanka 一案中（案號 2000 年第 916 號）指摘斯里蘭卡警方未就來文者所訴之遭受生命威脅情事進行積極調查，該國即與公約義務有違。

㈡依本條第一項之整體解讀，可知人身自由雖受保障，惟如合法且非無理之逮捕或拘禁，仍為公約所允許。本條第一項末句所稱剝奪自由，其態樣甚多，除具體剝奪自由者外，諸如軟禁 (house arrest)、行政拘留 (administrative detention)、非自願住院 (involuntary hospitalization)、予以獨居監禁 (solitary confinemen)、施以限制行動之裝置 (physical restraining devices) 等情形均屬之。

㈢公約允許之逮捕或拘禁，須以合法且非無理為要件 (Requirement of Legality and Prohibition of Arbitrariness)。所用無理 (arbitrary) 一詞，於公約第六條第一項即已有之。委員會第 35 號意見譯為「任意」，參照該號意

見第 11、12 及 17 點，實係指肆意、不適當、不合理、不必要、不符合比例原則、不符合法定程序等情形而言。（該號意見簡體字中文本有時將 detention 譯為拘留，其緣由不明）凡其剝奪自由：雖非任意但係違法、或雖屬合法但係出於任意、甚至既違法又任意者，皆為公約所禁止。公約保障之隱私權、宗教自由、意見言論自由、集會自由、結社自由（公約 §§17、18、19、21、22）等事項，須以「合法」行使各該自由權利為前提，倘遭逮捕或拘禁時，方能指為出於「任意」而可認係違背公約。

(四)我國憲法第八條對於人民身體自由予以直接保障，非依法定程序，不得逮捕、拘禁、審問、處罰，而本法即係追訴、處罰犯罪之程序法，體系完備，且能適時檢討修正，與公約意旨可謂一致。至於保安處分、少年保護處分、對於少年之收容、對於身心障礙者之保護安置、社會秩序維護法上之拘留等拘束人身自由之處分，均應經由法院裁判，方能據以執行❾。又為防範人身安全遭受侵害，刑法上對於侵害人身法益各罪，皆有處罰規定。再者，本法對於逮捕、拘提、羈押之強制處分，均已明定其嚴謹要件，蘊含合法性、合理性、必要性及比例原則在內。茲以釋字 664 號解釋為例，該號解釋對於依少年事件處理法第二十六條第二款、第四十二條第一項第四款規定，就限制經常逃學或逃家虞犯少年人身自由部分，認為不符憲法第二十三條之比例原則；就公約觀點而言，此乃雖屬合法但係出於無理（任意）之剝奪少年人身自由，即應禁止。一〇八年六月十九日

---

❾ 臺灣地區與大陸地區人民關係條例、入出國及移民法所定之「收容」處分，逕由行政機關為之，法定救濟程序尚欠明確，本書自九十八年八月修訂二版（該版所註號次為❽）起，即已指出瑕疵。司法院於一〇二年二月六日、七月五日先後公布釋字 708 號、710 號解釋，均認未予受收容人即時之司法救濟為違憲，應自各該解釋公布之日起，至遲於屆滿二年時失其效力。如今，行政訴訟法於一〇三年六月修正增訂第二編第四章相關規定，自一〇四年二月五日施行後，入出國及移民法相關修正條文亦於同日施行，而上述條例相關修正條文則於同年七月三日施行，各該「收容」之異議事件，以及對於「續予收容」或「延長收容」提出停止收容之聲請，均以受收容人所在地之地方法院行政訴訟庭為管轄法院。

修正公布之少年事件處理法，除將原來條文第八十五條之一之兒童觸法事件廢除（一年後施行）外，並將該法第三條關於虞犯之規定，予以檢討修正，更趨嚴謹，俾能符合上開解釋及本公約與兒童權利公約所示意旨。

二、公約第九條第二項規定：「執行逮捕時，應當場向被捕人宣告逮捕原因，並應隨即告知被控案由。」按本條第一項對於逮捕或拘禁並未完全禁止，已如前述。自第二項以下，則係配合提示程序保障之規定。茲所稱逮捕，在英文本使用 arrest 一詞，就本法而言，應解為包含逮捕與拘提兩者在內。依本法 §§77、79、88、88 之 1 III、89、93、95、100 之 2 等規定，於執行逮捕或拘提時，必須即時訊問並告知罪名、案由等相關事項，皆與憲法第八條第二項及公約上述規定意旨相符。

三、公約第九條第三項係關於迅速解送人犯以及避免羈押之規定，茲分成兩點探討如下：

㈠解送時限──迅即解送司法官員處理

公約第九條第三項謂：「因刑事罪名而被逮捕拘禁之人，應迅即解送法官或依法執行司法權力之其他官員，並應於合理期間內審訊或釋放。」

按我國憲法第八條第二項明定被逮捕拘禁人之解送時限為二十四小時以內（委員會第 35 號意見第 33 點引用 2008 年第 1787 號 Kovsh v. Belarus 案例，將公約上述「迅即解送法官」之時限定為四十八小時以內尚較我國寬鬆），依本法 §§91、93、93 之 1，除有法定障礙事由者外，應分別情形，解送法官或檢察官處理（檢察官與司法警察機關係合用二十四小時）。逮捕一詞兼……第二十三條之一）。又委員會受理 Rozik v. Tajikistan（案號 2005 年第 1348 號）及 Torobekov v. Kyrgyzstan（案號 2007 年第 1547 號）兩案，均認為檢察官並非公約上述「依法執行司法權力之其他官員」，如由檢察官逕行羈押嫌疑犯，乃認係違背公約第九條第三項之規定。按此種情形經本法於八十六年修正第一○八條等羈押被告相關規定後，偵查中羈押被告之決定權，已歸由法官行使，凡此皆與公約無違。

㈡羈押不應成為通例

公約第九條第三項緊接規定：「……候訊人通常不得加以羈押，但釋

放得令具保，於審訊時，於司法程序之任何其他階段，並於一旦執行判決時，候傳到場。」可見公約認為羈押不應成為通例，而應儘量准許具保候傳。委員會受理 Hill and Hill v. Spain 一案（案號 1993 年第 526 號），來文者為英國人，因涉嫌犯罪遭逮捕後，於審前被羈押達十六個月之久，西班牙政府主張來文者所涉案情複雜且有潛逃離境之虞。惟經審議結果，認為審前羈押應屬例外處置，除非嫌犯有逃亡、破壞證據或影響證人等情事，否則應准保釋。而原案未就指定繳納相當數額保證金或其他配合條件之可行性妥為斟酌，徒以來文者係外國人可能逃逸為由而予羈押，實已違背公約第九條之規定。

本法於民國八十六年十二月修正時，除針對偵查中羈押被告之決定權回歸法官外，並就羈押要件予以檢討修正（即拘捕前置、法官訊問、罪嫌重大、法定原因、羈押必要），已較舊法嚴謹，法官如能體察，必可落實修法本意。對於羈押必要性之審酌（本法第九十三條第三項但書、第一〇一條之二、第二二八條第四項），檢察官與法官尤須充分注意，儘量避免實施羈押，以重人權。

茲應注意者，對照本條英文本之文句："...It shall not be the general rule that persons awaiting trial shall be detained in custody..."，可見公約所關切者乃係審前羈押（即 detention for "awaiting trial"，亦即 pre-trial detention）問題。惟「審前」之界限如何，因各國法制不同而有差異。委員會第 35 號意見第 37 點解為指自被逮捕至第一審判決此段期間而言，似較偏向英美法制。在我國，依本法規定，所謂「審前羈押」是否專指自偵查以迄第一審宣判之日而言，抑或計至最後事實審宣判之日甚或計至判決確定為止之期間而言，尚有探討空間。然而，關於未決羈押期間過長問題，我國於九十九年五月十九日制定公布之刑事妥速審判法第五條第二項至第四項，已就重罪延長羈押以及羈押期間累計之上限，予以適度設限（請參閱本書「刑事妥速審判法概要」專論）。

四、公約第九條第四項係關於提審之規定，源自英美法上 habeas corpus（人身保護令狀）制度。公約本條項中文本謂「……聲請法院提

審，以迅速決定其拘禁是否合法⋯⋯。」我國早已制定提審法公布施行，關於提審案件，已往侷限於涉及刑案事項方能聲請。提審法經於民國一〇三年一月八日修正，自同年七月八日施行後，人民被法院以外之任何機關逮捕、拘禁時，其本人或他人，得向逮捕、拘禁地之地方法院聲請提審（但其他法律規定得聲請即時由法院審查者，依其規定）。所稱「人民」，不以中華民國國民為限（見釋字 708 號解釋理由書）；所指「法院以外之任何機關」，涵蓋甚廣，行政機關或機構固然在內，即使檢察機關及司法警察機關，亦在其中；至於「逮捕、拘禁」，著重剝奪人身自由之本質，不以刑事案件為限。因此，任何人不論是否因涉嫌犯罪而被逮捕或拘禁，皆有權以人身自由遭受剝奪為由，請求當地地方法院聽審，由法院即時審查其逮捕、拘禁之合法性。諸如：受收容處分者（見人口販運防制法第十九條、就業服務法第六十八條），經緊急安置者（見兒童及少年福利與權益保障法第五十七條、精神衛生法第四十一條及四十二條），被強制住院者（見精神衛生法相同條文），受隔離治療者（見傳染病防治法第四十五條），軍人受悔過之懲罰處分所提異議為無理由者（見陸海空軍懲罰法第三十二條第二項），昔日非屬聲請提審範圍，如今均可向當地地方法院聲請提審❿。法院受理聲請案件後，除認有提審法第五條所列無提審必要之情形外，應於二十四小時內向執行逮捕、拘禁之機關發出提審票，該機關於收到提審票正本後二十四小時內，應將被逮捕、拘禁人解交法院聽審（如有特殊情況可用視訊訊問免予解交），以審查該項逮捕、拘禁是否合法。如認為不應逮捕、拘禁時，即應予以釋放，否則裁定駁回聲請。總之，提審法修正施行後，內容更為周密，對於憲法第八條保障人民身體自由之規定，更加具體貫徹。

　　五、公約第九條第五項規定受非法逮捕拘禁者有權要求賠償。按此項賠償問題，應依刑事補償法或國家賠償法辦理，不屬本法範圍。

---

❿　同❾。

伍、公約第十二條與本法之關係

公約第十二條係保障遷徙及入出國自由之規定，分成四項：(第一項)在一國領土內合法居留之人，在該國領土內有遷徙往來之自由及擇居之自由。(第二項) 人人應有自由離去任何國家，連其本國在內。(第三項) 上列權利不得限制，但法律所規定，保護國家安全、公共秩序、公共衛生或風化或他人權利與自由所必要，且與本盟約所確認之其他權利不牴觸之限制，不在此限。(第四項) 人人進入其本國之權，不得無理剝奪。

以上各項規定，其中第一項及第二項與本法所定之限制住居有關，而限制出境則係執行限制住居之一種方法，依照上述第三項規定，應為公約所容許。至於警政、稅務行政方面，尚有其他各種管制入出境之事例，是否符合公約，應由該管機關檢討。

陸、公約第十三條與本法之關係

公約第十三條規定：本盟約締約國境內合法居留之外國人，非經依法判定，不得驅逐出境，且除事關國家安全必須急速處分者外，應准其提出不服驅逐出境之理由，及聲請主管當局或主管當局特別指定之人員予以覆判，並為此目的委託代理人到場申訴。

按本條意旨，參照委員會第 15 號意見第 9 點及第 10 點，係就強制外國人離境事件，對於在境內合法居留之外國人，提供程序上之保障。我國刑法第九十五條有將外國人驅逐出境之規定，此乃保安處分，須經法院判決，其起訴、審判、上訴，受刑事訴訟程序之完整保障，與公約第十三條及後述第十四條相符。惟查少年事件處理法第八十三條之三所定對於外國少年之驅逐出境，其裁定未列入同法第六十一條得提起抗告之範圍，如有不服，無法救濟，恐有違背公約之疑慮，有待檢討修正。至於入出國及移民法上之強制驅逐出國處分，非屬刑事司法業務。

柒、公約第十四條與本法之關係

公約第十四條為審判中程序保障之規定，與本法具有直接密切關係。二〇〇七年七月提出之委員會第 32 號意見，內容有六十五點之多，取代一九八四年四月所提第 13 號意見，成為詮釋公約第十四條之重要依據。此條雖不在公約第四條第二項所定不得減免履行保障義務之列，惟委員會第 29 號意見第 6 點指出，非可反面解讀為允許隨意減免義務，委員會第 32 號意見第 6 點認為，各締約國仍應保證其減免程度以實際局勢緊急程度所嚴格需要者為限，且對於公正審判之保障絕不容減免。又於第 9 點中強調依公約第十四條受保障之對象不限於締約國國民，無論其身分地位如何，凡其身在該締約國境內而受該國管轄者，皆在保障範圍之內。

一、公約第十四條第一項首句謂：「人人在法院或法庭之前悉屬平等。」隨後內容進而揭示獨立無私與公正公開審判之基本原則。委員會第 32 號意見第 22 點強調此項規定對於一國普通法院或特別法院（庭）均適用之。本條第二項至第七項（詳如後述）皆係關於刑事程序之保障規定，而第一項所涵蓋之範圍，則不以刑事訴訟為限。

按我國各法院係依憲法第八十二條、第一〇七條第四款及各該法院組織法而設置，專屬中央立法並執行。審判獨立，為憲法第八十條所明定。憲法第八十一條及司法人員人事條例，則有法官任用及身分保障之規定。實施超過半個世紀頗受訴病之「裁判送閱」制度，自司法院前院長施啟揚先生任內（民國八十四年）開始，已經逐步廢除，而本法第十七條至第二十四條法官迴避各該規定，即係以確保公正審判維護當事人正當權益為目的。此外，法官法第十三條第一項明定：「法官應依據憲法及法律，本於良心，超然、獨立、公正審判，不受任何干涉。」而司法院依同條第二項授權訂定之法官倫理規範，更有諸多詳盡具體之明確規定。至於公開審判原則，依本法第三七九條第三款規定，禁止審判公開非依法律之規定者，法院所為判決當然違背法令，相關法律（如法院組織法第八十六條但書、本法第三二六條第二項、少年事件處理法第三十四條前段、第七十三條第

一項、性侵害犯罪防治法第十八條、證人保護法第二十條、國家機密保護法第二十五條第一項、智慧財產案件審理法第二十四條等）所定審判不公開之例外情形，均與公約無違❶。又軍事審判法於一〇二年修正後，現役軍人之犯罪，僅限於戰時犯軍法之罪者始歸軍法審判，範圍極其有限。凡此皆與公約及委員會第 32 號意見第 19 點至第 21 點意旨相符。

　　二、公約第十四條第二項規定：「受刑事控告之人，未經依法確定有罪以前，應假定其無罪。」此即普世公認之無罪推定原則，本法於民國九十二年二月修正時，已在第一五四條第一項增訂明文。該項原則包含三項重點：法院須排除預斷、控方應實質舉證、對被告罪疑唯輕❷。公約第九條第三項雖認羈押非屬通例，但未為否定，而於此則有無罪推定之規定，此在體系解釋上，可認為羈押與無罪推定兩者並無牴觸。又須附述者，委員會受理 Gridin v. Russian Federation 一案（案號 1997 年第 770 號），來文者申訴其遭大眾傳播媒體報導為強姦殺人兇犯，且當地警察局長亦透過電視作此宣布，在法院尚未審訊前受此指摘，有違無罪推定。案經審議結果，認為高階執法官員透過傳媒將來文者描述為有罪之人，顯與無罪推定原則有違。相隔十年後，委員會於二〇〇七年所提第 32 號意見，其中第 30 點明白指出，無罪推定原則不僅要求法院排除預斷，一切公務機關皆有責任不對審判結果作何預斷 (It is a duty for all public authorities to refrain from prejudging the outcome of a trial)；且更進一步指出，媒體亦應避免作出損及無罪推定之報導 (The media should avoid news coverage

---

❶　公約第十四條第一項對於審判得不公開之情形謂：「法院得因民主社會之風化、公共秩序或國家安全關係，或於保護當事人私生活有此必要時，或因情形特殊公開審判勢必影響司法而在其認為絕對必要之限度內，禁止新聞界及公眾旁聽審判程序之全部或一部。」

　　委員會第 32 號意見第 3 點強調，僅限於公約上述規定情形，方能拒絕記者及公眾旁聽。

❷　參見委員會第 32 號意見第 30 點及歐洲人權法院下列判決：

　⑴ Barberà, Messegué and Jabardo v. Spain (1988/12/6)

　⑵ Telfner v. Austria (2001/3/20)

undermining the presumption of innocence)。此等現象在我國存在已久，且頗為嚴重，主管機關亟應積極研求有效防制之道。

三、公約第十四條第三項規定：「審判被控刑事罪時，被告一律有權平等享受下列最低程度之保障」，進而分成七款列明刑事被告應有之最低程度保障，意即起碼要求，如有較高程度之保障，當然更佳。茲探討如下：

（子）迅即以其通曉之語言，詳細告知被控罪名及案由

此在本法第九十五條第一項第一款已有明定。至於以通曉語言為告知一節，則與後述（巳）款有關。

（丑）給予充分之時間及便利，準備答辯並與其選任之辯護人聯絡

此在本法第二七二條已有就審期間之規定，其目的在於預留相當時間俾利被告作防禦之準備。就審期間不足之傳喚，被告即有拒絕到庭之正當理由。且法院對於情節較繁之案件，在第一次審判期日前，大多依第二七三條、第二七九條規定進行準備程序，就訴訟資料並針對案情重要爭點預為彙集整理，被告及辯護人均到庭參與，是其已有充分準備答辯之時間。又依本法第三十三條及第三十三條之一規定，辯護人不僅在案件起訴繫屬於法院審判中有閱覽卷證之權，提前在偵查中之羈押審查程序，即可有此權限；而被告本人於審判中，亦得在一定條件下，請求付與卷證影本或閱覽卷證。且依第三十四條及第三十四條之一規定，辯護人與被告有接見、通信、聯絡之權，此項權利以不受限制為原則。如有符合法律所定得加限制之事由時，須經法官核發限制書（請參閱本書本論各該條文說明）。而羈押中之被告，經依本法第一〇五條第三項規定禁止與外人接見者，並不包括辯護人在內。委員會第 32 號意見第 34 點強調，辯護人必須得以在充分尊重溝通保密之條件下與被告聯絡 (...Counsel should be able...to communicate with the accused in conditions that fully respect the confidentiality of their conditions...)。民國九十八年五月修正羈押法增訂第二十三條之一，該條第一項明定：被告與其辯護人接見時，除法律另有規定外，看守所管理人員僅得監看而不與聞。另將原有第二十八條對於在所被告可供偵審參考之言語、行狀、發受書信內容應呈報檢察官或法院之規

定予以刪除。以上修正，正與上述委員會意見相符。

（寅）立即受審，不得無故稽延

1.審判不得無故稽延 (To be tried without undue delay) 之要求，委員會第32號意見第35點謂包括初審及上訴程序均不容無故稽延。惟委員會受理甚多締約國國民聲稱個人涉訟之審判遭受無故稽延之聲請事件，究竟如何認為稽延，大抵須審酌案情是否繁雜、調查證據是否順利等因素，就個案作評估判斷，非可僅依收案至結案所經過時間之長短而定[13]。此類聲請事件經委員會審議結果，認為構成或不構成無故稽延者皆有之。其實訴訟程序之延宕，有時與當事人亦有關係（例如運用程序上之無謂爭執拖延訴訟）。

2.關於防範無故遲延，目前司法院訂有若干司法行政上之注意命令，需否擷取要項制定成專法以提升其位階?可否刪除本法第一六三條第二項但書以減輕法院職權調查義務?能否修正本法第三八○條不分程序或實體事項凡違背法令與判決結果間無因果關聯性者均不得提起第三審上訴?皆係未來值得研酌之課題，對於改善訴訟遲延，必將有所助益。

3.釋字446號解釋於理由書中指明人民在訴訟上有受迅速審判之權利，為求妥速進行訴訟程序避免案件審判遲延並配合公約所定審判「不得無故稽延」而特別制定之刑事妥速審判法，已於民國九十九年五月十九日

---

[13] (1)委員會第32號意見第35點謂評估是否稽延，需兼顧案件之複雜性、被告之行為及行政與司法部門之處理方式而定，對於不准被告保釋之案件，法院尤須儘速進行審判。

(2)歐洲人權法院對於歐洲人權公約第六條第一項所謂審判之合理期間 (reasonable time)，以一九九一年二月十九日 Manzoni v. Italy 一案判決最初表示見解認為須依個案情節而為評估 (The reasonableness of the length of proceedings is to be assessed in the light of the particular circumstances of the case)。同年十一月二十七日 Kemmache v. France 一案判決進一步指明必須考量 the complexity of the case, the applicant's conduct and that of the competent authorities。 其後一九九九年三月二十五日 Pélissier and Sassi v. France 一案判決及二○○四年十一月九日 Marpa Zeeland B.V. and Metal Welding B.V. v. the Netherlands 一案判決均仍維持上述一貫見解。

公布，詳請參閱本書專論（刑事妥速審判法概要）相關說明。在此需就該法第七條特為說明：為顧及被告有受迅速審判之權利起見，該法第七條針對久懸未決案件，以酌量減輕其刑方式，給予被告救濟。凡自第一審繫屬日起已逾八年未能判決確定之案件，除依法應諭知無罪判決者外（如係程序判決本無減刑可言），經被告聲請，法院審酌訴訟程序之延滯是否係因被告之事由、案件在法律及事實上之複雜程度與訴訟程序延滯之衡平關係，以及其他與迅速審判有關之事項，認侵害被告受迅速審判之權利，情節重大，有予適當救濟之必要者，得酌量減輕其刑。按對於久懸未決刑事案件究宜給予被告如何救濟，曾有免訴、不受理、駁回起訴等建議方法，由於法理難圓且有法院推諉職責之嫌，皆未採納。上述規定，可謂與德國實務相類似。德國刑事訴訟法對於訴訟程序之迅速原則 (Grundsatz der Beschleunigung) 及嚴重遲延案件之救濟，未見具體規定，在實務上❶❹經由聯邦最高法院判決例，導入針對訴訟障礙 (Verfahrenshindernis) 之解決方法，原先將訴訟遲延解為審酌科刑輕重事項之一，晚近傾向宣告抵免執行刑罰之方式 (Vollstreckungslösung)。惟在我國，羈押日數折抵無需裁判宣告，其由法院判決宣告免執行者（刑法第九條但書）須以被告在國外曾受一定期間人身自由拘束為前提。訴訟遲延對於被告之影響，甚難具體估算為幾月幾年而予宣告抵免，刑事妥速審判法第七條所採經被告聲請而由法院裁酌減輕其刑之救濟方式，其判決不以具體說明減刑若干年月為必要，尚屬妥適可行，所列審酌事項亦稱恰當（參考❶❷）。該第七條於一〇三年六月修正公布之文句，改為「法院依職權或被告之聲請」及「應減輕其刑」後，即使被告因堅稱無罪或顧慮請求減刑形同認罪而未聲請減刑，法院仍須依職權主動予以減輕其刑，對於被告之保障，更加周全。至於法院為科刑判決時，其刑之減輕應適用刑法總則有關規定（刑法第六十四條第二項、第六十五條第二項、第六十六條），且經予減輕其刑後，仍有刑法第五十九條之適用，自不待言。

　　（卯）到庭受審，及親自答辯或由其選任辯護人答辯；未經選任辯護

---

❶❹　參閱 Roxin/Schünemann, Strafverfahrensrecht, §16, Rn. 3, 8ff., 29 Aufl., 2017.

人者，應告以有此權利；法院認為審判有此必要時，應為其指定公設辯護人，如被告無資力酬償，得免付之

　　此在本法第二十七條、第九十五條第一項第三款、第一六一條之一、第二八一條、第二八七條至第二八八條之二、第二八九條、第二九○條、第二九三條、第二九四條均有明定。倘若違反規定而有被告缺席審判、辯護人未經到庭辯護、未依法更新審判，或未與被告最後陳述機會等情形，則依第三七九條第六、七、九、十一各款規定，法院所為判決即屬當然違背法令，構成第三審上訴甚至非常上訴之理由。至於指定辯護人一節，在第三十一條及公設辯護人條例均有規定，惟如指定律師為辯護人而該律師有不當行為或能力不足之情形時 (blatant misbehaviour or incompetence)，參照委員會第 32 號意見第 38 點旨意，法院應予更換，以維被告權益。

　　（辰）得親自或間接詰問他造證人，並得聲請法院傳喚其證人在與他造證人同等條件下出庭作證

　　此在本法第一六三條第一項、第一六三條之一第一項第二款、第一六六條、第一七一條、第二八七條之一及之二均有相關規定。甚至在偵查中被告依第二四八條規定亦有詰問證人之機會。民國九十二年修法後，已建立傳聞法則、強化交互詰問程序並推行刑事審判集中審理，具有所謂「改良式當事人進行主義」之色彩。

　　（巳）如不通曉或不能使用法院所用之語言，應免費為備通譯協助之

　　此為本法第九十九條所明定。需用通譯而未用者，對於被告陳述內容之正確性，顯有重大影響，應認為具有第三七八條之違背法令情事。

　　（午）不得強迫被告自供或認罪

　　此在本法第九十五條第一項第二款、第九十八條、第一五六條已有明文規定。本篇對於公約第七條之探討，其中第三段及第五段說明，併請參閱。

　　◎按釋字 446 號解釋於理由書中指明人民在訴訟上有受公正、迅速審判之權利，釋字 530 號解釋文揭示人民有受充分而有效公平審判之權利，並於理由書內指出，法官於受理之案件，負有合法、公正、妥速及時處理

之義務。就刑事被告而言，其享有應受法院公正、合法、迅速審判之權利，係受憲法所保障，與公約第十四條第一項及第三項規定正相一致。

四、公約第十四條第四項謂：「少年之審判，應顧念被告年齡及宜使其重適社會生活，而酌定程序。」此在少年事件處理法若干顧念被告之特別規定，即係本於使其改悔重適社會生活之目的而設。且依釋字 664 號解釋意旨可知（請參閱公約前述第九條第一項說明㈣），少年保護事件雖非刑事案件，而少年人身自由應受憲法保障，則與刑事被告並無不同。一〇八年六月修正公布之少年事件處理法，已增訂四個條文（第三條之一至之四），強化少年事件實質正當程序之保障，一〇九年一月修正發布之少年保護事件審理細則，對於詢（訊）問少年之方式、選任或指定輔佐人暨其權限、收容少年應行斟酌之因素等事項，訂有詳細規範（細則第三、十、十三、十九各條），更加符合本公約及兒童權利公約所示意旨。

五、公約第十四條第五項規定：「經判定犯罪者，有權聲請上級法院依法覆判其有罪判決及所科刑罰。」此在本法第三編「上訴」程序已有周詳規範。委員會第 32 號意見第 45 點謂公約無意要求規定多層級之上訴 (several instances of appeal)，又於第 48 點表示公約無意要求上訴審採用覆審制 (full retrial)，可見本法有關「上訴」程序之規定，以及未來研擬第二審修正為改良式之事後審制，均與公約意旨相符。釋字 512 號解釋意旨認為訴訟救濟應循若干審級及其程序與相關要件，應由立法機關衡量訴訟案件之種類、性質、訴訟政策目的、訴訟制度之功能等因素，以法律為正當合理之規定，倘若合乎比例原則，則法律所設限制上訴之規定尚非違憲。雖然如此，如僅在一個審級即告確定，顯有侵害被告訴訟權益之疑慮❺，至於被告捨棄權利者，另當別論。依照本法規定，案經一個審級即告確

❺ 委員會受理 Capellades v. Spain 一案（案號 2003 年第 1211 號），認為所涉刑案被告中，具有國會議員身分者，雖依西班牙憲法 §§71 及 123 規定，其刑事訴訟案件專屬該國最高法院管轄，惟原案尚有不具此項身分之共同被告，因牽連管轄而併由最高法院審理後，即無法提起上訴，以致喪失聲請上級法院覆判之權利，有違公約第十四條第五項之規定。

定，其判決不得上訴者，有兩種情形：

㈠為 §455 之 1 II，㈡為 §455 之 10 I 前段。第㈡種情形係以非重罪且被告已認罪之案件為適用對象，並以被告自由意願及協商合意為基礎，法院為協商判決前，應依 §455 之 3 規定訊問被告並告知所認罪名、法定刑及所喪失之權利。因此，被告對於協商判決須受上訴限制一節，事先已有充分了解，形同預行捨棄上訴權，可認為並未違背公約。第㈠種情形，雖亦以非重罪且被告已自白之案件為適用對象，惟並無應告知被告所失權利等規定，在程序上尚欠周全，恐有違背公約之疑慮，宜予檢討修正。

茲應探討者，公約本條項意旨在於保障「經判定犯罪者」之上訴權。本法第三七六條第一項各款所規定之案件，經第二審判決後，不得上訴於第三審法院，其判決即告確定。此在第一審及第二審均為有罪判決者，被告已有一次之上訴機會，但在第一審判決被告無罪而經檢察官或自訴人上訴於第二審改判有罪之情形，該項有罪判決實際上僅經第二審一個審級即告確定，被告無法依循通常上訴程序尋求救濟，實有違背公約之疑慮。釋字 752 號解釋先就原因案件系爭第一款及第二款規定宣告違憲失效後，該條經於一〇六年十一月十六日全條修正公布，如今已無違憲問題（請參閱本書本論 §376 相關說明）。

六、公約第十四條第六項規定：「經終局判決判定犯罪，如後因提出新證據或因發見新證據，確實證明原判錯誤而經撤銷原判或免刑者，除經證明有關證據之未能及時披露，應由其本人全部或局部負責者外，因此判決服刑之人應依法受損害賠償。」

上述情形為有罪確定判決經再審改判後應予受刑人賠償之規定。關於再審程序，本法第五編已有詳盡規範，其中為受判決人之利益而以新事實新證據聲請再審者，依本法第四二〇條第一項第六款規定，可成為法定再審原因。所稱新事實新證據者，依同條第三項規定，兼指判決確定前已存在或成立而未及調查之事證，與判決確定後始存在或成立之事證，兩種情形而言。關於 DNA 鑑定之應用，受判決人或其近親屬可在具備「刑事案件確定後去氧核醣核酸鑑定條例」第二條所定條件下，向原審法院聲請就

本案相關聯之證物或檢體，進行去氧核醣核酸鑑定，作為新證據之用。案經再審諭知無罪判決者，除得依刑事補償法第一條第二款規定請求補償外，本法第四四〇條明定應將該判決書刊登公報或其他報紙，此亦係回復受判決人名譽損害之方法。

七、公約第十四條第七項規定：「任何人依一國法律及刑事程序經終局判決判定有罪或無罪開釋者，不得就同一罪名再予審判或科刑。」此乃一事不再理之原則，本法第二五二條第一款及第三〇二條第一款定有明文，而第三〇三條第二款、第七款則係針對重複訴訟繫屬應為不受理之判決，尤其第二六〇條甚至對於檢察官所作處分亦賦予實質確定力限制同一案件再行起訴。不僅如此，依少年保護事件審理細則第二十一條第四款規定，非屬嚴格意義刑事案件之少年保護事件亦受一事不再理原則之拘束。惟本法所定為受判決人不利益之再審（見第四二二條）可否容許，不無疑問，將來宜就其存廢或減縮其再審事由妥為研酌❶⑥。在此須附述者，公約本項規定，並不涉及國際間之一事不再理問題，同一罪名經他國法院判決確定後，本國法院如仍對之進行審判，不生違背公約之問題❶⑦。

---

❶⑥　日本舊刑事訴訟法有得為受判決人不利益再審之規定，戰後修法，為貫徹該國憲法第三十九條禁止重複追訴處罰之規定，改為僅得因受判決人利益而予再審。英國基於遏阻重大犯罪之需求，破除禁止重複追訴處罰 (Double Jeopardy) 之傳統原則，於二〇〇三年 Criminal Justice Act 例外容許對於限定罪名（殺人罪等列舉案件）以限定理由（發現令人信服之新證據）進行再審。兩國立法例呈現不同取向。本法與德國刑事訴訟法相同，有為受判決人利益或不利益兩種再審之規定。

❶⑦　委員會受理 A.P. v. Italy 一案（案號 1986 年第 204 號），來文者為意大利國民，在瑞士經法院判刑並服刑完畢後，又因同一罪行經意大利法院判處罪刑，於是提出聲請，主張後者違背公約。惟經委員會審議結果，認為國際間之一事不再理非屬公約第十四條第七項所規範保障之範圍。迨二〇〇七年七月提出之委員會第 32 號意見第 57 點，已明確指出，公約並不保證兩個以上國家法院間之一事不再理。

捌、公約第十五條與本法之關係

公約第十五條第一項規定：「任何人之行為或不行為，於發生當時依內國法及國際法均不成罪者，不為罪。刑罰不得重於犯罪時法律所規定。犯罪後之法律規定減科刑罰者，從有利於行為人之法律。」同條第二項規定：「任何人之行為或不行為，於發生當時依各國公認之一般法律原則為有罪者，其審判與刑罰不受本條規定之影響。」

一、本條係普世公認罪刑法定原則之規定。依公約第四條第二項規定，即使在「宣布緊急狀態危及國本」之情勢下，國家仍不得減免其履行保障之義務。綜合本條第一項及第二項，其內容包含四點：㈠法無明文不為罪❸。㈡所科刑罰不得重於行為時法律之規定。㈢行為後法律有變更者，應適用有利於行為人之法律。㈣在原則上固須禁止溯及處罰既往行為，惟如該項行為依各國公認之一般法律原則為有罪者，不在此限。

二、上述第㈠㈡㈢點：在實體法方面，我國刑法第一條及第二條已有明定。自民國九十五年七月一日施行之修正刑法，鑒於強制工作之類拘束人身自由保安處分，從二元論立場，雖非刑罰，惟其已經剝奪受處分人自由，乃無可否認之事實。爰於第一條末增列「拘束人身自由之保安處分，亦同。」一句，使其同有罪刑法定原則之適用；又於第四十六條增訂第二項規定，於羈押日數無刑罰可折抵時，「如經宣告拘束人身自由之保安處分者，得以一日抵保安處分一日。」（原第四十六條條次現已修正為第三十七條之二，內容不變）以維受處分人權益。在程序法方面，涉及追訴與審判事項，與本法有關。法無明文不為罪即其行為不罰，有本法第二五二條第八款、第三〇一條第一項之適用；如於犯罪後法律變更已廢止其刑罰者，則有本法第二五二條第四款、第三〇二條第四款之適用；且依本法第三八一條及第三九三條第四款規定，可據以提起第三審上訴，並為法律審

❸ 委員會意見第 29 號第 7 點謂公約第十五條含有要求刑罰法條明確化 (clear and precise) 之意旨在內，以防曲解濫用，殃及無辜。

在我國，釋字 522 號及 680 號解釋亦曾揭示「刑罰明確性原則」。

依職權調查之事項。至若法律變更成較輕刑度者，法院自應本於刑法第二條第一項規定，適用最有利之法條而為判決。凡此情形，在法律及實務上均無疑義，且與公約相符。

三、上述第㈣點禁止溯及處罰既往行為，係罪刑法定所衍生之原則，向無疑問。詎料我國竟然發生違背此項原則之立法。民國九十二年間，因SARS疫情嚴重，曾於當年五月二日制定公布「嚴重急性呼吸道症候群防治及紓困暫行條例」，其第十八條第一項有「明知自己感染或疑似感染嚴重急性呼吸道症候群，未遵行各級衛生主管機關之指示，而有傳染於第三人之虞者，處三年以下有期徒刑、拘役或新臺幣五十萬元以下罰金」之刑罰規定，竟在第十九條規定該條例自三月一日施行，於是形成上開刑罰法條可溯及處罰之荒唐立法，行政院（尤其該院法規委員會）及立法院均有嚴重疏失，當時在任總統陳水扁仍予公布，未交行政院向立法院提出覆議。所幸並無具體個案發生，且該條例隨即於六月十八日修正公布增訂第十八條之五予以補救（該條例已於民國九十三年底因施行期滿而廢止）。

四、禁止溯及處罰原則本不應有任何例外，公約第十五條第二項之所以設有例外規定，與第二次世界大戰結束後對於軸心國戰犯之審判有關。一九四五年八月八日，美英法蘇四國在倫敦簽訂一項追訴處罰歐洲軸心國首要戰犯之協定 (London Agreement for the Prosecution and Punishment of the Major War Criminals of the European Axis)，同時訂定附件歐洲國際軍事法庭規約 (Charter of the International Military Trubunal) 據以組設法庭，該規約第六條規定法庭審理案件之範圍為：違反和平罪、戰爭犯罪及違反人道罪 (Crimes against Peace, War Crimes and Crimes against Humanity)，是為著名之紐倫堡審判 ❶⑨。

由於上述違反和平罪及違反人道罪均係戰後經戰勝國片面訂定之罪名，因而引發是否溯及處罰有違罪刑法定原則之疑問。軍事法庭判決書謂罪刑法定與禁止溯及處罰原則，並不適用於國際法之領域，公約採納該項見解，遂於第十五條第二項特設例外規定，以杜爭議。

---

❶⑨　資料可自 www.law.umkc.edu 搜尋，關鍵詞為 nuremberg trials。

　　五、公約第十五條第二項所稱「各國公認之一般法律原則」，英文本文句為 "the general principles of law recognized by the community of nations"，其含義究何所指，有委員會受理 Baumgarten v. German 一案（案號 2000 年第 960 號）可供參考。該案來文者 Baumgarten 於一九七九年至一九九〇年間，任職前東德國防部副部長及邊境防衛部司令。德國自一九九〇年十月三日統一（即東德併入西德）生效後，有若干前東德人員因案受審，B 君乃係其中之一，於一九九六年因其在一九八〇年至一九八九年所犯殺人及殺人未遂等罪經德國法院判處罪刑確定，犯罪事實係為防阻東德人民逃往西德而以埋設地雷及多次下令邊界守衛士兵開槍格殺之手段，造成無辜人民傷亡。B 君主張依統一前東德法律其被訴行為具有阻卻違法事由，不應擔負刑責，亦即毫無構成刑責之基礎存在，竟遭統一後之德國法院漠視東德法律非法判處罪刑，有違公約第十五條之規定。案經委員會審議結果，強調此案所須探究者在於依 B 君行為時之前東德法律或國際法是否成立犯罪？關係國（即德國）提出說明略稱，前東德政府曾經一再聲稱支持聯合國各項規範，且其憲法第九十一條承認國際公認處罰違反人道罪之規定，是 B 君之行為已違背前東德基於國際人權法即公約第六條應盡之義務，足以構成前東德刑法上之殺人罪，難認有何阻卻違法事由，祇因前東德之政治因素，當時未受追究而已。何況 B 君所為，實已違反各國公認之一般法律原則，就公約第十五條第二項規定以觀，仍難解免刑責。委員會採納德國所提說明意見，認為公約第六條第一項明定任何人之生命不得無理剝奪，邊境守衛人員執行 B 君之命令，因防阻民眾自由離境而肇致手無寸鐵、未有暴力行為、毫無反抗能力之人傷亡，顯然不合比例原則，依前東德刑法本應構成犯罪，並無溯及處罰可言。至於在前東德統治期間未受追訴處罰，乃另一問題，從而，德國法院依法判處 B 君罪刑，核與公約無違。

玖、公約第十七條與本法之關係

　　公約第十七條第一項規定：「任何人之私生活、家庭、住宅或通信，

不得無理或非法侵擾，其名譽及信用，亦不得非法破壞。」同條第二項規定：「對於此種侵擾或破壞，人人有受法律保護之權利。」該條第一項所用「無理」一詞，在公約第六條第一項即已有之，本篇已於該條項予以說明，此處不再重述。

上開規定從廣義而言，乃係隱私權與人格權之保護問題（兩者均為憲法第二十二條所保障，見釋字 293、399 及 603 各號解釋文），範圍甚為廣泛。其與本法較有關係者，為涉及居住自由與財產權保障之搜索、扣押處分，此在本法第一編第十一章已有詳細規定，因違背法定程序實施搜索扣押所取得之證據，可依第一五八條之四否定該項證據之證據能力。又如違背通訊保障及監察法所定程序而取得之證據，則依該法第十八條之一規定，否定其證據能力。委員會第 16 號意見第 8 點強調，攔截電話、電報及其他方式之通訊以及竊聽、竊錄，均應予以禁止。此在我國，除對於以非法方法所蒐集證據之證據能力可受非難外，且有構成犯罪之可能（例如刑法分則第二十八章、第三十六章及個人資料保護法第五章之刑罰規定）。

拾、結　語

綜上探討，足見本法對於追訴處罰犯罪之程序規定，與公約所要求者大致相符，可謂已近國際水準，吾人實不應妄自菲薄。然而，孟子離婁章有謂：「徒善不足以為政，徒法不能以自行。」習法者、尤其執法者，除須建立自信外，更應恪遵嚴守法定程序，以期懲治犯罪與保障人權兩能兼顧。

拾壹、附述「兒童權利公約」

兒童權利公約 (Convention on the Rights of the Child) 係於我國退出聯合國後之一九八九年十一月二十日，經聯合國大會第 44/25 號決議通過，已自一九九〇年九月二日生效。我國已制定「兒童權利公約施行法」，經總統於民國一〇三年六月四日公布（見《總統府公報》第 7143 期），定自同年十一月二十日施行。該法第二條已將該公約轉化為我國國內法，且依第九條規定意旨，居於特別法之地位。

　　兒童權利公約所稱「兒童」，依該公約第一條規定，除某國法律所定成年年齡低於十八歲者外，係指未滿十八歲之人而言 (a child means every human being below the age of 18 years)。該公約全文五十四條，其中涉及刑事司法事項者，例如：第六條確認兒童之固有生命權，第十六條保護兒童之隱私及名譽權，第三十七條保障兒童不受酷刑及非法剝奪人身自由，第四十條揭示對待觸法兒童確保公正審理之基本規範。上述各該規定，係與「公民與政治權利國際公約」第六、七、十四、十七條呼應配合，請對照本附錄相關段落參閱即明。

　　依兒童權利公約第四十三條規定所設聯合國兒童權利委員會 (Committee on the Rights of the Child) 於二〇一九年九月提出之第 24 號一般性意見，內容多達一一五點。其中關於犯罪行為時十四歲以上未滿十八歲者適用兒童司法系統（child justice system 第 20、21、29、31 點）、公平審判之保障（第 38 至 71 點）、禁止使用死刑或不得假釋之無期徒刑（第 79 至 81 點）、剝奪自由之規範 （第 82 至 95 點）、兒童司法系統之組織（第 105 至 110 點）各項意見，尤應重視。我國現行少年刑事司法制度，已大致符合公約之要求 。 本附錄第柒大段第四小段所述有關少年審判事項，更須經由兒童權利公約及兒童權利委員會上述一般性意見予以配合充實。

附錄三　判解索引

　　司法院於行憲後所作冠用「釋」字各號解釋，具有拘束全國各機關及人民之效力，早經七十三年一月公布之釋字185號解釋釋示可據。而在行憲前所作冠用「院」字、「院解」字各號解釋，則依一○七年十二月公布之釋字771號解釋，祇屬命令位階，除曾為行憲後冠用「釋」字之解釋明確維持或補充者外，法官於審判時，並不受其拘束。又司法院大法官審理案件法修正為憲法訴訟法，已自一一一年一月四日施行，釋憲及統一解釋法令案件，均由憲法法庭循訴訟程序審理，以裁判方式宣告。依該法第三十八條規定，其判決及實體裁定，同具拘束各機關及人民之效力。因此，過往冠用「釋」字各號解釋，除經憲法法庭裁判變更者外（例如111憲判2號判決將釋字656號解釋予以變更），仍應有效適用。司法院自三十八年一月六日在南京公布釋字1號解釋起，截至一一○年年底為止，總共作成八百十三件解釋。過往經由大法官會議作成解釋之制度，歷經七十三年之久，已步入法制史。至於最高法院判例，若無裁判全文可資查考者，依同年月公布修正之法院組織法增訂第五十七條之一規定，應停止適用；其未在停止適用之列者，與一般個案裁判效力相同。上述釋字771號解釋及各該法律之修正，對於過往解釋與判例之應用，頗有影響。

　　我國判例制度，創始於大理院。國父建立民國之初，法典尚未完備。當年大理院受理訴訟案件，參酌律例、法理及習慣，權衡折中，作出裁判，深受各級審判廳之尊重。大理院遂選用若干精闢裁判，編為判例，於八年年底刊行判例要旨匯覽正集，此乃首部判例集之誕生❶。相隔五年，又於十三年刊行續集問世。大理院於十六年改制為最高法院後，最高法院自三十三年起，每隔相當時日，持續整理編印判例要旨發行，對於精進法

---

❶　《大理院判例要旨匯覽正集》之「例言」謂：「本匯覽係節取大理院自民國元年改組至七年十二月之裁判文先例……」而成。時任院長之姚震，於序文內表示「頗以改訂辦事章程及編輯判例為急務」。由此可知，判例要旨係自裁判先例精選擷取其所述理由之重點而得。

學研究及統一實務見解，具有極其重要之貢獻。

稱判例者，即係裁判先例 (precedent) 之意。既然有例在先，則其先例即可提供往後處理同類案件之參考。最高法院判例要旨，係自該院眾多裁判書中，精挑細選，擇其裁判理由確能闡明法律真義、補充法條未備、具有規範價值者，將其內容要旨編列而成為一項原則性之敘述。惟其「要旨」實乃內容重點之濃縮，倘若未與原裁判書全文對照，難免發生引例失義之情形❷。最高法院遷臺後所為裁判，其裁判書均經完好保存可資查考。至於遷臺前之裁判書，業經司法院洽商大陸地區最高人民法院協助，取得一部分之裁判書全文數位資料，可自最高法院官網查閱或下載。

依照法院組織法增訂第五十七條之一規定，最高法院過往選編之判例，若無裁判全文可資查考者，應停止適用；未停止適用者，其效力與未經選編為判例之最高法院裁判相同。於是，因有裁判全文可資查考而未經

---

❷ 1.最高法院發回更審之判決理由所述法律上判斷意見，對於受發回之更審法院有無拘束力？本法第四〇一條並無如同民事訴訟法第四七八條第四項或類似於德國刑事訴訟法第三五八條第一項、日本裁判所法第四條之明定其拘束力。30 上 785 號判例雖謂：「第三審發回所指示之點，在第二審法院固應受其拘束，若更審法院於指示範圍以外，另有證據可憑，未嘗不可採為判決之資料。」惟經對照該則判例之原判決全文，其所稱「第三審發回所指示之點」者，係指原審調查書證「並未履行提示或宣讀之程序」一點而言，別無法律上判斷意見在內。續就原判決內容：「……另有證據可據為被告有罪或無罪之判決者，未嘗不可採取原判決於本院發回更審時所指示範圍以外，參酌案內各證據，維持第一審對於被告諭知無罪之判決……」等語以觀，顯係關於認定犯罪事實有無以及諭知被告有罪或無罪之問題，並未涉及法律上之判斷意見。茲查最高法院 104 臺上 3909 號刑事判決，援引上述判例而謂更審法院應受拘束者，包含「法律上判斷」與「事實上判斷」兩者在內，此項見解，經查考三十年原判決全文，不無引例失義之嫌。

2.又如 29 上 3362 號判例，倘若僅閱讀判例要旨載有「……某甲為當時共同傷害之正犯……」字樣，而未查考原判決之全文，即易產生傷害罪可上訴於第三審之錯覺。

停止適用之過往判例，與最高法院所為個案裁判，同屬裁判先例性質，並無一般性規範之效力，俟憲法訴訟法施行後，不得成為釋憲之標的。歷經將近八十年之判例制度，至此告一段落。

憲法訴訟法已自一一一年一月四日施行；法院組織法增訂第五十一條之一至第五十一條之十一及第五十七條之一，已自一〇八年七月四日施行。關於過往判解之應用，本書建議依循下列順序引用為宜：

第一順位：憲法法庭之裁判（判決及實體裁定）以及憲法訴訟法施行前冠用「釋」字之司法院解釋。後者除經憲法法庭裁判變更外（例如 111 憲判 2 號判決將釋字 656 號解釋予以變更），仍應有效適用。

行憲前冠用「院」字或「院解」字各號解釋，並非全然第一順位。其界定範圍詳見釋字 771 號解釋。

第二順位：最高法院民事大法庭、刑事大法庭關於法律爭議之裁定所持法律上之意見。

大法庭制度係接續過往判例制度而具有形成一致法律見解之功能。大法庭之裁定，法院組織法第五十一條之十雖謂僅對於提案庭提交之案件有拘束力，惟其所表示之見解，已對特定法規範之本質、內涵進行分析，然後作成最高法院一致或統一之法律見解，適用於具體個案之救濟，對於下級審法院已形成事實上之拘束力（見最高法院刑事大法庭 110 臺上大 1797 號裁定）。且在實務上對於別案相同法律爭議之裁判，勢必亦有約束作用。又依同法第五十一條之二第二項規定，歧異提案之提案庭，在提出於大法庭之前，應先向其他各庭徵詢意見，倘若受徵詢庭與原徵詢庭之見解一致者，已無須提送大法庭裁定，原徵詢庭即可依其法律見解逕為裁判，並於裁判理由內說明經徵詢所獲致之結論。總之，凡依徵詢或依大法庭裁定見解所為之裁判先例，皆有統一法律見解之效果（見上述 1797 號裁定）。

第三順位：最高法院過往依法（即已刪除之法院組織法第五十七條舊條文）選編，且有裁判全文可資查考之判例。

依法院組織法第五十七條之一第二項規定，此類「判例」雖與下述第

四、五順位之個案裁判同視；惟過往判例曾經具有如同「命令」位階之一般性規範效力，且得為釋憲之標的（參見諸如釋字 153、154、374、395、620 等多號解釋），可認其具有較高之參考價值。

最高法院過往經由民刑庭總會、民事庭會議或刑事庭會議作成決議，表示法律見解，以達解決各庭之間適用法律所生爭議之目的。此一決議制度，行之將近百年，成效卓著。自大法庭制度施行後，雖已當然廢止❸，惟各庭當時依決議意旨已作成統一見解之裁判，亦係重要之裁判先例。由於按照何項決議作成何則裁判，欠缺案號可資對照查考，本書內容仍保留相關決議予以引述。

第四順位：最高法院官網選載具有參考價值之裁判要旨暨其裁判全文❹。

第五順位：上述第三、四順位以外之最高法院民、刑事裁判。

法院組織法第五十七條之一第二項謂：未經前項規定停止適用之判例，其效力與未經選編為判例之最高法院裁判相同。法條對於有裁判全文可資查考之最高法院判例，仍以「判例」相稱，僅其效力與已往不同而已。因此，本書引述上列第三順位之最高法院過往判例，仍然沿用原來記載方式（例如 30 上 816 號判例、76 臺上 4986 號判例）。至於第四、五順位之裁判，則採用「最高法院某年某字某號刑事判決（或裁定）」之記載方式，俾能與第三順位之過往判例有所區別。

於此需附述者，大法庭制度自一〇八年七月四日施行後，最高法院合議庭審理案件，經評議如認採為裁判基礎之法律見解，與同類事實之先前裁判（第三、四、五順位）所持見解不同，須予變更時，應開啟法院組織法第五十一條之二所定歧異提案程序，送由大法庭抉擇，然後按照大法庭之法律見解據以裁判。

---

❸ 見法院組織法增訂第五十七條之一立法理由第四點說明。

❹ 既曰參考，意謂非可當然援用，仍須妥為取捨。例如最高法院 105 臺上 984 號刑事判決，該院官網選列為當年度刑事具有參考價值之裁判。本書對於此一判決所述理由，有不同意見。詳見本書本論第八編❿第 3 點評述。

一、司法院解釋（行憲前冠用「院」字、「院解」字各號解釋，祇屬命令性質。依釋字 771 號解釋，除曾為行憲後冠用「釋」字之解釋明確維持或補充者外，法官審判案件時，並不受其拘束。詳見該號解釋文暨解釋理由書。）

二、司法院解釋（行憲後冠用「釋」字各號解釋，依釋字 185 號解釋，具有拘束全國各機關及人民之效力。）

三、憲法法庭裁判

四、最高法院大法庭裁定

　　《大法庭裁定係針對法律爭議所為之中間裁定，其據以作成之本案終局裁判字號，為大法庭裁定略去「大」字之字號。例如刑事大法庭 110 臺上大 1797 號裁定，其據以作成之終局判決字號為 110 臺上 1797 號刑事判

決。又如 110 臺抗大 1314 號裁定，其據以作成之終局裁定字號為 110 臺抗 1314 號刑事裁定。》

㈠刑事大法庭裁定

㈡民事大法庭裁定

五、最高法院過往判例

依自一〇八年七月四日施行之法院組織法增訂第五十七條之一規定，最高法院過往選編之判例若無裁判全文可資查考者應停止適用；未經停止適用之判例，其效力與未經選編為判例之最高法院裁判（意即過往一般個案裁判）相同。於是，因有裁判全文可資查考而未停止適用之過往判例，祇屬裁判先例性質，並無一般性規範之效力。由於法條對於未停止適用之判例仍以「判例」相稱，本書引述過往判例，仍舊沿用原來記載方式（例如 30 上 816 號判例、76 臺上 4986 號判例），特此說明。

㈡過往民事判例

28 渝上 2379⑴　278

57 臺上 3410　801

66 臺上 2115　503

69 臺上 1232　774

70 臺上 20　82

76 臺上 781　773

79 臺上 540　198, 326

(二)過往民事判例

犯罪學

林山田、林東茂、林燦璋、賴擁連／著

　　犯罪學既觀察犯罪現象，解釋犯罪原因，也試圖提出方略以減少犯罪。這個研究取向完全不同於刑事法的規範之學；規範之學的耕耘者，在法條之間、在法概念之間，在體系架構之間辛苦穿梭，沒有機會浮出雲端，看看犯罪這個現象的大千世界，想想犯罪何以發生，思索如何搜尋出路。犯罪學應該可以補足規範之學見樹不見林的這點缺憾，也可活化整個以犯罪為研究客體的「刑事學」領域。

民法概要

鄭玉波／著　黃宗樂／修訂

　　民法規範人民的財產及身分關係，與生活息息相關，為人民生活之根本大法。惟民法歷史源遠流長，理論體系博大精深，法條文字精潔抽象，初學者每感瞭解不易。本書乃依民法典編制體例，將民法有關之原理原則、法律概念，作綜合說明及概要敘述，並適時摘註重要之法院裁判、具體事例等實務見解，理論與實務兼籌並顧。此外，於適當處設有案例研析與擬答單元，讓讀者能對抽象之法律條文，知所應用。

國家圖書館出版品預行編目資料

刑事訴訟法論／朱石炎著.——修訂十版一刷.——臺
北市：三民，2022
面；　公分

ISBN 978-957-14-7496-0　（平裝）
1. 刑事訴訟法

586.2　　　　　　　　　　　　111011622

刑事訴訟法論

作　者	朱石炎
發 行 人	劉振強
出 版 者	三民書局股份有限公司
地　址	臺北市復興北路 386 號 (復北門市) 臺北市重慶南路一段 61 號 (重南門市)
電　話	(02)25006600
網　址	三民網路書店 https://www.sanmin.com.tw
出版日期	初版一刷 2007 年 9 月 修訂八版一刷 2018 年 9 月 修訂九版一刷 2020 年 9 月 修訂十版一刷 2022 年 9 月
書籍編號	S585510
I S B N	978-957-14-7496-0

三民書局